全球化与当代中东社会思潮

QUANQIUHUA YU DANGDAI
ZHONGDONG SHEHUI SICHAO

王铁铮 ◇ 主编

人民出版社

责任编辑:杨美艳
责任校对:周　昕

图书在版编目(CIP)数据

全球化与当代中东社会思潮/王铁铮 主编. -北京:人民出版社,2013.6
(当代中东重大专题研究)
ISBN 978－7－01－012112－3

Ⅰ.①全…　Ⅱ.①王…　Ⅲ.①全球化-关系-社会思潮-研究-中东
　Ⅳ.①D093.7

中国版本图书馆 CIP 数据核字(2013)第 101432 号

全球化与当代中东社会思潮

QUANQIUHUA YU DANGDAI ZHONGDONG SHEHUI SICHAO

王铁铮　主编

人民出版社 出版发行
(100706　北京市东城区隆福寺街 99 号)

北京市文林印务有限公司　新华书店经销
2013 年 6 月第 1 版　2013 年 6 月北京第 1 次印刷
开本:710 毫米×1000 毫米 1/16　印张:28.75
字数:485 千字　印数:0,001-3,000 册

ISBN 978－7－01－012112－3　定价:69.00 元

邮购地址 100706　北京市东城区隆福寺街 99 号
人民东方图书销售中心　电话 (010)65250042　65289539

目　　录

绪论：当代中东社会思潮综述

唯物史观认为，任何一种社会思潮的生成都脱离不开特定的社会物质和历史条件。同时，由于社会思潮与社会发展之间存在互动联系，一种社会思潮的盛行亦在很大程度上能够凸显区情、国情和民意的走向。第二次世界大战后，中东地区一直是国际政治中的"热点"，这一态势的形成取决于几大要素：一是中东地处欧亚非三大洲结合部，是东西方交通的要冲，战略地位极其重要，历来为列强全球战略的必争之地；二是中东蕴藏有丰富的战略资源石油，素有"世界石油宝库"之称，同时也是现代工业赖以发展的生命线，由此引起大国的染指；三是中东作为三大宗教即犹太教、基督教和伊斯兰教的发源地，尤其是伊斯兰教固有的政教合一特征对世界穆斯林构成巨大影响。此外，中东地区民族众多、教派林立，彼此之间在历史上酿成的种种隔阂与冲突难以化解，加之殖民统治时期西方殖民者实施的"分而治之"政策，致使中东地区各种问题盘根错节，成为诸多矛盾的"集合点"。所有这些因素注定了中东问题的复杂性、特殊性、多元性、易变性和不确定性。第二次世界大战后，中东地区在不同时期和不同国度出现的各种社会思潮实际上是反映中东地区和中东国家社会政治发展演变的风向标，并且折射出中东政治演进的基本特点和内在规律。因此，对战后中东社会思潮的深入探索将为人们从宏观视角解读和诠释中东地区各种扑朔迷离和充满变数的社会、政治、经济、民族、宗教等问题提供一种新的思路。

一、中东社会思潮的分期和基本特点

第二次世界大战后，伴随世界范围民族民主运动的勃兴，中东各国在经历了两次世界大战血与火的洗礼和跌宕起伏的社会变革后,纷纷摆脱殖民主义的桎梏和枷锁,迅速走上独立与发展的道路,最终导致现代中东民族独立国家体系的形成①。一般来说,大多数刚刚获得独立或摆脱殖民统治的发展中国家通常面临的共同课题是:巩固中央集权制,加速经济发展,反对国内外敌对和颠覆势力的破坏。而达到这些目标的最好途径就是在变革中推进国家的现代化发展,努力实现国家的振兴和富强。战后,在谋求发展和推进国家现代化的过程中,中东各国和各民族群体曾深受不同时期在本国或本地区广为传播的各种社会思潮的重要影响,这些社会思潮在一定意义上主宰着其发展方向。概括起来说,战后中东地区依次出现的各种社会思潮,从时段上大致可划分为三个时期:战后初期至20世纪70年代末;20世纪70年代末至90年代初;90年代初至21世纪前10年。

战后初期至20世纪70年代末是当代中东社会思潮兴起的第一个时期。在此时期,中东地区出现的最具影响力的社会思潮是阿拉伯民族主义,其集中体现为复兴社会主义和纳赛尔主义。与此同时,在海湾地区的阿拉伯君主国中,也出现了以和平方式,谋求维护民族资源的主权或争取提高石油权益为基调的温和的民族主义。此外,在非阿拉伯国家,由于深受凯末尔主义的长期影响,土耳其所坚持的国家资本主义和世俗化发展道路,仍然是土耳其人中占主导的价值追求;在伊朗,盛行一时的是巴列维国王发动的"白色革命",以及随之而来的全盘效仿西方和盲目西化的狂潮;在以色列,回归"以色列地"的犹太复国主义在建国后又呈现新的变化,等等。

战后至20世纪70年代末,中东地区出现的各种主要社会思潮是各国特定历史发展阶段的产物,它们从不同层面反映了长期遭受殖民统治和强权蹂躏的中东各国各民族渴望民族解放、民族尊严和民族振兴的强烈愿望。但由于各国在物质基础条件、历史机遇、文化积淀、宗教信仰和民族心理等方面的差异,蕴含在各种社会思潮中的价值取向、政治诉求及其锁定的终极目标又存在明显区别。概括起来讲,这一时期的中东社会思潮具有如下特点:(1)这些思潮大都不属于纯理论的思辨哲学,"纯理论的思辨哲学在中东只有有限的普及程度"。② 中东

---

① 王铁铮:《论中东民族独立国家体系的形成》,《西亚非洲》1991年第6期,第41—48页。
② [美]凯马尔·H.卡尔帕特:《当代中东的政治和社会思想》,陈和丰等译,中国社会科学出版社1992年版,第7页。

社会思潮所关注的是社会和政治问题,各种思潮的倡导者基本上都是统治者、执政党或当权者。因此,某种社会思潮的出现,通常都会被付诸实践,迅速转化为一种政治行动或政治运动,并成为影响社会发展走向的"主流意识"乃至基本国策。(2)战后至70年代末中东的各种社会思潮多为本土和外来意识形态的混合体,它们不同程度地涵化了非本土文化和文明的某些养分,并加以适当改造,赋予其本土特征的价值取向,从而来激活和满足不同国家和政权自身发展的需要。例如,被多数共和制阿拉伯国家推崇的阿拉伯社会主义便是伊斯兰传统、阿拉伯民族主义和非本土的科学社会主义个别原理的结合物。又如,在土耳其经久不衰的凯末尔主义,它所主张的六大原则,其核心依然是源于西方的并予以本土化和民族化的国家资本主义。(3)中东地区固有的宗教地域特征和渊源久远的传统,决定了战后中东社会思潮所聚合的宗教成分,或是以宗教为基点,或是坚持世俗化,无不围绕宗教而显露分野。中东是犹太教、基督教和伊斯兰教的诞生地,宗教影响根深蒂固,而且也是信徒们摄取精神食粮的源泉。特别是伊斯兰教,它具有的强烈涉世性使其成为穆斯林社会思潮无法规避的要素。但宗教对中东社会思潮的催生作用和影响,绝非伊斯兰教所独有。犹太教同样如此。犹太复国主义思潮的兴起便是从希伯来圣经中有关"迦南地是上帝应许的土地、犹太人是特选子民、以色列终将复国"①等理念中寻找到了为犹太人"合法"向故土巴勒斯坦回归,建立"犹太家园"的历史依据。(4)从本质上看,这一时期中东的各种社会思潮大体上都属于东方民族主义思潮的范畴。区别在于,因各国的历史遭遇和西方列强在各国采取的殖民方式不同,中东社会思潮所表现出的政治倾向存在激进与温和之分。从整体上看,凡是遭受奴役和压迫最沉重的国家和地区,其社会思潮所显露的反抗性和斗争性就愈加强烈,其社会政治变革要求也比较激进。例如,土耳其的凯末尔主义和共和制阿拉伯国家推崇的复兴社会主义和纳赛尔主义都具有上述特征。

中东君主制阿拉伯国家主要集中在海湾,均为盛产石油的王国。该地区早在19世纪已成为英国的"内湖"。两次世界大战后,英国急剧衰落,它在海湾的地位被美国所取代。英美尤其是美国基于控制石油资源和全球战略的通盘考量,竭力维护海湾地区的稳定,并以各种方式充当王权的"保护人"。加上海湾

---

① 王京烈主编:《当代中东政治思潮》,当代世界出版社2003年版,第14页。

国家封建保守势力相对强大、政治发展滞后、人烟稀少、国势孱弱的状况又不能不使它们仰赖英美的扶持。这种彼此利用，互有所求的关系导致海湾君主国始终无法割断同殖民者的各种联系。因此，战后海湾各君主国出现的民族主义思潮不像共和制国家那样来势迅猛，其政治诉求大都比较温和，主要体现在要求维护民族资源主权或争取提高控制石油权益的份额上。这些小王国的独立基本上也都是通过非暴力方式实现的。

向故土回归的犹太复国主义是一种特殊的社会思潮。它的萌发和形成经历了漫长过程。犹太民族是世界上最古老的民族之一，犹太教是铸造其民族个性的精神内核。然而，犹太人的历史却充满了灾难和屈辱。犹太人在经历了两千年的流散生活，以及中世纪以来世界范围内的多次反犹排犹和屠犹的民族悲剧后，产生"回乡"和"复国"的信念，是一种符合历史逻辑的必然反应。而且，无论从道义还是从民族权利的角度来看，都不能不承认其合理性，同时也不能断然否认其内在的民族主义的因子。但是，当犹太复国主义真正转变为一种政治行动时，由于它一直得到谋求和维护自身权益的大国的偏袒与支持，这便助长了犹太复国主义者有恃无恐地以牺牲巴勒斯坦阿拉伯人的利益为代价来实现他们的复国梦，从而使犹太复国主义沾染上"种族扩张"的污点。

伊朗是中东地区主要由波斯人构成的一个文明古国。伊朗的国情同其他中东国家有所不同，自1925年巴列维王朝建立后，在波斯人争取民族自立自强和国家复兴的过程中，其领导权在大部分时间掌握在统治阶级手中。第二次世界大战后，上述情况未发生根本变化。因此，伊朗民族民主力量的成长一直受到王权的抑制。这也是战后伊朗最具民族主义色彩的石油国有化运动之所以昙花一现和功败垂成的重要原因之一。石油国有化运动夭折后，由伊朗国王巴列维发动的"白色革命"，实际上是统治集团为迎合伊朗国内外出现的变革思潮被迫做出的一种选择。它的出发点在于遏制由左翼民众发动的红色革命，抵御由宗教领袖领导的黑色革命，把伊朗建成发达的资本主义的君主国。就推进国家和民族发展来看，它也具有民族主义的内涵。

自近代以来，中东各国对外长期遭受西方列强的入侵、欺凌和奴役，对内则承受依附于列强的顽固封建势力的压迫。战后至20世纪70年代末，中东地区的各种社会思潮在中东各国人民反帝反殖反封建的抗争中，在中东各国由传统社会向现代社会转型的过程中孕育而生。这些社会思潮寄托和承载着不同国家和民族求新图变的美好愿望与憧憬,并对战后中东各国的民族解放运动和现代化发展发挥过积极作用。这些社会思潮的广泛传播,唤醒了中东各国民众的民族觉悟和民族精神,强化了他们争取国家独立和反帝反殖反封建的斗志,维护了其自身的民族权利和民族尊严。与此同时,这些社会思潮大都被不同国家付诸于实践,成为各国谋求社会发展和实现现代化的选择。尽管各国的实践存在差异,但整体说来,至少在两方面应予肯定。其一,中东社会思潮在转化为政治行动或治国方略后,由于它们普遍具有的反帝反殖反封建的属性,因而不同程度地打击和削弱了帝国主义、殖民主义和封建势力在中东各国的存在及影响,强化和巩固了民族独立国家的地位。其二,中东社会思潮在中东各国的实践有力地推动了新兴的中东民族独立国家的经济发展和社会进步,同时也为中东国家走向现代化奠定了初步的物质基础。

20世纪70年代末至90年代初是当代中东社会思潮兴起的第二个时期。在此时期,中东地区出现的压倒性社会思潮是伊斯兰复兴思潮。如前所述,战后初期中东地区的各种社会思潮是中东各国在抗争中培育而成的新思潮,同时它们又是在各种主客观条件尚不完全成熟的条件下,转而成为中东国家现代化尝试的指导思想。由于诸多因素的制约,中东各国在战后各种社会思潮的主导下进行的旨在强国的多种实践,未能充分显示出它的持久优越性及对民众的强大吸引力。相反却诱发了一系列新的矛盾和冲突。其中经济发展与社会政治发展失衡,政治发展滞后于经济发展是这些矛盾和冲突的集中表现形式。中东各国在推进经济迅猛发展和现代化的过程中,无论是共和制国家还是君主制国家,都未能从本质上促成相应的政治变革,并形成一套适宜各国现代化健康发展的民主政治体系。多数中东国家仍然维持着原有的传统政治结构,或是迫于形势,仅对原有的传统政治结构稍加改良。即便那些曾对民主政治充满渴望和向往的开明政治家,一旦被推上国家最高权力的宝座,也几乎毫无例外地选择了集权和专制的铁腕政策,选择了传统价值观的回归。中东各国的当权者既希望通过变革和现代化发展来实现强国之梦,又无限眷恋和崇拜凌驾于万民之上的个人权威。个人或一党的专断便成为各国社会变革和现代化运动中种种失误与弊端的渊薮。

在阿拉伯人魂牵梦萦的巴勒斯坦问题上,阿拉伯人与犹太人两大民族之间的悲剧性冲突旷日持久,双方多次爆发大规模的战争。但阿拉伯人却在战争中屡遭败绩,蒙受巨大的人力和财产损失,饱尝战败者的屈辱,而巴勒斯坦人世代生息繁衍的故土也被褫夺,合法的民族生存权遭践踏,大批巴勒斯坦人成为背井离乡、无家可归、四处流浪的难民。阿拉伯人将阿拉伯国家在战争中的败绩,归结为阿拉伯统治者的腐败与无能,并对各国的统治者充满了怨恨与仇视。阿拉伯各国的穆斯林渴望通过宗教的复兴,来实现他们梦寐以求的繁荣和强盛,因而纷纷投向伊斯兰复兴运动的大潮中,助长了伊斯兰复兴思潮及运动的迅速蔓延。

与此同时,中东国家在战后中东民族主义社会思潮的指导下进行的社会变革和现代化运动,多数是在各国广大民众远未自觉的情况下仓促而起的实践。除少数政治精英和力主变革的先觉者外,中东国家的民众大都习惯于旧的思维模式,对社会变革以及现代化与传统无情冲突缺乏应有的心理准备和持久耐性,更不具有在这种冲突中寻求生存的本能。他们分辨不清哪些是传统社会向现代社会转变过程中不可避免出现的问题,哪些是人为造成的过失。当他们在社会变革中获益时,常常会欣欣鼓舞,并对之采取迎合态度;当社会变革对他们久已熟识的传统社会结构和旧的生产方式形成强烈冲击而使其若有所失时,他们则感到困惑和迷惘,甚至会对社会变革持有敌对情绪,以至于各国的社会变革和现代化运动普遍缺乏适宜的氛围和必要的理解。

需要强调的是,战后中东民族主义社会思潮推动下实施的社会变革和现代化运动,还因刚性法规、民主政治、约束机制、调控政策和应急手段等方面的严重缺失,加之个人专断的猖獗,在中东各国不断衍生诸多令民众深恶痛绝的痼疾:政府和官宦腐败成风,社会财富分配严重不公,当权者疯狂聚敛钱财,贫富两极分化迅速扩大,失业和贫困人口急剧增长等。这些痼疾所产生的各种负面效应最终都演变为诱发社会剧烈动荡的酵母和催化剂。20世纪70年代末,在伊朗"伊斯兰革命"狂飙的冲击下,曾风靡一时的战后中东各种社会思潮的"让位"和伊斯兰复兴运动在中东广袤大地上的兴起便成为一种不可扭转的必然结果。

伊斯兰复兴思潮的兴起及其随后形成的复兴运动主要关涉两大问题:一是对战后中东各国社会改革和现代化运动的反思与批判;二是对处于困顿和衰势中的传统伊斯兰文化和价值观的重新肯定,同时也是对迅速渗透的西方文化和意识形态的抗拒。战后中东穆斯林国家多年来在不同社会思潮和发展模式指导下进行的社会变革与现代化尝试大都失败,穆斯林崇尚的伊斯兰精神和价值观在社会变革和现代化进程中受到严重冲击与侵蚀,由此唤起中东各国广大穆斯林对早期被理想化的伊斯兰"盛世"的怀念和向宗教的回归。但对于当代的伊斯兰教来说，呼唤向宗教的回归不能单纯视其为复古，实际上它的真正目的在于最大限度地强化伊斯兰教在国家和社会中的地位。同时托古改制、自我更新，通过复古的主张和要求，达到自我调节、自我完善，以便适应不断变化和发展的社会现实的需要。①

20世纪70年代末开始在中东各国出现的伊斯兰潮，表现形式各异，但却具有某些共同点或相似之处。第一，它具有超民族、跨地域、不受国界限制的特征。自伊朗伊斯兰革命后，骤然而起的伊斯兰潮以中东为辐射点，迅速波及亚非两大洲广阔地带，乃至全球其他地区。其涉及地域之广，民族之多，人数之众，均为世界罕见。它对世界政治、经济和文化的冲击和影响也是空前的。第二，伊斯兰潮和复兴运动呈现多中心、互不统属和形式多样的色彩。思潮兴起时间相对集中，彼此互动，但不具有统一性。因为它不存在任何得到所有穆斯林认同的领袖或权威人物，更没有任何统一的行动纲领或计划。各地的伊斯兰潮大都以我为中心，追求的目标也很不一致，甚至相互指责和攻讦。第三，普遍带有反对西方和外来"异质"文化，谋求自身"净化"和发展的性质。同时，它们还把斗争矛头指向本国的当政者，抨击他们与西方同流合污、沆瀣一气，谴责他们政治腐败，宗教和道德松弛与堕落。

20世纪90年代初至21世纪前10年是当代中东社会思潮兴起的第三个时期。在此时期，伴随苏联解体，冷战告终。对于中东地区来说，由于美国打赢了海湾战争，以及战后美国大兵在海湾的存在，致使美国在中东的各种影响飙升。另一方面，虽然美国打赢了战争，但中东和海湾地区原有的种种矛盾并未得到根本解决，而且还引发了新的矛盾和冲突，中东国家经历了又一轮分化与组合，中东局势更趋复杂化。这种态势导致战后中东国家的反美仇美情绪持续升温，并且强烈刺激着一度趋于"平缓"的伊斯兰宗教势力的反弹。90年代初伊斯兰复兴思潮和复兴运动在中东出现第二个高潮。这股伊斯兰潮自东向西、西北扩展，并在那些贫穷和经济形势每况愈下的国家形成气候。但这股伊斯兰潮未能持久和蔓延，便呈"退潮"之势。这一现象的出现可从伊斯兰潮自身找到原因。"伊斯兰原教旨主义运动植根于贫穷、耻辱、失望和怨恨之中，产生于包括从外部引

---

① 参见金宜久：《论伊斯兰教的自我调节》，《西亚非洲》1998年第2期，第14页。

进的及当地伪造的各种政治经济的灵丹妙药失败之后。"①反观伊斯兰复兴运动,它的盛行并未将广大穆斯林带入经济繁荣、社会稳定、平等和谐和国泰民安的理想社会。相反,因受极端宗教思潮的困扰,许多中东国家长期处于政局动荡、战乱不止、经济恶化和民穷国弱的窘境。这种状况势必引发中东各国民众的深思,并着力探寻思维定势和政治诉求的新突破。

然而,在伊斯兰潮"退潮"之时,中东仍有暗流涌动。其中影响最大的是进入21世纪以来中东恐怖主义和恐怖活动的泛滥,而"9·11"事件则将其推上了"巅峰"。恐怖主义的源头是极端民族主义和极端宗教主义。它在中东穆斯林群体和非穆斯林群体中都有表现。需要澄清的是,在涉及恐怖主义问题时,往往有人会将其同伊斯兰教联系在一起,或者视作等同关系。实际上,这完全是一种误解。鼓吹恐怖主义和煽动恐怖活动只是伊斯兰世界的一股逆流,且属极少数人所为,它决不能改变或替代伊斯兰教的主流发展方向。美国著名学者埃斯波西托曾客观指出:"专注于作为一种全球性威胁的'伊斯兰原教旨主义'助长了一种把暴力等同于伊斯兰教的倾向。这种倾向未能把个别人非法地利用宗教与世界穆斯林大多数的信仰和实践区别开来,而后者如同其他宗教一样,希望在和平中生活。"②

与此同时,中东地区也萌发着新的变革思潮,其中包括近些年来兴起的伊斯兰中间主义思潮。伊斯兰中间主义将敬主爱人、追求和平、公正宽容、守正不偏视为伊斯兰哲学的基本价值观。同时强调,凡事都要坚持中正、均衡和辩证的原则,反对各种极端倾向。这一思潮是后冷战时代阿拉伯伊斯兰世界面对外部的"伊斯兰威胁论"、"文明冲突论"和内部的各种极端主义与恐怖主义,以及全球化浪潮冲击的一种积极反映。从某种程度上讲,它体现了伊斯兰教和伊斯兰文明未来潜在的发展趋势。在伊斯兰世界,还有一些穆斯林学者和法学家另辟蹊径,从法学视阈着手,探索对伊斯兰法的变革或衍新,以便寻求摆脱困境的突破,实现与时俱进。而在以色列则出现了后犹太复国主义思潮,这一思潮依据"新史学家"对大量档案文件和相关史料的深层研究,并联系犹太复国主义的历史

---

① Bernard Lewis,"Rethinking the Middle East", *Foreign Affair*, Winter 1992, p.115.

② [美]J.L.埃斯波西托:《伊斯兰威胁:神话还是现实》,张晓东等译,社会科学文献出版社1999年版,第333页。

发展轨迹和以色列的国内现状，从以色列的国家性质和发展朝向等诸多层面，提出了一系列批判性的观点，由此凸显了犹太复国主义的悄然变化。

二、中东社会思潮的主要类型及评述

当代中东不同时期出现的各种社会思潮是中东政局与中东各国社会、政治、经济和宗教文化发展的反映，两者之间具有内在的互动关系。同时，这些社会思潮在不同国度和不同时期又存在明显差异。总起来看，当代中东地区出现的各种社会思潮在地域空间上大致可归纳为三类：一是主要在单个国家流行的思潮，例如伊朗的哈塔米主义、利比亚的卡扎菲思想、苏丹哈桑·图拉比的"伊斯兰试验"、土耳其的伊斯兰主义、以色列的犹太复国主义等，基本上都属于这一类型；二是主要在某个国家群，诸如在多个阿拉伯国家或穆斯林国家传播的思潮，这一类型主要包括阿拉伯民族主义、埃及的纳赛尔主义、伊拉克和叙利亚的复兴社会主义等；三是在整个中东地区或中东绝大部分地区流行或传播的思潮，这一类型主要涉及当代的伊斯兰复兴思潮、后冷战时代的中东恐怖主义，以及在全球化背景下出现的伊斯兰中间主义和伊斯兰法的衍新思潮等。此外，从中东社会思潮的内涵来看，它们大致又可区分为世俗的政治思潮和宗教复兴思潮两大类。但是，基于中东地区的宗教地域特征，以及不同宗教对各国社会和政治的根深蒂固之影响，中东社会思潮中的政治因素和宗教因素实际上又是很难截然分开的。因此，中东世俗的政治思潮中蕴含着宗教基因，而宗教思潮中又带有强烈的政治诉求。它们在彼此不断的抗衡、碰撞、融合中释放能量，并以不同的方式影响着中东社会、政治、经济和历史的演进。

本书在对当代中东地区和中东各国不同时期盛行的各种社会思潮逐一筛选的基础上，挑选了其中 12 种或是具有代表性，或是影响力极大，或是具有潜在发展势头的社会思潮作为主要的研究和探讨对象。通过这一研究，旨在能够比较全面地反映和展示当代中东社会思潮兴起的基本脉络和客观面貌，以便有助于人们更好的解读、判断、诠释当代中东社会思潮对中东政局和中东各国社会、政治、经济、宗教文化发展过程中所发挥的作用。

阿拉伯民族主义是战后中东地区最具影响力的社会思潮。它肇始于 19 世纪下半叶,在战后初期至20世纪70年代中后期形成了一个新的高潮期。阿拉伯民族主义是阿拉伯人在谋求民族权利的抗争中发展起来的一种振兴阿拉伯民族的意识形态。它主张阿拉伯人是一个民族共同体,渴望建立一个统一独立的阿拉伯国家。阿拉伯民族主义经历了百余年的发展和演变,早期为阿拉伯人中的基督徒倡导的阿拉伯文化复兴,伴随时光的推移和阿拉伯人的抗争,逐步演化为整个阿拉伯民族谋求解放与自强的政治运动。阿拉伯民族主义具有丰富的政治、经济、文化、宗教等蕴含,其表现形式亦呈多样化和多元性。复兴社会主义和纳赛尔主义是战后阿拉伯民族主义的主要代表和集中体现,尤其是纳赛尔以其坚定的反帝、反封建和实现埃及完全独立的抗争精神而被誉为阿拉伯民族效仿的榜样,并使之倡导的纳赛尔主义曾一度盛行于阿拉伯共和制国家。在阿拉伯君主制国家,阿拉伯民族主义的主要载体,是各国在捍卫民族资源主权或掌握石油权益决定权这一指导思想下开展的反剥削、反掠夺的斗争。

与此同时,实现阿拉伯民族的团结与统一一直是阿拉伯人最核心的政治追求。从复兴党的"统一、自由和社会主义"到纳赛尔的"自由、社会主义和统一",再到卡扎菲所呼唤的阿拉伯统一,无不凸显它在阿拉伯人心中的重要地位。但在战后半个多世纪的具体实践中,阿拉伯人的团结与统一无论采取何种模式,却屡遭挫折和失败。原因在于:阿拉伯民族由不同阿拉伯国家组合而成,民族利益与国家利益相互制约。当某个国家过分强调和牟取本国利益时,往往容易削弱或破坏整个阿拉伯民族的利益;反之,当民族利益被置于不适当的位置,或是被一些人所利用时,它又会触犯和伤害某些国家的利益。这种"二律背反"现象最终导致阿拉伯国家缺乏应有的内聚力,甚至衍生民族疏离和分立倾向。后冷战时代全球化的强劲发展预示了,未来阿拉伯民族主义的发展趋势将由主张国家间或政治实体间的合并转向各国之间的经济和文化等方面的合作,并朝着建立局部性的区域一体化的目标迈进。

土耳其是中东地区最早建立共和制的国家,并且实行政教分离。20世纪70年代以来,土耳其宗教势力却在"伊斯兰主义"的旗帜下迅速崛起,宗教政党甚至通过合法途径掌握了国家政权。土耳其的所谓伊斯兰主义,是在伊斯兰教的名义下为全面或部分地实现伊斯兰教法的一种政治思潮和政治行为。它主张在政治上建立符合伊斯兰教法的"伊斯兰国家"和伊斯兰社会;经济上实行社会公正、平等和正义,反对西方的经济制度;法律上以伊斯兰教法代替受西方影响制订的法律;文化上反对西方化、世俗化的意识形态、生活方式和价值观念。① 伊斯兰主义不是一种纯粹的宗教思潮或宗教主张,而是一种政治思潮。土耳其当代伊斯兰主义思潮的兴起取决于内外多种原因,它最初与土耳其多党民主制同时出现。伴随土耳其社会经济的变化,伊斯兰主义思潮所追求的目标不断变迁,但它仍以政党政治为主要的表现形式,具有明显的政治内涵。当代土耳其伊斯兰主义的发展与全球化的冲击以及伊斯兰主义与土耳其现代化模式的转变存在各种内在互动联系,并由此折射出当代土耳其社会政治发展的基本特点和伊斯兰教的功能,同时它还有助于人们对凯末尔主义世俗化改革对当代土耳其社会政治发展的影响作出客观的判断与反思。

哈塔米是伊朗宗教领袖霍梅尼之后的伊朗什叶派政治思维的现代主义代表。

1996—2004 年哈塔米担任伊朗总统期间,主张在对伊斯兰文明充分理解的基础之上,寻求伊斯兰文明下的政治发展道路,并相信伊朗完全可以建立具有自身特色的伊斯兰民主政治。哈塔米倡导建立公民社会,认为西方的公民社会是建立在希腊罗马文明遗产之上,是希腊城邦时代的产物,而他的公民社会则是建立在先知之城的基础上,是具有中东特色的公民社会。两种公民社会并不冲突。此外,他还倡导文明间对话,因为文明间对话可以消除分歧、加强团结、增进了解、促进合作。"文明间对话"的精神来自伊斯兰的最高教义。东西方文明对话的意义在于,东方可以教会西方认识到人类生活中精神的极度重要性,同时也可以学到西方文明成就的积极方面。哈塔米的政治思想一度在伊朗社会产生重要影响,是对伊朗和正在发生变化的世界的反映。由于伊朗独特的政治背景,伊斯兰传统和革命精神在增进国家团结的同时,也使伊朗政治变得更加敏感,宗教领袖主导下的平衡政治,决定了党派交替的现实。但无论如何,哈塔米执政期间相对宽松的社会环境,温和的政治立场,不同价值观的争鸣释放出的社会能量,让伊朗人看到了未来变革的希望和方向。

现代犹太复国主义作为一种社会和政治思潮,同早期的犹太宗教文化存在各种内在联系。它不仅容纳了不同的犹太思想流派,而且赋予犹太教中的返乡复国以时代内涵,借此实现了古老弥赛亚观念的现代复活。以色列诞生后,犹太

---

① 金宜久主编:《伊斯兰教与世界政治》,社会科学文献出版社 1996 年版,第 238 页。

多数派中强硬的犹太复国主义思潮,长期影响着以色列的国家发展朝向和以阿关系,并且规范着犹太复国主义的走向,从而使阿拉伯人和犹太人这两个民族在第二次世界大战后经历了旷日持久的悲剧性冲突。后犹太复国主义是在冷战结束后世界格局和中东政局发生空前变化的历史背景下,在以色列犹太社会中出现的一种新思潮。它依据"新史学家"对大量档案文件和相关史料的深层研究,并联系犹太复国主义的历史发展轨迹和以色列的国内现状,从以色列的国家性质和发展朝向等诸多层面,提出了一系列批判性的观点。但它尚不具备完整的思想理论体系,其支持者主要为犹太左翼力量和身处犹太社会边缘的阶层,因而它自身的力量还十分脆弱,并未摇撼传统和极端犹太复国主义在以色列现政府决策中的话语权及霸主地位。其意义在于,它对犹太复国主义的基本特征和价值观以及未来以色列政治的发展构成了不容忽视的潜在影响。

中东地区的宗教地域特点决定了伊斯兰宗教思潮一直是不同历史时期中东社会思潮的重要构成。当代伊斯兰复兴思潮及其运动是战后中东国家在推进现代化的大背景下出现的一种社会思潮。从本质上讲,它所反映的是传统伊斯兰教的变迁与中东各国推进现代化之间的各种互动关系。伊斯兰教和现代化各有其内在的系统整体性和微妙的依存性,但要会通彼此的契合点或从中找出二者之间演进的潜在规律,绝非易事。中东历代的思想家、政治家和伊斯兰精英人士在现代化的进程中前赴后继地进行着各种尝试,但都未能从根本上解决两者之间的矛盾和问题,以至于伊斯兰复兴思潮周期性地反复出现。当代伊斯兰复兴思潮及其运动主要关涉两大问题:一是对第二次世界大战后中东国家社会变革和现代化运动的反思与批判;二是对处于困顿和式微中的传统伊斯兰文化和价值观的重新肯定,同时也是对迅速渗透的西方文化和意识形态的抗拒。当代伊斯兰复兴思潮及其运动迸发的原因、具体内涵、表现形式、发展阶段、追求的目标和未来走向等,在中东各国既有共性,也存在差异,并在多种因素的作用下,经历着潮起潮落的嬗变。

苏丹的哈桑·图拉比是霍梅尼之后中东地区最具影响力的宗教政治思想家之一,被称为"非洲霍梅尼"。哈桑·图拉比主张与时俱进,改革宗教,实行政教合一,建立伊斯兰国家,并将圣战思想引入苏丹内战中。同时,图拉比强调"伊斯兰的温和与宽容",但坚持"伊斯兰是唯一的现代性","没有伊斯兰,苏丹就没有认同、没有方向"。哈桑·图拉比认为他领导的伊斯兰复兴运动是"建立在人民价值观基础之上，由知识分子引导，动用宗教资源促进不发达国家发展的新尝试"。图拉比注重苏丹伊斯兰经验的独特性和完美性。但总的来说，图拉比是一个充满矛盾的宗教政治人士，在思想上是一个理想主义者，在实践上是一个现实主义者。他主张社会先于国家，强调建立一个和谐的伊斯兰社会，但没有国家统一，又何来社会安定与和谐。他主张伊斯兰教的普世主义，强调伊斯兰的世界新秩序，却又提不出合理秩序的规则与可行性，总是试图聚合世界各国非主流的政治反对派，使自身陷于孤立境地。他倡导宗教对话，主张宗教宽容，但又摆脱不了排斥异域文化的局限。在纷乱复杂的苏丹，图拉比的思想及其伊斯兰试验最终成了政治斗争的牺牲品。而卡扎菲通过军事政变夺取国家政权后，提出要在利比亚实现的"伊斯兰社会主义"，则是在伊斯兰教的旗号下，涉及政治、经济、宗教、文化、教育等内容的一整套治国理论体系。卡扎菲试图借助这一体系，从意识形态的不同层面，对利比亚社会实施自上而下的彻底改造。这种治国理念与实践无疑带有明显的"乌托邦"和"理想化"的色彩。事实上，卡扎菲思想的本质是要无条件地树立和确保他个人的绝对权威，并由他根据自己的主观意愿来设定利比亚的发展方向。然而，卡扎菲思想在付诸实践的过程中，却因背离国际大趋势和利比亚的具体国情而四处碰壁，屡遭挫折，致使利比亚长期陷入内外交困的窘境。卡扎菲政权最终也在内外反对派力量的武力讨伐中走向末路。

中东地区是多种矛盾和冲突的"集合点"，由此导致它也成为恐怖主义活动的多发区。中东恐怖主义主要表现为以政治诉求为主的、以宗教诉求为主的、国家恐怖主义和国际恐怖主义四大类。冷战后，中东恐怖主义全球化特质明显，伊斯兰极端主义和极端民族主义趋同化步伐加快。恐怖袭击目标的象征性和影响性强，恐怖组织成员向精英群体发展，专业化程度进一步提高。中东恐怖主义膨胀的原因，既有恐怖势力对伊斯兰"圣战"思想的误解和利用，也有美国的中东霸权政策及其对伊斯兰教的偏见，也有全球化运动对中东造成的伤害。中东恐怖主义不但使中东各国的政局不稳，而且加剧了整个中东局势的动荡，加深了阿以之间的民族仇恨，迟滞了中东和平进程，影响了本地区乃至全世界经济的健康发展，并诱发了世界各地的恐怖主义活动。对于中东恐怖主义来说，只要伊斯兰国家在国际政治和国际经济体系中的地位仍处于边缘化的弱势地位、中东问题得不到公正的解决，只要美国继续推行错误的反恐怖战略，只要中东国家政治、经济和社会问题依然存在，中东恐怖主义就会在一定时期和一定条件下激化。

此外,由于高智商、高学历的恐怖分子不断涌现,恐怖手段更加隐蔽,恐怖能力更强,加之"基地"组织的恐怖主义理念全球化特质明显,社会基础越来越大,因此,恐怖活动短期内难以根除,恐怖势力也不可能完全退出政治舞台。

面对内外挑战,自20世纪80年代以来,阿拉伯伊斯兰世界又萌发了一种新的社会思潮,即伊斯兰"中间主义"。这一思潮是后冷战时代阿拉伯伊斯兰世界面对外部的"伊斯兰威胁论"、"文明冲突论"和内部的各种极端主义与恐怖主义,以及全球化浪潮冲击的一种积极反映。从某种程度上讲,它体现了伊斯兰教和伊斯兰文明未来的发展趋势,同时它对阿拉伯伊斯兰国家的内政和外交亦将产生深刻的影响。伊斯兰中间主义将建立在一神论基础之上的中正和谐观以及敬主爱人、追求和平、公正宽容和守正不偏的传统作为伊斯兰文明的核心价值观,强调凡事都要坚持中正、均衡和辩证的原则,反对极端倾向。伊斯兰中间主义认为那些打着伊斯兰教旗号,伤害无辜百姓的各种恐怖行径和暴力活动,实际上都怀有各自的政治企图,与伊斯兰教和平宽容的价值观背道而驰。同时,它还倡导恢复和强化"伊智提哈德"(法律创制)这一伊斯兰文明的创新和发展机制。呼唤正本清源,弘扬伊斯兰教中正宽容的诉求,致力于社会公正,建立互信与和谐,妥善处理资源开发、经济发展与生态平衡、环境保护之间的相互协调关系,等等。伊斯兰中间主义是一种温和的、渐进的社会政治变革思潮。旨在应对阿拉伯伊斯兰世界在后冷战时代这个新的历史时期所面临的内外挑战,以便增强伊斯兰文明和阿拉伯伊斯兰国家自我解困、自我调节、自我更新的能力。它体现了阿拉伯伊斯兰世界人心思变的趋势,并顺应了时代发展。

另一方面,还有一些伊斯兰学者力图从变革伊斯兰法的视域来推动阿拉伯伊斯兰世界的发展和振兴。伊斯兰法是伊斯兰文明的核心构成,具有丰富的内涵和特殊的规定性。伊斯兰法在漫长的历史演进中,经历了初创、发展和日臻完善以及趋于程式化的复杂过程。伊斯兰法作为真主的法度,植根于穆斯林的信仰和意识之中,它不仅规范着穆斯林个体的生活方式和价值诉求,而且发挥着调整社会关系和构建符合伊斯兰基本精神的社会生活秩序的功能。近代以来,面对内外各种巨大的压力,伊斯兰法的变革成为主导倾向。经过法制改革,古老的伊斯兰教法在法学理论、法律体系、司法制度方面发生了相应的深刻变化。第二次世界大战后,伴随中东独立民族国家体系的形成和中东伊斯兰各国现代化战略的实施,特别是在全球化趋势日渐强劲的态势下,伊斯兰法面临新的变革或衍新。伊斯兰法的衍新，其本质是要依据经训原则、社会发展和时代需求，对伊斯兰法做出符合时代变迁的诠释，创制出与时代趋同的法律规范，从而实现伊斯兰法的衍化更新和与时俱进。

三、全球化时代中东社会思潮的走向

人类进入 21 世纪以来，世界经济和国际政治在日趋强劲的全球化态势的冲击下，正在发生空前的深刻变化。全球化使人类交往的范围、内容、方式、性质及其产生的影响等都具有了新的蕴含。面对新形势，中东各国相继步入新一轮顺应时代潮流的调整、变革和发展期。但是，如何从思想上廓清对全球化及其引发的各种连锁效应的认识，达成基本的共识，形成合力，这对于中东国家特别是阿拉伯国家来说很难一蹴而成。

实际上，阿拉伯各国的精英们对全球化的看法大相径庭。例如，北非学者阿布杜·拉赫·巴尔卡齐兹（Abdal-Ilah Balqqziz）认为全球化就是美国化，因为美国人主导全球化的方式、权力、利益和目标。① 阿拉伯学者侯赛因·马卡姆（Husayn Malum）认为，美国的世界秩序战略就是推进经济全球化，将市场经济模式传遍全球，破坏其他国家、民族和民众的自主选择权力，全球化是 21 世纪美国世界秩序的基础。② 埃及开罗大学教授哈纳菲（Hanafi）则认为，全球化代表一种建立在种族主义和统治意愿基础上的潜在的西方"自我中心主义"，是西方国家利用所谓新思想和新观点使他们的霸权合理化。③ 也有一些阿拉伯学者能够更理性地看待全球化。他们主张穆斯林世界要融入全球化浪潮，认为全球化是一股难以避免的力量与结构，以信息革命为标志的全球化将世界改变为地球村，各地区不能孤立存在，否则就会生活在历史的边缘，要对全球化进行科学、理性、辩证的分析。④ 埃及学者福阿德·扎卡利亚（Fuad Zakariya）甚至批评和指责反全球化的阿拉伯学者并不完全理解全球化，并且认为他们不能为全球化这一概念

---

① Fauzi Najjar，"The Arab，Islam and Globalization"，*Middle East Policy*，Fall 2005，No，3，p.93.

② Ibid.

③ *The Daily Star*，September 13，2002，pp.42-43.

④ *Al-Ahram*，July 26，2002.

给出精确的、信服的概念界定。扎卡利亚认为，应该对全球化进行"理性的思考"，许多问题只能通过全球性活动才能解决，例如环境问题、人口问题和全球变暖问题。他认为阿拉伯人批评全球化是轻蔑全球化和反西方文化的表现，在否定态度后面有一种"潜意识的心理定式"，他不承认全球化就是西方文明和文化的霸权。①

尽管在全球化问题上中东学者和中东国家之间存在歧义，但步入 21 世纪以来，在全球化大潮和中东各国力主强化政治经济变革呼声的推动下，中东社会思潮朝着温和、理性和务实方向的转化已在不同国家悄然而起，并已初露端倪。主要表现在以下几方面：（1）仍坚持复兴社会主义的国家，如叙利亚在政治层面适度放松了对国民的控制，实施有限民主化和执政理性化的变革；在经济层面融入全球化经济理论，选择政治稳定优先的发展模式；在国际关系层面则以国家利益为首要原则，理想主义服从现实主义。（2）海湾君主国迎合时代和民心所向，加大政治改革步伐，并在伊斯兰框架内开始引入政治民主化的一些程序和机制。同时为"软化"国内不断升温的反美情绪，亲美政策有所收敛或节制。（3）在伊斯兰原教旨主义者掌权的国家，如伊朗和苏丹，其强硬和浓重的原教旨主义色彩不同程度地发生"蜕变"，并表现出与不同文明和国际社会平等对话的强烈愿望。（4）在一些阿拉伯国家萌发的伊斯兰中间主义思潮开始被更多的中东国家所接受，这一温和的变革思潮所具有的潜在影响力有可能成为未来伊斯兰世界的主流价值观。（5）关于中东伊斯兰潮的走向，出现了诸如"运动衰败论"、"中心转移论"、"东西呼应论"和"十字路口论"等观点②。但伊斯兰潮难以"回潮"的判断成为多数人的共识。主要依据：一是中东局势总体趋向政治和解，美国在中东的主导地位进一步加强，它在启动中东和平进程的同时，加大对极端宗教势力的遏制；二是中东各国迫于各种压力，加强同外部世界联手围堵打击极端宗教势力和非法宗教组织，制定有一系列防范机制；三是后冷战时代全球化趋势日渐强劲，对中东各国的社会、政治和经济等构成巨大挑战，中东各国经济发展的紧迫性更加突出，它在很大程度上淡化了民众对伊斯兰复兴思潮和复兴运动兴起之初的那种狂热和激情。

---

① *Al-Ahram*, July 26, 2002, p.100.

② 参见北京大学亚非研究所编：《亚非研究动态》1995 年第 1 期。

全球化时代,中东社会思潮呈现的新变化反映了中东各国的民心所向,也是由中东各国在新的历史条件下面临的紧迫的强国富民使命所决定的。但任何事物都具有双重性。基于多种因素的影响,冷战后中东社会思潮中仍存在某些背离时代发展的逆流。其主要表现是,在未来相当长的时期内中东地区和中东国家还不能完全抑制或清除极端主义思想和恐怖主义所煽动的暴力恐怖活动。中东极端主义思想和恐怖主义存在的原因十分复杂,需要具体情况具体分析,不能笼统而论。就阿拉伯世界来说,伊斯兰极端分子对"圣战"含义的肆意歪曲;阿以流血冲突持续升级和巴勒斯坦人对和平进程及建国梦的绝望;美国在中东的先发制人和单边主义战争,以及以色列仰仗美国的袒护对巴勒斯坦人的僵硬政策;全球化导致阿拉伯国家的进一步边缘化和贫困化,等等。所有这些都加速了恐怖主义和恐怖活动的蔓延。

少数伊斯兰极端分子的恐怖主义活动也在犹太极端民族主义者和极端宗教分子中诱发了复仇的回应。他们转而宣扬对阿拉伯人的仇恨,鼓动以牙还牙,"为上帝而牺牲",甚至期待以色列用核武器消灭所有的阿拉伯敌人,建立全新的君权神授、政教合一的以色列王国①。其结果,阿犹之间的暴力和恐怖活动长期陷入冤冤相报,恶性循环的怪圈,并且无情地蚕食着彼此仅存的对和平的企盼。但犹太极端势力的暴力和恐怖行为不同于伊斯兰教,呈现国家恐怖主义的态势。

另一方面,以色列国内厌恶战争和渴望和平的力量也在升腾,并出现"后犹太复国主义"的萌芽。倡导这一思潮的以色列学者,通过对大量焦点性的档案、文件和相关史料的深层研究,并联系犹太复国主义的历史发展轨迹和以色列的国内现状,从以色列的国家性质和发展朝向、舆论宣传和国民教育、以色列阿拉伯少数派的公民权利、经济全球化与政治民主化,以及以巴冲突等层面,提出了一系列批判性的观点。后犹太复国主义主张,以色列应该形成一种公民身份,形成一种旨在适应自由民主的普遍价值标准的制度框架。任何一个民族在实质上及制度上都不能凌驾于其他少数民族之上。同时,它对以色列现今构成的国家的合法性不予认同。坚信以色列必须在民主性或犹太性两者之间选择其一。它还强调,应接受以色列支离破碎的现实来昭示有必要把以色列变成所有居民的

---

① 王逸丹:《恐怖主义潮源》,社会科学文献出版社2002年版,第12页。

国家,而不是牺牲其他集团的认同感来彰显单一集团的认同感。

此外,由于两极格局崩溃,原来长期被遮盖的民族问题重新浮出水面。如前所述,中东地区和中东国家民族和部族众多,并且分属不同的宗教或教派,加上各民族之间历史上的恩恩怨怨,民族问题一直是困扰中东各国社会、政治、经济发展的一个重要因素。除了旷日持久的阿以冲突之外,中东的民族问题主要涉及库尔德人、亚美尼亚人、柏柏尔人,以及塞浦路斯的希腊族和土耳其两族的争端等。其中以土耳其和伊拉克的库尔德问题最突出。伊朗也存在库尔德问题,但不像土、伊那样严峻。三国的库尔德问题相互影响,彼此互动。库尔德问题的实质是:库尔德人要求实现库尔德民族解放,建立独立的库尔德国家;要求在库尔德聚居区实行民族自治,分享更多政治、经济和社会权益;要求享有与所在国所有公民同等的政治地位和权利等。长期以来,库尔德人为实现他们所追求的政治目标,分别同各所在国政府进行着不懈的抗争,致使库尔德问题犹如一颗不定时的炸弹困扰着所在国政府。同时它对中东局势也构成一系列的负面效应。由民族问题引发的新型民族主义同样是后冷战时代中东社会思潮的一个组成部分。但因本书篇幅和文献史料的局限,特别是相关的中东民族思潮较之其他社会思潮尚不十分突出,影响力有限,故而本书未将其作为主要的研究和探讨对象。

21世纪第一个十年行将结束之际,对中东国家和中东社会构成最大冲击的事件莫过于中东政局的动荡和剧变。西方则称其为"阿拉伯之春"。2010年12月17日,突尼斯失业青年穆罕默德·布瓦吉吉在抗争与绝望中引火自焚,由此引发了几乎波及中东所有阿拉伯国家的强大的反政府浪潮,并在突尼斯、埃及、利比亚、也门和叙利亚等五个共和制阿拉伯国家形成五大"热点"。其结果,统治突尼斯23年的本·阿里政权、统治埃及31年的穆巴拉克政权、统治利比亚42年的卡扎菲政权、统治也门33年的萨利赫政权纷纷倒台,统治叙利亚40余年的阿萨德政权岌岌可危。可以肯定地说,阿萨德政权垮台与否,叙利亚的政治变革已是不可逆转的必然趋势。

中东阿拉伯国家的政治剧变具有突发性、连锁性和颠覆性三大特点。它是阿拉伯国家多年来聚集的内外各种矛盾和冲突的总爆发,同时也是阿拉伯世界继20世纪四五十年代的独立运动、五六十年代的共和主义运动和冷战结束后的"民主化"运动以来,又一次自下而上的和波及整个地区的政治变革运动。其目标在于:反对传统的威权主义统治,争取社会平等、经济繁荣、政治民主和外交独立。换言之,它是阿拉伯民众尤其是共和制阿拉伯国家民众,渴望重新选择本国和本地区政治经济发展道路的一种新的抗争。阿拉伯国家的政治剧变取决于内外两大原因。概括讲,内因主要是动荡各国在民生、民主和民权等方面存在的严重问题;外因则是美国在"9·11"事件后对中东地区实施的旨在促使中东国家内变的所谓"民主改造"的大中东计划,以及西方不断利用互联网鼓动所产生的综合效应。

然而,阿拉伯国家新政权的建立和政局的稳定却需要相当长的过渡期,各派政治力量之间的激烈争斗也会伴随新政权的构建而长期存在。其原因,一是多数阿拉伯国家的社会和经济结构基本上都没有完成由传统农牧社会向现代工业社会的转型,没有经受过充分的现代大工业或现代工业文明的洗礼,尚未产生能够真正代表先进生产力的社会群体和阶层,而新崛起的各国反对派的成长与整合,及其在政治上走向成熟有待时日;二是各国新政权同样面临棘手的民生、民主和民权问题,这些问题短时间内不可能得到根本性解决。相反,由于各国的社会政治动荡和政权变更,新旧矛盾叠加,致使经济发展受到巨大冲击,甚至普遍出现倒退。因而,各种无法回避的棘手问题注定了阿拉伯新政权将承受持久的挑战与考验。此外,各种外部势力对阿拉伯国家事态的频繁插手或介入则进一步增加了其复杂性和艰难性。

阿拉伯变局目前依然在衍化之中,其政治走向和发展趋势尚需冷静观察和审慎判断。根据已有的迹象或初露的端倪来看,有两大因素将对政权变更的阿拉伯国家的未来政治发展形成重大影响:其一是军队在阿拉伯国家新政权和新体制的构建过程中仍将发挥重要作用。从某种程度上讲,军队一直在设法掌控政权变更后国家的发展方向,这一态势在埃及尤为明显和突出。其二是阿拉伯各国的伊斯兰政治力量有可能出现明显的两极分化,主流伊斯兰组织将不断调整其政策主张,并谋求同世俗政党的合作与分权,从而使伊斯兰组织的发展空间得以扩大。但阿拉伯国家不可能出现类似伊朗式的伊斯兰政权。原因在于:各国伊斯兰组织缺乏众望所归、能为民众广泛接受的领袖人物;伊斯兰组织没有足够实力独掌国家政权;多数国民和国际社会不支持建立伊斯兰政权;伊朗的"负面榜样"使得许多民众对所谓的伊斯兰政权不抱希望,而国际社会同样大都不欢迎伊斯兰政权。基于上述诸多因素,处在变局中的阿拉伯各国和阿拉伯世界,其社会思潮亦将出现相应的新变化。这种变化无疑将会以探寻与阿拉伯国家互为适应的政治、经济和社会发展新模式为基调,并致力于阿拉伯国家的复兴、繁荣、民主、独立和强盛。然而,这种求新图变在整体上不大可能逾越阿拉伯世界固有的宗教地域特征和悠久的阿拉伯传统。对于任何一个民族和国家来说,现代化的发展和文明的演进不可能完全背离其固有的传统和民族性,不同时期和不同阶段的社会政治发展必然是历史的一种合理延续。传统是每个民族赖以存在和发展的基础,是其长期思维活动和生产活动历史的积淀和结晶,它的生成与不灭自有其内在依据,因此,传统应该是一个民族和国家走向进步和文明的源头。但是,承认传统在一定时期存在的合理性,并不意味着肯定其背离时代或逆历史潮流的消极因素。在人类历史的长河中,落后终将让位于先进,新事物终将取代旧事物,这是不以人们意志为转移的客观规律,任何人都不可能改变这一自然法则。在人类走向进步和文明的艰难而漫长的历程中,不管是先进还是后进的民族和国家,都需要适时地在新旧力量和先进与落后势力的冲突和对抗中不断地进行调整,以便存良去莠,向更高层文明演化。处在变局中的阿拉伯国家和阿拉伯世界,其社会思潮亦将遵循上述规律发展和演进,并经受历史的验证。

第一章　阿拉伯民族主义思潮的由来和演变

　　阿拉伯民族主义产生于 19 世纪中后期,是近现代阿拉伯历史上的一种重要社会思潮,是阿拉伯人在争取民族权利的斗争中发展起来的一种振兴阿拉伯民族的意识形态,主张阿拉伯人是一个民族共同体,渴望建立一个统一独立的阿拉伯国家。阿拉伯民族主义经历了百余年的发展和演变,它肇始于阿拉伯人中的基督徒早期倡导的阿拉伯文化的复兴,并伴随时光的推移和阿拉伯人的抗争,逐步演化为整个阿拉伯民族谋求解放与自强的政治运动。阿拉伯民族主义具有丰富的政治、经济、文化、宗教等蕴涵,实现阿拉伯民族的团结与统一一直是阿拉伯人最核心的政治追求。从复兴党的"统一、自由和社会主义"到纳赛尔的"自由、社会主义和统一",再到卡扎菲所呼唤的阿拉伯统一,无不凸显它在阿拉伯人心中的重要地位。但在具体实践中,阿拉伯人的团结与统一无论采取何种模式,却屡屡遭受挫折和失败。其原因在于:阿拉伯民族由不同阿拉伯国家组合而成,民族利益与国家利益相互制约。当某个国家过分强调和牟取本国利益时,往往容易削弱或破坏整个阿拉伯民族的利益;反之,当民族利益被置于不适当的位置,或是被一些人所利用时,它又会触犯和伤害某些国家的利益。这种"二律背反"现象最终导致阿拉伯国家缺乏应有的内聚力,甚至衍生民族疏离和分立倾向。未来阿拉伯民族主义的发展趋势将由国家间或政治实体间的合并转向各国之间的经济和文化等方面的合作,并朝着建立局部性的区域一体化的目标迈进。

一、阿拉伯民族主义概述

1.阿拉伯民族主义的缘起

阿拉伯民族主义是近代东西方文明碰撞、交汇的结果,是西方民族主义思想与东方阿拉伯传统素材诸如种族、语言、文学、传统、地域等相结合的产物,具有明显的复合性特征。① 就其具体内涵而言,阿拉伯民族主义是近代阿拉伯民族在民族觉醒的基础上发展起来的、旨在争取生存、平等、独立、发展等一系列民族权益的一种社会政治思潮和实践。在地缘上,阿拉伯民族主义属于东方民族主义的范畴。阿拉伯民族主义虽然具有连贯性,但其意义和内涵却是随着社会和社会关系的变化而变化,这些变化涉及意识形态、经济、宗教和社会等层面:它既是一种社会概念,"指一种关系,即阿拉伯民族内部各成员间存在的纽带联结关系";也是一种政治思想,"是一股强大的创造性力量或推动力","旨在争取生存、平等、独立、发展等一系列民族权益",随着它的演进和完善,逐步发展成为一种思想体系,并在民族成员中汇聚成一股思想潮流;最后它还是一种谋求民族权益的社会实践和群众运动,"如果一个民族客观存在,那么必然有民族权力的谋求与之相伴随"②。

从阿拉伯民族主义的发展进程和目标上看,它最初是在阿拉伯人争取民族权利的斗争中发展起来的一种振兴阿拉伯民族的意识形态和社会运动,主张阿拉伯人是一个民族共同体,渴望建立一个统一独立的阿拉伯国家;进入20世纪后,阿拉伯民族主义又增加了反对帝国主义、反对犹太复国主义和实现社会主义的内容,"目标是将阿拉伯故土从各种内部的剥削和外国奴役下解放出来;使阿拉伯人自己统治他们的国家,实现统一,按照他们自己的意愿开发他们的资源,实现社会公正"③,它所强调的最高目标是阿拉伯世界的团结和统一,④正如二

---

① Dawa Norbu, *Culture and the Politics of Third World Nationalism*, London: Routledge, 1992, p.1.

② Munif al-Razzaz, *The Evolution of the Meaning of Nationalism*, New York: Doubleday & company, Inc., 1963, pp.5-6.

③ Abdul Rahman al-Bazzaz, *On Arab Nationalism*, London: Stephen Austin & Sons, Ltd., 1965, p.12.

④ 李芳:《论纳赛尔的阿拉伯民族主义》,硕士论文,北京大学2003年,第4页。

十世纪的阿拉伯民族主义理论家胡斯里所言:"讲同一种语言的人有一颗共同跳动的心脏,一个共同的灵魂。基于此,他们构成了一个民族,所以他们必须拥有一个统一的国家。"①即实现讲阿拉伯语的人的政治统一,民族之大幸就是政治疆界和民族边界合二为一。② 同时代的另一位阿拉伯民族主义理论家、实践家阿弗拉克也认为:阿拉伯统一不仅是阿拉伯民族主义的一个内在要求,而且还是复兴阿拉伯精神和文化的一个必要的前提条件。③ 另外,虽然阿拉伯民族主义在民族形成的问题上包含有伊斯兰的理论基础,但是在纯粹的阿拉伯民族主义者看来,文化和语言是国家、社会和公民资格的政治认同的支柱。因此所有以阿拉伯语为母语、继承阿拉伯文化传统、并且认为自己是阿拉伯人的人都是"阿拉伯民族"的正式成员,享有充分的公民权利,而不论在种族、宗教或教派的归属问题上有何不同。④ 在国家构建上,民族主义者要求政教分离,将宗教限定为民族成员之间联系的文化纽带和个人事务,与世俗权力相分离。从这个意义上讲,阿拉伯民族主义是一种世俗的意识形态和思潮。

阿拉伯民族主义通常有四种称谓,即"阿拉伯主义"、"阿拉伯民族主义"、"泛阿拉伯主义"和"阿拉伯地区民族主义"。这四种称谓的共同点集中体现在"民族"上,这也是它们的共性;但它们各自在侧重点和范围上又有所不同。在上述四种称谓中,最容易区分的是前三者与"阿拉伯地区民族主义"之间的差异。前者视野所及是整个阿拉伯民族,而后者则定格在地区的、单一的"民族—国家"上。故此,后者又可称之为"国家民族主义"。相对于整体的阿拉伯世界而言,它是一种带有地方主义性质的民族主义思潮和运动。

区分"阿拉伯主义"、"阿拉伯民族主义"和"泛阿拉伯主义",首先我们要明确什么是"阿拉伯主义"。阿拉伯主义是作为一个阿拉伯人或属于阿拉伯民族的一种意识,即以阿拉伯语为母语的、出生在阿拉伯土地上的、身为阿拉伯人的意识。阿拉伯主义包含有作为阿拉伯文化的继承者和穆斯林遗产的承载者而自

---

① Adeed Dawisha, *Arab Nationalism in the Twentieth Century: From Triumph to Despair*, Princeton and Oxford: Princeton University Press, 2003, p.2.

② Majid Khadduri, *Political Trends in the Arab World: The Role of Ideas and Ideals in Politics*, Baltimore: Johns Hopkin University Press, 1970, p.201.

③ Adeed Dawisha, *Arab Nationalism in the Twentieth Century*, p.4.

④ [埃及]萨阿德·埃丁·易卜拉欣:《阿拉伯世界中民族冲突和建国》,载中国社会科学杂志社编:《社会转型:多文化多民族社会》,社会科学文献出版社2000年版,第309页。

豪的情感;还包含有一种特殊使命的意识:"阿拉伯民族拥有一个不朽的使命,这一使命在历史的不同阶段以不同的方式表现出来,其目标就是复兴人文主义价值,鼓励人类的发展,促进世界各民族之间的和谐与合作。"在这个意义上讲,阿拉伯主义在本质上既非种族也非宗教、而是文化和精神上的概念。它赋予民族主义意识以更广阔的文化基础。① 简言之,阿拉伯主义就是一种文化认同意识,属于文化范畴,它是民族主义意识的文化基础。

而"阿拉伯民族主义"和"泛阿拉伯主义"在认可"阿拉伯主义"这种文化一致性的同时,还加入了一些政治成分:阿拉伯政治统一或建立一个统一的阿拉伯国家。② 它们偏重于政治意识和行动,也正是这一点将二者与"阿拉伯主义"从根本上区别开来。一句话,强调文化上的一致或认同可以被冠以"阿拉伯主义"的术语;但是,如果将阿拉伯主义赋予一种强烈的在某一特定区域要求自决和政治统一的成分,就可以将其称为"阿拉伯民族主义"。③

另外,还需要厘清"阿拉伯民族主义"和"泛阿拉伯主义"二者之间又是一种什么样的关系?学术界有两种观点:第一种认为二者是一致的,这是学术界广为接受的一种观点;第二种认为两者虽有重叠的部分,但是在理论体系和思想内涵上存在不一致的地方。第二种观点又分为两派,一派认为泛阿拉伯主义在理论体系上高于阿拉伯民族主义,而另一派认为泛阿拉伯主义是阿拉伯民族主义的狭义理解,即泛阿拉伯主义低于广义上的阿拉伯民族主义。笔者趋向于第一种观点,认为"阿拉伯民族主义"和"泛阿拉伯主义"在内涵上是一致的。但与第一种观点稍有不同的是,应该对阿拉伯民族主义发展的时段上加以划分,第一次世界大战结束前称为"阿拉伯民族主义",第一次世界大战后至今称之为"泛阿拉伯主义"。

首先,先说二者内涵上的一致。阿拉伯民族主义采用的是"泛"式民族主义。二者目标都是谋求和维护阿拉伯民族的权益,朝政治统一的方向迈进和发展。

其次,之所以要对一战前后的民族主义发展区分为"阿拉伯民族主义"和

---

① Hisham Sharabi, *Nationalism and Revolution in the Arab World*, New York: D. Van Nostrand Company, INC., 1966, pp.96~97.

② Adeed Dawisha, *Arab Nationalism in the Twentieth Century*, p.8.

③ Adeed Dawisha, *Arab Nationalism in the Twentieth Century*, p.13.

"泛阿拉伯主义",是出于下述考虑:在第一次世界大战结束前,广大阿拉伯地区都是奥斯曼帝国的属地,处在同一个政治实体之内。在奥斯曼主义盛行的阿拉伯民众中试图从奥斯曼帝国中分立的意识并不明显,至少在心灵上是一致的。但是,第一次世界大战结束后,随着奥斯曼帝国的解体,统一的宗主不复存在,阿拉伯民众心灵上的归属出现空白,在宗教与民族主义之间徘徊,而更可怕的是西方列强的阴谋使阿拉伯世界支离破碎,阿拉伯人发现他们成为各个政治实体下的"国民",原有的省与省之间的界线成为国界。在这种情况下,阿拉伯民族的政治统一再也不是奥斯曼帝国治下各阿拉伯行省上阿拉伯人的团结,而是变成了阿拉伯政治实体与政治实体——"国"与"国"之间的统一。在这种情形下,"泛"既是对地缘分裂的最好描述,也是对民族统一诉求的最好反映。著名学者瓦立德·哈里德曾在泛阿拉伯主义的原则下诠释第一次世界大战后逐渐形成的阿拉伯世界的状况时写道:"阿拉伯国家体系首先是一个'泛'体系。它主张在大量主权国家这一事实的背后存在一个单一的阿拉伯民族……从这一思想出发,众阿拉伯国家的存在是不正常的,是一个瞬时现象:它们的边界是虚假的,可相互渗透的或穿越的;它们的统治者是临时的看护者,或者是即将被刈除的障碍……在这一大的合法性面前,单个国家的合法性就萎缩成枝叶问题。"①

2.阿拉伯民族主义的本质及其发展阶段

从本质上讲,阿拉伯民族主义或泛阿拉伯主义是在新的历史条件下,阿拉伯民族对未来前途进行的探索,是阿拉伯民族借以维护民族权益、发展自身的一种理论和实践工具。进入近代以来,世界格局发生重大变化,西方民族国家的崛起、强大、扩张与东方国家的停滞、沉沦、被殖民化形成了鲜明的反差。这种状况迫使东方国家中的先觉者开始认真思考本民族的未来。他们从西方民族国家的崛起中得到启示,希望通过效仿或学习西方,探求民族未来的出路,并在实践中注重与本地实际相结合,最终孕育出民族主义的发展新路。

阿拉伯人最先接触到的是西欧特别是法国的自由民族主义思想,这一思想是在民主化和世俗化的浪潮中,随着封建主义和传统主义的崩塌,在现代民族与

① Walid Khalidi, "Thinking the Unthinkable: A Sovereign Palestinian State", *Foreign Affairs*, Vol. 56, No.4, 1978.

国家的融合中形成的。① 自由民族主义思想对阿拉伯民族主义的思想影响深远，成为早期阿拉伯思想家追捧的对象，他们的作品中流露出对西方自由、平等理念和代议制的政治体制的仰慕，王政时期的政治家也在一定程度上按照西方自由政治模式组织政府，治理国家。

但是，随着德国、意大利在中东的出现，它们将一种全新的民族主义思想带到了中东，这种思想强调君主制和军国主义，在其政府组织理念中保留明显的独裁主义印记，②更重要的是，在这种民族主义思想的指引下，原先四分五裂的德国和意大利摆脱了欧洲大国的羁绊，实现了民族的统一。在第一次世界大战后，这种民族主义思想在阿拉伯世界找到了市场，阿拉伯民族主义的集大成者萨提·胡斯里就是这一思想的积极倡导者。这种思想在部分上层人士中也得到了认同，但是被接受最多的人群则是"王政时期"政治上无权的广大中下层力量，他们认为阿拉伯民族应该走德、意之路。

另一方面，从 20 世纪初开始，还有一种新的思想传播到了中东，这就是社会主义思想。正处于上升时期的阿拉伯民族主义思潮也受到其影响。米歇尔·阿弗拉克就是最著名的代表，之后的纳赛尔、阿萨德、贝克尔、萨达姆等人更是将之付诸了实践。虽然他们一再否认与科学社会主义的关联，但是从他们的思想内涵中可以看出，两者之间存在某些相同之处。同时还应看到，"人民时期"阿拉伯国家在接受社会主义思想精华的同时，也承袭了一些德国式民族主义糟粕和苏联社会主义模式的弊端，即架空了原先"王政时期"自由民主政治体制，政府成为个人挥洒权威的舞台，自由和民主氛围相对萎缩。这些都对后来的阿拉伯民族主义实践造成了一定的损害。

20 世纪后半期，欧洲联盟、东南亚联盟等一批地区合作组织的成功经验引起世人的瞩目。在阿拉伯世界，原先的政治统一呼声逐渐被更加切合实际的阿拉伯国家间的团结所取代，阿拉伯联盟的成员国也开始效仿世界其他地区，加强彼此间在经济、文化和外交等方面的合作。70 年代萌芽的新泛阿拉伯主义就是这种时代背景下的产物，它淡化了统一的政治内涵，突出团结协作，赋予阿拉伯

---

① Hazem Zaki Nuseibeh, *The Ideas of Arab Nationalism*, New York：Cornell University Press, 1956, p.141.

② Hazem Zaki Nuseibeh, *The Ideas of Arab Nationalism*, p.141.

民族主义文化和经济等方面新的内涵,是20世纪后半期特别是后冷战时代阿拉伯民族道路探索的延续。

阿拉伯民族主义理论的发展经历了四个阶段:第一阶段是整个19世纪至1918年第一次世界大战结束。在此阶段,阿拉伯民族主义理论尚在形成之中,其突出特点是,伊斯兰思想或宗教团结优先于民族团结和统一。此外,阿拉伯人中的基督教徒和穆斯林关于民族主义理论的发展不均衡,直到19世纪末20世纪初特别是第一次世界大战爆发前夕两者才得以实现合流。

第二阶段大致从第一次世界大战爆发到20世纪50年代中期。这一时期是阿拉伯民族主义理论的大发展期间,阿拉伯民族主义的指导思想和理论构架逐步形成。阿拉伯基督徒和穆斯林为了一个共同的民族目标而奋斗,胡斯里和阿弗拉克成为这一阶段阿拉伯民族主义理论的集大成者。

第三阶段从20世纪50年代中期至90年代初。这一时期阿拉伯民族主义在不同的阿拉伯国家被付诸实践,其中埃及的纳赛尔主义和伊拉克与叙利亚复兴党的社会主义最具代表性。同时,卡扎菲在利比亚实施的伊斯兰社会主义也折射出阿拉伯民族主义的多元性。

第四阶段从海湾战争结束至今。在此时期,由于阿拉伯民族主义理论在不同阿拉伯国家中的实践屡遭挫折,以及在阿以冲突中阿拉伯国家的败绩和中东政治格局的变化,原有的阿拉伯民族主义呈现萎缩之势,阿拉伯民族主义出现一系列新的变量。阿拉伯民族主义开始朝着理性的轨道发展,特别是阿拉伯民族主义者倡导的政治统一,已被阿拉伯国家间的经济和文化等领域的合作所取代。

二、阿拉伯民族主义的理论准备

阿拉伯民族主义理论的产生是历史发展的结果,经历了长期的演化过程,是东西方文明交往的产物。阿拉伯民族主义的理论渊源最早可以追溯到19世纪早期的阿拉伯文化复兴和启蒙运动,这一时期是阿拉伯民族主义思想重要的孕育期。阿拉伯精英在强调传统文化的基础上,通过与西方多种方式的交流,实现了民族的觉醒,从而引入了一种新的民族主义思想。

1.阿拉伯民族主义理论的先行者

阿拉伯民族主义思想最早是由叙利亚阿拉伯人中的基督徒提出的,它是一种世俗的阿拉伯民族主义思想,源于叙利亚基督徒对自身命运的探索。当时,他们通过设在黎巴嫩的美国与法国教会学校与西方建立了比较密切的联系,并受到西方文化的影响和启迪。转而开始组建各种文学和文化协会,倡导古典阿拉伯文学的复兴、传播现代科学知识。其中有影响的人物包括布特鲁斯·布斯塔尼和纳希夫·雅济吉等。阿拉伯基督徒倡导的复兴文化是对阿拉伯全民族文化的创新,他们融入阿拉伯穆斯林世界,将阿拉伯文化作为自己的文化,克服宗教芥蒂,在民族主义旗帜下弘扬曾为人类文明作出巨大贡献的阿拉伯传统文化。而当时大多数穆斯林还沉浸在对奥斯曼主义的忠诚之中。奥斯曼帝国解体后,随着阿拉伯穆斯林民众觉悟的提高,宗教界线逐渐被打破,基督徒和穆斯林彼此关于民族主义的理论最终在 19 世纪末 20 世纪初实现了合流。因此,叙利亚基督徒最先倡导的阿拉伯文化复兴导致了民族主义的启蒙运动,从而催生了阿拉伯民族主义思想。

在阿拉伯民族主义思想的激励下,阿拉伯各国陆续出现了一批倡导阿拉伯文化复兴的精英。在埃及,最具代表性的人物是里法阿·塔赫塔维。塔赫塔维早年在欧洲学习,他对欧洲一些重要的思想家如孟德斯鸠、卢梭和拉辛等人的作品进行了认真的研究,[①]并且认为欧洲文明可以"将所有的伊斯兰民众(包括阿拉伯人和非阿拉伯人)从冷漠、无知的沉睡中唤醒"[②]。回国后,他积极介绍欧洲文明成果,致力于复兴阿拉伯文化。塔赫塔维和他的学生前后一共将大约 2000本书和小册子翻译成阿拉伯语,这就使阿拉伯知识分子能够吸纳欧洲资产阶级的思想。他主张按照阿拉伯语语法的标准进行写作,并呼吁建立一所语言学校用来培养翻译人才和教师。他还试图按照现代的思想方法重新编写埃及和伊斯兰教的历史,同时推进阿拉伯语的现代化,以便能使其成为一种传播知识的有效工具。塔赫塔维同时也是一个新阿拉伯文学,即爱国文学的创立者。自由民主思想中的爱国主义、平等和公正是他作品的主题。近代欧洲资产阶级理解中的

---

① Albert Hourani,*Arabic Thought in the Liberal Age:1798-1939*,London:Oxford University Press, 1962,p.69.

② Bassam Tibi, *Arab Nationalism:Between Islam and the Nation-State*, New York:ST. Martin's Press,INC.,1997,p.85.

爱国主义是他思想的核心。另一方面,塔赫塔维还对宗教与民族义务作了中肯的区分。他认为,民族社会优先于宗教。他间接地指出埃及人构成了一个民族,①他还强调,在没有民族的地方,文明必将走向毁灭。他在自己的作品中大量引用《古兰经》和其他宗教经典,努力去证明所谓"新的东西"实际上在过去历史中就已经存在了。在塔赫塔维思想中,世俗和传统宗教因素共存。他开创的文化复兴容纳了伊斯兰现代主义和民族主义成分。②

在叙利亚,首先倡导阿拉伯文化复兴的是一些阿拉伯人中的基督徒,这些人中也包括来自黎巴嫩的基督徒。其突出代表是纳希夫·雅济吉(1800—1871)和布特鲁斯·布斯塔尼(1819—1883)。

纳希夫·雅济吉被称为"阿拉伯语大师"③,他关于阿拉伯语的语法学、逻辑学、修辞学和韵律学的论著被广泛用于学校教育,长期主导着阿拉伯语学科的教学。④ 他一生不知疲倦地倡导阿拉伯传统文化的复兴,坚信那是唯一的通向解放的道路。他的思想不仅吸引着阿拉伯人中的基督徒,而且,也得到阿拉伯各国穆斯林的认同。即使在教派冲突异常激烈的时期,纳希夫·雅济吉仍在竭尽全力敦促他们牢记彼此拥有的共同遗产,期盼他们在此基础上建立兄弟般的联系。他的一个儿子在其教诲下日后发出了阿拉伯民族解放的第一声呐喊。⑤

布斯塔尼是一个不倦的启蒙者、教育家、政治家、作家。他主张热爱祖国,维护叙利亚人的团结,反对宗教狂热和宗教歧视,反对封建分立,反对贪赃枉法、营私舞弊、奴役妇女等。⑥ 复兴知识,激发人们对阿拉伯语的热爱,是他一生追求的目标之一。《阿拉伯语详解大词典》和6卷本《阿拉伯百科全书》是他留下的宝贵文化遗产。他认为化解各教派之间仇恨的唯一方式是教育,普及知识的学习。⑦ 为此,他先后创办了阿拉伯语周刊《纳菲尔·苏里亚》、一所"民族学校"和一份政治文化评论期刊《真纳》,其主要目标就是反对宗教狂热,号召为了民

---

① Albert Hourani, *Arabic Thought in the Liberal Age*, p.68.

② Bassam Tibi, *Arab Nationalism: Between Islam and the Nation-State*, p.88.

③ Albert Hourani, *Arabic Thought in the Liberal Age*, p.95.

④ Geworge Antonius, *The Arab Awakening: the Story of the Arab National Movement*, London: Kegan Paul International, 2000, p.46.

⑤ Geworge Antonius, *The Arab Awakening*, p.47.

⑥ 彭树智主编:《阿拉伯国家史》,高等教育出版社2002年版,第235页。

⑦ Geworge Antonius, *The Arab Awakening*, p.50.

族的利益加强相互间的了解、信任和统一,并强调宗教自由和平等,以及不同信仰者之间互相尊重。①

在他们的推动下,叙利亚出现了各种倡导文化复兴的文学会社。这些文学会社包括科学与艺术协会、东方协会和叙利亚科学协会。前两个协会的成员均为外国人和阿拉伯基督教徒。1857 年成立的叙利亚科学协会则不同,它不允许外国传教士加入,其成员都是阿拉伯人,包括穆斯林、德鲁兹派和基督教徒。叙利亚科学协会通过阿拉伯文化遗产这条纽带,将那些信仰不同的群体聚合在一起,使其成为朝着一个共同目标迈进的统一体。协会的建立第一次向外部展示了一种集体的民族意识,其历史重要性就在于它是新政治运动的摇篮。②

2.基督徒"第二代启蒙思想家"与阿拉伯民族主义

叙利亚基督徒推动了阿拉伯文化复兴和启蒙运动,最终导致阿拉伯人政治诉求的萌生,从而催生了民族主义思想。完成这一转换的是被誉为"第二代启蒙思想家"③的群体,其杰出的代表人物有易卜拉欣·雅济吉和阿迪布·伊沙克。

易卜拉欣·雅济吉是这一群体最著名的代言人,他是第一代启蒙思想家纳希夫·雅济吉的儿子。易卜拉欣·雅济吉在 1868 年写下了著名的爱国诗句:"起来,阿拉伯人民,觉醒吧!"他还劝诫穆斯林忘记宗教分歧,丢弃狂热主义,应该记住阿拉伯人中既有穆斯林也有基督教徒。④ 易卜拉欣·雅济吉一直在探求一种重塑阿拉伯人过去辉煌的途径,渴望回归阿拉伯民族真正的精神实质。对易卜拉欣·雅济吉而言,阿拉伯人重现辉煌的方式是阿拉伯民族摆脱包括土耳其人在内的外国人的统治,丢弃固执和迷信。⑤ 只有这样,传统的阿拉伯民族的活力将再次回到阿拉伯人中间,阿拉伯人也能继续其原有文明的进步历程。他抨击宗教狂热,号召用武装起义的方式实现民族独立,即"崇高的目的要用剑来

---

① Albert Hourani, *Arabic Thought in the Liberal Age*, p.101.

② Geworge Antonius, *The Arab Awakening*, pp.53-54.

③ 王新刚:《中东国家通史·叙利亚和黎巴嫩卷》,商务印书馆 2003 年版,第 145 页。

④ Sylvia G. Haim, *Arab Nationalism:An Anthology*, Berkeley & Los Angeles:University of California Press,1962,p.5.

⑤ C. Ernest Dawn, *From Ottomanism to Arabism: Essays on the Origins of Arab Nationalism*, Chicago:University of Illinois Press,1973,pp.132-133.

达到,要想达到它,就去寻找(剑)吧!"①

　　阿拉伯基督教的其他知识分子如阿迪布·伊沙克也渴望恢复东方民族的伟大。他以自己身为阿拉伯人而自豪,否认东方文化劣于西方文化,并且强调他已经"把对自己的爱作为爱祖国、爱民族的源泉"。他的宏伟目标是引导东方从耻辱中走出来。阿迪布也是一个自由主义和宪政主义最热心的倡导者。他反对奥斯曼专制,对缺乏人民支持的民主形式和机构的效能产生怀疑。他谴责阿拉伯代表参加奥斯曼议会。

　　但是,叙利亚阿拉伯基督徒倡导的阿拉伯民族主义思想并不为叙利亚阿拉伯穆斯林所喜好。叙利亚穆斯林对基督徒的思想、对基督徒自认为是阿拉伯文化主人的态度很抵触。叙利亚阿拉伯穆斯林甚至发出战斗的口号:"阿拉伯语不能被基督教化。"②因此,易卜拉欣·雅济吉的世俗阿拉伯主义思想的追随者很少,奥斯曼主义仍为奥斯曼帝国境内的主流思想,并一直持续到1914—1918年第一次世界大战结束。

3.穆斯林与阿拉伯民族主义

　　阿拉伯穆斯林的阿拉伯民族主义理论源于改革主义者对伊斯兰社会衰落的诊断和为穆斯林复兴开具的良方。③"19世纪伊斯兰遭受的攻击来自两方面:一方面是欧洲列强对穆斯林国家的军事进攻和政治征服;另一方面是对作为一种信仰体系和生活方式的伊斯兰教的批判。后者的攻击甚至比前者的军事和政治征服更危险。因为它能渗透到穆斯林大众和知识分子领导人的精神防线中,最终导致伊斯兰教的消亡。"④伊斯兰改革主义是穆斯林思想家面对伊斯兰世界的内忧外患作出的一种反应,"它是以一批先进的阿拉伯知识分子、伊斯兰理论家为核心,以伊斯兰教和社会政治改革为基本内容和历史使命的社会文化思潮。其目标在于试图通过改革来协调传统和现代化的关系,使伊斯兰社会适应从以封建生产关系为本位的政治文化模式向以资本主义生产关系为本位的政治文化模式的转变"⑤。早期主张伊斯兰改革的代表人物有埃及的里法阿·塔赫塔维。

① 王新刚:《中东国家通史·叙利亚和黎巴嫩卷》,第144页。
② C.Ernest Dawn, *From Ottomanism to Arabism*, pp.132—133.
③ C.Ernest Dawn, *From Ottomanism to Arabism*, p.140.
④ Sylvia G.Haim, *Arab Nationalism*, p.6.
⑤ 彭树智:《从伊斯兰改革主义到阿拉伯民族主义》,载《世界历史》1991年第3期。

塔赫塔维认识到实行现代教育的必要性,他不仅鼓励向阿拉伯光荣的过去学习,而且坚持对人民进行西方社会政治教育。① 但是,塔赫塔维认为改革应在伊斯兰教的范围之内进行。他承认,穆斯林和东方世界处于危险之中,已经丧失了先前的诸多伟大和辉煌之处,但是这种不幸的境遇只要通过借鉴欧洲人的一些实践知识就能改善。他认为最必要的是学习和借鉴西方文化的有益养分,缩小直至弥补彼此间的差距。② 因为穆斯林过去"在整体上忽视了科学知识,因而需要到西方世界获取他们未知的东西"。塔赫塔维强调不是引进新原则,而是复兴过去的政治文化优势。

哲马鲁丁·阿富汗尼(1837—1897)是近代最有影响的伊斯兰改革家,也是泛伊斯兰主义的主要倡导者。他先后在阿富汗、埃及、伊朗和奥斯曼土耳其宣扬伊斯兰教改革和泛伊斯兰主义思想,并在实践和挫折中逐步产生了民族主义思想。

阿富汗尼认为,东方穆斯林国家要想摆脱西方列强的奴役和压迫,获得新生,首先需要宗教思想的觉醒和革新。他提出了宗教改革的三坚持原则:一是坚持"认主独一"的教义;二是坚持《古兰经》是真主的启示;三是坚持打开"创制"大门。③ 阿富汗尼强调宗教改革应同时代精神相结合,由此推动了穆斯林朝着思想解放,崇尚科学和尊重理性方向的转变。阿富汗尼在政治上致力于反对内部的专制主义,加强穆斯林团结和反对外来殖民主义,捍卫穆斯林民族的生存权和发展权。他批判伊斯兰社会内部的封建专制主义,提出推翻君主专制,实行共和宪政的政治主张。在他看来,"共和制和宪政制是政府的最好形式,它是开明的政府……"④而且与伊斯兰教早期的协商(舒拉)原则相符合。他提倡人民参与国家管理。⑤ 强调在斗争中发挥伊斯兰教的纽带作用,将泛伊斯兰主义作为穆斯林斗争的武器。在阿富汗尼的眼中,伊斯兰教作为一种意识形态、一种哲

---

① 彭树智:《东方民族主义思潮》,西北大学出版社 1992 年版,第 287 页。

② Niyazi Berkes, "Historical Background of Turkish Secularism", *Islam and the West*, ed. Richard N. Frye, The Hague: Mouton and Co., 1957, pp.48—62.

③ 彭树智主编:《伊斯兰教与中东现代化进程》,西北大学出版社 1997 年版,第 73—74 页。

④ 尼基·凯迪:《阿富汗尼传记》,加利福尼亚大学出版社 1972 年版,第 107 页。转引自彭树智主编:《伊斯兰教与中东现代化进程》,第 76 页。

⑤ 刘中民:《现当代中东民族主义与伊斯兰教关系评析》,博士论文,北京大学 2001 年,第 16 页。

学①和一种文明②，"具有能够使穆斯林民族团结起来抵御欧洲殖民主义的力量"③。"阿富汗尼的泛伊斯兰主义……侧重于通过伊斯兰教的纽带作用建立反对欧洲殖民主义的联盟，因而也更富有追求民族解放和独立的进步民族主义的色彩。"④

阿富汗尼还提出了一个与民族主义问题密切相关的"团结"（阿萨比亚）概念。阿富汗尼关于宗教团结和民族团结的思想经历了三个发展阶段⑤：第一阶段，在宗教与民族的结合力方面首先强调宗教的作用，此时的阿富汗尼认为"真正的伊斯兰团结要比民族团结更有效"⑥；第二阶段，在穆斯林信仰相同的民族结构中则承认不同地区、不同国家民族性的存在，基于此，阿富汗尼"将民族团结和穆斯林团结平等看待"，并认为"民族团结与伊斯兰团结是相互支持的"；第三阶段，对奠基于民族语言的民族文化共同体的承认，此时的阿富汗尼更倾向于民族团结，因为在获取和建立政权方面它比其他任何形式的团结都更有效："……建立在共同语言基础上的'民族'团结比建立在共同宗教基础上的'民族'团结更强势和更持久。人们很容易改变他们的宗教，但是改变他们的语言却难得多。"阿富汗尼还写道："没有民族就没有幸福和快乐，而没有语言就没有民族。"⑦有学者就认为，"这标志着阿富汗尼的思想已经出现从他所崇尚的宗教共同体向民族共同体的转变的迹象，不仅已经接近现代民族主义的思想而且对于后来阿拉伯民族主义思想的形成产生了重要的影响"⑧。

穆罕默德·阿卜杜是阿富汗尼的弟子，早期曾积极追随阿富汗尼在埃及宣传和推行宗教、政治和社会改革。阿卜杜竭力主张重开"创制"大门，使伊斯兰教适应穆斯林现代社会发展的需要。他强调伊斯兰教完全有能力通过自身的变革求得发展进步。他十分注重伊斯兰教与现代性的兼容性和一致性，并在实践

---

① Sylvia G. Haim, *Arab Nationalism*, pp. 10–11.

② Bassam Tibi, *Arab Nationalism: A Critical Inquiry*, trans by Marion Farouk-Sluglett and Peter Sluglett, London and Basingstoke: The Macmillan Press, 1997, p. 91.

③ 刘中民：《现当代中东民族主义与伊斯兰教关系评析》，第16页。

④ 刘中民：《现当代中东民族主义与伊斯兰教关系评析》，第17页。

⑤ Bassam Tibi, *Arab Nationalism: A Critical Inquiry*, pp. 168–169.

⑥ Sylvia G. Haim, *Arab Nationalism*, p. 13.

⑦ Sylvia G. Haim, *Arab Nationalism*, p. 14.

⑧ 刘中民：《现当代中东民族主义与伊斯兰教关系评析》，第18页。

中努力协调理性与宗教、宗教与科学的关系,号召穆斯林解放思想,消除宗教偏见,学习、采纳西方先进的科学文化知识。只有这样,穆斯林民族才能摆脱衰弱落后局面,步入欧洲的前进行列。①

阿卜杜还投身阿拉伯文化复兴和阿拉伯语革新的工作,强调对传统文化遗产的理解。他号召在西方的冲击面前要坚定立场,对后者清除古典的文化遗产和威胁阿拉伯—伊斯兰个性的企图要有清醒的认识。他提醒人们警惕正在面临的被融合的危险,号召肯定阿拉伯认同,其目标就是强调阿拉伯语、阿拉伯文化和阿拉伯人的复兴。阿卜杜深信阿拉伯语对理解《古兰经》是十分必要的,必须不惜一切代价反对地方方言和外国语言的传播,捍卫古典阿拉伯语的神圣性。②

整体上讲,阿富汗尼和阿卜杜倡导的伊斯兰现代主义和改革主义运动,都是以复兴伊斯兰教为旗帜,以促进和完善穆斯林国家现代化进程为宗旨的改革运动,是对西方政治、经济、文化压力的一种积极反应。他们的现代主义和改革主义并没有提出系统、完整的教义哲学和政治理论,但从他们著述和实践活动中所表达的"坚持伊斯兰教、反对殖民主义、提倡理性、崇尚科学"四大主张基本上勾勒了其主体思想。③ 由于认识到西欧的威胁,且不承认欧洲文明的优越,阿富汗尼和阿卜杜"吸引了青年穆斯林的注意,给伊斯兰宗教情感赋予一种政治色彩。它在早期阿拉伯民族主义的形成中发挥了显著的作用"④。

伊斯兰改革主义不仅对阿拉伯民族主义思想的产生发挥了启蒙作用,而且其本身就蕴含了许多民族主义思想的元素。研究者指出:"阿拉伯民族主义作为一种地区政治文化,在思想渊源上同伊斯兰改革主义相交融而生,在政治背景上同阿拉伯统一运动应运而发,在经济基础上同民族经济的成长而成长,在文化上随着现代化与传统的矛盾的发展而发展。在这中间,伊斯兰改革主义的先驱者传给它而它便由此出发的特定思想材料,成为它产生的前提。……近代伊斯兰改革主义就成了阿拉伯民族主义重要的源头和出发点。"⑤西方学者巴萨姆·

---

① 彭树智主编:《伊斯兰教与中东现代化进程》,第81—82页。

② A.A.Duri, *The Historical Formation of the Arab Nation: a Study in Identity and Consciousness*, London and New York:Croom Helm,1987,p.186.

③ 彭树智主编:《伊斯兰教与中东现代化进程》,第82—83页。

④ William Cleveland, "Sources of Arab Nationalism: An Overview", *Middle East Review*, Vol.11, No.3,1979.

⑤ 彭树智:《从伊斯兰改革主义到阿拉伯民族主义》,载《世界历史》1991年第3期。

梯比也认为：“阿富汗尼与阿卜杜和阿拉伯民族主义之间存在一种间接关系，他们都反对外国的统治，都强调伊斯兰的阿拉伯渊源”；“虽然他们不是民族主义者，而是穆斯林，但是他们都对民族主义事业有贡献”；“考虑到阿富汗尼和阿卜杜所生活的时代，他们的现代主义可被视为革命，他们不得不面对殖民扩张的欧洲，因此他们的态度是不妥协的，在他们的作品中伊斯兰变为一种反对殖民主义的思想体系”；伊斯兰现代改革主义运动是“中东民族主义运动的内在组成部分”。①

三、阿拉伯民族主义理论的构架

19 世纪末 20 世纪初，在阿富汗尼和阿卜杜之后，其追随者纳迪姆及门生拉什德·里达、阿布德·拉赫曼·卡瓦基比等人对伊斯兰改革主义思想进一步充实发展，使伊斯兰改革主义开始向阿拉伯民族主义转换，“其思想也体现出在价值取向上否定和超越伊斯兰教而转向阿拉伯民族主义的色彩”②。此外，阿拉伯基督徒也开始与穆斯林在阿拉伯民族主义理论上合流。

1.伊斯兰改革主义向阿拉伯民族主义的转换

阿卜杜拉·纳迪姆（1843—1896）是 19 世纪埃及的激进记者和著名的政治演说家，曾追随阿富汗尼，并在 1882 年的奥拉比大起义中发挥重要作用。他认为东方落后和西方成功的原因并不在于宗教的差异，欧洲的成功在于现代民族国家的建立。在“团结”概念上，纳迪姆相对于阿富汗尼的思想已有重大的飞跃。他明确提出了将“民族团结”放在第一位，而把“宗教团结”放在第二位的主张，倡导阿拉伯“民族联合”，主张建立超越宗教信仰甚至包括犹太教徒和埃及科普特人在内的阿拉伯东方反对西方殖民主义的广泛联合阵线。他还提出只要是为了反对殖民主义，宗教和民族之间就不会存在根本的利害冲突，宗教团结与民族团结具有一致性。由此可见，在纳迪姆的思想中，已经出现了以“民族团结”超越“宗教团结”的现代阿拉伯民族主义的思想要素。

---

① 　Bassam Tibi, *Arab Nationalism: Between Islam and the Nation-State*, pp.64,68.
② 　刘中民：《现当代中东民族主义与伊斯兰教关系评析》，第 18 页。

穆罕默德·拉什德·里达(1865—1935)是阿卜杜的学生,属于伊斯兰改革主义中的激进派,对奥斯曼的专制统治强烈地不满,要求改革现状。1897年里达赴埃及,次年创办《灯塔》月刊,"旨在宣传穆罕默德·阿卜杜的改革主义思想"①,盛赞阿拉伯民族文化。此外,他还积极参加政治活动,曾与当时的阿拉伯领袖在埃及建立了"奥斯曼立宪党",目标是"反对专制,要求恢复宪法";阿拉伯人与青年土耳其党人的关系破裂后,里达认为"阿拉伯的独立可以实现伊斯兰的福祉安宁",后支持阿拉伯大起义;②里达在思想上与阿卜杜是一脉相承,伊斯兰复兴是他们关注的核心。里达认为通过加强伊斯兰教重塑东方的辉煌是可能的。他在回归早期伊斯兰教的思想中强调了阿拉伯民族复兴的必要性。③ 客观上,他的思想已接近阿拉伯民族主义思想的直接源头。④

第一,里达对传统意义上的"乌玛"进行了新的阐释,里达认为,"土耳其人虽然也是穆斯林,但是他们并不是真正乌玛的组成部分,乌玛只能由阿拉伯穆斯林组成。"⑤里达关于乌玛的含义从包含所有民族的穆斯林共同体演变成阿拉伯穆斯林共同体,与现代民族的概念很接近。但它与现代阿拉伯民族的概念仍存在区别,即以伊斯兰宗教为基准将非穆斯林阿拉伯人排除在外。

第二,里达在纯洁伊斯兰学说的引导下,强调阿拉伯人的优先权,指出了阿拉伯人的复兴是重塑伊斯兰教的方式,阿拉伯人肩负着复兴伊斯兰教的历史使命。里达曾指出:"……在穆斯林征服中最伟大的辉煌是阿拉伯人创造的,正是他们使宗教产生、发展和变得伟大;他们的基础最坚实,他们的光芒也最清晰,事实上他们是降生到这个世界上最优秀的民族。"⑥在"贬"土"扬"阿的基础上,里达明确指出:"阿拉伯人的复兴是重塑伊斯兰教的唯一方式"⑦。

第三,在反对土耳其专制统治的过程中,里达的思想带有浓郁的阿拉伯民族主义色彩。"青年土耳其党人废除了阿卜杜勒·哈米德,且表现出对伊斯兰教

---

① Hazem Zaki Nuseibeh, *The Ideas of Arab Nationalism*, p.124.

② A.A.Duri, *The Historical Formation of the Arab Nation*, pp.186-187.

③ A.A.Duri, *The Historical Formation of the Arab Nation*, p.186.

④ 彭树智:《东方民族主义思潮》,第319页。

⑤ Sylvia G.Haim, *Arab Nationalism*, p.22.

⑥ Sylvia G.Haim, *Arab Nationalism*, pp.22-23.

⑦ C.Ernest Dawn, *From Ottomanism to Arabism*, p.137.

的漠视之后……里达感到应该全身心地支持阿拉伯民族主义。"①他认为伊斯兰教与阿拉伯民族主义是相容的,通过阿拉伯的独立可以实现伊斯兰教的福祉。

第四,晚年的里达在伊斯兰教与民族主义关系上视伊斯兰教为阿拉伯民族主义的伙伴,将宗教和民族视为两个兄弟,他在《古兰经》中找到了支持这一观点的依据,即在宗教层面,阿拉伯穆斯林和非阿拉伯穆斯林之间都是兄弟,在民族层面,穆斯林阿拉伯人和非穆斯林阿拉伯人之间也是兄弟;但是,他给予宗教信仰以优先地位。②他的思想可称为"伊斯兰民族主义"。

阿布德·拉赫曼·卡瓦基比(1849—1902)出生在叙利亚的阿勒颇,曾因公开抨击土耳其暴政而被捕,1898年获释后流亡埃及。卡瓦基比在奥斯曼帝国问题上观点激进。他经常说:"如果我有一支军队的话,我将在24小时内推翻阿卜杜勒·哈米德的政府。"③他提出了具有世俗色彩的阿拉伯民族主义,标志着阿拉伯民族主义与伊斯兰改革主义日益分离。④ 卡瓦基比的思想集中反映在他的《专制的本质》和《城市之母》这两本书上。他强烈反对与纯真的伊斯兰原则相违背的专制统治,强调阿拉伯人的卓越,以及他们在伊斯兰复兴中独一无二的作用——向真正伊斯兰教的回归就意味着阿拉伯伊斯兰的复兴,因为《古兰经》和逊奈只有通过掌握《古兰经》的语言——阿拉伯语"才能被理解。

在《专制的本质》一书中,卡瓦基比着重强调在帝国内实行地方分权的必要性,并说:"最紧迫的需要是每一个民族都应当按照它们的习俗和自然特征获得相应程度的自治。"⑤在《城市之母》一书中,卡瓦基比从探寻伊斯兰社会停滞的原因出发,指出奥斯曼土耳其人不再适合引领伊斯兰教,伊斯兰复兴的使命应由阿拉伯人来完成,"阿拉伯统治权被视为是从腐败中解救伊斯兰教的唯一方式"⑥。为此,他还提出了26条理由证明阿拉伯人尤其是阿拉伯半岛上阿拉伯人的优越性。在此基础上,卡瓦基比主张:在麦加建立阿拉伯人的哈里发制度,但并不是作为历史上哈里发的继承者,而是作为一种方便伊斯兰改革和泛伊斯

---

① Sylvia G.Haim,*Arab Nationalism*,pp.23-24.

② A.A.Duri,*The Historical Formation of the Arab Nation*,p.187.

③ Sylvia G.Haim,*Arab Nationalism*,p.26.

④ 彭树智:《阿拉伯民族主义思潮的发展轨迹》,载《世界历史》1992年第3期。

⑤ A.A.Duri,*The Historical Formation of the Arab Nation*,p.190.

⑥ Tawfic E.Farah,*Pan-Arabism and Arab Nationalism:The Continuing Debate*,Boulser and London:Westview Press,1987,p.27.

兰联盟形成的工具;阿拉伯人是一个民族,由阿拉伯半岛、叙利亚、伊拉克、埃及和北非的居民组成,而且这个民族能够在血缘、祖国(共同的地域)、语言和宗教的基础上聚合到一起。①并号召阿拉伯人,在爱国主义的名义下忘记彼此间的成见和仇恨,寻求统一。

卡瓦基比的思想渊源仍出自阿拉伯—伊斯兰传统。对他而言,阿拉伯主义和伊斯兰教是不可分割的:伊斯兰曾经的辉煌是阿拉伯人创建的,现在的民族觉醒也应依靠阿拉伯人。因此,他号召选举产生一个阿拉伯哈里发。他还探求旨在重塑阿拉伯人在伊斯兰中的地位和作用的民族觉醒;实际上,他认为阿拉伯人的觉醒标志着伊斯兰复兴的开始。②

2.基督教徒对阿拉伯民族主义思想的推动

里达和卡瓦基比的思想对许多阿拉伯基督徒知识分子产生了重要影响,他们观点逐渐与穆斯林知识分子的阿拉伯民族主义思想上接近,并且将伊斯兰视为民族的共同财富。

奈吉布·阿佐利是基督教马龙派信徒。1905 年,他在巴黎建立阿拉伯联盟党。1907 年,创办月刊《阿拉伯独立》。在哈米德二世统治的最后几年,阿佐利开始从事文学创作,专注于阿拉伯民族觉醒。他还强烈反对犹太复国主义。

阿佐利反对土耳其人的专制统治,宣称阿拉伯人在享受自由生活上无人可及,他们有为之自豪的尊贵祖先和纯洁的血统,坚决反对被奴役。阿佐利意识到一个重大变革即将发生,因为阿拉伯人开始意识到他们的民族、历史和种族。他在以"阿拉伯民族委员会"的名义向西方大国递交的备忘录中称:"土耳其正处在一个和平变化的前夜。被土耳其人压制的阿拉伯人……希望从衰落的奥斯曼帝国中分离出去,其目的是为了使自己成为一个独立国家。"③他把这个国家称为阿拉伯国家联盟或新的阿拉伯帝国,其自然边界是:从底格里斯河和幼发拉底河到苏伊士运河,从地中海到阿曼湾。④阿佐利宣称这个阿拉伯国家(或帝国)将有一位阿拉伯素丹依照君主立宪制的方式进行统治,他设想这个立宪制的素丹

---

① A.A.Duri, *The Historical Formation of the Arab Nation*, p.193.

② A.A.Duri, *The Historical Formation of the Arab Nation*, p.194.

③ Zeine N.Zeine, *Arab-Turkish Relations and the Emergence of Arab Nationalism*, Beirut: Khayat's press, 1958, p.62.

④ Zeine N.Zeine, *Arab-Turkish Relations and the Emergence of Arab Nationalism*, p.62.

国建立在完全的宗教自由和法律面前人人平等的基础之上,实行政教分离。

阿佐利也是第一个警告阿拉伯人提防犹太复国主义者在巴勒斯坦的野心的人。他坚信阿拉伯觉醒和犹太复国主义运动将不可避免地发生冲撞,因为他认为它们是"本质上相似的两种现象,彼此排斥对方","这两个民族的命运是相互持续不断的战斗,直到一方完全战胜另一方"[①]。

纳拉赫·马特兰是黎巴嫩人。他的民族主义带有种族色彩。"民族自豪是基本的美德",他在 1913 年说,"我不知道有哪一个民族比阿拉伯民族受到它(种族自豪)的影响更强烈"[②]。不过,他也承认伊斯兰教是阿拉伯民族的荣耀。他指出,当"阿拉伯穆斯林的军队"向大马士革进军时,阿拉伯基督教徒"没有面对面地同穆斯林作战,相反他们在兄弟情谊的感召下,割断了使他们成为罗马附庸的宗教纽带和政治结合,与他们有共同语言、同一个祖先的子孙订立友好条约,向后者宣布效忠"。马特兰将伊斯兰教的荣誉完全等同于阿拉伯人的荣誉。"宗教情感已经无一例外地支配了所有的民族,穆斯林也是这样,当我们看到他们(阿拉伯穆斯林)屈服于……奥斯曼人的统治时也就不足为怪了,因为他们相信后者有能力维持伊斯兰的荣誉,高举哈里发的大旗。"[③]

3.阿拉伯民族主义思想家

从卡瓦基比开始,阿拉伯—伊斯兰思想家逐步实现了向阿拉伯民族主义的思想转变,他们认为伊斯兰教和阿拉伯民族主义之间并不存在本质的矛盾。这一思想在强调传统观念的同时,注重消化吸收诸如爱国主义、阿拉伯人的平等、超越教派分歧等理念。同时,倡导民族觉醒,并在保持民族统一的基础上实行地方分权。这一时期阿拉伯民族主义理论的代表人物有阿布德·哈米德·扎赫拉威和阿布德·加尼·阿拉伊西。

扎赫拉威表现出更明显的民族主义倾向。他宣扬爱国思想,用民族主义的术语界定民族概念,重申阿拉伯人在历史中的地位以及他们对美好未来的向往。他指出宗教固然很重要,但它不是政治统一的基础。基于此,他反对伊斯兰联盟,宣称:"在一个好的联盟内,阿拉伯人仍为阿拉伯人,希腊人仍为希腊人,当后者寻求复兴自身语言和努力提升其民族思想的认识时,别人不应指责和非议

---

① A.A.Duri,*The Historical Formation of the Arab Nation*,p.255.

② C.Ernest Dawn,*From Ottomanism to Arabism*,p.142.

③ C.Ernest Dawn,*From Ottomanism to Arabism*,pp.142-143.

他们。"他以这种方式展示了自己的阿拉伯思想立场,渴望阿拉伯人在奥斯曼帝国内有他们自己的实体和广泛的民族觉醒空间。扎赫拉威说:"今天阿拉伯人共享一种建立在语言基础上的结合纽带,它区别于宗教和社会。"讲阿拉伯语的人在5千万至6千万之间,这些人居住在彼此连接在一起的地域上。"它是一种古老的、神圣的语言,阿拉伯人是这种语言的持有者,这种语言的生命力和进步比其所知道的历史更久远。"①

扎赫拉威认为,民族主义是过去乃至今天一直在惠及人类的最重要的结合纽带之一。他因此倡导民族主义,"今天我们所寻求的目标是一种精神,通过它民族才能称之为民族。一旦我们成功地获得了它,我们将在眨眼之间成为一个民族;只要那种精神抓不住,我们仍将像幽灵一样不停地飘荡,始终无法稳定下来成为一个实实在在的民族"。由此,扎赫拉威认为民族主义是统一阿拉伯人的最主要的纽带。

故土或祖国在扎赫拉威看来也是统一的一个基础。他说:"如果我们被邻近的地域、语言的亲和力、意识的和谐或者利益取向的相近拉在一起的话,祖国就是统一的一个基础。"他所说的祖国并不是指某一个地区,而是整个阿拉伯世界,"位于大西洋、地中海和印度洋之间"。扎赫拉威还将祖国或故土的纽带与宽容联系在一起。他解释道,伊斯兰教坚持宗教自由,确定"在东方的穆斯林和基督徒之间没有敌意与冲突的发生"。因而,他恳求穆斯林去复兴他们值得赞许的信条,"给非穆斯林与穆斯林同样的权利和义务,二者都应当与穆斯林一样"。②

阿布德·加尼·阿拉伊西是另一位阿拉伯的民族主义思想家。他强调阿拉伯民族的历史地位、作用和杰出贡献。对于民族形成的因素和民族主义的构建,阿拉伊西认为阿拉伯语是阿拉伯主义的基础,因为《古兰经》就是用阿拉伯语展现的。他充分肯定阿拉伯语的重要性,认为它是"复兴种族的工具,促进民族觉醒的方式","阿拉伯人的活力依赖于他们语言的生命力"。③ 一旦语言逐渐凋谢,认同将随之消失,民族也将被消灭。对于阿拉伯穆斯林和阿拉伯基督徒的结合,阿拉伊西指出,是民族、语言和爱国主义的纽带将二者合而为一。

---

① A.A.Duri, *The Historical Formation of the Arab Nation*, p.195.

② A.A.Duri, *The Historical Formation of the Arab Nation*, p.196.

③ A.A.Duri, *The Historical Formation of the Arab Nation*, p.240.

阿拉伊西在政治上要求在地方分权的基础上进行改革,呼吁阿拉伯人在平等的基础上参与帝国政府和国内外事务,但遭到青年土耳其党的镇压后,他开始号召阿拉伯人团结,谋求自治。他在《阿拉伯青年和他们的社会职责》一文中指出,阿拉伯青年的职责是确保民族的生存,确保民族的发展和进步。土耳其卷入第一次世界大战后,他又以民族主义的名义号召阿拉伯人在民族主义的旗帜下实现统一。

同一时期的阿拉伯民族主义者还有拉菲克·阿兹姆、奥马尔·哈迈德、奥马尔·法克利、沙克卜·阿兰和萨拉赫·丁·卡希米等。总体来看,"在第一次世界大战前,阿拉伯民族主义的思想中融合了伊斯兰统一的理念,阿拉伯民族主义者的目标很少超越在一个多民族帝国中实现阿拉伯种族的复兴。一些思想家号召重塑阿拉伯帝国,可能暗示着阿拉伯政治领导应该与土耳其的领导相分离,但是大部分阿拉伯人只要他们固有的地位获得土耳其统治者的认可,他们还是愿意留在奥斯曼统一的框架之内"①。

4.第一次世界大战与阿拉伯民族主义

第一次世界大战爆发后,青年土耳其党人控制下的奥斯曼帝国追随德国、奥匈帝国投入战争,同时在帝国内加紧镇压包括阿拉伯人在内的民族运动。阿拉伯民族主义思想家开始重新思考新形势下阿拉伯民族的命运。战争爆发之初,在帝国内流传着一份名为《卡赫坦之子》的传单,这份传单自称是"阿拉伯人的宣言"。其主要内容②包括:

第一,这场战争关系阿拉伯民族的命运,希望战争能够促成仍在"酣睡"中的阿拉伯民族的早日觉醒;第二,反对甘做外国殖民者和本国专制暴君的奴隶;第三,阿拉伯人应该像亚美尼亚人一样为了民族权利和尊严而与土耳其人战斗,因为阿拉伯人的"荣誉已经被玷污,财富已经被剥夺,心灵已经被践踏"③;第四,战争加剧了民族危机,应紧急行动起来拯救国家;第五,号召阿拉伯人无论是也门人、伊拉克人、纳季德人,还是穆斯林、基督教徒、犹太教徒,都应该"为了民族

---

① Majid Khadduri, *Political Trends in the Arab World*, p.19.

② 关于《卡赫坦之子》传单的内容详见:Sylvia G.Haim, *Arab Nationalism*, pp.83—88;见彭树智:《东方民族主义思潮》,第337—338页;见刘中民:《现当代中东民族主义与伊斯兰教关系评析》,第29—31页。

③ Sylvia G.Haim, *Arab Nationalism*, p.85.

和国家的利益团结起来",①使"分而治之"的阴谋不能得逞;第六,土耳其的暴君不能代表伊斯兰政府,是伊斯兰教和阿拉伯人的敌人;第七,号召向反对阿拉伯改革的人宣战,复兴古代的光荣和用自治原则治理"我们的国家"。

一些学者在评价《卡赫坦之子》这份传单时写道:"它提出了反对西方殖民统治和奥斯曼帝国专制统治,实现阿拉伯统一的政治主张。提出了只要是阿拉伯人就应该超越地域和宗教信仰,彼此团结一致拯救民族危机的思想主张,同时还提出在阿拉伯民族之间应该反对各种宗教狂热主义而寻求民族团结,它们都涉及阿拉伯民族主义的许多深层次的问题,对于阿拉伯民族主义政治主张的完善具有重要的意义。"②

第一次世界大战期间,阿拉伯著名的哈希姆家族在阿拉伯民族主义运动中发挥了重要作用。该家族的三个代表人物,分别是侯赛因·伊本·阿里及其次子阿卜杜拉、三子费萨尔。正是他们在英国的支持下,联合阿拉伯民族主义者发动了反对奥斯曼统治的民族大起义,将早期的阿拉伯民族独立运动推向了高潮。

侯赛因于1916年6月发动了反对奥斯曼政府的起义,但那时他还不是一个阿拉伯民族主义的倡导者。③ 直到大起义中后期,他才转向阿拉伯民族主义。侯赛因是青年土耳其党任命的希贾兹的谢里夫,胸怀政治野心,梦想充当"阿拉伯之王"。在发动起义时,他求助的是传统的伊斯兰情感,声称青年土耳其人是不虔诚的改革者,他们将伊斯兰置于危险的境地,为了宗教信仰他才发动了反对土耳其人的起义。④ 两年后,侯赛因在一份致西方政府的文件中正式宣布他是阿拉伯人的代表,他将致力于"解放一个令人尊敬的民族,因为它曾有过辉煌的历史,对欧洲文明产生过积极有益的影响"⑤。

早在阿拉伯大起义之前,侯赛因在与英国驻埃及高级专员麦克马洪的通信中,向英国提出了承认阿拉伯国家独立的要求。这个拟议中的阿拉伯国家的版图:北到梅尔辛和阿达纳,接近北纬37度,沿北纬37度经过贝利吉克、乌尔法、马尔丁、米甸、伊本、欧马尔岛、阿马迪亚,直到伊朗边界,东部沿伊朗边界直到巴

---

① Sylvia G.Haim,*Arab Nationalism*,p.85.

② 刘中民:《现当代中东民族主义与伊斯兰教关系评析》,第31页。

③ C.Ernest Dawn,*From Ottomanism to Arabism*,p.69.

④ Sylvia G.Haim,*Arab Nationalism*,p.34.

⑤ Sylvia G.Haim,*Arab Nationalism*,pp.94-96.

士拉湾,南部除亚丁的地位不变外,南至印度洋,西部边界沿红海、地中海直到梅尔辛。[①] 侯赛因于 1916 年 6 月 26 日发布第一份起义声明,宣布与青年土耳其党决裂,建立一个独立的国家。谴责土耳其人卷入战争使阿拉伯土地陷入危险之中,号召阿拉伯人保卫自己的领土,强调穆斯林与非穆斯林拥有平等的权利。从某种程度上讲,阿拉伯大起义实际上标志着阿拉伯民族主义开始由纯粹的理论转向政治实践。

四、第一次世界大战后阿拉伯民族主义的形成

第一次世界大战结束时,阿拉伯民族主义尚未形成一个完整的思想体系,但随着大战的结束,当时的阿拉伯领土除了亚历山大勒塔之外,已全部从奥斯曼帝国分离出来。这种态势使阿拉伯人需要一种能够将所有的阿拉伯区域聚合在一起的观念和思想,最终朝着一个统一国家的方向发展。人们将希望寄托于阿拉伯民族主义。

1.阿拉伯民族主义的新发展

第一次世界大战结束后,阿拉伯精英们顺应时代的需求,对阿拉伯民族的认识和民族主义理论的探索不断深入,并且趋于系统化。穆斯林与基督徒携手并进,出现了一大批阿拉伯民族主义思想家,其中尤以萨提·胡斯里和米歇尔·阿弗拉克对阿拉伯民族主义的最终形成占有重要地位。

萨姆·沙乌卡特提出了民族独立中的一大问题:军队。沙乌卡总结了亚非国家独立运动的历史经验,认为民族独立最需要的不是金钱和知识,这两者都不是"推翻帝国主义之墙和砍断耻辱之枷锁的唯一利斧";"有比金钱和知识更重要的东西,有能够保护一个民族的尊严、消除其耻辱和奴役的东西,那就是实力或军事力量"[②]。

爱德蒙·拉巴斯率先将西方的民族理念引入中东政治文化中。1937 年,他在巴黎出版了一本用法文撰写的关于叙利亚与阿拉伯团结的书,书中吸取了西

---

① Sylvia G.Haim,*Arab Nationalism*,p.90.

② Sylvia G.Haim,*Arab Nationalism*,pp.97—99.

方史地和人类学关于种族连续性及阿拉伯领土完整性的理论。他主张共同的文化构成了一个民族的主体。

黎巴嫩穆斯林阿卜杜拉·阿拉伊利比较全面地诠释了民族主义和民族构成的要素。1941 年,他在贝鲁特出版《阿拉伯人的民族构成》一书,从理论上阐述了民族主义的概念及其构成的各种因素,探讨了宗教在国家中的地位以及阿拉伯民族主义政治纲领的实现问题。他指出,所谓阿拉伯民族主义就是人们对阿拉伯全部社会存在的意识反映,这种社会意识不仅是关于物质对象的认识,而且是内在的主观精神,因此作为精神生活和现实生活合成物的阿拉伯社会意识,是人们意识的再现。①民族的构成因素包括:语言、利益、地理环境、血缘关系、历史和习俗。在这六大因素中,阿拉伊利认为最重要的是地理环境的统一。他说,一个民族可以在既无历史、也无地位的情况下产生,但不可能在没有地理环境下产生。他还认为宗教也是民族的一个显著标志。伊斯兰教是一种随着环境的变化而变化并不断使自己适应这种变化的宗教。阿拉伊利的民族宗教观是世俗的宗教观,他不允许宗教和民族主义发生抵触。

黎巴嫩民族主义者阿布德·拉迪夫·沙拉腊的民族主义思想强调民族感的真实性、客观性。他认为"这种感觉乃是世界诸民族中民族主义观念所赖以建立的基础"。人们之所以热爱所居住的地区,只是因为那里存在着种族气质与自己相似的人们,这种气质通过某种特定的语言表达出来。这些人有着特定的风俗习惯、思想及行为方式。他给民族下的定义是:种族气质及其各种表现,诸如语言、感情、愿望、目标、抱负的一致性,就是阿拉伯人所谓的"乌玛"和西方人所谓的民族。与此同时,沙拉腊还强调民族感情对民族主义的重要作用,他认为"民族主义是一种感情和共同利益,在民族的成员中间它被结合成一种感情、一种思想"②。

2.阿拉伯民族主义与伊斯兰关系的界定

20 世纪上半叶,关于阿拉伯民族主义与伊斯兰关系的探讨应追溯到马龙派的奈吉布·阿佐利。他于 1905 年在巴黎发表了阿拉伯国家联盟纲领,认为在未来的阿拉伯国家中应实行政教分离。研究者指出:"他提出的课题是里达、特别

---

① 彭树智:《东方民族主义思潮》,第 349 页。
② Sylvia G.Haim, *Arab Nationalism*, pp.227-228.

是卡瓦基比没有解决的中东社会问题,即如何处理伊斯兰教与阿拉伯民族之间的关系问题。在里达的思想上,伊斯兰教仍然是基础和中心,阿拉伯民族的利益仍要服从伊斯兰教的利益。尽管卡瓦基比强调了阿拉伯人的优越,已经接近宗教与世俗的门槛,但是他还是没有最后达到具体方案。阿佐利的功绩是把解决这个问题明确化、具体化了。"①

1931 年,一本名为《拥抱伊斯兰教吧,基督徒们》的小册子出现在开罗。作者是凯哈里利·伊斯凯达尔·库伯鲁西,他是一个正统的基督徒。他将西方的基督教与东方的伊斯兰教进行对比,列举了基督教对东方民族的压迫,特别还提到了恐怖的宗教裁判所,并得出结论:与这种腐朽、残酷的宗教相比,伊斯兰教却是仁慈、平等和民主的宗教。因为基督教的腐朽、伊斯兰教的纯洁,因为所有宗教拥有一个共同宗旨:热爱上帝和人类,于是他让阿拉伯基督徒拥抱伊斯兰教,回归基督教最初的纯洁状态。他还指出:"……阿拉伯基督教徒理应与阿拉伯穆斯林在宗教上统一起来,就像他们在种族上一样,那样我们将远离令人误解的宗派斗争或内讧。"库伯鲁西认为伊斯兰是阿拉伯人的宗教,而阿拉伯东方的基督徒也是阿拉伯人,与穆斯林同样遭受欧洲人的压迫,所以他们理应拥抱伊斯兰,同阿拉伯的穆斯林团结起来,共同反抗欧洲人的压迫,即"在伊斯兰光辉的指引下……设法从英国人、犹太复国主义者和外来帝国主义的枷锁下解放出来"②。

阿拉伯基督徒康士坦丁·祖莱克作为阿拉伯民族主义者,也强调阿拉伯民族主义与伊斯兰教之间没有矛盾。他赋予宗教以广泛的含义,认为它影响到整个社会生活,并蕴藏着民族精神。同时,他认为民族主义作为精神运动,必须向宗教汇聚,并从中产生强大的生命力和优良品性。这正是阿拉伯民族主义的真正特征。祖莱克指出,阿拉伯民族主义与伊斯兰教之间没有矛盾。"真正的民族主义与真正的宗教之间不应该存在任何矛盾。它们在本质上并无二致,它们都是以重建民族内在力量为目的的精神运动,都是为了挖掘民族的知识与精神智力并促使民族为世界文明与文化做出贡献。"③因而"对于阿拉伯民族主义者来说,为了吸取良好的精神和强大的灵魂,用洋溢着宗教的伟大与纯洁精神去丰

---

① 彭树智:《东方民族主义思潮》,第 327—328 页。

② Sylvia G.Haim,*Arab Nationalism*,pp.60—61.

③ Sylvia G.Haim,*Arab Nationalism*,p.168.

富他们的灵魂,从历代先知那里寻找鼓舞而回归宗教是义不容辞的任务"①。

阿拉伯基督徒对阿拉伯穆斯林和伊斯兰教持两种态度。第一种被称为激进派,他们明确指出,伊斯兰与阿拉伯民族主义不可分,支持和崇奉伊斯兰教是所有阿拉伯民族主义者的责任。前文提到的凯哈里利·伊斯凯达尔·库伯鲁西、康士坦丁·祖莱克就属于这一派。第二种,属于较温和的一派,代表人物是查理斯·马里克,其代表作是《近东:寻求真理》。该派认为伊斯兰教是一个伟大的宗教,阿拉伯人民是伟大的人民;东方基督教徒最适合解释他们的需要和对欧洲的看法,以及促使西方和阿拉伯人的和解,当然这些都建立在重塑他们的尊严和民族生存的基础之上。② 祖莱克认为,对近东基督徒而言,伊斯兰文化在深层意义上是他们的文化,基督徒一直同他们的穆斯林兄弟一起肩负着公民、经济、政治和文化的责任。

阿卜德·拉赫曼·巴扎兹(穆斯林),总结了阿拉伯民族主义与伊斯兰教的关系问题。1952年,他在著名的《阿拉伯民族主义与宗教》的讲演中断言:阿拉伯民族主义和伊斯兰教几乎在一切方面都是一致的。……伊斯兰是政治宗教或社会宗教,它已渗透进个人和社会生活的各个方面。既然伊斯兰教是政治宗教,就不应当与阿拉伯民族主义相对立。③ 他要求非穆斯林阿拉伯人清楚地认识到:伊斯兰文明是我们民族文化遗产中不可分割的组成部分,作为一个民族主义者必须同穆斯林兄弟一道爱护它。他的结论是:"在阿拉伯民族主义和伊斯兰教之间没有根本矛盾或明显对立,它们的关系近乎一般与特殊的关系。如果我们用几何学原理来表述,可以设想,伊斯兰教与阿拉伯主义是大部分重合的两个圆,两圆未重合的部分也没有根本对立。"④在阿拉伯民族主义与泛伊斯兰主义的问题上,巴扎兹是阿拉伯民族主义者。他认为泛伊斯兰主义的目标是"不可能实现的"⑤,主张用"阿拉伯联合"的目标来代替泛伊斯兰主义的目标。

3.萨提·胡斯里和米歇尔·阿弗拉克

萨提·胡斯里是将传统与现代、东方与西方思想有机地结合在一起的阿拉

---

① Sylvia G.Haim, *Arab Nationalism*, p.169.

② Sylvia G.Haim, *Arab Nationalism*, pp.61-62.

③ Sylvia G.Haim, *Arab Nationalism*, pp.172-173.

④ Sylvia G.Haim, *Arab Nationalism*, p.169.

⑤ Sylvia G.Haim, *Arab Nationalism*, p.167.

伯民族主义理论家。他自幼接受伊斯兰教的传统教育,后来又在伊斯坦布尔学习自然科学,并在法国、瑞士、比利时留学。在国外学习期间,他受到西方民族主义思想的熏陶,卢梭、勒南以及赫尔德的文化语言和历史观对他产生了很大影响。胡斯里在构思民族主义理论时,曾努力把德国的民族主义思想同阿拉伯哲学家伊本·赫勒顿的民族概念结合起来。正如研究者所指出:"萨提·胡斯里赋予阿拉伯民族主义以更广阔的理论基础。他把历史、现实和理论结合起来,赋予阿拉伯民族主义以整体性。从整体性的哲理出发,他在政治上提出了阿拉伯团结的命题,并从理论上论证了阿拉伯团结和伊斯兰团结的关系。"①

胡斯里在理论上继承了前人和同时代人的思想精髓,并将其加以发展。胡斯里认为血缘、经济生活、地域、宗教等都不是民族的主要因素。他曾指出:"无论如何,共同的血统不应当成为任何关于民族定义的一个组成部分,以共同的历史来替代更为合适。"②在民族与宗教的关系上,他同意伊本·赫勒顿的看法,反对把宗教作为社会关系的基础,并指出作为宗教的实践,永远是用一种语言完成的,因此宗教与语言之间只能承认一种可能性,那就是一种"民族宗教"。胡斯里坚持,共同语言和共同历史是一个民族的构成要素。他认为:"语言是民族的灵魂和生命,而历史是民族的意识和记忆;民族之所以成为民族,在于它有共同的语言和历史;共同历史和语言的作用在于保证一个民族潜在觉悟的复苏;历史和语言的结合,导致了民族在感情、目的、痛苦、希望和文化方面的融汇。"

他强调说,"共同语言存则民族存,共同语言亡则民族亡",语言是"民族的灵魂和最重要的因素。它甚至是社会集团各成员之间最重要的非物质的链条……因为它是交往的工具,民族之间主要的区别在于他们不讲共同的语言,它们之间分离的基础也在于此,在于他们自己的语言"③。只要一个民族注重自己的语言,它便将持久生存并保持自己的个性。关于历史传统,胡斯里认为它同语言一样重要。"忘记历史传统和忘记民族语言,对于各民族都是可悲的。历史传统和语言的复兴,是一个被压迫民族复兴的开始。历史传统和语言的共同点就是一个民族的'共同记忆'。重视民族语言和历史传统的结果将导致民族的

---

① 彭树智:《东方民族主义思潮》,第370页。

② [美]凯马尔·H.卡尔帕特编:《当代中东的政治和社会思想》,陈和丰等译,中国社会科学出版社1985年版,第86页。

③ 彭树智:《论萨提·胡斯里的泛阿拉伯民族主义》,载《西亚非洲》1992年第2期。

觉醒……语言是一个民族的灵魂,历史是一个民族的意识。""一个只保持自己语言而忘记了自己历史的民族,就如同生活在一个无意识的国家之中。"胡斯里认为,历史和语言是民族政治文化的重要内容,要建立独立的民族国家,必然要有一个包括前殖民地历史和语言在内的文化复兴运动。①

胡斯里一生都在寻找解决阿拉伯民族的团结、统一与独立这个问题,其民族政治文化观的核心是他的独立的民族国家观。他认为民族思想在民族国家的建立中起着非常重要的作用。② 他"比较清醒地看到了对民族国家的忠诚正日益取代宗教忠诚和王朝忠诚而成为国家政治认同形式的历史走向"③。胡斯里关于民族主义的内涵同西方的主张有所不同,他不愿以法国《人权宣言》作为民族主义的基石,而是把民族主义理解为个人对民族国家怀有高度忠诚的心理状态,也就是他经常说的为民族献身的精神。他认为这是第一位的,自由是第二位的。或者说,他认为民族自由是第一位的,个人自由是第二位的,个人自由要服从民族自由。

胡斯里的阿拉伯民族主义理论可以概括为三个基本点:主张民族利益高于个人自由;注重阿拉伯的统一,反对地区民族主义,强调埃及是阿拉伯民族的重要组成部分,并应充当阿拉伯民族复兴的领袖;强调泛阿拉伯主义与伊斯兰教的协调关系,承认阿拉伯民族的重要性,但并不降低伊斯兰教对阿拉伯人的重要意义。

米歇尔·阿弗拉克是阿拉伯复兴社会党的创始人之一,也是将阿拉伯民族主义从理论付诸具体实践的政治家。他的民族主义思想形成于1935年前后的理论与实践活动,他从传统的阿拉伯民族主义、泛伊斯兰主义、马克思的科学社会主义和法国安德烈·纪德与罗曼·罗兰等人的自由主义思想中吸取营养,形成了一整套系统的阿拉伯民族主义理论,对阿拉伯民族运动的发展产生了深远的影响。

阿弗拉克认为阿拉伯民族主义是阿拉伯精神的化身。"虽然语言、历史和传统很重要,但却仅仅是外在的联系纽带。民族主义意味着一种向民族目标迈进的奋斗和一种追求进步的意愿——只要民族发展的进程被延误,或存在恶化

---

① 彭树智:《东方民族主义思潮》,第380—381页。
② 彭树智:《东方民族主义思潮》,第378页。
③ 刘中民:《现当代中东民族主义与伊斯兰教关系评析》,第28页。

的状况以及该民族落后于世界发展的进程,就需要民族主义唤醒这个民族。因此,阿拉伯民族主义是阿拉伯民族实现其需要和愿望的'进程'。"①

关于阿拉伯民族主义与伊斯兰教的关系,阿弗拉克明确指出,伊斯兰教不是神的启示,而是对穆罕默德时代民族需求的回应,是阿拉伯主义的一个基础。他强调正是伊斯兰教,它使阿拉伯人征服自己后又征服世界;伊斯兰已不仅是一个历史事件,而且还是"阿拉伯民族的一个永久信仰趋向……它唤起了民族精神,消除了民族内讧,实现了高度团结和空前合作"。阿弗拉克断言穆罕默德时代的"伊斯兰教成为一个阿拉伯人的运动,其意义在于阿拉伯主义的复兴及成熟"。"当时的穆斯林只有阿拉伯人,是一个经历了发展和实现完美的锐意革新、尽善尽美的阿拉伯民族。"他还说:"穆罕默德同样是一个信教的阿拉伯人,因为他综合了各种条件和美德,因而他能引领这种代表着阿拉伯主义,并朝着团结强盛和进步前进的宗教。"②

对于阿弗拉克而言,伊斯兰教本身就是阿拉伯民族主义,其他形式的伊斯兰要么是堕落的,要么是西方帝国主义的欺诈手段。他认为阿拉伯人没有必要对民族主义和宗教加以区别,因为"不能用其他宗教和民族主义之间的关系来比对伊斯兰教与阿拉伯民族主义之间的关系"。至于阿拉伯基督徒,他指出,当伊斯兰教真正恢复其纯洁的本来面目时,阿拉伯基督徒将会认识到:伊斯兰教为他们创造了文化,他们将把它作为阿拉伯民族主义中最珍贵的部分而保存下来。阿弗拉克还设法消除非穆斯林对伊斯兰与阿拉伯民族主义之间的天然亲和力的恐惧:"在所有民族中,阿拉伯民族是独一无二的,因为他们的民族觉醒与一个宗教训诫的诞生是相一致的,换句话说,这个宗教训诫是民族觉醒的一个表现……他们不会为了扩张而扩张……只会履行宗教义务,如所有的真理、引导、宽容、公正和慷慨……只要伊斯兰和阿拉伯主义之间的亲和力还很强,只要我们将阿拉伯主义视为肉体,伊斯兰教视为灵魂,那么就不必害怕阿拉伯人的民族性会走向极端。"③

1940 年,阿弗拉克在大马士革提出组建民族主义政党——"巴斯党"。"巴斯"在阿拉伯语中是"复兴"的意思。1941 年,他同比塔尔开始以"巴斯党"名义

---

①　Majid Khadduri, *Political Trends in The Arab World*, p.195.

②　Sylvia G.Haim, *Arab Nationalism*, p.63.

③　Tawfic E.Farah, *Pan-Arabism and Arab Nationalism*, p.39.

进行活动。1943 年 7 月,他第一次将其领导的"阿拉伯复兴运动"组织称为"阿拉伯复兴党"(阿拉伯"巴斯党")。1947 年,在大马士革召开的阿拉伯复兴党第一次代表大会上,"统一、自由和社会主义"成为党的口号。1953 年,阿拉伯复兴党与阿克拉姆·胡拉尼领导的阿拉伯社会党合并,更名为阿拉伯复兴社会党。

阿弗拉克认为只有反动派被摧垮后,进步和发展才能实现。因此,阿弗拉克在政治上反对中间道路:"我们将产生一些新的、重要的东西,它们将引导阿拉伯人的生活从屈辱走向荣耀,从落后走向进步;或者是我们的尝试将失败。我们不认可中间道路。"[1]阿弗拉克强调,阿拉伯民族必须被重塑,青年人必须开展革命,革命的结果是阿拉伯民族成员间爱的建立。只有当阿拉伯人相互热爱、热爱他们的民族、全身心地热爱他们的土地时,他们才能发现自身的解放,他们的弱点和困难也将远离他们。

阿弗拉克将"统一、自由和社会主义"作为阿拉伯复兴社会党的三大目标,它也是阿弗拉克关于阿拉伯民族主义思想的集中体现。

第一,阿拉伯复兴社会党在党章中首先强调阿拉伯民族的统一。阿拉伯复兴社会党相信:"阿拉伯祖国是不可分割的政治与经济统一体;阿拉伯民族构成一个文化统一体;阿拉伯祖国属于阿拉伯人,他们有权管理其事务,掌管其财富,决定其命运。"党纲明确指出,阿拉伯复兴党作为"民族的"、"社会主义的"、"大众的"、"革命的"政党将致力于"反对外国殖民主义和完全彻底解放阿拉伯祖国的斗争","为将所有阿拉伯人集合在一个独立国家之内而斗争"[2]。有学者评论:"如此鲜明地提出阿拉伯民族是一个政治、经济、文化统一体,拥有建立自己国家和决定自己命运的权利,并将其作为一个政党的纲领,这在阿拉伯民族的历史上还是第一次,它意味着阿拉伯民族主义思想正在从一种社会思潮向社会实践运动转变,这无疑是阿拉伯民族主义思潮和实践的一个主要的里程碑。"[3]

第二,阿弗拉克及阿拉伯复兴党把"自由"放在第二位,认为"言论自由、集会自由,信仰自由以及艺术自由都是神圣的,任何权威都不得剥夺"[4]。阿弗拉克的"自由"有两层内涵:第一层就是要摆脱外来的殖民统治,使阿拉伯人民有

---

① Sylvia G.Haim, *Arab Nationalism*, p.70.
② Sylvia G.Haim, *Arab Nationalism*, pp.234-235.
③ 刘中民:《现当代中东民族主义与伊斯兰教关系评析》,第 34 页。
④ Sylvia G.Haim, *Arab Nationalism*, pp.233-234.

权自由支配自己的命运和财富,使个人自由同民族解放同步增长;第二层就是要在谋求民族解放的同时反对内部的专制,阿弗拉克指出:"自由不能分割,我们不能反对外部帝国主义而对本国专制保持沉默",因为"在仍然受外国控制的国度里,任何当政者都或多或少屈从于外部势力"①。

第三,阿弗拉克及复兴党将社会主义与民族主义联系在一起,认为社会主义应该服务于阿拉伯统一。他认为社会主义是一种"公正、合理的经济制度",可以防止阶级剥削和内部冲突。由于这种社会主义的基本问题是民族问题,因而又称做"民族社会主义",用他的话说,就是"阿拉伯的统一高于社会主义"②。社会主义是躯体,而统一则是它的灵魂。其统一的蓝图是:建立阿拉伯联邦,这个联邦不但是世俗国家,而且是社会主义国家。③ 阿弗拉克领导下的阿拉伯复兴社会党"相信社会主义是源于阿拉伯民族主义内核的必然产物"。其党纲第26条至38条集中阐释了社会主义的具体政策,如国民经济财富归全民所有、公正分配、禁止剥削、取缔私人公司和外国租让权、限制农业土地所有权、工人参加工厂管理、计划经济、国家控制内外贸易等。

综上所述,可以看出,阿弗拉克的民族主义理论已经突破了传统精英政治的框架束缚,带有明显的民族主义运动"人民时代"的特征,更重要的是其理论着眼点向中下层民众的倾斜,以及坚决彻底的斗争方式,这些都反映了当时社会对上层人士领导的民族主义运动的不满,并且预示着一个旧的时代——"王政时代"即将终结,一个新的时代——"人民时代"即将来临。

五、第二次世界大战后阿拉伯民族主义的实践

第二次世界大战结束后,阿拉伯国家的政治格局发生剧变。叙利亚、埃及、伊拉克等国陆续发生政变或爆发革命,传统上层政治力量把持的国家政权终结,广大中下层力量开始登上政治舞台,"人民时代"拉开了序幕。这一时期的阿拉

---

① 王彤:《从阿拉伯民族主义的统一理论与实践看阿拉伯国家的合与分》,载杨灏城、朱克柔主编:《民族冲突与种族争端》,人民出版社1996年版,第46页。
② 彭树智:《东方民族主义思潮》,第368页。
③ 彭树智:《东方民族主义思潮》,第368页。

伯民族主义理论家在新的历史条件下,以其独有的方式和方法来诠释泛阿拉伯主义的内涵,其中的阿拉伯社会主义成为人们关注的焦点。

1.埃及的纳赛尔主义与阿拉伯民族主义

纳赛尔主义是纳赛尔留给阿拉伯民族的宝贵财富。它经历了三个发展层次,即埃及民族主义、阿拉伯民族主义和阿拉伯社会主义。"三个层次是一个递进的发展过程。第一层次是纳赛尔主义的原型和基础,第二层次是纳赛尔主义的扩大和延伸,第三层次是纳赛尔主义的深化和完成。"①从埃及民族主义到阿拉伯民族主义是纳赛尔民族主义的自然和必然发展过程,埃及民族主义是纳赛尔政治生涯中初期的思想体现,阿拉伯民族主义是纳赛尔民族主义思想和实践的全面体现和结晶,是纳赛尔主义的核心。社会主义思想是由民族主义政治观引申和发展而成,是最终为民族主义思想所设定的实际目标服务的。②

纳赛尔的埃及民族主义核心是"消灭帝国主义","建立一个自由和公正的民族国家"。它是以恢复民族尊严为首要原则,以同时进行两种革命为理论基础,以军队为依靠力量,以革命和政治自由、经济自由为道路,以建立一个文明富强独立自主的新埃及为奋斗目标的一套完整思想和主张。

巴勒斯坦战争是纳赛尔思想发展的一个重要阶段。③ 经过战争的洗礼,纳赛尔的民族主义思想增添了泛阿拉伯主义的新内容,它由一个埃及民族主义者变成了一个阿拉伯民族主义者。④ 纳赛尔阿拉伯民族主义思想的内容包括:

第一,反对殖民主义及其帮凶是纳赛尔的阿拉伯民族主义思想的核心。纳赛尔阿拉伯民族主义思想的原则,首先体现在 1952 年"7·23"革命成功后革命委员会所颁布的六点行动纲领之中,即:消灭殖民主义及其帮凶,消灭封建主义,消灭垄断资本的统治,建立社会公正,建立强大的国家军队,建立健全的民主生活。⑤纳赛尔支持阿拉伯民族解放运动,认为这"将摧毁所有阿拉伯地区的外国势力"。纳赛尔强调"如果没有维护每个阿拉伯国家民族独立的决心,没有支持每个阿拉伯国家的人民争取社会自由的有意识的行动,阿拉伯民族主义就会丧

---

① 彭树智:《东方民族主义思潮》,第 430 页。
② 王京烈主编:《当代中东政治思潮》,当代世界出版社 2003 年版,第 246—247 页。
③ 畅征:《埃及反帝反封建的英勇战士纳赛尔》,商务印书馆 1982 年版,第 12 页。
④ [英]安东尼·纳丁:《纳赛尔》,范语译,上海人民出版社 1976 年版,第 14 页。
⑤ [埃及]艾哈迈德·舍利比:《伊斯兰历史和文明史》第 9 卷,埃及复兴书店 1973 年版,第 72 页。

失其意义"。

第二,"三个圈子"理论是纳赛尔的阿拉伯民族主义的理论基础。纳赛尔于1953 年撰写的《革命哲学》一书,阐述了关于埃及对外关系的独具创造性的"三个圈子"理论,即"难道我们能假装不知道我们周围有一个阿拉伯圈子吗? 这个圈子是我们的一部分,而我们也是其中的一部分。我们的历史与这个圈子的历史已经连成一片,我们的利益和这个圈子的利益紧密地结合在一起";"难道我们能假装不知道那里有一个非洲? 命运注定我们生活在这个洲上";"难道我们能假装不知道那里有一个伊斯兰世界,那个世界不仅与我们有着宗教信仰关系,而且历史事实也加强了彼此的联系"。① 这就是纳赛尔以民族、地域和宗教为基点,所揭示的埃及生存空间的"三个圈子",即阿拉伯圈子、非洲圈子和伊斯兰圈子。对于埃及与"三个圈子"的关系,他认定"不容置疑,阿拉伯的圈子是这些圈子中最重要、也是与我们联系最密切的"。由此引申出了阿拉伯民族团结和统一的泛阿拉伯主义思想。"三个圈子"理论也就成为纳赛尔阿拉伯民族主义思想的基石。

第三,阿拉伯民族团结与统一思想是纳赛尔的阿拉伯民族主义的实质内容。纳赛尔认为,阿拉伯民族的力量是强大的,应对自己的力量充满信心。纳赛尔主张阿拉伯世界的统一,只有阿拉伯的统一,才能有足够的力量同外国统治者作斗争,才能争取民族独立。同时,纳赛尔十分强调埃及在阿拉伯统一和亚非民族运动中的地位。纳赛尔在《革命哲学》中指出,埃及处于阿拉伯、非洲和伊斯兰三个圈子的中心,"自然和历史的条件赋予了埃及这样的责任,成为要求阿拉伯民族的自由、社会主义和统一的核心国家"。他"梦想组成一个包括埃及、苏丹和刚果的联邦,创建起一个超级国家,它将以开罗为首都,其疆域将从地中海和红海一直伸展到南大西洋"②。

纳赛尔主义还引入了一些社会主义的内涵,以期为民族主义思想所设定的实际目标服务。1955 年 5 月,纳赛尔在从万隆回国后的一次演讲中第一次使用了"社会主义"一词。1962 年的《全国行动宪章》指出,社会主义是"一个富足和正义的社会,一个劳动和机会均等的社会,一个生产的社会和一个福利的社

---

① [埃及]加迈尔·阿卜杜·纳赛尔:《革命哲学》,张一民译,世界知识出版社 1957 年版,第43 页。

② [英]安东尼·纳丁:《纳赛尔》,第 426 页。

会"。建立社会主义,是因为"资本在落后国家的自然发展,不会再促进经济上升"。纳赛尔在政治上反对阶级斗争和无产阶级专政,认为实现社会主义的具体途径,是通过"和平的阶级搏斗",主张阶级合作,走全民民主的道路。这种社会主义就是"民主的合作的社会主义"。纳赛尔主张以"社会主义"为最终目标,反对共产主义。他强调社会主义与伊斯兰教并不矛盾,因为真主的使命就在于恢复了人的尊严与幸福。同时宣称伊斯兰教在历史上最早提出国有化,并以此作为埃及国有化政策的依据。①

纳赛尔在新的历史条件下继承了萨梯·胡斯里等人的思想,创造性地发展了阿拉伯民族主义思想,特别是"积极中立"和社会主义元素的引入,是对阿拉伯民族主义的一种积极探索和重大贡献。

2.阿拉伯复兴社会党与阿拉伯民族主义

叙利亚和伊拉克是阿拉伯民族主义盛行的国家。复兴党始建于叙利亚,其政治纲领设定的目标是"统一、自由和社会主义"。随后伊拉克也组建了复兴党。第二次世界大战后,复兴党相继在叙利亚和伊拉克取得政权,实行泛阿拉伯主义政策,大马士革和巴格达成为新的阿拉伯民族主义运动的中心。

复兴党于1963年在叙利亚取得政权,阿弗拉克的阿拉伯民族主义是该党的指导思想,后来担任叙利亚总统的哈菲兹·阿萨德是这一思想继承者、发扬者和实践者,他的泛阿拉伯主义思想主要表现在:

第一,主张"阿拉伯统一"。叙利亚是阿拉伯民族主义的摇篮,阿萨德继承了萨提·胡斯里和复兴党创始人阿弗拉克的泛阿拉伯民族主义思想。他说:"在阿拉伯人中存在着一种强烈的感情,一种神圣的感情,那就是我们都是一个民族的人。"②1973年3月叙利亚通过的永久宪法即《阿拉伯叙利亚共和国宪法》宣称:"阿拉伯叙利亚地区是阿拉伯祖国的一部分","阿拉伯叙利亚人民是阿拉伯民族的一部分,叙利亚人民为实现阿拉伯民族的全面统一而奋斗"。③阿萨德一直致力于阿拉伯团结,希望成为泛阿拉伯运动的领导人。④为此,他曾与伊拉克进行了一系列的联合行动。

①　[埃及]加迈尔·阿卜杜·纳赛尔:《革命哲学》,第35页。
②　[以]摩西·马奥茨:《阿萨德传》,殷罡等译,世界知识出版社1992年版,第122页。
③　姜士林、陈玮主编:《世界宪法大全》,中国广播电视出版社1989年版,第467页。
④　赵克仁:《试析叙利亚泛阿拉伯主义的演变》,载《阿拉伯世界》2000年第3期。

第二，坚决反对犹太复国主义。阿萨德领导下的叙利亚一直是阿拉伯世界反对以色列的激进派。他曾说："以色列早晚与十字军落得同样的下场。"①埃及在1978年与以色列单独媾和后，遭到以叙利亚为首的阿拉伯激进国家的强烈反对，叙利亚联合伊拉克、利比亚、阿尔及利亚和南也门等组成"拒绝阵线"，继续对以色列实行强硬路线，许多阿拉伯民众都认为："阿萨德是不向以色列屈服的最后一位阿拉伯领导人"，"是阿拉伯人的自豪"。②

第三，谋求"大叙利亚"的情结。阿萨德的阿拉伯民族统一理论在实践中屡遭挫折，特别是在与伊拉克的联合计划失败后，叙利亚放弃了阿拉伯民族统一政策，转向将统一的范围界定在过去奥斯曼帝国统治下的叙利亚省，即今天的叙利亚、黎巴嫩、约旦和巴勒斯坦，这就是所谓的"大叙利亚"计划。阿萨德经常提醒这一地区的阿拉伯人，"不要忘记1919年中东被分裂以前的那些岁月，当时黎巴嫩人、巴勒斯坦人、约旦人和叙利亚人同属于一国国民，他们是生活在往昔叙利亚自然边界里的人民"。阿萨德曾对阿拉法特明确强调："你们在巴勒斯坦的代表性并不比我们更多，根本不存在什么巴勒斯坦人，也不存在巴勒斯坦实体，唯一存在的是叙利亚，你们是叙利亚人民不可分割的一部分，巴勒斯坦是叙利亚不可分割的一部分。"③阿萨德在1973年以同样的方式说："黎巴嫩和叙利亚之间存在特殊关系，没有一个叙利亚政权或黎巴嫩政权能够忽视这些历史的、无可变更的关系。"④阿萨德的战略目标是建立一个由叙利亚、黎巴嫩、约旦和巴勒斯坦组成的在他领导下的联盟。在这样一个联盟中，叙利亚将是最大、最强的一方，大马士革能够巧妙地周旋于各方力量之间，在确立联盟的政治和军事战略方面发挥主导作用，⑤在阿拉伯事务上显现更加突出的作用。

1968年，伊拉克复兴党夺取国家政权，党的领导人萨达姆·侯赛因是一个狂热的阿拉伯民族主义者，也是泛阿拉伯主义路线坚定的支持者和执行者。伊拉克复兴党人根据内外形势的发展，对泛阿拉伯民族主义理论进行充实和发展，并努力付诸实践。1980年2月8日，伊拉克在纪念复兴党1963年首次夺权的大

---

① 殷罡：《阿萨德父子与他们的叙利亚》，载《世界知识》2005年第7期。

② 李绍先：《阿萨德和没有阿萨德的中东》，载《世界知识》2000年第13期。

③ Itamar Rabinovich, *The War for Lebanon:1970-1983*, New York:Cornell University Press,1984, p.87.

④ [以]摩西·马奥茨：《阿萨德传》，第128页。

⑤ 赵克仁：《试析叙利亚泛阿拉伯主义的演变》，载《阿拉伯世界》2000年第3期。

会上,刚上台 8 个月的新总统萨达姆发表《民族宣言》,阐述关于发展阿拉伯国家相互关系的 8 项原则①,从而把泛阿拉伯主义运动推向了一个新的高潮。以萨达姆为首的伊拉克复兴党的泛阿拉伯主义理论包括:

第一,民族高于国家。这是复兴党创始人阿弗拉克最早提出的观点,它是阿拉伯民族主义的基石。萨达姆认为,在阿拉伯世界存在着"各国自身利益和阿拉伯利益"两个范畴,"民族责任高于一切个人或地区的利益"。这一观点对于全民族团结一致,反对外来侵略方面具有积极意义。但是,在阿拉伯世界各民族国家业已形成的条件下,这一观点极易导致对其他阿拉伯国家主权的蔑视,甚而会侵犯他国主权,"为侵略扩张欲望的滋生提供丰沃的土壤"。② 后来,伊拉克的发展也证明了这一点。

第二,复兴阿拉伯民族。这是泛阿拉伯主义的重要内涵,它基于古代阿拉伯历史辉煌所产生的民族优越感和对复兴这种辉煌的强烈渴望。③ 1968 年执政后的复兴党致力于推动考古和博物馆事业的发展,以及民歌研究和历史研究,并大力宣扬古代民族文化。萨达姆曾指出:"……阿拉伯祖国的所有文明都是(阿拉伯)民族的儿子们个性的展现,他们都有一个共同的来源。"④复兴党对古代文化和历史挖掘的目的,是想通过展示古代阿拉伯民族的辉煌,激发民众复兴阿拉伯民族的热情。

第三,阿拉伯统一。萨达姆在 1982 年复兴党第 9 次地区代表大会的决议中指出,阿拉伯统一"是一种合乎人们意愿的趋势,是民族力量的真正源泉",阿拉伯世界将成为"一个单一的国际体"。伊拉克"应该在解放全体阿拉伯民族的斗争中自觉地发挥泛阿拉伯的领导作用"⑤。1990 年,萨达姆将其出兵科威特作为迈向"阿拉伯统一的第一步",由此引发了海湾危机。面对美国和西方的大规

---

① 《阿拉伯民族宣言》8 项原则的主要内容是:1.拒绝任何外国军队和外国基地在阿拉伯地区的存在;2.禁止任何一个阿拉伯国家使用武力反对另一个阿拉伯国家,主张用和平手段解决阿拉伯国家间可能发生的争端;3.第二条原则同样适用于阿拉伯国家的邻国;4.阿拉伯国家团结一致,反对任何一个外国侵犯任何一个阿拉伯国家的主权;5.恪守国际法和国际惯例;6.坚持完全中立和不结盟;7.阿拉伯国家间应建立积极的、发展的经济关系;8.伊拉克准备对每一个阿拉伯国家和遵守这一宣言的任何一方遵守这一宣言。

② 赵克仁:《伊拉克泛阿拉伯主义探析》,载《阿拉伯世界》2000 年第 3 期。

③ 赵克仁:《试析叙利亚泛阿拉伯主义的演变》,载《阿拉伯世界》2000 年第 3 期。

④ 黄民兴:《中东国家通史·伊拉克卷》,商务印书馆 2002 年版,第 292 页。

⑤ 黄民兴:《中东国家通史·伊拉克卷》,第 293 页。

模军事行动,萨达姆又一次举起泛阿拉伯主义大旗,将以美国为首的多国部队比做西方的"新十字军",而他则自誉为抗击"新十字军"的现代萨拉丁,声称要对西方的"新十字军"进行一场"圣战"。① 其结果,海湾战争的败绩使萨达姆自尝战争苦果,并将伊拉克引向了灾难的深渊。

第四,维护阿拉伯民族的利益。伊拉克复兴党自封阿拉伯民族的代言人,极力维护阿拉伯民族的利益。在阿以问题上,伊拉克坚决反对犹太复国主义和以色列,奉行支持巴勒斯坦的强硬路线,反对与以色列进行任何妥协。复兴党领导集团将巴勒斯坦事业作为整个阿拉伯民族的共同事业。萨达姆表示,巴勒斯坦的解放是整个阿拉伯世界的共同目标。他甚至主张,解放巴勒斯坦应不择手段。在对伊朗政策上,1980 年伊拉克对伊朗发动战争。萨达姆说:"对伊朗的战争是为了保卫伊拉克的尊严、主权与合法利益","也是保持海湾的阿拉伯性质"。② 萨达姆一度成为阿拉伯世界的"民族英雄"。

对于萨达姆来说,泛阿拉伯主义既是他维护阿拉伯民族整体利益的旗帜,同时也成为伊拉克谋求私利和实现海湾霸权的幌子。③ 萨达姆不断膨胀的政治野心最终使萨达姆政权寿终正寝。

六、后冷战时代阿拉伯民族主义的走向

20 世纪 80 年代末 90 年代初,伴随东欧剧变和苏联解体,冷战结束。和平与发展成为当今世界的两大主题。但是,冷战思维仍在国际政治舞台上持续,新的霸权主义和强权政治依然横行。中东是国际关系中的"热点"地区,苏联的解体导致美国在该地区确立了主导地位。"9·11"事件后,美国打着"反恐"旗号,相继发动阿富汗战争和伊拉克战争,先后推翻了塔利班政权和复兴党萨达姆政权,并在当地扶植听命于美国的新政权。另一方面,美国又在中东地区推行所谓

① 马小红:《从阿富汗尼到萨达姆——泛阿拉伯主义的发展及趋势》,载《西亚非洲》2000 年第 2 期。
② 赵克仁:《伊拉克泛阿拉伯主义探析》,载《阿拉伯世界》2000 年第 3 期。
③ 韩志斌、焦玉奎:《后冷战时代伊拉克复兴党政治模式的特点》,载《大庆师范学院学报》2006 年第 4 期。

重塑中东新秩序并对中东进行彻底改造的"大中东计划",以便按照西方的价值观推进中东的民主化改造。美国的这些举措遭到阿拉伯国家和人民的强烈反对,加之美国长期偏袒以色列,导致阿拉伯世界反美情绪与日俱增。在巴以问题上,以色列总理拉宾遇刺身亡后,右翼政党坚持顽固立场,致使中东和平进程受阻,巴勒斯坦人民的处境越发艰难。

在上述政治氛围下,中东地区包括伊斯兰原教旨主义、伊斯兰极端主义在内的各种激进主义思潮滋生和蔓延。阿拉伯民族主义在新时期经历了新一轮调整:以叙利亚和伊拉克复兴党为代表的传统阿拉伯民族主义思潮遭受前所未有的挑战。尤其是阿萨德的去世和萨达姆政权的覆灭标志着传统阿拉伯民族主义的严重挫折。阿拉伯民族主义者竭力坚持和一贯倡导的政治统一逐渐被主张阿拉伯国家间的教育、文化、经贸等领域的合作以及地区经济一体化所取代,并且预示着未来阿拉伯民族团结联合的走向。

1.叙利亚和伊拉克的抗争

冷战结束后,阿萨德领导的叙利亚在捍卫阿拉伯人权益的抗争中发挥着重要作用。叙利亚一直是阿拉伯世界反以斗争的激进派。在20世纪90年代启动的中东和平进程中,叙利亚联合巴勒斯坦、约旦、黎巴嫩组成阿拉伯四方阵营,在谈判中坚决维护阿拉伯人和本国利益,赢得"不向以色列屈服的最后一位阿拉伯领导人"的赞誉。2000年3月,阿萨德抱病赴日内瓦会见克林顿,为叙以和平进程做最后的努力。在涉及通往加利利湖土地的主权时,阿萨德以"我在孩提时代就经常在加利利湖游泳"的豪言来回击美以对叙利亚领土的觊觎。

在维护叙黎"特殊关系"问题上,叙利亚强烈要求国际社会承认叙黎之间固有的"特殊关系"。阿萨德认为叙利亚在黎巴嫩的驻军是真正的泛阿拉伯主义行动,①也是叙利亚反殖民主义的战略考虑。叙利亚在黎巴嫩的反以策略被阿拉伯民众认为是维护民族利益,抵抗犹太复国主义的壮举。② 但是,由于叙利亚始终抱有"大叙利亚"的浓重情结,并且显露出对黎巴嫩内政的干涉,致使黎巴

---

①   Enic V.Thomp,"Will Syria Have to Withdraw from Lebanon", *Middle East Journal*, Vol.56, No. 1, 2002, p.85.

②   Adeed Dawisha,"The Motives of Syria's Involvement in Lebanon", *Middle East Journal*, Vol.38, No.2, 1984, p.234.

嫩对叙利亚的认同感逐渐消失,并要求叙利亚从黎巴嫩撤军,由此折射出阿萨德民族主义思想的局限性。

2000年阿萨德逝世,阿萨德遗留的政治遗产和叙利亚面临的严峻的内外局势,迫使继任者巴沙尔认真考量和重新调整叙利亚的政治发展模式,以及在维护和捍卫阿拉伯民族权益中所扮演的角色。巴沙尔执政后,他在不断巩固自身统治地位的同时,彰显出在内政和国际事务中的灵活性与务实性。巴沙尔渴望叙利亚在融入全球化大潮的前提下,通过理性的政治策略,最大限度地发挥叙利亚在中东和阿拉伯世界的作用,推进阿拉伯事业的发展。

后冷战时代,伊拉克的萨达姆政权曾一度在中东和阿拉伯世界崭露头角。他利用新时期国内外阿拉伯人反美和反以情绪的日趋升温,适时的高举阿拉伯主义大旗,对外抵制美国和以色列的扩张政策;对内强化阿拉伯民族主义和爱国主义思想的灌输和宣传,以此巩固政权。他鼓动青年学生"将革命的火种散发在每一个角落"①。

海湾战争结束后,美国和联合国的制裁使伊拉克遭受巨大苦难。在伊拉克人心中形成了强烈的仇美情结。一些大学生尤其是逊尼派和什叶派穆斯林逐渐转向了宗教极端主义。② 伊拉克的反美情绪还带动了阿拉伯世界对美国态度的变化。面对后冷战时代美国势力在中东坐大及其在阿以问题上实施双重标准的政策,阿拉伯世界逐渐意识到:削弱伊拉克也就是削弱阿拉伯自己,阿拉伯人对美国的信任程度降到了最低点,阿拉伯反美反以浪潮普遍增长,这就为萨达姆提供了政治活动空间。萨达姆借此又以泛阿拉伯主义为旗帜,围绕武器核查问题对美国发起了"老鼠戏猫"游戏的挑战。这种做法既迎合了阿拉伯人的心态,也使萨达姆政权得以巩固,更使美国等西方国家先后发起的"沙漠惊雷"、"沙漠之狐"计划未能达到预期目的,甚至得不偿失。③ 阿拉伯世界的言论和新闻媒体都认为,伊拉克是美国和犹太复国主义领导的国际同盟的牺牲品,伊拉克的抗争是

---

① Kanan Makiya, *Republic of Fear: The Politics of Modem Iraq*, Berkeley: University of California Press, 1989, p.78.

② Phebe Marr, *The Modem History of Iraq*, Second Edition, Boulder, Colo.: Westview Press, 2004, pp.297-298.

③ 马小红:《从阿富汗尼到萨达姆——泛阿拉伯主义的发展及趋势》,载《西亚非洲》2000年第2期。

英雄行为。①

伊拉克一贯支持巴勒斯坦人的斗争,坚决反对以色列和犹太复国主义,并成为 20 世纪 90 年代以来在阿拉伯世界中唯一一个拒绝与以色列和谈的国家。萨达姆在多种场合表示,为反以斗争中的巴勒斯坦人提供帮助。2000 年 9 月底,巴以爆发大规模流血冲突以后,萨达姆宣布,支持巴勒斯坦人民反对以色列,给予反以行动中丧生的每个"殉道者"家属 1 万美元的抚恤金。2002 年初,萨达姆又把抚恤金从 1 万美元增加到 2.5 万美元。② 2002 年 4 月 8 日,当以色列军队入侵约旦河西岸时,萨达姆宣布,为了支持巴勒斯坦,将停止出口原油 30 天。这是阿拉伯产油国自 1973 年第四次中东战争以来再次将石油作为政治"武器"。

伊拉克萨达姆政权一贯采取的反美和反以强硬立场使美国最终以莫须有的罪名对伊拉克实施了军事打击行动。2003 年 3 月,美国出兵伊拉克,推翻了萨达姆政权,伊拉克复兴党退出伊拉克政治舞台。伊拉克复兴党政权的覆灭是泛阿拉伯主义运动的又一次重大挫折。

2.阿拉伯民族主义的转轨和发展趋势

进入新世纪后,面对日趋强劲的全球化态势和阿拉伯民族主义曲折的发展历程,阿拉伯人通过不断地认真反思,逐渐认识到传统的阿拉伯民族主义既不能实现其梦寐以求的阿拉伯世界的"统一",更难重现阿拉伯帝国昔日的辉煌。阿拉伯民族主义开始发生明显的转型。与过去一味强调"凡是说阿拉伯语的人,都是阿拉伯人",突出阿拉伯人的共同特征以强化阿拉伯人的集体认同意识和政治统一不同,新世纪的阿拉伯民族主义呈现出鲜明的国家化倾向。尽管在新的历史条件下,阿拉伯人同样倡导独立自主、反对外来干涉,渴望复兴阿拉伯文化,发展民族经济,提高社会生产力,追求社会平等,反对犹太复国主义的扩张。但是他们在更多的场合首先强调的是国家的归属,而不是民族。只有当阿拉伯人面对诸如以色列和犹太复国主义的威胁时,他们才会寻求共同的排他性认同。因此民族认同已转化为国家认同,阿拉伯民族认同的内涵演化为阿拉伯国家之

---

① 见韩志斌、焦玉奎:《后冷战时代伊拉克复兴党政治模式的特点》,载《大庆师范学院学报》2006 年第 4 期。

② Adel Darwish, "Who wants This War", *The Middle East*, Issue No.328, 2002, p.7.

间的团结与合作,其侧重点主要体现在文化和经济层面。

关于文化合作,研究者指出:"从某种程度上讲,在当代强调泛阿拉伯主义的文化意义是对泛阿拉伯主义最初含义的一种延续。应当指出,这种延续并不是简单的重复,而是在延续的基础上发展了泛阿拉伯主义的文化含义,使其内涵更丰富,外延更广阔。"①倡导泛阿拉伯主义文化意义的代表人物是当代埃及著名作家、思想家宰克·纳克布·马哈穆德。他在《泛阿拉伯主义是文化,不是政治》一文中写道:"一个阿拉伯人首先是因为文化的因素才成为阿拉伯人的";"阿拉伯文化的轴心是阿拉伯语,以及它所包含的各种思想和感情,这种文化的联系体现在共同的道德观,共同的文学艺术欣赏标准诸方面",因此,"泛阿拉伯主义是文化格式,而不是政治格式"。他认为,"今天,从阿拉伯湾到直布罗陀海峡,在广大的阿拉伯祖国的土地上,阿拉伯人在政治上彼此有许多分歧点,而在文化思想和感情上又有许多共同之处,阿拉伯人应该坚持共同的、永恒的事物,而把发生的事件看成过眼云烟,这样做才是有价值的,才是向前看的理智表现。"②

在经济层面,许多务实的阿拉伯人和阿拉伯政治家采取各种方式,呼吁阿拉伯国家加强合作,努力实现阿拉伯经济一体化的目标。在他们看来,加强阿拉伯国家间的经济合作,实现经济一体化,有利于消除阿拉伯世界经济发展不平衡问题,有利于消除贫富差距所引发的一系列经济、社会问题,从而造福整个阿拉伯民族,使不分国籍的每一个阿拉伯人都从中受益;更重要的是阿拉伯国家实现经济一体化,可以使它作为一个不容忽视的经济实体确立自身在世界经济格局中的重要地位,有力应对世界经济的风云变幻,推动阿拉伯各国的现代化。

后冷战时代,阿拉伯国家的经济合作取得长足进展。以海湾阿拉伯国家合作委员会(简称"海合会")为例,1982年海湾六国成立海合会之初,六国通过了《基本制度》、《统一经济协定》、《发展计划的目标和政策》、《工业发展统一战略》和《共同农业政策》等五个文件。规定六国将在工业、农业、基础设施、技术

---

① 马小红:《从阿富汗尼到萨达姆——泛阿拉伯主义的发展及趋势》,载《西亚非洲》2000年第2期。

② 李振中:《纳赛尔与泛阿拉伯主义》,载《阿拉伯世界》1992年第3期。转引自马小红:《从阿富汗尼到萨达姆——泛阿拉伯主义的发展及趋势》,载《西亚非洲》2000年第2期。

合作、贸易关税、人员往来等方面统一法规,制定共同政策。此后成员国之间在短时间内就实现了人员和资本的自由流通,彼此互免关税。同时还建立了自由贸易区。冷战结束后,在全球化趋势日渐强劲的条件下,海合会国家进一步加快了经济一体化进程,并将建立海湾国家关税联盟、海湾国家货币联盟和海湾共同市场作为发展方向,从而使海合会成员国的一体化进程向纵深领域拓展。与此同时,六国还在石油天然气和石油化工等领域开展不同层次的合作。海合会陆续通过了近40个规章文件,制定了一系列带有普遍性的战略方针。在国际经济合作上制定了同主要贸易伙伴以及美、日和欧盟的经济对话与集体磋商机制。2005年12月,海合会首脑峰会同意在随后四年中将新版利雅得刑法、海合会民法、多哈刑事法、阿布扎比青少年法、麦纳麦辩护法、马斯喀特证据法及麦纳麦法通则等作为指导性法律。海合会最终将成为类似于欧盟那样的具有凝聚力的区域性组织。①

与此同时,海合会之外的阿拉伯国家之间的合作也在加快步伐。1996年埃及于第21届阿拉伯首脑会议中提出建立阿拉伯自由贸易区的计划草案。在这次会议中还指定阿盟经济与社会委员会制定具体的行动计划和时间表。1997年上述计划被纳入到发展和促进阿拉伯国家间贸易协议中,所有阿拉伯国家均参加了该协议。此后,在埃及的塞得港、亚历山大、苏伊士,阿联酋的阿里山、阿布扎比,黎巴嫩的贝鲁特,也门的亚丁湾,伊拉克的胡尔·扎比尔港,约旦的亚喀巴以及科威特等地区相继建立了一系列自由贸易区。1998年1月1日大阿拉伯自由贸易区计划开始实施,其内容包括:自1998年到2007年的10年内,成员国以每年10%的速度逐步取消对阿拉伯国家产品的进口关税以及关税性税收。② 在阿拉伯国家与国家之间的合作方面,黎巴嫩和叙利亚与1998年8月正式签订双边贸易协定;1999年黎巴嫩和埃及按照关贸总协定形成旨在消除关税壁垒的双边贸易协定;2001年5月埃及、约旦、突尼斯和摩洛哥签署协议,筹建环地中海阿拉伯国家自由贸易区,等等。此外,阿拉伯国家还在1995年启动了地跨亚、非、欧三大洲的南北一体化组织,即欧盟—地中海伙伴关系联盟。1997年环印度洋地区合作联盟成立,阿曼、阿联酋和也门成为其中的成员国,埃及成

---

① 彭树智主编:《中东史》,人民出版社2010年版,第386页。
② 王铁铮主编:《世界现代化历程·中东卷》,江苏人民出版社2010年版,第405页。

为对话伙伴国。该联盟的最终目标是及至 2020 年实现区域贸易自由化。凡此种种,都表明了通过阿拉伯国家之间的文化和经济合作来捍卫阿拉伯民族的权益将成为未来阿拉伯民族主义的基本走向。

第二章　从纳赛尔到穆巴拉克:战后埃及 政治思潮与治国方略

1952 年的"7·23"革命,揭开了埃及历史的新一页。埃及依次经历了纳赛尔、萨达特和穆巴拉克三个历史时期。在这三个历史时期,埃及社会政治呈现出相互联系,但又各具特色的发展和演变。纳赛尔以其坚定的反帝、反封建和实现埃及完全独立的抗争而被誉为阿拉伯民族英雄,并使之倡导的纳赛尔主义在阿拉伯世界广为传播;萨达特步纳赛尔的后尘,面对险峻的国内外形势,适时调整内外政策,全面启动埃及的社会、政治和经济变革,以及对外开放的战略,同时冲破阿以长期军事对峙的僵局,并以"和平之旅"促成埃以率先走上和解之路;穆巴拉克批判地继承纳赛尔和萨达特的政治"遗产",对外重塑埃及在阿拉伯世界的大国和"领导者"形象,凸显埃及在中东和阿拉伯政治舞台的话语权,对内凭借对传统威权主义政治模式的现代化改良,推动埃及宪政民主的实现,但最终却被赶下了台,成为一个悲剧性角色。

一、纳赛尔主义及其实践

1.纳赛尔主义形成的历史背景

20 世纪 50 年代初,正值战后世界民族民主运动浪潮高涨之时。被压迫被奴役的广大亚非国家争取民族独立的斗争风起云涌。当时的埃及也处于革命的前夜。虽然埃及早在 1922 年已宣布独立,但这种独立是以英国"四点保留"①为

---

① 即英国在"防守"苏伊士运河、"保护"埃及免遭外国入侵或干涉、"保护"埃及境内的外国利益和少数民族以及管理苏丹事务方面持保留态度。1936 年《英埃同盟条约》将这些保留法律化。

前提的,实际上仍为英国的半殖民地。在政治上,埃及的旧政党已无力领导革命,并且沦为英国和王室的附庸。而宗教组织穆斯林兄弟会也因政府的严厉打击,在其领导人哈桑·班纳被刺后力量锐减。经济上,埃及农业发展滞后,工业发展步履蹒跚。这种状况导致埃及社会两极分化,分配不公严重。以王室为代表的大地主和大资产阶级,人数不到全国人口的 5%,却享有国民总收入的一半①,埃及各阶层广大民众处于水深火热之中。埃及面临的严峻国内外矛盾和国民对封建王权的愤怒情绪为"7·23"革命的爆发提供了前提条件。纳赛尔经过"7·23"革命的洗礼,开始走上埃及的政治舞台。

加麦尔·阿卜杜勒·纳赛尔 1918 年出生于亚历山大城一个邮局小职员家庭。他自幼勤奋好学,立志为民族的独立和自由献身。1937 年入皇家军事学院,开始戎马生涯。1943 年任军校教官,对英国及王室的腐败统治深恶痛绝。他曾参加 1948 年的巴勒斯坦战争,战后与志同道合者创建自由军官组织,决心推翻封建的法鲁克国王权。1952 年 7 月 23 日,纳赛尔率自由军官组织发动革命。革命初期,任革命指导委员会副主席。1953 年埃及共和国成立后任副总理兼内政部长,1954 年任总理,1956 年起任总统直至去世。在纳赛尔执政期间,他在治国实践中,高举反帝反封建和维护民族独立的旗帜,创造性地发展了阿拉伯民族主义,形成了独具特色的纳赛尔主义。纳赛尔主义作为第二次世界大战后中东地区最有影响力的政治思潮一度在阿拉伯国家广泛传播,其治国模式同样被许多阿拉伯国家所效仿,由此构成了战后阿拉伯国家以纳赛尔主义为指导开辟新纪元的波澜壮阔的历史画面。

2.纳赛尔主义的基本内容

概括地讲,纳赛尔主义是纳赛尔在埃及执政时期(20 世纪 50—70 年代初)治理埃及和捍卫阿拉伯民族权益过程中形成的一整套政治指导思想和具体实践的总称。它经历了埃及民族主义、阿拉伯民族主义和阿拉伯社会主义三个层次②的发展。第一个层次是纳赛尔主义的基础和雏形,第二个层次是纳赛尔主义的扩大和延伸,第三个层次是纳赛尔主义的深化和定型。纳赛尔主义主要由两大内容构成:其一是"7·23"革命成功后革命指导委员会颁布的革命六原则

---

① 杨灏城、江淳:《纳赛尔和萨达特时代的埃及》,商务印书馆 1997 年版,第 13 页。
② 彭树智:《东方民族主义思潮》,西北大学出版社 1992 年版,第 427 页。

（1952 年），即根除帝国主义、消灭封建主义、粉碎垄断和资本的政治统治、建立社会主义、创建强大的民族军队、建立真正的民主制度；其二是埃及建立共和国后的治国纲领和纳赛尔的著作，即《解放大会章程》（1953 年）、纳赛尔的《革命哲学》（1953 年）和《全国行动宪章》（1962 年）。

纳赛尔主义的具体内涵大致归纳为以下几方面：

第一，关于民族和民主主义思想。"两种革命"理论是纳赛尔主义的基础。纳赛尔认为，世界上每个民族都要经历政治革命和社会革命，"政治革命就是从一个强加在他们头上的暴君的统治下或者从违反人民愿望而驻扎在祖国领土上的外国军队手中，恢复自己管理自己的权利；在社会革命中各个阶级之间进行斗争，当正义在一个国家的公民中间占优势的时候，情况才能安定"，而埃及正在同时面对这两种革命①。由此出发，形成了自由军官组织的六大纲领。1952 年革命、1956 年苏伊士运河国有化、夺取政权后的土地改革、国有化运动和社会主义运动是其具体实践。纳赛尔主义的一个显著特点是强调尊严，以恢复民族尊严为主题和最高原则。他认为异国的长期统治、专横的封建制度剥夺了民族自信心和尊严，因此，只有唤醒沉睡中的埃及国民，结束殖民主义的统治，取消专横的封建制度，才能恢复民族尊严。纳赛尔强调，政治独立与经济独立密不可分。他说："没有经济上的独立或社会自由，政治独立或政治自由是没有价值的"，因为"政治制度直接反映它的经济状况，忠实体现这个国家的利害关系"②。最能说明这一点的是阿斯旺高坝问题。他不惜拒绝西方国家的经济援助，乃至对苏伊士运河实现国有化，目的就是要摆脱西方国家的政治和经济控制。同时，纳赛尔还将军队视为决定埃及命运的唯一力量："局势需要一种力量，这种力量的成员能够团结成为一个不可分割的整体，能够在某种程度上摆脱一切个体和阶级的斗争，这种力量来自人民内部，它的成员互相信任，而且能够掌握足够的物质力量，以保证敏捷而有决定性的行动。只有陆军符合上述条件"③。基于这一判断，纳赛尔极其重视军队，创建了自由军官组织，并将其作为依靠和实现政治目标的工具。

---

① ［埃及］纳赛尔：《革命哲学》，世界知识出版社 1956 年版，第 17—18 页；转引自李湖：《纳赛尔的政治思想》，《国际政治研究》1989 年第 2 期，第 41 页。

② 李湖：《纳赛尔的政治思想》，载《国际政治研究》1989 年第 2 期，第 43 页。

③ 李湖：《纳赛尔的政治思想》，第 43 页。

　　第二，关于阿拉伯民族主义思想。巴勒斯坦战争中阿拉伯军队的惨败，使纳赛尔开始认识到阿拉伯民族的团结问题。自1955年起，伴随国际和地区形势的变化，纳赛尔着力倡导阿拉伯民族主义。他在阐述阿拉伯联合的必要性和可能性时写道："阿拉伯各国互相接壤，形成一个整体。历史上、物质上和精神上的各种因素使这个体系成为一个整体"，"我们是强大的，在这个区域里没有任何部分是可以从整体分割开，或者可以像一个孤岛，能够不要通过保卫全区域的办法而能被守住的。"①在埃及与阿拉伯世界的关系上，纳赛尔认为埃及是阿拉伯世界的一部分，是阿拉伯民族主义运动的中心。在《革命哲学》一书中，他提出了"三个圈"理论，称阿拉伯、伊斯兰和非洲是埃及活动的天然范围，明确指出阿拉伯是埃及活动的重心所在，而埃及由于其地理和历史因素，则是这三个圈的圆心。另一方面，同其他阿拉伯民族主义者一样，纳赛尔也将阿拉伯统一作为目标。为此，他积极推动埃及与叙利亚的联合，将它作为阿拉伯统一的前奏。在埃叙联合失败后，纳赛尔认识到阿拉伯统一的艰巨性和长期性，认为阿拉伯统一不能靠强制手段进行。他说："强迫统一不仅是不道德的行为，而且，无论就其对某个阿拉伯国家的统一来说，还是对最有普遍意义的整个阿拉伯民族来说，都是危险的。"②

　　第三，关于社会主义思想。在1952年革命成功的初期，纳赛尔认为社会主义是不可接受的。但随着与苏联关系的密切和非洲社会主义思潮的兴起，以及埃叙联合的失败，他开始转向社会主义。1955年万隆会议后，纳赛尔在一次演讲中首次提出建立社会主义的主张。1962年《全国行动宪章》的通过，标志着纳赛尔主义上升到社会主义层次。《全国行动宪章》提出了"自由、社会主义和统一"的行动口号。纳赛尔指出，"用社会主义来克服埃及经济和社会的落后，用革命的手段争取进步，是现实的需要，是人民的选择，是世界形势赋予的历史必然"，"科学社会主义是通过计划确保社会进步的一种方式"③。他所设想的社会主义，"是一个富足和正义的社会，一个劳动和机会平等的社会，一个生产的社会和一个福利的社会"④。据此，纳赛尔进一步推行土地改革，建立中央集权

①　李湖：《纳赛尔的政治思想》，第47页。
②　李湖：《纳赛尔的政治思想》，第49页。
③　李湖：《纳赛尔的政治思想》，第44页。
④　彭树智主编：《二十世纪中东史》，高等教育出版社2001年版，第321页。

的国有化经济体制,实施计划经济,改变分配办法,缩小贫富差距。他还建立了社会主义联盟作为推行其政策的政治组织。但纳赛尔倡导的社会主义与科学社会主义存在明显区别。他本人也承认这一点。这种区别在于:纳赛尔主张有神论,坚持土地私有制,不赞成消灭私有制,反对暴力消灭剥削阶级等。

第四,关于不结盟思想。埃及独特的战略地位,使埃及在历史上屡屡成为帝国争霸的场所。第二次世界大战后两极格局的形成,又一次使埃及处于美、苏争夺的旋涡之中。纳赛尔吸取历史教训,决心维护埃及的独立。他与南斯拉夫领导人铁托、印度总理尼赫鲁,共同发起不结盟运动。纳赛尔认为:"不结盟纲领是缓和紧张局势、制止冷战风暴的途径……和平共处是通向一个和平力量在核战争危险面前坚定不移的世界的道路。"①纳赛尔强调积极中立,主张不与任何国际集团结盟或缔结双边军事协定,支持各民族的人民运动,反对大国干涉他国内政,宣称"我们既不向东方屈服,也不向西方屈服"。同时坚决维护周恩来总理提出的和平共处五项基本原则,为万隆会议的胜利召开做出了重大贡献。

二、纳赛尔主义及其实践的评析

1.纳赛尔主义的历史功绩

纳赛尔主义是埃及在反帝、反殖、反封建和实现民族独立与发展过程中形成的民族主义思潮,并被付诸于社会政治实践。它对埃及和阿拉伯世界产生了深远影响,具有重要的历史意义。

其一,纳赛尔主义是埃及现代化历程中的重大探索与实践。自1798年拿破仑入侵时起,如何实现现代化就成为埃及的时代主题。穆罕默德·阿里及其继任者的改革,不仅没有实现埃及的强国梦,反而一步步沦为西方列强的附庸,乃至成为英国的半殖民地和殖民地。及至"7·23"革命时,埃及依然是一个落后的、半殖民地的封建国家。纳赛尔领导埃及人民推翻了封建王权,摆脱了殖民枷锁,实现了埃及的民族独立。这既是埃及推进现代化的前提,也是其现代化的重要内容。埃及实现独立后,纳赛尔主义的产生,实际上也是纳赛尔时期埃及现代

---

① 彭树智主编:《二十世纪中东史》,第320页。

化道路探索与实践的理论总结。正如有研究者所言："纳赛尔主义起源于埃及现代化进程中诸多因素的矛盾运动，是埃及人民反抗英国殖民统治的历史产物，亦是埃及新兴社会势力排斥传统政治秩序的逻辑结果"①，"纳赛尔主义的兴起，是埃及社会发展的客观需要和现代化的历史选择"②。土地改革和工业化，是纳赛尔试图实现现代化的两大基本政策。纳赛尔执政后三次颁布土改法令，规定地主人均拥有的土地数量由不超过 200 费丹降低到 100 费丹，再到 50 费丹，地主全家占有的土地由不超过 300 费丹降低到 150 费丹，再到 100 费丹③。纳赛尔的土地改革，促使埃及乡村社会经历了深刻变革。一方面，外逃地主由于地权的转移和地产的被剥夺，其在乡村和农业的统治地位丧失殆尽；随着资金投向的改变，外逃地主逐渐转化为资产阶级，传统政治秩序的社会基础不复存在。另一方面，经过土改，不足 5 费丹的小块地产成为乡村地产的主要形式，小农经济得到发展。它在全部耕地面积中所占比例由 1952 年革命前夕的 35%增加到 1965 年的 57%④。在工业化方面，纳赛尔通过大力发展国有经济和实行计划化，使埃及工业有了明显提高。1952—1967 年，10 人以上的工业企业由 3445 家增加到 5128 家，500 人以上的大企业由 78 家增加到 202 家。1952—1970 年，工业生产年均增长 5.7%，到 1970 年工业占国内生产总值的 23%，工业品占总出口额的 31%⑤。此外，埃及还建立了冶金、机械、化工等新兴工业。这一切，说明埃及已初步形成较为完整的工业体系。纳赛尔时期在现代化建设中所取得的重大成就，在阿拉伯世界和国际上产生了重大影响，甚至被苏联领导人称之为一个独特类型。

其二，埃及实现了真正的独立，并成为阿拉伯世界的中心。纳赛尔主义的实践，使埃及完全摆脱了英国的统治，废除了封建王朝统治，建立了共和制，埃及获得了新生。埃及革命的成功在于："客观环境塑造了奇里斯玛特式的民族领袖，纳赛尔正逢其时，成为千余年来统治埃及的第一个真正的埃及人。在长期的民族运动中，是他最终战胜了强大的外族，使埃及摆脱了从属于西方的地位，成为

---

① 哈全安：《纳赛尔主义与埃及的现代化》，《世界历史》2002 年第 2 期，第 56 页。
② 哈全安：《纳赛尔主义与埃及的现代化》，第 62 页。
③ 哈全安：《纳赛尔主义与埃及的现代化》，第 59 页。
④ 哈全安：《纳赛尔主义与埃及的现代化》，第 61 页。
⑤ 哈全安：《纳赛尔主义与埃及的现代化》，第 62 页。

颇具国际影响的主权国家。"①而纳赛尔主义的传播则使埃及成为阿拉伯革命的源泉和推动力,纳赛尔本人成为阿拉伯革命的象征,唤起了阿拉伯世界的变革。在20世纪50—70年代,许多阿拉伯国家出现了一大批纳赛尔的追随者,效仿纳赛尔的革命路线蔚然成风,阿拉伯各国出现了各种纳赛尔思想流派和纳赛尔主义政党组织。在纳赛尔主义的鼓舞下,伊拉克、北也门、苏丹和利比亚先后于1958年、1962年、1968年和1969年爆发了革命。这些革命推翻了所在国的封建统治,建立了共和国,其中苏丹尼迈里政权、利比亚卡扎菲政权还实行了纳赛尔式的社会主义,极大地改变了阿拉伯政治地图,对阿拉伯世界产生了深远影响。

其三,推动阿拉伯民族主义事业的发展。关于埃及是否属于阿拉伯民族的一部分,埃及国内一直存在激烈争论。纳赛尔确认了埃及的阿拉伯属性,而且认为埃及是阿拉伯世界的中心和领导者,并将其写入1956年的宪法中。此后,埃及的历届宪法均明确地强调这一点。纳赛尔及其后继者都把维护阿拉伯民族的利益放在重要地位。从某种程度上讲,纳赛尔是将阿拉伯民族主义的理想变为现实的第一人。1956年苏伊士运河战争期间,纳赛尔抗击外国侵略者的壮举使他在阿拉伯世界赢得崇高威望,并获得当代"萨拉丁"的美誉。1958年埃及与叙利亚合并建立阿拉伯联合共和国,尽管这种联合最后以失败告终,但却被许多为阿拉伯统一而奋斗的仁人志士视为阿拉伯统一的里程碑。阿拉伯民族主义的精神之父萨提·胡斯里称之为"真正阿拉伯统一的起点,是我一生中最幸福的时刻"②。纳赛尔对阿拉伯民族主义的另一大贡献是力促阿拉伯世界反对犹太复国主义统一战线的形成。纳赛尔认为,阿拉伯世界的分裂,是导致阿拉伯失败的重要原因。因此,他执政时期始终致力于加强阿拉伯团结,呼吁组建反对以色列的统一战线。他支持巴勒斯坦解放事业和倡议成立巴勒斯坦解放组织。同时协调阿拉伯各国立场,共同反对和抗击以色列的侵略扩张。

2.对纳赛尔主义的反思

毋庸置疑,纳赛尔主义对第二次世界大战后的阿拉伯民族民主运动,乃至亚非民族民主运动都具有重要的历史进步作用,它使埃及和阿拉伯世界深深打上

---

① 哈全安:《纳赛尔主义与埃及的现代化》,第57页。
② 彭树智:《东方民族主义思潮》,第393页。

了纳赛尔的印记,纳赛尔本人也成为阿拉伯世界的"政治彗星"①。但纳赛尔主义同样具有时代的局限性。

首先,纳赛尔主义的现代化探索衍生出许多负面影响,主要表现是:土地改革不彻底,国有化失衡,而盲目发展国营经济又对私营经济打击面过宽和限制过死,致使农村生产力得不到解放,国内市场狭小,经济体制僵化,市场机制得不到正常发挥,生产效益低下,经济发展严重受阻。在经济建设过程中,纳赛尔不顾国力,贪大求洋,投资过大,消费增长过快,造成埃及国库空虚,经济形势十分严峻。

其次,纳赛尔主义具有明显的集权主义色彩。1952年革命后,纳赛尔政权实行军事管制,解散政党,取缔穆斯林兄弟会,清除政治反对派。1956年宪法规定实行总统共和制度,总统集军政大权于一身,拥有广泛的权力。纳赛尔长期担任总统,他个人的崇高威望,使他成为国家独立和民族尊严的象征,凌驾于埃及民众之上,拥有绝对的统治权力。与此同时,自由军官组织长期排斥民众的政治参与,议会形同虚设。纳赛尔反对政党制度,先后建立的"解放大会"、"民族联盟"、"阿拉伯社会主义联盟"均处于其控制之下,服务于纳赛尔主义的政治需要。纳赛尔的集权主义,构成从封建主义的君主专制向现代民主政治过渡的中间环节,标志着埃及现代化进程中政治领域的深刻革命,但它与政治现代化的要求相背。在纳赛尔执政末期,穆斯林兄弟会的死灰复燃和要求自由民主的政治呼声,预示着纳赛尔集权主义的危机。

再次,纳赛尔主义隐含着扩张和称雄阿拉伯世界的政治倾向。纳赛尔虽然强调阿拉伯民族的团结,但他不承认阿拉伯国家因长期分裂而形成的巨大差异。在实践中,他又以"老大"自居,恣意干涉他国内政,妄图称霸阿拉伯世界,使良好的统一愿望化为泡影,甚至使结为盟友的阿拉伯兄弟反目为仇。一些学者认为:"纳赛尔主义从埃及民族主义向阿拉伯民族主义的延伸,其实质在于谋求埃及凌驾于诸多阿拉伯国家之上的领袖地位,具有泛阿拉伯主义的浓厚色彩和地区霸权主义的明显倾向。它的实践,尽管有力推动了阿拉伯世界民族解放运动的蓬勃发展,却加剧了埃及与诸多阿拉伯国家之间的矛盾冲突,进而使埃及一度

---

① 彭树智:《东方民族主义思潮》,第413页。

陷于相对孤立的国际境况。"①阿拉伯民族主义的片面发展,使埃及对阿以冲突承担了超过自身力量的责任,给埃及造成巨大损失。特别是1967年"六·五"战争的惨败,不仅给包括埃及人在内的全体阿拉伯人带来沉重失败的心理阴影,使纳赛尔主义名誉扫地,它还极大地摧残了纳赛尔本人的生命,致使其过早地离开了人世。

纳赛尔主义是纳赛尔留给埃及人民和阿拉伯世界的一份宝贵的政治遗产。而纳赛尔主义的局限性,则反映了现代化进程中传统与现代化改革之间的矛盾。基于严峻的国际环境和传统文化的巨大影响,纳赛尔借用传统的文化内容与形式来激发国民的民族自立热情。但他只是把现代化作为实现民族主义的手段,而把民族尊严、自强和振兴作为目标。套用外来的国有化模式,并强行使之与传统文化相结合。因此,"纳赛尔无法摆脱自己民族传统压负在肩上的沉重负担,又无法抗拒现代化改革的巨大潮流",是一位悲剧性的英雄②。

三、萨达特时期的政治思潮及其变革

1.埃及政治思潮的转向和萨达特面临的挑战

1970年9月底,纳赛尔猝然离世,萨达特继任埃及新总统。安瓦尔·萨达特1918年出生于埃及尼罗河三角洲地区的米特·阿布·库姆村,父亲为普通军人,家境贫寒。萨达特从小受伊斯兰教熏陶,是个虔诚的穆斯林。1936—1938年他在军事学院学习,毕业后入伍。因参加反英活动,曾两次被捕。1950年,在纳赛尔的帮助下,他重返军界,并加入自由军官组织。萨达特参与了1952年7月革命,任革命指导委员会委员。萨达特是纳赛尔的忠诚支持者和重要助手,长期担任要职。1952—1970年,他先后担任过《共和报》主编、国务部长、副议长、议长和副总统。纳赛尔逝世后继任总统,直至1981年10月6日遇刺身亡。

萨达特上台之初,面临各种严重挑战。

首先,埃及经济陷入困境。国家建设资本积累低下,赤字累累,生产下降,外

---

① 哈全安:《纳赛尔主义与埃及的现代化》,第60页。
② 彭树智:《东方民族主义思潮》,第432页。

债高筑。到 1971 年底,埃及民用债务达 13 亿美元,军用债务 17 亿美元,1967—1972 年仅民用债务每年还本付息的金额就占外汇收入的 33%,超过了国际上认定的一国举借外债每年还本付息的金额不得超过该国外汇年收入 20%—25% 的警戒线。萨达特称他继任时"埃及的经济已被毁灭,每个埃及人都是一贫如洗,我们几乎是在乞求武器,乃至乞求糊口的大饼"①。

其次,如何应对阿以冲突问题。埃及是历次阿以战争的领头羊,但屡屡战败,特别是"六·五"战争惨败,成为埃及与阿拉伯人难以驱除的心痛。收复失地,血洗阿拉伯的耻辱,重建阿拉伯民族的自信心,成为埃及领导人必须正视的问题。纳赛尔说:"在我们面前有两条路:要么屈服,要么继续战斗。解决的办法只有一个,那就是斗争,为我们阿拉伯的领土而进行真正艰苦卓绝的斗争。"②他重整军队,清除军队中试图政变的阴谋分子,并于 1967 年 11 月开始向以色列发起消耗战,制定了旨在收复失地的 200 号防御计划。但由于"六·五"战争和消耗战损失巨大,加之苏联援助的武器迟迟不到位,使纳赛尔满怀遗憾地撒手人寰。纳赛尔的遗产被萨达特所继承,"西奈得用军事或外交手段收复,任何人都不得不为此目的而行动。如果萨达特为逃避采取行动,他几乎肯定要失去军队的支持"③。萨达特执政伊始,便多次声明,称解放被占领土是埃及的基本任务和民族责任,为了解放领土,"埃及人民愿意作出一切必要的牺牲","渡过运河,葬身战场,比接受 1967 年失败后蒙受的奇耻大辱更光荣千倍"④。萨达特不得不为雪耻的战争而做准备,但他却面临仅凭武力根本无法解决与以色列冲突的难题。

最后,对外关系的困境。纳赛尔时期埃及虽奉行不结盟的中立外交政策,但事实上却倒向了苏联,而苏联领导人以多种理由拖延对埃及的武器供应,根本不想让埃及在军事上击败以色列,竭力维持"不战不和"的局面,以便从中牟利。萨达特上任后,他惊呼:"除了苏联外,我们同任何国家都没有关系"⑤。另外,埃及在阿拉伯世界的威望也在下降。"六·五"战争的惨败,标志着纳赛尔主义事

① 杨灏城、江淳:《纳赛尔和萨达特时代的埃及》,第 282 页。

② 钟冬编:《中东问题 80 年》,新华出版社 1984 年版,第 191 页。

③ Joseph P.Lorenz, *Egypt and the Arabs: Foreign Policy and the Search for National Identity*, Westview Press, 1990, p.36.

④ 杨灏城、江淳:《纳赛尔和萨达特时代的埃及》,第 284 页。

⑤ 杨灏城、江淳:《纳赛尔和萨达特时代的埃及》,第 282 页。

实上的破产。纳赛尔发誓要以武力夺回失地,而埃及军队在战后丧失战斗力。喀土穆阿拉伯首脑会议通过了"三不政策"(即不同以色列媾和、不承认以色列、不同以色列谈判),但由于敌我力量的悬殊,纳赛尔被迫调整对外政策,接受了联合国安理会 242 号决议和罗杰斯计划。这实际上是默认了以色列国的"合法性"和犹太居民在巴勒斯坦的存在。由此引起阿拉伯世界的强烈反响。叙利亚、伊拉克和巴解组织立即表示反对,称纳赛尔是投靠美国、出卖整个阿拉伯事业的叛徒、杀人犯。黎巴嫩和约旦还首次爆发了反对纳赛尔的游行。

总之,萨达特面临各种内外矛盾的挑战。埃及内外政策的调整已在所难免。正如西方分析家所述:"1971 年中期萨达特的权力得到巩固时,埃及经济已濒临破产。当时许多阿拉伯国家已处于石油致富时期,而埃及发现自己被束缚在传统的武器竞赛及与超级对手军事对抗的僵局状态。外资投资很小,莫斯科似乎不愿或不能向埃及提供决定性的武器帮助。如果要避免崩溃,结构性经济的剧烈变革是必要的,这将导致对外政策方向和行动的巨大调整。故此,萨达特在巩固权力后,发动了十月战争,实施了开放政策,外交政策也进行了重大调整。"①

2.萨达特的变革和埃以和解的突破

萨达特执政后,特别是根据十月战争后埃及国内外形势的变化,他提出一系列变革主张,并将其付诸于埃及的治国实践中。萨达特在战后埃及社会和政治发展中既是一个理智的过渡性的政治领导人,也是一个承前启后的改革者。他将埃及引入到适应时代变化的改革开放轨道上。同时又以和平之举突破埃以对峙的僵局,实现了阿拉伯人和犹太人两大民族开始朝着和解的方向转化。萨达特的变革和治国思想主要体现在以下四方面:

第一,"埃及第一"的民族主义思想。埃及人具有埃及、阿拉伯、伊斯兰和非洲等多种属性。纳赛尔执政后,埃及正式确认它是阿拉伯世界的一部分。萨达特执政后,他在表明承担阿拉伯义务的同时,又在更多的场合强调埃及利益。他说:"我从事的任何工作,都出于既定的原则,即造福埃及、热爱埃及。"②"埃及第一"与埃及利益是两个相关的概念,诚如他所言:"我坚定不移的信念就是,要全力以赴地造就一支彼此协调的队伍,它将以全部的爱、合作和牺牲精神承担起

---

① Paul Jabber, "Egypt's Crisis, America's Dilemma", *Foreign Affairs*, Vol.64, No.5, 1986.p.964.
② [埃及]安瓦尔·萨达特:《我的一生——对个性的探讨》,李占经等译,商务印书馆 1980 年版,第 219 页。

责任,把埃及的利益置于其他一切考虑之上。"①为维护埃及利益,萨达特十分重视埃及的个性。他说:"我们是埃及的人民,有着七千年的历史,曾经为世界创造了最早的文明;这一文明的精华就是热爱祖国,和祖国紧紧相连"②,"我们国家遭受过多次入侵,但没有一个入侵者能够消灭埃及文明,或带走埃及富有个性的标志,甚至那些成功掌握政权的入侵者,也很快被埃及文明所吸纳,与埃及人民混合,并变成他们中间不可分割的一部分。如果不是这样,埃及人就会赶走他们。"③在"埃及第一"思想的指导下,萨达特将埃及利益置于阿拉伯利益之上。在十月战争中,为挽救被围的第三军团,他独自接受停火协议。此战后,他不顾阿萨德的反对而与以色列签署了西奈第二个军事脱离接触协定。1977年,萨达特访问耶路撒冷,随后签署《戴维营协议》和《埃以和约》,开创了通过谈判解决争端的先例。这些都从不同层面体现了萨达特的"埃及第一"的思想。

第二,在经济方面实施对外开放的思想。纳赛尔时期主要实行以进口替代为导向的内向型经济发展模式。萨达特执政后主张经济对外开放。1974年4月,他提出的《十月文件》阐述了对改革的全面设想,其核心就是实行经济开放。他认为:其一,提高增长速度是现代化过程的基本因素,埃及需要从国外引进资金和技术,必须采取外向的经济政策。其二,国有经济要实行改革和提高效率,并向私营部门提供服务。其三,取消对私营部门的限制,发挥其积极性。其四,实行发展计划,重点发展工业。埃及领导人曾形象地将其概括为:阿拉伯资本+西方技术+埃及劳动力-人口爆炸=经济增长④。为此,萨达特颁布一系列法令作为开放政策的依据。1974年的第43号法和1977年的第32号法,明确宣布不对外资企业实行国有化,设立"投资和自由区总组织"全面处理外资投资事宜。此外,他还采取了非国有化运动、放宽私有经济发展限制、免除埃及人出国签证等政策。

第三,开明的民主观。纳赛尔时期奉行中央集权的一党总统制,萨达特执政

---

① 〔埃及〕安瓦尔·萨达特:《萨达特回忆录》(附录:〔埃及〕穆萨·萨布里:《权力中心流血斗争的故事》),钟艾译,商务印书馆1976年版,第34页。

② 〔埃及〕安瓦尔·萨达特:《我的一生——对个性的探讨》,第282页。

③ 王锁劳:《埃及民族主义研究——兼论现当代埃及—阿拉伯关系》,博士学位论文,北京大学2000年,第148页。

④ 张俊彦主编:《中东国家经济发展战略研究》,北京大学出版社1987年版,第65页。

后实行重大政治改革。1971年的永久宪法确立了主权属于和来源于人民、在法律面前人人平等、民众的权利和自由不可侵犯、总统制等埃及政治制度的基本原则。1974年的《十月文件》阐述了萨达特的民主观。他指出:"我们取得的伟大成就在许多时候由于失去法律的主权和缺乏政治民主而被阴云笼罩着。今后要实现法律主权,建立国家机构,保证公民今天和明天的安全,在强调社会自由的同时强调政治自由。"他把现存的"阿拉伯社会主义联盟制度"作为实行民主的框架,既拒绝接受一党制理论,也反对多党制,因为"多党制将人为地分裂全国的统一,而一党制又会对人民实行监护,取消言论自由,实际上剥夺人民行使政治权力"①。他还宣布了埃及的人权。他说:"宣布埃及的人权,就是讲,决不能在某一天来一个统治者,干扰一个公民的安全、自由、尊严、生计和荣誉。统治者,不管他是谁,都不能触犯埃及的任何人,或任何一个埃及公民,除非是根据法律和法律的权威,是为了埃及,而不是基于一些党派或个人的感情冲动或其他任何动机。"②后来萨达特还主张实行多党制。1976年,他同意执政党社会主义联盟内的三个组织成立政党,称"我们正在开始一个新的民主历程"。1980年宪法修正案将多党制确立为埃及的基本政治制度,规定埃及的政治制度是建立在劳动人民力量联盟基础上的社会主义的民主制度,其政治体制建立在政党多元化基础之上。

第四,主张与以色列实现和解,通过政治谈判解决争端。由于美国对以色列的大力支持,以及阿以双方力量的悬殊,萨达特认识到阿拉伯人不可能在战场上战胜以色列,他决心以政治和解手段来实现在战场上未能达到的目标。早在1971年2月,萨达特就发出和平呼吁,表明埃及准备同以色列签订和平协议,以结束1948年以来的战争状态。埃及被迫走上十月战争之路时,萨达特强调:"我们是为争取和平而战,我们是为争取值得称为和平的唯一的和平,即为争取建立在公正基础上的和平而战"③。在和平思想的指导下,萨达特在美国的调解下同以色列签署了两个西奈军事脱离接触协定,收复了部分西奈领土,从而进一步强化了萨达特的和平信念。他说:"为了和平,我对一切可能发生的事甘冒风险、

---

① 杨灏城、江淳:《纳赛尔和萨达特时代的埃及》,第388页。
② 陈德成主编:《中东政治现代化——理论与历史经验的探索》,社会科学文献出版社2000年版,第352页。
③ 钟冬编:《中东问题80年》,第196页。

赌博、困难,以至于人们为争取和平而可能面临的一切风险。"①1977 年的耶路撒冷之行是萨达特实践其和平思想的又一重大举措。他在宣布访问以色列而在埃及人民议会的演讲中指出,和平思想的出发点是"为了打破阿拉伯人、以色列人已陷入 30 年的恶性循环,是为我们的子孙后代的前途着想"。他认为和平是可以实现的,因为"阿以冲突有 70%是心理上的问题,30%是实质性问题,让我们克服心理上的问题而着手解决实质性的问题"②。在以色列议会,他进一步阐述了他的和平思想:"我们真心实意地谋求和平,同意与你们一起在公正基础上的持久和平中生活。对以色列来说,和平就是它将在它所接受也表示愿意给予另一方的一切保证的范围内,在其边界内平安无事地同阿拉伯邻居相处"③。陪同萨达特访问以色列的埃及国务部长加利分析萨达特的和平思想时说:"埃及需要和平。有了和平,我们才能去解决国内紧迫的经济和社会问题。萨达特总统此次开拓性的举动不是我们用来收复自己的领土、并准备下一次战争的手段,埃及真正想做的,是在整个地区,为这里所有的国家和人民实现和平、安全、公正和稳定。"④

3.萨达特变革对埃及社会发展的影响

自萨达特继任埃及总统到 1981 年遇刺身亡,萨达特执政了 11 年,在执政时间上不及其前任纳赛尔和后任穆巴拉克。然而,他的变革思想及其开创的改革伟业逐渐使埃及摆脱了内外困境,并走上了开放、法制、民主与和平的轨道,并对埃及未来的社会和政治发展产生了异乎寻常的巨大影响。其主要表现是:

其一,推动了埃及经济持续增长,启动了埃及的民主化进程。萨达特的经济开放政策,使埃及成为最早实施经济战略调整的阿拉伯国家。它使埃及摆脱了 1967 年战争后国家经济连续多年停滞的困境,整个 70 年代,埃及经济增长的主要指标大都高于发展中国家。1970—1979 年,埃及国内生产总值年均增长率达 7.6%,工业年均增长率达 7.8%,制造业为 8.2%,人均收入年均增长率达 6.7%。到 1980 年,埃及国内生产总值达 221 亿美元,人均达 523 美元。石油、侨汇、苏

---

①　[埃及]安瓦尔·萨达特:《我的一生——对个性的探讨》,第 285 页。

②　郭河兵、朱玉彪、陈婉莹:《加利传》,江西人民出版社 1997 年版,第 19 页。

③　郭河兵、朱玉彪、陈婉莹:《加利传》,第 54 页。

④　[埃及]布特罗斯·布特罗斯·加利:《埃及通向耶路撒冷之路——一位外交家为争取中东和平不懈努力的历程》,张晓译,上海人民出版社 1999 年版,第 24 页。

伊士运河与旅游业成为埃及经济发展的四大支柱。1980年,这四大产业的收入分别达到30亿美元、27亿美元、10亿美元和6亿美元。1973—1980年,国内公共投资约增长26%,私人资本增长78%。新的外国私人资本投资(非石油部门)也由1977年的1亿美元增加到1980年的4亿美元①。与此同时,萨达特启动了埃及的民主化进程,确立了法治原则,强调宪法和法律具有至高无上的权威。多党制的最终建立,使埃及揭开了政治民主的新的一页。

其二,改善与以色列的关系,通过和谈实现了埃以和平。在和平思想的指导下,萨达特以大无畏的精神,借助政治谈判的方式,经过长期不懈的努力,最终解决了埃以两国间的矛盾和冲突,开辟了政治谈判解决阿以争端的先河。同时,从整体上扭转了阿以全面军事对峙的局面。萨达特因而也被授予1978年的诺贝尔和平奖和1979年的哈马舍尔德和平奖。与以色列实现和平,对埃及来说意义非凡。埃及收复了西奈半岛,摆脱了战争威胁,埃及不再为应对以色列的扩张而将有限的财力投放到武器军备方面。更重要的是,它为埃及集中精力进行经济建设提供了有利的国际环境。

任何事物都有两面性,萨达特的变革思想及其在埃及的实践也不可能完全摆脱其局限性。事实上,萨达特一直是一个褒贬不一的政治家。萨达特变革思想和实践的负面效应主要是:他所倡导的消费型经济战略造成经济畸形发展,社会财富分配不公,引发了社会危机;萨达特虽确立了埃及的多党制,但当反对党的力量超过其能够控制的限度或危及到其统治时,转而又对反对党大打出手。例如1978年新华夫脱党成立后,各反对党成员猛增,对萨达特政权构成威胁,萨达特随即颁布《保护国内战线和社会安宁法》,迫使新华夫脱党自行解散,民族进步统一集团党中止活动;萨达特对以色列的和平政策,因未能妥善处理和协调好同阿拉伯国家的关系,致使埃及外交陷入困境。埃及在阿拉伯世界空前孤立,大多数阿拉伯国家与埃及断交,埃及被开除出阿盟和伊斯兰会议组织。

综上所述,萨达特的政治思潮是70年代埃及政治、经济、外交等方面剧烈变化的反映,是对纳赛尔主义的转向。萨达特倡导的开放、法治、民主、和平的基本原则,顺应了时代发展的要求,也预示着埃及的发展方向。

---

① 王宝孚:《埃及经济改革开放的成就、难题和前景》,《现代国际关系》1996年第5期,第35页。

四、穆巴拉克与埃及自由经济和宪政民主的尝试

1.全球化与穆巴拉克的战略选择

1981 年 10 月萨达特遇刺身亡,穆巴拉克成为埃及共和国的新总统。穆罕默德·胡斯尼·穆巴拉克 1928 年出生于埃及曼努菲亚省卡法勒·米塞利赫村的一个农民家庭,其父为地方法院的官员。1947 年高中毕业后从戎,考入埃及军事学院。1949 年转入空军学院,毕业后留校任教,从此开始了他的空军军旅生涯。1959 年、1961 年、1964 年三次赴苏联学习,先后任轰炸机中队长、空军旅长、空军学院院长、空军参谋长、国防部副部长兼空军司令。参加了"六·五"战争和十月战争。在十月战争中因战功卓著而获"共和国勋章"。1975 年被任命为副总统。萨达特去世后任总统。2011 年 2 月 11 日,穆巴拉克被迫辞去总统职务。穆巴拉克执政时期,正是全球化趋势迅猛发展之时。穆巴拉克批判性地继承纳赛尔和萨达特的政治遗产,在实践中形成了一套治国理念,并试图引领埃及走上自由经济和宪政民主的发展道路。

穆巴拉克执政后,全球化趋势日渐强劲。面对全球化浪潮,穆巴拉克强调,应当以主动、自信、理智的态度来迎接挑战全球化。他将现代化视为埃及的时代任务和应对全球化的战略举措。2000 年 12 月 17 日,他在一次重要会议上的讲话中指出:"埃及目前的社会依然沿袭西方国家已持续了两个多世纪的工业社会,现在一定要实现现代化。建设一个现代化的国家是面对各阶层的全社会性工程,要通过全面、快速的持续发展计划和具有新机制的工作计划以及建立在科学基础上的主动积极性来实现。"①他认为:"埃及所期望的社会是建立在新千年具有地位、建立在新的基础和原则上的社会:即是一个能应对科技、信息革命和现代经贸规则的现代化社会,这个社会能给全体人民带来福祉、安全和进步。"②

穆巴拉克为埃及绘制了实现现代化的宏伟蓝图。他认为,现代化进程由农

---

① 阿拉伯埃及共和国信息部新闻总署:《埃及》2002 年第 27 期,第 11 页。
② 阿拉伯埃及共和国信息部新闻总署:《埃及》2002 年第 27 期,第 4 页。

业革命开始,接着是工业革命,其后是信息和生物工程等新科技的现代科技阶段,再后是新科技时代。现代化的具体目标是:制定完整的发展计划、支持多党制、加强法制、改善管理方式,反对腐败、建立人才中心,加强科研工作、保护人民的埃及属性、注意各阶层的平衡发展、重视妇女、青年的作用、重视民间团体、职业公会和各政党的作用。该计划制定了实现现代化的四个战略:开发人力资源、加强管理、教育与科研、青年与现代化①。穆巴拉克认为,埃及现代化的核心是工业现代化计划。工业现代化计划的目的在于推动埃及加工业和制造业的发展,加强其在周边和世界市场的地位,优化其在国内外的竞争力,主要途径是政府和工业部门重点对中小型公司给予技术上的支持,优先发展食品、纺织与成衣、皮革和矿产四个行业,使工业产值从 2000 年的 1600 亿埃镑增加到 2011 年的 2170 亿埃镑。该计划还规定要增加出口,目标是由 2000 年的 80 亿埃镑增加到 2011 年的 750 亿埃镑②。对教育在现代化进程中的作用,穆巴拉克称其是关系民族安危之大计,是抵御全球化可能引起的危险和消极影响的第一步防线,是人才资源投资的基本手段,而人才是经济和社会进步的主要因素及当今和将来世界发展的关键。

2.经济发展模式与外向型经济体制

穆巴拉克上任后,沿袭了萨达特的经济开放思想与政策。但他根据消费型经济开放政策的弊端,主张建立以市场经济体制为目标的生产型和外向型经济。他反复强调必须把国家经济状况放在全国工作的首位,大力促进工农业生产的发展,压缩不必要的消费与开支。在他亲自领导制定的第一个五年计划中,明确提出要努力使国家的经济政策由消费型扭转到生产型上来,"以生产满足劳动人民需要的基本产品为目的,而不应以获得奢侈品为目的"③。穆巴拉克关于生产型和外向型经济发展模式的主要内涵包括以下几方面:

第一,改革国有经济,鼓励私有经济发展,大力吸引外资。

埃及曾长期实行高度集中的中央计划经济体制和进口替代经济战略,基于国有企业自身存在的各种弊端,及至 80 年代初期,埃及国有企业的亏损面已达

---

① 阿拉伯埃及共和国信息部新闻总署:《埃及》2002 年第 27 期,第 4—7 页。
② 阿拉伯埃及共和国信息部新闻总署:《埃及》2002 年第 27 期,第 8 页。
③ 金瑞琨:《埃及总统穆罕默德·胡斯尼·穆巴拉克》,《现代国际关系》1987 年第 3 期,第 57 页。

30%—40%,1985 年进一步上升到 50%—60%①。穆巴拉克认为必须进行改革。从 80 年代中期起,他先是实行权力下放和政企分开的政策,后又允许国有企业兼并、破产、拍卖、合资或实行私营。90 年代初以来,又将国有企业私有化作为国有企业改革的重心。1991 年,埃及颁布新国有企业法(第 203 号法),决定对除航空、军工、公共工程之外的国有企业分批实行私有化改造。股票上市、实行股份制是埃及对国有企业改造的主要形式。1992 年 7 月,埃及又颁布《资本市场法》,允许外国公司参加证券交易,以发展股票市场。1994—1996 年底,共出售了 76 家国有企业②。1996 年詹祖里政府上台后,成立了以总理为首的私有化委员会,私有化进程大大加快。1991—1998 年,埃及政府从私有化中获得收入 20.49 亿美元③。到 2002 年,埃及已出售了 186 家国有公司。

穆巴拉克效仿萨达特继续鼓励私有经济。他在 1998 年的一次讲话中说:"私有部门在发展项目中的份额已由不足 20%增加到 65%,在国内生产总值中已提高到 73%,此点已证实私有部门有能力担负起发展的重任。"④在 2004 年 9 月埃及执政党民族民主党八届二大闭幕式上,穆巴拉克在讲话中再次表示将鼓励私有经济的发展,称埃及的经济改革将为私有部门增加 20 亿埃镑的资源,以推动其投资、生产和创造新的就业机会,还将为埃及家庭增加 20 亿埃镑的收入⑤。在穆巴拉克及其政策的推动下,私有经济已渗透到农业、工业、建筑、通讯、商业、旅游业、餐饮业以及房地产等各个领域。以旅游业为例,1982/1983 年私人资本投资仅 2700 万埃镑,占旅游业总投资的 33.1%,1992/1993 年达 3.51 亿埃镑,占 100%⑥。1995/1996 年,私人投资占埃及投资总额的 50%以上。1999 年,私有企业外贸总额占埃及对外贸易总额的 95.7%⑦。到 2002 年,私人资本

① 张文贞:《埃及国有企业改革的主要举措与发展趋势》,《西亚非洲》1998 年第 2 期,第 38 页。

② 张文贞:《埃及国有企业改革的主要举措与发展趋势》,第 40 页。

③ Clement M. Henry and Robert Springborg, *Globalization and the Politics of Development in the Middle East*, Cambridge:Cambridge University, 2001, p.73.

④ 王婷:《沙特、埃及经济改革状况的对比和思考》,《亚非纵横》2002 年第 4 期,第 38 页。

⑤ 毕健康:《埃及政治改革与民主化问题》,2004 年中国世界民族年会交流论文,第 3 页。

⑥ Matthew Gray, "Economic Reform, Privatization and Tourism in Egypt", *Middle Eastern Studies*, Vol.34, No.2, 1998, p.104.

⑦ 周国建:《埃及经济回顾与展望》,《欧亚观察》2001 年第 2 期,第 23 页。

在国家项目上的投资已占到 60%,其产值占国内生产总值的 70% 以上①。

充分利用和吸引外资是萨达特经济开放思想的关键,穆巴拉克继承了这一思想与政策。20 世纪 80 年代以来,埃及颁布了一系列促进和确保投资的法规。1989 年 7 月,公布 230 号投资法和成立投资总局。允许私有企业向那些过去仅限于政府、国有企业投资的领域进行投资;从事新投资项目的投资者,享受 10 年的免税。1992 年,颁布资本市场法,开放股票和证券市场。这使埃及资本市场迅速发展,资本市场的交易额从 1993 年到 1997 年增长了 42 倍,资本的市场化额相当于国内生产总值的比例由 1993/1994 年的 8% 上升为 1996/1997 年的 24%②。1997 年 5 月,埃及颁布投资鼓励与刺激法(第 8 号法),设立了专门投资机构对外商投资进行管理,大力改善投资环境和资本市场,吸引外国证券公司投资,允许外商直接投资电力、交通等领域。2000 年,颁布了《委托集中登记法》(第 93 号法)、《调整保证及促进投资法》(第 162 号法)、《不动产融资法》等法律,对证券市场、投资项目的税收与优惠政策、不动产融资等领域进行规范和调整。2002 年,埃及又颁布建立经济自由区的第 83 号法。经过不懈努力,埃及吸纳了许多外资。到 2001 年初,埃及共吸引外资 293.82 亿埃镑,其中阿拉伯资本 137.1 亿埃镑,西方资本 155.72 亿埃镑③。

第二,采取各种有力措施,加快发展信息产业。

信息技术的迅猛发展是全球化的重要标志之一。穆巴拉克认为,建设现代化埃及要靠一系列支点,首先是扩大基础建设,利用信息革命的成果,融入世界经济。他强调只有掌握了不断更新的现代化技术,并有能力吸收、推广和发展他人的技术,使之本土化,创造出与世界秩序相适应的新技术,才能立足于世界之林。1997 年的第 8 号法律,将信息与通讯列入埃及享有投资保证和支持的领域。

为推动信息产业的发展,埃及政府举办各种形式的计算机培训班。埃及通讯信息部与高校合作,对大学生进行信息技术培训。青年中心和信息技术俱乐

---

① 埃及信息部国家新闻总署:《埃及 21 年成就》(1981—2002 年),埃及驻华使馆新闻处,2002 年,第 5 页。

② 安维华:《埃及 90 年代的经济改革》,《中东研究》2000 年总字第 36 期,第 2 页。

③ 阿拉伯埃及共和国新闻部新闻总署:《在埃及投资:稳定与发展》,埃及驻华使馆新闻处,2001 年,第 48 页。

部向社会各界提供计算机和因特网。埃及已建立 1400 多个信息中心与基地,计算机已进入了所有学校,建立了 7 所计算机与信息学院、信息技术学院,还建立了旨在青少年中传播计算机知识的 21 世纪儿童俱乐部①。网上学校已成为一种新型的学习途径。

与此同时,埃及还建造了智慧村和自由媒体区。智慧村创建于 2001 年,位于开罗—亚历山大公路沿岸,占地 200 费丹,首期工程 24 个项目,投资约 11 亿埃镑。它是专门从事高精尖技术,特别是信息和通讯技术研究和生产的特区,旨在吸引从事生产计算机程序软件的国际公司和信息通讯服务公司来投资,为埃及经济和出口建立生产高档产品的中心。自由媒体区位于"10 月 6 日城"(10月 6 日第四次中东战争的爆发。故有此称谓。下同),是埃及促进新闻与通讯发展的一个特色项目。该区由投资总局负责管理,进行新闻制作、卫星传播、媒体发送各种工作,也允许外国、阿拉伯国家及埃及公司来从事这一领域的经营活动。各媒体公司享受经济自由区的免税、优惠和特别担保政策。

经过努力,埃及的信息产业发展迅速,埃及现有通讯网络已超过 800 万条,有尼罗河 1 号、2 号两颗人造卫星在运行。1994 年,埃及电脑公司仅 8 家,到2002 年已达 754 家,拥有资产 16.51 亿埃镑,总投资 29.03 亿埃镑,从业人员24879 人②。2002 年底,埃及电话总机容量达 960 万条线路,用户达 725 万,电话普及率 10.8%,电话线的有效使用率 75.5%,移动电话用户 400 万③。网站容量每秒 5.5 亿脉冲,上网人数 123 万④。2001—2002 年,埃及 265 座广播台每天有 80 个频道用 38 种语言对国内外播出,平均每天达 524 小时⑤。同期,255 家电视台,包括中央与地方各电视频道播出时间总计 131357 小时⑥。还在因特网上开播尼罗河国际频道,用英、法两种语言每天平均播出 6 小时。

第三,推进区域经济合作和世界经济一体化进程。

穆巴拉克将与国际经济接轨视为实现现代化的动力。在 2000 年制定的《现

① 阿拉伯埃及共和国信息部新闻总署:《埃及》2002 年第 27 期,第 3 页。

② 阿拉伯埃及共和国新闻部国家新闻总署:《埃及年鉴》(2002 年),埃及驻华使馆新闻处,2002 年,第 91 页。

③ 同上书,第 87 页。

④ 同上书,第 88 页。

⑤ 同上书,第 160 页。

⑥ 同上书,第 161 页。

代化计划》中,明确提出必须继续扩大与国际社会经济接轨的规模,以确保现代化的实施。建立经济自由区是穆巴拉克倡导的与国际经济接轨的重要举措。埃及陆续建立了七个自由区:即纳赛尔城自由区,位于开罗省纳赛尔城,占地 168 费丹;亚历山大自由区,位于亚历山大省阿米利亚城,占地 1353 费丹;塞德港自由区,位于塞德港旁,占地 725 万平方米;苏伊士自由区,由陶菲克港和艾达比亚两地组成,占地共 76 费丹;伊斯梅利亚自由区,位于伊斯梅利亚城西,面积 800 费丹;杜米亚特自由区,位于地中海沿岸的杜米亚特港东,面积 190 费丹;媒体制作城自由区,位于吉萨省 10 月 6 日城,面积 300 万平方米。自由区已由最初的商品和货物交易地转变为出口工业区。为吸引外国企业投资,埃及对自由区实施一系列优惠政策。自由区交通运输便利,并已成为埃及经济通向世界市场的一个窗口。到 2000 年 6 月 30 日,入住自由区的公司已达 587 家,年均增长 19%,投资资本累计 141.61 亿埃镑,年均增长 17%,提供工作岗位 83875 个,年均增加 8%①。同年,自由区对外贸易总额已达 27.1 亿埃镑②。

　　90 年代后,穆巴拉克开始致力于区域经济合作和贸易自由化。埃及重点发展同非洲、阿拉伯世界和欧盟的经济合作关系。埃及于 1998 年 6 月加入了库米萨集团(东南非国家共同市场)。1997 年,埃及对非洲出口 5600 万美元,进口 1.44 亿美元;2001 年分别增加到 7500 万美元、2.01 亿美元③。另一方面,埃及先后与利比亚、叙利亚、沙特阿拉伯、摩洛哥、约旦、突尼斯等国签署了自由贸易协定,双方的贸易增长较快。1997 年,埃及对阿拉伯国家出口 5.01 亿美元,从其进口 6.9 亿美元;2001 年分别上升到 5.86 亿美元、11.32 亿美元④。在与欧盟国家的经济关系发展方面,1995 年,埃及加入了旨在推动地中海沿岸地区经济合作、逐步建立商品自由贸易区的欧洲—地中海组织。1998 年 11 月,埃及与欧盟就扩大埃及出口、知识产权等问题举行谈判,欧盟批准向埃及提供无偿经济援助,支持埃及工业革新计划,欧洲投资银行在 3 年内连续提供无偿援助和贷款。2001 年签署《埃及—欧洲合作协议》,欧盟提供 10 亿埃镑的经济援助以支持埃及的工业化计划。埃及已享受欧盟最惠国待遇,欧盟成为埃及重要的贸易伙伴

---

① 埃及新闻部国家新闻总署:《在埃及投资:稳定与发展》,第 55 页。
② 埃及新闻部国家新闻总署:《在埃及投资:稳定与发展》,第 55 页。
③ 阿拉伯埃及共和国新闻部国家新闻总署:《埃及年鉴》(2002 年),第 98 页。
④ 阿拉伯埃及共和国新闻部国家新闻总署:《埃及年鉴》(2002 年),第 97 页。

和援助国。1997—2001 年,双方贸易额每年约为 60—70 亿美元。穆巴拉克还积极推动世界经济一体化进程,埃及 1995 年 6 月加入世界贸易组织。穆巴拉克主张减少关税壁垒,降低进口关税。1991 年埃及最高关税税率为 120%,1997 年7 月下调为 50%,1998 年 7 月再下调为 10%。1992 年末出口税也全部取消。1998—2001 年,埃及取消了对纺织品和服装进口的禁令,承诺逐步取消农产品进口禁令。到 2002 年,埃及已与 12 个阿拉伯国家、32 个非洲国家、16 个亚洲国家、7 个美洲国家和 9 个东亚国家签署了贸易互惠协定①。

3.推行以"宪政民主"为基调的政治现代化

政治现代化是现代化进程中的一个重要方面。在埃及这样一个伊斯兰国家,政治现代化的发展历程颇不平坦②。纳赛尔时期,埃及先后颁布了 1953 年、1956 年、1958 年和 1964 年宪法,确立了资产阶级共和制和一党总统制政体,并赋予人民一定的民主权利和自由,但集权特点十分突出。萨达特时期,确立了多党总统制政体,但"他只承认了多党制的形式,而没有赋予它以实际内容和权利"③。民主政治名不副实。政治学家戴维·波特在 20 世纪 90 年代指出,民主化是一种政治变革过程,即"由较少负责的政府到较多负责的政府,由较少或纯粹无竞争的选举到比较自由与公正的竞争性选举,由严厉限制人权与政治权利到较好地保障这些权利;由微弱或纯粹无自治团体到充分享有自治、且为数众多的团体(即市民社会)。"④穆巴拉克执政后在政治上提出了推进埃及"宪政民主"⑤的理念,宪政民主政治的主要内涵表现在以下几方面:

第一,民主是国家政权安全与稳定的基石,反对党是民主的必要组成部分。

穆巴拉克认为,民主是从团结愿望出发的民主,不是相互斗争的民主,不是一部分人压倒另一部分人的民主。充分发扬了民主,大家都是胜利者;没有了民主,大家都是失败者。他把反对派视为民主的重要组成部分。他说:"我是所有埃及人的总统。在我和任何人之间,没有任何不快和麻烦。我在总统府接见政治犯,就明确地表明:埃及政权属于大家,反对派也是政权不可分割的一部分。

---

① 埃及信息部国家新闻总署:《埃及 21 年成就》(1981—2002 年),第 40 页。
② 陈德成主编:《中东政治现代化——理论与历史经验的探索》,第 304—360 页。
③ 朱金平:《穆巴拉克传》,东方出版社 1998 年版,第 128 页。
④ 王林聪:《论中东伊斯兰国家民主化及其前景》,《西亚非洲》2004 年第 2 期,第 58 页。
⑤ 陈德成主编:《中东政治现代化——理论与历史经验的探索》,第 351 页。

在民主的道路上，我们将和我们的人民，无论他是政府的支持者还是反对者，一同前进。"①他还强调："执政者并不是神仙，不犯错误，不需要批评……我有正确的地方，也会有错的地方，希望人民给予监督。"②

穆巴拉克寻求与反对派和解，建立正常的民主。他继任总统后，释放了大批被萨达特监禁的记者、大学师生和宗教人士。在平息教派骚乱时，除少数恐怖分子外，绝大部分被关押者都予以释放，其中包括科普特教主、穆斯林兄弟会领导人。穆巴拉克还在总统府会见了 31 名政治犯。他说："局势比我们想象的要严重得多，比任何人想象的都要严重得多，现在的一切都被破坏了，要不是《紧急状态法》，法律和宪法一切都没有了。大家的生活遭到破坏，包括你们在座的各位。过去那么对民主的追求是有价值的。但我们需要的是正常的民主，而不是那种挑逗式的民主和充满火药味的民主。"③ 1981—1995 年，埃及的反对党由 4 个增加到 13 个④。与此同时，穆巴拉克还接受反对派议员凯迈勒·哈立德的建议，对白色奶酪这一民族工业予以保护。在首次访美后，他召集反对党领袖，向他们通报访问成果。此外，穆巴拉克还重视舆论监督的作用，视其为是民主的一部分。他恢复了萨达特时期被停刊的反对派报纸《人民报》和《国民报》。他甚至还邀请反对派人士随同出访世界各国，加强相互沟通。

进入 21 世纪后，埃及反对党对穆巴拉克政府的批评声日高，要求进行政治改革，修改宪法，并提出制定新宪法的 10 条原则：如总统、政府权限分开、政府代表议会多数、总统直选、废除紧急状态法和国家安全法庭等。穆巴拉克及执政的民族民主党作出回应。穆巴拉克呼吁修订政党法，消除政党面临的障碍。其子加麦尔·穆巴拉克也表示，应该创造民主运行问题的解决方案，重新审视激起争议的民间社团法，加强公民权利，废除对政党的限制。2004 年 9 月，民族民主党总书记谢里夫强调，应该继续推进与反对党、同业公会及公民社会机构的对话。2005 年 2 月，穆巴拉克同意对宪法第 76 条有关总统选举的条文做出修改。据此，埃及人民议会同年 5 月通过议案，总统候选人不再通过议会，而是改为直接由选民从多名候选人中选举。2005 年 9 月，埃及首次举行了多党直接总统

---

① 朱金平：《穆巴拉克传》，第 125 页。
② 朱金平：《穆巴拉克传》，第 129 页。
③ 朱金平：《穆巴拉克传》，第 123 页。
④ 陈德成：《埃及多党制总统制政体研究》，《西亚非洲》1999 年第 4 期，第 48 页。

选举。

第二,主张法治,扩大公民,特别是妇女的政治参与。

穆巴拉克坚持 1971 年永久宪法所确立的基本原则,强调以法治国。他指出:"无论统治者,还是被统治者,我们在权利和义务方面都是平等的公民,我们每个人只能做有益的工作。任何人在锐利的法律之剑面前都没有保护伞。无论弱者还是强者,无论穷人还是富人,无论亲者还是疏者,每个公民都应获得平等的权利,并毫无保留地履行自己应该履行的义务。"①他认为:"自由,就是法律保证他人的自由;民主,就是尊重法律。如果自由离开了保证他人的自由,如果民主偏离了对法律的尊重,人民就会命令我们采取果敢的措施加以反对,以庄严的决定加以反对。我宣布,向一切玩火者、无视人民生命和自由的人宣布:人民之火最伟大!法制,首先要尊重法律。人民的决定无情,任何人都逃不出锐利的法律之剑和彻底的清算。伟大的、忠实的人民和来自我们的法律,是安定的盾甲。法律是安全、稳定的利剑,是自由和民主的堡垒。"②

穆巴拉克时期,埃及先后三次修改选举法,扩大公民的政治参与权利。在他的支持下,旨在扩大公民政治参与的新选举法最终通过。该法还规定必须在全国 48 个选区中的 30 个选区中各选出一名女代表。1986 年选举法取消了对妇女席位的硬性规定,规定在每个选区中必须选出一名独立候选人代表。1990 年选举法又将全国选区重新划分为 222 个,规定在全国每个选区的两名代表中至少有一名是工人或农民③。

穆巴拉克重视妇女在社会发展中的作用。他说:"没有妇女的参与,现代化就不可能取得成功,妇女是现代化的基础。"④穆巴拉克采取法律方式改变妇女的地位。规定妇女与男子在法律面前完全平等,赋予其离婚权;延长妇女的哺乳期到两年,通过国家穆夫提发布法规,允许被强暴的妇女在受孕的三个月内实施流产等。2000 年 2 月,他颁布 90 号共和国令,成立国家妇女委员会,其夫人苏珊·穆巴拉克亲自担任主席。该委员会致力于提高妇女的地位,对有关妇女的政策提供咨询和建议,组织妇女培训等。按照国家妇女委员会的建议,埃及为妇

① 朱金平:《穆巴拉克传》,第 117 页。
② 朱金平:《穆巴拉克传》,第 117 页。
③ 陈德成主编:《中东政治现代化——理论与历史经验的探索》,第 350 页。
④ 埃及信息部新闻总署:《埃及》2002 年第 28 期,第 3 页。

女设立了特别经济区,在各部为妇女设立了席位。在苏珊·穆巴拉克的支持下,埃及还成立了女企业家联盟。

第三,严厉打击伊斯兰教极端势力,维护埃及社会的世俗性。

埃及是一个伊斯兰国家,87%的国民信仰伊斯兰教。根据1971年埃及永久宪法,伊斯兰教是埃及的国教,沙里亚法是立法的源泉之一(1980年宪法修正案将沙里亚法作为主要源泉)①。但自穆罕默德·阿里时期以来,埃及就走上了一条政教分离的道路。伊斯梅尔时期,颁布了以拿破仑法典为基础的《刑法》和《商法》,建立了世俗法院制度,使司法开始脱离了伊斯兰教法。1923年宪法再次肯定了政教分离原则。纳赛尔时期采取了设立宗教基金部加强对伊斯兰机构的控制、严厉打击穆斯林兄弟会、将沙里亚法庭并入世俗法庭体系、改造宗教大学、没收教产等,使宗教势力边缘化。萨达特执政前期,虽对伊斯兰势力采取宽容政策,但绝不允许其参与政治。

穆巴拉克执政后,伊斯兰势力仍是埃及当政者的头疼之事。穆巴拉克继续推行政教分离的世俗主义方针,把宗教势力分为正统的"官方伊斯兰"、温和的穆斯林兄弟会和极端(或恐怖)宗教组织三类,并采取区别对待的政策②。对穆斯林兄弟会,穆巴拉克政府一直保持戒备。曾担任埃及国家安全局长和内政部长的哈桑·艾卜帕夏指出:"穆斯林兄弟会的不变目标是上台执政。他们经常披着宗教的外衣发挥政治作用,他们绝不会偏离其战略目标,即政权。"他还认为,解决穆斯林兄弟会问题的出路在于民主的发展和公民社会力量的巩固,因为"在有效的政治力量和对祖国忠诚消失的地方,穆斯林兄弟会就存在"③。在具体政策上,穆巴拉克允许穆斯林兄弟会成员参加人民议会选举。在1984年议会选举中,穆斯林兄弟会与新华夫脱党结盟,获7席;1987年与社会主义工党和自由党结盟,获37席,成为最大的反对党。1995年选举中,仅获1席。2000年选举中获17席。但对其组织政党的要求予以坚决反对。2003年11月,民族民主党总书记萨福特·谢里夫说:"穆斯林兄弟会绝不会有他们的政党,现在没有,将来也不会有。"④

---

① 陈德成主编:《中东政治现代化——理论与历史经验的探索》,第342页。
② 陈德成主编:《中东政治现代化——理论与历史经验的探索》,第357页。
③ 毕健康:《穆巴拉克时代的埃及穆斯林兄弟会》,《西亚非洲》2004年第2期,第52页。
④ 毕健康:《埃及政治改革与民主化问题》,第5页。

从穆斯林兄弟会中分裂出来的伊斯兰极端(或恐怖)宗教组织,是影响埃及政权稳定的关键因素之一。这些组织频频向西方游客、政府官员发动恐怖袭击,甚至连诺贝尔文学奖得主马哈福兹都未幸免。这不仅打击了埃及的旅游业,影响了国际声望,也造成埃及社会的不安定。穆巴拉克主张对恐怖主义予以严厉打击,决不向宗教恐怖组织作任何让步。他说:"血腥的恐怖决不会在我们美好的土地上和我们安全的社会现实中实现它的罪恶目标,因为我们的人民忠实于宗教的使命。我们世世代代是在不同的发展阶段上成长起来的,一直恪守宗教准则和履行宗教义务。我们对宗教的信仰是坚定不移的,我们坚定地相信伊斯兰教的仁慈、友爱和宽容的。我们一向主张遵守宗教的义务,养成良好的品德,按照伊斯兰教教义培养高尚情操。我们的梦想和希望,是建设一个大家思想一致的祖国,没有互相残杀、分裂……"①埃及采取多次行动镇压伊斯兰极端势力,逮捕了圣战组织、赎罪与迁徙组织成员3000多人。1981年10月,实施紧急状态法。到1997年8月,约有2万名嫌疑犯被捕②。1992年、1993年,埃及制定了专门打击伊斯兰极端分子恐怖活动的法律,规定被控从事极端主义暴力活动的被告由军事法庭审理,最高刑法为绞刑。同时,穆巴拉克也强调通过教育手段对宗教极端势力进行分化瓦解。他指出:"应该努力了解产生恐怖组织的文化、社会和政治环境,消除产生极端分子的种子,并对于参加恐怖活动的一般青年,要以教育为主,既往不咎,鼓励其悔过自新"③。

进入21世纪后,穆巴拉克又提出新的政治改革思路,即强调公民意识,主张要在改革中加强公民社会的作用。其子、民族民主党政策委员会主席加麦尔·穆巴拉克主持通过的《公民权利与民主》文件中,提出了埃及进行全面的政治和文化改革的纲领。加麦尔强调要加强人权文化,要在警察与人民之间建立新的关系,重新审视政党法,消除对政党活动与同业公会活动的限制④。随后,埃及成立了全国人权委员会。穆巴拉克为埃及设定的政治改革方向是:"政治改革首先是一切社会阶层,其中包括政党、公民社会、民间团体和私有部门参与其中的社会进程……为了加强民主的基础,扩大政党和政治生活的参与,民族民主党

---

① 朱金平:《穆巴拉克传》,第144页。
② 陈德成主编:《中东政治现代化——理论与历史经验的探索》,第359页。
③ 陈德成主编:《中东政治现代化——理论与历史经验的探索》,第359页。
④ 毕健康:《埃及政治改革与民主化问题》,第2页。

及其政府在政治改革的道路上迈出了正确的步伐:加强对公共自由的尊重、巩固言论和表达自由、尊重人权,扩大政治参与的范围,强化民主理念……通过一定的途径,传播民主文化,鼓励公民进行对话以表达其意见和思想,接受不同意见,尊重其他意见,加强对话以发展政党和政治工作的组织基础,巩固更为自由与民主的代议制生活与政治的基础。"他指出,必须打开与一切社会阶层对话的大门,其中包括其他政党,他们构成了埃及代议制政治生活的基础①。

4.外交策略的调整

美国著名学者卡尔·多伊奇预言:"如果说人类文明在未来30年横遭毁灭的话,那么,凶手不是饥荒,也不是瘟疫,而是对外政策和国际关系。我们能够战胜饥荒和瘟疫,但却无法对付我们自己铸造的武器威力和我们作为民族国家所表现出来的行为。"②穆巴拉克上任时,埃及外交处于空前的困境。美国几乎成为埃及的唯一依靠,埃以和平颇受非议,身为阿拉伯盟主的埃及却被阿拉伯联盟、伊斯兰会议组织开除。为摆脱外交困境,穆巴拉克执政后,对埃及的外交政策和目标实施了局部调整。穆巴拉克外交策略包含以下内容:

其一,在强化埃美关系的基础上,努力拓展同其他国家的交往。

穆巴拉克执政后,延续了萨达特的对美政策,继续将对美关系作为埃及外交的重点。从1982年2月到1997年3月,穆巴拉克对美国进行了15次国事访问,进行了207次会见③。到2006年,穆巴拉克一共访美21次,他自己形容"埃美关系是牢固的和战略性的"④。1990—1991年海湾危机和战争时,埃及不仅在政治上积极支持美国,而且出兵4万。作为回报,美国免除了埃及所欠70亿美元的债务⑤。1995年4月,两国签署了《埃及与美国伙伴关系》,全面加强两国的政治、经济合作。同时,埃及与美国的经贸、军事关系进一步发展。到2000年,埃及与美国的贸易额达25.09亿美元,其中埃及从美进口21.06亿美元,出

---

① 毕健康:《埃及政治改革与民主化问题》,第3页。

② 俞正梁等:《全球化时代的国际关系》,复旦大学出版社2000年版,第13页。

③ 有关这15次访问的具体情况,详见张文贞:《美国与埃及关系记事》,《西亚非洲资料》2001年第4期。

④ 王锁劳:《埃及的独特地位及其在中非合作中的有效作用》,《国际政治研究》2006年第4期,第86页。

⑤ Marsha Pripstein,"Economic Impact of the Crisis",*Middle East Report*,Vol. 21,No. 1,1991,p.20.

口 4.03 亿美元①。2006 年,埃美贸易额已超过 60 亿美元,美国成为埃及第一大贸易伙伴,其中埃及对美国的出口同比增长超过 30%②。从 1976 年至 2006 年,两国双边贸易额累计超过 800 亿美元③。美国是埃及的最大援助国。从 1979 年至 2006 年,埃及获得美国 260 亿美元以上的经济援助款项④。2008 财政年度埃及从美国获得的援助总额为 17.1 亿美元,2009 财政年度总额为 15 亿美元⑤。在军事上,1988 年 4 月埃美两国签署了《军事合作谅解备忘录》,确立了两国军事合作及加强军事战略关系的原则。1982——1997 年,美国为埃及军队的现代化所赠予的款额已近 200 亿美元。有资料说埃及从美国获得的军援已达其国防支出的一半⑥。进入 90 年代后,美国每年仍向埃及提供军事援助约 13 亿美元。1976 年至 2006 年,美国对埃及的军事援助累计达 580 亿美元⑦。

穆巴拉克在强化埃及与美国关系的同时,也努力发展与其他东西方国家的关系,力图改变亲美政策所造成的消极影响。埃及率先改善与苏联(俄罗斯)的关系。1984 年 7 月 7 日,埃苏宣布恢复两国中断了三年之久的外交关系,并互派大使。1990 年起,穆巴拉克五访莫斯科。2006 年,两国贸易上升到 14 亿美元,2007 年,再猛增到 21 亿美元,同比增长 51%⑧。随后埃及又加强与欧盟国家的联系。1995 年,埃及加入欧洲—地中海组织。2001 年 6 月,埃及签署了《埃

---

① 阿拉伯埃及共和国新闻部新闻总署:《埃及年鉴》(2002 年),第 96 页。

② 非洲商务网网站编辑:《2006 年埃及与美国的双边贸易额超过 60 亿美元》,http://www.africa.gov.cn/ArticleView/2007-2-1/Article_View_4725.Htm,2007 年 1 月 19 日。

③ 中国阿拉伯埃及共和国大使馆经济商务参赞处网站编辑:《2007 年埃及与美国之间的双边贸易额达 75 亿美元》,http://eg.mofcom.gov.cn/aarticle/jmxw/200801/20080105351743.html,2008 年 1 月 23 日。

④ 经济网站编辑:《美国会出台报告要求布什政府减少对埃及军事援助》,http:www.ce,cn/xwzx/gjiss/gdxw200605/13/t20060513-6950719.shtml2006 年 5 月 13 日。

⑤ 中国阿拉伯埃及共和国大使馆经济商务参赞处网站编辑:《2009 财年美国对埃及的援助总额为 15 亿美元》,http://eg.mofcom.gov.cn/aarticle/jmxw/200810/20081005834499.html,2008 年 10 月 16 日。

⑥ Phebe Marr ed., *Egypt at the Crossroads:Domestic Stability and Regional Role*, Washington D.C.: National Defense University Press,1999,p.207.

⑦ 中国阿拉伯埃及共和国大使馆经济商务参赞处网站编辑:《2007 年埃及与美国之间的双边贸易额达 75 亿美元》,http://eg.mofcom.gov.cn/aarticle/jmxw/200801/20080105351743.html,2008 年 1 月 23 日。

⑧ 中国阿拉伯埃及共和国大使馆经济商务参赞处网编辑:《2007 年埃及对俄罗斯的出口增长 39%》,http://eg.mofcom.gov.cn/aarticle/jmxw/200803/20080305420273.html,2008 年 3 月 10 日。

及—欧洲合作协议》。与此同时,穆巴拉克设法在对非洲国家关系上实现突破。1989年和1993年,穆巴拉克两次当选非洲统一组织主席,努力化解非洲国家间的冲突,赢得非洲人民的广泛赞扬①。穆巴拉克还为争取南非黑人领袖曼德拉的获释而奔走。他主张以和平方式解决非洲国家间的争端,主张在非洲建立无核区,并率先签署了旨在建立非洲无核区的《开罗协议》。加强与中国等亚洲国家的关系也是穆巴拉克外交战略的有机构成。1999年,穆巴拉克先后访问中国、韩国和日本,签订了36个合作协定,总值达4亿美元。到1999年,埃及同三国的贸易额达50亿美元②。穆巴拉克对中国有特殊感情,他在任副总统、总统期间9次访华。据中国海关统计数据显示,2010年中国与埃及贸易额达69.6亿美元③。

其二,改善与阿拉伯国家的关系,力求以"和平思想"在埃及与阿拉伯国家之间凝聚团结。

埃及实现同以色列的和解后,如何改变埃及在阿拉伯世界的孤立地位,是穆巴拉克执政后长期面临的主要外交难题。穆巴拉克赞同萨达特的和平思想。他说:"和平意味着与邻国结束军事敌对及建立正常的关系,和平是埃及社会、经济及人口问题等所面临的一系列问题的根本解决之路,和平是将资源转向发展目标与建立稳定局面的一种途径"④。在萨达特的葬礼上,穆巴拉克对以色列总理贝京说:"我们的政策没有任何改变,我完全信守萨达特总统的承诺的一切决定,履行他承担的全部义务。"⑤他在人民议会和协商会议联席会议上讲话时重申:"和平不是一种权宜之计,而是一种固定不变的战略义务,戴维营进程是实现这个目标的最合适途径。"⑥在穆巴拉克与以色列领导人的共同努力下,以色列如期完成了从西奈半岛的撤军。20世纪80年代,发生以色列入侵黎巴嫩、轰炸伊拉克核反应堆、塔巴争端等许多棘手问题,穆巴拉克均奉行和平思想,坚持

---

① 陈万里:《埃及在非洲事务中的地位和作用》,《国际观察》2000年第5期。

② 阿拉伯埃及共和国新闻部新闻总署:《埃及年鉴》(1999—2000年),埃及驻华使馆新闻处,2000年,第121—122页。

③ 《别了,开罗!穆巴拉克辞职》,《长江商报》2011年2月12日。

④ William B. Quandt ed., *The Middle East: Ten Years after Camp David*, Washington D. C.: the Brookings Institution, 1988, p.97.

⑤ 朱金平:《穆巴拉克传》,第37页。

⑥ 法新社开罗1981年11月8日电。

以政治手段解决矛盾和冲突，埃以和平得以巩固。另一方面，埃及坚持自身的阿拉伯属性。穆巴拉克认为，虽然与以色列实现了和解，但以色列仍是埃及最大的威胁，而阿拉伯世界是埃及在本地区发挥作用的重要舞台，离开阿拉伯国家的帮助，埃及也无法单独应对以色列的威胁，所以他强调"阿拉伯世界离不开埃及，埃及也离不开阿拉伯世界"，追求阿拉伯团结①。但他拒绝以放弃埃以和约来换取埃及与阿拉伯关系的改善。埃及的策略是：在以色列完成从西奈半岛撤军后，降低与以色列的政治、经济交往水平，使埃以关系保持在最低程度的"冷和平"状态。另一方面，埃及着力向阿拉伯世界回归。埃及在两伊战争中支持伊拉克；与约旦和海湾国家修复关系，争取阿拉伯国家的谅解。他的努力取得成效。及至1988年1月，埃及已和14个阿拉伯国家恢复了外交关系。1989年5月，埃及重返阿拉伯联盟。关于巴勒斯坦问题，穆巴拉克早在1982年4月就指出，"和平是通往将来道路和本地区稳定与安全的保证。埃及并不代表巴勒斯坦人民，或者代表他们讲话，但埃及将始终不渝地进行有关在西岸和加沙地带实行巴勒斯坦自治的谈判"②。在他的协调下，1985年约旦与巴解组织达成《邦联方案》。1989年8月，穆巴拉克又提出了《关于在以色列占领区举行选举的十点和平建议》。1993年奥斯陆协议及其后巴以间的多个和平协议的达成与落实，穆巴拉克都发挥了作用。

五、穆巴拉克统治的终结及其局限性

2011年1月25日，埃及爆发大规模反政府抗议活动。穆巴拉克先后采取改组政府、任命副总统、承诺不再寻求连任、并将部分权力移交给副总统等措施，但所有这些努力均未能缓和危机。2月11日，穆巴拉克在内外强大压力下被迫辞职，将国家权力移交给武装部队最高委员会。穆巴拉克下台后，抗议者一再要求审判穆巴拉克及其家人。埃及总检察长马哈茂德先是宣布禁止穆巴拉克及其家人离开埃及，冻结其所有动产和不动产、随后又拘留了穆巴拉克本人及其两个

---

① 金瑞琨：《埃及总统穆罕默德·胡斯尼·穆巴拉克》，第58页。
② 钟冬编：《中东问题80年》，第233页。

儿子,并对他提起公诉。穆巴拉克面临被审判,甚至可能被处以极刑的厄运。

伴随穆巴拉克的倒台,埃及开始了对他的政治清算,去穆巴拉克化已成为埃及的潮流。但客观地说,穆巴拉克对埃及的发展功过参半。穆巴拉克在政治上实行多党制,使埃及开始走上宪政民主的发展道路。在对外关系上,力促埃及摆脱在阿拉伯世界被孤立的窘境,维持与以色列的和平关系则符合埃及的根本利益,在推动中东和平进程方面也起到一定作用。在经济上,埃及初步形成了市场经济体制,经济呈外向型发展的明显特点,并取得一系列成就。如 1981/1982 年到 2001/2002 年,埃及国内生产总值由 1267 亿埃镑增加到 3631 亿埃镑;人均国内生产总值由 534 埃镑增加到 5872 埃镑;国家外汇储备由 7 亿美元增加到 148 亿美元①;对外贸易额由 134 亿美元上升到 217 亿美元②。根据国际货币基金组织的估测,埃及 2010 年的国内生产总值已达 2170 亿美元③。

多数研究者认为,穆巴拉克政权的迅速垮台是基于国内和国外两种因素。从国内因素来讲,主要有民生、民主、民权和腐败等问题;从国外因素来讲,除了突尼斯剧变衍生的影响外,美国等西方国家的推波助澜也是重要的诱因。总起来看,最根本的原因还在于穆巴拉克统治和治国的局限性。

第一,埃及经济结构不合理,外向型经济的实施,易受外部力量的过度干预,并导致经济自主权的丧失。穆巴拉克时期埃及经济的发展,主要依赖石油、旅游、侨汇和运河过境费这四大支柱产业,这些产业易受外部环境的影响。另外,埃及经济长期依赖外来资本,并受制于外来力量。外来力量的干预主要包括两方面:一是国际货币基金组织。埃及外债负担沉重,及至 2000 年,外债仍达 265 亿美元,占国内生产总值的 36.1%④,埃及经济发展严重受阻。埃及不得不求助于国际货币基金组织的援助。国际货币基金组织却以埃及实施经济改革作为援助的先决条件,提出了国有企业私有化、发展私有经济、取消补贴、抑制通货膨胀、削减预算赤字等要求。并强迫埃及按照它设计的路线进行经济改革。埃及政府面对无法克服的经济困难,只能满足国际货币基金组织的苛刻条件。1991 年、1993 年和 1996 年,埃及政府与国际货币基金组织达成三个协议,承诺遵循

① 埃及信息部国家新闻总署:《埃及 21 年成就》(1981—2002 年),第 27 页。
② 埃及信息部国家新闻总署:《埃及 21 年成就》(1981—2002 年),第 30 页。
③ 《执掌埃及 30 年,强人黯然下课》,《钱江晚报》2011 年 2 月 12 日。
④ 《世界知识年鉴》(2001/2002 年),世界知识出版社 2001 年版,第 304 页。

国际货币基金组织制定的改革进度,接受该组织对其发展计划和例行的年度审查,实施国有企业私有化、整顿税收、放开信贷利率、大幅度削减政府经济补贴、放宽国内私人和外国投资限制等政策,加速向市场机制过渡。而国际货币基金组织分三期减免埃及50%的官方外债,向埃及经济结构调整提供4亿美元支持。90年代以后,埃及基本遵循了国际货币基金组织设计的改革路线。埃及的经济自主权受到限制。二是美援对埃及经济的制约。20世纪70年代以来,美国是埃及的主要经济援助国。美援在缓解埃及经济困难的同时,也带有明显的政治意图。与对以色列的现金援助不同,美国对埃及的经济援助大多是美国国际开发署批准的特殊项目援助。这些项目往往不考虑埃及经济发展的重点,而是服从美国的政治和经济利益需要设立的,且相当部分援助款项被指定用来购买美国货物。美国国际开发署在开罗设立代表团管理美援,负责批准美援投资项目。开罗使团是美国国际开发署在世界上最大的代表机构。该使团参与埃及经济计划的制订,被埃及人称为"影子政府"①。

第二,穆巴拉克推行的宪政民主集权色彩浓厚,家族式的专断和高压统治明显。穆巴拉克虽强调民主的重要性,但实际给予国民的民主权利十分有限。埃及国民的结社、示威和罢工等权利一直备受控制。军人在国家政治中占有重要地位,并享有特权,是穆巴拉克政权统治的支柱。在中央政府中,军人占10%,军人出任省长很普遍。在1999年10月的省长换届中,退职的16位前省长中,有8名将军,新任命、留任和平调的26名省长中有14名将军②。此次穆巴拉克的突然下台,一个重要的原因就是失去了军人集团的支持。同时,埃及虽实行多党制,但有名无实,反对党势力弱小。在人民议会选举中,执政的民族民主党一直占有大多数席位。另一方面,在民族民主党执政的32年里,它将宪法反恐条例和紧急状态法当作两道紧箍咒,长期压制和排斥异己。穆巴拉克连任五届总统,一直拒绝设立副手,一心培养儿子接班,打造世袭王朝。他的小儿子加麦尔出任执政的民族民主党政策委员会主席,是党内的三把手,从而引起军人集团的强烈不满。从媒体披露的情况看,穆巴拉克家族的腐败也让世人震惊。英国《卫报》称,过去30年穆巴拉克家族通过介入房地产等方式敛财约400亿—700

---

① Marvin G. Weinbaum, "Politics and Development in Foreign Aid: US Economic Assistance to Egypt, 1975—82", *The Middle East Journal*, Vol.37, No.4, 1983, p.651.

② 毕健康:《略议当代埃及总统制的权力结构》,《中东研究》2003年第1期,第23页。

亿美元。西方情报人员说,穆巴拉克的两个儿子在任何重要商业项目中都要抽取 2% 至 5% 的好处①。还有阿拉伯人士透露,早在穆巴拉克担任空军司令并一战成名的 1973 年斋月战争前后,其家族公司就已靠倒卖军火大发国难财。卡塔尔半岛电视台称,埃及以低于国内价格近 1/3 的优惠条件向以色列和约旦供应天然气,其中也有穆巴拉克家族公司勾兑私利的交易②。除了穆巴拉克家族外,他又豢养了一个权贵阶层。据半岛电视台披露,埃及前执政党秘书长家产为 30 亿美元,前住房部长为 17 亿美元,前旅游部长为 22 亿美元,前商业部长为 20 亿美元,前内政部长为 14 亿美元③。埃及腐败盛行。研究者指出,穆巴拉克主张的民主化,"实际上是追求一种权威主导下的民主,即不触动权威政权垄断权力的格局,并通过形式上的民主来增强政权的正当性,为权威主义政权注入合法性因素"④。

第三,亲美和以政策的负面效应。穆巴拉克时期,埃及成为美国在中东的重要战略盟友,并在阿拉伯国家与美国、以色列之间发挥桥梁作用。但这种角色使其无法摆脱两难困境。一方面,埃及渴望赢得阿拉伯人的拥护和支持,充当阿拉伯世界的领导者。另一方面,埃及在阿以问题上既要维护阿拉伯人的民族权益,又要维系同以色列的和解关系,这种态势往往使埃及力不从心,并且处于非常尴尬的地位,削弱了它在阿拉伯世界的威望及发言权。而穆巴拉克的亲美和以立场,也引起国内民众的极大不满。据 2011 年 4 月底的一份民意调查,大部分埃及民众希望终止 1978 年与以色列签署的戴维营协议。在 1000 名受访的埃及人中,有 54% 希望取消该协议,仅有 15% 的人希望加强同美国的往来⑤。在埃及街头,流传着斥责穆巴拉克卖国谋私的政治民谣:"总统高于国家,收回西奈,出卖埃及。"⑥美国布鲁金斯学会萨班中东政策研究中心研究员沙迪·哈米德则指出:"穆巴拉克在埃及人民眼中之所以失去正统性,不仅因为他是一个压迫人民的独裁者,还因为他在人们看来与美国和以色列走得过近。他们之间的交易向来一目了然:穆巴拉克忠实地支持美国在该地区的目标,作为好处,美国让他在

① 马晓霖:《阿拉伯世纪巨变启示录》,《国际先驱导报》2011 年 4 月 9 日。
② 马晓霖:《阿拉伯世纪巨变启示录》,《国际先驱导报》2011 年 4 月 9 日。
③ 马晓霖:《阿拉伯世纪巨变启示录》,《国际先驱导报》2011 年 4 月 9 日。
④ 王林聪:《论中东伊斯兰国家民主化及其前景》,《西亚非洲》2004 年第 2 期,第 61 页。
⑤ 黄培昭、焦翔:《埃及面临巨大政策调整压力》,《人民日报》2011 年 4 月 28 日。
⑥ 马晓霖:《阿拉伯世纪巨变启示录》,《国际先驱导报》2011 年 4 月 9 日。

民主问题上过关。"①

第四,贫富分化、社会不公问题严重。穆巴拉克时期埃及经济虽有长足的发展,但埃及广大民众却未得到应有的实惠,人口爆炸蚕食了埃及 30 年来经济发展的成果,贫富分化问题非常突出。开罗美国大学的社会学家阿明把埃及人分为三个阶层,第一个阶层是富人阶层,占人口总数的 20%,但他们拥有的财富却占社会财富总量的 55%。这些人腰缠万贯,挥金如土,他们或从政,或经商,不仅拥有豪华汽车和漂亮别墅,有的甚至还拥有大型游艇、私人飞机。第二个阶层是中产阶层,占人口的 20%,拥有 27% 的社会财富,而剩下 60% 的人口构成了第三个低收入和贫困阶层,他们拥有的财富仅占 18%②。埃及失业率居高不下。以 2008 年为例,20 至 24 岁年龄段失业率为 51.1%,25 至 29 岁为 22%,15 至 19 岁为 18.4%;另外,高中生失业率大致在 55%,大学生失业率为 31.7%③。这造成低收入、低保障和低幸福指数的"三低"问题相当严重。40% 的埃及人日均生活费不足 2 美元,低于联合国规定的最低生活标准。低收入很难让普通埃及人拥有必要的生活保障和幸福感,甚至有报道称,60% 的适婚男性无钱买房、租房结婚,40% 的适婚女性也因经济拮据待守闺中。生计难保、幸福缺失的社会,使不满情绪无处不在,而且经岁延年,积累到临界点便一触即发④。而在埃及大街小巷大量的无所事事的年轻人,成了这次推翻穆巴拉克政权的主力军。

后穆巴拉克时期,埃及的发展之路有待静观。未来的埃及新政权可能呈现如下趋势:其一,强人政治将有所改变。根据埃及全民公决最新通过的宪法修正案,埃及的总统任期和权力受到一定限制,如前三位领导人那样长期执政、权力几乎不受制约的强人政治将不大可能维系。其二,埃及的注意力将主要转向下层。本次埃及政局剧变的主要推动力来自社会下层,新的政权必将把改善民生、扩大民主作为对其呼声的回应。其三,埃及对外政策将做出适度调整,但对美关系依然是埃及对外关系的重点。在本次埃及事变中,美国和埃及军人集团取得

①　新华网:《新埃及未必服从美国利益》,http://news.xinhuanet.com/world/2011-04/27/c_121351636.htm,2011 年 4 月 27 日。

②　蒋生元:《埃及社会贫富分化严重,两成富人拥有五成五社会财富》,《检察日报》2011 年 1 月 27 日。

③　马晓霖:《阿拉伯世纪巨变启示录》,《国际先驱导报》2011 年 4 月 9 日。

④　马晓霖:《阿拉伯世纪巨变启示录》,《国际先驱导报》2011 年 4 月 9 日。

了谅解,埃及军人集团仍然需要美国的支持和援助。埃及武装部队最高委员会已做出承诺,承认已签署的地区和国际条约,这意味着埃及与以色列的和平关系将继续,但民众对埃以关系的不满,将迫使埃及新政权调整对以色列的政策,这也是以色列对埃及剧变忧虑的一个重要原因。

第三章 全球化与复兴社会主义思潮的嬗变

复兴社会主义是萌发于 20 世纪初,以一批先进的阿拉伯知识分子为中心,致力于阿拉伯民族统一和复兴为历史使命的中东民族主义政治思潮。历史学家指出:"民族主义打破了传统的、陈腐过时而束缚人的社会秩序,并以人类的尊严感、以参与历史和管理自己事务的骄傲和满足感填充着追随者的心灵。"①以"统一、自由和社会主义"为基本主张的复兴社会主义在 20 世纪 50—60 年代的中东民族主义运动中是一种具有历史进步意义的革命力量。在阿拉伯世界,先后有叙利亚、伊拉克、埃及、苏丹、利比亚、阿尔及利亚和突尼斯宣布实行阿拉伯社会主义,成为中东国家争相效仿的发展模式。复兴社会主义在塑造叙利亚和伊拉克地区政治、区域经济和民族文化格局过程中发挥了举足轻重的作用。伊拉克战争后,复兴社会主义在伊拉克彻底失败。2010 年底以来的席卷西亚北非,旨在推翻现政权的大规模反对派运动——"阿拉伯之春",对叙利亚的复兴社会主义同样构成巨大挑战。

一、复兴社会主义的形成和理论特征

1.复兴社会主义产生的历史背景

复兴社会主义的兴起和壮大有着深厚的理论积淀和历史背景。首先是同西方社会主义的联系。

---

① Hans Kohn, *The Age of Nationalism*, *the First Era of Global History*, Harper & Brothers, 1962, p.12.

早在 19 世纪末期，西方社会主义对阿拉伯地区政治的影响初露端倪。但是，当时接受这一思想的阿拉伯学者较少。20 世纪初，全球经济联系日益加强，世界历史上的革命化、反殖民化以及民族解放运动成为大势所趋。社会主义作为一种崭新事物和新潮话题传遍全球，其冲击波也影响到阿拉伯世界。在阿拉伯世界，越来越多的人接受社会主义。斯比·苏玛伊（Shibi Shumayyi）博士是第一个阿拉伯社会主义者，他认为社会主义是人类社会进步不可避免的结果。同时他还强调："社会主义并不是公平地分配社会财富，而是公正地分配劳工和资本家的利益。"他把社会主义定义为"通过改革个人来改造社会"。①

真正系统阐述社会主义思想的阿拉伯学者是曾在英国留学的赛莱迈·穆萨（Salamah Musa）。1910 年，他回到埃及，并于 1913 年用阿拉伯语撰写了《社会主义》一书。在书中，他提出：第一，社会主义是一种"经济秩序"，而不是"包罗万象的哲学"。第二，承认存在"两个阶级"，即少数"富人"和大多数"穷人"，但不主张阶级斗争。第三，为了替代现存资产阶级的"腐烂体制"，主张分阶段实现社会主义公有化项目。反对继承权，主张财产和财物的拥有权受到限制。第四，社会主义包括免费义务教育，社会服务，有限制的工作时间，社会安全措施以及对妇女的权利补偿。第五，他最初并未提出国有化，也没有流露独立的意向。后来，随着埃及华夫脱党的形成和崛起，他逐渐意识到如果不成为民族主义，想要成为社会主义是不可能的。②

另一个拥护社会主义的阿拉伯知识分子是尼考拉·哈达德（Nicola Haddad）。他在 1920 年撰写了另一本关于社会主义思想的著作，书中的主要观点是：第一，相信民主社会主义，没有政治民主，就不可能有经济民主。第二，资本主义必须被替换，其失败是必然的。第三，认为竞争并没有减少社会的痼疾，而是产生了剥削阶级和被剥削阶级。社会不应该有竞争而应该代之以合作。第四，主张废除财产税，限制自由必须按照公正的原则，并将其运用到社会的每个成员，以便预防残暴和专横。第五，社会主义是人人都能按其能力而获得职位，享受社会福利，免费教育，拥有公共用地。

---

① Kamel S. Abu Jaber, *The Arab Ba'th Socialist Party: History, Ideology, and Organization*, Syracuse University Press, 1966. p. 2.

② Kamel S. Abu Jaber, *The Arab Ba'th Socialist Party: History, Ideology, and Organization*, Syracuse University Press, 1966. pp. 2-3.

阿拉伯学者阐述的社会主义思想都是针对阿拉伯世界存在的现实问题。当时阿拉伯地区名义上仍处于奥斯曼帝国的统治,西方也在该地区实行"分而治之"的政策。从地缘来看,社会主义的影响主要集中在埃及,鼓吹社会主义的阿拉伯学者大都来自埃及。以人群分布来看,社会主义思想在阿拉伯上层知识分子中影响较为广泛,但缺乏广大民众的认同。

将社会主义与阿拉伯地区实践结合起来的是复兴社会主义。复兴社会主义的奠基人阿弗拉克和比塔尔在留学法国期间,曾受西方社会主义思想的感染和熏陶。1933—1936 年间,阿弗拉克同叙利亚共产党负责人创办了《先锋》(The Vanguard)杂志,成为社会主义思想的崇拜者。[①] 伊拉克复兴党著名学者阿塔西(Atasi)也承认复兴社会主义是西方社会主义在阿拉伯世界这一特殊环境的适应性产物。[②]

其次,阿拉伯民族主义和泛伊斯兰主义是复兴社会主义的理论来源。

民族主义指的是从文化视野中,民众感到自己不同于其他社会团体的意识。这种从属关系意识可以表达为民众的独立、自决和改善生活的意愿。[③] 阿拉伯民族主义是一种民族认同,是 20 世纪中东的一种重要的泛民族主义形式,一度成为阿拉伯世界的主导思潮。"阿拉伯民族主义思想是阿拉伯人意识发展的结果。这一意识萌发于 1400 年前,在阿拉伯历史中得到发展,并于现时代完成自我认识……这就是现代阿拉伯民族主义的意识。"[④]有中国学者则认为,阿拉伯民族主义的产生最晚也要追溯到 19 世纪末期,同西方民族主义影响有关。[⑤]

复兴社会主义从阿拉伯民族主义继承的思想有:泛阿拉伯主义的追求,即民族独立、阿拉伯统一、社会政治民主化、经济文化发展和世俗化。[⑥] 但最主要的目标是阿拉伯民族的独立和阿拉伯世界的统一;对殖民主义和封建主义的排斥心理,特别是反西方的情绪。西方学者认为:"阿拉伯复兴社会党是一个社会主

①　Kamel S.Abu Jaber, *The Arab Ba'th Socialist Party*: *History*, *Ideology*, *and Organization*, Syracuse University Press, 1966, p.11.

②　Kamel S.Abu Jaber, *The Arab Ba'th Socialist Party*: *History*, *Ideology*, *and Organization*, Syracuse University Press, 1966, p.99.

③　Tawfic E.Farah edited, *Pan-Arabism and Arab Nationalism*: *The continuing debate*, Westview Press, 1987, p.59.

④　张国伟:《阿拉伯民族主义的历史根源》,《阿拉伯世界》1990 年第 3 期。

⑤　彭树智:《东方民族主义思潮》,西北大学出版社 1992 年版,第 318 页。

⑥　王京烈主编:《当代中东政治思潮》,当代世界出版社 2003 年版,第 60 页。

义的政党,源于阿拉伯民族主义本身"。①

泛伊斯兰主义在团结阿拉伯民族意识,扩大阿拉伯民族影响力方面起到了必要的作用。伊斯兰作为一种宗教和文化,它力图打破民族、语言、地域的限制,传播到世界各地。泛伊斯兰主义政治的产生原因是:由于奥斯曼帝国的衰败导致伊斯兰教的式微,新崛起的西方势力渗透到中东,欧洲列强的文案里充满了瓜分它的计划。② 奥斯曼统治者为了加强封建王权、防止帝国的解体,鼓吹泛伊斯兰主义为基本国策,从而使泛伊斯兰主义思潮政治化。

泛伊斯兰主义的典型代表人物是哲马鲁丁·阿富汗尼,他是近代伊斯兰改革主义的先驱和泛伊斯兰主义的杰出代表。阿富汗尼的宗教和政治文化理论可归结为四大要素:即伊斯兰教;穆斯林民族;伊斯兰世界;欧洲列强。③他认为,一个以伊斯兰教为支柱的伊斯兰世界,处于极其险恶的环境之中,应该为伊斯兰教创造良好发展环境并维护他的伊斯兰国家,但现存的伊斯兰国家都已衰弱不堪或已成为欧洲列强奴役的对象。他主张全世界穆斯林民族应当联合起来,建立一个哈里发领导之下的统一强大的世界性伊斯兰国家。阿富汗尼的最高理想是使穆斯林在信仰、道德、政治方面恢复到正统哈里发的时代,后来他发现自己的主张难以实现,又进一步主张建立伊斯兰教国家联盟。阿富汗尼在晚年把泛伊斯兰主义的主旨明确地转变为反对殖民主义的意识形态和原则,即伊斯兰民族主义。④

泛伊斯兰主义的一些思想成为复兴社会主义主张的源头和发展动力,它可归纳为两点:第一,强调伊斯兰的团结,阿富汗尼认为伊斯兰教的团结精神超越了种族的团结精神,阿拉伯民族的团结要依靠伊斯兰教的精神纽带作用。阿弗拉克也认同只有真正捍卫伊斯兰教的人才是真正的阿拉伯民族主义者。⑤ 1969年伊拉克复兴党宪法规定伊斯兰教为国教和"宪法的源泉"。一些伊斯兰法规

---

① Marion Farouk-Sluglett and Peter Sluglett, *Iraq since 1958: From Revolution to Dictatorship*, KPI Limited, 1987, p.89.

② C.W.克劳利等编:《新编剑桥世界近代史》第9卷,中国社会科学出版社1995年版,第700页。

③ 彭树智:《东方民族主义思潮》,西北大学出版社1992年版,第306—317页。

④ 彭树智:《东方民族主义思潮》,第308页。

⑤ 彭树智:《东方民族主义思潮》,第366—367页。

直接成为现行法律。① 第二,泛伊斯兰主义还强调伊斯兰教的感召作用,伊斯兰教是穆斯林民族的团结基础。早在 1943 年,阿弗拉克就认为,伊斯兰教是阿拉伯民族主义的基础和源泉,是高贵的精神追求和永恒的心灵纯洁的反应。②

最后,第一次世界大战后英法在阿拉伯地区实行的"委任统治"是复兴社会主义形成的催化剂。

19 世纪下半叶,阿拉伯世界相继沦为西方列强的殖民地。英国历史学家阿诺德·汤因比在一篇颇有洞察力的文章中写道:"西方技术统一了整个世界……也点燃了战争和冲突。"③阿拉伯人感到他们的国家、资源、文明,甚至他们的精神都受到西方制约和影响。宗教和世俗政治精英都殚精竭虑的为阿拉伯民族寻找复兴之路,先后出现了诸如伊斯兰改革主义、现代主义、泛阿拉伯主义和阿拉伯社会主义等思潮。这些思潮为复兴社会主义提供了丰富的思想资源和理论准备。

第一次世界大战后,英法以"委任统治"的形式将原奥斯曼帝国的属地分割为诸多小国。阿弗拉克极力抨击英法的"委任统治",认为阿拉伯民族统一的主要障碍是殖民主义。④ 因此,可以说复兴社会主义是在吸纳各种民族主义资源的基点上,在反对西方殖民侵略、谋求政治平等和民族独立的实践过程中产生的,反帝反殖的历史使命是其基本政治资源。美国学者埃斯波希托曾说:"民族主义是对西方帝国主义和欧洲殖民统治的回应"⑤换句话说,"这种类型民族主义试图解决的关键问题是如何驱赶外国入侵者。"⑥

2.复兴社会主义的基本观点

美国学者杰贝尔认为,复兴社会主义是一个模糊的理论,在阿拉伯世界人们

①　Majid Khadduri, *Socialist Iraq:A Study in Iraq Politics since 1968*, Washington, D.C:The Middle East Institute, 1978, p.34.

②　Kemal H. Karpat edite, *Political and Social Thought in the Contemporary Middle East*, Revised and Enlarged Edition, Praeger Publishers, 1982, p.140.

③　Kamel S. Abu Jaber, *The Arab Ba'th Socialist Party:History, Ideology, and Organization*, Syracuse University Press, 1966. p.19.

④　彭树智:《东方民族主义思潮》,第 368 页。

⑤　J.H.埃斯波希托:《伊斯兰威胁:神话还是现实》,社会科学文献出版社 1999 年版,第 80 页。

⑥　［美］伯纳德·路易斯:《中东——激荡在辉煌的历史中》,郑之书译,中国友谊出版社 2000 年版,第 493 页。

很少有人能廓清其确切涵义。① 阿弗拉克的复兴社会主义思想形成于 1935 年前后的理论与实践活动，当时他从传统阿拉伯民族主义、泛伊斯兰主义、马克思主义、科学社会主义和法国的安德烈·纪德和罗曼·罗兰等人的自由主义思想中吸取营养。② 在 1940—1950 年这段时间内，他撰写了《阿拉伯民族主义对共产主义的态度》、《统一命运的战斗》和《民族主义与社会主义》等著作，为复兴社会主义进行了初步的理论建构。1943 年 7 月，他第一次将"阿拉伯复兴运动"的组织称之为"阿拉伯复兴党"，把"统一阿拉伯民族，具有不朽的使命"作为党的口号。1947 年，复兴党召开第一次代表大会，宣布复兴党成立。

复兴社会主义的基本观点主要体现在复兴党的纲领和章程，领导人的言论和著述，复兴党执政时推行的政治和经济政策上。具体表现在以下几方面：

一是阿拉伯"复兴"的含义。"复兴"含义的核心是阿拉伯人应该有充分的理由来为阿拉伯民族骄傲，因为阿拉伯民族有着引人注目的文明体系和博大精深的历史文化资源。阿弗拉克曾自豪地认为，阿拉伯民族有 1000 多年的历史，并将有光明的未来。为了摆脱外部力量的控制，阿拉伯人必须相信自己民族，并无限热爱它。

二是"统一"概念的界定。阿拉伯复兴党的章程共 45 条。基本原则共分三条：第一条为"阿拉伯民族的团结与自由"，第二条为"阿拉伯民族的个性"，第三条为"阿拉伯民族的使命"；总则规定该党为泛阿拉伯政党，要求在所有阿拉伯国家设立支部，还规定该党为"社会主义的党"、"大众的党"和"革命的党"。③民族高于国家是泛阿拉伯主义的理论基石。1940 年，阿弗拉克在《民族主义是先于一切之爱》的文章中提出对阿拉伯民族的爱是第一位的，其次才是对国家的爱。④他认为阿拉伯民族的复兴只能通过统一，复兴党就是阿拉伯民族统一的天然承受者和领导者。复兴党本身的党纲和组织结构也体现了这一思想，它不使用国家概念，最高领导机构是"民族指挥机构"，各国的分支领导机构称"地区

---

① Kamel S.Abu Jaber, *The Arab Ba'th Socialist Party: History, Ideology, and Organization*, Syracuse University Press, 1966. p.97.

② 彭树智：《东方民族主义思潮》，第 364 页。

③ 全文见 S.G.哈伊姆：《阿拉伯民族主义文选》，第 233—241 页。转引自彭树智：《东方民族主义思潮》，第 368 页。

④ Samir al-Khalil, *Repulic of Fear: The Politics of Modern Iraq*, University of California press, 1989, p.187.

指挥机构"。复兴阿拉伯是泛阿拉伯主义的重要内涵，阿拉伯统一是泛阿拉伯主义的核心观点。阿弗拉克把"统一"放在第一位，强调"统一"是救治分裂的阿拉伯民族的一剂良方。由于历史、宗教、语言、传统和共同愿望的联系，阿拉伯民族从大西洋到海湾都是统一的整体。但是阿拉伯的统一并不是狭隘的沙文主义，阻碍阿拉伯统一的因素有部族主义、宗派主义、性别歧视和殖民主义。[1]阿弗拉克的阿拉伯统一思想成为复兴党泛阿拉伯主义统一模式的理论依据。阿弗拉克把"统一阿拉伯民族"确定为复兴党的"不朽使命"。但是"阿拉伯统一"的内涵随着时代的演进而呈现不同的内容。早期泛阿拉伯主义者的目标是建立统一的阿拉伯国家。1936 年伊拉克"阿拉伯复兴"协会提出按美国模式建立阿拉伯联邦。后来的复兴社会主义者已经意识到了统一阿拉伯的非现实性，主张在两个或更多的阿拉伯地区之间建立政治联盟。[2]

三是关于"自由"的理念。"自由"是复兴社会主义的又一目标，它主张个人自由同民族解放同步增长。阿弗拉克指出："自由意味着解放，解放意味着摆脱帝国主义"，但是"自由不能分割，我们不能反对外部帝国主义而对本国专制保持沉默，"因为"在忍受外国控制的国度里，任何当政者都或多或少屈从于外部压力"。[3] 从阿弗拉克的解释可以看出，复兴社会主义主张的"自由"包括三层含义：即自由意味着阿拉伯民族必须从外国殖民主义统治下解放出来，实现军事、政治和文化层面的自由；自由也包含阿拉伯人有权获得精神自由，反对内部的专制。[4]应允许阿拉伯人自己掌握民族命运，实现阿拉伯民族复兴；自由并不意味某个地区的解放，而是整个阿拉伯世界的统一。[5]

四是关于"社会主义"的目标。1944 年阿弗拉克撰写的《阿拉伯统一高于社会主义》一书指出，"社会主义"的含义是：第一，阿拉伯统一运动和社会主义运动是一个整体，二者的关系是灵魂和躯体的关系。换句话说，社会主义应该服务

① Patrick Seale, *Asad of Syria: The Struggle for The Middle East*, California University Press, 1988, pp.30-31.

② Malik Mufti, *Sovereign Creations: Pan-Arabism and Political Order in Syria and Iraq*, Cornell University Press, 1996, p.212.

③ 王彤：《从阿拉伯民族主义的统一理论与实践看阿拉伯国家的合与分》，载杨灏城、朱克柔主编：《民族冲突与种族争端》，人民出版社 2000 年版，第 46 页。

④ Patrick Seale, *Asad of Syria: The Struggle for The Middle East*, California University Press, 1988, p.31.

⑤ *Ba'th*, August 12, 1946.

于阿拉伯统一,阿拉伯统一高于社会主义。第二,社会主义是阿拉伯民族理想的生活方式,也是阿拉伯民族复兴的工具。社会主义生活方式包括"经济、政治、文化教育、自然科学、历史和社会生活的各个层面。"阿弗拉克认为没有社会主义,实现工业化和阿拉伯民族的进步是不可能的。社会主义的目标就是使社会从贫穷到富足,人人都有平等的机会享受财富,结束人和人、阶级和阶级之间的剥削。① 第三,社会主义是"公正合理的经济制度模式",可以防止剥削和内部冲突。阿弗拉克认为复兴党宪法规定了彻底的民族主义原则(即阿拉伯民族组成一个不能分割的政治、经济和文化实体,其神圣使命就是重建人类价值观,促进社会进步和民众秩序和谐),界定了社会和经济政策。②阿拉伯复兴社会主义党纲规定:"信仰社会主义是源于阿拉伯民族主义内部深处的必然产物。事实上,社会主义构建理想的社会秩序,而这种秩序保证阿拉伯人将社会主义由可能变为现实,保证社会主义特征得到充分体现,保证民族物质生产和精神生产取得不断进步。"③党纲第26—38条涉及社会主义的具体政策,如国民经济财富归全民所有、公正分配、禁止剥削、取缔私人公司和外国租让权、限制农业土地所有权、工人参加工厂管理、计划经济、国家控制内外贸易等。

3.伊斯兰教和复兴社会主义革命的关系

复兴社会主义是以伊斯兰教为主要理论基础,以《古兰经》中的反对剥削、穆斯林皆兄弟的思想为公正和平等原则来理解社会主义的内涵。④

复兴社会主义者认为,所有的革命,不论过去、现在和未来的革命都有其产生的心理条件和相似的客观环境。因此,那些坚定维护伊斯兰教的人本身就是最革命的因素。复兴社会主义者指出,理解革命和伊斯兰教关系的前提是理解伊斯兰教产生的背景。伊斯兰教是经过先知个人努力,经过几代人的苦难才传播开来的,穆斯林变得强大的过程本身就体现了革命的蕴含。所有的革命应该用行动而不是空喊来实现,因为纸上谈兵、高谈阔论是非常容易的,但是价值原则的评价只能通过行动的考验才能实现。

---

① Kamel S.Abu Jaber, *The Arab Ba'th Socialist Party*: *History*, *Ideology*, *and Organization*, Syracuse University Press, 1966, pp.111-112.

② Kemal H.Karpat edite, *Political and Social Thought in the Contemporary Middle East*, Revised and Enlarged Edition, Praeger Publishers, 1982, p.140.

③ 彭树智:《东方民族主义思潮》,第369页。

④ 彭树智:《书路鸿踪录》,三秦出版社2004年版,第357页。

4.复兴社会主义关于阶级和阶级斗争的看法

复兴社会主义者认同阶级的存在而不赞同马克思的解释。他们认为马克思主义夸大了阶级斗争的重要性,纳入了国际冲突的内涵。阶级斗争的观点忽视了阿拉伯民族主义历史发展的独特性。一旦阿拉伯民族得到解放和统一,阶级冲突就会消融。① 复兴社会主义反对马克思主义的国际主义,明确拒绝国际劳工运动,坚持社会主义国家之间的合作。②他们承认在相同条件下,召开国际会议的可能性,但不是在共产主义的组织之下。并且认为阿拉伯各国共产党是苏联政策的执行者和代理人。

复兴社会主义主张社会主义国家之间实现自由合作,但这种合作不同于马克思主义的方式。马克思主义着眼于经济方面,即无产阶级和有产阶级方面。但是,复兴社会主义者主要面对民族的碎片化和殖民化问题。碎片化是前进道路上的主要障碍,也是阿拉伯民族在精神、经济、政治和其他方面落后的主要问题。资本主义和封建主义不仅仅是阿拉伯人唯一的敌人,还有其他障碍,诸如为了私利坚持阿拉伯民族碎片化,屈服于帝国主义,等等。因此,复兴社会主义者不主张按照马克思主义模式把阿拉伯民族划分为两个或更多的阶级。

复兴社会主义也反对马克思的经济决定论学说,认为仅仅用经济来解释历史是否认阿拉伯民族所珍爱的精神价值。将一切事情都归结于一个因素就是歪曲了生命、生活和进步的真正意义。共产主义主张经济决定论导致了不尊重个人和自由。此外,复兴社会主义反对废除私有制,主张对私有制采取限制措施。阿弗拉克指责"共产党人的社会主义朝国有化方向走过了头","它废除了财产权,扼杀了个人的一切积极性。"因此,复兴党人"不废除私有财产,仅限于采取措施禁止私有财产的泛滥。"③阿弗拉克主张实行土地改革,要求公用事业国有化,提出某些笼统的保护劳工措施。但他同时又主张要继承伊斯兰教的原则和精神,保护个人财产和继承权。这意味着"土地改革"和"国有化"并非取消私有制。

---

①　Marion Farouk-Sluglett and Peter Sluglett, *Iraq Since 1958: From Revolution to Dictatorship*, KPI Limited, 1987, p.89.

②　Kemal H.Karpat edite, *Political and Social Thought in the Contemporary Middle East*, Revised and Enlarged Edition, Praeger Publishers, 1982, p.152.

③　王仲义:《阿弗拉克与复兴社会党及其复兴社会主义》,《河北师范大学学报》(哲学社会科学版)2004 年第 3 期,第 109 页。

5.复兴社会主义的理论特征

第一,复兴社会主义作为阿拉伯民族主义的组成部分之一,渗透出文化民族主义的特点。复兴社会主义通过文化上泛阿拉伯主义认同的宣传来谋求阿拉伯民族的统一,成为它的显著特点。复兴社会主义颂扬伊斯兰文化和阿拉伯民族精神,排斥外来文化。同时否认复兴社会主义受到欧洲思想的影响,认为复兴社会主义的直接来源是阿拉伯民族主义和伊斯兰教。①

第二,复兴社会主义是以伊斯兰教为前提的民族主义思潮。在伊斯兰教根深蒂固的中东阿拉伯社会,任何现代政治思潮的形成都不可能完全脱离其固有的宗教文化氛围。从复兴社会主义思想与伊斯兰教的关系来看,复兴社会主义对伊斯兰教既有否定的一面,即主张以民族认同超越宗教认同,以阿拉伯民族国家取代穆斯林"乌玛";同时也有与伊斯兰教相互协调的一面,即力图把伊斯兰教作为一种文化资源,纳入复兴社会主义的意识形态体系之中。二者的关系主要表现是:

一方面,复兴社会主义认为宗教是人类生活的基本因素,从古至今一直如此。复兴社会主义强调伊斯兰教是阿拉伯民族主义的基础和源泉。早在 1943 年,阿弗拉克就认为,复兴社会主义是阿拉伯人智慧的结果而不是真主的启示,是阿拉伯人高贵精神追求和心灵永恒纯洁的表述。伊斯兰教从一开始就是阿拉伯人的宗教,满足阿拉伯人的需要,体现阿拉伯人的价值。②实际上,阿弗拉克将宗教从狭隘的正统理论限制中解放出来,但他同时又指出穆罕默德和伊斯兰教是阿拉伯民族主义的体现,有助于重铸阿拉伯世界成为一种新型社会。结果导致阿拉伯民族主义和伊斯兰教的关系是单一的,伊斯兰教可以被认为是民族文化。

另一方面,复兴社会主义者还强调伊斯兰教是阿拉伯民族遗产的重要组成部分,伊斯兰教出于阿拉伯本身,伊斯兰教要服从阿拉伯民族主义。③这种观点实质上是进一步为伊斯兰教认同阿拉伯民族主义做准备,从而有利于消除民众

① Kamel S.Abu Jaber, *The Arab Ba'th Socialist Party: History, Ideology, and Organization*, Syracuse University Press, 1966.p.99.

② Patrick Seale, *Asad of Syria: The Struggle for The Middle East*, California University Press, 1988, p.31.

③ Adeed Dawisha, Invoking the Spirit of Arabism: Islam in the Foreign Policy of Saddam's Iraq, Edited by Adeed Dawisha, *Islam in Foreign Policy*, Cambridge University Press, 1983, p.115.

对世俗民族主义和社会主义的不信任和误解。20世纪,伊斯兰教对阿拉伯民族主义的影响不像过去那样强烈,因为伊斯兰教的影响基本是宗教的,而不是政治的,或者是经济的。复兴党严格界定它的世俗政治和社会政策实际上远离了伊斯兰教的激进精神和社会经济理念。因此,在复兴党执政后,阿弗拉克和复兴党通常被描述为无神论以及宗教的敌人。复兴党的主要支持者是军队,他们当时是没有民众支持的精英组织。复兴社会主义强调它与伊斯兰教的关系,尽可能在伊斯兰文化的价值规范之内对复兴社会主义进行阐释与发挥,其目的在于迎合阿拉伯民众的认同感及内心承受力。

　　第三,复兴社会主义反对外部力量介入巴勒斯坦问题。巴勒斯坦战争爆发后,复兴党主张阿拉伯人通过整合民族力量来解决这一问题,呼吁阿拉伯人不要期望从西方或者联合国获得什么,同时警告西方不能无视阿拉伯人的公正愿望。"巴勒斯坦问题的解决在于巴勒斯坦人自己,而不在于联合国,联合国是西方和犹太复国主义的工具。"[1]阿拉伯民族主义者中的温和派如阿尔波特·胡拉尼(Albert Hourani)坚持认为阿拉伯人应该依靠自己,实现民族的强大和振兴,西方列强不会重视阿拉伯国家的利益。[2]复兴党对巴勒斯坦人的抗争进行了大力鼓动和宣传。比塔尔曾建议,阿拉伯应利用石油禁运政策来对西方施加压力。[3]

　　第四,复兴社会主义在外交上反对与西方和超级大国交往。复兴党认为对外交往是必要的,但一些国家必须排除在外。首先是英国,因为它占领了埃及、巴勒斯坦、约旦、伊拉克和利比亚。其次是法国,它占领了阿尔及利亚、摩洛哥和突尼斯。西班牙也是反对的对象,它占领了摩洛哥的一部分。复兴党反对大国援助,批评杜鲁门对土耳其和希腊的财政支援。1947年3月20日的复兴党党报《复兴报》指出:"任何大国对弱国的援助后不久,都会对该国施加政治影响。阿拉伯人应该意识到他们的自由在于自己的努力,而不是在伦敦、华盛顿或者莫斯科的施舍。"[4]对于美苏两大集团,复兴党认为"与英美或者苏联任何一方的合作都将对阿拉伯国家有害无利。"[5]

---

① *Ba'th*, 10 May, 1947.

② David Roberts, *The Ba'th and the Creation of Modern Syria*, ST.Martin's Press, 1987, p.23.

③ *Ba'th*, May 7, 1949.

④ *Ba'th*, March 20, 1947.

⑤ *Ba'th*, April 16, 1947.

二、复兴社会主义政治和经济思想的演变

后冷战时代,全球化的迅猛发展对民族国家构成严重挑战,甚至削弱着国家的权力范围、权力强度、权力形式以及权力的制度基础和概念。哈勃特·迪根特认为全球化至少在三个层面对民族国家造成冲击:即破坏了国家的经济自主性;夸大了国际机制和国际组织的作用;削弱了民族国家存在的价值。① 后冷战时代复兴社会主义国家也越来越意识到这种挑战,并采取一些回应性措施。从政治发展角度来看,后冷战时代复兴社会主义的发展特征主要有:

1.实行有限民主与强化民众的政治认同

20 世纪七八十年代开始的世界性的民主化浪潮气势汹涌,中东地区也掀起了民主化波澜。在实行复兴社会主义的国家,其主要表现是威权主义政权的软化。这在伊拉克表现得尤为明显。为了抵制联合国和美国的制裁,赢得民众的支持,1989 年伊拉克开始推进"民主改革",如制定新宪法、政党法和新闻自由法,全民选举总统,扩大国民议会的权力等。1991 年 3 月 23 日,复兴党员和什叶派人士、被认为有改革倾向的萨敦·哈马迪(Sa'dun Hammadi)组成新内阁。4 月,革命指挥委员会宽恕海湾战争期间的叛乱分子,解除禁止国外人员到伊拉克旅行的命令。7 月,国民大会宣布反对党合法化。8 月,伊拉克复兴党举行各级别的选举,包括地区指挥。②

这些措施受到伊拉克民众的欢迎,有助于改善复兴党在民众中的形象。但这些民主化改革措施是有限的、表面的,其目的只不过是应付暂时的危机。不久,政府明确宣布各反对党合法化并不意味着它们在伊拉克有自己的活动平台,如果他们破坏国家统一或安全,将被予以解散。9 月,萨敦·哈马迪被解除总理职务。革命指挥委员会仍是主要的立法、行政和司法机构,其权力仍然掌控在复兴党和萨达姆家族的手中。这次昙花一现的民主尝试意味着伊拉克政治开始向集权主义回归。

---

① Herbertt Dittgen,"World without Borders? Refections on the Future of the Nation-State",*Government and Oppostion*,vol.34,No.2,1999.

② Phebe Marr,*The Modern History of Iraq*,Second Edition,Westview Press,2004,p.262.

海湾战争后叙利亚也感到全球化民主浪潮所催生的政治改革的压力。为了适应新形势,叙利亚同样摆出改革姿态,加大了自80年代开始的改革力度。对叙利亚来说,苏联解体给它带来极大的挑战。由于几十年来复兴党在叙利亚的严格控制,人们对这些剧变的反应是迟钝的。但仍有一些人希望哈菲德·阿萨德在政治、经济方面更开放。叙利亚政府没有忽视这些情绪,特别是巴沙尔上台以后,在政治上进一步放宽了民主和新闻自由,强调叙利亚实行复兴党领导的,通过全国进步阵线完成的政治多元化;巴沙尔认为叙利亚必须"在正常的地区过一种正常的生活。"①他宣布自由选举,实行多党制,释放政治犯,开展反腐败运动和推进经济改革,减少军费开支,等等。

20世纪90年代以来,叙利亚加强了国民大会的重要性和影响力。在1990年5月2日的人民大会选举中,大会代表由195人扩大到250人。其目的在于扩大对复兴党政权持批评意见和不同政见者的代表人数。1994年8月和1998年11月的人民大会选举也有相同比例的独立候选人,而且允许独立候选人结盟和联盟来竞争席位。如在1994年8月的选举中,大马士革的制造商组建了一个名为"伟大的大马士革"的联盟,参与竞选的13名候选人中有5人赢得了大会席位,并进入政府。②

提高人民大会的地位虽然没有使叙利亚政治结构发生深层的变化,但重组议会却缓和了国内的压力和敌对势力的对抗,软化了民众的不满,有利于构建一种民主的氛围。同时,人民大会促使政府开始实行自由开放的经济政策,并制定立法来确保国内企业发展,吸引国外投资。

缺乏政治认同是阿拉伯世界政治生态复杂多变的重要因素之一。叙利亚和伊拉克两国的统治者都采取各种措施来强化政治认同。其主要表现是:第一,两国都利用宗教或历史的联系,增强自身统治地位的合法性和合理性。"合法性是指政治系统使人们产生和坚持现存政治制度是社会的最适宜制度之信仰的能力。"③而民族主义就其本质而言,首先是一种意识形态和价值观念,其次才是一种社会运动和政治实践。在叙利亚,处于统治地位的少数派阿拉维派向大多数

---

①　Barry M.Rubin, *The Tragedy of the Middle East*, Cambidge Unilersity Press, 2002, p.112.

②　Eyal Zisser, *Asad's Legacy: Syria in Transition*, New York University Press, 2001, pp.185-188.

③　西摩·马丁·李普塞特:《政治人——政治的社会基础》,上海人民出版社1997年版,第55页。

持怀疑和不满态度的逊尼派穆斯林证明其民族主义和伊斯兰属性。通过宣布自己是阿拉伯民族主义和巴勒斯坦事业的监护人,将叙利亚的国家利益合理化,从而在阿拉伯地区获得影响。在伊拉克,萨达姆将自己比拟为新巴比伦皇帝尼布甲尼撒,以证明自身权威的历史合理性。① 第二,在政治上,两国都实施某些开放和宽容措施,力图巩固统治基础,增强民众的认同意识。海湾战争后,伊拉克在对外宣传上淡化了复兴党的政治色彩,叙利亚政府开始营造政治自由化氛围。以叙利亚为例,它从1991年12月开始启动通过公民投票选举总统的程序;1991年到1995年大约有5000多名政治犯获释;在宗教方面允许国民穿着传统服装、妇女戴面纱、参加每周五在清真寺的祷告活动,等等。巴沙尔也表现出更加务实和亲民,他反对个人崇拜,并建议在公共场所少挂领袖像。

2.政治稳定优先型民族主义

中东民族主义基本上是一种内敛型的防御性民族主义,它的政治制度的矛头是内指性的。② 复兴社会主义的这一特点也较突出:尽管后冷战时代复兴社会主义政权在政治经济等方面做出了一些调整,但其出发点和落脚点都是政治性的,其改革底线是不能触动政权的基础。这一点在叙利亚表现的最明显。

阿萨德总统从苏联解体中获得的最大教训是,任何要求政治变革的行动都必须遏制,任何政治上的变革都将导致国家失去控制,给他的政权带来灾难性后果。③ 关于民主,阿萨德强调:"我们人民采取的民主政治不是一种固定的、僵化的架构。其产生、发展和更新依赖于我们生存的政治、经济、社会和文化底蕴。这种民主政治制度不是从某些国家进口得到的,这是一种国家公民在料理生活,寻求权利,完成义务中所体悟出来的……""西方想让我们实行他们的民主制度,但是我不认为这样。因为这种制度会使我们贫穷,剥夺我们的安全,阻止我们的进步。每一国家都有自己的传统——历史、文化、精神和借鉴的架构;否则世界会成为一个民族,这是不可能的。"他还认为:"民主有许多方面。有政治民主,经济民主和——重要的是和我们有关系的,与第三世界人民有关系的——国际民主。即国家打着民主的旗帜与其他国家展开对话。他们也应该在国际关系

① Amatzia Baram, *Culture, History and Ideology in the Formation of Ba'thist Iraq*, New York: St. Matin's Press, 1991, p.101.

② 田文林:《中东民族主义与中东国家现代化》,《世界民族》2001年第4期,第22页。

③ Eyal Zisser, *Asad's Legacy: Syria in Transition*, New York University Press, 2001, p.181.

范围内实行民主,实现国家间平等、整合和自由关系。"①阿萨德对民主命题的核心可以归结为:叙利亚的民主是根据自己的历史文化遗产进行的,西方的民主制度不适合叙利亚。被称为阿拉伯新生代政治家之一的巴沙尔也认同这一观点,他在就职仪式上说:"我们急需要建设性的批评,我们必须从不同的角度,客观的思考和考察每个问题。"这种考虑也必须在叙利亚的模式内,"我们不可能将其他人的民主运用到我们身上。"②

3.经济现代化发展的两难选择

美国著名选择亨廷顿认为:"现代性孕育着稳定,而现代化过程却滋生着动乱。"③第三世界国家的现代化作为一种外源型现代化,通常都存在很多通病:如有经济增长而无发展;经济结构呈"传统"与"现代"混杂的二元性特征;官僚队伍膨胀与不可遏制的腐败等。作为实行复兴社会主义的伊拉克和叙利亚也面临这些挑战。

从某种意义上讲,民族主义的现代化是一种"政治性"的现代化。它由政治权力(国家)、社会政治运动和意识形态三个层面构成。与之相适应,民族主义的功能主要表现为政治动员、国家整合和文化认同三个方面,而民族主义的经济功能则比较薄弱。④这一特点在复兴社会主义国家实施的主导型经济模式上表现得尤为突出。其主要弊端在于,它经常受到民族主义政治指向的影响,而政治上的多变和不稳定,也就导致经济现代化进程的不确定性,甚至会出现偏离现代化目标的现象。

叙利亚国内存在两种经济学派,一派忽视世界经济的存在,没有认识到叙利亚参与全球经济整合的必要性;另一派主张叙利亚融入世界经济,但忽视伴随这一过程而来的政治和社会动荡,以及对国家主权可能造成的损害。还有的学者认为叙利亚应该选择中间道路。⑤ 从实际情况来看,自 1996 年以来,叙利亚经济一直处于衰退中,失业率维持在 20%。囿于政治上的需要,叙利亚经济仍在国营与私有、计划与市场的两难中徘徊,未能给予自由市场经济的发展提供强有

---

①　Eyal Zisser, *Asad's Legacy : Syria in Transition*, New York University Press, 2001, p.182.

②　Barry M.Rubin, *The Tragedy of the Middle East*, Cambridge University Press, 2002, p.108.

③　亨廷顿:《变化社会中的政治秩序》,王冠华等译,三联书店 1987 年版,第 38 页。

④　田文林:《中东民族主义与中东国家现代化》,《世界民族》2001 年第 4 期,第 22 页。

⑤　Eyal Zisser, *Asad's Legacy : Syria in Transition*, New York University Press, 2001, p.194.

力的保障。西方学者指出叙利亚的政治利益制约着经济自由化战略。① 世界银行的一位经济学家将叙利亚说成是"博物馆里的收藏品"——一个绝无仅有的例子,它还保留着 1965 年那个时期的社会主义经济。②叙利亚复兴党不愿意放松对国家经济的控制,政府也不允许经济向自由化的趋势发展。叙利亚国内的投资者被认为是中东最精明的商人,但由于叙利亚国内几乎没有制定对私有财产的保护性法律,他们都把叙利亚经济发展急需的资金投向海湾和欧洲,特别是原来的东欧国家。③

关于私有化问题,叙利亚也存在难题。叙利亚政权的主要支柱阿拉维派由于受政府保护,在商业、政府就业和军事中占据绝对优势。出于政治考虑,叙利亚政府并不想实施大刀阔斧的改革。就私有化本身来说,私有化真正受益的将是敌视现政权的逊尼派穆斯林,因此当权派对私有化不感兴趣。而且,一旦经济发展和政治稳定产生矛盾时,统治者往往会牺牲前者。以政治手段来治理经济,经济发展要服从政治需要便成为阻碍叙利亚经济发展的障碍。

不过,以上情况发生了微妙变化。2005 年 6 月,叙利亚复兴党第十届全国大会做出加快向市场经济体制过渡的决定。在随后制定的 2006—2010 年"十·五"计划中,明确提出"摒弃长期以来的中央指令性政策"和"加速本国社会市场经济建设进程"的目标。2006 年 5 月,总统巴沙尔·阿萨德发布第 25 号法令,正式通过"十·五"计划,并将其作为各行业制定五年计划的纲领性文件。至此,建设市场经济已成为国家经济改革进程不可逆转的方向。2008 年 7 月,叙利亚中央银行发行国库券,央行还计划推出本地债券市场,帮助控制预算赤字。为了促进投资,央行还将继续减少外币交易的限制。叙利亚之所以做出以上决定,原因有三:一是历史上叙利亚与黎巴嫩一直是互补性极强的经济依赖格局,前者实行管制极严的计划经济,后者是自由经济体制。随着叙黎特殊关系的瓦解,叙利亚计划经济体制弊端凸显。二是伊拉克战争后,中东地区出现民主化

---

① Farbad Kazemi and Augustus Ricbard Norton, "Hardliners and Softliners in the Middle East: Problems of Governance and the Prospects for Liberalization in Authoritarian Political Systems", in Howard Handelman and Mark Tessler, ed, *Democracy and Limits: Lessons from Asia, Latin America, and the Middle East*, University of Nortre Dame Press, 1999, p.78.

② 新华社联合国 2000 年 6 月 18 日英文电。

③ Clement Henry, *Globalization and the Politics of Development in The Middle East*, Cambridge University Press, 2001, p.129.

变革与转型,如伊拉克民主化、埃及大选、甚至沙特都出现变革的苗头,这些都促使叙利亚重新审视自己的政治、经济体系,在经济上的表现则是实行社会市场经济。三是国内经济陷入困境,如私营企业发展乏力,投资动能不足;对农业、石油产业依赖严重,工业后劲不足;通货膨胀严重,2005 年通胀率达 6%,2006 年通胀率在 9% 至 10% 之间。①

三、复兴社会主义在国际关系和民族心理层面的发展

在国际关系层面,全球化也对复兴社会主义造成巨大冲击。一方面全球化理论对国家主权构成挑战,它否定"国家中心主义"的传统理论,认为国家将不再是国际关系的基本单位;另一方面,全球化使国家之间日益形成一种紧密的互为依存关系,民族国家日渐失去对本国经济的绝对控制权。全球化理论和全球化发展态势削弱或在颠覆复兴党政权的国家权力基础。全球化迫使复兴党政权不断调整其对外政策,并且朝着以国家最高利益为原则的灵活务实外交方向发展。

1.利益主导型国家主义

泛阿拉伯主义包括防御型和进攻型两种类型:前者指的是通过联合或合并的方式实现阿拉伯国家的统一;后者则指利用对外战争实现以上目的,如叙利亚在黎巴嫩实现军事存在,伊拉克发动的两伊战争和海湾战争。② 从现实层面分析,由于各种因素的制约和影响,复兴社会主义提出的阿拉伯民族统一的这一宏伟目标难以实现。后冷战时代,特别是海湾战争后,复兴党开始以一种现实主义的态度来审视这一历史问题,逐渐放弃或弱化阿拉伯民族统一的诉求。泛阿拉伯主义让位于现实导向的国家民族主义,并成为其对外关系的基本原则。在政治实践中,伊拉克改变了"阿拉伯统一"的理念,突出强调伊拉克在阿拉伯历史上的作用。叙利亚改变传统的不结盟外交理念,越来越学会采用一种理性的、建

---

① 参见陈杰:《试析叙利亚经济体制的转型》,《国际观察》2007 年第 4 期,第 70 页。

② Malik Mufti, *Sovereign Creations: Pan-Arabism and Political Order in Syria and Iraq*, Cornell University Press, 1996, pp.253-256.

设性的眼光来调整对外关系。海湾战争中，阿萨德加入美英为首的多国部队，并在美国主导下启动叙以和平进程。

复兴党政府同西方特别是同美国的关系长期交恶，国内反美情绪高涨。后冷战时代，随着国际局势的变化，复兴党政权对美国的策略也发生了微妙的变化。在伊拉克依然受到制裁的情况下，萨达姆采用边缘政策，特别是在武器核查问题上同美国玩起了"老鼠戏猫"的游戏，多次使美陷入尴尬被动境地。美国试图在联合国框架内，对伊拉克进行制裁，推翻萨达姆政权，但始终没有动摇萨达姆在伊拉克的统治。美国前总统克林顿私下曾表示海湾战争中未能除掉萨达姆是一个大错误。① 1998 年，美英又以伊拉克不与联合国核查小组合作为由对伊实施为期 4 天的"沙漠之狐"行动，对伊拉克发动大规模轰炸。但轰炸结束后，萨达姆却宣布美国"新一轮侵略再次以失败告终"。"9·11"事件后，萨达姆的复兴党政权非但没有谴责恐怖分子，而是责备美国的中东政策导致了这一后果。②

伊拉克反美情绪高涨的原因在于：复兴党认为美国乃至西方是霸权主义和强权政治的集中体现，是导致中东地区贫困动荡的总根源；美国和联合国对伊拉克复兴党的制裁，客观上增强了伊拉克的反美情绪。阿拉伯媒体判断：伊拉克人实际上反对的是主张制裁的美国，而不是萨达姆。与此同时，伊拉克复兴党还试图通过外部压力，巩固国内的高压统治。在萨达姆看来，保持外来的压力反而能够强化其对内统治。正如科威特学者沙非克·哈巴尔（Shafeeq Ghabra）所说："从政权稳定的观点来说，与邻国——例如伊朗或科威特或外国势力——的危机使伊拉克国内对外部的危险变得敏感，并为强迫其国民接受政权提供了合法性。"③

20 世纪 90 年代叙利亚与美国的关系也在向缓和方向进展。90 年代的叙美关系经历了四个发展阶段：第一阶段（1991—1992），对美国的戒备和畏惧。叙利亚加入美国为首的反伊联盟，推动阿以和平会谈的马德里和会。第二阶段（1992—1996），在美国的协调下，叙以和平协议取得突破性进展。叙利亚缓和其在地区和国际问题上的强硬立场，特别是与美国和西欧的关系进一步改善。

---

① 蒋春馥：《伊美关系三十年回眸》，《当代世界》1998 年第 4 期。

② Amin Saikal, *Islam and the West: Conflict or Cooperation?* Palgrave Macmillan, 2003, p.16.

③ Barry M. Rubin, *The Tragedy of the Middle East*, Cambridge University Press, 2002, p.83.

第三阶段(1996—1999),叙美关系疏离和逆转。1996年5月,内塔尼亚胡上台后,中东和平进程陷入僵局。叙利亚开始强调发展与伊朗的联系。第四阶段(1999年5月至今),1999年,叙利亚向美国发出友好信号,表达改善两国关系的愿望。但由于叙以谈判并未取得预期的进展,叙美两国关系随后陷入僵局。

影响叙美关系的主要因素包括:一是美国民众和政府反对与叙利亚和解。美国民众对叙利亚的反美纪录、集权政治和社会经济政策不满。复兴党的主张和美国的价值观格格不入,美国国会也反对克林顿改善与叙利亚的关系;二是美国指责叙利亚参与恐怖主义以及毒品贸易活动。叙利亚多年来一直被叙利亚列入美国恐怖主义的黑名单;三是叙利亚和伊拉克复兴党的关系影响美叙关系的改善。1998年11月,美国对伊拉克发动沙漠之狐行动,叙利亚爆发大规模的示威游行。叙利亚国防部长穆斯塔法·塔拉斯(Mustafa Talas)公开赞扬这一行动,宣称叙利亚知道如何保持"阿拉伯的荣誉"。

叙美矛盾首先表现在以色列占领的叙利亚领土戈兰高地问题上;其次是叙利亚对阿以和谈一贯持强硬态度,被美国视为"潜在敌对国家"。① 叙利亚采取这种反美态度原因有三:第一,美国在叙以和平进程中对叙利亚采取胡萝卜加大棒的政策,既有外援诱惑,也有威胁压力,由此决定了叙利亚必须采取以国家利益为核心的对抗与合作态度;第二,与叙利亚不同,伊拉克萨达姆的勃勃野心不仅对美国构成威胁,而且对叙利亚来说也是一种挑战。虽然叙美在一些问题上有分歧,但叙利亚一直主张和平。因此叙美双方的合作具有相对的利益基础。第三,美国对叙利亚的政策比较温和。由于在1991年海湾战争中加入多国同盟,叙利亚赢得西方和美国默认其对黎巴嫩的实际控制。1996年3月,克林顿总统签署《反恐怖协议》,协议禁止美国的企业与被指责为支持恐怖主义的国家进行财政金融方面的交易。但叙利亚被排除在外,目的是为了鼓励大马士革参与中东和平进程。②

2.叙伊对巴以谈判的不同立场

伊拉克坚决反对与以色列进行谈判,支持巴勒斯坦人的抗争。2000年9月底,巴以爆发大规模流血冲突后,萨达姆支持巴勒斯坦人反对以色列。2002年4

---

① 韩志斌:《伊拉克战后中东国际关系的地缘性特征》,《西亚非洲》2004年第1期,第14页。
② [美]威廉·布鲁姆:《谁是无赖国家》,罗会均等译,新华出版社2002年版,第6页。

月,当以色列军队入侵约旦河西岸时,萨达姆宣布,为了支持巴勒斯坦,将停止出口原油30天。这是阿拉伯产油国在1973年第四次中东战争以来首次将石油作为政治"武器"。此外伊拉克高举泛阿拉伯主义大旗,通过支持巴勒斯坦人的解放事业,来赢得阿拉伯兄弟国家的同情和支持,使之与美国在制裁问题上拉开距离;随后,萨达姆又把给予在反以行动中丧生的"殉道者"家属的抚恤金从1万美元增加到2.5万美元。[1]

海湾战争后,叙利亚则认同"土地换和平"的原则,积极置身于中东和平进程。[2] 特别是在巴拉克任以色列总理期间,叙以和谈取得突破性进展,显示了叙利亚复兴党政权外交政策的灵活性。1996年6月,美国时任总统克林顿曾经赞扬阿萨德是他所见到的中东领导人中"智商最高"的、最精明的领袖。[3]叙以关系的改善主要表现在以下方面:一是1992年叙利亚允许国内的犹太人回归以色列。20世纪90年代初大约有3500犹太人离开叙利亚,辗转回到以色列。[4]二是叙利亚认同以色列的生存权。1994年1月日内瓦会议期间,阿萨德宣布他希望与以色列建立固定的关系。他在记者招待会上说:叙利亚想与以色列实现公正和全面的和平。这是一种战略选择的表达。我们想要一个勇敢的和平、真正的和平、持久并保证大众利益的和平。它将为每个人提供权利。如果以色列领导人有勇气接受这样的和平,该地区的和平和稳定将会保证。[5] 由此可见,叙利亚在认同以色列生存权的同时,并不会向以色列和美国的双重标准妥协,他渴望的是一种公正的和平,是能够体现叙利亚国家最高利益的政治和解。

3.泛阿拉伯主义的追求

在中东和国际舞台,复兴党的政治着眼点及其倡导的复兴社会主义还承载着原有泛阿拉伯主义历史心理和传统部族主义心理的元素,并对复兴党构成潜在影响。泛阿拉伯主义强调阿拉伯世界的统一和阿拉伯民族的团结。从国际体系角度看,阿拉伯民族的统一作为复兴社会主义的政治理想,一方面可以从昔日阿拉伯辉煌的历史中寻找到思想源头;另一方面,它也能提供一种颇具诱惑力的

---

① Adel Darwish, Who Wants This War, *The Middle East*, November 2002, p.7.
② 彭树智主编:《阿拉伯国家史》,高等教育出版社2002年版,第335页。
③ Eyal Zisser, *Asad's Legacy: Syria in Transition*, New York University Press, 2001, p.xiii.
④ Eyal Zisser, *Asad's Legacy: Syria in Transition*, New York University Press, 2001, p.107.
⑤ Eyal Zisser, *Asad's Legacy: Syria in Transition*, New York University Press, 2001, p.107.

实现阿拉伯民族整体复兴的美好憧憬。

泛阿拉伯主义萌芽于奥斯曼帝国统治时期,从泛阿拉伯主义的兴起到发展的漫长历程中,伊拉克人的历史优越感和使命感使其一直是泛阿拉伯民族主义的中心。在当代国际社会中,这种企图恢复旧日荣光的泛阿拉伯民族主义,就像那座悬在空中的古巴比伦"空中花园"。伊拉克的独立不但未让它就此放弃这一梦想,反而让这种使命感更加强烈。泛阿拉伯民族主义既是伊拉克鼓吹阿拉伯国家维护阿拉伯民族整体利益的旗帜,同时也是它谋求海湾霸权的幌子。1980 年 2 月伊拉克出台的《泛阿拉伯宪章》,其中包含两重内容:伊拉克在保卫本国领土的同时,还担负保卫"阿拉伯民族的尊严和原则"的义务,并从事"泛阿拉伯事业的斗争"。①该宪章得到了约旦、沙特阿拉伯、科威特等 12 个阿拉伯国家及巴解组织的赞同,从而使伊拉克在阿拉伯世界的地位更加巩固。这为后来发动两伊战争和入侵兄弟国家科威特埋下伏笔。

后冷战时代,新的霸权主义和强权政治抬头,泛阿拉伯主义思潮进一步滋生蔓延。萨达姆加快以泛阿拉伯主义实现地区霸权的步伐。德国学者哈拉尔德·米勒指出,叙利亚和伊拉克的泛阿拉伯主义曾经是而且至今仍然是服务于两个国家的地区性霸权的要求。②萨达姆的泛阿拉伯主义在他的对外政策中得到突出的体现。早在 1980 年,他高举泛阿拉伯主义的旗帜,发动两伊战争。声称要遏制霍梅尼输出"伊斯兰革命",保卫阿拉伯东大门,保护整个阿拉伯世界的安全。1990 年,作为迈向"阿拉伯统一的第一步",他悍然出兵科威特,引发海湾危机。美国和西方组成多国部队对伊拉克实施军事行动时,萨达姆再次举起泛阿拉伯主义大旗,将以美国为首的多国部队比做西方的"新十字军",而他则自誉为抗击"新十字军"的现代萨拉丁,声称要对西方的"新十字军"进行一场"圣战"。正如伊曼纽尔·沃勒斯坦所说,萨达姆把自己看作阿拉伯的俾斯麦,试图用武力、计谋和外交把阿拉伯世界重新统一起来,为的是把这个重新统一的阿拉伯世界作为一个重量级角色发射到世界舞台上。

海湾战争结束后,8 年多的制裁使伊拉克人民遭受了巨大苦难,国际社会对伊拉克人民的同情与日俱增。阿拉伯反美反以浪潮增长,这为萨达姆提供了政

---

① Malik Mufti, *Sovereign Creations: Pan-Arabism and Political Order in Syria and Iraq*, Cornell University Press, 1996, p.221.

② 李绍先等:《一脉相承阿拉伯人》,时事出版社 1997 年版,第 124—126 页。

治活动空间。萨达姆借此又举起泛阿拉伯主义旗帜,围绕武器核查问题对美国发起挑战。这种做法既符合阿拉伯人的心态,也使萨达姆政权得以巩固。阿拉伯世界的言论和新闻媒体都认为伊拉克是由美国和犹太复国主义领导的国际同盟的牺牲品。萨达姆也以宗教的方式来包装政权,声称伊拉克"是真主的代表……战争之母。"①

4.民粹主义与集权政治

复兴党的性质明显呈现出一种民粹主义式集权型共和政治的倾向。研究者认为,中东民族主义一方面超越了封建专制主义,另一方面又算不上现代民主政体,而正好处于二者之间。②就复兴社会主义的政治实践来看,这种民粹主义式集权型共和政治的特征尤为明显。以伊拉克为例:伊拉克复兴党主张通过武力政变推翻封建的哈希姆王朝,建立伊拉克共和国,表现出民主政体的诉求;但它又利用国家强力部门和铁血手段维护自身统治地位。特别是冷战后,伊拉克的政治整合凸显出排他主义、极端主义和暴力主义倾向。因此,复兴党的泛阿拉伯意识形态排斥库尔德人和什叶派。③叙利亚总统巴沙尔子承父位,这种继承方式实际上是为家族世袭制传统披上了一件现代民主的合法外衣。萨达姆的复兴党也试图通过国民认同的合法方式让其子库赛成为继承人,伊拉克战争使之化为乌有。④这些国家拥有名义上的人民主权和制度化的政治体制,但在实践中却是有宪法而无宪政,有民主之名却行专制之实。在这些国家的主导政治文化中,基本上不存在对自由民主和政治多元化等的认同。相反,在中东政治中,"如果一个政府允许(民众)批评和示威活动,民众会认定政府要么是私下批准,要么是过于虚弱,无力抵抗"。⑤

复兴党通常都是借助部族和家族势力控制军队和安全部门。伊拉克复兴党在这方面最具代表性。后冷战时代伊拉克复兴党的最大特征是运用武力和暴力

---

① Ofra Bengio, *Saddam's World Political Discourse in Iraq*, Oxford University Press,1998,chapter 13.

② 田文林:《对中东民族主义多维思考》,《世界民族》2003 年第 3 期,第 2 页。

③ Ofra Bengio, "Nation Building in Multiethnic Societies:The Case of Iraq", Ofra Bengio and Gabriel Ben-Dor edited, *Minorities and the State in the Arab World*, Lynne Rienner Publishers,1999,p.151.

④ Clement Henry, *Globalization and the Politics of Development in The Middle East*, Cambridge University Press,2001.p.122.

⑤ 阿萨德·阿卜杜·拉赫曼:《纳赛尔主义——国内建设实践中的官僚集团与革命》,第 55 页。转引自杨灏城、江淳:《纳赛尔和萨达特时代的埃及》,商务印书馆 1997 年版,第 166 页。

来加强国家整合,通过强化安全机构和军队的力量将涣散的社会力量胶合起来,它成为萨达姆政权生存的主要手段。海湾战争后,伊拉克安全部门被大规模清洗。1992 年伊拉克建立了一个新的安全机构——军事安全服务机构。主要负责处理军队中的不满现状者,并有权直接向总统府报告。这一安全机构由萨达姆家族控制,萨达姆之子库赛为领导,主要负责暗查潜在的政变。共和国特别卫队由忠于萨达姆的马吉德家族指挥,它负责萨达姆的安全,卫队成员从部族中招募,由30—40 人组成,其条件就是绝对效忠于萨达姆。及至 1992 年,复兴党军队得到重组,军队兵员数量从 100 万减到 40 万,共和国卫队成为军队的主体骨干。许多共和国卫队的官员被调派到军队各部门,实施监督。通过对军队的重组,增强了复兴党对军队的控制,同时军队战斗力得到提高,并且更加效忠于萨达姆政权。

　　另一方面,伊拉克复兴党还通过在意识形态领域煽动仇美情绪来强化其激进的伊斯兰倾向。复兴党极其重视对青年学生的教育,在学校的课本中竭力灌输学生必须忠于国家和复兴党以及萨达姆总统的思想。同时宣称爱国主义精神主要通过牺牲、荣誉和勇气来界定。萨达姆宣布:"无论在什么时候,在家庭和泛阿拉伯主义革命联合之间发生冲突时,必须以后者为重。"他鼓吹必须将革命的火种散发在每一个角落。① 1997 年伊拉克的人口调查显示,大约有 56% 的年轻人年龄在 19 岁以下,他们都是在萨达姆执政后出生的。这些年轻人在 20 世纪八九十年代经历了战争的艰难岁月。而联合国的制裁和复兴党政权的反美宣传,导致新一代伊拉克人强烈的仇美情绪。许多大学生逐渐转向宗教极端主义,包括在服饰和着装上都趋于伊斯兰化。特别是在逊尼派和什叶派穆斯林中,激进思想比较盛行。② 伊拉克当前的抵抗运动,其主力就是这些青年。

四、复兴社会主义的多重政治认同

1.历史上伊拉克政治认同的缺失

　　在国际政治中,认同是政治行为体界定利益、采取行动的主要依据。③ 不同

---

①　Samir al-Khalil, *Republic of Fear: The Politics of Modern Iraq*, Berkeley, 1989, p.78.
②　Phebe Marr, *The Modern History of Iraq*, Second Edition, Westview Press, 2004, pp.297-298.
③　[美]亚历山大·温特:《国际政治的社会理论》,秦亚青译,上海人民出版社 2000 年版,第282、290 页。

的政治认同会建构出不同的政治利益,并导致不同的政治实践。在伊拉克,由于其特有的政治文化环境中存在许多变量,因而在复兴党民族主义建构的过程中,统治者可以按照自己的政治利益需求,来重新界定国家的政治认同。萨达姆为首的伊拉克复兴党根据国家利益突出和强调不同的政治认同:即两伊战争期间的阿拉伯民族主义认同,海湾战争期间的伊斯兰主义认同,海湾战争之后的部族主义认同。萨达姆政权垮台后,伊拉克国内民主进程步履艰难,经济重建困难重重,恐怖暴力持续不断都与复兴党民族主义的多重认同的构建密切相关。

伊拉克著名学者萨利姆·马塔尔(Salim Mattar)曾写道:"研究伊拉克历史的任何学者都会发现,伊拉克局势的持续紧张和暴力不断,其最实质的根源是国家政治认同的脆弱。"①这种脆弱性与伊拉克民族国家构建密切相关。伊拉克民族国家的版图由原奥斯曼帝国的三个省份,即巴格达、巴士拉和摩苏尔组成。这三个省是英国殖民主义强行黏附在一起的,南部是阿拉伯什叶派,主张泛伊斯兰主义;中部是阿拉伯逊尼派,坚持阿拉伯民族主义;北部是非阿拉伯人口,主要是库尔德人和部分土库曼人,以国家主义为行动理念。另外,还有50%人口居住在伊拉克乡村,属于草根阶层,认同部族主义。②

伊拉克哈希姆王朝的第一任国王费萨尔一世早就看到伊拉克脆弱政治认同的特征。他统治伊拉克的12年间,一直苦于伊拉克国家认同的缺失。他说:"在伊拉克,仍然没有伊拉克人民的概念,而是难以想象的各类民众。他们缺乏任何爱国情怀,脑子里浸透宗教传统和荒诞绝伦的各种谬论。他们没有共同的联系,只是一味屈服于邪恶和专制统治,并随时准备推翻一切现存政权。"③1921年后,知识精英、部族主义、族群差异与宗教多元化成为阻碍伊拉克民族国家构建的主要元素。在伊拉克民族国家构建上,伊拉克国内存在几种看法:一是赞同成立现代意义上的包括什叶派、逊尼派与库尔德人的民族国家;二是恢复传统伊斯兰政治体制;三是与其他阿拉伯国家联合的泛阿拉伯主

---

① Adeed Dawisha, "'Identity' and Political Survival in Saddams Iraq", *Middle East Journal*, Autumn 1999, p.553.

② Amatzia Baram, "Neo-Tribalism in Iraq: Saddam Hussein's Tribal Policies, 1991-96", *International Journal of Middle East Studies*, February 29, 1997, pp.2-3.

③ Hanna Batatu, *The Old Social Classes and Revolutionary Movement in Iraq*, Princeton University Press, 1978, pp.25-26.

义;四是排除库尔德人与什叶派穆斯林,成立单一阿拉伯民族的伊拉克民族国家。①

多数学者认为,伊拉克是亚国家形态,即民族(阿拉伯人和库尔德人)、教派(逊尼派和什叶派)和部族的归属情结超越统一的伊拉克国家集体认同。复兴党上台后,力促国家认同的宣传越来越强。但效果不明显。1982年,伊拉克复兴党的精英仍痛斥"分离主义、种族主义和部族主义将统一的社会撕成碎片。"②除了民族、教派和部族忠诚外,跨国家的认同,如阿拉伯民族主义和伊斯兰主义也是国家政治认同的主要制约因素。正是由于伊拉克存在如此相互重叠的多重政治认同才使得国家整合力量涣散,这也为伊拉克复兴党精英按照自己的意志和国家利益来任意界定政治认同提供了历史资源。

2.阿拉伯民族主义认同

伊拉克复兴党的阿拉伯民族主义认同以颂扬萨达姆为主要特征,即国家权力的人格化使萨达姆成为阿拉伯民族主义任务的执行者和众望所归的人物。1979年,萨达姆成功清除竞争对手后,开始为自己构建一种"神圣"的宗教个性,其名字和古代伊斯兰统治者联系起来。③ 萨米尔·哈里勒(Samir Khailil)曾栩栩如生地描述:"在伊拉克每一个村庄的入口处都有萨达姆的雕像,每天晚上都发出可怕的荧光。在巴格达市中心可以看到30英尺高的萨达姆雕像。萨达姆的画像在商店、学校、警察局到处都是。学校学生必须赞扬萨达姆的'高贵'品质。学生用的笔记本首页为萨达姆画像,末页是其标语。"④

从20世纪80年代开始,伊拉克政治变得纯粹与萨达姆个人相联系,萨达姆成为政权的最终决策者。萨达姆最亲近的高级官员成为萨达姆政权的吹鼓手。伊拉克前总理阿齐兹颂扬萨达姆是复兴党民族主义的"奋斗者、组织者、思想者和领导者"。复兴党的创始人阿弗拉克则将萨达姆描述为复兴党给伊拉克的

---

① Edmund Ghareeb, *The Kurdish Question in Iraq*, Syracuse University Press, 1981, p.2.

② Amatzia Baram, "Neo-Tribalism in Iraq: Saddam Hussein's Tribal Policies, 1991－96", *International Journal of Middle East Studies*, February 29, 1997, p.2.

③ Efrain Karsh and Inari Rautsi, *Saddam Hussein: A Political Biography*, The Free Press, 1991, p.124.

④ Samir Khailil, *Republic of Fear: The Politics of Modern Iraq*, California University Press, 1991, p.110.

"厚礼",伊拉克给阿拉伯世界的"杰作"①。伊拉克复兴党的第二号人物、革命指挥委员会前副主席伊扎特·伊卜拉欣·杜里(Izzat Ibrahim Duri)更是对萨达姆竭力吹捧,他说:"伊拉克文明肇始于阿卡德的萨尔贡二世,接下来是汉穆拉比、尼布甲尼撒,以后是伟大的先知穆罕默德,然后就是复兴社会党和萨达姆的产生。萨达姆是复兴阿拉伯民族,并使阿拉伯民族辉煌的人物。"②

1979 年伊朗伊斯兰共和国成立。伊朗宗教领袖霍梅尼咄咄逼人的伊斯兰革命"输出战略"使伊拉克复兴党政权感到恐慌。伊朗什叶派的胜利增强了伊拉克人口中占据多数的什叶派的伊斯兰主义认同。霍梅尼利用同伊拉克什叶派的教派联系来反对世俗的伊拉克复兴党。1980 年伊拉克南部什叶派骚乱不断。萨达姆处决伊拉克最有影响的什叶派教长巴基尔·萨德尔,并将大约 35000 名被称为伊朗后裔的伊拉克什叶派驱除出境。萨达姆在 1980 年 9 月废除 1975 年两伊签署的《阿尔及尔协定》时说:"伊朗的统治阶级坚持利用宗教煽动阿拉伯世界,以使阿拉伯世界处于困境。宗教的祈祷是掩盖其波斯种族主义的面具,这些行为必定会使阿拉伯民族感到愤怒。"③萨达姆之所以强调阿拉伯民族主义,就是希望通过伊拉克人的阿拉伯民族特性来对抗属于波斯民族的伊朗。

萨达姆要在阿拉伯民族的旗帜下,将伊拉克各教派和宗派主义者联合起来。伊拉克复兴党政府这种宣传的最大收益在于争取什叶派参战,什叶派教徒在伊拉克军队中占 80%,但他们首先是阿拉伯人。从这个意义上说,伊拉克复兴党中的逊尼派和以提克里特地区为基础的部族认同被淡化。阿拉伯民族的爱国主义使伊拉克士兵同心协力抵抗"波斯的种族主义"。为此,萨达姆把对伊朗的战争称为"卡迪西亚之战"。历史上的"卡迪西亚之战"发生在公元 637 年,萨珊王朝的军队被阿拉伯人所击败,阿拉伯人夺取了萨珊王朝的首都、位于底格里斯河岸的泰西封,将波斯人赶出伊拉克。④

---

① Adeed Dawisha, "'Identity' and Political Survival in Saddams Iraq", *Middle East Journal*, Autumn 1999, p.556.

② Amatzia Baram, *Culture, History and Ideology in the Formation of Ba'thist Iraq*, 1968 – 89, St. Martin's Press, 1991, p.114.

③ Adeed Dawisha, "'Identity' and Political Survival in Saddams Iraq", *Middle East Journal*, Autumn 1999, p.557.

④ Amatzia Baram, *Culture, History and Ideology in the Formation of Ba'thist Iraq*, 1968 – 89, St. Martin's Press, 1991, p.105.

伊拉克政府加强政治认同的另一手段是利用阿拉伯民族的历史先圣来强调伊拉克什叶派穆斯林和伊朗什叶派穆斯林属于两个不同的民族。伊拉克复兴党政府将官方的旗帜立于圣城纳杰夫伊玛目阿里清真寺前面,旗上写道:"我们伟大的父亲阿里出现在这里,我们为之骄傲和自豪,因为他是伊斯兰教的领导人,因为他是阿拉伯人。"①在两伊战争中,萨达姆通过各种宣传,将伊拉克说成阿拉伯民族整体的代表,强调两伊战争是"伊拉克的逊尼派、什叶派和其他教派组织,以及整个统一的阿拉伯世界为捍卫阿拉伯民族的价值观和宗教精神而进行的。"

另外,在整个两伊战争中,伊拉克复兴党反复强调伊斯兰教的重要地位和阿拉伯民族的统一。这种泛阿拉伯主义的优美说辞,其深层意涵在于使伊斯兰教与阿拉伯民族主义联系起来,成为抵抗伊朗的精神力量,同时也是维持伊拉克国家统一和使复兴党政权长期生存的工具。

3.伊斯兰主义认同

海湾危机期间,伊斯兰主义认同也是伊拉克复兴党政权生存的功能性文化范式。伊拉克从入侵科威特到随后被美国进攻并遭到联合国和国际社会的制裁,由此导致的悲惨情势,促使伊拉克复兴党又开始转变政治认同。对伊拉克复兴党来说,强调伊斯兰主义认同的政治意义是深远的。

海湾战争期间,美国军队进驻沙特给伊拉克复兴党利用伊斯兰主义认同来获得民众的支持提供了难得机会。萨达姆指责沙特统治者"不仅挑战阿拉伯民族;而且也挑战真主,因为他们将圣城麦加和先知穆罕默德的陵墓都置于美国人的统治之下。"他呼吁"阿拉伯人、穆斯林和真主的忠诚者"反击侵略者。伊拉克国民议会发表声明,呼吁阿拉伯人和穆斯林人"将伊斯兰领土从外国占领下解放出来",②从那时起直到伊拉克被全面击败。萨达姆在历次讲演中不断呼吁穆斯林对外来侵略者进行"圣战"。

伊拉克复兴党的伊斯兰主义认同的诉求受到激进伊斯兰组织的欢迎。他们惊讶世俗的伊拉克复兴党对真主的公开颂扬,感叹萨达姆成为真正的"圣战斗士"和"圣战旗帜"的捍卫者。一些伊斯兰激进分子称萨达姆为"穆斯林

---

① Adeed Dawisha, "Iraq: The West's Opportunity", *Foreign Policy*, Winter 1980-1981, p.142.

② The foreign Broadcast Information Service, *Daily Report: Near East and South Asia*, August 13, 1990, p.47.

的哈里发"。① 海湾战争期间,伊拉克对以色列的攻击使萨达姆在伊斯兰激进力量中的地位飙升。伊拉克复兴党对伊斯兰教的认同也达到巅峰。萨达姆在他的讲话中越来越多的引用《古兰经》,美国成为帝国主义和殖民主义的代表,"解放"科威特则成为宗教意义的象征。在伊拉克复兴党政治精英的理论宣传中,伊斯兰教实际上被衍化为一种号召民众支持其统治,反对美国等西方国家,争取政治合法性的意识形态工具。

4.部族主义认同

英国学者埃里·凯杜里指出,民族主义有时也被描述为一种新的部族主义。② 伊拉克复兴党的部族主义认同与中东部族历史传统密切相关。在贝都因人的氏族感情中,集体的荣誉和利益至高无上,血统的纯洁和宗谱的高贵优于一切。在部落外,不存在共同的利益和权力。③部族主义认同指的是"以一种粗犷的求生存的性质和一种坚持对一定程度的原始的或氏族集团的忠诚为特征的现代以前的政治交往形式"。④在阿拉伯世界中传统的部落结构广泛存在,而且具有强大势力。

伊拉克复兴党的"社会主义"理念反对部族主义。伊拉克复兴党轻视部族主义和宗派联系,将之描述为"落后社会的缩影"。⑤ 1976 年以前,伊拉克复兴党高官使用部族名字或者与部族领导人建立联系被视为违法行为。⑥ 伊拉克复兴党认为部族主义认同有害于其政治权力和生存,因而在公开场合并不将其作为国家认同的一部分公开宣扬。但是,随着伊拉克在海湾战争中的惨败及1991 年 3 月伊斯兰什叶派势力在南部的兴起,萨达姆开始转向部族主义。伊拉克南部发生的什叶派起义是复兴党自 1968 年夺权以来面临的最大威胁,但伊拉克南方的一些部族由于接受伊拉克复兴党的好处,故而在什叶派起义期

① Bassam Tibi, *The Challenge of Fundamentalism：Political Islam and the New World Disorder*, California University Press, 1998, p.59.

② [英]埃里·凯杜里:《民族主义》,张明明译,中央编译出版社 2002 年版,第 69 页。

③ 任继愈、金宜久主编:《伊斯兰教史》,中国社会科学出版社 1992 年版,第 25—26 页。

④ [美]托马斯·弗里德曼:《从贝鲁特到耶路撒冷》,天津编译中心译,世界知识出版社 1992年版,第 86 页。

⑤ Amatzia Baram, "Neo-Tribalism in Iraq：Saddam Hussein's Tribal Policies, 1991-96", *International Journal of Middle East Studies*, February 29, 1997, p.1.

⑥ Phebe Marr, *The Modern History of Iraq*, Westview Press, 2004, p.292.

间保持中立。①

在随后几年,由于国际社会制裁导致国家陷入经济困境和中产阶级的日渐式微,伊拉克复兴党开始提升部族主义,承认部族为伊拉克政治权力的"核心",颂扬部族力量的"美德"与价值观。萨达姆则把伊拉克复兴党的结构特征描述为"包含各种部族力量的团体"。

另一方面,伊拉克复兴党不断扩大部族的权力,规定部族在其势力范围内可免受司法干预。1995 年大约有 60% 的国民大会代表是部族首领或是部族代表。2003 年,部族势力已经占据伊拉克所有的安全和军事机构。规模达几千人的特别保护部队的成员几乎都来自于阿尔布·纳赛尔(Albu Nasir)部落。共和国卫队成员有一半来自阿尔布·纳赛尔部落或其同盟部落。1998 年,伊拉克复兴党地区指挥的 17 个成员中有 7 人来自阿尔布·纳赛尔部落或其同盟部落。②萨达姆对部族的恩惠还包括:重新分配以前被没收的土地,将大量的金钱施予部族首领;恢复部族法;允许为维护家族荣誉而杀死不贞妻子的部族男子采取宽大处理,等等。此外,伊拉克政府颁布的一系列法令也都反映了部族主义的特性,如革命指挥委员会对偷盗行为实施断指刑罚,对第二次偷盗者实施断足,对开小差者实施切掉耳朵。这些刑罚是向宗教与部族法的回归,它反映了复兴党政权的宗教倾向。

认同是建构主义理论的重要概念。它是社会行为体在社会交往活动中形成的一种自我认知。认同不仅是一种心理层面的自我感受,而且具有重要的社会政治功能:"它关系到我们是谁,我们归属何处,谁是我们的同类,谁在我们团体之中,谁又被排除在这个团体之外。"③通过对伊拉克复兴党民族主义建构中政治认同的考察,可以发现多重认同在伊拉克政权生存中的特殊含义:一方面,它有利于整合民族、种族和宗教信仰混乱的伊拉克社会,特别是在复兴党面临联合国和国际社会制裁时就显得更为重要;另一方面,在伊拉克历史演进中,阿拉伯

---

① Amatzia Baram, "Neo-Tribalism in Iraq: Saddam Hussein's Tribal Policies, 1991 – 96", *International Journal of Middle East Studies*, February 29, 1997, pp.8 – 10.

② Phebe Marr, *The Modern History of Iraq*, Second Edition, Westview Press, 2004, p.292.

③ Chris Farrands, "Society, Modernity and Social Change: Approaches to Nationalism and Identity", edited by Jill Krause and Neil Renwick, *Identities in International Relations*, St. Martin's Press, 1996, p.1.

民族主义和伊斯兰教都曾经起到举足轻重的作用。复兴党对阿拉伯民族主义、伊斯兰宗教功能范式的突出颂扬从另一层面证明了伊斯兰教在阿拉伯世界广泛的民众认同。但是，复兴党的多重的政治认同观也有其致命弱点，即政治认同的不断转换也反映了复兴党在伊拉克统治的危机与困境。实际上也是伊拉克复兴党民族主义民众认同缺失的充分体现和可悲结局。

五、复兴社会主义理论评析

唯物史观认为，社会思潮与社会发展之间存在互动联系，一种社会思潮的盛行亦在很大程度上反映出国情和民意的走向。复兴社会主义作为一种广泛的民族主义运动，对阿拉伯民族的政治、经济、文化形态、价值观念及生活方式等产生了深刻的影响。其主要表现是：

（1）它打击和削弱了帝国主义、殖民主义和封建势力在中东的存在和影响、强化和巩固了中东民族独立国家的地位。艾森斯塔德指出："通过唤起民族意识，民族主义可以起社会动员和扮演大众趋同象征的作用。"[1]复兴社会主义作为国家意志的体现，很大程度上承担了现代化进程中政治动员和观念整合的任务。在复兴党执政以后，伊拉克摆脱了以前国家政治涣散、民众整合力虚弱、军事政变频繁的恶性循环局面便是明证。

（2）复兴社会主义是复兴党治理的国家与社会内部经济、政治、文化发展的推动力量。复兴社会主义通过复兴党建立民族国家的方式，为国家现代化提供政治保障。在政治上，复兴党坚持以共和制代替君主制，并建立以中产阶级为主体的复兴党一党专政，反对西方多党政治和议会制度。在经济上，实行社会主义为核心的经济模式，其中包括石油国有化、社会主义农业改革、土地改革、福利国家和工业化战略。这些措施的效果非常明显，石油国有化以后，伊拉克石油收入从 1972 年的 5.75 亿美元增加到 1980 年的 260 亿美元。土地改革也使农民受益，到 1976 年末，71.3%的国有土地被重新分配到 20 多万农民手中。[2] 另一方

---

① ［以色列］艾森斯塔德：《现代化：抗拒与变迁》，张旅平等译，中国人民大学出版社 1988 年版，第 18 页。

② Phebe Marr, *The Modern History of Iraq*, second edition, Westview Press, 2004, p.161.

面,伊拉克国民从小学到大学的教育和医疗全部免费。1968 年医生拥有量为1/4200,到 1980 年为 1/1790。人均寿命由 46 增加到 57。人均收入增加了 10倍。在 1968—1980 年期间,伊拉克各级学生入学率几乎翻了一番。到 1980 年,伊拉克中学生有 100 万,接受高等教育的大学生有 10 万人。[1] 此外,复兴党对社会安全、最低工资和养老金进行立法保障。通过这些措施,复兴党扩大了民众支持基础,缩小了社会贫富差距。

(3)妇女地位得到提高,体现了复兴社会主义的原初理念。伊拉克复兴党法律规定妇女和男子在接受教育方面享有同等的权利和义务。1970 年,伊拉克新土地法规定妇女可以拥有自己的土地,可以享受同酬。军队中也可招收女性,妇女退休年龄为 55 岁,男子的退休年龄为 60 岁。女性享受 6 个月的产假,享有自由恋爱和离婚的权利。妇女可以在许多职业领域充分施展自己的聪明才干,如在教师中占有 46%,医生中占 29%,牙医中占 46%,药剂师中占 70%,会计师中占 15%,工厂工人中占 14%,公务员中占 16%。女性也开始涉足政界,1980 年的国民大会选举中有 19 个代表。[2]

然而,任何事物都有双重特性。复兴社会主义理论本身是一个具有多重结构和功能的复合体,加之在中东特有的政治文化环境中存在许多变量,因而在复兴党政治实践中,也出现一些背离或扭曲复兴社会主义理念的做法。

第一,由于多种因素的制约,复兴社会主义者一旦被推上国家最高权力宝座,都几乎毫无例外地选择了集权和专制的铁腕,选择了传统价值观的回归。这一点伊拉克复兴党表现得尤为突出:首先,在复兴社会主义意识形态的宣传中,复兴党整体作用的突出强调逐渐让位于对萨达姆个人的讴歌和颂扬。其次,复兴社会主义政治实践一般遵循中东固有的部落和家族传统,依靠军队、秘密警察来实行统治,不可避免地显示出专制主义的烙印。正如研究者所说,复兴党的掌权者既希望通过变革和现代化发展来实现强国之梦,又无限眷恋和崇拜凌驾于万民之上的个人权威。这成为社会变革和现代化运动中的种种失误与弊端的

---

[1] Iraq, Ministry of Planning, *Man: The Object of Revolution*, Baghdad: Government Press, 1978, p.87.

[2] Amal Sharqi, "The Emancipation of Iraq Women", Tim Niblock edited, *Iraq: The Contemporary State*, ST.Martin's Press, 1982, pp.85—86.

渊薮。①

第二,复兴社会主义过分强调"阿拉伯利益"模糊了国与国之间的正当权益界限,而"民族高于国家"等命题在实践中又缺乏客观合理性,由此导致民族利益与国家利益之间的"二律背反"效应。泛阿拉伯主义在早期团结阿拉伯国家争取民族自决,摆脱殖民主义控制方面曾发挥积极作用。但随着国际形势和国际社会的发展,复兴党并未根据客观现实的变化对复兴社会主义理论进行适应时代的调整,而是一味将泛阿拉伯主义作为党的"不朽使命"。萨达姆甚至在"阿拉伯统一"的旗帜下,推行和谋求地区霸权,并在阿拉伯世界失去号召力。现实主义大师摩根索曾说:"国民士气以公众舆论的形式提供了一个无形的因素,没有它的支持,任何政府,无论民主的还是专制的,即使能够实行自己的政策,也无法充分有效地实行它。"②从历史发展的趋势看,强调本国利益和国家认同的国家民族主义势头日盛,而阿拉伯统一问题则渐行渐远,在阿拉伯政治现实中变得越来越难以实现。一些学者形象的将阿拉伯统一事业看作是一堆零的简单相加。"如果你把一个零加上一个零,然后再加上一个零,总和会是多少?"③在中东现实政治中,这种泛阿拉伯主义的优美说辞,始终难以掩盖各自利益上的相互冲突。"和谐和兄弟情谊是泛阿拉伯意识形态的核心主题,然而阿拉伯政治的现实利益,就像其他任何国家的政治一样,充满你死我活的冲突。"④

第三,肇始于突尼斯的中东变局对叙利亚的复兴党政权带来巨大挑战。

中东变局发生后,叙利亚国内局势相对稳定,成为少数未受阿拉伯变局冲击的国家之一。巴沙尔总统甚至称"叙利亚对席卷阿拉伯世界的革命浪潮具有免疫力"。⑤ 但伴随利比亚战争的爆发,叙利亚政局也开始出现动荡。这种动荡从叙利亚南部城市德拉迅速蔓延到霍姆斯、哈马、伊德利卜等省份,以及首都大马士革。利比亚卡扎菲政权被推翻后,利比亚模式成为西方国家垂青的样板,并试

---

① 王铁铮:《战后中东社会思潮的演变与特征》,《西亚非洲》2005 年第 3 期。

② [美]汉斯·摩根索:《国际纵横策论》,卢明华等译,上海译文出版社 1995 年版,第 183 页。

③ Michael N. Barnett, *Dialogues in Arab Politics: Negotiations in Regional Order*, Columbia University Press, 1998, p.74.

④ Bassam Tibi, "From Pan-Arabism to the Community of Sovereign Arab States: Redefining the Arab and Arabism in the aftermath of the Second Gulf War", in Michael Hidson ed., *Middle East Dilemna: The Politics and Economics of Arab Integration*, Columbia University Press, 1999, p.94.

⑤ 刘中民:《叙利亚困局取决于外部力量的抉择》,《东方早报》2012 年 6 月 18 日。

图将其模式在叙利亚进行复制,但在 2011 年 10 月、2012 年 2 月和 7 月,俄罗斯和中国三次在联合国安理会使用否决权,挫败了西方国家武力干涉叙利亚内政的图谋。2012 年 3 月,作为联合国特使和阿盟特使的安南斡旋叙利亚危机并一度出现曙光,但随后胡拉惨案的发生,叙利亚政治反对派的强硬,暗示着安南斡旋的困难重重。叙利亚局势危机四伏,复兴党政权也陷入风雨飘摇之中。总之,叙利亚复兴党政权面临着如下挑战:即西方加大对叙利亚的经济和外交制裁;教派与族群矛盾的加剧;"基地"组织发动的血腥暴力等。其未来发展趋势则取决于叙利亚国内反政府力量和巴沙尔派的角逐,国外"挺叙派"和"倒叙派"的博弈以及中东变局的总体发展趋势。

第四章　全球化与当代土耳其
伊斯兰主义的发展

所谓伊斯兰主义,即西方学术界所说的"伊斯兰原教旨主义",是在伊斯兰教的名义下为全面或部分地实现伊斯兰教法的一种政治思潮和政治行为。它主张在政治上建立符合伊斯兰教法的"伊斯兰国家"和伊斯兰社会;经济上实行社会公正、平等和正义、反对西方的经济制度;法律上以伊斯兰教法代替受西方影响制订的法律;文化上反对西方化、世俗化的意识形态、生活方式和价值观念。①伊斯兰主义不是一种纯粹的宗教思潮或宗教主张,而是一种政治思潮。土耳其是中东地区最早建立共和制的国家,并且实行政教分离。土耳其当代伊斯兰主义思潮的兴起取决于内外多种原因,它最初与土耳其多党民主制同时出现。伴随土耳其社会经济的变化,伊斯兰主义思潮所追求的目标不断变迁,但它仍以政党政治为主要的表现形式,具有明显的政治内涵。本章旨在探讨当代土耳其伊斯兰主义的发展与全球化的关系以及伊斯兰主义与土耳其现代化模式的转变,并由此解读和诠释当代土耳其社会政治发展的基本特点和伊斯兰教的功能,同时对凯末尔主义世俗化改革对当代土耳其社会政治发展的影响作出客观的判断与反思。

一、当代伊斯兰主义的兴起及其变迁

1.战后伊斯兰主义思潮的勃兴

整个中东的伊斯兰主义政治思潮兴起的最重要和最直接的背景就是群众性

---

① 金宜久主编:《伊斯兰教与世界政治》,社会科学文献出版社 1996 年版,第238页。

的伊斯兰复兴现象的发生,土耳其也不例外。1946 年 7 月,土耳其实行多党制,打开了宗教复兴的樊篱。反对过分世俗化、主张宽松的宗教政策的主张首先出现在共和人民党内。1946 年 12 月 24 日,国民议会上两名共和人民党的代表提出,为了加强反对共产主义的精神力量,应该恢复公立学校的宗教教育。他们说:"信仰就像一个国家,如果不设防,敌人就会侵入,我们防止危险意识形态的方法就是传播我们自己的信仰。"①1947 年第七次党代会上,他们又提出这种主张并得到许多党员的支持。此后,宗教问题开始不断地在报纸、广播和议会中被讨论。受过世俗官方教育的人抱怨他们被剥夺了接受宗教教育的权利,其他人则认为宗教生活应当像西方那样受到尊敬。在国民议会中,世俗主义者和保守主义者的矛盾也非常尖锐。执政的共和人民党虽然仍旧遵循凯末尔奠定的世俗化路线,但在宗教政策上进行了一些让步,放宽了在宗教方面的限制。1947 年 9 月政府颁布了一项关于私立学校的法律,规定人们有权建立私立宗教学校。1949 年 1 月,古纳尔戴伊总理在议会中宣读政府纲领,声称公民的信仰自由是神圣的,政府将使希望自己的孩子接受宗教教育的人如愿以偿,但政府决不偏离世俗原则,不允许为了政治目的和个人利益而利用宗教②。政府决定在小学开设宗教选修课,课程内容以教育部规定的一本书为基础,但宗教课的成绩不影响学生的升级或毕业。

另外,有关宗教人员教育的问题也提出来了。1948 年 1 月两名议会代表提出了恢复伊玛目学校和宗教学院议案。政府教育部编制了培训神职人员的课程,并在安卡拉、伊斯坦布尔等城市对一些中学毕业生进行为期 10 个月的宗教培训。1949 年 6 月,国民议会通过法案,同意建立安卡拉大学神学院。

反对党成立后又成为鼓励宗教的重要力量。1946 年民主党(Democratic Party)建立时,其纲领宣布,民主党放弃导致对宗教的不友好态度的对世俗主义的错误解释,提倡政府不干涉宗教。

就是在这种背景下,土耳其出现了政治伊斯兰主义思潮及其政党。民族党(Nation Party)是当代土耳其最早建立的伊斯兰主义政党,它于 1948 年由民主党内分化出来的一部分人组成,反对凯末尔主义者的强制性世俗化政策,认为政

---

① Kemal Karpat, *Turkey's Politics : The Transition to A Multi-Party System*, Princeton, 1959, p.276.

② Mehmet Yasar Giyikdagi, *Political Parties in Turkey*, New York, 1984, p.68.

府和宗教事务应该完全分离。民族党的纲领宣称：每个公民有"思想和信仰自由以及以他选择的语言进行宗教实践的权力"。① 该党总书记希克米克·拜尔（Yusuf Hikmet Bayur）称，世俗主义原则应该是禁止国家干涉宗教事务。1948 年 12 月 23 日，反对党的一项联合声明要求从宪法中取消共和人民党的六原则，认为一个党的纲领不应该成为宪法的一部分。1950 年 5 月 14 日大选临近时，伊诺努表示接受这个要求，并将一些著名的土耳其人的陵墓对公众开放参观。

1950 年的大选中民主党获得 408 个席位并上台执政，拜亚尔被议会选举为总统，他任命曼德列斯为总理。对此安卡拉的一个清真寺的宣教师说："感谢真主使我们摆脱人民党而自由"。② 1950 年 6 月民主党的一位代表在国会中说："阿塔图尔克是独立总统，伊诺努是极权主义总统，拜亚尔是自由总统。"③

按照 1950 年 5 月 29 日曼德列斯第一届内阁纲领的说法，教育制度须将道德、精神和民族因素考虑在内，采取一切措施扫除极左势力，提倡思想和信仰自由。政府对世俗化的理解是：宗教不在立法和司法方面起任何作用；政府将会立即恢复宗教课程和重开训练神职人员的学校。这个纲领的显著特征是从严格的世俗化到更宽松的世俗化的转变，对外政策上则更倾向西方。曼德列斯的四届政府纲领基本上是相似的。

新政府于 1950 年 6 月颁布了法律，允许以阿拉伯语宣教。民众深感满意，伊斯坦布尔清真寺的伊玛目说："其他穆斯林国家都是以阿语宣教；……另外，土耳其语的翻译也不是很好"。④ 1950 年 7 月 7 日，安卡拉电台的节目开始有了古兰经的内容。民主党执政后，宗教课程虽然仍是选修课但却成为学校课程的一部分。按照 11 月 4 日政府颁布的条例，父母如不愿意自己的孩子接受宗教课程，须向校方提出书面请求，1956 年 9 月政府又规定，宗教课程加入中学一、二年级的教学，1959 年 6 月又规定在伊斯坦布尔重开伊斯兰研究机构。在民主党政策的激励下，宗教复兴的迹象明显增加，宗教出版物的数量和种类、戴面纱的妇女人数、清真寺的数量都有大量的增加。对伊玛目更大的尊敬和民众在公共场所诵读古兰经，商店、私人汽车、出租车等地方的宗教招贴大量出现，神秘教团

---

① Kemal Karpat：*Turkey's Politics：The Transition to A Multi-Party System*，Princeton，1959，p.284.

② Mehmet Yasar Giyikdagi，*Political Parties in Turkey*，New York，1984，p.68.

③ Mehmet Yasar Giyikdagi，*Political Parties in Turkey*，New York，1984，p.68.

④ *Yani Sabah*，June 6，1950.

再次诞生,私人出版的宗教小册子到处流传,神学院的学生人数增加,这都是民主党政策导致的。同时,世俗主义者和伊斯兰主义者的斗争也更加激烈,一些伊斯兰主义者的宣传非常具有挑衅性。50 年代,一些极端的宗教组织甚至采取暴力行为。蒂简尼亚和努尔科斯是当时极为活跃的两个宗教极端组织。前者以伊斯兰教不拜偶像为名到处破坏凯末尔的塑像。1955 年 11 月 12 日,著名记者阿哈迈德·亚尔曼因在伊斯坦布尔组织了一场土耳其妇女的选美大赛而受到攻击。民主党为制止宗教极端势力而采取一些措施,逮捕了一些宗教极端分子,一些宗教期刊被停刊,伊斯兰主义者的编辑们受到了审判,许多阿拉伯语的宗教手册被查收。早在 1946 年民主党的纲领就曾宣布,宗教不应成为在不同信仰的公民间制造不和的借口,思想自由不应受到狂热分子的进攻。1953 年 7 月 24 日政府又颁法律对刑法进行补充:"为政治、个人或商业目的利用宗教将被判处 1—5 年的劳役。这类商业案件应加倍判刑。"①

　　民主党是以世俗主义的立场、通过对民众的宗教精神的利用登上权力宝座的。曼德列斯在农村和小城镇颇受欢迎。1960 年 1 月 13 日,安塔基亚的群众欢迎曼德列斯访问他们的城市时举着这样的标语:"我们相信真主,然后相信你,曼德列斯!"②为获得民众的支持,曼德列斯在 1956 年 1 月甚至说,由于伊斯兰教的基本教义,宗教不能和现世分开。但随后他又说他们相信世俗主义和政教分离,但他尊敬思想自由。③ 曼德列斯是一个世俗主义者,他反对极左和极右势力并和它们作斗争,他反对为政治目的而利用宗教却在实践中又不自觉地利用了民众的宗教情感。民主党还利用国营电台吹嘘政绩,如执政期间兴修了 15000 座清真寺等。

　　1954 年 1 月成立的农民党是继民族党(Nation Party)之后的另一个伊斯兰主义政党,它的纲领要求宪法保证宗教权利和公民权利,攻击世俗主义。50 年代,民族党日益右倾且反对凯末尔主义。1953 年被政府解散。1954 年奥斯曼·伯吕克巴舍重建为共和民族党。这两个伊斯兰主义政党对 50 年代伊斯兰复兴起了极大的推动作用。

---

①　Gerhard Mueller,Ed.，*The Turkish Criminal Code*，London,1965,p.110.

②　Mehmet Yasar Giyikdagi,*Political Parties in Turkey*,New York,1984,p.79.

③　Mehmet Yasar Giyikdagi，*Political Parties in Turkey*,New York,1984,p.80.

2.1960 年军事政变后政治宗教倾向的发展

1960 年 5 月的军事政变结束了民主党统治。在古塞尔将军的领导下成立了一个"民族统一委员会"作为立法和行政机构。民族统一委员会没有破坏伊斯兰原则,而且采取了一些支持伊斯兰教的态度。1960 年 6 月 2 日,民族统一委员会的一个发言人说:"真主啊,你从没有夺去那些热爱他们的祖国、民族和人类的人的伟大和无私,你激励高贵的土耳其民族走向今天的幸福生活"。① 民族统一委员会声称,公民将不受限制地享受思想自由和宗教信仰自由,但禁止利用宗教。民族统一委员会的大多数成员认为,为了阻止保守利益集团和党派利用宗教,伊斯兰教应成为一种国家工具。古塞尔想使伊斯兰教有一种民族的和进步的象征。他在安那托利亚旅行时说:"伊斯兰教令我们为完美工作、向完美进步","那些谴责宗教带来落后的人是错误的。我们落后的原因不是我们的宗教,而那些向我们误导宗教的人。伊斯兰教是世界上最神圣、最具动力、最强大的宗教。它要求信仰它的人具有进步的高智慧。但几个世纪以来,伊斯兰教被错误地和不恰当地解释着,这就是我们落后的原因。"②

军队和民族统一委员会是坚持凯末尔主义的世俗化立场的,但他们认识到伊斯兰教是土耳其文化的重要因素,反对伊斯兰教将会产生不利的后果,为了阻止反动派利用宗教,国家控制宗教是明智的。民族统一委员会接受了曼德列斯时期的一些制度方面的变化,如伊玛目学校和高级伊斯兰学校的设置。

1961 年 5 月 27 日新宪法诞生。10 月 15 日举行了议会选举,参加竞选的有共和人民党、正义党、共和农民民族党和新土耳其党。共和人民党在议会中获得席位最多,但它没有获得绝对多数的选票和席位,只好和其他政党组织联合政府。伊诺努共组织了三个联合政府,第四个过渡政府在 1965 年 10 月让位于德米雷尔的正义党政府。

1965 年大选是土耳其共和国政治史上的大事,因为从此开始了正义党执政时期,而且政府政治发生了右倾变化。参加这次选举的除了前面介绍的四个党外,还有 1962 年重新建立的民族党和土耳其工人党(Workers Party)。阿尔帕斯兰·突尔克斯及其追随者控制了共和农民民族党后,党的性质发生了变化,这个

<hr />

① Feroz Ahmad, *The Turkish Experiment in Democracy 1950-1975*, London, 1977, p.375.

② Feroz Ahmad, *The Turkish Experiment in Democracy 1950-1975*, London, 1977, pp.373-375.

党后来又变成了民族行动党。这使共和农民民族党的一部分成员退出该党，另组民族党。这个新民族党主张宗教事务上的保守主义和政府适当干预经济的自由主义。它在 1965 年的纲领中希望将土耳其的文化、传统、习惯和西方的技术与文化相结合，要求发展与阿拉伯—伊斯兰国家更密切的关系。突尔克斯领导下的共和农民民族党主张泛土耳其主义。它的纲领中包含着收入平等、社会进步等目标。它不是一个伊斯兰主义的政党但不反对伊斯兰教。突尔克斯在 1965 年 7 月的党代会上说："伊斯兰教是土耳其民族的宗教。"①党的刊物《民族行动》也宣扬伊斯兰教。宗教不是它的主要目标，他仅希望利用宗教使它获得更大的号召力。但在 20 世纪 70 年代，伊斯兰主义成为该党的思想的重要组成部分。

正义党实际上是民主党的继承者，由于它 60 年代对宗教的让步主张而变得日益右倾。1965 年选举前夕，正义党的重要成员 L.S.杰格莱扬吉尔曾说，宗教对社会发展是有用的，土耳其农民有一半没有上过学，但他们都有自己的清真寺，学校、体育馆、剧院、清真寺都应成为人民获取生活知识的地方。他的观点代表了 60 年代中期正义党的典型思想。正义党的另一个议员 S.比尔吉奇的一段话可以看作是对杰格莱扬吉尔观点的补充。他说："伊斯兰教既是一种现实也是一种需要。世俗国家不应向公民宣传无神论。反对反动派的方法应该是造就高素质的神职人员。"他还说："回到我们的传统是必要的，我认为伊斯兰教不反对进步。只是在神学院衰落之后，迷信才开始盛行并阻碍进步。我们的纲领要将宗教的本质从神秘主义中分离出来。"②1965 年 10 月 10 日选举后，正义党获得了绝对多数选票和席位，德米雷尔受命组织新内阁。政府纲领表示重视私人企业和思想宗教自由；伊玛目学校的学生可以接受高等教育；土耳其将毫不犹豫地与所有阿拉伯或伊斯兰国家建立真正的友谊，土耳其理解并支持所有阿拉伯国家的合法事业。正义党在 1969 年选举中再次获胜。大选之后，党内的右翼势力分裂出去，德米雷尔不但面对着右派的反对，而且面临着工人、学生的不满，从而使政局稳定受到威胁。

60 年代的军人干政和 1965 年的大选，导致土耳其政治发生了两个方面的

---

① Jacob Landau, *Radical Politics in Modern Turkey*, Leiden, 1974, pp.214-216.

② Mehmet Yasar Giyikdagi, *Political Parties in Turkey*, New York, 1984, pp.97-99.

重大变化。首先是在民众宗教情感上升的条件下,50 年代以来政府在宗教政策方面的一些改变得到军人政府和历届文人政府的肯定,而且在 60 年代的政治中被进一步加强。其次是围绕宗教问题上的态度,许多党派发生分化与重组,这就使伊斯兰主义者和世俗主义者的分化更加泾渭分明,许多政党都围绕宗教问题编织他们的反对意见,从而使多党制以来的宗教政治化倾向加深。而且这一时期土耳其出现了和世俗民族主义相对的伊斯兰民族主义的萌芽。

3.救国党的建立及其伊斯兰主义思想

20 世纪 70 年代初期,土耳其陷入经济危机、社会动乱和政治不稳定的状态之中。1971 年军队再次干政,德米雷尔向总统递交了辞职书。1972 年 5 月 15 日费立特·梅林组织了正义党、信任党、共和党三党联合内阁。

20 世纪 70 年代宗教在土耳其政治中的作用更加明显,宗教更进一步向政治化的方向发展。1974 年 9 月隶属于国务院的宗教事务局将主权定义为"古兰经和先知暗示或明示的道路"。[1] 这是对凯末尔主义世俗原则的违背。这种言论却没有受到政府和社会方面的任何抗议。1973 年 10 月 14 日,土耳其举行了众议院选举和三分之一的参议员选举。共和人民党赢得 186 个席位,正义党获149 个席位,救国党获 48 个席位。共和人民党没有赢得绝对多数。具有明显伊斯兰倾向的救国党成为土耳其国民议会中的第三大党。建国以来,伊斯兰主义的党派第一次以伊斯兰口号和它的社会经济、福利纲领在议会中获得了重要地位。它的领导人纳杰麦汀·埃尔巴甘原是正义党人,1970 年脱离正义党而建立民族秩序党。1971 年 3 月政变后被宪法法院取消。但他很快又组建了救国党,并以同样的亲伊斯兰立场参加了 1973 年 10 月的大选。由于正义党拒绝与救国党合作而没有参加政府,1974 年 1 月 16 日,共和人民党领袖埃杰维特便和救国党组织了两党联合政府,并签署了两党协议。

一开始,土耳其国内舆论就认为两党会因目标的差异而使合作困难重重,事态的发展正如人们所料。5 月中旬,大赦法案被国民议会修改后通过时,20 个救国党的代表投了反对票。这就破坏了两党协议中赦免所有政治犯的一致原则。5 月 20 日,共和人民党因为救国党在大赦法投票中的"不道德"行为而通过了退

---

① A.P.Blaustein and F. Gisbert, *Constitutions of the Countries of the World*, Vol. XIV, Section on Turkey, New York, 1976, pp.27-28.

出联合政府的决议。但两党领导人都试图寻找办法解决政府危机。月底,救国党掌握的内务部宣布政府将禁止制造酒类。救国党还通过一项决议,将休息日由星期天改为星期五,并提交议会。这些带有明显宗教倾向的行为引起了共和人民党的不满。1974年9月18日埃杰维特辞去了总理职务。

1974年12月13日,正义党、救国党、共和信任党、民族行动党四个右翼党派组织"民族阵线",德米雷尔组阁。在民族阵线政府的统治下,民族行动党和其他一些党派不断攻击共和人民党和埃杰维特,使共和人民党处境困难。6月20日,一个游方僧在安卡拉附近的小镇格雷德鼓动人民反对"反宗教"的共和人民党和共产主义者。第二天,一伙暴徒袭击了在这里举行的共和人民党会议,之后暴徒们退到了清真寺中,试图挑起宗教事端。"各种迹象表明,暴乱是由民族阵线的一些党派组织的。"[1]这表明民族阵线在为政治目的而利用着宗教。1980年9月7日救国党在科尼亚的集会中,攻击阿塔图尔克和世俗主义。一般认为这是导致军事政变的最后因素。

1977年土耳其大选中,人民党得票41.4%,获得213个下院席位。由于没有达到绝对多数,共和人民党和独立派组织了联合政府。1979年补缺选举后,德米雷尔组织了得到救国党、民族行动党和独立派支持的正义党政府。这届政府被第三次军事政变推翻。通过20世纪70年代的历次选举,救国党日益兴盛。这种变化的原因是多方面的。首先,所有没有明确纲领的土耳其小党在参加第一次选举后都走向衰落。救国党的兴起,是因为它的激进的伊斯兰主义思想使它和正义党区别开来。另外,救国党受小商人和手工业者的支持,支持民族资本、反对多国资本以及它们的合作者,它走的道路实际上是一种伊斯兰民族主义的道路。

20世纪70年代末,土耳其社会面临着高通货膨胀、社会不满和由此产生的无政府状态。这种局面再次使军人出来干预政治。

民族秩序党是救国党的前身,其建立者埃尔巴甘是伊斯坦布尔技术大学的工程教授。他曾是正义党的积极分子,极力提倡私有经济。1969年选举之前他曾想代替德米雷尔成为党的领袖,但未能如愿,他便退出正义党而组织了民族秩序党。1970年2月8日民族秩序党的成立大会充满了倾向伊斯兰教的口号和

---

[1] Feroz Ahmad, *The Turkish Experiment in Democracy 1950-1975*, London, 1977, p.352.

演讲。党的纲领在强调为真正的民主做贡献的同时,也表现了强烈的伊斯兰倾向,但纲领更多地使用了间接词汇,如"道德和善行"。纲领赞成社会正义、维护思想自由、强调宗教教育的必要性,赞扬宗教事务局和其他宗教机构的工作,并为这些机构要求全面的行动自由;纲领在表面上反对为政治目的而利用宗教。兰多对民族秩序党纲领关于世俗主义和宗教的态度解释如下:

> "当它不能够合法地反对世俗化本身时,它坚持反对对世俗化作任何不利宗教的解释,或许同样的对伊斯兰教的肯定态度和对宗教情感利用的愿望在1945年推动了民主党,在20世纪70年代推动了民族秩序党。在民主党的纲领中,只有一些比较隐蔽的宗教倾向,而救国党的纲领却有明确的伊斯兰倾向,这种倾向使该党成为一个合法的有伊斯兰特征的政党。"①

1972年埃尔巴甘以救国党的名称重建了民族秩序党。救国党建立不久,埃尔巴甘于1972年8月3日在议会中说:"我们认为,宪法中有关思想和信仰的自由与权力条款必须明确澄清,这样就可以在贯彻过程中消除违反宪法基本原则的事"。按照埃尔巴甘的观点,没有思想和信仰自由的民主政体是不可行的。他的目的在于获得利用和传播宗教思想的完全自由。土耳其宪法规定国家的特征是民族的、民主的、世俗的。埃尔巴甘说:"民族一词必须以一种对历史和传统意义的所有道德价值表示尊敬的方式给予清楚的定义。"②埃尔巴甘以为世俗主义可以是反对宗教对宗教的压迫,也可以是国家不干涉宗教事务。他要求取消宪法中规定的禁止为个人、政治和经济目的而利用宗教的条款,他说世界上没有任何其他国家有这种现象,宗教、信仰、思想自由是宪法的基本精神,以利用宗教控告一个人有罪是违背宪法的基本精神和原则的。他强烈反对土耳其加入欧共体。他认为土耳其的大企业会因为和欧洲国家的联系而日益强大,从而越来越在土耳其经济中居主导地位,土耳其将会在经济上和文化上被"4亿基督教居民"同化。共同市场是"新十字军精神"的产物。③ 救国党把宗教抬高到了政府和社会生活的各个方面之上。

救国党将道德秩序的建设作为其追求目标,强调学校教育中道德和伦理课程的重要性,主张建立伊斯兰道德秩序,反对以追求个人利益为目标的资本主义

---

① Jacob Landau, *Radical Politics in Modern Turkey*, Leiden, 1974, p.191.

② Mehmet Yasar Giyikdagi, *Political Parties in Turkey*, New York, 1984, p.112.

③ Mehmet Yasar Giyikdagi, *Political Parties in Turkey*, New York, 1984, pp.123—133.

道德价值,提倡"公正的经济秩序"。它不反对私人经济,但却反对多国公司和垄断资本主义,主张国家保护小企业,使之免受大企业的排挤。这说明救国党得到小资产阶级的支持。救国党曾多次强调国家发展重工业的必要性,并认为这是土耳其经济和政治独立的迫切需要。① 救国党还主张保护国内市场。救国党试图在广泛发展私有企业的基础上将对小企业的保护和国家领导的重工业结合起来,以此来反对私有垄断。

救国党的选票主要来自于落后省份和农村。1973 年救国党在全国大选中获得 11.8% 的选票而成为第三大党。与共和人民党相比,救国党在发达省份仅获选票 8.4%,而共和人民党选票占 38.6%;在半发达省份,两党所占选票份额分别是 13.7% 和 30.5%;落后省份这一比例是 27.5% 和 15.4%。在几个最大的城市中,共和人民党取得了明显胜利。这种模式在 1977 年选举中仍然没有改变,救国党在大城市的得票率还是很低。② 救国党的支持者主要是教团组织和安那托利亚的小店主、小商人、手工业者和小城镇的宗教人士。这些手工业者和小商人抱怨资源流向大城市的大企业,要求政府对他们进行保护和支持,他们不反对国家主义。救国党代表工业化冲击下的衰退中的小资产阶级,因此在社会和政治方面是保守的.

二、政党政治中的伊斯兰教与伊斯兰政党的崛起

1.祖国党与 20 世纪 80 年代的伊斯兰潮

1980 年的军人干政对土耳其的政治生活产生了深远影响,其中之一便是伊斯兰因素在国家政治生活中的上升和伊斯兰复兴的进一步发展,为了维护政府和社会的稳定,军队将伊斯兰价值看成是对付 70 年代末的极端主义的解毒剂。1983 年祖国党大选获胜之后,埃夫伦总统和厄扎尔总理都反复强调在土耳其民族主义结构中宗教价值的重要性,特别是厄扎尔在宗教方面走得更远。

---

① Turker Alkan,"The National Salvation Party in Turkey", In Metin Heper and Raphael Isreali, Ed., *Islam and Politics in The Modern Middle East*, London and New York,1984,p.88.

② Haldun Gulalp,"Political Islam in Turkey:The Rise and Fall of Refah Party", *The Muslim World*, Vol.89,No.1,January 1999,p.29.

厄扎尔的祖国党虽不是一个伊斯兰主义的政党,但却表现出强烈的伊斯兰主义特征,这是因为它的成员很大一部分是前救国党的伊斯兰主义者,党的基层组织中伊斯兰主义者的势力非常强大。党的领导人厄扎尔曾是埃尔巴甘救国党的成员。他来自具有保守背景的安那托利亚的马拉蒂亚市。他个人在宗教上是虔诚的,非常看重伊斯兰价值。他的讲话充满了《古兰经》和《哈底斯》中的引言,他说世俗主义不应被看成是阻碍道德价值保护、宗教行为和宗教文化的一种严格要素,他强调,"为了培养可靠的、高尚的年轻一代,在学校开设宗教课程是重要的。"①1989 年他访问沙特时到麦加朝圣,他穿着朝圣者的长袍的照片出现在土耳其报纸的头版位置。1990 年厄扎尔的母亲去世,他将她安葬在苏莱曼清真寺的墓地中,紧靠着一个纳克希底·谢伊赫教团的坟墓。厄扎尔的这一系列带有明显伊斯兰倾向的行为,引起了更多的选民对祖国党的同情。祖国党内也很快发生了分化,一边是以外交部麦苏特·耶尔马兹领导的世俗主义者,另一边是麦哈麦德·卡杰西勒为代表的伊斯兰主义势力。所以救国党执政时期的主张和政策在一定程度上也反映了伊斯兰主义的要求。

厄扎尔的伊斯兰倾向也从他的外交政策上反映出来。厄扎尔总理自 1983 年就职以来,提出"必须特别努力培养在互惠基础上的与所有阿拉伯伊斯兰国家的关系,而且要加强已经存在的比较成熟的合作"。② 1984 年秋,埃夫伦总统在卡撒布兰卡伊斯兰国家首脑会议上强调,土耳其深深根植于与本地区伊斯兰人民的历史联系之中,应促进与所有穆斯林国家的联合。③ 他还强调了对巴勒斯坦自治的支持,并主张以色列是中东地区关系紧张的根源。会后埃夫伦总统访问了沙特阿拉伯,会见了法赫德国王。总统和总理都强调与伊斯兰国家的关系只是对与西方国家关系的补充。厄扎尔说,自政府被选举以来,许多国家为土耳其在伊斯兰国家的领导地位而看重土耳其。④ 土耳其在祖国党执政期间向伊斯兰国家的倾斜政策还从许多方面表现出来,其中包括:国家高级官员的频繁互访,伊斯兰发展银行和科威特发展基金会对土援助的增加,阿拉伯人在土耳其投

---

① Jeremy Salt, "Nationalism and The Rise of Muslim Sentiment in Turkey", *Middle Eastern Studies*, Vol.31, No.1, January 1995, p.17.

② *Turkish Daily News*, December 21, 1983. p.3.

③ *Turkish Daily News*, January 19, 1984, p.1.

④ *Turkish Daily News*, March 22, 1984. p.1.

资的、经济的和军事的多边协定的签订,以及选择在伊斯坦布尔召开伊斯兰国家会议等。

20世纪80年代,土耳其的伊斯兰复兴还从其他许多方面表现出来。根据国家宗教事务局的统计,1979年有30种5200万册宗教出版物,1982年达到53种5702万册;古兰经学校的数字从1979—1980年的1620所增加到1988—1989年的4715所,在校学生人数由1980年的68486人增加到1989年的155,4031人;派往清真寺的伊玛目由1981年的30806人增加到1988年的50814人;同时期取得资格证的古兰经教师由1924人增加到4504人;到麦加朝圣者从1979年的10,805人增加到1988年的192,006人;全国清真寺的数量从1984年的54,667所增加到65,000所。[1] 教育部下属的宗教学校也有大量的增加;1970年有72所,1980年为374所,1992年达467所。[2] 数以千计的学生每年从这些学校毕业,然后进入大学,以此作为他们以后进入政府机构的前提。1987年安卡拉大学政治学专业的学生有40%来自伊玛目—哈底普学校,1992年这一数字上升到60%。[3]

以上数字表明,伊斯兰教的官方认同的涵盖面很广。同时民间伊斯兰教也日趋活跃,贝克塔希教团和纳克什班底教团不断增加他们的活动,极力宣扬伊斯兰价值。许多政治家参加了这些组织,因此不能说这些组织是非政治性的。土耳其的周刊《一百年》公布了与神秘教团有联系的祖国党议会代表的一长串名单,[4]厄扎尔总理常把自己与纳克什班底教团的联系引为骄傲。

祖国党政府将伊斯兰银行引进土耳其是其伊斯兰倾向的一个方面。伊斯兰银行认为经济发展不能离开社会发展,它不仅是金融银行,而且是社会银行,其职责是在伊斯兰范围内收集和分配"扎卡特"(Zakat),以保证其金钱能用在合法渠道,并管理那些统治者不能承担这个任务的国家的金钱。[5] 允许伊斯兰银行在土耳其建立的决定是政治和文化的衍生物。这些银行和土耳其的大企业建立了密切的联系,而且土耳其在这些银行中拥有股份,一些教团的成员和繁荣党

---

① *Turkish Republic*:*The Presidency of Religion Affairs*,Ankara,1989.上述所有统计数字均来源于这本小册子。

② Nilufer Narli,"Islamic Alliance in The City",*Turkish Daily News*, April 7,1994,p.B3.

③ Ibid.

④ Jeremy Salt,op.cit.,p.19.

⑤ Salem Azzam, *Islam and Contemporary Society*,London and New York,1982,p.137.

人还对这些银行进行了私人投资。在实践中,伊斯兰银行存在着和其他银行的激烈竞争,不能完全履行伊斯兰的福利信条。① 有人认为:"伊斯兰银行是国际组织,这使它和其他伊斯兰原教旨主义反对派区别开来。"②但我们不能忘记伊斯兰银行建立的最初目的,也不能忽视一些海湾国家利用其资源在中东和中东以外促进伊斯兰复兴的事实。

2.后冷战时代跃居政坛第一大党的繁荣党

伊斯兰复兴在土耳其政治中最惊人的表现是繁荣党和正义与发展党的兴起。

繁荣党的领袖是 20 世纪 70 年代救国党的领导人埃尔巴甘。1983 年繁荣党提出的纲领倡导工业化、自由企业制度、独立于西方的和伊斯兰世界更加密切的对外关系以及禁止色情和在公共场所饮酒等方面的保守道德观。③ 繁荣党的成员由于其反世俗主义的言论而受到当局的注意,但它的领导人还是谨慎地将其言行限制在宪法范围之内。1987 年埃尔巴甘在土耳其政坛上活跃起来,先后领导繁荣党参加了土耳其的几次大选,所获席位逐次增加。在 1994 年的全国地方选举中,正确道路党得票 22.64%,祖国党得票 21.19%,繁荣党得票 17.98%,位居第三位。全国 76 个省城的市长选举结果更令人吃惊,繁荣党赢得了 28 个市长职位。祖国党为 13 个,正确道路党为 12 个,社会民主平民党为 5 个。繁荣党获胜的城市包括伊斯坦布尔和安卡拉。繁荣党的这一系列胜利为它在 1995 年大选中的成功准备了条件。繁荣党在城市选举中的胜利改变了人们认为唯有凯末尔主义是一种城市思潮的看法。1995 年大选前,繁荣党许诺要清除腐败,提高政府效率和道德水平,它强调要改善土耳其经济、并利用经济问题攻击正确道路党。1995 年 12 月 24 日,土耳其举行大选,繁荣党赢得 21.38%的选票和158 个议席,跃居土耳其第一大党。1996 年 6 月 28 日,土耳其总统德米雷尔批准了繁荣党和正确道路党组成的联合政府内阁名单,埃尔巴甘出任政府总理。

繁荣党的伊斯兰民族主义纲领以及繁荣党上台执政,对土耳其的政治产生了重大影响,从此伊斯兰主义成为土耳其的重要政治意识形态,改变了凯末尔主义一统天下的局面;另外,伊斯兰主义的地位和影响日益扩大,伊斯兰教被突出

---

① Delwin Roy,"Islamic Banking",*Middle Eastern Studies*,Vol.27,No.3,July 1991,p.427.

② Ibid.,p.452.

③ Jeremy Salt,op.cit.,p.21.

地摆在议事日程上,各党均开始反思和检讨对伊斯兰教的方针,从而更加重视伊斯兰主义的政治能量。繁荣党的伊斯兰主义也是对土耳其现代化道路的重新思考和探索,它对增强人民的参政意识,活跃国家政治生活,加强土耳其的政治民主化有一定的积极作用。① 繁荣党上台之后,采取了温和的伊斯兰主义立场,如许诺坚持世俗制度,遵循凯末尔主义原则;同意实行市场经济政策,继续经济改革和对外开放,对外增进同伊斯兰国家关系的同时,保持土耳其与西方的密切关系。

但是,埃尔巴甘政府仍然具有鲜明伊斯兰倾向,它在内政上提出具有伊斯兰思想的建议,主要是允许妇女在政府大楼和校园里披戴伊斯兰式头巾;允许朝圣者经陆路去麦加朝圣;在许多城市修建清真寺。由于繁荣党加快伊斯兰化的步伐,引起世俗主义政党和军方的不满,土耳其社会出现不稳定现象。一些世俗政党趁机向繁荣党发难,其中最激烈的是民主党领袖耶尔马兹,他提出,土耳其的首要问题是恢复政治稳定,本届政府不能实现这个目标,不能让本届政府继续执政。1997 年 2 月 28 日,由军队控制的"国家安全委员会"向埃尔巴甘提出的"20点计划",内容包括:强化宗教派别活动的禁令;禁止招募伊斯兰主义分子在政府任职,严格执行世俗宪法,限制伊斯兰教育。目的是防止伊斯兰主义对世俗化的破坏。埃尔巴甘被迫同意签署了"20 点计划"。在军方的压力下埃尔巴甘同意他一度反对的许多措施。军队把社会上出现的许多伊斯兰化现象归咎于繁荣党,而繁荣党则以民主和人权为自己辩护。在军方的强大压力和联合政府内部正确道路党的抵制以及坚持世俗主义的反对党的反对下,埃尔巴甘政府被迫向总统递交了辞呈,宣告政府下台。1997 年 6 月 20 日,德米雷尔授权耶尔马兹组阁。这标志着持续数日的土耳其政治危机结束。

1997 年 5 月埃尔巴甘辞职之前,繁荣党由于其违反宪法和政党法的反世俗主义行为而受到审判。这对埃尔巴甘来说并不新鲜,但一个在议会中拥有多数席位,获得 20%以上的选票,而且正在执政的政党受到审判在土耳其历史上却是前所未有的。就在宪法法院闭庭之前,埃尔巴甘让他的律师伊斯美尔·阿尔普特金以道德党(Virtue Party)的名义建立了一个新党。1998 年 1 月,宪法法院宣判,繁荣党被取缔,埃尔巴甘等人则在未来五年内被禁止参加政治活动。就在

---

① 　陈德成:《土耳其繁荣党的伊斯兰民族主义初探》,《西亚非洲》1996 年第 4 期,第 46 页。

判决文书于 2 月底下达之前,埃尔巴甘一直劝说其他政党支持他发动一场运动,促使修改法律从而保证不能轻易关闭政党,并制订一些新法律从总体上加强土耳其的民主制度。但没有一个政党响应他的提议,这反映出土耳其政治中缺乏民主文化。其实,伊斯兰主义知识分子也认为民主是一种和伊斯兰教矛盾的西方传统。然而,埃尔巴甘之后,民主成了土耳其政治伊斯兰运动的追求目标。繁荣党被关闭之后,它的所有议会成员都转向了道德党。1998 年 5 月 14 日,这个党的建立者召开大会,埃尔巴甘的亲密同事雷杰·库坦代替阿尔普特金成为党的领袖。他被认为是能够协调与军方和党内青年激进派关系的温和派人士。同一天晚上,库坦发表电视讲话,宣称他的党与繁荣党不同,党的基本目标不再是建立"公正秩序",而是要促进土耳其的民主、人权和自由。他说过去几十年的经验证明,没有民主,其他任何目标都不能实现。

繁荣党和救国党一样,将道德秩序的建设作为其追求目标,都强调学校教育中道德和伦理学课程的重要性,主张建立伊斯兰道德秩序,反对资本主义道德价值,提倡"公正的经济秩序"。反对多国公司和垄断资本主义,主张国家保护小企业,使之免受大企业的排挤。这说明繁荣党同样受到小资产阶级的支持。然而繁荣党的纲领则很少提到工业化;繁荣党并不主张保护国内市场,而是提倡经济上的对外开放。

政治上,繁荣党提出个人自由并以信仰为根据建立多元化的法律秩序,以多元主义代替少数服从多数的民主原则。它主张在既定社会中不同的司法体制可以并存,国家的作用应该是保护每一个司法社区的自治,少数民族同样可以获得司法自治。伊斯兰知识分子认为这种文化和司法的多元曾被先知在麦地那时期建立过。[1] 这种文化多元主义体现了一种城市化取得了一定发展之后公民社会的强烈要求。

尽管繁荣党的许多成员来自救国党,而繁荣党的伊斯兰主义思想却是 20 世纪 90 年代成长起来的新一代激进的伊斯兰知识分子提出的。与救国党相比,繁荣党是激进的,它对宗教社团没有很大的依赖,它的理论家是世俗大学的毕业生,它的选民除小资产阶级之外,还包括城市的职业技术阶层和下层工人。

---

① Ayse Kadioglu, "Republic Epistemology And Islamic Discourse In Turkey The 1990s", *The Muslim World*, Vol.88, No.1 January 1998, p.16.

繁荣党和救国党的选举模式也存在很大不同。20 世纪 90 年代,繁荣党在许多大城市的选举中得票很多。1994 年的城市选举中赢得了包括安卡拉和伊斯坦布尔在内的 28 个省城的市长职位。① 相比之下,坚持凯末尔主义的社会民主党仅赢得了八个省城的市长职位。这说明,20 世纪 90 年代繁荣党日益在大城市中取代了世俗主义政党的位职,凯末尔主义的合法性正在受到挑战。1991 年大选中,厄扎尔的祖国党遭受失败,结果德米雷尔的正确道路党和社会民主党组织了联合内阁。唐素·奇莱尔任总理后,土耳其国内面临着严重的贫困、失业和腐败问题,这正好为繁荣党提供了进攻政府的口实,为繁荣党执政铺就道路。20 世纪 90 年代,土耳其伊斯兰知识分子普遍存在着以新的角度和新的方法解决这些社会问题的呼声,而繁荣党的伊斯兰主义主张正适应了这种要求。

繁荣党的阶级基础也比救国党广泛得多。20 世纪 90 年代土耳其的工业化和城市化已经发展到了相当的水平,随之职业技术人员和企业管理人员为主的白领阶层在城市中成长起来,同时,工人阶级的队伍也得以扩大。这些人渴望使他们深受其害的各种社会问题能够得到解决。繁荣党正是抓住了这一点,提出了自己的纲领。繁荣党的支持者除安那托利亚的小资产阶级以外,还有年轻的职业中产阶级、学生以及城市中大量的处于贫困状态的工人。20 世纪 90 年代土耳其的伊斯兰运动已经不再是一种农村现象,而在城市中取得了相当的发展,并且受到许多伊斯兰知识分子的倡导和支持。

繁荣党被取缔并不意味着土耳其伊斯兰主义的结束。繁荣党的议员都已转向了道德党,但它的领导人表示,道德党不再追求取消利息和建立"公正秩序"这样一些目标,而是要促进土耳其的民主。90 年代土耳其的伊斯兰主义政党在世俗主义势力的压力下被迫在许多方面与世俗主义妥协,但这并没有促进土耳其的民主。道德党注意淡化伊斯兰色彩,主张实行温和的世俗政策,但最终还是在 2001 年 5 月被军方以伊斯兰意识浓厚为由取缔。

3.伊斯兰主义与土耳其民主制的成熟:正义与发展党

繁荣党和道德党的重要政治家埃尔多安在道德党被取缔前宣布退党,并于 2001 年 8 月组建了正义与发展党。党徽是一只灯泡,该党口号是"走向光明,结束黑暗"。埃尔多安在党的成立大会上强调,建立一个基于法律至上、人权与自由

---

① Jeremy Salt,op.cit.,p.22.

的现代化的共和国体制是他们的基本目标。埃尔多安 1973 年毕业于马尔马拉大学经济和贸易专业，1976 年加入了救国党的青年组织，1994 年作为繁荣党的成员当选为伊斯坦布尔市市长。1997 年 12 月，由于他在公共场合朗诵了一首"煽动宗教仇恨和鼓动宗教暴力"的诗而被判处入狱 4 个月及 5 年内不得直接从政。

2002 年 11 月土耳其大选中，正义与发展党提出"让失业者有工作，让贫困远离百姓"的竞选口号。结果正义与发展党大获全胜，得票率达 34.3%，获得议会 550 个议席中的 363 个席位，成为土耳其自实行多党民主制以来唯一一个单独执政的伊斯兰主义政党。但身为该党主席的埃尔多安由于被禁止从政，暂时没有担任总理。但大选后的补缺选举中，正义与发展党凭借其在议会中占有的近三分之二的席位，修改了有关法律，为埃尔多安参政扫清了障碍。埃尔多安从幕后走出，出任土耳其总理。

正义与发展党之所以能取得如此巨大的胜利，一是因为它作为繁荣党的继承者的身份得到了民众的认可；二是前政府没有能力解决土耳其的经济问题。此外，美国执意打击伊拉克也引起了土耳其穆斯林民众的不满，诱发了国内的民族情绪，而正义与发展党对攻打伊拉克持保留态度，这符合大多数人民的愿望。再加上大选前正义与发展党遭到军方的恶意压制，这也赢得了很多选民的同情。

执政以后，正义与发展党极力淡化宗教色彩，宣布实行政教分离，继续推行世俗化，其影响也在不断扩大。经济方面，正义与发展党的政策和繁荣党非常相似，主张加快私有化步伐；支持市场经济，政府不参与经济活动，只起协调监督的作用，建立更为合理的经济体制；主张在经济领域开展全面的反腐斗争并建立公平、合理、有效的税收制度；引进外资，努力减少失业，发展对外贸易，增加出口；减少地区间发展不均衡，使各地区的经济潜力得以充分发挥并保证经济的长期、可持续发展；此外还应努力与欧盟、世界银行以及国际货币基金组织发展关系以促进国家经济发展。

对外关系方面，正义与发展党政府特别重视与中东伊斯兰国家的关系，除加强与这些国家的双边合作外，还努力提升伊斯兰会议组织的国际地位和声望；对中东和平进程深表关切，呼吁对巴勒斯坦自治政府给予必要的支持；密切关注伊拉克局势，伊拉克的安定对土耳其具有重要意义，这正是土耳其反对美国对伊动武的主要原因。正义与发展党政府还表示将全力支持伊拉克战后重建，希望伊拉克人民主选举一个能代表各民族的政府；高度重视与欧洲国家的关系，加入欧盟成为政府矢志不渝的外交目标；推行继续与美国发展关系的政策。但由于它是伊斯兰主义政党，很难消除美国的疑虑，伊拉克战争以来的一系列事件更使土美关系笼上了一层阴影。然而，土耳其在政治、经济、军事等各个方面都还依赖于美国，而美国不仅在伊拉克战后重建中需要土耳其合作，而且需要以土耳其这个实行西方式民主的穆斯林国家为模式来实现其重建伊拉克乃至"改造"整个中东的企图。所以美国与土耳其的战略同盟关系在埃尔多安执政后仍然继续受到美土双方的维护和推动。

正义与发展党和繁荣党最主要的区别在于政治方面，繁荣党将"公正秩序"作为党的首要目标，而正义与发展党则将"建立民主、文明、法制的社会"作为党的首要目标，要使土耳其公民的基本权利和自由达到土耳其赞同并支持的国际公约所规定的标准，保证法律面前人人平等。认为政治应服务于社会，其根本是民族意志，而政府则是为人民服务的工具，因此，主张让民众适当参与政治并监督政权，以保证政治的诚实、透明。正义与发展党之所以这样做，是因为它吸取了繁荣党的教训。繁荣党作为一个由选举上台执政的大党，却在世俗主义政党和军队的压力下被迫下台，繁荣党也被关闭，党的领导人埃尔巴甘被捕。这使许多伊斯兰主义政治家认识到土耳其并没有健全的民主制度，而没有真正的民主，伊斯兰主义的任何主张都不可能实现。所以正义与发展党上台后，将土耳其的民主政治的建设作为党的首要目标。正义与发展党这次上台是实行多党制以来第一次一党单独组阁，而且被选进议会的只有共和人民党唯一一个反对党，从而结束了长期以来在政府和议会中政党纷争的局面，有利于土耳其政局的稳定和民主制度的成熟。另外，从正义与发展党的执政实践，人们看到，通过政府和议会的一系列举措和西方的影响，军队对政治的干预正在减少。这都说明土耳其的民主政治正在日益健全和成熟。

三、全球化与土耳其伊斯兰主义的发展

1.全球化与土耳其的民主化

土耳其伊斯兰主义的兴起及其变迁，在某种程度上是全球化的结果。讨论这个问题之前，必须首先要明白什么是全球化。关于全球化的定义五花八门，没有统一的认识。其实,全球化在外延上表现为现代化的扩张,意味着现代性因素从一国波及另一国,即现代性因素的国际传播;全球化在内涵上则意味着现代化的创新,某些现代性的因素从支配一个国家延伸到支配全球,即现代性因素的全球性升华。在全球化时代,发达国家获取经济利润的主要方式是通过跨国公司向发展中国家投资,利用当地的劳动力和自然资源,在当地生产,而产品也主要在发展中国家销售。① 从土耳其的情况看,战后初期的民主化、20 世纪六七十年代的进口替代经济战略、20 世纪 80 年代以后的出口导向战略都是全球化在土耳其的具体表现。

民主政治在全球范围内的扩张就是政治全球化的表现与内容之一。战后土耳其实行多党民主制度,同样是政治全球化的结果,而这种民主化又成为战后初期和 50 年代土耳其伊斯兰教复兴和伊斯兰主义政治思潮兴起的最直接和最重要的原因。

我们需要先分析一下全球化与土耳其政治民主化的关系。

第二次世界大战期间,土耳其由于出口大量的战略物资而使对外贸易大为兴盛,加上政府的庞大支出,使土耳其的商人、资本家大发其财,资产阶级的力量壮大。战时土耳其的出口贸易一直在上涨,外贸出口为顺差,如以 1938 年的出口额为 100,到 1944 年上升为 118。② 尽管战时经济总体上是衰退的,但工业生产却在增长,而且在国民总收入中的比重也在缓慢增加,土耳其工业生产的比重 1940 年为 13.5%,1945 年则占 14.85%。战争结束后,土耳其出现了新的富人阶级,他们对国家主义的经济政策和经济上的家长式统治不满。

凯末尔改革以来,土耳其社会各方面正经历着一些重要变化。新的一代成长起来,他们深受凯末尔主义的影响;城市化有了一定的发展,识字率也得到了极大提高。1927 年居住在十万以上人口的城市居民占总人口的 6.2%,1945 年为 7.4%,1950 年则为 8.3%。随着城市化水平的提高,识字率也有增加,1927 年为 10.6%,1935 年为 20.4%,1945 年为 30.2%,1950 年为 34.6%。城市中男子识字率在 1950 年则为 72%。另外交通业也有了很大的发展,新的铁路网和公路网改变了整个国家的面貌。

---

① 李道胜:《相互依存与全球性发展——从现代化角度看全球化》,《欧洲》1998 年第 2 期。
② 杨兆钧:《土耳其现代史》,云南大学出版社 1990 年版,第 197 页。

　　这样,新的富人阶级的出现、城市化和识字率的提高都为土耳其的民主准备了条件。这些新变化实际上是全球化在土耳其发生作用的结果。民主化改革仍是在西方影响下由上层精英推动的一种西化革命。西方对土耳其民主化的影响有着决定性的作用,换言之,也就是全球化对土耳其的民主化起了决定性的作用。第二次世界大战对土耳其的政治影响是巨大的。战争使土耳其对美国的强大有了深刻的认识。美国参战后,以其雄厚的财力与物资、军火支援西方盟国及苏联,力量之强大,技术之先进,军事手段之优越,特别是美国的原子弹,一举击溃日本,使土耳其朝野震动,印象深刻。同盟国的胜利,被世界大多数人民看成是民主力量的胜利,是议会制度的胜利,似乎美国所倡导的自由民主是世界和平的保障。"美国在同盟国中所表现出来的雄厚实力和对战后国际事务中所持的立场,已为土耳其人所倾服"。① 美国在战后已跃居资本主义世界的首位,土耳其不论从战略地位还是历史因素方面考虑都是美国在中东与苏联抗衡的理想伙伴。土耳其面向西方,追随英法、向往民主,伊诺努在战争后期曾声称愿实行多党制度,扩大自由民主,因此,美国愿意支持土耳其。

　　而苏联却在 1945 年 3 月 19 日宣布废止 1925 年签订的苏土友好中立条约。12 月间,苏联报纸发文说:"1921 年莫斯科条约划归土耳其的几个边界省份应该归还"。② 1946 年 8 月苏联政府又向土耳其政府发出照会,提出建立新的黑海海峡制度,土耳其政府则坚决拒绝。苏联的行为引起了土耳其人民的极大反感,安卡拉发生了抗议苏联的示威游行,人民的反苏情绪由此高涨。就是在这种情况下,土耳其战后初期在外交上完全倒向了西方。1947 年 7 月,土美签订军援协定,美国根据杜鲁门主义计划,对土提供军援 1 亿美元。土耳其国内出现了亲西方的、赞成民主的倾向,这种倾向无疑是由于西方的胜利和土耳其与西方的友好关系造成的。人们自然认为西方的胜利与他们的民主制度有关,这样,伊诺努决定实行多党制时便受到了普遍的欢迎。

2.凯末尔改革的缺陷与伊斯兰主义的初兴

　　土耳其有着几百年的伊斯兰传统,随着西方的入侵和随之而来的以西化为方向的改革,土耳其开始了漫长的世俗化进程,最终导致土耳其出现了世俗民族

---

① 　杨兆钧:《土耳其现代史》,第 195 页。
② 　杨兆钧:《土耳其现代史》,第 193 页。

主义——凯末主义和以凯末尔原则为指导的世俗化改革。凯末尔按现代西方社会的模式重建了土耳其的整个政治机构,创造了一个新的土耳其。但共和人民党在共和国建立到 1946 年一直实行一党独裁统治,镇压各种政治和宗教反对派,世俗化改革大多数情况下是强制推行的,这就积蓄了社会各阶层对一党独裁和强制性的世俗化政策的不满。在奥斯曼帝国时代,伊斯兰教不但在国家政治生活中起着重要作用,而且是统治阶层与人民联系的纽带和桥梁,国家正是通过人民的伊斯兰认同维护它的合法性,各级法官和穆夫提、各级宗教学校依赖于上层的同时,又和普通人民发生着联系,正是这些人将宗教与国家一致的思想不断地灌输给人民,从而使伊斯兰教成为维护帝国统治的意识形态。百年改革发展起来的精英式的世俗文化,并没有深入到普通人民中间。凯末尔改革使帝国变成了共和国,使伊斯兰教和国家政治生活发生分离,土耳其成为一个世俗化的国家,这就使联系国家上层与人民的纽带断裂了。世俗民族主义是一种精英思想,凯末尔的改革也主要局限在制度层面和城市知识分子之内。凯末尔时期的土耳其在社会制度方面虽然全面世俗化了,但实际上存在着世俗的西化的上层精英政治意识和下层人民的传统的伊斯兰性的政治意识。就这样,凯末尔改革造就了土耳其国内的两种截然不同的政治文化。一方面,世俗民族主义在精英阶层取得了全面胜利,成为占主导地位的意识形态,另一方面,中小城镇和广大农村的百姓依然我行我素。凯末尔的政治与社会改革也主要是在大城市和知识分子中间产生了效果。由于这些城市精英掌握着军队、政府机构、司法机构和教育机构,他们在国家政治生活中的影响远远大于他们所占的人口比例,这就使土耳其看起来是一个全面世俗化的国家。实际上,伊斯兰教的价值观还牢牢控制着土耳其人民的心灵。广大农民并没有感受到凯末尔改革对他们意味着什么。这种双重文化标志着统治阶层与下层民众文化上的断裂。凯末尔主义者是在伊斯兰主义和保守的西化主义者的反对下废除哈里发制的。凯末尔改革切断了土耳其与过去的传统以及与穆斯林世界的历史联系,同时,伊斯兰教仍然是广大土耳其人民信仰的宗教。当土耳其变成一个世俗化的共和国后,将土耳其国内各民族联系在一起的伊斯兰纽带解开了。

尽管共和人民党将平民主义作为它的重要原则之一,但它对伊斯兰教的政策却使它疏远了人民群众。如果共和人民党确实给人民带来了物质的福利与进步,则是对这种疏远的一个补充。但现实却不是这样。凯末尔时期,人民的不满情绪一直在积蓄着,战后这种不满在多党政治中充分表现出来。多党制开始后,因选民们没有接受过伊斯兰教以外的任何政治意识形态,他们只能通过宗教自由来表达他们对政府的不满。

　　1946 年土耳其由一党制转变到多党民主制,当时普遍的民主自由气氛为宗教复兴创造了宽松的环境,伊斯兰教成了各种反对派的聚合点,各政党都以伊斯兰教作为反对共和人民党的工具,以宗教自由和信仰自由为依据要求放松严格的世俗化政策。各个政党为了选票不得不重视农村的政治要求,由于凯末尔主义意识形态在农村薄弱而伊斯兰文化在农村占据优势地位,凯末尔时代处于政治边缘的被压制的广大农村的政治意识在多党制的条件下觉醒了,而农村的政治意识中具有浓厚的伊斯兰特征。尽管土耳其宪法明文规定,任何个人和政党不得为政治目的利用和滥用宗教,但每一次选举各政党都自觉不自觉地利用了宗教。它们为了赢得选票,纷纷迎合群众的伊斯兰情绪,这促进了伊斯兰复兴的更大发展,包括苏菲教团在内的各种宗教组织趁机通过各种方式和途径加大宣传和活动,扩张宗教势力。1946 年选举中,人民对强制性的世俗化和对共和人民党一党独裁的不满已经表现出来,它不但导致了民间伊斯兰教的复兴,而且使伊斯兰价值得到某种程度的官方认同。战后初期和 50 年代伊斯兰主义就是在这种背景下出现的,当时伊斯兰主义的群众基础主要是农民和宗教界人士。

3.社会经济的变迁与伊斯兰政党的社会基础

　　20 世纪 70 年代至今的伊斯兰教的复兴以及伊斯兰主义的出现与变迁,主要是由全球化推动的土耳其社会经济结构的变化导致的。这一时期伊斯兰主义政党的支持者主要来自三个阶级:一是手工业者、小商人、小企业主;二是中等职业技术阶层和知识分子;三是非熟练工人。支持民族秩序党的主要是安那托利亚的手工业者、小商人和小业主,而繁荣党、正义与发展党的支持者除此之外还有中等职业技术阶层和非熟练工人。而这三个阶级或阶层出现或社会地位的变化都是全球化的结果。下面分别论述这三个社会阶级或阶层与全球化的关系,以及他们支持伊斯兰主义的原因。

　　首先是手工业者、小商人和小业主。这个阶层是一个早就存在于安那托利亚的传统阶层。但 20 世纪 60 年代至今,其经济地位却发生了重大变化。20 世纪六七十年代是土耳其经济繁荣的时期,这种繁荣的基础是进口替代工业的发展。20 世纪的大部分时间里,第三世界的现代化过程都普遍采用了进口替代战略,成为国家主导的现代化的模式。所以土耳其的这种发展模式也是全球化的表现。虽然进口替代工业的最终产品是本地制造的,主要用于满足受国家保护的国内市场的需求,但它与全球化有着密切的联系,因为实践中进口替代工业所需要的资本、技术和投入都是进口的,要依赖于国际市场。进口替代发展战略带来了土耳其经济的繁荣,也引起社会结构的急剧变化,其中最重要的就是农村人口向城市的大规模转移和手工业者、小商人的大量破产,贫富差距日益扩大。这些下降中的小资产阶级对与外国资本有联系且受政府政策保护的大工业家和大商人心存不满,他们不论在经济上还是文化上都趋向保守,纷纷将目光转向伊斯兰教。一方面他们把宗教当作精神慰藉;另一方面也把宗教当成保护他们的利益的斗争武器。这种情况在 60 年代以来的土耳其政党政治中清楚地反映出来,尤其是 20 世纪 70 年代的选举中,救国党一直在利用着土耳其社会的这种矛盾。厄基尔在一篇文章中分析了这种阶级关系的变化对宗教复兴的影响,他说,一旦传统的现状被资本主义发展的动力所破坏,宗教作为下降中的寻求更公正的社会秩序的阶层的激进意识便有了动力特征。这只是受威胁的阶级进行斗争的第一步,随着经济地位的加速下降,他们会接受更加进步的思想。① 土耳其的伊斯兰主义反对派在那些害怕倒闭的小企业主中产生了。民族秩序党和救国党就是在受进口替代政策保护的大工业、大企业与在各省传统的中小企业的矛盾与斗争中产生的。救国党的选票主要是保守的宗教教团的追随者和地方的小企业主。

　　小企业主、小商人在 20 世纪 70 年代支持了民族秩序党和救国党,20 世纪 80 年代以后他们又成为繁荣党和正义与发展党的重要基础。按常理,经历了 60 年代和 20 世纪 70 年代的破产、倒闭和经济地位的削弱之后,这类企业应该减少了。但实际上,20 世纪 80 年代土耳其结束了进口替代经济战略,代之以出口导向经济战略,小企业在自由贸易和市场开放的条件下又兴旺起来了。最近几十年,全球性的小企业的扩展是转包合同形式发展的结果。发达资本主义国家的这种趋势在第三世界实际上更加普遍。由于全球化,全球的生产企业通过跨国公司已经将制造业的相当一部分转移到了第三世界。其主要模式就是使用贸易

---

① Dogu Ergil,"Secularization as A Class Conflict:The Turkish Example",*Asian Affairs*,Vol.6,No. 1,February 1975,pp.69-80.

网络将劳动密集型的制造业向全球分散,并使企业小型化,这些小企业主要分布在第三世界,并与发达资本主义国家的大品牌制造商联结在一起。① 这些被转包的小企业往往使用简单的技术,依靠"家庭的、家族的、手工的和兄弟式的劳动制度。"②土耳其的伊斯兰主义者正是在这种小企业的增长趋势下找到了肥沃的土壤。土耳其的中小企业经历了快速增长。研究者对五个省城的中小企业的调查显示:80%以上的中小企业是 20 世纪 80 年代以后建立的,而其中一半是在 20 世纪 90 年代以后建立的。其中,纺织业和服装制造业中的新建企业最多。这些企业中近一半是转包制造商,向它们提供承包订单的既有国内的公司也有国外的公司。

　　20 世纪 80 年代后的政府政策通过为中小企业建立工业园区鼓励这一趋势的发展。1996 年,这类工业园区多达 36 个,拥有数以千计的中小企业。在这 36 个工业区中,只有 6 个是 1962 年至 1987 年这 25 年间建立的,其余 30 个则是在 1987 年以后建立的。在这些工业区中,女工和童工被大量使用。这样,伊斯坦布尔贫困的移民社区的妇女家庭计件工作和家庭作坊生产通过多层的转包关系被纳入了全球经济体系之中。社区之外的产品订单(例如,手工毛衣订单)通过本社区的企业家不断地到达,这个企业家与进行生产的妇女或儿童之间存在着或真或假的血缘关系,这种关系使劳动力贬值。由于社区成员之间普遍的互惠关系,这种劳动力的贬值甚至达到了这样的程度:不管工作是在家中还是在作坊中完成的,有时并不支付货币工资。

　　研究者认为,土耳其近二十五年出口能力增加的原因是由于中小企业的发展。作为土耳其出口导向经济的结果,20 世纪 80 年代和 20 世纪 90 年代,这类企业增长很快,并吸收了大量的城市移民就业,这些移民无法在传统的大企业中找到稳定的职业。这些中小企业的工人工作条件与手工业者是一样的,他们的行为包含有许多非正规经济制度的特征。③

　　不论是各省的包工头还是伊斯坦布尔贫民区的中等企业家,并不都是伊斯

---

① Gary Gereffi, "Global Production Systems and Third World Development," In Barbara Stallings Ed. , *Global Change:Regional Response*, Cambridge, 1995.

② David Harvey, *The Condition of Postmodernity:A Enquiry into the Origins of Cultural Change*, Oxford, 1989, p.152.

③ Theo Nichols and Nadir Sugur, "Small Employers in Turkey:the OSTIM estate in Ankara", *Middle Eastern Studies*, Vol.32, No.2, April 1996, p.250.

兰主义者,但伊斯兰主义者中的企业家主要来自于这个部门。

即使包括同时经营工业与金融业的股份公司在内的那些最有成就的企业家阶层,在国家面前也感到力量弱小。他们知道,他们得以存在以及不断发展的原因在于对国家的依赖。① 共和国初期,土耳其并不存在资产阶级;这个阶级是在国家的帮助下产生的。在国家执行进口替代经济政策时期,资本积累和利润的获得更多的是依赖国家政策而不是市场。相应地,企业家的注意力更多地集中在与政府官僚及政策制定者的关系互动方面,而不是如何开发市场方面。② 20世纪80年代以后,政府结束了进口替代战略,欲创造一个能够自我调节的市场经济制度。但国家并没有退出经济领域。国家与企业家之间的依附关系依然存在。③ 近几十年困扰土耳其政坛的腐败丑闻就是这种局面造成的结果,这也部分地解释了这一时期繁荣党、正义与发展党受欢迎的原因。在所有的政党中,人们认为其他主要政党在执政时期都直接或间接地卷入到了各式各样的腐败事件之中,而繁荣党及其后继者正义与发展党是最干净的。更重要的是,繁荣党、正义与发展党不断地为那些新出现的仍处于边缘地位的企业家阶层的利益呼喊。这些企业家大多数来自各个省区,虽然充满了活力,取得了巨大的成功,但他们远离政府权力资源,感到缺乏国家的保护。

企业家阶层的中心与边缘的分野也可以通过亲凯末尔主义的企业联合会与亲伊斯兰主义的企业联合会的比较中发现,一个是20世纪70年代由一部分大企业家建立的"土耳其工商企业家协会",这些大企业家过去一直与政府当局有密切的关系,过去一直依赖这种关系来发展自己的企业。现在,土耳其工商企业家协会的几百个成员中的大多数都是以伊斯坦布尔为基地的大企业。"独立工商企业家协会"则主要由中小企业在1990年建立,这些中小企业通过转包合同进行生产,并受大资本的剥削,同时又不能得到国家保护。它们在国家机构中没有自己的代理人,是中小企业家自愿组成的协会。这些新的企业家阶层是繁荣党、正义与发展党重要的支持者。

大多数"独立工商企业家协会"的成员的雇用工人都在25人之内,他们认

---

① Ayse Bugra, *State and Business in Turkey: A Comparative Study*, Albany, 1994, pp.4-5.

② Ziya Onis, *State and Market*, Istanbul, 1998, p.244.

③ Ayse Bugra, *State and Business in Turkey: A Comparative Study*, Albany, 1994, p.264.

为"长期以来政府当局对选民的待遇都是不公正的。"①中小企业家经常抱怨他们是后娘的孩子,因为政府的政策总是支持大企业;同时,官方的统计数字也说明,在繁荣党执政前的 10 年内国家机构和国家银行给予中小企业的贷款只占总贷款量的 3%—4%。② 但是从 1990 年以来,小企业占土耳其制造业企业数量的90%,雇用人数超过了制造业从业人数的三分之一。③ 独立工商企业家协会也就有了一些规模较大的和增长很快的成员公司,但这些公司的历史不长,并与传统的大企业有着明显的区别,传统的大企业仍然依赖国家并拥护凯末尔主义。独立工商企业家协会代表了新兴的和边缘化的企业家阶层,这个阶层支持伊斯兰主义。

繁荣党提出的"公正经济秩序"的纲领描绘了一幅由这些企业家构成的平等的小资产阶级社会的蓝图。④ 亚拉尔说:"从劳资关系方面来看,信息社会似乎具有许多前工业社会和农业社会的特征:家庭价值观、中小规模的企业、非营利性的自愿的行业协会等。"⑤

包括繁荣党、道德党、正义与发展党、独立工商企业家协会等伊斯兰主义者的话语中,一个经常提到的主题就是与政府机构关系密切的寻租企业与那些行为正当、工作努力、但背景艰辛的企业之间的利益冲突。繁荣党即使在 1995 年取得大选胜利之后,都始终谴责那些"寻租者"。同样,独立企业家协会在关于1997 年土耳其经济的报告中指出,"寻租者"利益圈破坏了土耳其的民主进程,这种破坏在繁荣党政府下台过程中达到了顶峰,正是他们的鼓噪造成了繁荣党领导的世俗政府的危机。同样的主题也可以在土耳其著名的伊斯兰主义经济学家穆斯塔法·厄扎尔对藏在凯末尔主义背后的"寻租者"利益圈的猛烈抨击中看到,他明确地说,他们现在仍然通过国家的保护剥削人民。按照厄扎尔的观

---

① Ayse Bugra, *State and Business in Turkey : A Comparative Study*, Albany, 1994, p.525.

② Nadir Sugur, "Small Firm Flexibility in Turkey", *New Perspective on Turkey*, Vol. 16, Spring 1997, pp.99-100.

③ Theo Nichols and Nadir Sugur, "Small Employers in Turkey", *Middle Eastern Studies*, Vol.32, No.2, April 1996, p.231.

④ Haldun Gulalp, "Political Islam in Turkey : The Rise and Fall of the Refah Party", *The Muslim World*, Vol.89, No.1, January 1999, pp.27-28.

⑤ Erol Yarar, *A New Perspective of the Word at the Threshold of the 21st Century*, Istanbul, 1996, p.8.

点,这些数量上最多有几千人的寻租者,由专利人、高利贷者、进口替代政策造成的假冒企业家组成,这些人都是依靠政府权力保护而剥削国内市场的掮客。通过比较,他坚持认为,那些真正具有竞争力的出口型企业才维护了民族和国家利益,他们反对凯末尔主义的意识形态,支持繁荣党和正义与发展党的伊斯兰自由主义。

这种话语也是繁荣党、正义与发展党在工人阶级中受到欢迎的关键。繁荣党下台前后,收入分配不断恶化、通货膨胀率持续上升、政府腐败丑闻不断,伊斯兰主义者将剥削者说成是依赖政府和凯末尔主义意识形态的人,从而在工人阶级中获得了巨大的支持。伊斯兰主义者的平民主义呼吁使之以政治认同的方式成功地将 20 世纪 80 年代之后从全球化和新自由主义经济政策中受益者与失意者全部团结在自己的周围。①

1993 年的调查结果显示,包括家庭企业在内的小企业主,一般都将伊斯兰主义的倾向与政府经济政策中的"自由主义"态度联系在一起。伊斯兰主义者的平民主义宣传吸引了那些近几年移居城市而渴望改变其下层背景的小企业主。同样的调查显示,对现状的不满被更多地倒向了对伊斯兰主义政党的支持,而不是对社会民主党的支持。这样繁荣党、正义与发展党就将企业主阶层的边缘部分和工人阶级带到了一个屋檐之下,并以相同的伊斯兰认同将他们联合起来。

支持伊斯兰主义的第二个重要的力量是工人阶级,其中主要是非熟练工人,即那些在城市化过程中从农村涌进城市的无产者。

20 世纪 80 年代,土耳其的城市化达到了前所未有的程度。同时,农村人口的绝对数量在这一时期也开始下降。从 1980 年到 1990 年城市人口增长了 70%左右。② 1950 年 75%的人居住在农村,1960 年土耳其的城市人口比例为 32%,1980 年农村人口只占总人口的 54%,城市人口在 20 世纪 80 年代首次超过了农村人口,到 1990 年 59%的土耳其人居住在城市。大量的农村人口涌进城市,使城市文化的本土性增强了,由于城市的新移民往往带有浓厚的传统观念,这就使土耳其原先存在的两种文化在城市中对立起来并发生冲突,伊斯兰复兴不但存

---

① Ziya Onis, "The Political Economy of Islamic Resurgence in Turkey: The Rise of the Welfare Party in Perspective", *Third World Quarterly*, Vol.18, No.4, September 1997, pp.743-766.

② State Institute of Statistics, *Statistical Yearbook of Turkey*, Ankara, 1996.

在于农村,而且更重要的也存在于城市。新的城市居民逐渐割断了同农村的家庭、社会、宗教的联系,面对全新的工作与环境,"他们与大批陌生人相互作用,面对着一套新的关系。他们需要新认同根源、新形式的社会稳定,以及一套新的道德规范来赋予它们意义和目的。不论是主流的、还是原教旨主义的宗教,都满足了这些需要。"①

快速的城市化并没有提高工人阶级的经济福利,涌进城市的农村人口往往处在城市的最底层,他们居住在贫民区,经常面临着失业的威胁,生活没有完全保障。工人阶级在整个 20 世纪 80 和 90 年代的实际收入一直处于下降之中。城市工人工资在国民收入中所占比例从 20 世纪 70 年代后期的 32.7% 下降到 20 世纪 80 年代后期的 20.8%。相比之下,同一时期出租者收入在国民收入中所占比例则有了巨大的提高,从 1980 年的 1.9% 上升到 1988 年的 14.1%。家庭收入的分配在这一时期恶化了。1994 年,五分之一的高收入家庭所得占全国家庭收入的 54.9%(1987 年为 49.9%),同时五分之一的低收入家庭所得仅占 4.9%(1987 年为 5.2%),这种分配越往上越不平衡。同年,5% 的高收入人口收入是全部人口收入的 30.3%,1% 的高收入者的收入则占总收入的 16.6%。② 现状令城市无产者对现行政策不满。同时,他们又保留着浓厚的伊斯兰价值观,伊斯兰教自然就成了他们表达经济和政治要求的工具。许多人在适应新的环境之前,试图在宗教中寻找天堂从而成为虔诚的信教者,宗教使他们变得自信和坚韧。亚普认为当代土耳其的伊斯兰教是新的城市群体表达政治要求的工具;而在其他环境中,这种工具或许是别的东西。亚普提出,救国党便是将伊斯兰教当作政治工具的一个例证。③

以上数字解释了"正义"、"福利"等平民主义话语以及对出租者的批评为什么能够吸引穷人和被剥削者。社会民主党人虽然也诉诸同样的话语,但他们这一时期并没有竞争过繁荣党,原因是历史上它作为自上而下的现代化和西方化的提倡者,与凯末尔主义的意识形态有千丝万缕的联系。

---

① [美]塞缪尔·亨廷顿:《文明的冲突与世界秩序的重建》,新华出版社 1998 年版,第 95 页。

② State Institute of Statistics, *Income Distribution（Household Income Distribution Survey Results）*, Ankara, 1996.

③ E.M. Yapp, "Contemporary Islamic Revivalism", *Asian Affairs*, Vol. 11, No. 2, June 1980, pp. 178-195.

20世纪90年代,社会民主党派衰落了,代之而起的是繁荣党,进入21世纪之后,它又以正义与发展党的名义再次崛起。繁荣党、正义与发展党在大城市周围的贫穷社区赢得数量巨大的选票,而大城市的中心区域在20世纪70年代则是社会民主党派的主要支持者。① 繁荣党在城市贫民区宣传社会经济公正和平等。伊斯兰的正义感不仅表现在意识形态领域。具体说来,20世纪80年代,地方的宗教组织和为城市贫民区的穷人提供帮助的宗教基金会发挥了被政府忽略的社会福利功能,从而对伊斯兰政治运动的大众化做出了贡献。他们实际上在繁荣党的地方选举胜利中起了工具性的作用。调查表明,支持伊斯兰主义的大多数人对繁荣党纲领中的"公正秩序"和正义与发展党纲领中的"民主"所知甚少,但他们相信伊斯兰主义政党会创造一个"平等主义"、"社会主义"的社会。大多数伊斯兰主义的支持者显然不是受到了宗教的鼓动,而是受到了政治需要的推动。与熟练工人和有组织的工人不同,这些工人倾向于卷入非主流的政治运动之中。伊斯兰主义政党通过平民主义的宣传发动群众性的社会运动的努力主要是指向这一阶层的。但是,政治伊斯兰同样在熟练工人中赢得了支持。

20世纪80年代以后,大学生和中等职业技术阶层也是伊斯兰主义政党的重要支持力量之一。中等职业技术阶层主要来自教育界、新闻界、企业界(管理人员)、演艺界、政府部门等,进入这个阶层的主要途径就是教育。战后以来,土耳其的各级教育都得到了长足的发展,土耳其出现了大量的知识分子阶层,中等职业技术阶层的人数和力量得以扩大。1923年共和国建立时,土耳其的识字率是10%,1973年识字率则达到了近60%,其中男性识字率是80%,女性识字率为20%。据安卡拉广播电台消息,1982年土耳其的识字率达到了70%,高等学校在校学生从1934年的25,000人上升到1970年的164,000人和1978年的300,000人。② 多党制实行以来,通讯和传媒也有了巨大的发展。报纸和期刊的种类由1945年的154种增加到1995年的787种。据估计,1978年土耳其报纸的日发行量达到二百五十万份。传媒和教育的发展使人们越来越多地获得了解各种信息和思想的渠道。20世纪80年代至今的伊斯兰主义思想扩散主要是伊

---

① Haldun Gulalp, "Political Islam in Turkey: The Rise and Fall Of the Refah Party", *The Muslim World*, Vol.89, No.1, January 1999, pp.29−32.

② *Encyclopedia Britannica*, The Article on Turkey, New York, 1974, Vol.18, p.791. Walter Weiker, *The Modernization of Turkey: From Ataturk to the Present Day*, New York, 1981, p.161.

斯兰知识分子利用发达的媒体宣传的结果。按常理,教育的发展应该使越来越多的人倾向于世俗化,而且不论凯末尔时期还是多党制时期,各级学校几乎都开设土耳其历史课,世俗主义原则是各类学校必须坚持的准则,绝大多数毕业生毕业于世俗学校。但受教育的下一代与凯末尔主义的军事、官僚精英们有很大的不同。凯末尔主义者受到西方文化和价值观的强烈影响,积极推进以西化和世俗化为特征的现代化改革。相比之下,为数众多的下一代大多数是在凯末尔时代创立的大学、中学、小学中接受教育的,这些学校使用的是土耳其语,知识多是通过翻译而变成的本国化的东西。这些学生和西方的联系非常淡薄。他们不能希望西方为他们提供权力和财富,西化主义者和世俗主义者对他们的控制和对国家权力的控制,阻碍了他们在政治上向上发展的道路,使他们不愿认同世俗主义思想,他们不得不在自己的社会内部寻找成功的手段,伊斯兰价值和文化成为他们的必然选择。20世纪80年代土耳其校园中的伊斯兰运动实际上是学生们以伊斯兰教为武器表达对现政权的不满。民主制度的发展和新闻媒体的规模扩大,使受教育阶层的政治参与深度和广度日益加大,大众动员起来反对受过西方教育的或有西方价值取向的精英。与工人、资本家不同,中等职业技术阶层与资本主义生产关系的联系并不稳定;他们只关心自己的"地位",文化资本是产生和维持其社会地位的资源。尽管知识分子从个人的角度在为某个阶级的利益进行鼓吹,但知识分子和其他中等职业技术阶层的阶级利益并不能直接造成促使生产关系转变的社会运动。文化斗争是知识分子和中等职业技术阶层改善自身地位的显著特征。

换言之,后现代环境允许他们对土耳其没有疑义的西化工程提出疑义,这样它就为迄今为止伊斯兰主义思潮的流行做出了贡献。

4.西方式发展道路的失利与伊斯兰"解决方法"

从18世纪开始,土耳其和所有非西方民族一样,面对的是强大的西方和衰弱的自我,他们羡慕西方社会的经济繁荣、先进技术、军事实力和政治凝聚力。他们在西方的价值和体制中寻求成功的秘诀,如果发现自认为可能的答案,他们就尝试在自己的社会中加以运用,为了变得富有和强大,他们不得不效仿西方。19世纪,土耳其已经从西方引进了一系列意识形态并开始了一系列以西化为目标的世俗化改革。凯末尔主义和凯末尔改革的目标就是要在土耳其创造出西方文明。这是在当时的历史条件下土耳其和所有东方民族所能做出的唯一选择。

土耳其的精英们在现代化的努力中首先以西方的标准确立目标,将西方的社会特征作为现代性的既定模式。战后以来,美国又以其强大影响力在全球显示着西方的优越。另外,共产主义意识形态在50—60年代也产生了巨大影响,苏联模式一时又成为许多国家效仿的对象,当时它是与苏联的经济成功和军事权力联系在一起的。但自60年代以来,世界力量的对比已经发生了巨大的变化。战后民族解放运动的发展使广大殖民地纷纷摆脱西方的控制而获得独立,沉重打击了西方在世界政治中的权力,西方国家在世界经济中所占的份额日益减少,西方和美国都处在相对衰落之中,东亚经济的崛起更加消解了西方的影响力。尽管西方文明仍是最强大的文明,但它的影响和对世界的控制力已远非昔日可比。随着西方文明的普世价值面临越来越多的挑战,凯末尔主义开始失去吸引力。欧洲文明的普世性标准正在解构,以西方文明为标准的现代性的基础被日益削弱,西方文明成为一种相对的现代化模式,西方的文化和价值不再是广大第三世界国家知识分子所能追寻的唯一选择。越来越多的知识分子开始将欧洲文明的特征归结为地区性的,并不适合于所有民族与国家。再加上西化的现代化模式带来的一系列不良后果,知识分子们开始对西化的道路产生怀疑。土耳其现代化的危机导致了伊斯兰主义。伊斯兰主义的主题,诸如反西方主义、支持边缘人群与中心的斗争、强调伊斯兰文化的特殊性等,在新一代学生和其他知识分子的后现代意识中引起了共鸣。土耳其的政治伊斯兰主义是一种对现代化道路的探索和思考。"伊斯兰复兴运动就其广度和深度来说是伊斯兰文明向西方作调整的最新阶段,它是在伊斯兰教而不是在西方的意识形态中寻求'解决方法'的努力。它体现了对现代性的接受,对西方文化的摒弃,以及重新把伊斯兰教作为现代世界中生活的指导来信奉。"①

战后以来,土耳其社会多次遭受经济危机和经济衰退的困扰,引起了诸多的社会问题,例如两极分化的加剧,经济发展的受阻、社会腐败日盛、犯罪率增加等。1994年出现了建国以来土耳其最严重的经济危机,国民生产总值严重下降,多年来,土耳其通货膨胀率居高不下,1994年达到150%,失业问题非常严重,平均失业率为8.4%,城市地区高达12.8%,1994年失业人数为60万人。贫富分化和贫富悬殊现象更是触目惊心,1987年土耳其生活在贫困线以下的人口

---

① [美]塞缪尔·亨廷顿:《文明的冲突与世界秩序的重建》,第110—111页。

为 750 万人,1994 年上升到 1000 万人。面对这一系列社会问题,人们对西化道路的怀疑日益加深,转而从伊斯兰教中寻求解决方法。这无疑是对凯末尔主义的挑战。随之,土耳其从上到下开始认同伊斯兰价值观,军队和政府的许多上层人物也不断强调伊斯兰教是土耳其民族主义的组成部分。伊斯兰复兴运动孕育产生了土耳其的伊斯兰民族主义。繁荣党的纲领是土耳其伊斯兰民族主义形成的标志,正义与发展党的崛起则标志着伊斯兰主义政党日益走向成熟。

土耳其的伊斯兰复兴不但是整个国际格局变化的结果,而且深受中东伊斯兰复兴的影响,这从另一个方面证明了伊斯兰主义的兴起与全球化有着密不可分的关系。伊朗伊斯兰革命后,土耳其人的宗教意识明显增加。在东部的埃尔祖鲁姆,书店大量出售霍梅尼的著作。1987 年,安卡拉、伊斯坦布尔等城市的女大学生为争取戴头巾进入课堂而示威游行时,伊朗议会声援了土耳其学生,土耳其政府指责伊朗干涉土耳其内政,结果两国产生外交矛盾。每当中东、中亚、巴尔干地区发生与穆斯林有关的事件时,土耳其就发生示威游行,表示声援和抗议。历史上,伊斯兰教一直是反对外来威胁的集合点。20 世纪 70 年代阿拉伯国家的石油斗争更使土耳其这个无油国感到了发展与阿拉伯国家关系的重要性。1983 年祖国党上台后非常重视土耳其民族主义中伊斯兰价值和传统,并开始发展与阿拉伯—伊斯兰国家的关系。土耳其在伊斯兰国家首脑会议中发挥着日益重要的作用,与伊斯兰国家的政治、经济关系日益密切。外交上向阿拉伯—伊斯兰国家的倾斜,既是土耳其国家利益的需要,也是国内伊斯兰复兴运动在对外关系上的延伸。同时,这种外交政策的调整又反过来成为促进国内伊斯兰情感上升的原因之一。

土耳其政治伊斯兰的基础是由不同的社会阶级构成的。尽管他们支持政治伊斯兰的动机与目的各不相同,但不同的社会阶层却由于都反对凯末尔主义并通过伊斯兰教的认同来表达他们的政治愿望而结合在了一起。繁荣党、正义与发展党成功地使这些不同的社会力量都支持它,形成了一种强有力的反对派运动。繁荣党、正义与发展党的支持者包括以下社会阶层:由中小企业主构成的资本家阶级的边缘部分;中等职业阶层,这个阶层的边缘部分由保守的、有安那托利亚背景的大学生和准备向凯末尔主义基本支柱的核心职业上层进行挑战的大学生构成;工人阶级,他们的边缘部分由新到大城市的移民构成,他们几乎找不到稳定的工作,经常从事一些城市中的低级工作。最近几年,上述阶层在数量上都有了巨大的增加,其社会力量和经济力量也不断加强。这些反对派对政府提出了挑战。政府由于与全球化进程联系的削弱,对边缘民众的社会福利漠不关心,使其压制性的特征比以前更加明显,为其基本的意识形态凯末尔主义受到攻击创造了机会。全球化已经加强了边缘资本和边缘职业技术阶层的力量,同时却削弱了工人阶级的力量。在对土耳其的西化工程的失败进行尖锐的批评中,伊斯兰主义运动通过吸引更为广泛的对政府不满的社会阶层扩大了自己的基础。

四、伊斯兰主义与土耳其现代化模式的转变

1.奥斯曼帝国的百年改革与权威主义现代化模式的形成

奥斯曼帝国改革的启动以及整个现代化过程都是一种自上而下的现代化模式的典型。其目的是为了保护王室、政府与军事官僚的政治利益,[①]为了抵御西方列强的侵略和维护奥斯曼帝国的统一。[②] 采纳现代西方的科学技术与西方国家的组织机构对奥斯曼帝国来说都是达到这一目标的有力手段。奥斯曼帝国的现代化最初是在封建君主和封建官僚的主导下启动的。没有传统社会势力的最初参与,现代化要成为一种主动的改革进程是不可能的。奥斯曼帝国素丹的改革也得到了其他传统势力的支持。1808 年素丹马哈穆德二世就是在贝伊拉克塔尔·穆斯塔法帕夏领导的阿扬联合力量的帮助之下掌权的,穆斯塔法帕夏在谢里姆三世退位之后变成了改革的支持者。素丹承认了阿扬在各省已经获得的实际权力,具有世袭性地位的阿扬则完全支持素丹对军队的重组以及对军事和税收的最高权力。[③] 高级乌里玛是马哈穆德二世时期支持改革又一传统社会力量。作为统治阶级的组成部分,乌里玛为了宗教与国家的利益而支持改革。[④]他们是宗教权威,他们对改革的支持安抚了低级乌里玛和民众的不安情绪。但

---

① Roderic H.Davison, *Reform in the Ottoman Empire*, *1856-1876*, Princeton, 1963, pp.6-8.

② Roderic H.Davison, *Reform in the Ottoman Empire*, *1856-1876*, p.6.

③ 刘易斯:《现代土耳其的兴起》,商务印书馆 1982 年版,第 81—83 页。

④ Dietrich Jung and Wolfanggo Piccoli, *Turkey at the Crossroads*, London and New York, 2001, p.38.

是乌里玛又是改革的对象,随着改革进程的深入,他们的权力与地位在逐渐地被削弱,这是改革进程的明显特征。谢里姆三世和马哈穆德二世改革的重要性并不在其实际成就,而在于这些改革导致的对以后帝国政治现代化发生重要作用的一些间接后果。首先,随着改革的发展,出现了现代官僚阶层,尤其是1833年最高波尔特翻译局的设立及其规模和重要性的增长,使帝国的现代官僚阶层在制度框架内开始形成了强大的势力,成为日后推动改革的主要力量。日后许多改革派的重要人物都出自最高波尔特翻译局。他们是奥斯曼帝国的精英,他们的权力来源于素丹,来源于国家机器的现代化过程。这些新型的社会力量的共同特点就是他们都希望保护国家机器免受来自内部和外部威胁。以这些新的官僚阶层为核心,现代政府职能部门和相应的管理机构发展起来了。帝国时期的改革奠定了以军官和文职官僚精英为中心的自上而下的现代化模式,我们将奥斯曼—土耳其现代化的这种模式定义为权威主义模式,就是在这种模式下,帝国走上了主动的现代化道路,这种模式至今仍然影响着土耳其的政治现代化进程。

奥斯曼帝国传统政治结构的加速改变是坦志马特(Tanzimat,意为改革)改革开始之后的事,加强中央集权的现代化改革中出现的现代力量对奥斯曼帝国最高权威提出了挑战,这是改革的实施者没有想到也不愿看到的事情。军官、行政人员、教师、知识分子等现代职业阶层,与国家的现代机构存在着直接联系,他们的人数不断增长,要求进一步参与国家和社会事务。1865年,"青年奥斯曼人"开始宣传他们的思想。他们主张在伊斯兰原则基础上实行宪政和代议制制度;建立强大的中央集权,反对阿扬和德雷贝伊的分权倾向;主张以祖国(Vatan)的认同取代传统的对米勒特(Millet,民族)的认同。① 青年奥斯曼人与过分西化又几乎完全垄断着现代国家机器的官僚上层展开激烈争论。他们是奥斯曼帝国立宪主义的理论、代议制政府理论和国家语言改革理论的先驱。这种理论即来源于坦志马特时代的社会变迁,也来源于改革诏令的法律精神,后来成为土耳其共和国的重要思想源泉。

在前大维齐米德哈特帕夏的领导之下,青年奥斯曼人与文人官僚、军官联合起来,展开了立宪运动。1876年12月,在部分军队的支持之下,青年奥斯曼人

---

① 　Kemal Karpat, *An Inquiry into the Social Foundations Of Nationalism in the Ottoman State*: *From Social Estates to Classes*, *From Millets to Nations*, Princeton, 1973, pp.262–265.

争取到了帝国宪法的颁布和议会的建立。代议制度的实行也是现代化改革导致的社会变迁的结果。帝国设立议会的必要性和可能性并不是由文化决定的,而是由帝国多样化的社会结构和政治制度所需的政府职能的必要性决定的。① 现代化冲击下的奥斯曼社会与传统的社会相比越来越多样化了。有势力的传统社会力量,诸如素丹本人、地方贵族、部落领袖和具有传统倾向的乌里玛,仍然是奥斯曼社会的重要组成部分。但坦志马特时代发展起来的现代力量在帝国的政治、经济、文化方面起着越来越重要的进步作用。而且诸如乌里玛、官僚、军队等社会集团由于利益的不同发生了内部分化,有些倾向于现代化,有些则倾向于传统。

哈米德二世的专制主义失败了,而推翻奥斯曼帝国统治的各种社会力量和政治思想却在哈米德二世统治时期进一步形成了。1895 年进步与统一委员会建立之后,青年土耳其运动开始活跃起来,并能不断地得到军队的支持。1908年 7 月青年土耳其人在萨洛尼加发动起义,素丹被迫恢复宪法和议会。青年土耳其党人分为自由主义者和统一主义者。自由主义者是受过西方教育的官僚上层,支持君主立宪制;统一主义者主要是居于社会中下层的政府公务员、军官和青年知识分子,他们以统一与进步委员会为中心,主张进行更为激进和集中的改革。② 通过对宪法的修改,素丹从拥有绝对权力的君主变成了名义首脑。1913年,统一主义者恩威尔、塔拉特、杰马尔三巨头建立了独裁统治,提出了激进的社会改革纲领,其中包括法律的世俗化、妇女地位的提高、组织选举、建立国家资本主义经济等。③

新军和现代官僚机构的建立本来是为维护帝国的统治的,但来自新式军队和现代官僚机构中的社会力量最终转而反对帝国的素丹制。改革进程的社会和政治动力最终摧毁了素丹制的基础,结束了奥斯曼帝国五百多年的统治。

奥斯曼帝国现代化进程包含两个层面:首先是奥斯曼传统社会结构的转变;其次是国家的改革精英们的有目的的改革行为。奥斯曼帝国的现代化几乎是在一种强制性的轨道上运行。哈米德二世的专制主义统治表明,强制性的现代化

---

① Karpat, *An Inquiry into the Social Foundations of Nationalism in The Ottoman State*, pp.267-268.

② Feroz Ahmad, *The Making of Modern Turkey*, London, 1993, pp.33-35.

③ Ali Kazancigil and Ergun Ozbudun, *Ataturk*, *Founder of A Modern State*, Hamden, 1981, pp.49-50.

道路加剧了传统统治制度的合法性危机。奥斯曼帝国的权威主义现代化最终破坏了它保卫传统秩序的初始目的。

由于军事安全的需要而引发的对军队和官僚机构等现代国家机器的现代化不仅是奥斯曼和土耳其现代化的聚焦点,也是其动力。奥斯曼现代国家制度并不是通过各种社会力量的合力而形成的,而是通过统治上层的强制实现的。国家制度的严格等级划分、国家机器与统治精英被看作是同一种东西,都反映了奥斯曼改革及这种改革的强制性轨道的权威特征。由安全的需要而推动的土耳其的现代化有两个明显不同的面孔。一方面,它是一种面对外部压迫的战略调整;另一方面,对内则是一种统治上层强加的社会政治工程。

尽管作为一种传统的世袭制国家的奥斯曼帝国消失了,但它的政治结构、政治文化以及与巴尔干国家的冲突结构在土耳其共和国时期依然存在。

2.凯末尔对权威主义现代化模式的继承

如果我们考虑到奥斯曼改革的动机和目的,色弗尔条约则是这些改革完全失败的证明。通过政治和社会结构的现代化保卫帝国和挽救政府的努力不但没有阻止反而加速了帝国崩溃。但是,一百多年的现代化为土耳其民族运动创造了肥沃的土壤。奥斯曼帝国的解体、人口的民族与宗教构成方面的变化,为土耳其民族国家的出现在领土范围和民族构成方面创造了必要条件。民族主义运动将东方问题的劣势转变成了优势。对希腊侵略者战争的胜利标志着土耳其在东方问题上的被动受制的外交结构发生了变化。在民族解放运动胜利的基础上,1923 年 7 月 24 日,伊诺努与协约国签订了洛桑条约,结束了古老的东方问题,土耳其进入了现代国家体系。经过一百多年的斗争,奥斯曼帝国现在又以民族独立国家的合法形式重新崛起了。

凯末尔领导的土耳其共和国在许多方面都继承了奥斯曼帝国改革的遗产,凯末尔推行的现代化改革仍遵循着自上而下的权威主义改革模式。现代土耳其不仅仅是凯末尔的发明。[1] 土耳其共和国尽管披着新的西方化的外衣,但它更多的是对奥斯曼社会、政治、文化模式的一种民族式的复兴。凯末尔在改革中不断强调要使土耳其进入西方文明国家的行列,而"文明"一词在奥斯曼改革时代

---

①　Paul Dumont, *Contribution De L' Histoire Economique Et Sociale De L' Empire Ottoman*, Leuven, Belgique, 1983, p.144.

的官方文件中已经频繁地出现了。① 与奥斯曼帝国的现代化一样,凯末尔主义改革的目的也是为了在内外威胁的环境中保卫国家机器,保障上层军官和文人官僚的地位。而且,共和国精英的社会背景、世界观和政治思想都建立在奥斯曼帝国的改革进程和社会变化基础之上。

民族解放运动和世俗化改革的社会力量都是由奥斯曼帝国的改革造就出来的。三巨头逃走之后,进步与统一党的许多地下组织依然存在,这些地下组织对民族解放运动做出了重要贡献。② 凯末尔也承认,进步与统一委员会的成员参加了安那托利亚和鲁米利亚护权协会,接受了护权协会的纲领,是土耳其的民族精英。③ 凯末尔是奥斯曼帝国后期的现代主义者转变为民族运动领导人的典型代表。他们属于与坦志马特时代的社会结构变化有密切关系而又在哈米德时代与奥斯曼王朝关系破裂的社会阶层。这个阶层通过立宪运动、青年土耳其运动和凯末尔主义革命而得以延续不断。作为社会进步与教育的载体的军队对凯末尔人生的塑造起了决定性的作用。凯末尔属于帝国后期的训练有素而知识丰富的军官和文职官僚上层之一。他还深受现代奥斯曼积极精神与孔德、孟德斯鸠、伏尔泰、卢梭等人的哲学思想的影响。④ 这种个人与教育背景使他变成了民族主义运动中共和派的理想代表。凯末尔是军事官僚精英中年轻成员,是激进的土耳其民族主义的忠实支持者。

共和国的精英们同样从帝国那里继承了国内各种政治势力组成的复杂结构。洛桑条约之后,凯末尔和他的同事们不得不加强权力以对付来自国内的威胁。国家的统一与统治上层的利益再次变得同等重要。土耳其国家的生存斗争与国内的权力斗争交织在了一起。

凯末尔主义者权力的巩固通过两个过程:对思想文化的垄断和对武装力量的垄断。获得这种垄断的最主要的政治工具是凯末尔建立的共和人民党。文化改革为凯末尔主义者独裁的合法性创造了必要的意识形态资源。洛桑条约签订

---

① Selim Deringil, *The Well-Protected Domains*: *Ideology and Legitimation of Power in the Ottoman Empire*, *1876-1909*, London, 1998, p.176.

② Erik Jan Zurcher, *The Union Factor*: *The Role Of the Committee Of Union and Progress in the Turkish National Movement*, *1905-1926*, Leiden, 1984, pp.68-88.

③ William Hale, *Turkish Politics and the Army*, p.66.

④ Dietrich Gronau, *Mustafa Kemal Ataturk*, Frankfurt, 1994, p.22.

后,民族主义运动内部的矛盾很快显现出来。民族主义运动由军官、官僚、技术人员、商人、地主、安那托利亚的神职人员组成,其中的大多数人仍然把民族主义斗争看成是恢复素丹权力和奥斯曼王朝的手段。① 现代化的军事官僚上层的内部也发生了分裂和斗争。甚至在共和国宣布成立之前,凯末尔和保守派军官的关系就已经紧张了。第一届议会期间(1920—1923),安卡拉的大国民议会就分裂为支持凯末尔的"第一组"和主张君主立宪制的"第二组"。凯末尔对候选资格进行了审查之后,第二组的 118 个代表只有三人于 1923 年 7 月被重新选进了第二届议会。② 议会又通过法律,要求军官们如果在政府和议会中发挥作用,就必须辞去军职。但凯末尔主义的军官却可以在担任议会代表的同时继续留在军中,反对派为了发挥他们的政治作用则更愿意辞去军职。③ 这种军队与政治的分离可以看成是军队的凯末尔主义化,也是凯末尔主义者垄断武装力量的第一步。

凯末尔主义者加强权力的第二个步骤是 1923 年 3 月维护秩序法的颁布。这部紧急法实施到 1929 年 3 月,按照这部法律,政府可以通过军队和独立法庭强制实施它的决定。④ 这部维持治安法和独立法庭通过粉碎政治反对派、查封不同意见的报刊、迅速的文化改革有效地巩固了凯末尔政府。1925 年 7 月,在镇压了库尔德人的叛乱之后,独立法庭控告进步共和党支持了叛乱并为政治目的而利用了宗教,进步共和党被取缔。凯末尔还采取有力的政治措施排除了政府和军队中的异己分子,加强了自己对政府和军队的控制,确立了共和人民党的权威统治。

现在共和人民党的领导层与军队、政府构成了一个统治集团,他们将政府看成是他们个人的领地,就像奥斯曼时代的官僚和军官们将朝廷和最高波尔特看成是自己的领地一样。奥斯曼帝国的权威主义变成了土耳其共和国的政治文化的重要组成部分。

世俗主义原则在土耳其现代化的过程中起了关键性的作用。世俗化同样是

① 　Metin Heper, *Development of Administration in Turkey: Conceptual Theory and Mythology*, Istanbul, 1981, p.350.

② 　Frederick Frey, *The Turkish Political Elite*, Cambridge, 1965, pp.306-327.

③ 　Feroz Ahmad, *The Making of Modern Turkey*, p.57.

④ 　刘易斯:《现代土耳其的兴起》,第 283 页。

奥斯曼帝国的改革精英们努力的目标,是奥斯曼—土耳其现代化精英们的根本原则,是奥斯曼帝国现代化的主要趋势。世俗化改革是凯末尔现代化的主要特性。但是,宗教在土耳其人口中的最基本的社会功能并不能简单地以行政法令的形式而消除。在政治中被世俗主义取代的只是官方宗教及其影响,并不是民间宗教。世俗化是消除以宗教手段反抗现代化精英和中央政府的可能性的一种手段。① 世俗化的实施将宗教从政治中分离出来,同时维持政府对宗教事务的干预。1924 年建立的宗教事务委员会是政府干预宗教的主要工具,它负责管理清真寺并任命伊玛目和宣教师。②

土耳其革命的目的是为了在一个神权帝国内创造民族主义和现代国家特征,并抛弃旧的制度和观念。文化与社会方面的改革、民族国家理论的应用、哈里发制和素丹制的取消都是与奥斯曼帝国的过去发生大胆分离的事件。但是,凯末尔改革也受到了具有权威思想和精英意识的军官集团的支持,它在精神上和国家中心倾向上与奥斯曼的现代化改革非常相似,奥斯曼现代化的大多数特征在凯末尔时期依然存在。

另外,凯末尔的开明专制主义在许多方面都相似于阿布杜拉哈米德二世的权威统治。哈米德的中央集权政策和强有力的社会监视能力,都说明他是统一主义者和凯末尔主义的权威政治的先驱。凯末尔进行了文化革命,以土耳其民族主义作为意识形态工具,哈米德二世试图使奥斯曼主义和泛伊斯兰主义成为政府合法性的主要依据,二者的相似性是非常明显的。但是哈米德在利用本土的宗教符号,而凯末尔和他的同事却在使用他们西方知识中的文化资本。他们不仅成功地对外使用了民族国家话语,而且垄断了国内民族文化。这样就为统治制度的合法性提供了必要的意识形态手段。凯末尔主义政府完成了坦志马特时代就已开始的从传统权威向现代权威的转变。

土耳其共和国的建立除了独立战争之外,实际上是官僚内部斗争的产物,缺乏大众的支持。③ 改革中几乎没有触动土耳其大众。当安卡拉在进行全面的改革时,土耳其的绝大多数人民仍然深深地根植于传统生活之中。一开始,凯末尔主义者就与一些传统的势力相妥协,他们不得不依靠传统的领导者作为中央和

---

① Serif Mardin, *Some Functions Of Religion in the Ottoman Empire*, Istanbul, 1971, pp.208-209.

② 彭树智:《伊斯兰教与中东现代化进程》,西北大学出版社 1997 年版,第 87 页。

③ Serif Mardin, *Some Functions Of Religion in the Ottoman Empire* , p.199.

地方的中介。与以前的统一主义者一样,凯末尔主义运动是围绕乡村的传统贵族组织起来的,这些传统贵族的影响在议会政治和党派活动中可以充分地感受到。① 在民族国家的旗帜之下,共和国政府维持了安那托利亚传统社会的主要模式。事实上,它的高压政策与奥斯曼帝国时代并没有太大的区别。凯末尔主义精英的社会习气也是如此,奥斯曼时代就存在的中央和地方的巨大差别现在依然存在。

在建立共和国的过程中,凯末尔同时使用了现代和传统权威资源。这方面,党、军队和官僚机构是法律权威的关键而合理的工具,同时,这些机构内的相互关系、领导人之间的相互关系及其与人民之间的关系中家长式的等级制特征,与传统统治制度是相似的。与帝国后期一样,凯末尔时期的土耳其社会中传统社会结构与现代社会结构是拼凑在一起的。

3.多党制的实行与权威主义现代化模式的突破

多党制的实行使自上而下的权威主义现代化模式面临着越来越多的挑战,这种模式的局限性与内在矛盾也不断暴露。1946 年实行多党制是土耳其共和国建立以来最重要的政治变化之一,多党制的一整套原则和结构体系都是由上层精英确立的,这一变化依然是自上而下的权威主义现代化模式的继续。但多党民主制的实行加上战后经济的发展使土耳其的政治现代化模式发生了重要变化。原来处于政治边缘的中下层人民卷入到政治现代化进程之中,许多政党都受到了来自上层精英之外的各种政治力量的推动,推动土耳其的政治现代化的另一种力量正在兴起。

边缘人群的政治觉醒和他们在全国选举中在人数上所占的绝对优势使各政党越来越关注农村的政治要求。② 两个世纪以来一直是土耳其现代化特征的中央与边缘的断裂,在多党制条件下成了土耳其政治的关键问题。大多数农民都把共和人民党与中央政府的压迫看成是同一回事,而中右政党正好利用了这一点,他们把共和党人说成是上层官僚,在农村修建道路、水渠、清真寺和其他公共

---

① 　S.Sayari,"Political Patronage In Turkey",In Ernest Gellner And John Waterbury,Ed.*Patrons and Clients in Mediterranean Societies*,London,1977,p.106.

② 　A.Leder,"Party Competition in Rural Turkey:Agent of Change or Defender of Traditional Rule?",*Middle Eastern Studies*,Vol.15,No.1,January 1979.

设施。① 在 20 世纪六七十年代社会变化的冲击下,共和人民党发生了由权威性的国家主义者向中左方向的政治转变。尤其是在比伦特·埃杰维特于 1972 年继伊诺努成为党的主席后,共和人民党为了在城市移民和工人阶级中争取选票,明显地疏远了军队并执行了中左路线。1945 年以来,民主党与其后继者在土耳其政治中一直具有中右倾向,变成了农民、城市居民、职业技术人员和商人的政治表达工具。农民、城市下层、小资产阶级由于其边缘社会地位,在一党制时期是被排除在政治参与之外的。② 多党制的实施使他们得以用手中选票维护自己利益,并推动土耳其政治的发展。

多党制的发展与经济现代化的发展是同步的。土耳其的企业家是在第二次世界大战后成长起来的,与奥斯曼时代的传统没有直接联系。当代土耳其的大企业主要分布在伊斯坦布尔和马尔马拉海区域,主张与欧共体的经济一体化、赞成西方化与市场经济。由于国家主义和二十多年的国家控制的进口替代政策的结果,大企业严重地依赖国家。③ 它们能够优先得到政府补贴。来自大企业的经济精英与军队及政府官僚集团有着密切的联系。许多大企业都与军队的经济支柱"军队互助协会"进行了联合,经济精英与国家精英就有了一种制度性的联合。由于利益方面的一致性,土耳其的军官、官僚、政治家、大企业的代表控制了土耳其现代社会权力资源,这种地位由于凯末尔主义意识形态的存在而具有了合法性。

中小企业主要分布于安那托利亚地区。它们反对多国公司、反对垄断,主张国家采取措施保护中小企业的发展,由于中小企业主大多来自于传统社会阶层,因而具有很强的宗教倾向。救国党和繁荣党等伊斯兰主义政党正是代表了中小企业的利益,提出了自己的政治主张。20 世纪八九十年代土耳其的工业化和城市化已经取得了相当的发展,职业技术人员和管理人员为主的白领阶层在城市中成长起来,同时工人阶级的队伍也得以扩大。繁荣党、正义与发展党针对 20 世纪 90 年代土耳其社会存在的政治腐败问题、失业问题、城市的贫困问题,提出

---

① Ali Kazancigil and Ergun Ozbudun, *Ataturk*, *Founder of A Modern State*, p.260.

② Caglar Keyder, *State and Class in Turkey：A Study in Capitalist Development*, London And New York, 1987, p.13.

③ Dietrich Jung And Wolfanggo Piccoli, *Turkey at the Crossroads*, p.102.

了自己的纲领,在这些新的社会阶层中获得了大量的选票。①

伊斯兰教的复兴及其政治化是随着 1946 年以后边缘大众政治参与的扩大而开始的。多党制的实行与巨大的社会变化强烈地影响了边缘人群的生活,转变了他们在经济、政治、文化领域流行的传统模式。迅速的城市化进程,尤其是传统社会的解体,结束了城市与农村的分离。人口的高增长率与经济现代化的发展导致大量的农村人口向城市的转移。② 1945 年以来,土耳其的城市面临着巨大的人口增长,而且将近50%的城市居民住在贫民区,这成了土耳其城市的主要特征。③ 涌进城市的农村人口往往处于社会底层,伊斯兰教自然就成为他们表达经济和政治要求的工具。所以伊斯兰复兴是土耳其社会结构的变化在政治上的反映。

各党派都不得不重视土耳其社会结构的变化。民主党虽然不是伊斯兰主义政党,但曼德列斯政府的政策却鼓励了宗教复兴。由于取消了一党制时期的政治垄断,凯末尔主义在社会文化领域的统治地位逐渐受到侵蚀。曼德列斯、德米雷尔和厄扎尔都与宗教圈有着密切的联系,并在他们的政治活动中使用伊斯兰教符号。④ 中右政党还把宗教作为一种社会组织与政治动员工具。

伊斯兰教的复兴很大程度上也是军队自身造成的。将军们将伊斯兰教作为对付左派运动和维护凯末尔主义统一社会的策略手段。保守的知识分子和中右政治家同样认为伊斯兰教是抵御 20 世纪 70 年代政治动乱中的左派思想上升的力量。这在德米雷尔的民族阵线政府(1974—1977 年)的右翼政治家中表现得最为明显。将军们在反对埃尔巴甘的行动中要求他限制教育中伊斯兰因素,而这些因素以前却受到了"国安会"和厄扎尔的推动。在一定程度上,繁荣党的选举成功和政治伊斯兰力量的上升是军人统治时期重构土耳其社会行为的间接后果。军队自身在伊斯兰话语被社会普遍接受方面起了重要的作用。这也说明军队虽然要维护凯末尔主义的现代化模式,但却不得不正视来自凯末尔主义精英之外的政治力量的上升。

---

① Haldun Gulalp, "Political Islam in Turkey: The Rise and Fall of the Refah Party", *The Muslim World*, Vol.89, No.1, January 1999, p.35.

② Mehmet Yasar Geyikdagi, *Political Parties in Turkey*, p.7; G.Seufert And J.Wardenburg, *Turkish Islam and Europe*, Istanbul, 1999, p.26.

③ Dietrich Jung And Wolfanggo Piccoli, *Turkey at The Crossroads*, p.91.

④ 刘云:《土耳其政治现代化思考》,甘肃人民出版社 2002 年版,第 97—104、132—137 页。

伊斯兰主义思潮与运动的兴起对土耳其的现代统治集团在政治、经济、文化领域建立起来的权力形成挑战，标志着政治现代化的自下而上的推动力量的兴起。繁荣党及其领袖埃尔巴甘、正义与发展党及其领袖埃尔多安是伊斯兰教在政治上复兴的代表。由于诉求于宗教情感并宣传另一种现代化道路，救国党在社会经济上处于边缘地位的下层社会和居于边缘地位的受过教育的选民中得到了大量选票。① 繁荣党和正义与发展党的成功主要是因为它在穷人中发挥了 20 世纪 80 年代政府经济规划中被忽略的社会福利作用。② 埃尔巴甘和埃尔多安在对土耳其上层的西化态度的强烈批判中，使用了建立在家庭和宗教道德价值观之上的另一套话语，主张另一种现代化模式。③

当代土耳其的几次军事政变以及军队与伊斯兰主义者的冲突并不是传统与现代化之间的冲突，而是两种现代化模式的矛盾与斗争。

1960 年到 1980 年，军队发动了三次军事政变，导致这些政变的原因有一个共同点，那就是政变前的经济与政治危机威胁到了土耳其共和国的国家体制，威胁到了世俗主义力量在国家政治中的权威，同时也对现代化的权威主义模式提出了挑战。

1960 年发动军事政变的原因有国内经济和政治危机，还有军队地位的下降。20 世纪 50 年代后半期，土耳其的经济危机引起了政治形势的紧张。民主党统治时期（1950—1960 年）削弱了军队的政治地位。职业技术人员和商人代替了军人在议会和政府中的位置，军人在议会中的人数急剧下降。50 年代后期，近一半的政府高级领导人来自法律界，而来自军队的高级官员只有 3%。④ 这与一党制时期形成鲜明的对比，以前退役军官在政府高级职位中明显占据多数。1950 年选举之后新政府换掉了总参谋长，曼德列斯任内的六个国防部长中五个没有军人经历，⑤这证明民主党政府在有意地调整军人权力结构向文人权力结构过渡，这无疑削弱了军队在国家政治中的权威，引起了军队的不满。

---

① Binnaz Toprak, *Islamist Intellectual of the 1980s in Turkey*, Istanbul, 1987.

② Ugur Akinci, "The Welfare Party's Municipal Track Record：Evaluating Islamist Municipal Activism in Turkey", *Middle East Journal*, Vol.53, No.1, Winter 1999, pp.44-58.

③ 陈德成：《土耳其在政教分离和民主法制的轨道上艰难行进》，载《1997—1998 年西亚非洲发展报告》，社会科学文献出版社 1998 年版，第 56 页。

④ Frederick Frey, *The Turkish Political Elite*, Cambridge, 1965, p.268.

⑤ Frederick Frey, *The Turkish Political Elite*, p.290.

1960 年,土耳其军队发动了政变,保卫了土耳其的民主制度,也恢复了军队的政治地位,并为这种地位建立了法律保障。例如在上议院中为退役的高级将领提供非选举的代表资格,提高总参谋长的地位,由向国防部长负责改为向总理直接负责。同时,1960 年的军事政变为土耳其军队的特殊政治作用奠定了里程碑,它为军队进一步干预政治树立了先例,政变建立了一种军事干涉的特殊模式:军队不必直接掌握权力,但可以作为一种中立而开明的调节力量而进行自上而下的干涉。这实际上是对奥斯曼精神遗产的继承。①

1971 年和 1980 年政变的原因主要是社会动荡使凯末尔主义的国家体制处于危险之中。20 世纪 60 年代后期,土耳其陷入无政府状态之中。1971 年 3 月 12 日,军队向政治精英们提出了一个备忘录,强迫素莱曼·德米雷尔总理辞职,并要求在高级将领的间接领导下组成无党派的政府。政府采取措施平息了国内的动乱,政局暂时稳定了。

20 世纪 70 年代后半期,政治动乱又恢复了,左右两派的政治冲突升级成为恐怖战和城市游击战,近 4500 土耳其人失去了生命。② 由于激烈的党派政治斗争,议会制度也陷入瘫痪。1973 —1974 年的油价上涨和随后的欧洲经济萧条使国家控制的经济部门处于停顿状态,1979 年冬天,日常用电量削减、供热系统和公路运输系统崩溃、工厂的开工率不足 30%。③ 于是,将军们在总参谋长凯南·埃夫伦领导下于 1980 年 9 月再次发动军事政变。

1997 年 2 月 28 日,军队通过"国家安全委员会"向埃尔巴甘政府提出了保卫国家世俗性质的"二十点计划"。在军队的压力下,埃尔巴甘于 1997 年 6 月辞职;1998 年 1 月,在军队的强大压力下宪法法院取缔了繁荣党。军队的行为得到了世俗主义政党的鼓动和支持。④ 这是选举产生的政府在政治上服从军队的又一个例子。

---

① W.Weiker, *The Turkish Revolution 1960–1961*: *Aspects of Military Politics*, Washington, 1963, p.120.

② S.Sayari and B.Hoffman, *Urbanization and Insurgency*: *The Turkish Case*, Santa Monica, 1991, p.168.

③ Mehmet Ali Birand, *The General's Coup in Turkey An Inside History of 12 September 1980*, London and Washington, 1987, p.45.

④ S.Kohen, "Secular Turks Hope to Check Nation's First Islamist Leader", *Christian Science Monitor*, July 1, 1996.

土耳其军队虽然多次发动政变,但每次政变之后,都能很快还政于文人政府,军队并没有建立军事统治。不论从政变的原因还是从政变的结果来看,军队的目的都是为了维护国家秩序和凯末尔主义的原则,维护凯末尔主义精英在国家政治中的权威。军队的行为使土耳其避免了内战、分裂和独裁,保卫了凯末尔式的国家体制,保卫了多党民主制。从这个意义上说,军队对当代土耳其的政治现代化做出了重要贡献。

但是,军队通过政变在土耳其政治体制中建立了自己的独特地位。1970 年以来,军队在决定国防政策、国防预算方面一直具有毫无疑问的发言权,它即不屈从于议会的争论,也不理睬新闻界的批评。而且这种权力并不仅仅局限于国防事务,在所有的安全问题上,军队都有很大的权力。① 在政治领域,军队通过国家安全委员会控制政府。共和国总统是"国安会"的主席。"国安会"秘书长是对总参谋长直接负责的高级军官。"国安会"的建议政府必须优先执行。军队政治地位的提高及其制度化,对土耳其政治与社会的民主化形成了障碍。

土耳其军队既是奥斯帝国改革的对象,也是推动改革的主体,又是土耳其共和国建立的基本力量,是凯末尔主义和奥斯曼改革成果与模式的最适合的继承者。共和人民党在多党民主制条件下失去了执政地位,它在政治上的衰弱被军队政治作用的上升补充了。三次军队政变可以看作是军队从社会、政治和意识形态方面接管控制职能的连续性步骤,一党制时期这种职能是由共和人民党行使的。20 世纪后半叶,军官集团成为凯末尔主义权威的唯一合法继承者。军队是维护土耳其现代化进程中的权威主义、国家中心原则的主要机构。换言之,军队是从奥斯曼时代到凯末尔时代的自上而下的权威主义改革模式的维护者。战后的多党民主化和经济现代化使边缘大众卷入了政治,各种政治势力兴起,导致了政治上的多元化,对凯末尔主义者的权威和权威主义的现代化模式形成了挑战,而军事政变的目的就是要压制这些政治力量的上升,从而维护凯末尔主义的权威与自上而下的权威主义现代化模式。

军队的思想与行为是充满矛盾的。一方面,将军们是西化、民主化和法制化的坚定提倡者;另一方面,作为凯末尔主义的卫士,他们又坚持奥斯曼时代以来的权威传统。军队在充当现代化先锋的同时,又不愿看到现代化带来的社会、文

---

① D.Jung And W.Piccoli, *Turkey at The Crossroads*, p.95.

化、政治的多样化。① 这反映了凯末尔主义思想及其改革模式的内存矛盾。土耳其军队既是民主的保卫者又是民主的障碍。

当代土耳其世俗主义官僚与将军们遇到的问题与挑战表明上层精英主导的权威主义现代化模式已经遇到了局限。现代化范围不断扩大必然引起社会与政治结构的变化,土耳其多党政治的发展与伊斯兰主义的兴起都受到了卷入现代化进程的社会大众和经济上崛起的中小资产阶级的推动,这实际上代表着另一种现代化的道路与模式:自下而上的现代化。从 20 世纪 50 年代末民主党的独裁到 20 世纪 90 年代世俗主义政党对军队行为的支持,都说明那些强烈倾向于西化的官僚们远远没有自由民主的概念。② 军队与官僚机构并没有将民主社会看成是多元社会,而看成是建立在政治权威基础上的统一社会。军队一次又一次地试图通过军事干涉来维护权威主义现代化模式,军队与伊斯兰主义政党之间的矛盾代表了两种现代化模式之间的冲突,也表明了国家的现代化与维持社会统一及权威主义之间的矛盾性。在土耳其边缘人群政治觉醒的冲击下,权威主义现代化模式的内在矛盾公开化了。一次又一次的军事政变并没有压制住现代化过程中新出现的社会阶层政治力量的上升。伊斯兰主义兴起是凯末尔主义政府曾拥有的垄断权不断衰退的表现。伊斯兰主义对凯末尔主义提出了挑战,表明凯末尔主义对思想文化的垄断正在崩溃。土耳其的世俗主义力量与伊斯兰主义力量之间的冲突并不是现代性与传统之间的冲突,而是两种现代化的设想之间的冲突。③ 问题的核心是现代化是否等于西方化? 是否可以进行非西方化的现代化? 军队和凯末尔主义者代表着自上而下的权威主义模式,认为现代化就是西方化;而处于上升阶段的社会力量、尤其是伊斯兰主义者则代表着受大众推动的自下而上的现代化模式,认为可以发展非西方式的现代化。总而言之,主导了奥斯曼—土耳其现代化进程近二百年的权威主义模式正在被突破,受大众推动的自下而上的现代化模式正在出现,这两种现代化模式之间的矛盾与冲突可能要在土耳其持续相当长的时间。

---

① D.Jung And W.Piccoli, *Turkey at The Crossroads*, p.85.

② M.Heper And H.Kramer, Ed. *Turkey and the West*: *Changing Political and Cultural Identities*, London And New York, 1993, p.67.

③ D.Waxman, "Turkey's Identity Crises: Domestic Discord and Foreign Policy", *Conflict Studies*, August 1998.

第五章　后霍梅尼时代的伊朗政治思潮

——哈塔米主义

　　1997—2005 年,哈塔米担任伊朗伊斯兰共和国总统。他作为伊朗什叶派政治思维的现代主义代表,主张在对伊斯兰文明充分理解的基础之上,寻求伊斯兰文明下的政治发展道路,并相信伊朗完全可以建立具有自身特色的伊斯兰民主政治。他倡导建立公民社会,认为西方的公民社会是建立在希腊罗马文明遗产之上,是希腊城邦时代的产物,而他的公民社会则是建立在先知之城的基础上,是具有中东特色的公民社会。两种公民社会并不冲突。另一方面,他还倡导文明间对话,因为文明间对话可以消除分歧、加强团结、增进了解、促进合作。"文明间对话"的精神来自伊斯兰的最高教义。东西方文明对话的意义在于,东方可以教会西方认识到人类生活中精神的极度重要性,同时也可以学到西方文明成就的积极方面。哈塔米的政治思想作为曾一度主导伊朗社会的政治思潮,它是对伊朗和世界正在发生变化的反映。由于伊朗独特的政治背景,伊斯兰传统和革命精神在增进国家团结的同时,也使伊朗政治变得更加敏感,宗教领袖主导下的平衡政治,决定了党派交替的现实。但无论如何,哈塔米执政期间相对宽松的社会环境,温和的政治立场,激烈的国内争论,及其释放出的社会能量,让伊朗人民看到了变革的希望,而这些在一定程度上也为未来伊朗的政治发展将带来不可低估的潜在影响。

一、哈塔米的政治生平及其政治观点

1.哈塔米的政治生平

赛义德·穆罕默德·哈塔米(Seyyed Mohammad Khatami),1943 年生于伊朗

中部亚兹德省阿尔达坎的一个宗教家庭,小时候立志行医,父亲却要其继承教业。1961—1964年,哈塔米在伊朗库姆神学院和伊斯法罕大学学习伊斯兰神学,在那里他接触了西方哲学,并获得哲学学士学位。1969年,他进入德黑兰大学深造,获得哲学博士学位。毕业后,哈塔米本可以出国深造,但他选择了重返库姆,继续学习宗教。当时的库姆是伊斯兰教什叶派的决策中心,汇聚了众多知名学者、著名的宗教领袖和法学家。哈塔米孜孜不倦地学习,聆听著名学者和哲学家的课程,并从宗教改革派阿亚图拉·莫尔特扎·莫塔哈里那里首次了解到黑格尔、马克思和其他流派的哲学,特别是黑格尔的历史唯物主义和马克思的阶级斗争理论。

在反巴列维国王运动中,哈塔米也做出重要贡献。他参加了反政府的"为德黑兰战斗神职人员协会",并和霍梅尼的小儿子艾哈迈德·霍梅尼及后任伊朗革命领导人之一的蒙塔泽里一起,组织学生游行,散发传单,印刷霍梅尼的讲话稿。事实上,很多由霍梅尼签署的宣言也是由哈塔米起草,他文笔流畅、文风清新,因而有"伊斯兰革命秀才"之称,受到霍梅尼的钟爱。1976年伊朗革命前,哈塔米被任命为伊朗伊斯兰革命在欧洲的重要分部——德国汉堡"伊朗伊斯兰中心"的负责人,首次直接接触西方。他精通英语、德语和阿拉伯语。在受外来思想文化影响的同时,他还不遗余力地向欧洲宣传霍梅尼的伊斯兰革命思想主张。1979年伊朗革命胜利后,哈塔米应霍梅尼领袖集团中的贝赫什提、艾哈迈德·霍梅尼和穆罕默德·蒙塔泽里等人邀请,返回德黑兰。

1980年,伊朗举行第一届议会选举,哈塔米当选为议员和议会外交委员会成员。同年,他被任命为处于混乱状态的伊朗最大报纸《世界报》集团负责人。1982年,哈塔米开始担任伊朗伊斯兰指导部部长,1989—1992年担任文化部长。在此期间,他顶住激进势力的压力,在文化界采取宽松政策,主张言论自由,反对思想和文化禁锢与压制,激励伊朗的电影制片人参加国际电影节,放宽对书籍等各种出版物内容的限制,扩大进口外国杂志和报纸的范围。此外,他还取消了音乐会实况转播的禁令。哈塔米主张扩大妇女的权力和自由,他取消了禁止妇女在公开场合唱歌的规定,允许女歌唱家帕里萨为妇女举办专场音乐会。① 哈塔米这些开明之举不仅赢得妇女和青年的衷心拥护,而且使伊朗的知识分子

---

① 王志俊:《哈塔米改革之途走钢丝绳》,载《国际展望》2001年第2期,第39页。

阶层活跃起来,从而为哈塔米的总统竞选打下坚实基础。但他的开明遭到议会和强硬派的强烈非议,被指责为"西化"、"削弱伊斯兰教"。霍梅尼逝世后,反对派再也不能容忍哈塔米继续担任部长之职。1992年,他以"无力承担建立更高文化的重任"为由辞职。辞职之前,他警告说:"如果革命路线不予修正的话,伊朗将会看到一个危险地势头。"他担心政府压制政策的影响会越出伊朗边界,会让世界范围内的伊斯兰教主义者丧失信心,从而危及伊斯兰教。

哈塔米被贬后,担任拉夫桑贾尼的文化顾问和国家图书馆馆长,过着远离公众的隐居生活。他潜心向学、独立思考,对自身的政治思想与理念进行了梳理和沉淀。期间,他在阅读和思考之余还撰写了两本书,一本是对什叶派改革者的评论,另一本是对柏拉图、卢梭、霍布斯和洛克等人西方政治哲学的反思,他指出,自由民主虽然有很多缺点,但他毕竟是西方最主要的文明之一,它的基本原则是所有现代社会必须遵从的。① 在这段时期,哈塔米并未疏离与伊朗知识分子的联系,他的开明主张和宽松政策以及由此受到的弹劾,使之成为伊朗人民寻求改革与变化的象征,为他重新走上政治舞台打下坚实基础。

1996年,拉夫桑贾尼宣布其总统任期结束。11月,哈塔米正式宣布竞选总统,支持他的团体主要是伊朗伊斯兰革命组织和建设公仆党,他们认为,哈塔米的参选会为竞选注入新的活力,会带来更多的民众参与选举。哈塔米开明的政治主张吸引了广大民众的关注,尤其是他对青年问题的关注和主张妇女加入内阁的观点,得到伊朗年轻人和妇女们的拥护。这对于年轻人占70%以上的伊朗来说,其影响不可小视。伊朗总统选举最终在200,000安全部队的保护下,在33,400个投票站,参加选举的人数比1994年的总统选举多了12,400,000,哈塔米以69%的高票当选伊朗的第七届总统。②

2.哈塔米的政治观

哈塔米的参选及其务实的言论与作风在伊朗国内外引起广泛关注。一位西方观察家认为,哈塔米不是一个"普通毛拉",他是"一只脚踏在西方文明中的总统"。甚至还有人称之为伊朗的"阿亚图拉戈尔巴乔夫",称他是一名"和平演进

---

① Mohsen M.Milani,"Reform and Resistance in the Islamic Republic of Iran",in John L,Esposite and R.K.Ramazani(eds.),*Iran at Crossroads*,New York:Palgrave Macmillan,2001,p.29.

② Mohsen M.Milani,"Reform and Resistance in the Islamic Republic of Iran",in John L,Esposite and R.K.Ramazani(eds.),*Iran at Crossroads*,New York:Palgrave Macmillan,2001,p.41.

主义者",目的是要进行"伊朗式改革"。① 哈塔米还被政治观察家视为一个自由人士。他的灵感一方面来自伊斯兰教教义、伊朗的传统、文化和历史;另一方面来自西方的政治哲学。哈塔米的政治思想主要围绕两个主题,一是对伊斯兰文化的危机感;二是警惕西方霸权。他认为,单纯的伊斯兰文化无法应付当今科学、经济和政治的挑战,主张吸取西方文化和哲学精华。虽然,他在任何时候都不否认伊斯兰教在伊朗文化和社会,乃至政治机构中的中心地位。但他始终以把伊斯兰教的法律和传统与个人自由、权利和西方法治国家及公民社会等观念的结合为己任。他的自由思想受到保守派的猛烈抨击,却深得渴望改革的人们的支持。

哈塔米认为,伊斯兰世界面临的最大问题是,"我们的文化属于一个逝去的文明",而今我们却生活在不得不遵从的西方文明的影响下,几个世纪以来,伊斯兰教没有致力于现实世界的建设,因而缺乏应对挑战的经验。所以只有借鉴西方文明,才能导致一个新的、强有力的文明产生,因此有必要重估穆斯林的自身资源,在解释《古兰经》和圣训时需要考虑现实。他重申有必要废除空洞的口号,代之以实际方案,因为政治经济的可见成果更能显示伊朗伊斯兰革命的价值。②

哈塔米的政治观主要体现在他的两本书中,第一本是 1993 年出版的《畏惧的浪潮》(*Fear of Waves*),在这本书中他对保守派进行了批评,提出当今世界和伊斯兰世界面临的各种问题不可能用固有的模式去解决,而是需要新的思想和方法去分析所面临的新的、更加复杂的问题,并加以解决。他号召穆斯林抛弃教条主义和幻想主义,拥抱理性的思维与推理,倡导更有弹性的解释伊斯兰法学,以便跟上时代的步伐。另一本是《从城邦世界到世界城市》(*From the World of the City to the City of the World*),他从中隐晦地对宪法规定的法吉赫原则提出质疑,他说:"在政治思想的新时期,现代人应当相信,除了理性判断和人民意愿之外没有一种'优势意愿'。公民社会的唯一根源是协议的存在和那种协议存在的观点,目的是为了创造一种关系和对这种关系的责任感,最终创立社会制度以

---

① David Menashri, *Post-Revolutionary Politics in Iran: Religion, Society and Power*, London: Frank Cass Publishers, 2001, p.81.

② David Menashri, *Post-Revolutionary Politics in Iran: Religion, Society and Power*, London: Frank Cass Publishers, 2001, p.81.

及团体,以便帮助维护这些关系确保它们的有效运转。"他在审视伊斯兰世界政治哲学缺乏的同时,赞扬西方的政治哲学。他认为建立在主权基础上的伊斯兰政府能够满足人民物质和精神的需求,力图将伊斯兰教与自由民主相调和。①他认为伊斯兰教和自由民主是可以相容的,其原因在于自由民主是建立在公民社会之上,而公民社会又是建立在"先知之城"的模范基础上(西方是建立在希腊城邦的模范基础上)。他提出在反对西方物质主义的基础上,主张把西方政治遗产中的精华与伊斯兰教对人类尊严和价值关怀相结合,建立"伊斯兰政治社会",这个社会在价值观上是宗教的,在思想上是理性的,在争论上是百花齐放的。②

在竞选中,他提出,伊朗政府应当是人民的仆人,而不是主人。他强调社会自由,政治宽容,给予妇女更多的权利以及法治。他经常强调私人领域应当受到尊重,所有人应当享有他们私人生活的安全和自由,主张社会公正,呼吁国家每个地区的所有团体都拥有同样的机会。③

作为伊朗什叶派政治思维的现代主义代表,哈塔米的政治主张折射出霍梅尼革命后伊朗国内出现的种种变化,在哈塔米的两届任期中,尽管困难重重,党派之争让时局变数增多,但他利用各种时机最大限度地将自己的政治理想赋予实践,这种政治实践在伊朗民众中引起的呼应要比政治理论本身的影响更为深远。在本质上,哈塔米主义与伊斯兰政府体系的整体理论背道而驰,但又在一定程度上符合了世界政治和伊朗国内政治发展的潮流。

二、哈塔米主义出现的政治背景

任何政治理论的出现都是对政治现实的反映,哈塔米主义的产生也是起因于冷战后世界形势的急剧变化和后霍梅尼时代伊朗国内政治发展的需要。

---

① Mohsen M.Milani,"Reform and Resistance in the Islamic Republic of Iran",in John L,Esposite and R.K.Ramazani(eds.), *Iran at Crossroads*,New York:Palgrave Macmillan,2001,p.37.

② Ray Takeyh,God's Will:"Iranian Democracy and the Islamic Context",*Middle East Policy Council*,2000(4),p.4.

③ David Menashri, *Post-Revolutionary Politics in Iran:Religion*,*Society and Power*,London:Frank Cass Publishers,2001,p.82.

1.宗教领袖职能的变化和政治发展为改革提供合法性

1979 年伊斯兰革命后,霍梅尼认为"为阻止伊斯兰教的衰落和伊斯兰教法被束之高阁,必须由教法学家们充当人民的领导者。"①它在实践上表现为革命后伊朗伊斯兰神权政体的建立,霍梅尼集政治和宗教领袖于一身。然而,在宪法起草初期,是否将"伊斯兰政府是以教法学家权威为领导核心"写入宪法,在当时的伊朗国内产生极大争论。反对者认为,教法学家的权威统治意味着教士专权,剥夺了人民主权。支持者则认为,真主在将人民主权赋予每一位臣民外,还将"特殊的品质"赋予"特殊的个人"即高尚的教法学家,人民通过选举决定领袖人选的专家委员会来行使主权。② 但革命初期,为稳定政局、防止分裂,霍梅尼的个人魅力成为国家统一的象征,以教法学家权威统治为核心的伊朗伊斯兰政府得以建立。这种领袖权威在宪法制定过程中不断被制度化、体系化,最终形成的法吉赫体制成为伊朗政治制度的核心。

后霍梅尼时代,伊朗政治变革的首要特点表现为领袖权威的变化,主要体现在 1989 年的宪法修订。与 1979 年宪法相比,宪法修改的内容有两点值得关注:伊朗总统和国家领袖职能的变化。一般认为 1989 年宪法取消了总理职务,总统的行政权力变得更加强大、更为集中,从而增加了伊朗政治变革的主动权。但与此同时,新宪法对领袖的宗教要求下降,政治特性进一步加强。第 109 条将领袖的条件增加了关于公正和虔诚的条款,但在多人具备条件时,"应以最具有高深教法学识和政治观者为先"。随着领袖职能中政治性的加强,其职权也得到扩大。新宪法在 1979 年宪法基础上增加的领袖职权包括:确定伊朗伊斯兰共和国的总方针,监督国家总政策的良好执行,下达全民公决的命令,担任武装部队统帅,任免伊朗伊斯兰共和国广播电视局局长,任免保安部队的最高指挥官,解决三军之间的分歧,通过确定国家利益委员会解决普通途径无法解决的问题。另外,第 5 条和第 107 条中取消了由领袖委员会行使领袖职务的规定,不论在何种情况下,领袖的职权只能由一个人行使。

宗教领袖政治权力的加强还表现在其对立法、司法和行政权力的控制。第 112 条指出,在议会和宪法监护委员会(the Guardian Council)发生分歧时,由领

---

① 冀开运、蔺焕萍:《二十世纪伊朗史》,甘肃人民出版社 2002 年版,第 168 页。

② Asghar Schirazithe, *Constitution of Iran：Politics and States in the Islamic Republic*, London：I.B. Tauris & Co Ltd, 1997, p.38.

袖领导组建伊斯兰国家利益确定委员会,对各种分歧进行裁定。而该委员会的固定和非固定成员均由领袖来定夺。在司法方面,1979 年宪法规定,最高司法机关是最高司法委员会,有最高法院院长、总检察长和由选举产生的 3 名法官组成,其中只有最高法院院长是领袖任命。1989 年的宪法则修改为由领袖任命一位法学家担任司法院院长作为司法部门的最高长官。在司法上的另一重要变化是 1979 年宪法第 112 条关于领袖或领袖委员会成员在法律面前同其他公民一律平等的规定取消了。在宪法修订上,领袖也拥有很大的发言权。根据新宪法第 177 条,领袖同国家利益确定委员会协商,向总统下达命令,就宪法修订向宪法修订委员会提出建议,而该委员会的决议需经领袖认可和签字后才交由全民公决。这意味着领袖不再是一个普通人,他可以超越法律,也可以超越宪法。①在总统和领袖的关系上,尽管总统的行政权力增加,议会对总统的制约减少,但领袖对总统权限的限制却大大加强。1979 年宪法第 122 条规定,总统向人民负责,1989 年宪法则修订为"对人民、领袖和伊斯兰议会负责"。1989 年宪法增加了总统将辞呈递交给领袖的规定,新宪法取消了在必要时由临时总统委员会代行总统职权的规定,改为"共和国第一副总统经领袖的同意可以行使总统的职权",在没有第一副总统或他无法行使职权的情况下,"领袖可以任命另外一个人代理总统的职务。"②

　　1989 年修改宪法是伊朗政治变革的重要一步,在一定程度上为当代伊朗政治的发展打下基础。而其主要策划者则是霍梅尼本人。尽管 1989 年宪法在霍梅尼逝世后才完成修改,但实际上宪法修订是在霍梅尼的亲自指导下进行,一方面是因为 1979 年宪法没有明确规定宪法修改的程序和内容,另一方面,宪法内容的重大变更也只有在得到霍梅尼的首肯后才具有合法性。事实上,霍梅尼在去世前曾留下一份遗嘱,这份遗嘱在伊朗和伊斯兰世界广为流传,并在伊朗国内的宗教界引起争论,争论的最终结果则是一致得出结论:前任领袖希望未来的领导人能继续保持伊朗的政治稳定,并沿着务实的道路前进。③ 当时,精力充沛又

　　① 吴冰冰:《什叶派现代伊斯兰主义的兴起》,中国社会科学出版社 2004 年版,第 313 页。

　　② 《伊朗伊斯兰共和国宪法》,http://www.irib.ir/worldservice/chinese/ 2005-7-2.

　　③ Henner Furtig, "Iran: the 'Second Islamic Republic'?", *Journal of South Asian and Middle Eastern Studies*, Vol.20, Spring1997, p.31, in "Last Will and Testament of Ayatollah Khomeini", *the Iranian Journal of International Affairs*, Autumn/Fall, pp.309-362.

很务实的拉夫桑贾尼,被视为最合适的总统人选,认为他可以"带领伊朗之舟驶出阴霾的天气"。哈梅内伊则成为新一任国家领袖,哈氏虽不具有宗教权威,又不是效法源泉,但他担任过两届总统、熟知国家防务和国际事务。

霍梅尼的良苦用心由此可见,但这并非是一时兴起,而是伊朗对 20 世纪 80 年政治现实的无奈回应。旷日持久的两伊战争不仅毁坏了伊朗经济,也彻底摧毁了霍梅尼泛伊斯兰主义的政治根基。美国的长期制裁使霍梅尼认识到国家利益的重要性和国际政治的现实性,因而在反对美国的同时,又不得不暗中与这个大撒旦进行军火交易。80 年代的伊朗并没有因伊斯兰革命的胜利和全面伊斯兰化而走向繁荣昌盛,相反,激进的对内对外政策使伊朗四面树敌,日益孤立。后霍梅尼时代的伊朗如何演进,宗教与政治的分量如何平衡,国家领袖不得不有所考虑。

2.平衡政治与党派之争中改革派的崛起

1989 年宪法对领袖降低宗教要求、扩大政治权力的做法,对伊朗政治产生极大影响,这种充满矛盾的政治预设在一定程度上决定了伊朗政治的未来变局。伊朗的法吉赫体制是伊朗伊斯兰革命后教法学家权威统治政体的体现,神权政治的领袖因为不是宗教权威,其合法性必将受到质疑,而为防止领袖地位受到冲击影响国家稳定,领袖的政治权力得到进一步加强,但这种加强反过来又引起教俗两界对领袖职能的争议。政治权力的强势和宗教地位的弱势的比较,使矛盾演变的最终结果是宗教界对其宗教地位的弱势提出质疑,非宗教界对宗教领袖在政治领域的强势而表示不满,神权政治领导人的不合法性进一步突显。在国内对领袖职权的争论中,90 年代初,激进势力提出哈梅内伊应对当时伊朗经济危机负责,要求他与总统一起引咎辞职。一些宗教人士甚至要求,将哈梅内伊的宗教职能让渡给神学权威,其本人只对政治负责即可。1991 年,哈梅内伊收到了由 120 名议员签名的联名信,要求他辞职,让"唯一有能力做法吉赫的阿亚图拉蒙塔泽里出任领袖"。① 为保护自身合法性和绝对权威、为维护伊斯兰革命的根基,后霍梅尼时代,宗教领袖干预政治斗争成为伊朗政治的重要特征。

霍梅尼逝世后,最初产生的两大派别是伊斯兰左派(Islamic Left)和保守派,

---

① Henner Furtig, "Iran: the 'Second Islamic Republic'?", *Journal of South Asian and Middle Eastern Studies*, Vol. XX, No.3, Spring 1997, p.35.

前者由主张多元主义的年轻教士组成,他们在政府和新成立的许多革命机构中拥有很大权力,主张实施工业国有化,提倡苏联模式的计划经济,反对拉夫桑贾尼进行的经济改革,并对哈梅内伊的领袖地位提出质疑。保守派则由一些高级教士组成,势力相对较弱,以宪法监护委员会为代表,他们的政治态度相对务实,主张稍有弹性的解释伊斯兰教法,但同时又支持伊斯兰律法和道德的严格执行。① 由于后霍梅尼时代,伊朗务实的政治基调已经确立,激进派作为伊斯兰革命的产物,其强大只能阻碍伊朗社会的前进步伐。因而,1992 年第四届议会选举时,宪法监护委员会利用人事筛选制度,剔除了许多左派候选人,从而使伊斯兰左派失去对议会的控制,保守派人士努里获得 203 票,成为议会发言人,担任了保守派在议会中的领导角色。

随着保守派势力的增长,伊朗的外围环境出现恶化趋势。90 年代初期,伊朗输出革命的做法引起许多中东国家的不满,同时美国针对两伊的双遏政策也已出台。对此,主政伊朗的保守派与美国进行针锋相对的斗争,次年,伊朗议会批准一项 2,000 万美元的专门预算,用于反击美国的反伊活动和资助对付美国人的行动。也正是在这种斗争中,保守派的势力空前高涨。与此同时,以拉夫桑贾尼为首的温和派异军突起,组建了建设公仆党,该党主要由致力于伊朗战后经济重建的高级技术人员和一些温和人士组成。原来的伊斯兰左派观点也出现了转变,许多人提出了自由、人性解放和思想多元化的政治主张,为以后成为哈塔米阵营中的激进派奠定基础。在伊朗第五届议会选举中,温和派与伊斯兰左派结成联盟,抗衡保守派。同样出于平衡派系的原因,并防止保守派获得压倒性胜利,宗教领袖哈梅内伊再次利用宪法监护委员会的作用将很多保守派候选人拒之门外,从而使努里成为 1979 年以来作为议会发言人参选的候选人中获票最低者,这在一定程度上决定了 1997 年总统选举中保守派的失败。

在 1997 年的总统选举中,改革派候选人哈塔米和保守派候选人纳提格·努里之间展开激烈的竞争,他们分别作为现代主义和传统主义的代表,竞选观点针锋相对。努里指出,民众应与法吉赫融合起来,对法吉赫进行无条件、绝对地服从;哈塔米则宣称,伊斯兰共和国的公民没有必要相信法吉赫信仰,在实践上接受宪法就已足够,他认为不同的人有权对法吉赫和伊斯兰革命做出不同的解释。

---

① Eric Hooglund, "Khatami's Iran", *Current History*, February 1999, p.6.

努里警告伊朗人提防西方的文化帝国主义;哈塔米则认为,伊朗和伊斯兰教能够从西方学到很多东西。努里强调经济重建和自由化;哈塔米则坚持,没有政治发展,伊朗既不可能有自由,也不可能有经济繁荣。

1997年3月波斯新年时,总统选举进入新阶段。由于意识到哈塔米支持率的急剧上升,保守派开始对哈塔米及其支持者进行攻击。支持努里的保守派报纸指出,哈塔米缺乏天赋、毅力和适应力,不能胜任总统之职,还屡屡提醒人们注意哈塔米曾多次辞职。支持哈塔米的聚会经常遭到一些有保守派背景的志愿治安军的阻挠,这些人高举着"让自由见鬼去"、"让反法吉赫的人见鬼去"的标语。很多德高望重的高级宗教人士呼吁人民选一个最有资格、最拥护伊斯兰革命的候选人,毫无疑问,这个人就是努里。① 当时,甚至还有谣言称,保守派将打断选举,干预投票,其目的就是要打击哈塔米的支持者,让他们不要去投票点选举。对此,哈梅内伊给予澄清,宣称获得多数选票的候选人将成为下一届总统,拉夫桑贾尼也在星期五礼拜警告道:"变更选票和打击选举积极性是一项不可饶恕的罪过。"

最终哈塔米赢得20,000,000的民众支持,获得69%的选票,比四年前拉夫桑贾尼的63%支持率还要高,如《伊朗时报》所说:"哈塔米赢了德黑兰,也赢得了其他省市的支持;他获得了城市,也获得了农村;既获得穷人的支持,也获得了富人的支持。"哈塔米的支持者主要来自他的家乡亚兹德,他在那里获得了近85%的支持率,在布什尔、伊拉姆和法尔斯的支持率分别为84%、81%、80%,他的最低支持率来自纳提格·努里的故乡马赞德兰,但仍获得44%的选票。②不过,"20,000,000张投向哈塔米的选票并不完全属于他本人,因为只有得到最高领袖哈梅内伊的许可后,这种事情才会发生。"③哈塔米的当选一方面是因为他开明的政治主张迎合了人民的要求,获得广泛的支持;另一方面也来自于国内政治斗争中抑制保守派的需要,应时而出。

总之,国家领袖干预政治斗争的意义从小的方面讲是为延长其政治生命以

①　Mohsen M.Milani,"Reform and Resistance in the Islamic Republic of Iran", John L, Esposite and R.K.Ramazani(eds.), *Iran at Crossroads*, New York:Palgrave Macmillan, 2001, p.40.

②　David Menashri, *Post-Revolutionary Politics in Iran:Religion, Society and Power*, London:Frank Cass Publishers, 2001, pp.86-87.

③　Mohsen M.Milani,"Reform and Resistance in the Islamic Republic of Iran", John L, Esposite and R.K.Ramazani(eds.), *Iran at Crossroads*, New York:Palgrave Macmillan, 2001, p.46.

保持宗教领袖的权威,从大的方面来讲,则是为保持党派之间的平衡以维护伊朗伊斯兰共和国的政治根基,从而保证有改革倾向的派别不会因仓促的改革断送革命基础,也不至于让保守派的大获全胜使伊朗历史回到原点。这种平衡政治在一定程度上显示了宗教领袖在处理宗教和政治两大因素时的困境。其越来越务实的政治观和维护宗教领袖权威的固有责任之间的矛盾,将成为历届领袖们难以逃脱的命运。正因为伊朗政治的这一特点,为改革势力的崛起提供了机遇,但也同时决定了政治变革的渐进性。

3.后霍梅尼时代伊朗国情和民心的走向

霍梅尼逝世后,哈梅内伊继任宗教领袖,拉夫桑贾尼以 63% 的支持率当选总统。在随后八年的总统执政中,拉夫桑贾尼将政府工作的重点放在经济重建上,采取开放的经济政策,不仅与欧洲国家谈判投资问题,还努力寻求国际金融机构的支持。在社会问题上,拉夫桑贾尼持一种温和的态度,主张在宗教事务上的宽松立场,鼓励年轻人们参与投票。总之,拉夫桑贾尼的政策与伊朗革命后的十年有所不同,给人们的世界观以一种全新的认知环境,在一定程度上改变了伊朗社会的结构和民众的需求。尤其是出生于伊斯兰革命后的大量年轻人,在开放的经济环境下,他们的政治社会观点与其前辈们截然不同,他们与充满现代性的中产阶级的结合,成为伊朗社会的庞大力量,也是伊朗政治中"沉默的多数"。

拉夫桑贾尼的经济改革并不成功,激进的经济政策在改革后期导致通货膨胀率居高不下,外债高筑,国际信誉下降。1993 年春天,伊朗仅欠德国、法国和日本等贸易国的外债就达到 30 亿美元,全部外债则高达 150 至 170 亿美元。[①]同时拉夫桑贾尼的开放政策受到保守分子猛烈的抨击。一些人认为,重建伊朗经济应当依靠国内资源,不应依赖和外国人的合作,拉夫桑贾尼的经济政策将伊朗经济融入国际经济体系的同时,也将使国家领袖失去对经济的控制,最终像巴列维那样失去国家和权力。保守主义的政治反对派们指责拉夫桑贾尼经济政策过于开放,应放慢改革速度,将重点放在国内资源上,建立本土工业,加强国有经济建设而不是向私有资本献媚以及加大对穷人阶级的福利服务等。[②]

---

① Henner Furtig,"Iran:the'Second Islamic Republic'?",*Journal of South Asian and Middle Eastern Studies*,Vol.XX,No.3.Spring 1997,p.41.

② Henner Furtig,"Iran:the'Second Islamic Republic'?",*Journal of South Asian and Middle Eastern Studies*,Vol.XX,No.3.Spring 1997,pp.39-41.

拉夫桑贾尼的社会经济政策不仅在统治阶级内部产生争论,也引起了知识分子的关注。20 世纪 80 年代,游离于政治权力结构之外的宗教人士开始讨论理性主义、多元主义、容忍与暴力、对法吉赫盲目效仿还是无条件拒绝、宗教与民主的调和等问题。该运动的领军人物是阿布杜卡里姆·索罗什,他在 1991 年建立自己的论坛(Kiyan 杂志),他提出的"宗教知识缩小和膨胀理论"被认为是向宗教政府的认识论基础提出挑战。他认为,对宗教的理解应当是人性的和有时间限制的,宗教理解并不是神圣的、绝对的、终极的。他的理论为认识论的多元主义打下奠基,也是民主多元化的基础。[①] 1994 年和 1995 年,他先后出版一系列文章,如"宗教民主政府"、"我们的宗教期望"、"意识形态化的宗教和宗教意识形态"等,通过这些文章,他对宗教的意识形态理解和对政治权力的极权主义控制提出质疑。这一理论的提出及其相关理论的阐述为 20 世纪 90 年代后期伊朗政治改革运动进行了思想动员并提供了理论基础。

阿布杜卡里姆·索罗什作为一名宗教知识分子,他来自于宗教上层,但最终对神权政治的基本原则产生怀疑,从而使部分政治人士找到获取政治权力的新理论,也使人们对神权政治的合法性产生不确定性的质疑。90 年代中期,伊朗外部环境恶化,国内出现经济危机,保守派又加强了舆论控制,这些问题使伊朗人认识到革命理念下自身权益的存在,他们纷纷走上街头,游行示威。正如穆赫辛·卡迪瓦所说:"知识分子的催化与社会、政治和经济变化的结合,将会带来一种爆炸性的混合物。由于政治失望、社会边缘化和经济压力过大等因素,伊朗人正在发现,仍有许多事情要去斗争,不是为了反对什么,而是为了获得什么。"[②]

投向伊朗总统哈塔米的 20,000,000 万张选票,不仅仅是希望他能给人们带来更好的经济社会生活,更表现出对统治他们 20 多年的伊斯兰意识形态基础产生的疑问。在 1997 年的总统选举中,伊朗民众思想变化的潜流得以宣泄,为哈塔米的上台奠定了基础。

4.国际背景

在当代世界,国家利益仍是现代国际关系的基本动因。对于发展中国家来

---

① Forough Jahanbakhsh, "Religious and Political Discourse in Iran:Moving toward Post-Fundamentalism", *The Brown Journal of World Affairs*, Winter/Spring, 2003, Vol.IX, No.2, p.247.

② Ali M.Ansari, Iran, Islam, Democracy: *the Politics of Managing Change*, London:Royal Institute of International Affairs, 2000, p.80.

说,由于现代化的历史任务尚未完成,民族国家的主体作用仍很重要,并不可或缺性表现在国内外事务上。冷战结束后,世界政治经济力量对比严重失衡,造成全球性的激烈动荡与分化组合,霸权语境下的民族主义再度凸显,海湾战争、高加索纷争、车臣战争、印巴挥戈、科索沃战争等都折射出新时代民族国家所面临的危机。而在伊朗,作为一个多民族、多宗教的国家,其少数民族大多聚集在边疆地区,西北的阿塞拜疆省居住着占伊朗人口 22% 的第二大民族阿塞拜疆人;东北与前苏联接壤的戈尔甘平原约有 55 万土库曼人;东南在与伊朗、巴基斯坦和阿富汗交界处约 500 多万的俾路支人中,伊朗境内有 80 万;此外伊朗境内的库尔德人约有 400 万。① 这些少数民族都与域外的同宗或母国保持着千丝万缕的联系,外界稍有风吹草动,极易引起民族分裂主义的泛滥。而且伊朗周边多为冲突地区,国家间的对抗使大量难民涌入伊朗,它所造成的跨界安全问题已危及伊朗国内正常的政治经济秩序。因而,开明的对外政策,加强国家间合作,以及更早的融入国际社会,成为当代国家维护自身利益的新途径。

海湾战争后,美国势力入主中东,开始掌控中东国际事务。美在该地区安全安排中,伊朗始终被排除在外。尤其是"9·11"后,美国先发制人战略在伊拉克实施,提出对伊动武的三大罪状是:伊拉克与恐怖主义组织有联系、支持恐怖主义活动;研制大规模杀伤性武器;存在一个反美、独裁的萨达姆政权。这与美国对伊朗的指控极为相似。伊拉克战争的胜利,使美国"改造整个中东并将其一劳永逸地带入现代世界"的欲望更加强烈。而不管战后的伊拉克是否成为中东民主的楷模,能否在中东引起多米诺骨牌效应,战争的客观结果却是美国军队完成了对伊朗的军事包围,伊朗的安全空间大大收缩。尤其是近年来高新技术在现代战争的应用,增加了战争的可控性,减少了技术优势方的战争风险,从而刺激了霸权国以战争为手段解决政治经济问题。

20 世纪后期的经济全球化,跨国公司成为经济全球化的主要力量,国家对经济的干预从国内延伸到国外。区域经济的一体化甚至促成了部分国家主权的让渡。然而在发展中国家,应对全球化的主体仍是民族国家,它仍须在国内实现政治经济体制和国家管理方式的转变,以及由农业经济或半农业经济向工业化、现代化社会的转变,而这些转变本身会引起社会结构、经济关系、组织制度和权

---

① 王菊如:《伊朗的民族与民族问题》,载《西亚非洲》1994 年第 6 期,第 32—33 页。

力结构的巨变。这种社会变迁所带来的价值观的迷茫和文化认同的危机，将成为转型社会最致命的威胁，驾驭不好会给整个民族带来灾难。

霍梅尼革命后，伊朗提出了"不要东方，不要西方，只要伊斯兰"的口号，但革命后的十多年，由于国内的全面伊斯兰化，人民的生活并没有得到改善，反而比以前更差。两伊之间的十年抗战，彻底打破了霍梅尼的泛伊斯兰主义思想，也使伊朗人陷入了困惑。随后，苏联解体，海湾战争爆发，美国成为中东事务的主导者，伊朗对各国政治反对派的支持不仅受到中东地区主流政府的反对，也使政治外交在国际上日益孤立。国际政治的残酷和国家利益的现实，使伊朗认识到采取务实政策加强本国实力，提升国际地位的重要性。

三、哈塔米主义的主要内容

1997 年，哈塔米打败保守派候选人纳提格·努里，成为伊朗的新一届总统，他的施政纲领在其两届任期中不断被充实与完善。哈塔米主义的内容也扩展到政治、经济、外交和文化等各个方面，主要内容包括以下几点：

1.对内适度开放和建立伊斯兰民主政治

哈塔米主义作为一股政治思潮，最基本的内容是，它呼吁在伊斯兰框架下谈论民主。哈塔米认为，伊朗可以建立具有自身特色的伊斯兰民主政治，因为《古兰经》已经规定了这一切，宗教与民主是可以相容的，"宗教民主既反对僵化和独裁，也反对政教分离的思想。"换言之，宗教民主就是让人民根据宗教思想参与国家的建设，决定国家的未来命运。

在这一点上，哈塔米与哈梅内伊以及伊朗的许多学者的观点不谋而合。他根据伊朗伊斯兰共和国宪法第 56 条指出，真主对宇宙和人类具有绝对的掌管权，与此同时，真主赋予人类决定自己社会命运的权力，任何人无权剥夺真主赋予人类的这一权力，也不能将这一权力服务于某个人，或某个组织的利益。因此"伊斯兰教的宗教民主指的是，伊斯兰教尊重人民的意愿，要求政府面对人民肩负起重要责任。伊斯兰教绝不接受任何形式的独裁和专制。"德黑兰大学政治学教授巴基尔·霍拉姆沙迪说道，在民主体制中，最重要的是人民具有决定国家命运的权力，而这一点也存在于伊斯兰教的宗教民主中。所以，伊斯兰教的宗教民主思想不但没有限制人民的权力,没有阻碍社会的发展,而是保障社会建立公正的唯一途径。霍拉姆博士说:我们说宗教民主,并不是为了逃避民主,而是在伊斯兰世界,宗教已成为人们生活的重要组成部分。鉴于此,我们认为,在伊斯兰世界,除了宗教民主外,任何民主都是实行不开的。①

尽管哈塔米承认伊朗民主政治的伊斯兰前提,但他与哈梅内伊和许多保守派学者仍有许多不同之处。他所主张的伊斯兰民主,不仅融入了伊斯兰因素,也融入了西方的文明因素,主张吸取西方文明的积极意义为伊斯兰服务,认为只有这样才能既满足伊朗人民的精神需求,又能满足其物质需求。在政治实践上,哈塔米走得更远,他借用了西方民主的许多标准,如政治分权。对于伊朗来说,自霍梅尼革命后,宗教领袖集政治宗教于一身,这种教法学家的绝对权威成为伊朗政治体制的核心,政治分权尽管是 1906 年立宪革命以来许多伊朗人的追求,但革命后的 20 多年来从未有过。

1999 年 2 月,伊朗进行历史上的第一次地方议会选举,在这次选举中第一次没有宪法监护委员会的干涉,各种派别、各个种族、青年、妇女前往投票点选出他们自己的代表。其中,农村和城镇比大城市的选民们要更加热情,他们在自己的商店和窗户上,张贴着自己喜欢的代表画像,期待着他们的亲人或是尊敬的人成为代表。他们希望地方议会选举能够打破对中央政府的权威,实现本地区对电话线、饮用水和电影院等的需要,并由当地政府负责上述事务等。在大城市,年轻人们依然热情高涨,他们关心尚未铺好的公路、失业和公共机构的腐败等问题。在德黑兰,由于人们对各种各样的选举已经厌倦,这一次地方选举并没有引起多数公众的热情,德黑兰 4,000,000 具有投票资格的公民中只有 1,400,000 人参加了投票。

在这次选举中,妇女们也纷纷参与。其中 5,000 名妇女参加了竞选,她们赢得了 197,000 个席位中的 300 个,尽管这看起来是很小的一部分,但它是 1979 年革命以来妇女们第一次大规模的参与到政治进程中来。在德黑兰南部一个传统的农业城镇萨维赫,妇女们赢得了议会席位的多数。哈塔米的姐姐法蒂玛·哈塔米是负责妇女事务的前任官员,她在中部沙漠城市阿达干赢得一席。尤其是改革派思想家穆赫辛·卡迪瓦的妹妹贾米勒·卡迪瓦,她也是伊斯兰文化指

---

① 伊朗华语台:http://www.irib.ir 2005-12-20.

导部长的夫人。作为一名意志坚定的活动家,她关注社会事务,主张社会公正,致力于缩小贫富差距。她在竞选中说:"当我在德黑兰南部时,我谈论除污系统和流动的水。当我在北部时,我谈论共和主义和完成革命诺言的必要性。"①在1995年参加第五届议会选举时被宪法监护委员会阻止在门外,而这次地方选举,她在德黑兰获得第三名的支持率。

在这次地方议会选举中,哈塔米改革阵营获得80%的选票,赢得绝对胜利。在德黑兰,保守派仅获得两席,在伊斯法罕中部城市,总统支持者获得11席中的8席;在保守派长期占优势的地区马什哈德,改革派获得11席中的5席,另外还有两席被独立参选人获取。

这次地方议会选举是一次全国范围内的政治总动员,哈塔米第一次将人的权力与宗教权威之间的对立展现出来。他认为:"人民的存在是国家生活的标志","每当我们谈及文明社会时,主要的问题在于人民有权力来决定自己政府的形式"。1999年的地方议会选举,为次年国家议会选举的胜利奠定了基础,也为哈塔米的政治变革提出了一个新的变化模式。

有关地方议会可以行使哪些权力尚无法明晰,根据文件,地方议会可以任命村庄的管理者和城镇的长官,监督中央政府在地方层面上的功能,包括税务评估,教育、文化和经济项目等;对社会服务和经济发展做出规划;鼓励修建运动文化场所等。但在实施层面,由于保守派主控的中央政府仍占据着国家主要机构,以及伊朗缺乏地方政治自治的经验,地方议会选举能否达到预期目的仍是一个未知数。但改革派阵营通过这次分权的尝试,使人民主权与领袖权威发生正面冲突,也鼓励更多的伊朗人去寻求新的政治梦想。正如哈塔米所说:"我们正见证着人民控制自己的命运,他们已经向自由和民族骄傲迈出了决定性的一步。"

2.建立公民社会和实现社会公正

建立公民社会,实现社会公正,是哈塔米施政纲领的重要内容之一。哈塔米上台后,在一次电视演讲中表示,如果在获得"快速发展"和确保"社会公正"之间产生冲突时,优先权将属于后者,他说,"社会公正应当是我们政策的焦点,为了社会公正,我们将会放慢速度"。② 实现社会公正不仅要致力于控制物价、减

---

①　Geneive Abdo,"Electoral Politics in Iran",*Middle East Policy*,Vol.Ⅵ,No.4,June 1999,p.3.

②　Jahangir Amuzegar,"the Iranian Economy at Mid-term",*the Middle East Journal*,Autumn 1999,pp.540~548.

少贫困、缩小收入差距和打击通货膨胀等,还需要保证人民的各种权利,包括言论自由等。

公民社会的提出是在新时期为满足伊朗人民的权利需求而出现的。此概念曾经历了从国家和社会的两分法向国家、市场和社会三分法的历史演变。其思想传统可追溯至古希腊罗马时期。17—19 世纪,以国家和社会分离为基础的近代公民社会概念成为欧美资产阶级反对专制主义和重商主义、捍卫个人自由和权利的重要武器。20 世纪,面对民主政治的"畸变"、凯恩斯主义的失灵、福利国家的危机,公民社会的概念得以复活,并逐渐融入西方主流派知识话语体系,成为当代世界一股重要的社会政治思潮。

伊朗的精英们也欲借这一极具现实批判功能的理论,来阐释和展望转型时代的伊朗社会结构、文化特征以及社会与国家的关系。由于早期伊朗社会政治环境的保守,最早公开倡导"公民社会"的人是移居国外的伊朗学者。霍梅尼去世后,各种社会力量的政治意识上升,社会权力出现多元化趋势,有关公民社会的争论开始在国内出现。尤其是哈塔米上台后,相对宽松的社会环境使争论开始突破小范围的限制,发展为全国范围的政治讨论,参与者既有学者、作家,还有独立研究人士和部分政府官员。

建立公民社会是哈塔米的竞选和施政纲领,他在 1997 年 12 月出席伊斯兰会议组织的讲话中对此做了最完整和最详细的阐述。其一,他认为伊朗所提倡的公民社会与西方的公民社会有所不同,这是其首要特点。西方的公民社会建立在古希腊罗马文明遗产之上,是希腊城邦时代的产物,而他的公民社会既吸收了新时代因素,又将伊斯兰教传统与之相结合,是建立在先知之城的基础上,因而是具有中东特色的公民社会。同时他又认为,这两种公民社会并不冲突,伊斯兰教需要吸收西方文明的有利因素。

其二,伊斯兰教的思想和文化是这种公民社会的中枢,在这样的社会,人类和他们的权利应当受到尊重和保护,伊斯兰公民社会的市民有权决定他们自己的命运,监督处理有关自身的事务,向统治者和政治家提出质疑。而且,在这个社会里,政府是人民的仆人,而不是主人,他们应当尊重安拉赋予人们的自决权,向人民负责。

其三,伊斯兰公民社会不仅向穆斯林开放,而且向所有坚信法律和秩序的人开放,这样才能实现真正的公正。

其四,伊斯兰公民社会在性质上来说,既不是独断的,也不是绝对服从的。拒绝和否定独断和服从也即意味着反对国与国之间的压制和欺诈,取而代之的是逻辑和互相尊重的原则。

其五,公民社会建立在伊斯兰集体认同的基础上,需要广大思想家和学者的参与。同时认为伊斯兰公民社会不能一蹴而就,是渐进的,它需要依赖于穆斯林的思想、信仰传统和遗产,还需要有对当代世界科学具有准确的哲学理解。①

哈塔米对公民社会的理解在伊朗国内引起了争论高潮。正如波斯语报纸《哈姆沙希》所写:"公民社会是由存在于统治者和被统治者之间的一些力量和机构组成,那些团体、联盟、经济和非经济组织、宗教团体、慈善机构以及媒体的主要目的就是为了将被统治者的要求传达给统治者。例如,一些政党或团体可以作为政府与民众之间的调节者,如果政府无视被统治者的要求,市民们可以从政党候选人中重新选择未来的统治者,更换他们不满意的执政党"。② 但对于伊朗的神权政体来说,写入宪法的教法学家的绝对权威是不容侵犯的,公民社会的提出是要分享中央权力,给予社会力量更多的独立性,因而引起保守派的强烈反对。他们认为,公民社会的内容太空洞,且实施起来会威胁到他们的政治经济地位,同时在地域上和政治上意味着分权。还有些宗教保守人士认为,建立公民社会也就是要建立国中之国,政治多元化会危及伊斯兰共和国的宗教安全。

3.主张私有化与深化经济改革

哈塔米上台后,在1998年8月3日,提出了"经济复兴计划",呼吁关注当前的法律规定,改善经济条件,注意经济领域的透明度,建立公民社会的有效制度,另外,他还呼吁"打破垄断"。但这一计划很笼统,没有详细的规划和途径。第三个五年计划是哈塔米当政时期有关经济改革的最重要文件。这一文件于1999年下半年在议会进行了激烈争论,2000年3月,宪法监护委员会审查通过,计划实施时间为2000年3月20日到2005年3月20日。主要内容包括:

第一,规范宏观经济政策(财政、金融、贸易和汇率等),鼓励国内国外投资,排除生产和投资障碍,以获得经济稳定增长。第二,改革公共行政体系,减少国

---

① Ali M.Ansari,Iran,Islam,*Democracy:the Politics of Managing Change*,London:Royal Institute of International Affairs,2000 pp.145-146.

② Ali M.Ansari,Iran,Islam,*Democracy:the Politics of Managing Change*,London:Royal Institute of International Affairs,2000 pp.144-145.

有机构的经济职责,促进私有部门发展,实施私有化,改革市场结构,规范专卖权和金融市场,增加经济活动的竞争性。第三,执行机制和结构改革,有效管理国家资源和利用现存资本,大力发展人力资源,增加就业,提高生产力。第四,建立经济外向发展,延伸到外国市场,提高非石油输出。第五,实施诸如地区发展和撤销管制等特殊计划。第六,保护环境,控制污染实施再循环政策。第七,注重研究与发展,建立数据银行,应用信息技术。第八,社会福利和安全。规范或制定外交政策,如国家安全等,促进社会、文化和政治发展,如司法安全、建立公民社会和依法治国等。①

上述内容是哈塔米进行经济改革的主要领域,目的在于为建立自由的经济结构提供良好环境。1999 年 3 月,政府任命了一个委员会,该委员会在 1999 年 4 月宣布,720 个国有企业中只有 128 个可继续保持国有性质,其他一律私有化。随后,538 个国有企业的名单被公布,宣布为政府进行私有化的首要目标。②

根据伊朗宪法,伊朗伊斯兰共和国的经济体制,通过制订正确的计划而建立在国有、互助和私有这三个基础之上。国有部分包括所有的大型国有工业、基础工业、外贸、大型矿产、金融、保险、电力、大坝、大型供水网络、广播电视、邮政、电报、电话、航空、海运、公路、铁路等公共财产。这些项目全部由政府掌管。互助部分包括各生产与分配的各互助公司与企业,这些企业均根据伊斯兰的法规而设在各城市和乡村及城镇。私有部分包括部分农业、畜牧业、工业、商业和服务行业。这些私有企业是对国有和互助性经济的补助,这三个部分的财产只要符合本条款的其他原则,不超越伊斯兰法律范围,能够导致国家经济的繁荣与发展,不会给社会带来损害,就受到伊斯兰共和国法律保护。这三个部分的具体法规条件和限度,将由法律做出详细的说明。③

国有企业的私有化早在拉夫桑贾尼时期就已开始,在以经济重建为主要内容的第一个五年计划(1989—1994)中,就包括私有化和自由主义政策、闲散资金的有效利用,通过私有化和理性主义政策将政府规模减少 8%。但由于种种

---

① Bijan Khajehpour, "Iran's Economy: Twenty years after the Islamic Revolution", John L, Esposite and R.K.Ramazani(ed.), *Iran at Crossroads*, New York: Palgrave Macmillan, 2001, p.115.

② Bijan Khajehpour, *Domestic Political Reforms and Private Sector Activity in Iran*, http://www.iranchamber.com/.

③ 《伊朗伊斯兰共和国宪法》,http://www.irib.ir/worldservice/chinese/2005-7-2.

原因,这一目标在第一个五年计划末不仅没有实现,国有机构实际上还增长了3%。私有化的改革政策很明显触动了保守派的利益,因为它与地方议会选举一样,目的在于打破垄断进行分权,通过分散权力结构的工作模式来适应地方经济需求,而事实上只有"保守派的那些政府机构才拥有天然的垄断权"。

为支持私有部门的发展,伊朗还进行了一系列的结构改革,如强化法律和制度框架,改革之前限制外国直接投资的法律框架,建立法律法规和进行制度调整,限制垄断和不公正的贸易惯例,所有的经济活动向私有部门开放;改革国有占主导的财政部门,加强银行管理和监督,为私人银行的建立开通道路;提高管理透明度等。在第三个五年计划的实施中,伊朗经济取得部分成绩,贸易、外汇、能源等领域的改革使其逐步与国际接轨,为伊朗尽早加入世界贸易组织提供了条件。

尽管第三个五年计划具有诸多积极意义,但它仍受到许多批评。事实上,伊朗经济长期处于一种病态之中,不仅在生产上,还在分配和消费中,要制定合理的伊朗经济改革计划并顺利进行改革,其他领域的配套改革必不可少,尤其是政治改革,这也是哈塔米所支持的观点。因为要鼓励私有部门在经济中发挥更大作用,伊朗政府就必须改革国内政治,为非政府活动和国内自由创造更多的空间。要获得更多的外来投资,伊朗必须促进它与世界各国的各种关系,这就需要国内政治中的法制观念的加强和政府的连续性。

4.营造宽松文化环境和注重青年与妇女的作用

放松文化控制,建立一个宽容、宽松的社会环境,是哈塔米担任伊斯兰教文化指导部长时就已提出的主张。他担任总统后,伊朗媒体行业得到大力发展,在哈塔米执政的第一年,新增出版物种类达200多种。同时,许多半政府性质和私人媒体开始在伊朗兴起。哈塔米也利用媒体的宣传作用,帮助改革派参与竞选,监督保守派,扩大在民众中的影响。

1998年,伊朗许多持不同政见者遭到保守派的暗杀,在揭示事件真相过程中,媒体起到了积极作用。如在伊朗著名政治批评家达尔尤什·弗罗哈尔被害事件中,受哈塔米支持的新闻媒体对此进行了猛烈抨击。哈塔米也向他们呼吁,在那些犯罪者没有受到应有的惩罚之前不要停止正义的呼声。最终,在各种压力下,情报部长被迫辞职,并承认是一些"流氓"制造了这些暗杀。新的情报部长上台后,逮捕了许多情报部官员,据称主谋塞义德·伊斯拉米也被捕入狱并在狱中自杀。

哈塔米对媒体行业的大力扶持和对知识分子的宽容,引起保守派的强烈不满。他们通过暗杀激进的知识分子和封杀批评政府的新闻报刊,来控制言论自由,掌握社会文化事务的发言权。在哈塔米的支持下,伊朗许多改革派的刊物与保守派打起了游击战,他们通常在一种刊物被禁后,带领原班人马又申请新的刊物,而新刊物的形式和内容仍保持原有风格。在伊朗,为逃避保守派的封杀,有的刊物甚至会更名多次。

对于伊朗人口中占70%的青年来讲,他们也是哈塔米关注的对象。由于这些年轻人大多出生于伊斯兰革命之后,没有革命时期的宗教狂热,只对两伊战争有着模糊印象,对国家重建和外来世界充满兴趣,对于开明的新观点和政策易于接受,因此他们是哈塔米当政所倚重的对象之一。哈塔米关注伊朗年轻人的不满,将改善他们生存环境作为其施政纲领的重要内容之一。他呼吁对就业项目投资,号召教育系统进行变革,强调解决国家住房紧张问题的必要性。他经常在高校演讲,许诺为受挫、无业的年轻人创造"一个更好的明天"。

哈塔米另一个支柱团体是伊朗妇女。他主张提高妇女地位,指出伊朗历史上的"大男子主义态度"是伊朗妇女地位受限的原因,男人并不能掌管女人,妇女地位提高的障碍应当被清除。妇女应当出现在政治、社会和宗教论坛上,并许诺如果他当选,他将消除男女之间的差别。哈塔米当选后,他任命36岁的德黑兰师范大学副教授埃卜特卡尔为副总统,这是自1979年伊斯兰革命以来第一位女性担任副总统。

5.灵活务实的外交与缓和战略

伊斯兰革命以来,伊朗国防一直掌握在保守派手中,伊朗的国防理念在一定程度上反映了保守派对国家防务和国家利益的看法,其要点包括:独立、威慑和准备。独立意味着自给自足,不依赖外来武器供应,因此大力发展本土军工业,确保获得最新技术成为其独立防务的重要内容。独立也意味着一视同仁,反对歧视,尤其是科技歧视。威慑与防卫的结合,意味着用同等武器报复的能力。准备则意味着不断地军事演练和动员,其目的是阻止敌人动用一切有可能的武器攻击伊朗。[①] 在哈塔米的施政纲领中,外交和国防也是重要内容。他认为,外交

---

① Shahram Chubin, *Whither Iran? Reform, Domestic Politics and National Security*, Oxford: Oxford University Press, 2002, p.36.

政策不应意味着枪炮,可以利用合法的国际手段来劝告他国,伊朗愿意与所有尊重其独立、尊严和利益的国家建立良好关系。哈塔米的外交理念包括务实主义的内容,却未能摆脱革命色彩。他提出,伊朗既不会干涉他国内政,也不希望任何国家干涉伊朗内部事务,但保卫世界上的"受压迫者"和"寻求自由的国家"是伊朗伊斯兰革命的义务,尤其是巴勒斯坦。[1] 哈塔米的国防观念尽管不像保守派那样强硬,但仍与大多数的伊朗人持有相同的观点。他认为,"我们不得不变得强壮,这样敌人才不会想着侵略我们","我们没有选择,我们只能获得强大的军事能力"。他同时也认为,伊朗的科学、国防和技术潜力对整个穆斯林世界都是有用的。[2]

　　哈塔米上台后在外交领域取得骄人成绩。1998 年 6 月,意大利前总统普罗迪的伊朗之行,堪称破冰之举,为哈塔米政府建立新型国际关系打开了局面。因伊在"米克诺斯事件"上对德国的让步,欧盟大使顺利返回德黑兰,为伊朗与欧洲大国的政治和解扫清了道路。英伊之间也因伊朗取消了《撒旦诗篇》作者英籍作家拉什迪的全球追杀令,使两国逐步恢复了大使级外交。而中伊关系一直都保持着高层官方接触和各个层次的交流与合作,2000 年 2 月,两国外交部在德黑兰达成了中国与伊朗建立"政治磋商机制"的框架协议,同年 6 月伊朗总统哈塔米访华,两国就提高双边合作水平、开辟双边关系新前景、建立面向 21 世纪长期稳定友好关系达成共识。

　　同时,伊朗还利用丰富的油气资源和巨大的市场潜力,加强与欧洲、中国、俄罗斯、日本等国的贸易往来。其中德国、日本分别是伊朗最大的进口和出口国。尽管 90 年代中期美国出台了对伊朗和利比亚的《达马托法》,但欧洲国家在伊朗能源领域的投资仍未停止。1997 年 8 月,伊朗与以法国的托塔尔公司为主的国际财团签署了总投资达 20 亿美元开发伊朗近海天然气田的协议。1999 年,法国的埃勒夫—阿基坦石油公司和意大利通用石油公司与伊朗国家石油公司签署了一项价值达 5.4 亿美元的合同,而荷兰皇家壳牌石油集团也与伊朗签署协议,准备投资近 8 亿美元用于伊朗的能源部门。1999 年 10 月哈塔米访法时,伊

---

①　David Menashri, *Post-Revolutionary Politics in Iran: Religion, Society and Power*, London: Frank Cass Publishers, 2001, p.83.

②　Shahram Chubin, *Whither Iran? Reform, Domestic Politics and National Security*, Oxford: Oxford University Press, 2002, p.39.

朗方面宣布,向法订购 4 架 A330 大型空中客运机、空中交通控制雷达及 100 台柴油和电动机车。俄罗斯作为伊朗重要的军贸伙伴,双方各取所需,90 年代中期,伊俄的核合作引人关注。1995 年 1 月 8 日,俄罗斯与伊朗在德黑兰签署了一项在伊朗南部建造一座 100 万千瓦总额 10 亿美元的核电站合同,根据合同俄罗斯将向伊朗提供核设备、转让核技术、提供核燃料,并在俄培训 30 多名伊朗的工程技术人员。1999 年 1 月,俄原子能部宣布俄将在伊朗南部的布什尔核电站工作人员从约 300 人增至 1,000 人。① 然而,尽管俄伊双方都宣称其核合作主要是用于和平目的,但仍引起了美国的猜疑与指责,而不管伊朗是否在发展大规模杀伤性武器(WMD),能否研制出核武器,其军事力量的增强及对相关核技术的掌握都将对中东地区的均势产生影响。

由于伊朗骑墙于中东和中亚之间,便利的地缘优势为伊朗扩展周边外交提供了良好的条件。通过伊朗与中亚地区的宗教、语言、历史文化等联系介入亚美尼亚和阿塞拜疆的冲突及塔吉克斯坦的内战。尤其是在塔吉克问题的调停问题上发挥影响,最终于 1997 年 2 月促使塔政府和反对派在伊朗首都德黑兰签署了一项旨在停止长达五年的内战、实现民族和解的议定书,得到国际社会的好评。伊朗通过地区多边外交和调停外交积极介入中亚地区事务,一方面加强了与中亚经济联系,打破美在伊南向的包围与封锁;另一方面也提高了伊的威望和影响力,使伊在周边地区均势中获取了有利地位。除调停外交外,伊朗还采取了多边主义外交,表现在积极发展与伊朗周边国家的三角外交,如伊朗—希腊—亚美尼亚、伊朗—印度—土库曼、伊朗—格鲁吉亚—亚美尼亚等关系。

与海湾合作委员会关系的变暖,是伊朗外交取得的又一成绩。沙特作为海湾合作委员会(GCC)的大国,自"朝圣流血事件"与伊朗断交后,于 1991 年 3 月 26 日恢复外交关系,4 月 1 日伊朗重开在沙特的大使馆,6 月沙特外交大臣访问伊朗使两国关系进一步融洽。1997 年 12 月,沙特王储阿卜杜拉出席在德黑兰召开的伊斯兰国家首脑会议时与伊朗领导人举行了会谈,双方强调应改善关系加强合作,并在石油减产提价和解决阿富汗内战等问题上达成共识。1998 年 2 月,伊前总统拉夫桑贾尼率多位部长访沙,同年 5 月,沙特外交大臣费萨尔访伊,两国签订了经贸、投资和技术合作的框架协议,并将按照协议提供领事服务,发

---

① 唐宝才:《冷战后大国与海湾》,当代世界出版社 2002 年版,第 133 页。

展双方在海空交通以及环保方面的合作。次年 5 月,沙第二副相兼国防大臣苏尔坦亲王访伊,与伊领导人就海湾地区安全问题达成重要共识,这在一定程度上打破了美国将伊朗排除在地区安全安排之外的初衷,从而使得伊朗在海湾安全上不容忽视的地位越来越明显。

6.立足伊斯兰教倡导不同文明的对话

1999 年 5 月 3 日至 5 日,伊斯兰与不同文明之间的对话研讨会在德黑兰召开,会议通过了《德黑兰不同文明之间的对话宣言》。随后,在伊朗总统哈塔米的倡议下,2001 年被联合国宣布为"文明对话年"。"文明间对话"(dialogue among civilizations)成为伊朗外交的新亮点。

哈塔米作为"文明间对话"的首倡人之一,他认为"文明间对话"的目的就是要实现人类的普遍正义和自由。"由于自由常常在正义的名义下被践踏,正义在自由的名义下被一笔勾销,结果长久以来,人类总是有了自由便没有正义,有了正义便没有自由。"①这是伊朗总统哈塔米在第 53 届联大开讲伊始就提出的观点。"文明间对话"可以消除分歧、加强团结、增进了解、促进合作。"文明间对话"可以加深各国之间的了解,解决分歧,防止单一文化统治,创造包括一切文明在内的新的世界文明。

从 1999 年 5 月发布的《德黑兰宣言》中可以清楚地看到文明间对话的诸多内容:尊重所有人的尊严和平等,不论国家大小,无任何差别;诚意接受文化多样性为人类社会的永恒特征、为全人类进步和幸福的珍贵财产;相互尊重和宽容不同文化和文明的观点和价值,以及所有文明成员均有保存其文化遗产和价值的权利,摈斥对道德、宗教和文化价值、圣物和圣所的亵渎;承认整个时空中的知识有各种来源,必须在诚心诚意地相互滋润中借鉴每个文明的长处、智慧和丰富内容;摈斥文化支配和文化控制企图,和煽动文明之间对抗和冲突的理论和做法;在文明之间和文明内部寻找共同基础,迎接共同面临的全球性挑战;接受合作和追求理解是推广共同的全球价值观、消除全球性威胁的良好机制;承诺使所有国家和各国人民参与本国以及全球决策和参与价值传播,不得有任何歧视;遵守公正、公平、和平、团结原则,以及国际法和《联合国宪章》中的基本原则。②

---

① 第 53 届联合国大会第 8 次全体会议,伊朗总统哈塔米的讲话,参见联合国网站:http://www.un.org/documents/a53pv8.pdf.

② 第 54 届联合国大会 A/54/116 号文件。

　　同时,"文明间对话"还有着重要的政治意义,如哈塔米在文明对话的主题讲话中不仅关注到巴以冲突、恐怖主义,波斯湾安全体系等,还提出应在联合国安理会常任理事国中增加一个伊斯兰席位。"文明间对话"的总原则在国际关系领域的应用极其引人注目,其内容包括:在兼容、对话、相互理解的基础上建立全球秩序,放弃排外、竞争、强权政治和自私地追求狭隘利益等陈旧理论;除自卫外,在国际上不诉诸战争或武力威胁;在全球承诺根据公正和国际法原则和平解决争端;迫切需要在国际关系中尊重正义和法治,拒绝歧视政策和双重标准;承认外来统治和外国占领下人民自决的权利;根据联合国大会和安全理事会有关决议及国际法,以色列迅速撤出被占领的巴勒斯坦、叙利亚和黎巴嫩领土,尤其是圣城,让巴勒斯坦人能够建立自己独立的国家,首都设在圣城,因为圣城历来一直是,而且也应该再度成为对话的摇篮和容忍、兼容和理解的集中体现;承诺建立没有任何大规模杀伤性武器的世界,以全球合作消除这类武器,防止其扩散,各国之间不得有任何歧视;以认真、全面、无歧视的全球合作,铲除任何种类的恐怖主义、有组织犯罪和贩毒活动给全球带来的威胁;在各种全球机构采用公平、透明和民主代表制原则。①

　　总的来说,"文明间对话"有四个显著的特点:第一,多元化,即它在承认文明多元性特征的同时,还认为对话的领域不应局限于文明或文化,应包括科技、社会、政治、经济、安全等。第二,多边主义,主张用多边谈判的方式解决问题,强调对话的参与者不仅是政府,还应包括各国际组织、地区性组织、民间团体,甚至细化到学者、思想家、知识分子、科学家、经济学家,以及艺术和文化人士。第三,人本主义,"文明间对话"尤其强调对人性的重视,注重人类对信仰和道德的渴求,因此哈塔米称之为"人性的全球化"。第四,合作主义,主张用合作而不是对抗来解决争端。

　　实际上,"文明间对话"的精神仍来自伊斯兰的最高教义,其中赞颂人的多样性、承认知识的不同来源、推动对话和相互理解、真正相互尊重人与人的交往以及鼓励按照理性和逻辑开展文明对话等总原则,分别引自《古兰经》第四十九、二、三、六、二十、十六章。哈塔米认为西方文明与伊斯兰文明对话的意义在于物质与精神的互惠交流。他认为,"文艺复兴的真正目的不是复兴希腊的古

_____

① 第54届联合国大会A/54/116号文件 。

典文化,而是通过提供一种新的语言和观点来复兴宗教。"长期以来,现代性早已丢失了与文艺复兴精神原义的联系,因此才会导致西方殖民的社会政治现象,才会导致西方文明用非人道和非道义的方法来对待人类和宇宙。也因此东西方文明对话的意义在于东方可以教会西方认识到人类生活中精神的极度重要性,同时也可以学到西方文明成就的积极方面。①

综上所述,作为伊朗什叶派的现代主义代表,哈塔米的政治思维深受来自伊斯兰精神本源的影响。哈塔米主义不仅是其执政时期内外政策的集中体现,更代表了全球化时代伊朗政治思潮的发展趋势。概括起来有以下几个特征:

一是以伊斯兰教为背景的民族主义。哈塔米在文明间对话的演讲中解释道,"伊朗人民的伊斯兰革命是反对胁迫与镇压的理性反抗。一场在破坏阶段诉诸逻辑的革命在建设阶段肯定会更倾向于采用对话和说理。因而它呼吁在各种文明和文化之间进行对话,而不是对抗。"②"哈塔米主义"的首要意义是民族主义。由于伊朗内有民族分裂力量,外有大国干涉势力,国家政权的合法性面临危机,民族国家的概念在当代伊朗显得分外重要。因此,民族振兴成为当前的重要任务,而不管是围绕"公民社会"的国内政治经济改革,还是"文明间对话",其目的都是要创造一个良好的外围环境,理顺国内的各种关系,加快现代化进程,维护国家利益和民族权利。

二是调和主义。哈塔米一直在寻求一种基于现实的中间路线,努力将宗教与理性、伊斯兰与自由民主相调和。与亨廷顿的"文明冲突论"不同,他认为东西方文明有很多可以相互学习的地方,比如东方可以利用西方的器物文明,西方则可以从东方学到精神的重要意义。实际上,哈塔米调和主义的本质是为西方文明的进步内容融入伊朗现代化建设提供合法性,从而减少来自保守派的国内改革阻力。

三是现代主义或改革主义。它表现为现代化、多元化和理性化。在哈塔米的两届任期中,伊朗逐步统一了多元汇率体系;实现贸易自由化;加强银行管理和监督;通过私有化进行国有企业改革等。其现代化改革还包括在政治领域的诸多立法,提高妇女地位等。其多元主义主张不仅表现在"文明间对话"中对文明多元性的承认、在国际关系领域的多边主义建议,还表现在他在国内倡导的

---

①　R.K.Ramazani,"Reflections on Iran's Foreign Policy:Defining the National Interests",John L. Esposite and R.K.Ramazani(ed.),*Iran at Crossroads*,New York:Palgrave Macmillan,2001,pp.224-225.

②　引自第53届联合国大会第8次全体会议,伊朗总统哈塔米的讲话。

"公民社会",鼓励非政府组织的出现、主张社会权力的分散等,这在政治上表现为 1999 年 2 月举行的地方议会选举。

四是全球主义。哈塔米有着广阔的视野和全球意识。所谓全球意识即是在承认国际社会存在共同利益、人类文化现象具有共同性的基础上,超越社会制度和意识形态的分歧,克服民族、国家和集团利益的限制,以全球视野去考察、认识社会和历史现象的思维方式。① 正是这种思维方式,哈塔米提出了不同文明之间的对话,它超越了民族、宗教、地域的界限,倡导世界范围的合作,维护包括伊朗在内的各国利益,为伊朗赢得了良好的国际声誉。

"哈塔米主义"是当代伊朗在新形势下寻求国家发展道路的积极尝试,具有承上启下的作用。它与霍梅尼主义和土耳其的凯末尔主义有继承关系又有所创新。首先"哈塔米主义"仍是以伊斯兰革命的基本原则为基础,吸取了土耳其现代化改革的积极因素,同时它又力图突破霍梅尼主义的束缚,避免土耳其世俗化和西方化带来的消极后果,从而提出渐进改革的思想,努力调和伊斯兰教与现代化以及西方文明的关系,走一条融合多种文明精华的折中道路,以实现伊朗社会的安全转型。其思想涵盖了政治、经济、外交、文化等各个方面,试图调和西方文明与伊斯兰教的关系,从而为建立新型的"伊斯兰民主"提供合法性基础。"哈塔米主义"在外交上倡导的"文明间对话",是伊朗在全球化时代维护民族利益、开拓生存空间的新尝试,在本质上反映了发展中国家对自身文明的再肯定,及其在新国际体系中进行自我定位的积极表现。

但伊朗毕竟正处于社会转型的过渡期,传统文化与西方文明的碰撞、伊斯兰革命传统的认同危机、迫切的现代化改革一并而来。哈塔米主义的政治理论仍有待完善,诸如怎样界定东西方文明中精神与物质的关系,如何调和民族主义与全球主义的矛盾等。同时,由于伊朗权力部门不受改革派控制、宪监会具有凌驾作用以及法吉赫体制的平衡机制等,使得伊朗政府的权力斗争充满了反复,"哈塔米主义"的实践也多受掣肘,而且还容易陷入"治理悖论",即要加强治理机制,就必须大力改革,而改革过程本身又会加剧政治紧张状态;民众对改革政府的支持既增加了政府工作的动力,又增加了政府的信誉风险,而这种风险在一定时期内只增不减。

---

① 蔡拓:《全球问题与当代国际关系》,天津人民出版社 2002 年版,第 439 页。

总之,哈塔米的政治思想是伊朗在新国际政治经济秩序中自强自立的表现,是中东穆斯林国家在全球化时代探寻国家现代化发展道路的典型,一定程度上指明了伊朗改革的大方向。然而对于伊朗伊斯兰共和国来讲,要实现从"伊斯兰"向"共和"的重心转移仍有很长的路要走。

四、哈塔米主义的意义及其面临的挑战

自 1997 年起哈塔米执政的八年,伊朗国内在政治、经济、外交和文化等领域的变化,成为未来伊朗演进的基础。由于伊朗独特的政治背景,伊斯兰传统和革命精神在增进国家团结的同时,也使伊朗政治变得更加谨慎和敏感,宗教领袖主导的平衡政治的形成,在一定程度上决定了党派交替的现实,而执政的基础并不都是民意。尽管如此,哈塔米主义作为一股曾主导伊朗社会的政治思潮,它是对伊朗和世界正在发生变化的反映,在某种程度上代表了伊朗政治的未来发展方向,同时也为伊朗未来执政者提供了另一种思路。哈塔米主义的意义在于:

1.权力之争形成改革阵营并对伊朗后续改革产生影响

1997 年,哈塔米上台后伊朗政坛出现新气象。伊朗政坛形成改革和保守两大派别,但各派内又存在不同政见的小派别。在改革派内部,有以拉夫桑贾尼为首的温和派,以伊斯兰左派为主体的激进派,还有以哈塔米为首的改革派。其中,温和派支持自由市场原则,主张政府干预经济以确保经济的平衡发展,其成员包括农民、技师、工商业者和教师等。激进派强调权力多元化,认为一个多元化的政治体制有助于他们重获 1992 年议会选举所丢失的权力,主张重新分配财富,并且认为极端的财富不平等将会毁坏宗教信仰和道德价值观。但激进派在社会文化和外交事务上没有统一的观点。很多人认为美国是一个傲慢的超级大国,致力于掠夺他国财富,另一些人又支持哈塔米提出的"文明间对话"。以哈塔米为代表的改革派则主张建立在民主价值观基础上的公民社会,认为只有建立在公正基础上的法治国家才能保持伊斯兰政府的长治久安。该派关注的重点不仅仅在经济领域,还在公民自由和人权等问题上,其代表政党是伊朗伊斯兰参与阵线。[1]

---

[1]　Eric Hooglund,"Khatami's Iran",*Current History*,February 1999,p.62.

保守派内部也存在三派,第一派基本上传承了原来保守派的观点,代表巴扎商人的利益,对经济事务极为关心,主张放松贸易限制,为商人提供优惠贷款,出售国有企业等。在社会文化事务问题上,主张采取措施严格限制公众接触因特网和卫星电视。在外交上支持哈塔米与他国关系的正常化,但美国和以色列除外。第二派由一些原教旨主义者组成,他们专注于伊朗伊斯兰政府的性质,认为哈塔米公民社会的主张威胁到宗教律法和道德专家训导下的伊斯兰精英主义理念,指责所谓自由民主、人民主权等是西方观点,其传播会使宗教失去真正的保护,因此媒体是其关注的重要领域,防止美国等西方价值观的传入成为其主要任务。第三派是具有改革倾向的务实派,他们主张对保守派的思想进行现代化的改革,以吸引更多的民众支持,复兴保守派的政治力量。这些务实派除了提出内部改革的主张外,还主张合作,寻求国家范围的一致和获得年轻一代的谅解,在社会文化事务上放松对年轻人的限制。①

尽管具有保守派背景的新总统内贾德于 2005 年上台,但伊朗国内业已形成的改革势力仍将是推动伊朗前进的动力。而且自 1998 年伊朗新政党法颁布后,国内各种政党竞相成立,到 2000 年 1 月,伊朗合法政党和政治组织已达 110 多个。伊朗现主要政党或组织包括:由前哈塔米政府的一些部长和文化界知名人士组成的伊朗第一大党——伊朗伊斯兰参与阵线;主张专家治国,捍卫伊朗伊斯兰及共和两大属性的建设公仆党,该党由德黑兰前市长卡尔巴斯奇任总书记,在全国主要大城市都设立了分支机构,成员多为政界人士;还有由议员和政府各级负责人组成的伊朗伊斯兰团结党等。虽然伊朗大多数政党和政治组织尚处于创立阶段,没有严格的组织形式,缺乏章程及其相关纲领,但它们在伊朗民间的动员力量仍不可轻视。

2.新崛起知识分子的及其改革理论的奠定

在伊朗历史上,知识分子一直是推动社会进步的重要力量。但伊朗伊斯兰革命后,激进的伊斯兰化政策,把知识分子的思维空间压缩到极限。1997 年,哈塔米担任总统后实施的开明的内外政策使伊朗知识分子的激情再次得到释放,一大批杰出的知识分子组织媒体宣传,撰写文章,鼓励民众参与选举或是投空白票,支持哈塔米的改革。

---

① Ray Takeyh,"Iran at a Crossroads",*Middle East Journal*,Summer 2003,pp.43-55.

　　根据哈米德里扎·贾拉伊波尔的观点,伊朗国内知识分子中存在三个圈:以阿布杜卡里姆·索罗什为代表的宗教知识分子;由塞义德·穆罕默德·穆萨维·霍伊尼哈牵头、团结在战略研究中心周围的一群知识分子,他们被称为"宗教现代主义者";与拉夫桑贾尼时期留学欧美学生的关系密切的知识分子("新宗教思维知识分子")。这三个圈子的知识分子不仅对宗教极为关注,他们还试图从现代性和现代社会的角度对文化、宗教、政治和经济领域的问题进行批判,促进改革和当前环境的改善。同时他们将自身作为一种文化力量,作为获取现代性的一种载体,尤其关注公共领域的制度化,如媒体和独立社团等。来自宗教知识分子的观点认为,在缺少对公共领域的批判和分析的社会,要保卫宗教是不可能的。他们认为,通过政府权力和军队来体现宗教价值对宗教的影响、传播和虔诚是有害的,只有建立高效的民间团体才能保卫宗教价值。①

　　在知识分子群体中,宗教知识分子的影响力最大。一般来说,凡是对迈哈迪·巴扎尔甘、阿亚图拉迈哈穆德·塔里卡尼、阿里·沙里亚提、阿亚图拉莫尔塔扎·莫塔哈里的观点感兴趣并有所反思的穆斯林个人都可视之为宗教知识分子。他们平均年龄在 40 岁左右,伊斯兰革命时期大都是学生。但在伊斯兰政府的建立和两伊战争中,他们及其家人都做出了重要贡献。因而,相对来说,保守派还不会轻易动用武力或将其视为伊斯兰革命的"局外人",像对付世俗知识分子那样对待他们。

　　宗教知识分子之所以成为伊朗知识界的重要力量,主要是他们积极参与了一系列改革活动,并有一个系统的奋斗目标。它包括:在政府方面,所有制度必须建立在宪法基础之上并向宪法负责;在政体层面,一个透明的、竞争性的多元体系必须尽早建立起来;在经济领域,特殊的垄断应当受到打击,大的经济机构应当为投资创造一种制度保障;在政治和文化方面,长老作风与行为应当转变成民主模式;在学术圈,应当改善条件,为自由研究提供安全保证,并广泛接触民众;在宗教领域,强调宗教的行为,不应建立在武力基础之上;在私人领域,应更

① Hamidreza Jalaeipour,"Religious Intellectuals and Political Action in the Reform Movement", Negin Nabavi(ed.), *Intellectual Trends in Twentieth-Century Iran:A Critical Survey*, Florida:University Press of Florida,2003,pp.137-139.

多地保证个人权利,不干涉人们的私生活,并将其制度化。①

总的来说,在哈塔米担任总统的八年中,伊朗国内知识分子的热情已被充分激起,知识分子作为一个阶层开始活跃在伊朗的历史舞台。伊朗知识分子从寻求本阶层的自由发展到对整个社会的责任,他们对公共领域的关注,与伊朗民众贴得更近,在传播改革思想的同时,更能了解普通民众的需求,其对社会力量的动员作用,在一定程度上为伊朗改革的延续打下了坚实的群众基础。

3.公民社会的提出和对民间思想争论的倡导

1997年,哈塔米提出的"公民社会"成为最有吸引力的竞选纲领。哈塔米认为,"公民社会即是要政府对其公民负全责;多种公民组织享有广泛的政治独立;社会团体的竞争关系体现的不是相互压迫,而是礼貌和容忍的品质。"②哈塔米在承认西方政治积极意义的同时,声称西方政治不能满足伊朗人民的精神需求,因为"要完全赞同自由主义即是要接受世俗主义"。伊朗"公民社会"的政治内涵只能从宗教的角度去挖掘,其政治要求也只能集中在政治实践的改良而不是政治理念的革新。

在哈塔米执政时期,相对宽松的社会环境使公民社会的争论发展为全国范围的政治讨论,参与者既有学者、作家,还有独立研究人士和部分政府官员。而伊朗总统哈塔米既是讨论的参与者,也是讨论的引领者。有关"公民社会"的争论涉及国家的各个方面,并受到三方面的严重挑战。即如何认识"公民社会",使其具有本土化意义;如何解决"公民社会"与政权的关系;如何阐释"公民社会"下的伊斯兰教。

在具体内容上,伊朗"公民社会"的争论也主要集中在三个方面:政治民主化、文化现代化、社会组织和结构的合理化。在政治方面,有些学者认为伊朗的公民社会中的民主与西方意义上的民主概念有所不同,建立在世俗主义基础上的西方自由民主思想将个人主义放在了首要位置,而作为政教合一的伊朗,霍梅尼革命遗留下的伊斯兰宪法仍是其执政和施政的合法性基础。有人认为,伊斯兰体系自身就有民主的内涵,《古兰经》就主张人类的自由平等,其训令可以为

---

① Hamidreza Jalaeipour, "Religious Intellectuals and Political Action in the Reform Movement", Negin Nabavi(ed.), *Intellectual Trends in Twentieth-Century Iran*: *A Critical Survey*, Florida: University Press of Florida, 2003, p.144.

② Eric Hooglund, "Khatami's Iran", *Current History*, February 1999, p.60.

集体行动和民主参与提供平台。伊朗人们对民主更具体的要求表现在：建立独立的政治司法体系；结束过分严厉的审查制度；保守派的情报安全机构停止对改革派的逮捕与迫害；在没有政府的恐吓下参与各种团体；有充分的选举自由等。

"公民社会"在文化上主张废弃某些传统的文化惯例和体制，发展一种"公民文化"，这样才会分散社会权力、产生劳动分工、扩大私有财产，人民才不会盲目崇拜民族英雄，世亲关系才不会主导社会，文化才不会分裂。伊朗国内甚至提出取消最高领袖并将其纳入选举程序的要求，其主要倡导人是霍梅尼原定的继承人、主管起草1979年宪法的阿亚图拉阿里·蒙塔泽里。他指出，"该位置的合法性毫无疑问来自大众选举。在现实中，人民与领袖之间有一个社会契约，宪法也在此基础上拟定。相应地，领袖的任期也应像总统和国会的议员们一样有时间限制。鉴于人民赋予了领袖责任，因此，他不是永不犯错的，必须接受批评并为其行为负责。"[1]

从社会角度来看，伊朗学者认为，真正的公民社会应当是"独立于政府并有自身内部规律的社会组织的集合"，它由不同的自愿团体组成，其中有政治派别，也有非政府组织。这些团体都和平共处、相互合作，鼓励成员对话，从而使"个人不是向老板、掌权者或强制机构寻求庇护，而是从社会组织中寻求保护"。因而，公民社会组织的存在将会减少社会文化差异及其"社会忽视"，增强社会责任感，培养新公民价值观。[2]

"公民社会"作为哈塔米的竞选与施政纲领，代表了改革派在国内治理上的政治态度，不仅为其赢得了民意，而且有利于改革派在国内的权力斗争和伊朗渐进改革的推进。同时，它更体现了一个内容广博的发展战略问题，涉及国家政治体制的性质走向、文化建构的新内涵、市场经济的发展程度等事关国家兴衰的重大课题。然而，由于伊朗国内宗教和保守势力相对比较强大，哈塔米主义也面临一系列挑战。这些挑战主要表现为：

1.宗教领袖的政治平衡战略带来改革派的困境

由于伊朗独特的法吉赫体制，改革派哈塔米上台后，决策权在很大程度上仍

---

①　Ray Takeyh, "God's Will: Iranian Democracy and the Islamic Context", *Middle East Policy Council*, Volume Ⅶ, Number 4, October 2000, p.4.

②　MEHRAN KAMRAVA, "the Civil Society Discourse in Iran", *British Journal of Middle Eastern Studies*, 29(2), 2001, p.176.

受制于宗教领袖,而非民心所向。因此,改革派可能成为伊朗国内权力斗争的牺牲品。

1997 年,哈塔米开明的国内政策让更多的群体和民众呼声得到表达,媒体、知识分子和独立人士对伊朗的政治、经济、文化和外交进行大力批判,甚至对伊斯兰革命的原则和法吉赫的绝对权威进行斥责。宗教领袖和保守派对此再也无法容忍。1999 年 3 月,议员阿里·扎德萨尔批评哈塔米,相对于伊斯兰政府的忠诚者,他更喜欢革命的敌人。对于哈塔米的支持者认为总统被束缚手脚因而不能实现诺言的说法,扎德萨尔指责这是"天大的谎言",因为这些支持者们都是些流氓无赖,是"披着羊皮的狼",他主张将这些人逮捕起来。[①]

1999 年 8 月 24 日,哈梅内伊召见哈塔米及其内阁成员,责怪他们无视伊朗迫在眉睫的经济问题,把"第二位的问题"强加给伊朗人民。他提醒哈塔米,人民再也不会相信空头支票,国家最重要的问题是经济问题。伊斯兰革命自我牺牲者协会(Association of Self-Sacrificers for the Islamic Revolution)认为,哈塔米的经济失败应归因于他以牺牲经济的代价谋求政治发展。阿亚图拉迈斯巴哈·亚兹迪在提到哈塔米许诺的公民社会时,警告他,根据伊斯兰教,"误导民众和给出错误的许诺是不对的,甚至可以被视为犯罪。"拉夫桑贾尼也认为,缺少对经济问题的关注已对伊斯兰政权构成严重威胁,会为伊朗带来不可挽回的损失。对于一个力图摆脱依靠外来者的国家,对生产、投资和经济增长的忽视是有害的。[②]

然而,正如哈塔米阵营中的激进派所说,这种争论并非新事物,该派还是伊斯兰左派时,就曾以同样的理由指责过拉夫桑贾尼,也指责过保守派,而现在保守派又利用这一说法来指责激进派和哈塔米本人。在伊朗,经济是一个非常棘手的问题,因为它不单纯是一种经济现象,还是一个预设了意识形态的领域,任何的结构调整都会使整个意识形态受到损伤,因而拉夫桑贾尼努力了 8 年的经济改革没有解决这个问题,现在哈塔米更不可能解决。有人曾说,经济不是哈塔米的长项,因而他上台后两年才提出像样的经济纲领,而且内容与前任相差无

---

① David Menashri, *Post-Revolutionary Politics in Iran: Religion, Society and Power*, London: Frank Cass Publishers, 2001, p.154.

② David Menashri, *Post-Revolutionary Politics in Iran: Religion, Society and Power*, London: Frank Cass Publishers, 2001, p.154.

几。事实上,哈塔米一开始就意识到没有制度改革做先导,任何的经济改革都是不可能的。尽管如此,经济问题可以成为导致任何一届总统下台的借口,其中包括未来的改革派,不过前提是不改变伊朗政治制度,同时领袖又有维持政治力量平衡的需要。

2.保守派的腐败及其对改革派的打压

随着哈塔米改革的日益推进,保守派的打压政策也随之达到高峰。他们认为"伊斯兰价值观的底线要比国家领土的边界重要一百倍","伊斯兰价值观的边线也是真主信仰的底线"。1998 年,革命卫队指挥官拉希姆·萨法维警告说,部分媒体已变成反革命的老巢,如果有必要清除媒体中的非信仰因素,就应当动用武力。他认为,"西方的文化侵略是伊朗伊斯兰政权的主要威胁,因而言论自由是危险的,革命卫队也将不允许任何人动摇珍贵的革命信念。"[1]据报道,他曾扬言要割掉政治反对派的舌头或处死他们。1999 年学生暴乱之后,专家委员会的成员之一亚兹迪致力于论证镇压不同政见者言论自由的正确性,同时也主张动用暴力来反对那些被认为是敌人的人。1999 年 7 月 7 日,议会在限制媒体自由上更进一步。新提案包括阻止反对派的记者、编辑从事任何形式的媒体活动,加强保守派在媒体行业的势力,限制政府对改革派出版物的补贴等。

保守派的政治理念使保守派和改革派之间的斗争更加激烈,动辄关闭改革派有经营许可的杂志报社,迫害甚至暗杀改革派人士,首当其冲的是伊朗改革派的政府高官和政治思想家,其中包括伊朗伊斯兰文化指导部长、内政部长阿卜杜勒·努里和德黑兰市长卡尔巴斯基·迈哈杰拉尼。他们曾公开指责保守派限制伊朗人民自由的做法,主张修改宪法。他们的言论引起保守派的极为不快,并遭到严厉攻击。1998 年,在保守派的压力下,努里被迫辞职,1999 年 11 月被判入狱。深受民众欢迎的德黑兰市长卡尔巴斯基最终也被打入监狱。对改革派思想家的迫害包括:被称为"伊斯兰教的马丁·路德·金"的阿布杜卡里姆·索罗什以及穆哈迈德·莫吉塔希德·沙贝斯塔里、穆赫辛·卡迪瓦等人。

在经济上,伊朗畸形的经济结构仍是阻碍推动其国内改革的一大痼疾。首先,这表现在石油产业和非石油产业的发展失衡,国家预算和外汇支出严重依赖

---

[1]　David Menashri,*Post-Revolutionary Politics in Iran：Religion，Society and Power*,London：Frank Cass Publishers,2001,p.135.

石油出口,国库的财政结构有待改革。其次,税收不足,各种名目的补贴过多。伊朗税收约占每年 GDP 的 6%—7%,经济的 40% 处于"地下",每年有 70%—80% 的收入税流失。尽管如此,据估计各种可见与不可见的补贴费用约占 GDP 的 15%—20%。这些补贴 87% 以上是面向城市,最富有的 10% 的人口得到政府补贴的 20%,而最贫困的 10% 的人口所占份额不足 4%,①社会不公和贫富差距加大。

据相关材料披露,拥有保守派背景的利益集团半政府性质的伊斯兰基金会(bonyad),控制着伊朗约 40% 的非石油经济,全部资产总值约占伊朗国内生产总值的 10%—20%,其中大部分是在伊斯兰革命胜利后没收来的企业及其资产。基金会的任务是将"进行残酷剥削的资本家"在革命前积累起来的"非法"财产重新发给贫苦大众。1989 年霍梅尼逝世后,基金会便抛弃了它的社会福利功能,转而从事直接的商业活动。它们不用交纳各种普通税和进口税,可免税进口从香烟到汽车的一切东西;它们不用遵守绝大部分政府规定,能够从国有银行获得补贴性外汇和低息贷款;不需对中央银行、财政部或其他政府部门负责。名义上这些基金会受到最高领导人的管辖,实际上它们的运作不受任何监督。基金会大多由激进的毛拉们掌握,其雄厚资金通常会成为域外伊斯兰复兴运动的财政来源,其中包括一些恐怖活动,从而对伊朗的对外政策产生负面影响。

3.学生势力的崛起和抗争

丹克瓦特·拉斯托认为,任何政治现代化过程都要对付五种危机:认同、合法化、渗透、参与和分配。② 伊朗也必须处理好这些问题。伊朗的政治现代化进程是一个对传统性进行扬弃、对现代性进行取舍的艰难历程。在这个过程中,对宗教因素在国家政治中作用的评价和衡量始终是伊朗政治现代化的重大难题。但新因素的出现仍不可避免。

其中之一是学生势力的崛起。1997 年哈塔米的上台,为年轻人带来了希望,也为青年学生表达自由的愿望与要求提供了条件。1999 年初,大学生和研究生伊斯兰联合会发表一项措辞强烈的声明,称自哈塔米上台以来,失败的保守派已失去统治的合法性,因为他们没有足够的知识和理论分析伊朗的当前问题,

---

① David Menashri, *Post-Revolutionary Politics in Iran: Religion, Society and Power*, London: Frank Cass Publishers, 2001, p.135.

② [美]西里尔·E.布莱克:《比较现代化》,上海译文出版社 1996 年版,第 77 页。

更不用说提出切实可行的解决办法。学生领袖塔巴尔扎迪说,建立在民主原则和共和主义观点基础上的伊斯兰共和制已经失败,在伊朗实施的教法学校权威统治代替了共和主义(人民统治)的观点。他还指出,"很多人"没有认识到,最高领袖仅仅是"一个普通人","他的权力和合法性"建立在人民意愿的基础上。"它不是先知,不是永不犯错的,更不是神或是一个神圣和纯洁的人"。对教法学校权威统治的怀疑和指责不应当与多神信仰混成一团,也不意味着背教。他强调,伊斯兰革命的目的并不是要引进一个更权威的人代替巴列维,用极权主义代替君主主义,而是根据伊斯兰教的进步原则建立一个与人民意愿相符合的政府。另一位学生领袖曼努切赫尔·穆哈迈迪建议,在"大学生和研究生伊斯兰联合会"的名称中,应当把"伊斯兰"去掉,代之以"国家",他认为,如果人民想要的民主不能得到保证的话,有必要考虑推翻现有体制。①

　　学生运动已逐渐与知识分子以及许多社会不满势力结合,保守派对改革派人士的迫害和封杀媒体的做法,在学生中产生了极度不满。他们走上街头,抗议政府的所作所为,1999年的学生骚乱将这种不满推向顶峰。2001年12月,改革派学生在游行中高举标语,"哈塔米,要诚实"、"不要口号,要行动"等。据法国通讯社报道,2002年5月1日,几百名老师、学生、工人在德黑兰、伊斯法罕、马什哈德、艾赫瓦、塞姆南等地进行游行,抗议高通货膨胀和低工资待遇。在一些示威游行中,抗议者高举着"忘记巴勒斯坦,想想我们自己"、"不称职的官员下台"等口号。②

　　对于学生运动,许多大学教授和知识分子给予热烈支持。在1999年的学生暴乱中,高等教育部长、德黑兰大学名誉校长和许多系主任都辞职抗议。蒙塔泽里也公开发表支持学生的言论,他认为这些游行示威者才是"革命真正的孩子","是国家的眼睛和明灯"。他指责那些镇压者是拿伊斯兰教和宗教人士的尊严在赌博,树立了伊斯兰的暴力形象。他承认那些下令镇压学生运动的人,背叛了宗教和民族。③

---

　　① David Menashri, *Post-Revolutionary Politics in Iran: Religion, Society and Power*, London: Frank Cass Publishers, 2001, pp.144-146.

　　② Michael Rubin, *Iran's Burgeoning Discontent*, May 30, 2002, http://www.marzeporgohar.org.

　　③ David Menashri, *Post-Revolutionary Politics in Iran: Religion, Society and Power*, London: Frank Cass Publishers, 2001, p.147.

　　但学生对法吉赫体制的怀疑和对宗教领袖权威的质疑,不仅让哈塔米与哈梅内伊的关系变得紧张,更激起保守派的强烈反击。1999 年 7 月,伊朗伊斯兰革命卫队的 24 位高官联名给哈塔米写信,要求哈塔米立即采取行动镇压学生运动,"不要让革命敌人高兴的跳脚"。哈梅内伊对学生们攻击宗教人士表示遗憾,认为这是伊朗伊斯兰共和国历史上耻辱的一页。①

　　随着哈塔米的改革受限,年轻人的观点也发生了变化,他们既反对保守派"毁灭和倒退政策",也开始反对哈塔米"毫无结果的渐进变革",认为温和与渐进是伊朗改革的真正障碍。②伊玛目阿里说,"青年人的心就像一块准备播种的田地,在这片田地里种什么将会出什么"。这些年轻人没有伊斯兰革命的狂热经历,也不知道两伊战争的残酷,他们只关心身边的自由、民主与繁荣,既是超脱的一代,也是社会转型时期充满迷茫的一代。这一力量的出现不能不引起人们的注意,毕竟 25 岁以下的年轻人占据了伊朗总人口的 70%,他们将是未来伊朗政治精英的重要来源,其年轻时期的政治经历及其思想特征在一定程度上会对其未来执政后政治思想的形成产生重大影响,因而对伊朗的现代化进程来说有着重大意义。

4.美国大中东计划对哈塔米主义的挑战

　　"9·11"事件后,美国认为,要战胜恐怖主义就必须依靠美国所代表的自由和民主等价值观的传播。2002 年 9 月,布什总统颁布的《国家安全战略》提出,美国要利用国际反恐的机会把自由市场和自由贸易的希望遍及世界每一个角落,宣称如果继续让那些民主例外的国家存在,既不符合美国的利益,也不符合居住在穆斯林世界的人民的利益。美国要比以往更加积极地致力于穆斯林世界的民主发展。伊拉克战争后,布什将改造伊拉克与第二次世界大战后改造德国和日本相提并论,认为阿拉伯各国的知识分子都希望其政府重视与世界其他地区的自由差距问题,阿拉伯各国领导人都想实现内部改革,认为在伊拉克建立一个新的民主政权,将为这一地区树立一个引人注目和鼓舞人心的榜样。2004 年 2 月初,美国正式宣布"大中东"计划(US'Greater Middle East Initiative),该计划除包括阿盟 22 个成员国外,还将以色列、土耳其、巴基斯坦和阿富汗也纳入大中

---

①　David Menashri, *Post-Revolutionary Politics in Iran: Religion, Society and Power*, London: Frank Cass Publishers, 2001, p.150.

②　Ray Takeyh, "Iran at the Crossroads", *Middle East Journal*, Summer 2003, p.48.

东地区的范畴。

美国大中东计划的主要内容是:通过"帮助"大中东地区实行改革,建立民主制度。美国为此准备与西方盟友制定和发表改造大中东地区的共同宣言,组成推动大中东计划的战略伙伴体系,推动中东地区实行社会和政治改革,建立公正的选举制度,改革司法制度,实现非政府组织活动自由化和妇女的平等权利;促进市场经济发展,建立大中东发展银行,以便为中小企业提供贷款等;培养有文化的一代青年。①

然而,民主不是一个笼统的抽象概念,而是和特定国家的国情及政治经济发展阶段相联系的。中东地区远未具备进行西方式民主变革的基本条件,加之意识形态和价值观的差异等因素,都会使大中东计划的实施困难重重。

伊朗伊斯兰革命领袖认为,世界穆斯林民族的觉醒以及他们反对国际强权势力是大中东计划最终遭到失败的主要原因。大中东计划的一个主要目的是使犹太复国主义政权摆脱孤立。犹太复国主义政权和美国的政策是酿成动荡局势和滋生恐怖主义的根源。大中东计划因其基础不符合中东地区人民和国家的利益,所以这项计划不可能实现。而伊朗伊斯兰共和国则是中东地区最民主的政权,也是世界范围内最民主的体制。

哈塔米也认为,伊斯兰体系本身就有民主的内涵,《古兰经》就主张人类的自由平等,其训令可以为集体行动和民主参与提供平台。哈塔米主义中调和西方文明和伊斯兰文明、宗教与理性的内容,及其倡导的伊斯兰民主政治,与美国的民主要求仍有差距。美国的大中东民主计划与哈塔米的伊斯兰民主政治,在一定程度上是外来民主与本土民主模式的较量,哪一方都不会轻易让步。尽管目前保守派总统内贾德上台,伊朗的政治氛围骤然紧张,但伊朗民主的伊斯兰背景是不会改变的,该国未来的政治变革仍将围绕伊斯兰和共和两大特性展开。由于美伊关系的长期敌视,美国主导中东事务的现实,未来两种模式的冲突不可避免。

---

① 郭宪纲:《美国输出"民主"的第三部曲——评布什政府酝酿改造大中东的计划》,载《国际问题研究》2004 年第 4 期,第 42 页。

五、关于宗教民主的思考

20世纪90年代以来,世界民主化浪潮日益推进,中东地区由于独特的政治文化传统,被美国称之为"民主例外"的边缘地区。伊拉克战争后,美国一方面寄希望于战后伊拉克的政治模式,推广西方的民主价值观;另一方面,又希望中东盟友能通过内部改革达到美国的民主要求。时至今日,中东地区仍然是暴力纷纷,冲突不断,其原因不仅在于该地区民族、宗教、领土等问题的纠葛,还有由于外来力量的干预和大国势力的覆盖。中东地区的民主化到底会走向何方,伊斯兰宗教民主能否建立,我们仍然无从知晓。但要认识当前伊朗国内政治出现的变化,需要了解伊朗人的看法,尊重其政治文化背景。

对于改革,不同的民族和国家有不同的看法,在《古兰经》中,改革一词一直与腐败堕落相对立。在《古兰经》第二章第11节经文中说:"当告诉他们你们在大地上不要传播腐败与堕落时,他们说,我们是改革者。"鉴于此,《古兰经》将众先知称之为改革家。在《古兰经》第11章第88节经文中说:"我只愿尽我所能从事改革,我们成功全凭真主的援助,我只信赖他,我只归依他"。对于宗教民主来说,体制的合法性建立在信仰真主的基础之上,遵守教法是该体制之根本。其次,不将今世享乐当成奋斗目标是宗教民主制的另一特点。《古兰经》和圣训中多次强调,今世是朽坏的,后世才是永久的归宿。宗教民主制并不仅仅考虑人们的物质要求,而且为解决人们的精神需求、使人们获得两世的幸福铺平道路。[①]

在伊朗,支持宗教民主的人对西方民主和伊斯兰民主有着截然不同的看法。他们认为,西方民主制中所有法律和规章制度都是由人制定的,由于人存有私心杂念或会犯错误,所以人制定出的法律也可能是不正确的,是违背自己利益的,况且西方民主是建立在世俗主义和享乐主义基础之上。由于他们经历了中世纪的基督教会统治社会带来的悲剧,因此,只有把宗教赶出政治舞台,才能建立以人民意志为核心的民主政体。而伊斯兰教与基督教不同,伊斯兰不但不限制人

---

① 伊朗华语台,http://www.irib.ir 2006-01-26

们思想,不反对科学发展,而且还鼓励人们学习知识,发展科学,发挥自己的潜能。宗教民主制还重视个人和社会,在伊斯兰体制中,一方面对个人在自己和社会建设中所起的重要作用做出强调;另一方面,重视社会环境对意识形态、人的道德观念不可避免地产生的影响。因此,宗教民主制是平衡的、中庸的、不偏不倚的体制。①

　　哈塔米作为伊斯兰民主政治的倡导者和实践者,作为出身传统又受过高等教育的知识分子,他对民主的解析同样离不开伊斯兰教的背景。尽管他比保守派更容易接受西方文明的某些因素,但他的思想也是建立在对伊斯兰教的本源性认识基础之上。他倡导形成"国内新文明"和"文明间对话"的提出都是建立在加固伊斯兰教地位的前提下,力图在新时代下将伊斯兰文明和西方文明放置在同等地位上较量。

　　然而,作为变革中的国家,民主制度的称谓似乎不是太重要,只要符合本国国情,能够解决国内政治、经济、文化等领域的问题才是最重要的。毕竟,20多年来,伊朗的政治稳定很少是依赖于回归伊斯兰教的程度,而是它解决社会经济政治问题的程度,因而刻意强调意识形态的差异反而会带来社会动荡。

---

① 伊朗华语台,http://www.irib.ir 2006-01-26

第六章　卡扎菲思想与利比亚社会变迁

卡扎菲于 1969 年 9 月通过军事政变夺取国家政权。卡扎菲执政后,提出了既别于资本主义,又别于共产主义的"世界第三理论",并且要在利比亚实现"伊斯兰社会主义"的宏伟目标和致力于阿拉伯民族的统一与复兴。卡扎菲思想是一套涉及政治、经济、宗教、文化、教育等内容的完整的理论体系。然而,卡扎菲思想在付诸实践的过程中,却因背离国际大趋势和利比亚的具体国情而四处碰壁,屡遭挫折,致使利比亚长期陷入内外交困的窘境。2010 年的中东政治危机以来,由于以美国为首的北约和国内反对派的联合进攻,卡扎菲政权被推翻,他本人也死于非命。本文探讨了卡扎菲思想的基本内容和形成的时代背景,透视了后冷战时代,卡扎菲思想的变迁轨迹特征及其对利比亚社会流变的影响,并分析了卡扎菲政权失败的原因。

一、卡扎菲早期思想的形成

1969 年 9 月 1 日,以卡扎菲为首的"自由军官组织"发动军事政变,宣告了"阿拉伯利比亚共和国"的诞生。卡扎菲一上台就明确指出,其革命目标就是要在利比亚建设"伊斯兰社会主义"。此后,他出版了三本《绿皮书》小册子,分别从民主、经济和社会三个方面论证了他的思想,号称是即别于资本主义,又别于共产主义的"世界第三理论"。以上这些言论统称为"卡扎菲思想"。他试图用"革命"的方式从政治、经济、文化、教育各领域系统地改造利比亚落后的社会面貌,把利比亚引向一种"新型社会"。① 卡扎菲早期思想的形成有其特定环境。

---

① 卡扎菲:《绿皮书》,中文版,利比亚民众国出版社 1984 年版,第 81 页。

具体说来,卡扎菲思想是其生存的原始部族社会氛围,纳赛尔社会主义在阿拉伯世界的流行,卡扎菲的个人经历以及"石油美元"等因素共同作用的结果。

卡扎菲出生在殖民主义风起云涌,独立的民族国家构建以及阿拉伯民族主义盛行的时代。卡扎菲一直对西方国家的政治结构和现代国家的概念感到迷惑和怀疑,他认为政治认同、政治合法性必须根据利比亚历史发展轨迹和经济运行模式来界定。个人经历对卡扎菲的影响主要表现在三个层面:

第一,对伊斯兰教思想文化和价值观念的笃信。卡扎菲信仰伊斯兰教,伊斯兰教教义和训诫成了卡扎菲思想的重要组成部分。卡扎菲从小因家境贫寒,寄住于清真寺,从事宗教活动,成为一名虔诚的穆斯林。于是,《古兰经》的训诫和伊斯兰教成为卡扎菲行动的准则。有学者认为,早期的经堂教育奠定了卡扎菲思想与行动的基础,并贯穿于他整个思想意识和政治生涯中。[1]

第二,对原始共产主义的憧憬。就当时的社会结构来讲,传统的农民、游牧或半游牧民是落后的利比亚社会的主要构成。部落的"共同劳动"、"共享成果"等带有原始共产主义性质的生活方式在卡扎菲思想中打上了深深的烙印。

第三,对外国殖民统治的痛恨。利比亚殖民地地位始于意大利入侵,结束于第二次世界大战后德国及其盟国被击败。期间意大利法西斯流放利比亚国内的民族主义领导人,实行"意人主导政治"。在意大利统治下,每年有112万名利比亚人被处死。[2] 仅在1930年和1931年,昔兰尼加地区就有12000人被处死。[3] 许多贝都因人在逃向茫茫大漠时遭到意军机枪和大炮的猛烈扫射与轰击。1914—1929年间,利比亚约有18万英亩土地被意大利人开垦,成为后者的农业用地。[4] 1936年到1942年间,意大利将2/3的国内投资投放在利比亚的土地开垦,并期望更大的移民运动。到1940年,意大利在利比亚开垦的土地多达49.5万英亩,迁移人口11万,其中4万人居住在昔兰尼加,7万人居住在的黎波里。[5] 意大利的农业人口殖民使利比亚国内的本土农民遭受重大打击,正如一

① Mahmoud M. Ayoub, *Islam and the Third Universal Theory: The Religious Thought of Mu. Ammaral-Qadhafi*, KP Limited, 1987, p.115.

② David Blundy and Andrew Lycett, *Qadhafi and the Libyan Revolution*, Little, Brown and Company, 1987. p.157.

③ J. Wright, *Libya: A Modern History*, John Hopkins University Press, 1981, p.28.

④ J. Wright, *Libya: A Modern History*, John Hopkins University Press, 1981, p.37.

⑤ Dirk Vandewalle, *A History of Modern Libya*, Cambridge University Press, 2006, p.33.

位观察家不无夸张地说:"所有利比亚人现在是意大利人,这是一块意大利人的土地。"①而利比亚人却有家难回,利比亚难民社区散布在埃及、叙利亚、乍得、苏丹、突尼斯和阿尔及利亚。仅在埃及就有 14000 名利比亚人,他们过着背井离乡的悲惨生活。卡扎菲成长年代既是意大利对利比亚进行殖民征讨、蹂躏的年代,也是第二次世界大战中,英、法同意大利在沙漠进行激战争夺利比亚的年代。这就形成了他要求改变贝都因部族悲惨境况的强烈愿望,这种愿望后来同阿拉伯民族主义和非洲民族主义相结合,产生了他要求改变阿拉伯民族落后面貌的炽热情感。

卡扎菲思想还受到阿拉伯民族主义和纳赛尔主义的深刻影响。阿拉伯民族主义是影响中东政治生态的强大精神资源之一,其目的在于通过统一的方式将阿拉伯民族团结起来,消除西方意识形态和器物形态主导阿拉伯地区政治结构的格局。按照卡扎菲的观点,西方在中东地区的主导地位以及在西方和美国支持下以色列的存在是阿拉伯统一的主要障碍。这种思想成为卡扎菲指导利比亚对外政策的主导力量。但是卡扎菲思想中的阿拉伯民族主义成分主要从纳赛尔主义中吸取营养,以纳赛尔主义为主要特征的"经典"阿拉伯民族主义在卡扎菲思想哲学中得到具体的体认。卡扎菲自称为纳赛尔主义者,仿效和采用纳赛尔夺权路线,并把对纳赛尔主义的忠诚作为他的"自由军官组织"成员的标准之一。对卡扎菲影响至深的书籍除了《古兰经》外,就是纳赛尔的《革命哲学》。埃及《金字塔报》主编穆罕默德·海卡尔说,在当时泛阿拉伯运动中,卡扎菲是"最接近纳赛尔路线的"。卡扎菲曾经说:"告诉纳赛尔总统,我们的革命是为他进行的。他可以利用我们的一切资源,只要是反对以色列和实现阿拉伯世界的统一。"②可以说,纳赛尔及其思想对卡扎菲的世界观、价值观及其对外理念都产生了深远影响。纳赛尔主义对卡扎菲的影响不仅表现在阿拉伯统一和民族主义方面,还表现在对待西方的态度上,从这个意义上,纳赛尔主义奠定了卡扎菲思想的基础和主要倾向。

利比亚的地缘政治生态是卡扎菲思想形成的特殊环境基础。利比亚位于非

---

① J.Wright, *Libya: A Modern History*, John Hopkins University Press, 1981, p.36.

② Mohammed Heikal, *The Road to Ramadan*, New York: Quadrangle / New York Times Book Co., p.70.

洲北部,地中海南岸,面积 1,759,000 平方公里,其中 90%以上是沙漠和半沙漠。利比亚由三个地区组成:即昔兰尼加(Cyrenaira)、的黎波里塔尼亚(Tripolitania)和费赞(Fazzan)。1951 年,利比亚在联合国和大国的帮助和保护下实现独立,国王伊德里斯·赛努西成为利比亚的统治者,但是其统治兴趣不超过昔兰尼加的范围。

利比亚王国实际上是一种松散的联盟系统。包括多重司法系统、国家内阁、两院制的议会,省内阁和地方议会。正如美国学者罗斯(Ruth)所说:"从外面看,利比亚像是一个国家;到其内部体验,这些省几乎是自治的,因为联邦政府依赖于省政府执行其立法。"[1] 当时,利比亚是世界上最穷的国家之一。赛努西统治集团将利比亚的主要财富都拨给昔兰尼加,对的黎波里塔尼亚和费赞地区的投入极少。在政治现代化层面,尽管 1952 年 2 月利比亚国家议会举行第一次选举,但国王违反政党法,议会纯粹发挥橡皮图章的功能。部族联盟和地方势力家族受到国王和顾问的青睐,他们经常在情谊的基础上而不是在能力的基础上担任国家要职。由于商业性的经济体系的缺乏或者中央行政系统的直接干预,直到 20 世纪 60 年代初期,利比亚仍然依赖于血缘联系的经济分配方式,缺乏雇佣式的商业经营模式。当时,利比亚政府雇佣了约有 40,000 名雇员,薪水投入占国有生产总值的 12%。[2] 工业主要集中在石油领域,由与赛努西集团有联系的昔兰尼加部族精英控制。军事基地和石油公司成为利比亚的主要就业机构,大约雇用了 125,000 人。到 1960 年,英国和美国以租赁军事基地作为援助补偿,占利比亚国民生产总值的 35%。[3]

1963 年以后,利比亚实现从松散的联邦制向集权制政治结构的现代化模式转型,但经济结构已经表现出租赁国家的典型缺陷。[4] 利比亚经济结构不是良性发展,腐败问题十分严重。潮水般涌入的外来移民接替了本国劳动力。到

---

[1]　Ruth First, *Libya:The elusive Revolution*, Penguin, 1974, p.77.

[2]　International Bank of Reconstruction and Development, *The Economic Development of Libya*, Johns Hopkins University Press, 1960, pp.34—35.

[3]　Giacomo Luciani, "Allocation vs.Production States:A Theoretical Framework", *The Rentier State*, ed.by Hazem Beblawi and Giacomo Luciani, Croom Helm, 1987, p.64.

[4]　参见韩志斌:《利比亚早期现代化的两条道路之争》,《世界历史》2008 年第 2 期。

1969 年,农业生产产量跌落到 1960 年的 1/4,食品进口增加了 3 倍。① 昔兰尼加的商业精英控制了国家财富的分配,国家和商业联盟的矛盾导致政治运行体系出现了危机。

卡扎菲发动政变时文盲占全民的 80%以上,他们都保持着数世纪以前的生产方式:即以血缘为纽带的家庭、部落作为生产单位,经济上自给自足。长期以来,他们都是通过酋长权威形成的一套权力体系和行为规范,即集体劳动、共享果实、集体自卫、杀戮、赔偿以及报仇等等。部落居民皆惯于对部落酋长的权威,才能把他们动员起来,进行"圣战"。② 卡扎菲正是在这种部族氛围浓厚,国家观念淡薄的背景下,夺取政权,提出自己的政治思想并付诸实践。

石油美元是卡扎菲推行自己思想的强大物质基础。1959 年,外国石油公司在利比亚的苏尔特地区找到 6 个大油田。在不到五年的时间里,利比亚就成为世人瞩目的高质量石油生产国。1961 年的石油产量为 667 万桶,到 1968 年增加到 9166 万桶。石油收入从 1962 年的 1370 万英镑增加到 1965 年的 8150 万英镑,1968 年的 3.03 亿英镑。③ 石油经济对利比亚国民收入的影响具有立竿见影的功效。人均收入在国家独立时为 25—35 美元,到 1969 年已经迅速增加到 2000 美元。④ 巨额的石油美元为卡扎菲思想的推行,提供了强大的经济后盾。在卡扎菲政府的第一个十年,迅速增加的石油美元已经增强卡扎菲在意识形态层面的影响和合法性,赢得民众的支持和政治认同。卡扎菲上台后,正值利比亚发现和开发石油资源的年代。石油收入从 1969 年的 11 亿美元增长到 1979 年的 160 亿美元和 1980 年的 200 多亿美元。1976 年利比亚人均收入为 6000 多美元,1980 年高达 1 万美元。⑤ 巨额的石油收入使卡扎菲有条件从事经济建设,并提高人民的生活水平。在城市,卡扎菲实行高工资、高福利政策,免费供应住宅、医疗、教育。在推行对外政策方面,卡扎菲也拥有强大的物质手段,他建立了非

---

① Dirk Vandewalle,"The Libyan Jamahiriyya Since 1969",*Qadhafi's Libya*,*1969-1994*,Macmillan Press Ltd,1995,p.6.

② Mansour O. El-Kikhia,*Libya's Qadhafi*:*the Politics of Contradiction*,Florida University Press,1997,pp.26-27.

③ 彭树智主编:《阿拉伯国家史》(第二版),高等教育出版社 2002 年版,第 308 页。

④ Dirk Vandewalle,*A History of Modern Libya*,Cambridge University Press,2006,p.63.

⑤ Dirk Vandewalle,"The Libyan Jamahiriyya Since 1969",in Dirk Vandewalle,*Qadhafi's Libya*,*1969-1994*,Macmillan Press Ltd,1995,p.4.

洲最大的军火库——伊斯兰军火库及一支伊斯兰外籍军团的武装部队。他每年要花上10多亿美元来支持世界各地的反对派运动，从爱尔兰共和军到美国的黑人，从阿拉伯世界到非洲各地的"解放运动"、"伊斯兰教运动"，并同政府反对派组织建立联系，提供武器和财政援助。

二、卡扎菲早期思想的基本内容

卡扎菲早期思想主要集中在以下两个主题：第一，重新统一阿拉伯民族；第二，创造使这种统一成为可能的客观条件。根据《绿皮书》及其对"伊斯兰社会主义"的解释，以及在利比亚的政治实践。卡扎菲早期思想有以下几方面的内容：

1.理论指导三原则

第一，伊斯兰教的指导原则。

利比亚95%以上的人信仰伊斯兰教，因此，伊斯兰传统的宗教理念对卡扎菲思想有着异乎寻常的影响。首先，卡扎菲认为伊斯兰教和民族主义是社会发展的两股"动力"。在推翻伊德里斯王朝的准备时期，卡扎菲把信奉伊斯兰教和信守其训诫作为"自由军官组织"成员的必备条件之一。他在掌权后又宣布，伊斯兰教为他治国的座右铭和立法之本。他认为《古兰经》是国家经济和政治认同的核心，伊斯兰教为社会公正、经济管理和创造自由社会奠定了基础。就在利比亚革命的当天，卡扎菲领导的革命指挥委员会宣布："我们的社会主义是伊斯兰教的社会主义"，"我们发现真正的社会主义种子产生于伊斯兰教的教义之中"。① 其次，卡扎菲对除伊斯兰教以外的一切其他思想都持排斥的态度。1973年，卡扎菲制定的关于"文化革命"的五原则中规定要肃清或清除一切外来思想，并禁止发行、流通甚至烧毁一切反对伊斯兰教、反对他的"世界第三理论"的书籍、报刊和杂志。最后，致力于《古兰经》的普及工作，其目的是突出其"世界第三理论"的至高无上。为此，他要求把《古兰经》和他的"世界第三理论"译成世界各国文字，并派出了300名神职人员到世界各地进行传播。因此，伊斯兰教

---

① 上海人民出版社编译室：《卡扎菲和利比亚》，上海人民出版社1974年版，第147页。

不仅成了卡扎菲力量的源泉之一,也是他推行"世界第三理论"、向外扩张渗透、确立自己当代"先知"地位的有效工具。1975年末,卡扎菲出版了《绿皮书》对"世界第三理论"进行了初步的理论建构,也提出一些指导原则。绿皮书的目的在于深化利比亚革命的目标,为利比亚的政治和经济发展提供一个轮廓。① 卡扎菲认为《古兰经》是利比亚经济发展和政治原则的核心,是创造自由社会的坚实基础。

第二,平均主义的建国原则。

平均主义是卡扎菲的"社会主义"的主要原则,具体表现在政权建设上"人人平等地参加国家的管理和监督,即权力应掌握在人民手中,武装应由人民控制;在经济建设上则'共同生产'、'共享社会财富'"。

第三,泛阿拉伯、泛伊斯兰的对外交往原则。

这是卡扎菲对外交往思想的规范取向。卡扎菲自己承认,他接受并继承了纳赛尔的三个相互联系的概念:泛阿拉伯主义、泛非主义和泛伊斯兰主义。另外,由于利比亚是世界的一部分,因此,他关心的是四个圈(即阿拉伯、非洲、伊斯兰和世界)。但是他对外政策的支柱仍是泛阿拉伯主义和泛伊斯兰主义。具体内容包括以下几点:首先,统一应该从马格里布地区出发。卡扎菲认为,利比亚和马格里布以东的阿拉伯世界是天然的地缘共同体,有着共同的语言、宗教、历史、理想和命运,因此,必须从马格里布出发,实现从阿拉伯湾到大西洋这片土地的统一。其次,阿拉伯统一必须以利比亚为中心,而卡扎菲就是阿拉伯统一的代言人。卡扎菲在1986年表示:"一种具有世界水平的新的国际主义已经建立起来,它的中心在利比亚,它的司令部在利比亚。它在利比亚是为反对美国和犹太主义,保卫锡德拉湾和巴勒斯坦而斗争。"②他还认为,既然普鲁士统一了德意志,皮埃蒙特统一了意大利,利比亚也应该而且必须扮演统一整个阿拉伯民族的角色。最后,非洲统一事业也是他极为关注的问题。他试图把北非和西非两个地理区域合并为一个整体,即撒哈拉伊斯兰合众国或联邦,然后再把它扩大到非洲各地。卡扎菲在屡次讲话中也一再解释,阿拉伯统一和非洲统一是相互促进的,阿拉伯统一是非洲统一的基础或前提,而非洲的统一又反过来促进阿拉伯统

---

① John Allan, *Libya: The Experience of Oil*, Westview Press, 1981, pp.252-308.

② Ronald Bruce St John, *Qadhafi's World Design: Libyan Foreign Policy, 1969-1987*, Saqi Books, 1987, p.69.

一的巩固和发展。

2.对直接民主的追求

1975 年末,卡扎菲出版了《民主问题的解决方法》一书,提出了不同于资本主义和马克思主义的"世界第三理论",他认为"世界第三理论"击败了西方的民主。西方的议会制度,只能表达议员的政治意愿,人民的真正权力被剥夺,选举并不能够产生民主。他认为"世界第三理论"外的所有民主制度都不是真正的民主制度,西方的民主选举制度并不能代表真正的民主。获胜的政党即使获得了51%的席位,但是49%选民并不能真正拥有自己的权力。① 因此,卡扎菲得出结论:政党不可能代表民主,因为代表是"对民主的弄虚作假、篡改、伪造和歪曲。"政党是以侵占人民的权力为代价,反映少数人的意见。卡扎菲抨击了西方议会制度,他认为西方制度只是一种可以用选票来买卖的体制。其最终结果是大多数穷人成为牺牲品,体现了富人的意志。他认为议会制度是最残暴的制度。政党是富人的工具,但是它经常表面上代表大多数人。迄今为止,只有直接民主才解决了这一难题。直接民主最重要的机构是民众任命的大会或者是基层人民大会(Basic People'Congress,简称 BPC),他们自己选举代表组成基层人民委员会(Basic People'Committees)轮流监督和指导总人民大会(General People' Congress)。根据卡扎菲的理论,这才是真正的民主。1976 年 1 月,阿拉伯社会主义联盟被改名为总人民大会。总人民大会的成员可以对行政机构进行质问,政治活动受到基层人民大会的约束。但是革命指挥委员会成员继续占据敏感的政治和军事职位,暗示着这些成员还可以保持一定的权力。其实直接民主的目的在于实现民众的平等主义,消除社会的阶层制度和等级体系,反映了利比亚部族原始平等的精神气质和固有风气。

3.宗教认同服从民族认同

卡扎菲思想比纳赛尔主义更具有宗教的特质,接近传统的伊斯兰学说,卡扎菲是试图使利比亚伊斯兰化的第一个阿拉伯国家。从这个意义上来说,卡扎菲思想在纳赛尔式的阿拉伯民族主义和20 世纪 80 年代出现的政治伊斯兰之间起到了过渡性的功能。但是,卡扎菲思想层面的宗教气氛浓厚还不至于丧失纳赛

---

① Dirk Vandewalle,"The Libyan Jamahiriyya since 1969",in Edited by Dirk Vandewalle,*Qadhafi's Libya*,*1969–1994*,Macmillan Press Ltd,p.17.

尔阿拉伯民族主义的世俗特性。纳赛尔传奇式的英雄形象使卡扎菲倾倒、着迷，他把纳赛尔主义同阿拉伯世界革命运动看成一回事，认为"埃及阿拉伯社会主义联盟"必将成为阿拉伯土地上唯一的"人民运动"。

在纳赛尔世俗主义的影响下，卡扎菲使宗教认同服从民族认同，使伊斯兰教的理念服从于阿拉伯民族认同的概念和构想。1954 年，穆斯林兄弟会哈桑·班纳被指控为谋害纳赛尔的凶手，此后卡扎菲对穆斯林兄弟会一直怀有敌意。也正是从那时开始，所有的卡扎菲反对者都被标识为穆斯林兄弟会，后者被指责为西方帝国主义的代理人。正如卡扎菲所说："所谓的穆斯林兄弟会是西方帝国主义的佣人，他们都是一些反动的右翼；它们是进步的社会主义和阿拉伯统一的敌人。它们是由流氓、恶棍、无赖和懦夫组成的反动集团。现在脱离穆斯林兄弟会的这些人都为过去的行为感到羞耻。它们遭到整个穆斯林世界的痛恨。甚至，即使它们有良好的意图，我认为它们也忽视了阿拉伯世界的现实"。① 卡扎菲的这一行动标识使利比亚远离阿拉伯世界后来崛起的伊斯兰复兴运动。卡扎菲在阿拉伯民族主义认同的旗帜下，不赞同伊斯兰主义。卡扎菲声称："完成阿拉伯的统一是可能的，但如果将所有穆斯林统一，那将是徒劳的，100%会失败。"②尽管阿拉伯民族主义和伊斯兰原教旨主义在反对西方这一层面颇具相似性，但后者拒绝基于民族基点之上的阿拉伯民族认同，认为只有宗教能够提供这种基础，因此，卡扎菲一直认为泛伊斯兰主义是阿拉伯民族主义的敌人。

4.从民众管理经济到国有化

《绿皮书》的第二卷《经济问题的解决方法》一文专门详述了卡扎菲经济思想的主要层面。按照卡扎菲的思想，国家拥有企业并不能改变"工资—工人的关系，即奴隶和主人的关系。"卡扎菲认为在生产过程中，工人应该成为合作者。"合伙人，而不是雇佣人"一夜之间成为利比亚最流行的口号。1975 年后，卡扎菲主张民众管理经济，其愿望是：提高穷人的生活水平；促进国家对教育、住房和医疗卫生的投资；缓减地区经济的不平衡发展。1980 年，革命指挥委员会控制了国家的经济运行，国有化主导了利比亚的经济模式。1976—1980 年间，利比亚的经济发展计划均反映了卡扎菲的这种意识形态倾向和理论诉求。具体说

① Dirk Vandewalle，*Qadhafi's Libya*，*1969-1994*，Macmillan Press，1995，p.49.

② Dirk Vandewalle，*Qadhafi's Libya*，*1969-1994*，Macmillan Press，1995，p.50.

来,包括以下几个层面:

一是扩大对农业和住房等基础设施的建设规模。1977年,利比亚经济发展预算超过其他阿拉伯国家的4倍,其费用占总支出的72.3%。一方面,1976年,卡扎菲在利比亚掀起了"绿色革命",扩大与推进农场的规模与发展速度,从而使农产品商业化;另一方面,住房和基础设施建设也成为国家的重点。1977年,利比亚在城市内大规模展开住房和基础设施建设,每年建造3万间房屋。①

二是减少对外籍劳工的依赖。利比亚国内缺乏高技能劳动力,外籍劳工成为利比亚的生力军。据的黎波里中央银行统计,1970年利比亚外籍劳工为11%,到1985年增加到48%,实际数字估计超过了50%。② 大规模外籍劳动力的使用成为国家财政的沉重负累,更严重的是对外籍劳工的依赖也使得本国民众失去了培训机会。1983年初,利比亚采取许多经济措施来试图减少对外籍劳工的依赖。1985年9月,利比亚遣送10万外籍劳工回国,其中3.5万人是突尼斯人,3万人是埃及人。

三是革命委员会权力的回归。1976年在利比亚第二次全国人民代表大会上,卡扎菲建议将国内的商业和私人企业控制在基层人民委员会手中。这一做法导致了昔兰尼加和的黎波里地区发生罢工事件。1977年3月,卡扎菲宣布废除私人企业。1979年8月15日,第一个人民超级市场开业,代替了私有零售部门。国有化还引起了革命委员会权力的回归,革命委员会负责监督和记录以及评价国有企业的业绩。1979年,为了防止军队出现政变,革命委员会加强对军队的监督活动。1980年1月,卡扎菲在第五次全国人民委员会上重新肯定了革委会的地位。利比亚总理说:"各级别的民众委员会、全国人民委员会的秘书处都处在革命指挥委员会的控制之下。"③1980年10月,革命指挥委员会接管了媒体(包括电视、广播和印刷业)。

卡扎菲从学理角度对自己思想进行理论的构建,但是其思想并不仅仅局限在《绿皮书》的宣传上,还体现在利比亚的具体实践操作。

第一,民众革命的实践。1973年4月15日,卡扎菲发出了"民众革命"的呼

① Dirk Vandewalle, *Qadhafi's Libya*, *1969-1994*, Macmillan Press, 1995, p.52.

② Dirk Vandewalle, *Qadhafi's Libya*, *1969-1994*, Macmillan Press, 1995, p.53.

③ Dirk Vandewalle, "The Libyan Jamahiriyya since 1969", Dirk Vandewalle eds., *Qadhafi's Libya*, *1969-1994*, Macmillan Press Ltd, p.20.

声。由于民众对利比亚的阿拉伯社会主义联盟反应淡漠,卡扎菲决定将民众革命同泛阿拉伯主义联系起来。在 1972 年 3—4 月的第一次全国民众大会电视会议上,卡扎菲说:"任何反对民众革命的人就是反对人民。"①民众革命号召民众积极行动起来,清除革命的敌人,鼓励行政和文化革命,停止法院的各项职能。实际上,卡扎菲民众革命的目的是:扫除阻碍卡扎菲革命民族主义与利比亚现代化前进的行政和立法机构。因此民众革命的第一步就是对卡扎菲怀有敌意的政敌进行打击,许多市长、经理,包括部长都被贬为庶民。第二步是成立民众委员会,国家机构和社区都被这些委员会接管。1973 年 8 月,革指会批准成立了2400 个委员会。10 月 12 日,民众委员会通过法律,任革指会仍大权在握。这一结果与卡扎菲增强自己权威的想法背道而驰,革指会仍然控制着国家,民众委员会权威的范围仅仅限于政治顾问的作用,处于无足轻重的地位。民众委员会的制度化表明:革指会内部为了维护自己的利益,甚至不惜损害卡扎菲的利益。1973 年和 1974 年,委员会在民众的要求下被解散,其职能被其他机构所兼并。

第二,革指会和卡扎菲权力此消彼长。民众革命导致了行政无效率,造成革指会本身的分裂。据革指会成员奥马尔·穆哈斯(Umar al-Muhayshi)说,革指会内部斗争十分激烈。很明显,卡扎菲有失去领导地位的潜在危险。1974 年,利比亚经济项目迅速增加,但项目批准依赖于革指会内部的专家治国论者。这些专家的权威话语使卡扎菲的意志退居次要位置。在每年 9 月 1 日的革命纪念会议上,卡扎菲拒绝作大会主题发言。民众革命的领导者是阿卜杜·撒拉姆·贾卢德(Abd Salam Jalud)被正式排除在革命指挥委员会之外。贾卢德指责民众委员会秩序混乱、充满暴力和派系争斗。1975 年 8 月,利比亚发生了穆哈斯(Muhayshi)领导的未遂政变。双方的矛盾主要集中在资金的分配上,作为计划部长的穆哈斯要将款项投入到地方经济发展,而卡扎菲试图将这些资金用于支持恐怖主义。卡扎菲平息了政变,巩固了自己的权威。他指责"部族",要求穆哈斯为利比亚经济衰退负责。

第三,效忠国家和效忠民族的两难选择使得利比亚对外交往原则十分模糊。利比亚与其他阿拉伯国家一样,在对外交往原则上徘徊在国家民族主义和阿拉

---

① Dirk Vandewalle,"The Libyan Jamahiriyya since 1969",Dirk Vandewalle eds.,*Qadhafi's Libya*, *1969-1994*,Macmillan Press Ltd,1995,p.9.

伯民族主义之间,即本国利益和地缘政治的冲突促使讲阿拉伯语的人们彼此分开,而与生俱来的特性、历史记忆以及试图分享某种共同身份问题的状态又把他们聚拢到一起。这种政治认同上的摇摆不定,决定了利比亚采取对外行动的原则,不完全是依据由主权国家观念衍生出来的国家利益至上,而是一种掺杂了国家利益和民族感情双重考虑的合法性原则。1989 年 11 月,卡扎菲就曾对穆巴拉克总统说:"我反对(在埃及与利比亚之间)设立任何外交机构,因为我们最终目标是建立一个统一的阿拉伯国家,我们两国没有必要互派代表团。"①

　　卡扎菲的思想是一个既有理论又有实践的系统工程,其中许多理论可以在现实生活中得到实施和验证,但也引起了许多意想不到的问题。从现代化角度来说,利比亚国家现代化延误的根本原因是:为既有的殖民地社会经济结构所制约,卡扎菲选择了国家资本主义作为总的推进力量这一历史性发展战略。由此导致了以下三点互相影响的严重恶果:民间未正常成长出私人企业家阶层,相反是官僚资产阶级的畸形发展;因资源分配不均引起了严重的部族矛盾与冲突;政治体制出现结构性腐败。这些因素的交互作用形成了恶性循环的不发达综合症。具体来说表现在以下方面:

　　(1)经济体系的结构性混乱。卡扎菲思想是把伊斯兰教、马克思主义、纳赛尔主义和非洲社会主义以及部族主义糅合在一起,形成自己的理论,其目的是在全球构建乌托邦社会。实际上,在短期内任何理论都可以被设计。一旦付诸实践,理论和实践就割裂了,混乱也由此产生。利比亚经济系统的特征在于完全依赖石油出口,GDP 只有 20% 是非石油部门。国内的工业产品是微不足道的,大多数工业产品都由国家从外国进口。世界银行数据显示,自从 1969 年以来,利比亚经济增长率每年下降 3%。在世界经济史上,经济在短期内下降的如此之快实属罕见。石油收入的锐减、经济的困难造成利比亚食品物价的飞涨。20 世纪 90 年代初,利比亚牛奶价格翻了一倍,大量公务员被解雇。工人工资减少,财政紧缩,军官被迫等待几个月才能领到工资。利比亚国内的卡扎菲反对派发起"救赎利比亚"运动,利比亚局势极为混乱。

　　(2)利比亚经济发展战略的失误还表现在农业工程的盲目投入,造成生产

① Roger Owen, *State, Power and Politics in the Making of the Modern Middle East*, second edition, Routledge, 2000, p.74. 转引自田文林:《在民族与国家之间——对阿拉伯地区政治的观念解读》,《现代国际关系》2004 年第 7 期,第 17 页。

效率低下,农业生产成本高。利比亚仅有 1.5% 土地用于农业,大部分属于贫瘠土地。它们大都位于的黎波里地区,增加产量的唯一途径就是地下水灌溉。20世纪 60 年代初,70% 的利比亚人仍然从事农业。1962—1967 年,农业出口值下降了 3 倍,食品进口增加了 3 倍。农业在 GDP 中的比重由 9.7% 下降到 2.4%。① 利比亚对农业部门的资金投入巨大。君主制时期,国家预算的 12% 投入农业,还有结余。到 1980 年,利比亚 25% 的石油收入投入到了农业。库法拉工程开始于君主制时期,将库法拉小麦运送到沿海的费用会超越世界市场的价格,这一项目基本上没有经济效益。就谷物价格来说,每吨谷物的生产成本估计是世界谷物生产成本的 10—20 倍。

（3）石油收入的单一化与利比亚经济发展多元化战略之间存在矛盾。利比亚产业结构的单一化,很大程度上挤压了新兴产业的发展空间。石油产业对整体经济发展的辐射带动效应相对有限,而且获取石油财富之易,也使发展其他产业因投入产出不成比例而缺乏动力,或因成本高昂而在国际市场不具竞争力。为了摆脱严重依赖石油收入的单一经济结构,卡扎菲主张多元化的发展战略,减少对石油的过分依赖,这在主观上是一种迫使经济结构良性运作的美好愿望。它们期望非石油部门能够扩张超过石油部门,但是石油市场价格变动使得利比亚严重依赖石油收入。1974 年,利比亚通货膨胀率达到了 25%。粮食价格的增长,特别是高技术和机器的引进,增加了利比亚财政负担。再加上国际投机商趁机兴风作浪,利比亚的经济更加不堪重负。1978 年,石油部门的四个跨国公司仍然占利比亚整个石油产量的 80%。到 1977 年,美国一直是利比亚石油最大的买家。利比亚石油的 80% 都出口到美国和欧洲。

（4）过度实行国家资本主义导致现代化的延误。中东是发展中的国家"国有化"程度最高的地区之一,而利比亚则是国有化较晚的国家。20 世纪 80 年代初,中东地区的大多数国家至少在口头上进行市场经济宣传。但是卡扎菲政府却表现出与这种倾向背道而驰的迹象。1979 年,利比亚出版了《长期发展计划的前景、问题和政策,1980—2000》,反对私人所有权,要求废除私有部门。1980年 3 月,卡扎菲政府决定废止利比亚迪纳尔通货,利比亚个人的财富处于国家的控制之下。其直接后果就是过度国有化导致经济集权化,进而造成政治专制甚

---

① *Middle East Economic Digest*, August 31, 1979, p.14.

至家族统治。国家资本主义增强的原因如下：

第一，西方结构主义的经济发展理论和社会主义思潮的影响。西方发展经济学家提出的发展理论对利比亚影响很大。当时的经济哲学思想强调政府对发展的指导作用，认为采取中央计划来分配资源比依靠"无计划"的市场机制更为有效；同时强调只有大型企业才能采用现代技术和进行规模经济生产，忽视或否定规模小、生产技术落后的私营企业在经济发展中能起有益的作用。对于以社会主义为发展方向的利比亚国家来说，还认为私人企业的发展必然带来剥削现象，因而，私营经济部门在利比亚，由于政府的压制，发展缓慢，甚至被取缔。

第二，国际社会大环境的制约。首先是国际石油市场的萧条，导致利比亚收入锐减。1981年10月，利比亚日产石油低于60万桶，被迫降低油价。在1年之内，利比亚原油价格降为每桶4—5美元。石油整体收入减少了31%，而进口商品增加了30%。1981年的利比亚财政赤字为48亿美元，利比亚几乎丧失了120亿美元的潜在收入。①其次，恶化的政治气候促使美国和欧洲的公司撤走在利比亚的投资。1983年1月，由于国际市场萧条，美孚石油公司撤出利比亚。此后，利比亚对未撤走的公司提供优惠政策和财政刺激，这一战略一直持续到1984年。当时，利比亚原油市场价格降到每桶30美元。1981年，美国制裁利比亚的石油抵制行动使利比亚财政收入减少1/3。

国家资本主义的经济发展战略在促进利比亚经济发展的同时，也带来了十分严重的后果：

首先，国有企业效率低下。利比亚较著名的密苏拉塔（Misurata）钢铁公司效益一直不佳，成为经济发展的巨大累赘，并随时面临着关闭的危险。

其次，基础设施落后。大多数利比亚城市没有生活用水，在燥热的夏天，一些大城市一周仅接受一次淡水供给，中小城市一个月一次。由于人们没有洗澡用水，卫生条件极差，造成疾病泛滥，瘟疫盛行。利比亚医院被《华尔街杂志》记者称为"肮脏的死人陷阱"。在同一文章报道说，自从1990年开业以来，的黎波里眼病医院一直处于缺水状态。②

再次，对于农业项目，政府采取了不干预的政策。由于担心部族竞争和部族

---

① Dirk Vandewalle, *Qadhafi's Libya*, *1969–1994*, Macmillan Press Ltd, 1995, p.28.

② Mansour O. El-Kikhia, *Libya's Qadhafi: The Politics of Contradiction*, Florida University Press, 1997, p.93.

间的血腥复仇,卡扎菲对土地政策采取了放手不管的态度。卡扎菲说:"土地属于真主,任何耕作土地的人都应该从中受益。"① 1978 年初,利比亚国有化期间,农业是唯一一块没有被政府控制的领域。国家向农业配套了大量的政府津贴,许多农民依靠政府津贴过活。对于农民来讲,尽管农民产量增加,可惜由于造价太高而难以在国际市场上实现有效竞争,他们不得不将粮食卖给政府的代理商。不久,农民就发现从事生产还不如依靠政府津贴更好。

最后,黑市交易对利比亚经济产生较坏的影响。利比亚政府禁止个人进口外国货物,因此不得不使用非法手段。主要渠道就是到国有商店买进商品,然后到黑市卖掉;另一个渠道是外籍劳工将国外商品携带到利比亚,然后卖掉。利比亚 50% 的工人是外国人,几乎每个人都有黑市收入。由于利益的诱惑,革指会成员也沉溺于黑市交易。

三、后冷战时代卡扎菲思想的发展

冷战结束以后,东西方对峙的战略态势暂时缓解。随着后冷战时代国际形势的嬗变,卡扎菲思想在其政治实践中也显露出不同的特征。这种思想的发展,主要体现在卡扎菲的政治、经济和外交实践等层面。

1.对部族力量的依赖

卡扎菲思想在其政治实践中表现出对部族主义的依赖。这和中东部族历史传统密切相关。在贝都因人的氏族感情中,集体的荣誉和利益至高无上,血统的纯洁和宗谱的高贵优于一切。在部落外,不存在共同的利益和权力。② 部族主义指的是"以一种粗犷的求生存的性质和一种坚持对一定程度的原始的或氏族集团的忠诚为特征的现代以前的政治交往形式"。③ 在贝都因沙漠中,各部落之间近似无政府状态的环境培植出一种弱肉强食、有仇必报的部族政治传统。就

---

① Mansour O. El-Kikhia, *Libya's Qadhafi: The Politics of Contradiction*, Florida University Press, 1997, p.93.

② 任继愈、金宜久主编:《伊斯兰教史》,中国社会科学出版社 1992 年版,第 25—26 页。

③ [美]托马斯·弗里德曼:《从贝鲁特到耶路撒冷》,天津编译中心译,世界知识出版社 1992 年版,第 86 页。

其个性来说,阿拉伯人表现出一种高度的个人主义和狭隘主义的个性。在一般情况下表现为对部落和家族的狭隘忠诚。①美国学者希提在他的著作中一针见血地写道:"个人主义是这样的根深蒂固,以致游牧人未能变成一个具有社会意识的生物。他只关心本部落的福祉,要他关心各部族共同的福利,那是很困难的。"②这充分说明在阿拉伯世界,传统的部落结构是广泛存在的,而且具有很强大的势力。卡扎菲依赖部族主义的做法在巩固政权的同时,也使政治系统具有部族政治的特征,对于现代政治模式来说是一种历史的倒退。卡扎菲对部族主义力量的依赖主要体现在以下层面:

第一,革命委员会成员主要从部族中任命。到 1994 年,革命委员会大都控制在卡扎菲部族的派系手中。卡扎菲依靠的部族为卡扎法(Qathathfa)部族,其目的是保证其个人和政权的安全。卡扎法是一个规模较小的部落,19 世纪流落于昔兰尼加地区。大多数成员过着游牧式的生活,极为贫穷落后。他们自己拥有忠诚于部族的军事力量,但在君主制度下,他们没有得到赛努西君主的重用。卡扎菲上台后,大力提升该部族的政治地位。卡扎法部族的军官被委以敏感、重要的职位。1975 年 8 月,革指会成员巴希尔·哈瓦迪(bashir hawadi)和计划部长奥马尔· 穆哈斯(umar al-Muhayshi)发动未遂政变,事后卡扎菲将革指会人数减为 5 人。卡扎菲加紧巩固自己的地位,凡是认为对自己不忠诚的官员都被清除出国家机关。1995 年 2 月,利比亚又发生一次未遂军事政变,促使卡扎菲再次任用自己的部族亲属,授予他们各种权力。卡扎法·达姆(Qathaf Damm)的部族领地扩展到包括所有的昔兰尼加地区,陆军上校哈利法· 伊奈斯(Khalifa Ihneish)被任命为武器和军需司令,马苏德·阿卜杜拉·哈菲斯是利比亚军队安全部门首脑。阿里·克伯(Ali Kilbo)负责保护卡扎菲官邸。革指会成员,信息和宣传部长职位都由卡扎法部族成员担任。

第二,卡扎菲还不定期地向部族成员分配新任务或变更他们的职务。1995 年 4 月,陆军上校哈利法· 伊奈斯(Khalifa Ihneish)治理苏尔特(Sirte)地区,马苏德·阿卜杜拉·哈菲斯治理塞卜哈(Sabha)。其他不太重要的职位由瓦法拉(Warfala)部族,或与卡扎法部族和瓦法拉(Warfala)部族有血缘亲属的部族成员

---

① Majid Khadduri, *Socialist Iraq: A Study in Iraqi Politics since 1968*, The Middle East Institute, 1978, p.47.

② [美]菲利普·K.希提:《阿拉伯通史》上册,马坚译,商务印书馆 1995 年版,第 17 页。

担任。贾卢德（Jaloud）的马戈哈（Magharha）部族也是卡扎菲政权的依靠对象，他们一般担任低级军官，主要目的是通过任用多种部族参与政治，给利比亚政权构建多元化的氛围和光环。通过对部族力量的确认，卡扎菲加强了自己的力量。部族力量在利比亚政治结构中拥有举足轻重的地位。

第三，卡扎菲在利用部族力量的同时，也限制其过度发展，威胁自己的权威。部族力量使卡扎菲政权稳固无忧，但是部族力量的过于膨胀，也威胁到卡扎菲的安全。他的堂兄哈桑·伊沙卡尔（Hassan Ishkal）不仅掌握着利比亚国内安全、石油部门，而且控制着军队。卡扎菲尽管对他较为信任，但他的显赫地位使卡扎菲感到了威胁。哈桑·伊沙卡尔极有个性，不愿意遵守卡扎菲的命令，二者经常发生冲突。哈桑·伊沙卡尔在与卡扎菲支持者的交火中，被杀死。

在许多利比亚人看来，国家寻求稳定最合乎逻辑的解决方法就是回归到部族状态。这在人民委员会的选举中表现得尤为明显，许多议员都以部族联盟的名义参加选举和提出治国安邦的策略。自相矛盾的是，卡扎菲在指责部族主义的同时，却开始加强了自己部族主义立场。利比亚尽管试图超越了传统的部族社会的历史局限，但是其结果仍然拥有传统社会的特征。由于利比亚长时间部族社会惯性，因此很难产生民主政治的基因，这对于政治现代化和政治发展进程是非常有害的。

2.政治统治方式和权力结构的变动

按照马克斯·韦伯（Marx Web）的分类，政治统治模式可分为传统型、法理型和克里斯玛型三种，而中东的"强人政治"基本上都属于克里斯玛型。卡扎菲的统治模式具有典型的克里斯玛型特征，其主要特点是：卡扎菲的行政管理班子成员并非训练有素的"官员"，而是依据领袖的直觉加以召唤的"亲信"；卡扎菲领导地位没有"职务辖区"和"权限"，没有固定的"机构"；没有规章及法律原则，而是现时地创造法律。他们的统治更多依靠政治上不断宣传领导者的个人魅力，而缺乏有效的政治制度保障。

20世纪90年代初，利比亚权力控制的多重政治体系得到巩固。政治权力和权威机构仍是总人民大会，然而实权控制在所谓的"革命部门"，国家的安全部门处于一个很不正式的机构控制之下。这些国家机构并不受总人民大会控制，而是处于卡扎菲的直接领导之下。卡扎菲正是通过以下几个机构牢牢控制了国家权力。

第一种是公开成立的安全机构。（1）领导人情报局（the Intelligence Bureau of the Leader），这是最重要的机构。该机构于 20 世纪 70 年代在东德的帮助下成立，主要负责安全机构的情报工作。（2）军事秘密服务局（the Millitary Secret Service），该机构负责卡扎菲的个人安全，其头目是卡扎菲的一个亲信艾哈迈德·拉马丹·阿萨比亚（Ahmad Ramadan al-Asabiyya）。（3）民众国安全机构，处于阿卜杜拉·赛努西（Abudullah al-sanusi）的控制之下，负责利比亚国内外安全。除此以外还有 20 世纪 80 年代末 90 年代初成立的革命护卫队、人民护卫队和清除委员会等安全机构。

第二种是法律上没有明确职责的秘密机构。（1）自由统一军官运动（Free Unionist Officers' Movement）。其成员占据中央机构的领导核心，大约有 60—80 人，大都出身于部族，还包括卡扎菲班加西军事学院毕业的左膀右臂，一直是卡扎菲依靠的力量。（2）卡扎菲伙伴论坛（the Forum of Companion of Qadhafi）。从名字看，似乎是一个军事沙龙，实际上是由 100 人左右组成的秘密机构，头目是易卜拉欣·伊本加德（Ibrahim Ibjad）。（3）人民社会领导委员会（People's Social Leadership Committees）。1994 年，卡扎菲在达纳（Daina）宣布成立人民社会领导委员会，其成员主要是利比亚国内各主要部族的代表人物，其目的是通过控制部族权威人物控制部族和家族，保持国家稳定。这一机构可以有效地平衡中央和地方的矛盾，对社会稳定意义深远。

几年后，利比亚国家实际权力都掌握在卡扎菲自己的手中。新成立的革命委员会领导人主要从卡扎菲信任的部族中任命。国家行政机构的成员成为卡扎菲的传声筒。

为了保持对革命委员会的控制，卡扎菲经常临时性的清除或替换委员会成员，以防止他们发展成为难以控制的集团。当这些人积累了一定的财富，卡扎菲允许他们将资金邮往国外，或者到国外定居，替代者往往都是卡扎菲部族的新成员。1994 年 9 月 1 日，利比亚成立 250 个清洗委员会。他们有权审查利比亚民众的财富，利比亚人必须定期向清查委员会报告他们的家产及其获得方式。不宣布自己财产的人将被处以断手的刑罚。

1993 年 9 月，卡扎菲宣布，他已经不满足于利比亚目前的政治结构。很明显，它是受到 1871 年巴黎公社的影响，决定于当年在利比亚构建公社制度，即将利比亚划分为 1500 个自治的、自我管理的、自我调控的公社。

此外卡扎菲还成功的操纵了三个机构,它们是利比亚军队、人民大会和革命委员会。这三个机构相互牵制又相互依存,构成了卡扎菲权力的支柱。革命委员会可以渗透到军队和人民议会,这三个机构可以使卡扎菲根据自己的需要来变换政治结构的模式。

尽管卡扎菲采取了许多安全措施,但是自从 1969 年以来,利比亚发生了几十次未遂政变。政变失败的主要原因在于上述安全机构令政治系统良性运作,这也是利比亚难以发生革命性变革的原因。然而,卡扎菲经常违反自己制定的政治规则。1990 年 1 月 27 日,为了使自己参与法律事务合法化——这一权力从法理上来说属于人民——卡扎菲按照自己的意愿改变了政治制度的规则。卡扎菲信誓旦旦地说:"我知道许多法条,从革命的观点来说,它们是由民众制定的。但是革命的合法性是我自己的事业,通过革命的方式获得是正确的。革命的合法性意味着我们领导民众,直接或者通过革命和先锋示范。我不会向你们任何人负责,因为革命赋予革命合法性的权力。"①

3.过渡型外交实践

在外交实践方面,卡扎菲的外交思想正经历着一个从理想主义到现实主义,从游离于世界之外到融入到世界体系之中的过程。

20 世纪 80 年代,卡扎菲与西方大国的关系处于低谷,甚至断交,因而成为美、英等国长期敌视的对象和打压的目标。1992 年 4 月,美、英等国以卡扎菲拒绝交出涉嫌制造洛克比空难的两名利比亚人为由,推动联合国安理会通过第748 号决议,对利比亚实施多方面的制裁。1993 年 11 月,美、英又促成安理会通过了对利比亚制裁升级的第 883 号决议:禁止向利比亚石油天然气部门出售炼油设备和零配件,冻结利比亚的海外资金等。1992 年春到 1994 年末,国际制裁使利比亚经济损失了 100 亿美元。② 1994 年 9 月,卡扎菲宣誓继续将其政治、经济政策的意识形态话语体系——民众权力、泛阿拉伯主义、社会主义和伊斯兰教推广到全世界。他不断的提到殖民主义,颂扬历史上反抗意大利殖民者的英雄。③ 1996 年 8 月,美国还实施了制裁伊朗和利比亚的《达马托法》,对向伊朗

---

① Dirk Vandewalle, *Qadhafi's Libya*, *1969—1994*, Macmillan Press, 1995, p.60.

② Bruce Maddy-Weizman, *Middle East Contemporary Survey*, 1995, Vol.19, New York, 1997, p.479.

③ Dirk Vandewalle, "The Libyan Jamahiriyya since 1969", Dirk Vandewalle, *Qadhafi's Libya*, *1969—1994*, Macmillan Press, 1995.p.1.

和利比亚能源部门投资超过 4000 万美元的外国公司施行惩罚。①联合国和美国的制裁不仅使利比亚在国际社会空前孤立,还使其国内社会经济发展陷入极大困境。据统计,到 1998 年底,联合国的制裁使利比亚损失了 265 亿美元。②

　　联合国实施制裁后,利比亚在国际社会陷入孤立处境,国内社会、经济发展也遭遇重重困难。再加上国际局势的变化,这些促使卡扎菲外交思想上的变化和利比亚外交政策的调整。卡扎菲外交思想的变化可以归纳为:从理想主义向现实主义转变;由激进主义向务实、温和态度转变;③一方面,卡扎菲强烈谴责对利比亚的制裁,争取国际社会的同情和支持;另一方面,他多次表示希望同美、英等国实现关系正常化。利比亚希望依靠非洲国家,特别是非洲统一组织的支持摆脱困境。1998 年,非统决定单方面解除安理会的制裁令。此后,包括非统执行主席在内的多名非洲国家首脑乘飞机访问利比亚,以实际行动冲破安理会对利比亚的空中制裁。南非前总统曼德拉还称赞卡扎菲“是我们孤独时的朋友”,指出“西方国家的敌人不是我的敌人,我不准备让任何人支配我的处事方式”。④经国际社会的积极斡旋,1999 年初,利比亚政府将两名涉嫌制造“洛克比空难”的利比亚人移交给联合国。联合国随即宣布暂停对利比亚的制裁,利比亚与西方国家的关系有所缓和。1999 年,欧盟宣布暂时终止对利比亚的制裁。同年 11 月,英国政府全面恢复与利比亚中断了 15 年的外交关系。

四、卡扎菲与恐怖主义

　　1986 年 4 月,美国以打击恐怖主义为名,出动上百架飞机轰炸的黎波里市区和卡扎菲的住宅。这一事件不仅以作战手段的高技术化而名载史册,而且充分凸现了超级大国美国与第三世界国家利比亚的尖锐矛盾。此后,以美国为首

　　①　Ayman Talal Yousef, Dilip H. Mohite, *Rise of Islamic Fundamentalism and the Grand American Strategy*, Kalinga Publications, 2002, p.185.

　　②　Chris Doyle, “Libya: After Sanctions”, *Middle East International*, April 23, 1999, p.19.

　　③　王林冲:《卡扎菲外交思想与利比亚外交》,《西亚非洲》2004 年第 6 期,第 38 页。

　　④　Asteris Huliaris, “Qadhafi's Comeback: Libya and Saharan Africa in the 1990s”, *African Affairs*, January 2001, p.115.

的西方国家与利比亚又因"洛克比空难"案再起争端,卡扎菲的桀骜不驯为世人广泛关注。近年来,利比亚在国际舞台已退出中心位置,失去了当年的风光。伊拉克战争以后,卡扎菲决定放弃大规模杀伤性武器。卡扎菲的态度是美国几十年来一直苦苦追求的目标。2004 年,小布什说:"经过 9 个月的紧张谈判,美国、英国与利比亚的立场基本达成一致,但是与伊拉克 12 年的外交斡旋却没有任何收益。利比亚出现转变的原因是显而易见的,因为现在没有人敢对美国的话语提出质疑。"①卡扎菲从一个支持恐怖主义的"幕后老板"转变成为反对恐怖主义的"时代先锋",显现出卡扎菲思想的变迁轨迹。

卡扎菲早在 1973 年就提出"武装人民群众"的思想,对以色列和美国发动圣战。利美双边关系冷漠是多种因素促成的:

第一,卡扎菲推翻的伊德里斯王朝对美国亲善。1951 年,利比亚独立后,国王伊德里斯·赛努西敬畏美国的强大,对美国采取了友好态度。1954 年,美国同利比亚签订条约,把的黎波里东部的惠勒斯机场租借给美国做空军基地。美国还与伊德里斯国王签订了一些经济技术协定,答应给利比亚提供大批武器装备。但是,卡扎菲的外交政策具有强烈的独立意识,赋予利比亚以鲜明的国家个性。他试图扭转利比亚在国际关系中的被动地位,争取在国际体系中的平等地位。卡扎菲的理论主张及由此派生而来的内外政策使他和他的国家渐渐成为美国和西方国家的敌手。

第二,卡扎菲国有化政策严重损害了美国和西方的经济利益。卡扎菲上台后,宣布将外国银行收归国有,将意大利 3 万移民地产家业一律没收,遣送回国。1970 年,美国在利比亚的惠勒斯空军基地被卡扎菲收回,驻留 16 年的美国大兵恋恋不舍地离开利比亚。1972 年,卡扎菲又废除了同美国签订的军事、经济和技术合作等九项协议,将两国外交关系降为代办级。1970 年,卡扎菲还迫使英国撤出在利比亚的陆海空军事基地。

第三,卡扎菲的"石油风暴"也极大地触犯了美国利益。卡扎菲很重视利比亚经济上的独立自主地位,他通过几个步骤收回石油权益。首先,1970 年,卡扎菲要求将原油的税收参考价提高 20%—30%,在没有得到外国石油公司的答复

---

① The White House, George W. Bush, *State of the Union 2004*, January 20, 2004 (http://www. whitehouse.gov)

后,决定提高石油税收。其次,通过限制石油产量,使油价上涨。1973 年,利比亚原油标价已高达每桶 4.6 美元。最后,有计划地将西方石油公司的股权收归国有。到 20 世纪 70 年代中期,美国在利比亚的所有石油公司全部被卡扎菲收归国有,其资产交给利比亚国家石油公司。利比亚国家石油公司的原油产量在全国总产量中所占的比重,由 1971 年的 0.33% 增加到 1976 年的 65%。①

　　第四,卡扎菲的亲苏外交成为美国敌视的对象。利苏关系在卡扎菲上台之初一度很冷淡,卡扎菲指责苏联是"阿拉伯世界的敌人",与美国是一丘之貉。但在两极格局下,卡扎菲感受到自己势单力薄。因此,在苏联发出合作的呼吁后,卡扎菲积极回应。1975 年 5 月,利比亚与苏联签订了总价值 20 亿美元的军火协议,这也是两国签署的第一个协议。1100 名利比亚军人到苏联受训,苏联可以使用利比亚机场与港口。1976 年底,卡扎菲访问莫斯科,两国关系愈加密切。

　　20 世纪 70 年代初,美国和利比亚的关系还没有到完全破裂的程度。这与卡扎菲在两大阵营之间的"骑墙战略"有关。卡扎菲在许多公开场合指责苏联无神论的坏处,含沙射影的表达对马克思主义的反感。卡扎菲还经常发表一些反共言论,在国内镇压共产党,外交上也偶尔与美国有一定的配合。如在 1971 年的印巴战争中,卡扎菲向亲美的巴基斯坦提供 F—5 型战斗轰炸机。因此,在中东一度有人咒骂卡扎菲是美国的代理人。

　　1973 年 8 月 5 日,在希腊雅典机场,一群恐怖主义分子对环球航空公司的旅客疯狂扫射,其主犯受卡扎菲指使。两个月以后,罗马机场的一架泛美航空公司的飞机发生爆炸,肇事者供认受卡扎菲指使。1974 年,石油输出国组织的部长被恐怖主义劫持,被认为与卡扎菲有关。1976 年,突尼斯宣布破获一起利比亚特务阴谋杀害突总理的案件。但到 20 世纪 70 年代末,两国的关系走向恶化。1979 年,伊朗伊斯兰革命席卷中东。同年 11 月,伊朗学生占领美国驻伊大使馆。美国要求卡扎菲从中斡旋,但卡扎菲却站到了伊朗的一方。1979 年 12 月 2 日,一群利比亚人焚烧了的黎波里的美国大使馆,美国与利比亚的关系恶化。

　　1981 年,美国强硬派总统里根上台。他对苏联采取"推回战略",展开军备竞赛,打击苏联的代理人。到 1982 年末,美国已经停止了从利比亚进口石油,并

_____

① 　吴华:《全球冲突与争端》,世界知识出版社 1998 年版,第 6 页。

且宣布停止向利比亚出口高技术产品以及与石油相关的产品。在利比亚的四个跨国公司,其中有两个放弃经营活动。1980 年后,利比亚石油生产收入约减少了40%。1981 年的第一个季度,利比亚石油公司日产石油 170 万桶,到第二个季度就降到 100 万桶。美国对利比亚政府施加压力,希望后者停止对阿拉伯世界的"颠覆"行为。① 这使得利比亚在国际社会更加孤立。两国的关系到 1981 年更加恶化。1981 年 8 月,两架利比亚战斗机被美国战舰击落。此时,利比亚的军费急剧增加。到 20 世纪 80 年代初期,利比亚每年进口武器价值 30 亿美元。仅在 1979—1983 年,利比亚购买武器费用就高达 120 亿美元,其中一半是与苏联交易的。②

与此同时,世界针对美国的恐怖主义行动不断加剧。据美国一家刊物统计,1984 年世界范围内的恐怖活动有 40%是针对美国的,这一年美国在海外的设施有 77 处遭到袭击,205 名美国人非死即伤,物质损失达到了 2320 万美元。1986 年美国国务院发表了一份官方报告指出,自 1973 年至 1985 年的 12 年间,共有 412 名美国人在海外死于国际恐怖主义之手。当时的里根总统决定打击这些恐怖活动,他说:"美国决不允许国家恐怖主义在这个世界上横行无忌,我们对此负有道义上的责任。"③正当美国没有打击的对象的时候,卡扎菲的行为引起了美国的注意。每当恐怖活动发生,卡扎菲总是支持、祝贺,甚至为它们提供武器和资金,训练恐怖分子。据说利比亚境内有 25 个"恐怖分子"训练中心。1986 年的利比亚洛克比空难使美国和利比亚的关系到了最紧张的时刻。美国国务院认为,卡扎菲政权高官参与了这起恐怖主义袭击行动。英国法院证据表明,炸弹的定时器是利比亚发明的。④

第一次较量:苏尔特空战。

1981 年,美国总统里根为了"捏一下不听话的卡扎菲的鼻子",决定挑起事端,并将地点选在苏尔特湾。苏尔特空战十分激烈,战斗结束后,两国关系降到了冰点,双方断绝外交关系。

---

①　P.Edward Haley, *Qadhafi and the United States since 1969*, Praeger Pnblishers, 1984.

②　Dirk Vandewalle, *A History of Modern Libya*, Cambridge University Press, 2006, p.148.

③　张晖:《难圆霸主梦——二十世纪美国十次出兵》,军事科学出版社 1999 年版,第 223 页。

④　U.S.Department of State, "Libya's Continuing Responsibility for Terrorism", in *Patterns of Global Terrorism:1991*, Washington, DC, 1992.

第二次较量:"草原烈火"。

1986 年 3 月,里根总统为了打击卡扎菲对世界恐怖主义的支持,对利比亚发动"草原烈火"行动。这一次美军大获全胜,但是卡扎菲并没有屈服。卡扎菲宣告:"利比亚将用鲜血、生命和它拥有的一切来维护苏尔特湾的主权。"①

第三次较量:"黄金峡谷"。

1986 年,美国以反对恐怖主义为名对利比亚首都的黎波里地区进行轰炸,卡扎菲的养女被炸死,两个儿子受伤。里根的行动得到了美国公众的支持,国务卿乔·W.舒尔茨(Schultz)说:"美国和欧洲的公众都支持总统的行动,里根总统在公众中的支持率增加。最重要的是,情绪高昂的卡扎菲在发动报复行动后,撤退到大漠深处。"②

的黎波里轰炸对卡扎菲及其领导层的影响极大,利比亚外交政策开始了结构性调整。面对强敌的进攻,利比亚的进攻显得很苍白无力和虚弱不堪。一些革指会成员弃官回家,东部地区省份出现了有组织的抵抗运动。③ 美国的进攻不仅使利比亚损失惨重,更重要的是在心理上对卡扎菲的震撼。卡扎菲本人几周没有在电视上公开露面,利比亚开始对经济改革方针政策进行重新调整。国家的政治发展也开始向自由化的方向迈进。1987 年和 1988 年,卡扎菲亲自破坏的黎波里中心监狱,几十名政治犯被释放回家。在他的监督下,上千份关于利比亚国民的安全档案被付之一炬。他还亲自拆除突尼斯—利比亚的边界标志,号召民众可以随心所欲地跨国旅行。④ 卡扎菲这些行为给国民一种前所未有的自由呼吸空间,以增强自己的政治合法性。

美国官员认为,经过里根总统的打击,卡扎菲可能停止对国际恐怖主义的支持。但 1986 年,利比亚发动了一系列的恐怖主义行动,包括刺杀美国总统里根。里根在被刺杀未遂以后说:"利比亚通过对恐怖主义提供物质支持袭击美国公民,是在国际法既定原则下反对美国,利用恐怖主义就像利用自己的军队一样。"⑤

美国白宫资料揭露了利比亚采取报复行动的诸多细节。1986 年春,卡扎菲

---

① 吴华:《全球冲突与争端》,世界知识出版社 1998 年版,第 16 页。

② George P.Shultz, *Turmoil and Triumph:My Year as Secretary of State*, Charles Scribner's Sons, 1993,pp.677-687.

③ Dirk Vandewalle, *A History of Modern Libya*, Cambridge University Press,2006,p.142.

④ Dirk Vandewalle, *A History of Modern Libya*, Cambridge University Press,2006,p.143.

⑤ *Washington Post*, January 8,1986.

处死两个英国人和一个贝鲁特的美国人。以下两件事也与卡扎菲有关：一是
1988 年 12 月的洛克比空难；二是 1989 年 9 月，法国联合航空运输公司飞往尼日
尔的 772 号航班遭轰炸。

1986 年美国空袭利比亚后，鉴于利比亚国内政治、经济和外交领域的反应，
卡扎菲的思想发生变化。1987 年，利比亚启动经济和政治改革，标志着卡扎菲
思想的重新调整和定位。正如西方学者所说："利比亚启动改革是对民众不满
的反应，目的是捍卫利比亚政治制度。这一以温和、渐进为特征的改革，一直持
续到 20 世纪 90 年代。"①

在与美国关系上，卡扎菲也表现出缓和的意向。1989 年初，布什担任美国
总统后，利比亚归还了在 1986 年空袭中被射杀的美国飞行员尸体。随后几个
月，卡扎菲发出对双边会谈感兴趣的信号。1989 年 10 月，利比亚外交部长贾达
拉·阿祖兹·塔勒西(Jadallah 'Azzuz al-Talhi)说，利比亚想与美国在相互尊重
的基础上，实现双边关系的正常化。②

布什政府不理会卡扎菲举起的橄榄枝，主要关心利比亚大规模杀伤性武器
的研制与开发。1990 年 3 月，布什总统要求利比亚引渡两名洛克比空难的嫌疑
犯，对利比亚实施贸易禁运。1992 年 2 月，卡扎菲接触美国前科罗拉多参议员
和民主党总统候选人加里·哈特(Gary Hart)，要求后者向布什政府转达利比亚
与美国改善关系的愿望。美国的答复是："在洛克比空难嫌疑人没有移交美国
之前，我们不与利比亚政府讨论任何事情。"在随后日内瓦召开的会议上，利比
亚情报机构领导人丹比利(Debri)告诉哈特，利比亚愿意将洛克比嫌疑犯交与美
国，条件是美国解除对利比亚制裁，实现两国关系正常化。③

1992 年 12 月末，卡扎菲遣责了布什政府的共和党，赞美了民主党和新上台
的克林顿政府。④ 卡扎菲本来期望美国政策会有新的动向，但结果适得其反。

---

① Dirk Vandewalle, "Qadhafi's 'Perestroika' : Economic and Political Liberalization in Libya", *The Middle East Journal*, Spring 1999, pp.216–231.

② Ranald Bruce St John, *Libya and the United States : Two Centuries of Strife*, Pennsylvania University Press, 2002, pp.153–154.

③ Gary Hart, "My Secret Talks with Libya, And Why Went Nowhere", *Washington Post*, January. 18, 2004.

④ Ronald Bruce St John, "New Era in American-Liyan Relations", *Middle East Policy*, September 2002, p.87.

克林顿政府对利比亚的态度,基本上继承了布什的外交政策。克林顿仍然以反对利比亚等"无赖国家"作为美国政府外交主旨和政策标识。①

20世纪90年代,利比亚的军费大幅度下降。1994年、1996年和1997年,利比亚军费分别为100万美元、200万美元和50万美元。到20世纪末,利比亚几乎停止武器进口。仅在1999年联合国解除制裁前夕,利比亚向俄罗斯签署了大约1亿美元的武器合同,以替换从苏联购买的陈旧武器。②

1998年年中,美国中东特使米尔顿·维奥斯特(Milton Viorst)被丹布里(Debri)邀请到利比亚。丹布里(Debri)告诉维奥斯特(Viorst):"利比亚厌倦了在国际社会中的孤独状态"。维奥斯特(Viorst)随后又会见了卡扎菲,后者说:"我们想与美国和解,但是美国不想与我们缓和关系。"当谈到洛克比空难时,卡扎菲强调了一旦利比亚交出嫌疑犯,美国就应该解除制裁。利比亚外交部长奥马尔·穆斯塔法·蒙塔塞尔(Umar Mustafa Muntasir)告诉维奥斯特(Viorst),利比亚想在平等的基础上与美国恢复外交关系。③

20世纪90年代中期,美国对利比亚表现出"制裁困倦"。克林顿政府要求洛克比空难肇事者必须在苏格兰或美国接受审判。1999年3月,利比亚接受这一建议,条件是联合国立即解除对利比亚的制裁,美国政府修改对利比亚的外交政策。1999年11月30日,美国近东和南亚事务助理部长罗纳多·E.诺伊曼(Ronald E.Neumann)大使说:"我们承认利比亚目前所采取的积极措施,以及利比亚在公共场合所做出的悔改姿态。但是利比亚目前的情况离我们的要求还有一段距离,我们对于利比亚意图或者说利比亚政府如何在国际体系中定位自己,还感到迷惑不解。"④诺伊曼承认利比亚已经减少对恐怖主义的支持,卡扎菲将阿布尼达尔(Abu Nidal)恐怖组织逐出利比亚便是证明。在巴勒斯坦问题上,利比亚从支持巴勒斯坦拒绝阵线转为承认巴解组织当局,这是利比亚支持中东和平进程的一个信号。诺伊曼说:"利比亚不是伊拉克。我们不会在的黎波里政权发生变更时,才解除制裁。我们已经看到利比亚在支持恐怖主义和推进中东

①　Anthony Lake,"Confronting Backlash States",*Foreign Affairs*,March/ April 1994,pp.45−55.
②　Dirk Vandewalle,*A History of Modern Libya*,Cambridge University Press,2006,p.148.
③　Anthony Lake,"Confronting Backlash States",*Foreign Affairs*,March/April 1994,pp.60−70.
④　Ronald E.Neumann,"Libya:A U.S Policy Perspective",*Middle East Policy*,February 2000,pp. 143−145.

和平进程等方面发生了变化。我们希望这种变化预示着利比亚乐意成为国际体系中负责任的一员。"六个月以后,诺伊曼大使在美国参议院说:"利比亚已经在支持恐怖主义、反对中东和平进程等重要问题上,做出了重大改变。"①

1999 年,美国助理国务卿开始与利比亚的谈判。当时克林顿政府提出两个条件:即利比亚停止对联合国的抵制行动;同意双边秘密会谈。同年 5 月,利比亚代表穆萨·库萨(Musa Kusa)与美国代表在日内瓦召开会议。利比亚同意在反对基地组织等方面与联合国合作。在非传统安全领域,美国一直关切利比亚的大规模杀伤性武器。1999 年 10 月,利比亚同意加入正在进行的中东多边武器控制会谈,开放核设施让外界进入检查,积极加入禁止制造生化武器公约。2004 年 3 月,利比亚将上述诺言一一兑付。②

2000 年 2 月,美国并没有阻止利比亚参与联合国刚果维和行动,这是十年来利比亚第一次参加的国际级别的维和行动。同年 3 月,美国国务院派遣了一个安全评估部队对利比亚进行短期访问,解除了自 1986 年以来禁止美国人到利比亚旅游的禁令。这一决定由于招致美国国会和洛克比空难家属的激烈批评而没有获得议会通过。③

2000 年 6 月,美国国务卿奥尔布莱特(Albright)宣布将利比亚从"无赖国家"变为"关注国家"(States of Concern)。这一语法修辞的转变暗示美国意在重新评估其对利比亚的外交政策,这是一种新型外交话语阐释。通过这种文字上的细微差别,克林顿政府希望鼓励利比亚进行经济和政治变革。但是美国对利比亚的外交政策基本没变。2001 年 1 月,美国政府文本中写道:"美国政府仍然十分关切利比亚政府对恐怖主义活动的支持,以及对联合国安理会 731(1992)、748(1992)和 883(1993)号决议的抵制。"④

小布什上台后,在利比亚问题上继承了克林顿时期的外交政策。2001 年 1

---

① Ronald E.Neumann,"U.s.Foreign Policy toward Libya",in *the Subcommittee on Near Eastern and South Affairs of the Committee on Foreign Relations*,US Senate,May 4,2000,http://www.access.gov/congress/senate.

② Ronald Bruce St John,"Libya is not Iraq:Preemptive Strikes,WMD and Diplomacy",*Middle East Journal* Volume 58,No.3,Summer 2004,p.392.

③ Madeleine Albright,*Madam Secretary*,Miramax Books,2003,pp.328-331.

④ Meghan L.O'Sullivan,"Replacing the Rogue Rhetoric:A New Label Opens the Way to a Better Policy",*Brookings Review*,Vol.18,No.4(Fall 2000),pp.38-40.

月末,三个苏格兰法官在荷兰设立特别法庭,审判结果发现从利比亚运送的两名被告中,只有一人有罪。2001 年 2 月,美国总统小布什和英国首相布莱尔做出一致声明:要求利比亚遵守联合国安理会决议。两国也与利比亚联合国特使召开非正式会议,详细阐明了联合国结束对利比亚制裁的具体步骤。

随后,联合国、美国与利比亚举行三方会谈,并做出最终决议:利比亚满足洛克比空难家属的所有要求并承担责任。决议一再强调,只有利比亚接受这些条件,美英才考虑结束制裁。这些决议成为解决洛克比空难和三方会谈的基础。①

"9·11"事件以后的布什政府突出强调反恐战争,利比亚仍然被列入问题国家的行列。2001 年 11 月,国务院将美国人到利比亚护照限制延长一年。卡扎菲谴责了恐怖主义,对受害者表示同情,并声称利比亚支持美国的反恐战争。2001 年 12 月,利比亚领导人通知驻荷兰的外交官,准备签署化武器公约。2002 年 3 月,美国又将利比亚与伊朗、伊拉克和北朝鲜列为西方潜在的敌意国家。在美国国务院的 2002 年全球恐怖主义报告中,利比亚仍是支持恐怖主义的国家。只是报告的评论言辞做出了一些调整:"苏丹和利比亚似乎已经感悟它们应该走出恐怖主义的事业,两国已经采取措施向正道行进。"②同时,美国希望利比亚支持反恐战争。卡扎菲的儿子赛义夫指出,利比亚在支持美国反恐战争中"发挥我们应有的作用。"2003 年 1 月,卡扎菲在接受采访中重复了这一信息:"利比亚正在与美国交换有关基地组织的秘密情报。"③

利比亚在反恐战争中,完全与美国合作。但是,美国仍然强调利比亚大规模杀伤性武器问题。2002 年 5 月,在遗产基金会上的发言中,武器控制和国际安全的副秘书长约翰·R.波尔顿(John R.Bolton)指控利比亚继续"追求核武器政策"以及重新构建"进攻性的化学武器能力。"他认为利比亚以目前的速度,可能制造出小数量的生化武器。2002 年 10 月,约翰·R. 波尔顿(John R.Bolton)在第四届出口控制国际会议上重新阐述了这一提法。2002 年 11 月,他将伊朗、伊拉克、北朝鲜和叙利亚列为最具进攻性的国家。波尔顿在 2003 年 6 月国际关系

①　Flynt Leverett,"Why Libya Gave Up on the Bomb",*The New York Times*,January 23,2004.

②　Michael R.Gordon, "U.S.Nuclear Plan Sees New Weapons and New Targets," *The New York Times*,May 10,2002.

③　"Libya gives US tips on al-Qaeda",*BBC News*,January 12,2003,http://www.bbc.co.uk.

委员会上指出,利比亚拥有最先进的化学武器,而且继续研制生化武器。[①]

2002年9月1日,卡扎菲在利比亚革命33周年的庆祝会议上认为,利比亚不再是一个无赖国家。他宣称利比亚与基地组织没有任何关系,愿意对洛克比空难受害者家属作出赔偿。同时,他警告美国攻打伊拉克萨达姆政权将会使伊拉克成为第二个阿富汗。这一声明既有警告美国的味道,也表明利比亚与美国利益一致的信号。

2002年5月,利比亚宣布要为洛克比空难的每个家属支付1000万美元,总共27亿美元。[②] 2003年9月12日,联合国安理会解除对利比亚的制裁。但美国没有对利比亚解除制裁,要求利比亚必须在诸如改善人权、建立民主制度、放弃大规模杀伤性武器等方面,作出实质性的改变。[③]

2003年10月,卡扎菲儿子赛伊夫·伊斯兰·卡扎菲表示利比亚试图重新融入国际社会,包括与美国建立商业和外交关系。2003年,利比亚邀请美国和英国核查员到武器地点检查。这次核查毁坏了利比亚偷偷摸摸经营了几十年的化学武器。利比亚制造了大量的芥末毒气导弹,拥有生产神经毒气的能力。他们拥有3000个装化学武器的空弹壳,但缺乏长距离导弹,生化武器的威胁也被过分夸大。利比亚承认有发展生化武器的意图,但没有生产生化武器项目的计划。

2003年12月,利比亚外交部长沙勒加姆宣布利比亚在放弃"被禁止武器"方面已经完全得到了国际社会的承认。卡扎菲承认这一行动是"明智的决策和勇敢的,有胆识的行动。"[④]在记者招待会上,小布什总统和布莱尔首相宣布利比亚已经同意放弃大规模杀伤性武器。布什说:"放弃生化武器的领导人将为缓和美国和自由国家关系方面开拓出一条道路,利比亚领导人的宣言表明利比亚

① Saif Aleslam al-Qadhafi, "Libya-American Relations", *Middle East Policy*, Spring 2003, pp. 43-44.

② US Department of State, "Libya-Pan Am 103", Internet edition, August 15, 2003, Http://www.stage.gov/secretary/rm /2003.

③ Irwin Arieff, "U.N.Security Council Lifts Sanctions on Libya", *Washington Post*, September 12, 2003.

④ Ronald Bruce St John, "Libya is not Iraq: Preemptive Strikes, WMD and Diplomacy", *Middle East Journal*, Summer 2004, p.397.

开启了加入国际社会的进程。"①

五、伊拉克战争与卡扎菲思想的转变

　　伊拉克战争以后,面对复杂多变的国际形势和美国日益强硬的外交政策,卡扎菲思想开始由以前挑战现存秩序到逐步认同现存秩序的转变。2003 年利比亚政府宣布对"洛克比空难"负责,并承诺向遇难者家属提供巨额赔偿。随后,安理会通过决议,解除对利比亚的制裁。同年 12 月,利比亚宣布放弃大规模杀伤性武器研制计划。2004 年 3 月,利比亚签署了《不扩散核武器条约》附加议定书,并加入了《禁止化学武器公约》,在国际社会引起了强烈反响,受到广泛好评。2004 年 4 月,卡扎菲访问欧洲,为彻底结束孤立局面、重返国际社会迈出了重要一步。与此同时,美国宣布放宽对利比亚长达 18 年的经济制裁,包括终止执行《达马托法》的有关条款,从而使两国关系逐步向正常化迈进。随着利比亚和西方关系的改善,利比亚重新进入了国际政治舞台。

　　卡扎菲思想转型的原因有三:

　　第一,担心成为继伊拉克之后美国的下一个打击对象。伊拉克的战败与萨达姆的被擒使卡扎菲意识到自己微弱的国力尚不足以充当国际关系中领衔者的角色。

　　第二,阿拉伯国家在伊拉克战争中的冷漠态度使卡扎菲感到了孤立。早在 1992 年,利比亚遭受国际社会制裁时,卡扎菲本想得到阿拉伯兄弟的慷慨支持,但阿拉伯世界的中立态度,使得卡扎菲的对外交往原则发生变化。② 伊拉克战争中,阿拉伯世界在对待伊拉克的态度上显得较为低调,它们一方面拒绝或有条件地向美国提供支持;另一方面,尽可能置身事外,避免触怒美国。这一事实表明阿拉伯世界内部的重重矛盾和面对危机时的无奈。

　　第三,卡扎菲自从执政以来国内外树敌颇多。在国内,针对军人、商人和社

① The White House,President George W.Bush,"Libya Pledges to dismantle WMD Programs",December 19,2003,http://www.whitehouse.gov.

② Dirk Vandewalle, *A History of Modern Libya*,Cambridge University Press,2006,p.139.

会其他阶层开展的清洗运动,使越来越多的利比亚人成为卡扎菲的反对派。在国外,卡扎菲支持恐怖主义,被西方称为"恐怖公司"的老板,遭受西方和国际社会的制裁。

最后,经过国际社会多年的制裁,利比亚国内石油收入锐减,经济萧条,对外资吸纳能力不足。利比亚的原油储量有 360 亿桶,但仅有 25% 左右的储量得到开采。1970 年,利比亚原油日产量最高达到 330 万桶,而在 2000 年日产量为 140.8 万桶。制裁使利比亚石油收入损失惨重。1992 年 4 月到 1999 年 4 月的七年制裁中,利比亚经济仅增长了 0.8%,国家人均 GDP 从 7311 美元降到 5896 美元。① 利比亚国民收入 95% 依靠石油出口,制裁使得收入锐减,不得不大规模削减军费。因此,唯有守势才会使利比亚免于陷入孤立境地。

伊拉克战争后,利比亚和西方的关系迅速升温。经过多年的外交冷淡后,卡扎菲与西方各国恢复外交关系,实行全方位外交,主要表现为:

首先,伊拉克战争以后,卡扎菲一改昔日强硬作风,做出向美国和西方妥协的姿态。

1999 年,美国和利比亚政府开始秘密谈判。2003 年 8 月,卡扎菲政权同意支付 27 亿美元作为对洛克比空难受害者家属的赔偿。② 在过去的几年里,卡扎菲力图以国际政治家的角色进入国际社会,同时将注意力从中东转向非洲。卡扎菲已经在构筑与非洲各国政府的关系,并在促进泛非合作方面取得了巨大的成就。洛克比空难态度上的改变加速利比亚与国际社会的整体交往和互动。利比亚在洛克比空难中提供的诱人的赔偿条件也鼓励美国去解除制裁。联合国提出解除制裁后,每个遇难者家庭获得 400 万美元。在联合国解除制裁后,利比亚支付另外的 400 万美元。利比亚还诱惑性的提出如果利比亚被排除出恐怖主义名单之外后,再支付 200 万美元。③ 2003 年 12 月 20 日,卡扎菲宣布放弃大规模杀伤性武器。布什政府随之解除禁止美国公民到利比亚旅游的禁令。2004 年 3 月,利比亚签署了《不扩散核武器条约》附加议定书,并加入了《禁止化学武器公约》。这一系列行动在国际社会引起了强烈反响,受到广泛好评。美国前国务

---

① O'Sullivan, *Shrewd Sanctiona: Statecraft and State Sponsors of Terrorism*, Brookings Institution Press, 2003, p.199.

② Larry Luxner, "Libya: Game on", *The Middle East*, October 2004, p.36.

③ Neil Ford, "Libya Edges Back into the Fold", *The Middle East*, October 2003, p.48.

卿鲍威尔说:"我意识到我们的关系应该往前走,我们接受利比亚返回国际社会符合我们的利益。"①

其次,与英国改善关系。

英国在 1999 年就开始与利比亚改善关系,当时虽然制裁问题悬而未决,但利比亚政府交出洛克比空难的两名嫌疑犯。2002 年,英国外交部长麦克·伯利访问利比亚,他成为 19 年来第一位访问利比亚的外长。他说:"我们可能通过鼓励而不是孤立利比亚才能实现我们的目的,利比亚人知道成为国际社会的一员符合其国家的长期利益。"②2004 年 3 月,英国首相布莱尔到的黎波里与卡扎菲会谈。4 月,卡扎菲访问欧洲,为利比亚彻底结束孤立局面、重返国际社会迈出了重要一步。

再次,美国与利比亚实现正常化。

美国宣布放宽对利比亚长达 18 年的经济制裁,包括终止执行《达马托法》的有关条款,从而使两国关系逐步向实现正常化迈进。美国刚开始在认同利比亚的变化方面较为低调,但是,利比亚同其他国家改善关系,最终使美国也加入接纳利比亚回归国际社会的行列。2004 年 6 月初,美国贸易代表团访问的黎波里,美国商业助理威廉姆·兰斯宣布第一批货物已经到达美国。兰斯证实利比亚正在考虑从美国波音公司购买飞机。美国表扬利比亚是西方官员"杰出的合作者",并宣布这种"突破性合作"使世界成为和平家园。白宫发言人说:"通过这次行动,利比亚为其他国家确立了一个标准,我们希望其他国家都能够效仿。"③美国声明不再反对利比亚加入世界贸易组织,美国石油公司可以重新赴利比亚投资。美国前国务卿鲍威尔说:"我意识到我们的关系应该往前走,我们接受利比亚返回国际社会符合我们的利益。"④

最后,利比亚与前殖民统治者意大利的关系也得到了加强。

意大利总理布卢斯科尼(Berlusconi)是第一个与卡扎菲举行会谈的西方领导人。两国领导人谈论了制止跨地中海非法移民问题。意大利向利比亚承诺,一旦西方的制裁解除,意大利将向利比亚提供侦察偷渡人员所需要的夜晚护目

---

① 　Larry Luxner,"Libya:Game on",*The Middle East*,October 2004,p.40.

② 　Neil Ford,"Libya Edges Back into the Fold",*The Middle East*,October 2003,p.47.

③ 　Neil Ford,"Libya and now for the Oil",*The Middle East*,August/September 2004,p.40.

④ 　Larry Luxner,"Libya:Game on",*The Middle East*,October 2004,p.40.

镜和其他设备,以利于边界和沿海巡逻。布卢斯科尼甚至提出意大利军队可以驻扎在利比亚领土。意大利的石油公司已经蠢蠢欲动,准备在利比亚大干一场。利比亚成为意大利石油的最大供给国。

利比亚长期受美国和联合国的制裁,经济损失惨重。由于外资来源枯竭,作为利比亚唯一经济支柱的石油工业一落千丈,原油产量从 20 世纪 70 年代日产330 万桶降到现在日产量 130 万桶,通货膨胀率高达 30%。① 人民福利和生活水平直线下降,社会矛盾和危机趋于激化。

伊拉克战争以后,利比亚政府欢迎外资进入,渴望吸引更多的外国公司来开发本国丰富的石油天然气能源。卡扎菲曾在 2003 年 6 月份的一次讲话中表示,将对利比亚的国有经济进行根本性的改革。从 2004 年起,利比亚对约 360 家国有企业实行所有制改革。据透露,50 多家石油化工、钢铁、化肥、农业等领域的价值数十亿美元的大型国有公司将允许外资直接进入。利比亚尤其欢迎外资进入石油领域,因为这一领域,需要大量的资金和外国公司的先进经验。利比亚政府已列出 361 家改制企业的名单,他们的所有制改革进程将从 2004 年 1 月份开始,分三个阶段在一年内完成。其中 241 家小型企业将拍卖给本企业职工,其余中型企业则采取公开拍卖,至于大型企业,则在最后阶段由外资收购。据称,这一举措旨在降低政府直接参与经营活动的程度,最大限度发挥私营部门的作用。这是自 1969 年卡扎菲当政以来,利比亚首次允许外国资本直接进入利比亚的国有企业。

卡扎菲吸引外国投资主要基于以下考量:

首先,外国公司投资的缺乏、石油收入的低下结果导致公共部门费用的锐减和薪水的停滞不前。

石油经济收入在利比亚总体收入中的比重日益降低。石油收入由 20 世纪90 年代初的 70%降到了现在的 30%。② 尽管经济出现了多元化的迹象,但是大多数经济都是与石油相关的工业。最近几年,利比亚对天然气部门的兴趣又开始关注起来。利比亚是世界上液化天然气出口的第二个国家,但是天然气的发展却由于关注石油而被忽视了。目前,欧洲日益关注于天然气能源制造和欧盟

---

① 尹承德:《卡扎菲"变脸"的前因后果》,《领导科学》2004 年第 7 期,第 45 页。

② Neil Ford,"Libya Edges Back into the Fold",*The Middle East*,October 2003,p.50.

天然气和能源市场的自由化。利比亚和西方关系的增强后,利比亚政府渴望吸引更多的外国公司来开发本国石油天然气能源。

其次,经济模式的转型也为利比亚吸引外资提供了制度保证。

伊拉克战争后,利比亚的经济模式发生了转型。在意识形态领域,反对外国公司财产拥有权观点已经被放弃。卡扎菲在讲话中不止一次的说过,他打算向外国投资者开放经济,甚至谈到石油和天然气财产私有化问题。

尽管制裁的解除不可能在短期内促进经济的繁荣,但是从长远目光来看,它却会带来石油和天然气部门的高速增加。除了上游碳氢化合物产业,其他产业也能也能吸引外国公司的注意力。政府减少繁文缛节的审批手续也释放了投资的潜能。私人公司已经在一些领域涉足,如水利部门。

利比亚总理巴格达迪·马哈茂迪在2010年3月2日的利比亚总人民大会上宣布,总人民大会颁布一系列新的经济法律,有助于实现利比亚经济的实质性转变,预计利比亚的经济发展,将出现有序的、实质性的变化。此次大会根据基层人民代表大会意见,对2009年制定的《税收法》、《海关法》、《劳动关系法》、《鼓励投资法》和《金融市场法》等法律进行了审核。他说:"这些法律在各个层面为利比亚从事经营的个体、家庭、公司或股份公司提供了便利和机会,使得他们的经济活动更加自由。"①上述措施将从法制角度,为利比亚经济发展提供制度保障。

再次,与美国和西方关系的改善促进外国投资的基础环境。

2004年3月份,英德壳牌石油公司和利比亚国有石油公司签署了合同,后者控制了利比亚石油产量的50%以上。7月初,美国公司和利比亚宣布实行第一宗石油交易。除了美国公司以外,意大利、西班牙和澳大利亚公司在利比亚积极活动。利比亚的天然气开发前景潜力巨大。目前45亿美元的利比亚天然气项目工程已经启动,天然气将出口到意大利然后经过管道通往法国。发展计划目前已经处于开发之中,2004年第一批运送已经开始。2004年初,美国授权公司可以到利比亚进行投资。随后,美国商业代表团15人到利比亚访问。一位前美国驻土耳其大使马克·R.帕里斯在7月30日到8月2日访问利比亚期间说:

---

①　"利比亚总理巴格达迪宣布新法律,将改变利比亚经济形势",2010-03-08,文章来源:《乌雅报》http://www.mofcom.gov.cn/aarticle/i/jyjl/k/201003/20100306809231.html。

"管理国家的许多人都受过美国教育,他们说美国口音的英语。很明显,他们很乐意与美国人重新打交道。他们很想恢复利比亚与美国的石油联系和商业贸易。"①

最后,增加旅游收入也是卡扎菲政府吸引外资的考虑之一。

利比亚旅游业也有很大的潜能,国家的气候全年较为温暖,是许多欧洲人向往之地。越来越多的国际公司都对利比亚投资兴浓,一些美国公司也开始随着美利关系的正常化而进入利比亚投资。2003 年国际社会组成一个赴利比亚的旅游团,这次旅行是由非洲合作委员会发起的。这是一个非营利的贸易社团,美国的一些中小型企业也加入了。帕里斯就任非洲合作委员会的主席,他谈到自己对利比亚的感受时说,自己并不感觉是在一个被外界所称的"警察国家"。他说:"我从来没有感觉到压抑,我曾经住在苏联,因此我知道压抑的感受。的黎波里是紧靠地中海岸边的一个阳光明媚地方,拥有美丽的河滩。"②

在意识形态领域,国有化以及反对外国公司来利比亚投资的想法已经被彻底放弃。2003 年,卡扎菲面对传统伊斯兰社会主义的原则,做出了重大的改变。他宣布公有化失败了,利比亚应该坚持私有化。

第一,全面推进经济改革进程。

卡扎菲在 20 世纪 90 年代就启动了经济改革,后因洛克比事件招致联合国和美国的制裁而被迫停止。伊拉克战争以后,卡扎菲灵活务实的外交风格使西方国家对利比亚的封锁政策有所松动。卡扎菲宣布要推进全面经济改革,将国家整合进入世界经济轨道。对内建立证券交易所,发展货币市场,减少开支,以及私有化等。在 2000—2005 年的计划中,国家拨出 350 亿美元作为投资项目,来改善利比亚基础建设,为投资创造良好的社会环境和发展空间。③ 对外,卡扎菲纠正了"国有化"过程中极"左"的措施,采取渐进的开放政策,并申请加入世贸组织。这一做法已见成效,美国两大石油公司——"绿洲公司"和"西方公司"已获得美国国务院的许可,准备进军利比亚。

第二,推进国营企业股份化、私有化政策。

为摆脱困境,发展国民经济,提高人民生活水平,利比亚于上世纪 90 年代相继出台的系列经济改革措施中就有国营企业股份化、私有化政策。2003 年 6

① Larry Luxner,"Libya:Game on",*The Middle East*,October 2004,p.37.
② Larry Luxner,"Libya:Game on",*The Middle East*,October 2004,p.37.
③ Neil Ford,"Libya:Diversifying Success",*The Middle East*,May 2003,p.50.

月,卡扎菲在利比亚总人民大会议上提出当前经济改革的目标和政府工作的首要任务是实行私有化。他还鼓励外商来利比亚兴建合资企业或独资企业,并指示对利比亚的石油、银行、机场和国有公司进行股份化改造。2003 年 9 月,总理加尼姆表示利比亚将向外国公司开放,特别是石油领域。当月,利比亚通过了给民营企业提供贷款、免除税收、支持国营企业民营化等方面的 19 项决定,如降低对转型企业进口生产必需品的进口关税和免除部分出口型公司产品出口关税、原材料进口和配件进口关税;降低生产税,提高进口产品消费税以支持国内生产,提高国内企业参与竞争的能力。企业可根据生产成本和适当的利润比例,对产品进行自主定价和自主销售;企业转型后,各伙伴之间的关系将按其基本章程规定,组建董事会,按企业管理制度管理和经营。

2003 年 11 月 23 日,利比亚正式宣布国有企业股份制改革计划:

(1)对除石油企业外的 361 家国有企业(占国有企业总数的一半以上)进行股份制改革或变卖,将其中 261 家企业变为私营企业。

(2)利比亚公民和外商享有同等权利,可以以投资形式入股、以买断或其他方式参与投资合作。对于这些转型的股份制合作企业或私人独资企业,利比亚政府将给予 5 年免税的优惠待遇,使企业与政府脱钩,成为自主经营、自负盈亏的经济实体。

利比亚在国有企业进行大规模股份制改革计划,其目的是通过扩大产权基础、吸引外资参股经营,盘活这些国营企业,建立多种所有制成分并存的经济发展模式,建立现代企业制度,发展国民经济和提高人民生活水平。利比亚还决定在 2004 年 1 月 1 日至 2008 年 12 月 31 日期间,对包括钢铁、石化、纺织、交通、国营农场及其他公共服务领域的 361 家国有企业分三个阶段进行股份制改革。

尽管利比亚政府决心对本国经济进行改革,并宣布了一系列关于私有制改革的计划和决定,但是实际过程却相对缓慢。直到 2005 年,利比亚国有企业私有化的进程才有所加快,政府对处于私有化、股份化名录中的项目才开始进行审批并对外招商。

2006 年 3 月,利比亚经贸与投资部长塔伊布·萨菲在上任后的第一次记者招待会上表示,利比亚将通过建立股票、证券市场继续执行公有部门的私有化进程。利比亚农工商总会主席也表示,利比亚的经济体制不是建立在公有制部门的基础上的,而是建立在个人自由从事经济活动和自由支配个人资金的基础上的。但私有化对利比亚人来说还是一个新东西,需要进一步强调扩大金融市场的必要性和加大对项目投资益处的宣传。

第三,改革派成为利比亚政治结构的主力。

伊拉克战争以后,卡扎菲实行开放的经济发展模式得到民众的认同。2003年,卡扎菲对阿拉伯社会主义的原则做出了重大改变,他宣布公有部门失败了,继续坚持国家石油财产的私有化。① 这实际上违背其阿拉伯社会主义的原则。为了加速和驱动私有化项目,2003年6月,总理穆巴拉克·阿卜杜拉·萨米赫被前经济和贸易部长舒卡里·穆罕默德·加尼姆替换。后者说:"利比亚的经济模式已经改变——这也是我为什么能在这里任职的原因。我们正努力使私营部门参与经济。"其他部长基本也持这种看法。外交部长阿卜杜勒·拉赫曼·萨卡姆认为:"公有部门已经完成了其建立工业、房地产业和电力企业的使命。但是,官僚机构和劳动力的过分膨胀要求我们重新考虑私有化的好处。"②

2003年6月起任总理的加尼姆曾在美国获得经济学博士学位,是一位石油领域专家。加尼姆一直被认为是改革派的领军人物,也是力主利比亚重返国际社会的主要倡导者之一。2003年9月,联合国在解除对利比亚制裁后,正是在加尼姆的积极推动下,利比亚迅速扩大了对石油领域的投入,进行了几轮石油区块招标,西方跨国公司纷纷重返利比亚。

加尼姆既深得利比亚领导人卡扎菲的信任,也得到了国外企业的信任。当政期间,加尼姆出台了一系列加快改革、扩大开放的政策,包括实行国企私有化改革、免除进口商品关税、开放投资领域、改革国家补贴制度等等。改革给利比亚的社会面貌带来了新变化。虽然多数利比亚百姓抱怨改革步伐还比较缓慢,但对改革带来的初步成效颇感满意。

2006年3月,利比亚最高权力机构总人民大会高层变动。2006年3月5日晚,总人民大会决定,总人民委员会秘书舒克里·加尼姆改任利比亚国家石油公司主席,助理秘书巴格达迪·马哈姆迪为利比亚政府新任总理。此次加尼姆出任国家石油公司一职,意味着利比亚国家石油公司的决策授权将进一步扩大。同时,利比亚开放和改革还将继续下去。这与卡扎菲对西方立场的转变有很大

---

① Neil Ford,"Libya and now for the Oil",*The Middle East*,August/September 2004,pp.40-42.

② Neil Ford,"Libya Edges Back into the Fold",*The Middle East*,October 2003,p.49.

关系。2006年初,卡扎菲提出,不要害怕外资进入,"因为欧洲已经成为我们的朋友"。同样,西方国家对利比亚施加的政治和经济压力,也会使利比亚改革开放之路继续走下去。

第四,融入经济全球化大潮的理念,但对美国的价值观仍然排斥。

自2003年9月解除制裁以来,利比亚的石油收入大幅增加,带动了国家的经济发展。特别是在2004年和2005年,利比亚加快了融入国际社会的步伐。利比亚政府取消除烟草和汽车等奢侈商品外其他商品的进口关税,放开私人经商的领域。2005年,利比亚有了第一家外资银行和第一家大型仓储式超市。超市里的商品大都来自欧盟国家。随着利比亚与美国和欧盟关系的改善,在利比亚的西方人也越来越多,目前仅欧盟国家在利比亚工作的专家就有两万多人。人们在的黎波里街头再也感受不到受制裁期间的萧条。在利比亚近600万人口中,手机用户已达120万。但2001年时的用户还很少,当时在利比亚买一张手机卡要花800美元。现在利比亚与中国的中兴、华为等公司合作,如今只要几十美元就可以买上一张。

利比亚人对国内的改革普遍持支持的态度,但对利美关系的改善却有自己的看法。利比亚外长说,利美双方彼此需要,美国需要石油,利比亚需要美国公司的技术与设备,以提高石油产量,这一点双方都心知肚明。

很多利比亚普通百姓也有同感,认为利美双方在互不信任中相互利用。利比亚民众还对当年美国飞机轰炸利比亚和受制裁的艰难岁月记忆犹新,对美国当年的做法义愤填膺。利比亚民众对美国的价值观更是不屑一顾。的黎波里这个与欧洲隔地中海相望的大城市,似乎没有多少"西方的味道"。

六、卡扎菲政权垮台的历史教训

2010年12月,肇始于突尼斯的"茉莉花革命"和埃及的"街头革命"引起中东北非重大的政治动荡,而利比亚的政治危机更为严重。由于以法国为首的北约的干预,利比亚政治危机发展成为国际社会十分关注的利比亚战争,直至卡扎菲政权被推翻,他本人也死于非命,宣告了卡扎菲思想及其实践的结束。学术界公认的中东政治危机的原因包括以下几点:一是经济发展和经济危机;二是统治者合法性的衰落和政绩的困局；三是伊斯兰激进力量的推动；四是外部力量的干预。但具体到利比亚情况则不一样，如果说，突尼斯和埃及的政治危机是政治体系治理危机等内因造成的，利比亚的政治危机则更多的是外因，即埃及和突尼斯的"示范效应"而引发的利比亚政治现代化进程中不同政治力量博弈的历史延续，这也反映了卡扎菲强人政治从"魅力型统治"到"魅力平凡化"的历史流变和政治合法性的兴衰历程。

卡扎菲通过构建"世界第三理论"和《绿皮书》所规定的指导原则，以及民众革命、社会主义、对抗西方国家等实践行为，构建了自己的魅力型统治。但是随着社会的变迁和全球化大潮的冲击，完全凭铁腕和魅力赢得民众认同，推进政治变革，寻求制度合法性，显得日益艰难。卡扎菲统治利比亚40多年，政治动员缺乏国民士气和公共精神所需求的能量，笼罩在这里的景象，不是政治的发展，而是它的衰朽。卡扎菲强人政治的魅力已今非昔比，也就是韦伯所说的"魅力平凡化"。

第一，从民众革命到威权政治。

从理论层面来说，卡扎菲所强调的民众革命有其合理性，也颇具吸引力。但利比亚的权力体系具有二元结构的特点，即民众形式上通过人民大会、人民委员会以及各级人民大会直接行使权力，但卡扎菲通过革命委员会掌握实际权力，形成威权政治。20世纪70年代以来，利比亚的现代化发展主要是在卡扎菲的"伊斯兰社会主义"思想指导下进行的，这种发展模式首先是要在意识形态上对利比亚社会实施自上而下的彻底改造，卡扎菲"民众革命"的实践，表面上是将民众的利益置于至高无上的地位，但带有明显的"乌托邦"和"理想化"色彩。利比亚更多的是靠在政治上对领导者个人魅力的大力宣传，但缺乏有效的制度性的保障。同时，利比亚现代化发展的各种举措又被完全置于政治需要和政治考量的前提之下，目的在于无条件地树立和确保卡扎菲个人的绝对权威，并由卡扎菲人为地来设定利比亚的发展方向。从本质上看，利比亚现代化发展动力并未超越传统威权主义的范畴。因此，昔日与卡扎菲称兄道弟的革命志士之所以"反水"，很大程度是不满卡扎菲垄断权力，或者自己的权力欲没有得到满足。因此，这次利比亚政治危机从本质上仍是卡扎菲利益集团内部政治斗争的延伸，再加上外部力量（特别是北约）的干预，从而使危机扩大化，发展成为利比亚战争。

第二，从民族主义到部族政治。

与其他国家政治危机不同的是，部族因素成为利比亚政治危机中极为活跃的因素。在中东地区,强大的部族势力通常都认为,民族国家的建立将使他们的权益受到威胁,因此普遍会要求新建立的国家应以部族势力占主导地位。关于建立民族国家或建立部族国家的两种倾向的冲突,是利比亚独立后一直面临的一个重要问题。冷战结束后,卡扎菲思想在利比亚政治实践中发生的一个明显变化就是强化了对部族主义的依赖。如新建立的革命委员会领导人主要从卡扎法等部族中任命,部族领地扩展到包括所有的昔兰尼加地区。卡扎菲革命民族主义的思想理念中是反对部族主义的,建立民族国家与排斥部族国家是卡扎菲执政后构建革命民族主义合法性的一个主要方面。卡扎菲求助于部族主义,依靠强力来维持自己的统治的这种做法在暂时巩固政权的同时,也使其政治体系具有部族政治的特征,这对于现代政治模式来说是一种历史的倒退。更重要的是,卡扎菲重用个别部族成员参与政治,疏远了那些没有得到重用的部族。卡扎菲任用部族的不同态度造成部族对待卡扎菲政权的亲疏离散,导致部族中形成了许多反对派,这也为政治分裂危机打下基础,从而也使卡扎菲的"魅力型统治""黯然失色"。

第三,反西方情结引来祸水。

卡扎菲与美国对抗,以及随后遭受联合国制裁,国家陷入贫困,追随者在思想利益与物质利益方面获得的质量与数量日益减少。国民富裕,统治者就是成功的,如果国民贫困,统治者的情况就是令人遗憾的。也就是说,国家的凝聚力和国民的忠诚取决于国家保证个人福祉的能力,对公民来说,热爱祖国是由于得到好处的结果。因此,魅力统治不是纯粹的理性概念,它是实际存在的物质实体。

尽管伊拉克战争后,卡扎菲放弃大规模杀伤性武器、承担洛克比空难家属赔偿费用以及与欧美国家建交,但其统治所依靠的意识形态中,革命民族主义的反西方情结并没有动摇。伊拉克战争后,卡扎菲在一年一度的九月革命纪念日上,仍将反西方作为赢取民众支持的革命民族主义话语,历数西方国家对利比亚的殖民伤害成为卡扎菲获得政治合法性的程序性演讲内容。在 2009 年 9 月的第64 届联大会议中,卡扎菲做了长达 75 分钟的长篇发言,抨击西方实行种族主义和恐怖主义。这也是以法国为首的北约支持反对派,打击卡扎菲的深层历史原因。

第四,接班人问题与家族政治。

民众陶醉于现任统治者的魅力并不等于认同其世袭制,也就是说民众认同于统治者的魅力并不等于承认其子孙后代的魅力。一旦有魅力的统治者显示出将统治权力让渡给自己后代时，其魅力会在民众中大打折扣，转入平凡统治的模式。卡扎菲虽号称"人民领袖"，自身也算廉洁，但在权力、利益分配等关键问题上仍难脱"家族政治"窠臼。据报道，卡扎菲的八子一女分别涉足石油、燃气、酒店、媒体、流通、通信、基础设施等产业，基本控制了国家的经济命脉。其长子穆罕默德掌控通讯部门；次子赛义夫（被视为卡扎菲继承人）负责卡扎菲发展基金会；三子萨阿迪担任特种部队司令；四子穆阿塔希姆担任国家安全顾问；六子哈米斯担任精锐的第 32 旅旅长。这种家族、部族统治治理方式和接班人问题，减少了民众对其统治权力的认同。

第五，利比亚碎片化的地缘结构也会导致魅力平凡化。

利比亚处于阿拉伯半岛、非洲与地中海三大世界的边缘区域，这一独特的地理位置对其核心领域的历史发展产生了重要影响。利比亚的历史—社会—文化秩序具有自己独有的特征，那就是碎裂化的地缘格局。这里有柏柏尔人和阿拉伯人，有部族原始宗教信仰、图腾崇拜和伊斯兰教的冲突。天然不可征服的海洋与陆地屏障，再加上东南与西南部广阔的沙漠，利比亚早期的地理范围包括三个区域，东部的昔兰尼加，西部的的黎波里塔尼亚以及西南部的费赞。从历史脉络演变来看，昔兰尼加倾向于同马什里克（Mashriq）或伊斯兰世界东部看齐，而的黎波里塔尼亚则认同马格里布与伊斯兰世界西部。由于利比亚南部延伸到撒哈拉沙漠深处，与非洲邻国具有相似的社会经济特征，费赞自然就同南面的非洲中西部国家交往甚密。这种根深蒂固的多种政治认同羽影日益浮现，政治权力结构沿着种族、教派界限出现断裂的可能性增大。利比亚危机始于班加西并不是偶然的，而是有一定的历史背景。东部地区和班加西的部族在很大程度上是自治的。

第六，民族与国家的悖论。

利比亚"魅力型统治"具有非常强烈的政治目的，即政治权力（国家）的诉求，是一种以民族意识为基础的政治纲领或理想。在理论上，卡扎菲的革命民族主义意识形态把"民族"和"国家"结合成一体。但在现实操作中，民族主义与国家权力却不是重合的，这也是卡扎菲泛阿拉伯主义联合行动失败的根本原因。每当利比亚与其他国家进行联合时，后者首先想到的是自己的、现实的、具体的"国家"，而卡扎菲那种想象的、抽象的"民族国家"则是民众与政治精英脑海中一种虚幻的想象。卡扎菲推动联合计划的激进做法,得罪了许多阿拉伯兄弟,如鼓吹推翻阿拉伯君主制,支持摩洛哥军官推翻国王,在阿拉伯峰会上用手枪逼约旦国王侯赛因退位,在阿盟峰会上与沙特国王阿卜杜拉恶言相向。阿盟本身就积聚了阿拉伯世界的各种复杂矛盾,而卡扎菲本人更是各种矛盾的集合体。在阿盟峰会中,卡扎菲与别国领导人吵架的新闻总是见诸报端。因此,阿盟一直对卡扎菲政权心存不满,从而投票赞成联合国在利比亚设置禁飞区。

总之,地缘分裂决定了利比亚民族国家构建的不稳定,革命民族主义的意识形态注定利比亚难以与西方国家从内心深处握手言和,而部族政治则使得卡扎菲政权仅能得到少数部族的支持,这也为政治分裂危机打下基础,从而也使卡扎菲的"魅力型统治""黯然失色"。而卡扎菲能够支撑数十年统治的根本原因在于其统治方式的不断变换。因此,这次利比亚政治危机是北非政治危机"滚雪球效应"引发的利比亚国内政治斗争的扩大化,外来力量的加入以及北约国家的干预直接放大了这种效应。这也反映了利比亚现代化中威权政治的衰朽,卡扎菲强人政治"魅力平凡化"的历程。

第七章　哈桑·图拉比与苏丹的
"伊斯兰试验"

　　哈桑·图拉比被称为"非洲霍梅尼",作为 20 世纪 90 年代苏丹最具影响力的宗教政治思想家,其思想受到哈桑·班纳、赛义德·库特卜的影响。哈桑·图拉比主张与时俱进,改革宗教,实行政教合一,建立伊斯兰国家,并将圣战思想引入苏丹内战中。同时,图拉比强调"伊斯兰的温和与宽容",但坚持"伊斯兰是唯一的现代性","没有伊斯兰,苏丹就没有认同、没有方向"。哈桑·图拉比认为他领导的伊斯兰复兴运动是"建立在人民价值观基础之上,由知识分子引导,动用宗教资源促进不发达国家发展的新尝试"。图拉比注重苏丹伊斯兰经验的独特性和完美性。但总的来说,图拉比是一个充满矛盾的宗教政治人士,在思想上是一个理想主义者,在实践上是一个现实主义者。他主张社会先于国家,强调建立一个和谐的伊斯兰社会,但没有国家统一,又何来社会安定与和谐。他主张伊斯兰教的普世主义,强调伊斯兰的世界新秩序,却又提不出合理秩序的规则与可行性,总是试图聚合世界各国非主流的政治反对派,使自身陷于孤立境地。他倡导宗教对话,主张宗教宽容,但又摆脱不了排斥异域文化的局限。在纷乱复杂的苏丹,图拉比的思想及其伊斯兰试验最终成了政治斗争的牺牲品。

一、哈桑·图拉比的政治生平及其思想渊源

　　20 世纪 70 年代,中东地区的伊斯兰复兴运动再度兴起,90 年代初,这一浪潮从东向西移至北非马格里布地区。位于非洲北部的苏丹也因两度官方伊斯兰化引起世人关注。其中,以哈桑·图拉比为代表、受过良好教育的知识分子成为

苏丹伊斯兰复兴运动的主体力量,其领导的宗教政党与国家政权的有效联盟开创了战后中东国家发展道路的新尝试,被称之为"伊斯兰试验"。但这一"试验"却两次成为权力斗争的牺牲品,曾荣耀之极的"非洲霍梅尼"也最终沦为权力边缘的政治反对派领导人。鉴于此,本章将对哈桑·图拉比的宗教政治思想和苏丹的伊斯兰化进行考察,以期为复杂多变的苏丹政治演变理出一条思路。

1.哈桑·图拉比的政治生平

1932 年,哈桑·图拉比出生在苏丹卡萨拉省(Kassala)的一个保守家庭,其父是一位宗教法官,精通伊斯兰教法,曾要求图拉比在普通中小学学习外,还要到宗教学校学习传统律法。1951 年,图拉比进入喀土穆大学学习,1955 年毕业后赴伦敦大学学习法律,并获得法学硕士学位。在英国期间,图拉比极其关心国际政治,尤其是中东事务,他曾参加抗议英、法、以三国入侵埃及的游行示威,支持巴勒斯坦事业。图拉比的伊斯兰倾向和聪明才干使他很快崭露头角,成为英国的苏丹学生会秘书长。随后,图拉比回到喀土穆大学,在法律系担任助理讲师。不久,他再次前往西方国家,在法国的索邦继续学业,获法学博士学位。在法国学习期间,图拉比对西方文化的认识进一步扩大,在那段时间,他第一次访问美国,并在美国的许多伊斯兰研究中心发表演讲。在法国结束学业后,图拉比再次返回喀土穆大学,被任命为法学院院长,也是埃及穆斯林兄弟会在苏丹分会的秘书长。图拉比认为,沙里亚法是伊斯兰教的本质,"它不仅意味着法律,也是一种生活方式","你离真主越近,你就会越文明",因此沙里亚法应该成为苏丹政权的本质。

1965 年,图拉比退出学术界进入政治圈,他涉足政界的原因在于当时苏丹经济形势恶化,政治危机接踵而来,南部骚乱升级,中央政府与南方不满势力冲突加剧。而喀土穆大学一直是反政府活动的中心,政府安全部队和反政府势力之间的冲突在 1964 年达到高峰,最终导致了叛乱的扩散,军政府垮台,民选政府的选举将于 1965 年举行。

作为一个政治活动家,图拉比的政治生命肇始于 1964 年革命。1964 年,伊斯兰宪章阵线(Islamic Charter Front)成立,图拉比当选为阵线秘书长。该组织主要是由穆斯林兄弟会和喀土穆大学的毕业生组成,图拉比为其提供知识和法律基础。图拉比一直强调苏丹的独特性,希望摆脱埃及穆斯林兄弟会的影响,因此提出伊斯兰运动应当履行国际义务,同时也应具有相对的领土独立性。他认为人民应当由有知识的人领导,为保持伊斯兰运动的知识分子特征和高水平,伊斯兰宪章阵线成立初期主要局限在高校的毕业生,因为他认为这些毕业生大多数将成为政府官僚,如果伊斯兰宪章阵线能够成功渗透,这些人都可以为其所用。另外,伊斯兰宪章阵线拉拢的人群还包括对年轻人有着较强影响力的中学教师和军校的年轻学生。① 伊斯兰宪章阵线的出现刚开始只是一个规模不大却较有影响的政治运动,但很快成为乌玛党(Umma Party)和民主联合党(Democratic Unionist Party)的重要竞争对手。

随后,图拉比与维萨勒·阿里·迈哈迪结婚,她是苏丹安萨派领袖、马赫迪家族的显赫人物萨迪赫·阿里·迈哈迪的妹妹。当时许多政治观察家认为,这桩婚姻是苏丹穆斯林兄弟会和安萨派马赫迪家族的一次没有宣布的结盟。

1964 年到 1969 年,苏丹的伊斯兰运动看起来更像一个压力集团,他们主张法治,积极呼吁伊斯兰宪法的实施。这一观点受到安萨派和卡米叶(Khatmiyyah)宗教组织部分政治家的支持。1969 年,就在议会即将通过宪法草案的时候,尼迈里上校发动政变,接管政权。此时的图拉比也正遭到伊斯兰宪章阵线内部保守派的攻击,他们指责图拉比使伊斯兰运动脱离了传统穆斯林兄弟会的正常路线,力图将其从领导地位上拉下来。尼迈里上台后,下令停止所有的政党活动,图拉比成为第一批被投入监狱的政治领袖,伊斯兰阵线的内部争吵也暂时得以冻结。此后,图拉比在狱中度过了近七年的时间,他利用这段时间在狱中学习语言和宗教。而在狱外,伊斯兰宪章阵线与安萨派和卡米叶集团结成联盟,抵制政府。1977 年,尼迈里与萨迪赫·阿里·迈哈迪领导的政党联盟达成和解协议。图拉比随后获释,并成为苏丹社会主义联盟(Sudanese Socialist Union)(当时苏丹唯一合法政党)领导委员会成员,1979—1983 年担任司法部长,1983—1985 年担任总统外交事务顾问,图拉比的政治事业蒸蒸日上。

1977—1985 年期间,政治和解协议的达成,成为苏丹各大党派加强实力的良好时机。各党派纷纷巩固自身的政治地位,忙于政府职务的争夺。而当他们意识到尼迈里不可能真正满足其愿望时,他们已开始被排除在和解协议之外。正是在这个时期,图拉比开始将苏丹的伊斯兰运动引向另一个方向,从一个压力

---

① J. Millard Burr and Robert O. Collins, *Revolutionary Sudan: Hasan al-Turabi and the Islamist State,1989-2000*, Brill Academic Publishers,2003,pp.6-7.

集团向一股重要的政治力量转化。与其他党派不同,图拉比并没有全力去争夺权力,而是强调运动的组织方式。他主张将运动扩展到经济领域,加强财政实力,并在文化上成立伊斯兰宣传组织(Islamic Propagation Organization),在社会领域,成立了非洲伊斯兰援救组织。在这一阶段,伊斯兰运动内部争论再起,许多反对者不赞同图拉比的多元主义政策,认为他与尼迈里的合作会损坏运动的名声,是一种投降行为,并将为此付出代价。保守派谢克萨迪赫·阿布杜勒·阿里·马吉德带领一小部分人分离出组织,宣布效忠穆斯林兄弟会运动的早期路线。

随着苏丹伊斯兰运动的争论,和解协议也到了尾声。1983 年,《九月法令》颁布,苏丹开始了全面伊斯兰化。到 1985 年,尼迈里再次将锋芒指向伊斯兰教主义者,图拉比再度入狱。当年,尼迈里政权垮台。与此同时,伊斯兰宪章阵线也完成了改组,全国伊斯兰阵线(Nationalist Islamic Front)于 1985 年 4 月成立。它在 1986 年的苏丹大选中获得 54 个席位,成为苏丹第三大党。在选举初期,乌玛党和民主联合党试图将阵线边缘化,剥夺其政治权力,但最终没有成功。1988年,两大党邀请图拉比加入三方联盟,但在年底,由于乌玛党和民主联合党之间产生矛盾,民主联合党宣布退出政府,萨迪赫·阿里·迈哈迪与全国伊斯兰阵线结盟,从而使图拉比势力急剧上涨,图拉比被任命为副总理和外交部长。

1989 年 6 月 30 日,巴希尔准将发动政变,巴希尔军政府宣布成立,苏丹从此进入了图拉比—巴希尔时代,两位国家领导人的合作与争斗,形成了 20 世纪90 年代的苏丹历史。

2.哈桑·图拉比的思想渊源

被称为"非洲霍梅尼"的哈桑·图拉比,其领导的伊斯兰运动的前身是苏丹穆斯林兄弟会,该组织于 1940 年始建于埃及开罗,其成员大多是留学埃及的苏丹青年学生。1940 年,他们奉命回国发展组织,有人怀疑他们是埃及穆斯林兄弟会的代理人。60 年代中期,哈桑图拉比担任穆斯林兄弟会的总指导,其思想受到来自埃及穆斯林兄弟会的哈桑·班纳、赛义德·库特卜的影响,并与毛杜迪和霍梅尼的思想有许多相同点,但也存在截然不同之处。

哈桑·班纳作为当代伊斯兰复兴主义的创始人和伊斯兰复兴主义学说的奠基者,其主要思想包括:革新伊斯兰教以振兴宗教、民族和国家精神;反对殖民主义和帝国主义在中东的盟友以色列,反对西方的文化侵略和渗透,捍卫伊斯兰宗教信仰和传统文化；主张建立伊斯兰国家，实施伊斯兰教法；主张有领导的"伊斯兰革命斗争"、进行圣战。在班纳看来，民族主义是一个危险的原则，只会产生邪恶、罪过、战争、纷争、争斗和倾轧。他号召伊斯兰民族和伊斯兰祖国大团结，认为伊斯兰祖国原则是高于地域爱国主义和血统爱国主义范畴的东西，它已上升为具有崇高原则和纯正、正确信仰的爱国主义。班纳崇尚暴力，鼓吹圣战，认为世上从来没有一种制度像伊斯兰教那样注重圣战。先辈们出于对安拉的崇高信仰，甘愿献出自己的热血、灵魂和金钱，为主道而死。伊斯兰教正是仰仗这些先辈们发起的圣战，才得以发扬光大。兄弟会提出圣战是最神圣的事业，是每个穆斯林必须遵循的基本宗教功课之一。他们应时刻准备着，即使不要求他们实际参战，但在心理上要做好准备，要有参战的强烈愿望和为圣战献身的精神。班纳不主张妇女解放，他认为妇女的天职是生儿育女和操持家务，不宜外出工作，更不用说享有选举权和被选举权，埃及妇女一旦像欧洲妇女那样，便回到了蒙昧时代。兄弟会强烈要求重新审定女子教学大纲，严格实行男女分校（包括大学），电车公司要专设女子车厢。①

毛杜迪和赛义德·库特卜是伊斯兰复兴运动的激进理论家，毛杜迪系统阐述了他有关伊斯兰国家的理论，提出著名的"四论"，即"真主主权论"、"先知权威论"、"代行主权论"、"政治协商论"。其中，"真主主权论"的基本出发点是否定人的主体性，否定人有能力治理国家和管理社会，因此需要"真主主权"对立法权和政治主权施加限制。"代行主权论"指在伊斯兰国家领土范围内代行真主管理国家的权力，这种主权不能超越"真主的法律"，否则无效。毛杜迪还着重指出，伊斯兰国家应该具有两大特点，一是伊斯兰国家必须拥有广泛的权力，他称之为"极权主义"国家、"神权民主政治"；二是国家的意识形态性，他认为，伊斯兰国家的基础是一种宗教意识形态，国家必须保护和弘扬伊斯兰意识形态，不允许非穆斯林意识形态对它进行攻击和破坏。② 库特卜提出"唯有伊斯兰才能解决问题"，否定政教分离的世俗国家体制，主张重建真正的伊斯兰秩序，建立真主的主权和绝对统治权，宣告真主的独一无二性，反对任何形式、种类和方式的人的统治，在地球上摧毁人的王国，建立真主的王国，将权力从篡权者手中

---

① 杨灏城：《从哈桑·班纳的思想和实践看伊斯兰原教旨主义与世俗主义》，载《世界历史》1997 年第 6 期，第 3 页。

② 吴云贵：《当代伊斯兰教法》，中国社会科学出版社 2003 年版，第 192 页。

夺回,交给独一无二的主,取消人的法律,建立独一无二的、至高无上的真主的法律。他坚决反对民族主义、民主主义和社会主义,认为现在的伊斯兰国家和社会都是"贾希利亚",即伊斯兰教的"不信任者"和"背离",从而完全否定了当代伊斯兰国家和社会的伊斯兰性质。①

　　哈桑·图拉比一定程度上继承了班纳的思想,主张与时俱进,改革宗教,主张政教合一,建立伊斯兰国家,倡导圣战,并将圣战思想实践到苏丹内战中。但对妇女地位问题,图拉比有自己的观点,他主张妇女解放,提高妇女地位。在国家起源问题上,他与毛杜迪的观点相同,认为"先有伊斯兰社会,后有伊斯兰国家,国家政权是为了保护穆斯林社团的利益而设立。"②但与毛杜迪激进的运作方式相比较,图拉比更强调"伊斯兰的温和与宽容",主张合法斗争和地下斗争相结合。同时,他又吸纳了库特卜"唯有伊斯兰才能解决问题"的思想,提出,"伊斯兰是唯一的现代性","没有伊斯兰,苏丹就没有认同、没有方向"。③ 尽管图拉比与霍梅尼都主张建立伊斯兰国家,但图拉比不赞成建立教法学者的权威统治,而是否定国家权威。与此同时,哈桑·图拉比强调苏丹伊斯兰化的独特性,认为其领导的伊斯兰复兴运动是"建立在人民价值观基础之上,由知识分子引导,动用宗教资源促进不发达国家发展的新尝试"。④

二、哈桑·图拉比的政治主张

　　图拉比出身于传统宗教家庭,又受过良好的西方教育,其思想中充满了现代主义的理想色彩。他思维非常活跃,经常到世界各地访问演讲。图拉比曾著书立说,代表作包括《伊斯兰国家》、《伊斯兰思想复兴》、《苏丹的伊斯兰运动》等。其主要思想包括以下内容:

---

　　① 蔡德贵:《当代伊斯兰阿拉伯哲学研究》,人民出版社 2001 年版,第 205 页。

　　② 吴云贵:《当代伊斯兰教法》,中国社会科学出版社 2003 年版,第 192 页。

　　③ 张铭:《现代化视野中的伊斯兰复兴运动》,中国社会科学出版社 1999 年版,第 186 页。

　　④ Hassan Al-Turabi,"U.S.House Foreign Affairs Africa Subcommittee Hearing on The Implications for U.S. Policy of Islamic Fundamentalism in Africa",www.islamonline.net/iol-english/qadaya/qpolitic-14/qpolitic1.asp.

1.图拉比的伊斯兰国家观

如伊斯兰复兴运动的前辈们一样,哈桑·图拉比同样主张政教合一,建立伊斯兰政权。为了更清楚地阐述原教旨主义者的宗教政治理念和目标,他在《伊斯兰国家》一书中,详细描述了伊斯兰国家的基本特征:

一是提倡社会伊斯兰化,反对世俗化。图拉比认为,宗教是人类在自愿基础上一种诚挚的信仰,任何企图用强制性手段把一种世俗性的政治秩序强加于社会的做法,都是有悖于伊斯兰教本性的。神圣与世俗、私人与公共、国家和社会等二元分离的思想是西方的政治文化传统。伊斯兰国家则是以"认主独一"的宗教宇宙观为基础,国家的全部公共生活自然也应当是宗教性质的。国家只是伊斯兰社会理想的一种政治体现,离开了伊斯兰社会,就谈不上伊斯兰国家,建立伊斯兰国家,应从社会伊斯兰化开始。[①]

二是主张泛伊斯兰主义,反对民族主义。就伊斯兰国家观来说,图拉比认为,他所主张的社会群体不是现代意义的民族国家,而是对全人类开放的、由伊斯兰教信仰者组成的乌玛(Ummah),即世界穆斯林共同体。民族主义所提倡的对国家和民族的忠诚要受到语言、民族、疆界和国度的限制,不符合伊斯兰教普世主义精神和先知所开创的宗教传统。因为伊斯兰教是面向全人类的,面向全世界的。

三是坚持"认主独一",否定国家权威,倡导伊斯兰民主政治。图拉比在其论著《伊斯兰国家》一书中,就伊斯兰国家的本质特征提出,伊斯兰国家不是绝对的主权实体、伊斯兰国家不是国家体制的原型,因为国家之上还有一个至高无上的真主,国家必须服从作为真主意志体现的伊斯兰教法。因而,从理论上排除了国家的绝对权威,提出了限制国家权威或君主专制的原则。图拉比相信,伊斯兰文化传统中的政治民主思想(舒拉制度)要远远早于西方的自由民主思想。[②]而这一伊斯兰民主主要包括人民自由选举国家领导人哈里发的原则,国家元首既要服从神圣的沙里亚又要服从选民的意志,并通过政治协商来决定国家大事的原则等。与毛杜迪的"真主主权论"相比,图拉比认为"认主独一"还有另外一层意思,即承认人对自然的至高性和人对社会物质环境限制的自由性,因为人的

---

① 曲洪:《当代中东政治伊斯兰:观察与思考》,中国社会科学出版社 2001 年版,第 292 页。

② 吴云贵、周燮藩:《近现代伊斯兰教思潮与运动》,社会科学文献出版社 2000 年版,第 477 页。

创造是为了膜拜真主,而自然又是为人创造的,所以人除了真主不应被任何东西包括自然限制,这样才能体现真主的独一无二性。也因此,人为了不背离主道不应被任何事务所牵制,其中包括传统、权威、社会环境和物质条件。①

2.图拉比的自由民主观

哈桑·图拉比在苏丹伊斯兰运动的初期就指出确保民主的重要性。1965年,他领导的伊斯兰宪章阵线强调将民主和个人自由作为最基本的价值观。他还宣称,"根据宗教的基本教义,自由是人类的天命,也是人类区别于别的物种的重要特征,因此它是人类的合法权利,因为真主并没有派先知或统治权威来强迫人们信奉真正的宗教"。② 他认为,伊斯兰教并不承认垄断宗教权威的精英,知识和财富的不同不能用作奴役别人的工具。在真正的穆斯林社会,那些拥有知识和财富的人本身就有责任和义务在穆斯林兄弟中传播教义。对于伊斯兰法重要来源的公议(consensus),图拉比认为,它并不应当是学识渊博的精英阶层的一致意见,而应当是受智者点拨的穆斯林社会广大人民的一致同意。在伊斯兰教快速传播的早期,大多数的穆斯林对伊斯兰教的信仰知之甚少,因此才会使乌莱玛保留决定公议的权利,如今,随着知识的广泛传播,这种例外的情况应当得到修改,不应当被永久化,更不应当成为提升地位的一种工具。③

同时,图拉比还对西方民主进行抨击、将民主与舒拉制度进行对比,阐述自由与统一的关系。他认为,西方的民主已经演化成所谓的政党制度,但人民从中享受不到全部的自由,不能自由选举。比如在美国,人民被迫在两个政党中间选择,如果你认为两个党派都很邪恶,那么你就只能选一个相对不邪恶的党执政。即使是这样,这些政党还时常受到种族力量和压力集团的控制,人民的自由民主权利根本得不到体现。其次,影响西方自由民主的另一大因素是金钱。在资本主义制度下,金钱是富人的垄断品,富人就是用钱来限制人民的政治自由,因为在选举中,穷人是竞选不过富人的,富人有钱购买电视的黄金时段,购买报纸的

---

① Abdelwahab El-Affendi, *Turabi's Revolution: Islam and Power in Sudan*, London: Grey Seal Books, 1991, p.170.

② Abdelwahab El-Affendi, *Turabi's Revolution: Islam and Power in Sudan*, London: Grey Seal Books, 1991, p.160.

③ Abdelwahab El-Affendi, *Turabi's Revolution: Islam and Power in Sudan*, London: Grey Seal Books, 1991, p.160.

版面和议会大厦,他们甚至可以用钱来影响每一个人,这也是西方民主政治的惯例。①

图拉比认为,用当前的词汇来描述最佳的伊斯兰秩序应当是"民主"这个词,但"民主"已成为一个过于情感化、不太准确的词眼。伊斯兰教的舒拉制度与"民主"则有着共同的目的,那就是允许大多数人在公共事务上拥有决定性的发言权。而两者之间最大的不同在于舒拉制度预设了真主主权,在民主中,人民的意愿是绝对的。舒拉制度剥夺了统治者的两大权力,即立法权和税收权,而这些权力极易造成当代社会的紧张局势。舒拉制度可以创造一种氛围来克服民主制度的许多缺点,在由伊斯兰教道德统治的社会,扭曲政府代表性的不诚实和操控不会经常发生,金钱和权力的不平等也很少成为穆斯林社会的主导因素。②图拉比还认为,伊斯兰教背景下的自由并不和秩序或统一冲突。因为穆斯林社会是由自愿遵守真主权威的自由个体组成,这些个体可以在帮助他们充分发展的群体中找到自由并实践自由。穆斯林社会保持了个体的统一性,使他们能够充分、公平的参与公众生活,穆斯林社会的民主本质进一步加强了统一。

3.图拉比的伊斯兰运动观

与伊朗的霍梅尼革命相比,图拉比始终认为苏丹的伊斯兰化不是革命性的变化,而是一种具有苏丹特色的"伊斯兰进化"。他认为,任何的伊斯兰复兴运动都需经过四个阶段,每一个阶段都有自己的优先发展目标。第一阶段为初级阶段,此时伊斯兰复兴运动仅为一种现象和潮流,没有明确的组织机构,但已有伊斯兰认同的自觉意识,它是以在敌对环境中存在的小股分散力量的形式出现。该阶段要优先发展教育,注重增强伊斯兰教化,谨慎地呼吁自由,公开谈论并保卫伊斯兰,消除对伊斯兰教的误解。在第二阶段,这种潮流已形成一种有组织的团体,它是未来伊斯兰社会的雏形,目的在于通过自我教育、合作和团结来提升伊斯兰教。组织成员应当将他们视为是成长在传统社会中的未来典范,对他们来讲,忠诚、领导权、等级和共同目标的概念是相当熟悉的。该阶段的重心仍要宣传伊斯兰教,完善内部结构,加强与当前社会的联系和交流。第三阶段,各种

---

① Mohamed Elhachmi Hamdi, *The Making of an Islamic Political Leader: Conversations with Hasan al-Turabi*, Westview Press, 1998, p.70.

② Abdelwahab El-Affendi, *Turabi's Revolution: Islam and Power in Sudan*, London: Grey Seal Books, 1991, p.161.

本土化团体领导的运动已发展为在社会上有一定影响的有效运动,担当起社会改革的任务,并开始采取行动,动员社会力量反对腐败。在该阶段,伊斯兰运动应制定一些详细的计划来支持其观点,使运动成为反对派的象征,成为反邪恶势力斗争中的领导者,成为反迫害和反不公平社会现象的先锋。第四阶段,运动已担当起政治领导的角色,掌握着公共政策的制定,开始建设"更加明净、自由和美好的社会",提高人民的宗教和物质生活水平。其需优先发展的目标为,在数量和范围上促进运动发展的多元化、加强宗教信仰和知识分子的复兴、提升妇女地位、排除资本主义和社会主义影响,发展体现自身文化的经济体系、采取政治行动和政治建设,发展建立在舒拉制度基础上的伊斯兰民主政治、在伊斯兰教原则基础上发展国际关系等。①

为实现这个"更加明净、自由和美好的社会",实施伊斯兰教法成为一个争议很大的问题。对许多接受过现代教育的伊斯兰知识分子来说,实施伊斯兰教法只可能在理想的伊斯兰社会中存在,不应当用立法和强迫教育的方式强加给社会。对此,图拉比坚决反对,他认为,从社会意义上来说,宣传伊斯兰教也是一种教育,而且伊斯兰教法与别的法律体系不同,它包括的道德和法律是相互作用的,可以使法律更加有效。建立伊斯兰政权在当代是非常有必要的,原因在于政权的力量太强大,它控制着教育、媒体、道德行为、甚至人们的日常生活,从而使人们不能真正按照自己的信仰生活。法律是社会价值的体现,比如,仅仅宣称饮酒不合法本身只是一种价值观的阐述和肯定,价值观本身才会对人们的行为产生影响,这就是为什么要颁布禁酒令的原因。

对于建立伊斯兰秩序,图拉比认为不应当对实现手段存在偏见,伊斯兰主义者应当为可能发生的一切事件时刻准备着。他认为,对于伊斯兰复兴来说,最理想的情况是在没有内部压制和外部干涉的形势下通过和平、渐进的方式发展。如果没有可能,伊斯兰复兴运动就会成为地区和国际关系的一大难题,但所引起的冲突不应当被挂上恐怖主义的标签,因为每一方对冲突的理解不同,对正义的诠释不同。

在伊斯兰复兴运动中,图拉比强调要注意多样性和统一性的关系。尽管对

---

① Hāmidī,Muhammad al-Hāshimī, *The Making of an Islamic Political Leader*: *Conversations with Hasan al-Turabi*,Westview Press,1998,p.109.

于激进穆斯林来说,他们不承认殖民时代人为边界的合法性,但他们仍然承认穆斯林世界独立社团存在的现实。他们认为伊斯兰运动不应当忽视其他国家穆斯林的斗争,但最好是先将努力放在自己国家,不要受堂吉诃德式侠义的干扰。苏丹的伊斯兰运动认为,伊斯兰教主义者是阿拉伯团结的唯一、真正的支持者,因为他们是超越阿拉伯内部边界的第一个组织,但他们又坚决反对建立一个泛阿拉伯的伊斯兰运动组织。对此,图拉比解释说,穆斯林的团结确确实实是跨越时空的,但它不能与具体国家的特殊需求相冲突,应视具体情况而定。例如先知穆罕默德最初只是在亲朋好友中传教,随后才在部落、阿拉伯人、甚至全世界传播伊斯兰教。伊斯兰教法的发展也体现了这一原则,其各种派别和思想的发展正是为了应对时间和空间的挑战。他认为,在遵从统一的原则下,多样性不应当被忽视,多样性并不意味着分裂。对于各国的伊斯兰运动来说,重要的是要打好基础,在本国的实际情况下建立一个强大的伊斯兰实体,从而为团结提供一个现实基础,因为仓促的统一会使脆弱的团体变得不堪一击。因为伊斯兰运动的团结面临着内外部的问题,很多国家的伊斯兰团体都受到过分裂的打击。对于团体的组建方式,有些团体希望能有一个有威望的魅力领袖带领,使之成为人们效忠的中心,有些则希望通过严格的成员准入制度来实现团结。图拉比认为,前者会随着领袖的逝去而冲突,后者又使伊斯兰运动的视野局限在精英阶层身上,缺乏群众基础。因此,他指出,最理想的方法是建立一个稳定的、能确保运动统一的领导机制,平衡成员的质量和数量,最重要的一点是需要一种民主的构建。民主是统一的保证者,因为它允许不同政见者发表观点,允许成员积极参加决策,既有弹性又有秩序性,可以防止单极化和分裂。他认为苏丹的伊斯兰运动就是一个完全民主的运作,它有一个权力分离的结构,可以适应苏丹各地的需要,他所建议的泛伊斯兰统一也应当采取苏丹伊斯兰运动的结构框架。①

4.图拉比的妇女观

妇女的地位问题是苏丹的伊斯兰教主义者甚至是当代伊斯兰运动最棘手的问题之一。图拉比在这一问题上的态度相对比较开明,1957 年他从英国回国后积极支持妇女解放运动。他相信,妇女的平等、妇女的个体性是宗教的基本原

---

① Abdelwahab El-Affendi, *Turabi's Revolution: Islam and Power in Sudan*, London: Grey Seal Books, 1991, pp.166-168.

则,女性的屈从地位与《古兰经》所揭示的伊斯兰教是相违背的。通过对早期伊斯兰教的研究,他相信,"妇女是一个独立的实体,是一个完全有责任的人,应当被赋予全部的言论自由。"妇女可以根据所愿拥有或放弃财富,她们可以自由地参加公共集会和节日庆典,可以从事商业贸易,她们可以为自己的行为负责,在她们拒绝的情况下,男性没有必要代她们做任何事情,包括诉讼等。① 1973 年,图拉比出版了一本名为《伊斯兰教化中的妇女》的小册子,他提醒人们关注有关这一问题的基本教义,而不只是一些具体法令。他认为,妇女作为个体有责任听从真主的召唤,如果她们所做的是为了实现宗教义务,是有责任也有义务违背家庭束缚的,这一原则在沙里亚法有关妇女在穆斯林社会中作用的规定中有所体现。他提出,政治变革应从家庭变革开始,而家庭变革的首要任务是妇女解放,给妇女以民主,因为如果家庭都不民主,人民只能在街头、在斗争中找到民主。

图拉比指出,目前许多穆斯林国家对妇女的压制并不是伊斯兰原则的体现,伊斯兰教的原则应当是完全接受妇女参与公共生活,接受沙里亚规定的理性监督。他认为,不管男女自由混处会带来什么潜在的危害,都不能成为剥夺妇女参与公众生活的借口。如果按照许多穆斯林的观点,认为妇女应当待在家里,因为她们的主要责任是抚养孩子和照料家庭,那么一个与社会生活完全分离的人又如何有资格来抚养孩子,又能为她们的孩子准备什么样的未来呢?②

图拉比认为,妇女解放即将来临,城市地区的经济压力已经导致许多家庭抛弃了传统习惯对妇女教育和就业的限制。但人们一定要对这一解放给予关注,因为这种情况在一些时候会使妇女再次失去本性,成为商业运作的目标,妇女受男性的奴役会转变成受物质利益的奴役,从而使非伊斯兰传统秩序变成了反伊斯兰的现代秩序,而后者受到西方反宗教观念的影响。因此,伊斯兰教主义者应当努力用真正的伊斯兰方式去改变这一切,而且要认识到对于旧秩序的改变不要惧怕。从这个意义上来看,保守主义是行不通的,伊斯兰教主义者应当领导妇女运动的复兴,将妇女从传统主义的沼泽中和西化的现代主义中带出来。③

---

① J. Millard Burr and Robert O. Collins, *Revolutionary Sudan: Hasan al-Turabi and the Islamist State, 1989-2000*, Brill Academic Publishers, 2003, p.22.

② Abdelwahab El-Affendi, *Turabi's Revolution: Islam and Power in Sudan*, London: Grey Seal Books, 1991, pp.173-175.

③ Abdelwahab El-Affendi, *Turabi's Revolution: Islam and Power in Sudan*, London: Grey Seal Books, 1991, p.174.

5.关于伊斯兰教的复兴

对"复兴"的阐述是图拉比最重要的思想之一,在这一问题上图拉比提出了许多革命性的观点。他认为,伊斯兰教不是永恒的,不是不需要改变的,它需要人们重新去思考。传统的伊斯兰教法是从最早一代穆斯林身上继承下来的宗教法律,仅仅是人们努力的一种体现,代表了父辈们对宗教真理和法令认识的积累。因此,对于传统伊斯兰教法,当代穆斯林完全可以进行自由评价。他认为,先知的时代不像人们所认为的那样是最完美、不可改进的穆斯林社会,经过一代又一代穆斯林的努力,是可以超过早期穆斯林社会的成就。宗教改革并不是对宗教本身的一种超越,而是对形势演化中虔诚需要的一种回应。①

图拉比认为,传统的伊斯兰教法之所以需要改进是因为它忽视了伊斯兰法的两个重要原则:伊斯兰教法构建中政府和公众的作用。政府应当起到一个中心作用,但由于政府已在腐败者手中,因此乌里玛拒绝承认它。同样由于公众在许多问题上达不成一致,导致教法学者忽视法律中民意的中心作用。随着伊斯兰教的传播,这种形势更加恶化,从而导致穆斯林民众不能很好地接受信仰教育。② 传统伊斯兰教法应当关注社会事务而不是个人事务。

图拉比还呼吁,现在需要开放创制大门,引进新的概念和规定。图拉比认为"创制"(ijtihad)是伊斯兰社会前进的伟大动力,知识是社会的集体功能之一,创制不是少数阶层独有的特权,它向每一个穆斯林开放,每一个人都可以利用他来解释世界、解释伊斯兰教。③ 他认为,随着穆斯林文明和社会的衰落,穆斯林社会已陷入教条主义和盲目模仿的深渊,"创制大门的关闭"只是十世纪乌里玛针对乌玛政权衰落所做的决定。因此,如果伊斯兰教要复兴,现在需要做的是向那些希望为争鸣做出贡献的人开放。"回到故纸堆里去挖掘一些片言只语是解决不了当前问题的,我们要做的是正本溯源,在法学原则下创造一场革命。虽然有

---

① Abdelwahab El-Affendi, *Turabi's Revolution: Islam and Power in Sudan*, London: Grey Seal Books, 1991, p.170.

② Abdelwahab El-Affendi, *Turabi's Revolution: Islam and Power in Sudan*, London: Grey Seal Books, 1991, pp.174-175.

③ Mahmood Ibrahim, *Dialogue With Hassan al-Turabi Reveals Enigmatic*, Complex Islamist Intellectual.www.aljadid.com/reviews/ Dialogue With Hassanal-Turabi.html.

些人会说,这样会引起骚乱,但事实上,严格的教法制度才是当今分裂和危害的源泉。"①

同时,图拉比还指出,应当放松对教法解释的限制,因为时代发生了变化,宗教表达的形式也应该随之变化。先知时代的穆斯林社会原型向我们提供了一个理想的标准,但没有向我们提供一个宗教表达的形式标准。我们应当在原型的基础上建立一个新的模范社会,这一模范社会将把变化中的现实和永恒的原则相结合。要实现这一目标,就应当回归到伊斯兰教的基本教义,但真正的穆斯林对一些教义遗产应当批判地继承,不要教条式地接受。图拉比认为,在复兴伊斯兰教的时候,要分清楚伊斯兰教法中哪些是永恒的,哪些是变化着的,而且对伊斯兰教的重新评价应当来自内部需要的考虑,而不是来自外部因素。②

6.关于礼拜、圣战和宗教宽容等

1972 年,图拉比写了一本名为《礼拜,宗教的中坚》(*Prayer*, *the Central Pillar of Religous*),他在开篇就指出了礼拜作为穆斯林义务的重要性。书中阐述了伊斯兰教组成部分的本质,力图揭示礼拜与崇拜的其他宗教义务的一致性。他强调个人礼拜行为的象征意义及其对穆斯林生活的重要作用,目的是要"将宗教引入生活"。图拉比认为,礼拜在对穆斯林政治社会教育中扮演着重要作用,尤其是集体礼拜可以加强穆斯林团结,因为在同一天、同一个地方的礼拜,人们可以肩并肩地站着,没有等级、没有财富差别,只会让人记住穆斯林的平等和团结。领拜者的选择也是一种教育,教育人们如何在穆斯林社团中组织公共生活。领拜者的选择不是基于他的财富和家庭背景,而是他的才干。而且尽管他是领拜者,但他的行为必须符合教法,如果他的行为偏离了标准,人们就有责任纠正他。③

在圣战(jihad)问题上,图拉比认为,吉哈德的本意并不是圣战,就其字面意思来讲有三种:一是"努力对努力",即如果别人致力于反对你,你就得努力去反

---

① Abdelwahab El-Affendi, *Turabi's Revolution*: *Islam and Power in Sudan*, London: Grey Seal Books, 1991, pp.174, 171.

② Abdelwahab El-Affendi, *Turabi's Revolution*: *Islam and Power in Sudan*, London: Grey Seal Books, 1991, pp.168-174.

③ Abdelwahab El-Affendi, *Turabi's Revolution*: *Islam and Power in Sudan*, London: Grey Seal Books, 1991, pp.168-174.

对他。二是含有对话的意思，即如果对方的努力在于争论，那么另一方的回应即是交流与对话。三是如果对方使用武力侵略，则应给予回击，尤其是其目的是要摧毁整个伊斯兰时，更应狠狠的反击。① 图拉比认为，被西方人渲染后的吉哈德对阿拉伯人来讲是一个"外来词"。

同时，图拉比还主张开放与宽容，提倡宗教对话。图拉比指出，政府不应把道德和法律问题混在一起，道德规范、个人良心属于社会控制的范畴，是自律性的，不能做硬性的规定和要求。知识分子对伊斯兰的态度也不能整齐划一，自由是大前提。同时还要承认宗教的多样性，提倡不同宗教之间进行对话，他本人也经常游历世界各国，宣扬伊斯兰教与西方基督教的相容性。

图拉比作为 20 世纪 90 年代苏丹最有影响力的宗教政治思想家，其思想内涵包括微观和宏观两个层面，它不仅指导着苏丹的政治进程，也是非洲伊斯兰复兴运动重要的纲领性思想之一。他的思想始终体现着苏丹—非洲—伊斯兰的穆斯林世界观，而且自始至终都注重强调苏丹伊斯兰经验的独特性和完美性。相比伊斯兰复兴运动的前辈们，图拉比的宗教政治思想确实具有进步性，他在宗教改革和妇女问题上的开明态度走得很远，但他对伊斯兰政权的许多看法过于理想化，这也是导致苏丹"伊斯兰试验"最终失败的原因。

三、苏丹的"伊斯兰试验"

图拉比领导的伊斯兰复兴运动从 40 年代初的穆斯林兄弟会到 60 年代的伊斯兰宪章阵线，再到全国伊斯兰阵线的发展过程，经历了从与政党结盟到与政府结盟的转换，斗争方式也发生了从台前走向幕后、从非法到合法与非法斗争相结合的变化。在尼迈里执政时期，尽管苏丹颁布了实行全面伊斯兰化的"九月法令"，与全国各政党签署了《民族和解协定》，但其目的只是为了加强集权。总统力图独揽政治宗教大权，不仅遭到南方地区的反对，也遭到了宗教势力的反对，从 1983 年到 1985 年短暂的伊斯兰化时期，图拉比的宗教政治理想并没有得到

---

① 哈桑·图拉比于 1994 年 10 月 11 日在喀土穆举行《宗教对话会议》时接受的采访，Interview with Sudanese Leader Al—Turabi and Al—Attabani, http://www.africa.wpenn.edu/Hornet/horn _sdn.html。

真正的施展。90 年代初,巴希尔的上台则为其提供了一个展现的舞台。政权建立后,在哈桑·图拉比及其领导的全国伊斯兰阵线的推动下,苏丹开始自上而下地实行伊斯兰化,伊斯兰复兴运动涉及苏丹的政治、经济、外交、教育等各个方面。

1.打击政敌与全国伊斯兰阵线的巩固

巴希尔上台后,他与图拉比相互利用、彼此借重。图拉比抓住机遇,大力发展组织,打击政敌。1991 年,在图拉比的鼓动下,巴希尔政府没收了米尔干尼家族的个人资产,其中包括家族金融业和土地。1992 年,政府正式取消了米尔干尼的政治组织,该组织所有财产包括清真寺一律充公。早在 1990 年,在阿巴岛上的安萨派的大本营便遭到政府重击,马赫迪家族在该岛上的大片土地被收归国有,从而使米尔干尼家族和安萨派的政治影响力大大减弱。1990 — 1993 年,图拉比在击垮两个重要对手后,目标转向苏非派。尽管许多苏非派组织当时非常支持巴希尔政府的伊斯兰化,但他们反对伊斯兰阵线势力坐大。而伊斯兰阵线也反对苏非主义,因为他们的宗教仪式与伊斯兰阵线的信条不相符合。1993 — 1994 年,政府启动打击苏非派的活动,经常以各种借口动用武装部队袭击喀土穆附近的苏非派清真寺。

在打击政敌的同时,图拉比积极发展组织力量,巩固群众基础。伊斯兰阵线组织结构极为严谨,并带有神秘色彩,它在各地区和居民点都设有秘书处,采取单线联系,被发展的人只知道自己的直接领导和基层组织内的成员。发展对象文化水平高、活动能力强,富有煽动性,主要以高中、大学毕业生、大学教授、高级知识分子、学者、企业老板和银行家等为主。其成员还在国内外开办了一系列工厂、企业,成为国内商界和金融界的头面人物,逐步掌握了国家的经济命脉,支配着国家的经济发展。另外,图拉比还积极寻求外来财团的赞助。

费萨尔伊斯兰银行于 1983 年在喀土穆成立,第一任行长是阿布杜拉·阿里·拉希姆·哈姆迪,他是图拉比和穆斯林兄弟会的朋友。伊斯兰传统金融机构的现代化始于 20 世纪 70 年代,由伊斯兰会议组织发起,沙特费萨尔国王的第三个儿子穆罕默德·费萨尔在推动伊斯兰银行体系的发展和扩大上扮演着重要角色。1975 年,迪拜伊斯兰银行成为建立在伊斯兰原则上的第一个非政府银行,费萨尔自己经营的伊斯兰银行建立于 1981 年,并迅速在西非建立了办公处。尽管沙特并不允许穆斯林兄弟会进行活动,但费萨尔很清楚在苏丹谁应当接受苏丹的投资,加上图拉比与费萨尔的个人关系,伊斯兰银行最终在喀土穆建立。费萨尔银行成了图拉比和伊斯兰阵线的银行家,它向政党提供基金,向阵线成员提供贷款,向他们提供进军校上大学的所有学费,它已成为苏丹伊斯兰教主义者的财政基金。

2.控制军队和内外政策的决策权

巴希尔上台后,曾经实行党禁,取缔了一切政党活动。图拉比与政府结盟后,全国伊斯兰阵线转而向军队渗透,在军队中大力推行伊斯兰法,大量发展全国伊斯兰阵线成员。巴希尔军政府中大量的高级官员包括大量司局级以上官员、各部部长、主要民间团体负责人、军队高级军官等,都是伊阵成员或亲伊阵的人。

1993 年 10 月 15 日革命指导委员会(Revolutionary Command Council) 的解散,进一步加强了伊斯兰势力对军队的控制。该组织于 1989 年政变后成立,巴希尔任主席,是其最得力的统治工具。巴希尔上台伊始,革命指导委员会就下令废除宪法,取消议会选举,取缔政党和工会,关闭报纸等媒体机构。革命指导委员会的成员认为,军队应当保证社会稳定,打击腐败,并宣称多党政体会危及国家统一,导致分裂和无政府状态;议会制度是从英国进口的,"是一粒不会在苏丹土地上发芽的种子",只有通过本土化的民主形式,苏丹人民才能选举出真正的代表。① 革命指导委员会主要是由一些中级军官组成,其权力受到全国伊斯兰阵线的限制。在该组织背后还有一个被称之为"四十人委员会"(Council of Forty)的影子机构,而哈桑,图拉比则是这个秘密组织的幕后掌舵人。其成员还包括全国伊斯兰阵线的二号人物塔哈,他也是前任总理,在 1989 年政变前掌握着全国伊斯兰阵线的军事,与巴希尔有着良好的个人关系。革命指导委员会解散前夕,其内部许多成员对全国伊斯兰阵线的限制极为不满。例如,委员会组建初期担任安全主席的亚伯拉罕·纳伊勒·艾达姆准将,他也是委员会中唯一一个努巴族成员,当他正安排努巴族领导人会见巴希尔,要求巴希尔解除阿拉伯部落民兵并对努巴族人的伤亡进行调查时,他被解除了安全主席的职务,被安排到一个无足轻重的职位上。还有来自达尔富尔的提贾尼·艾达姆·塔希尔准将,

----

① Ann Mosely Lesch, *The Sudan: Contested National Identities*, Indiana University Press, 1998, p.114.

他一直致力于达尔富尔地区的阿拉伯和非洲族人的和解,但新政府的政策让他的努力功亏一篑。

另外,全国伊斯兰阵线还根据伊朗模式,建立全民参加的伊斯兰准军事组织——民防军(People's Defense Force),派专人向普通士兵宣传"圣战"思想,鼓励他们到南方非穆斯林地区进行圣战,"绿化"南方。巴希尔上台后,苏丹南北战争仍在继续,随着南部自由解放运动势力的上升,北方正规军连吃败仗,从而使伊斯兰阵线产生建立一个受自己控制并有组织的军事力量的想法,民防军应运产生。这个半军事组织一方面是为了打击南方的叛军,另一方面也是阵线处于确保革命成果的考虑。1991 年,该组织人数达到 150,000 人,他们主要由苏丹军队负责训练,但在思想上则由伊斯兰阵线进行宗教灌输。其主要负责人是亚伯拉罕·阿里·萨努塞。萨努塞曾在 1989 年政变后与图拉比一起入狱,11 月从科巴尔监狱释放。他经常在民防军的营地进行演讲,演讲的内容被士兵们广泛传播。1994 年 2 月,在科斯提的一次辩论会上,他提出应当绑架外国大使作为人质,这一言论差一点引发了一场政治危机,最终由负责总统事务的内务部长出面澄清,并表示外交领域不会出现任何危机,事情才得以解决。到 1997 年,民防军的领导人开始加入中央政府的军事指挥序列,正规军的地位逐渐被民防军替代。

民防军主要由四类人组成,第一类是以前就已存在的阿拉伯部落民兵和南方反苏丹人民解放运动(SPLA)的武装分子;第二类是一些学生志愿者和亲伊斯兰阵线的职业人士,这些缺乏训练的志愿者非常狂热,其中包括图拉比最小的一位弟弟,他与民防军的 8 个新兵在经过西赤道省时被地雷炸死;第三类是一些被迫服兵役的人,其中包括一些年过半百的大学教授、法官和外交官,他们被要求服六周的兵役,如果拒绝,将被解雇。巴希尔政府认为,民防军的训练对于大中学生们来说是必修课,因为通过训练可以为苏丹培养出训练有素、坚信伊斯兰又有责任感的下一代。到 1994—1995 年,喀土穆政府在南方战场接连失败,伤亡惨重,据估计,仅在 1995 年上半年,有 9,000 人战死,15,000 人受伤,志愿参战的人数急剧下降,因此巴希尔政府规定年龄在 18 至 30 岁之间的年轻男子必须加入民防军,从而成为民防军的第四类人。①

---

① Ann Mosely Lesch, *the Sudan: Contested National Identities*, Indiana University Press, 1998, pp. 135-136, 119.

随着伊斯兰阵线对国家军队的控制,图拉比开始着手改组内阁。1993 年 1 月,阿里·哈吉·穆罕默德博士担任经济规划和投资部部长。他在尼迈里时期担任达尔富尔地区的地方长官,在联合政府时期主管国内贸易。此次任职后,他大力发展伊斯兰银行,便利伊斯兰阵线的商人购买私有化的公有机构,并加强南部的石油开发。1993 年 7 月,他又被任命为联邦政府事务部长,主要负责协调地方政府与伊斯兰阵线之间的关系,操纵南方的不同政见者,分裂 SPLA。1993 年 7 月,塔哈担任社会规划部部长,新成立的社会规划部合并了教育部、信息部和地方政府的部分功能,管理范围包括伊斯兰基金会、宗教事务、青年事务、妇女问题和援助活动等。塔哈一直主张由全国伊斯兰阵线单独执政,并受到阵线军方领导人的支持。

伊斯兰阵线一边加强内阁组建,同时又不忘加以掩饰,任命了两位非伊斯兰阵线的高官担任部长:阿布杜·阿里·阿齐兹·什杜被任命为大法官,侯赛因·萨拉曼·阿布·萨里赫为外交部长。阿布杜·阿里·阿齐兹·什杜曾是最高法庭的法官,一直致力于改善苏丹的人权形象。而萨里赫则是一个日益孤立的外交部长,他主张解散全国伊斯兰阵线,指责图拉比和塔哈干预外交决策。1994 年,图拉比呼吁召开基督教和穆斯林国际对话会议,萨里赫称会议只是一个学术会议,没有任何外交涵义。他有意淡化图拉比的一些外交行动,如 1994 年和肯尼亚总统会面商讨与 SPLA 的和解努力,及其前往伦敦安排石油开发事宜等。1995 年,塔哈接替萨里赫担任外交部长,把全国伊斯兰阵线的政治权力推到了巅峰。塔哈宣称,他的外交团队将会只在《古兰经》和《圣训》的基础上制定一个全面的政策,并与伊斯兰运动的其他官员协调,保证政策制定的一致性。他说,现在苏丹的外交官"可以毫不犹豫地表达在苏丹文化上正在发生的变化"。就在塔哈控制苏丹的内政外交时,图拉比满意地评价说:"巴希尔政权已经完全完成了我所有的政治抱负。"①

3.全面推行社会生活的伊斯兰化

巴希尔统治初期,苏丹实行的伊斯兰教法是在 1983 年"九月法令"修订基础上颁布的,新法令摒弃了尼迈里时期颇有争议的断手刑和鞭刑,并且不再由总

---

① Ann Mosely Lesch, *The Sudan*: *Contested National Identities*, Indiana University Press, 1998, p.119.

统个人随意决断,而是将伊斯兰教法的实施与教育的阿拉伯化和伊斯兰化联系起来,强调教育的伊斯兰方向,增设伊斯兰教课程,培养为"主道"而奋斗的精神。巴希尔政权在强调法治、纪律和服从的同时,按照"全国伊斯兰阵线"的意旨,制定扫盲计划,在全国成立了 125 个教育中心,负责成人教育,国家对拒绝接受教育者课以重税。① 巴希尔政权还建立了伊斯兰市场经济,实施伊斯兰私有化计划。

新政权试图通过伊斯兰化来改造整个社会,"推动个体的精神发展"。政府禁止学校教授艺术和音乐,因为它会传播对非洲产生有害影响的西方文化,文化部甚至威胁要取缔音乐和艺术家联盟,因为他们是反伊斯兰教的。国家的公共秩序法限制音乐和舞蹈,甚至婚礼庆典,苏丹警察经常会打断一些正在进行的音乐会和婚礼,突击检查一些俱乐部,以查处他们认为可能藏有酒或非传统的服饰。一位英国记者评论说,苏丹政府的行为使喀土穆的政治氛围更加不宽容,幻想主义盛行。一些学术界的伊斯兰教主义者也抱怨政府的行为会导致苏丹内部的偏见和仇恨增长。

在妇女问题上,巴希尔称,"理想的苏丹妇女应当是会照顾自己、抚养后代、照看家庭、维护自身声誉和服侍丈夫的人。"1991 年《家庭法》实施,其内容主要来自于沙里亚法关于继承、离婚、子女监护权等条款。新的《家庭法》延续了沙里亚法的传统,规定妇女在夜晚没有一位男性陪同不得外出,男性不能在女性美容院工作。一些城镇禁止女性天黑后在市场上卖东西,禁止她们在小餐馆工作,禁止男理发师为女性剪头发。另外还规定,禁止妇女独自旅行或乘出租车,禁止女性在有男性的办公室工作,甚至拜访父母、亲戚和女性朋友都需要得到丈夫的允许。1991 年 12 月的总统令规定,女学生和公共领域的女服务人员必须穿着伊斯兰传统服饰。1994 年,教育部规定,女学生的服饰必须能将身体和头包裹严实,高中必须实行男女分校。这些对妇女权利的限制在 1996 年 10 月达到顶峰,喀土穆政府决定在公共场合实行男女隔离制,这些场所包括公交运输、剧院、电影院、婚礼、聚会、诊所等。

伊斯兰阵线一直比较关注教育,他们认为要建立一个理想的伊斯兰社会,对

---

① 吴云贵、周燮藩:《近现代伊斯兰教思潮与运动》,社会科学文献出版社 2000 年版,第471 页。

后代的宗教驯化非常重要。新政权在教育领域的伊斯兰化与其他领域相似,首先是对教育部进行清洗,让一些亲伊斯兰阵线分子担任要职,取缔经选举产生的学校工会。巴希尔成为控制大学的最高指挥,伊斯兰阵线的活动家成为国家高等教育委员会的主席,十所大学的副校长遭到解雇,取而代之的是亲伊斯兰阵线分子。1993 年,巴希尔政府任命一位男性担任喀土穆大学护士学院的院长,原因是女性不适宜担当高等教育的重任,而事实上,自 1960 年以来,护士学院一直是由女性担任院长。同时,教育领域开始实行阿拉伯化,阿拉伯语成为所有公立学校的唯一语言,其目的是要培养民族认同,消除外语词汇的影响,阿拉伯化使南方学生的入学考试变得十分困难。在一些大学,政府命令所有学生不论宗教信仰,一律要学习伊斯兰教。这些政策对高等教育的质量产生了负面影响。在 1992——1994 年间,超过 100 多名大学教授被清除出学校,随后大学师资、实验器材和教材的匮乏,使学校运作变得越来越困难,许多学校不得不把刚毕业的学生聘请回来任教。

医疗保健领域也受到伊斯兰化的干扰。1995 年 2 月,苏丹卫生部取消含有酒精成分的药物进口,声称那些药物违背了沙里亚法。卫生部关闭了 13 家进口麻醉药和糖浆的药物进口公司以及治疗痢疾的有关药物。一位药物进口商说:"我们的人民正在遭受痢疾的折磨,如果禁止药物进口的决定得到执行,痢疾将会在苏丹蔓延,更多人会为此丧命。"①1995 年夏天,苏丹卫生部的报告显示出有关痢疾传播的迹象。事实上,在 1995 年,苏丹的许多医疗保健机构已停止运作,康复项目被取消,80%的药店被迫关闭。喀土穆医院停止了一些复杂手术,透析科也由于缺乏药物而关闭。许多医生对主管医院的民众拯救委员会(Popular Salvation Committees)表示不满,纷纷逃往国外。

4.输出伊斯兰革命

图拉比的泛伊斯兰主义理想的最高体现是伊斯兰教普世主义的实现。为此,图拉比加强与巴希尔的密切合作。1991 年 4 月 25 日至 28 日,巴希尔政府不顾自身在国际社会中的孤立地位,在首都喀土穆召开"阿拉伯与民众伊斯兰大会"(Popular Arab and Islamic Congress),出席大会的有 300 名苏丹人和 200 名来

---

① Ann Mosely Lesch, *The Sudan: Contested National Identities*, Indiana University Press, 1998, p.132.

自 45 个国家的代表,他们大多是阿拉伯国家的激进宗教政治反对派,有些甚至是本国政府通缉的"暴力恐怖分子"。在这次所谓"原教旨主义国际"成立大会上,哈桑·图拉比当选为大会常设机构的秘书长。此次大会被西方媒体称为原教旨主义走向联合和显示力量的一次"誓师大会"。对于图拉比来说,阿拉伯与民众伊斯兰大会是其最高宗教思想乌玛理念的象征。他认为,阿拉伯与民众伊斯兰大会是"在从大西洋到太平洋的穆斯林世界正处于危难时"出现的,其目的是为那些世俗的伊斯兰政权提供一个伊斯兰宗教框架。他宣称,此次大会将世界各地的穆斯林聚合在一起,不论什叶派还是逊尼派,他们都可以在此消弭分歧、共同合作。① 随着阿拉伯与民众伊斯兰大会的召开,喀土穆开始向埃及的伊斯兰教主义者、黎巴嫩真主党、阿尔及利亚的伊斯兰拯救阵线等反政府势力提供特殊训练,从而引起中东和国际社会的广泛关注。1993 年,在尼日利亚举行的"非洲地区民众伊斯兰"大会,同官方伊斯兰决裂变成了大会的主题,苏丹代表在会上宣布退出伊斯兰会议组织。

与此同时,图拉比还与本·拉登建立极其亲密的关系,本·拉登娶图拉比的侄女为第三个妻子。拉登早在 1983 年已开始在苏丹寻求投资机会,1989 年苏丹 6 月政变时,正值拉登与苏联的战争结束,拉登转而开始考虑将力量从阿富汗转移到苏丹。1989 年 8 月,他派基地组织的亲信马姆杜赫·萨里赫出使苏丹,萨里赫在苏丹发现图拉比和伊斯兰阵线都渴望得到国际投资。他返回白沙瓦后,建议拉登加强在苏丹的投资并考虑将基地组织转移到苏丹。拉登接受了建议,于 1989 年底在苏丹建立了公司,总部设在迈克尼穆尔街一个没有明显特征的办公楼里。同时,拉登还在苏丹的许多银行开设账户,存入大批现金,其中包括费萨尔银行在喀土穆、伦敦和马来西亚等地的分行。1990 年 2 月,拉登派本·拉登国际海外公司(Bin Ladin International Overseas Company)的个人代表与巴希尔会面,正式商谈投资苏丹的事宜。拉登在苏丹的商业投资主要是通过苏丹伊斯兰银行、苏丹官方银行和苏丹商业银行来实施的,而这三家公司与图拉比都有着密切关系。1992 年,拉登又建立两家公司,经营范围包括运输、装饰、水果蔬菜出口等。他的建筑公司雇用了 600 名工人修筑从喀土穆到苏丹港的主要

---

① J.Millard Burr and Robert O.Collins, *Revolutionary Sudan: Hasan al-Turabi and the Islamist State,1989—2000*, Brill Academic Publishers,2003,pp.60-61.

公路,并在苏丹港开设了一个代表处,控制着苏丹从武器到农业设施等所有项目的进口,还负责苏丹的棉花、芝麻和小麦的出口。当政府负担不起拉登修筑公路的费用时,卡萨拉北部噶沙河三角洲一百万英亩的土地便被永久性的赐予拉登。另外,拉登还通过图拉比与阿拉伯与民众伊斯兰大会建立联系,利用这个组织掩盖基地组织的国际性活动。

图拉比将伊斯兰运动的广泛群众基础与巴希尔的国家政权相结合,形成了苏丹国家发展道路的新尝试。但这种尝试受一定时间和条件的限制,一旦新政权巩固,维护国家统一与稳定,振兴民族经济又将会成为国家发展的重心。事实上,从一开始,巴希尔与图拉比就是一种权力借重的关系,双方都企图利用对方的优势达到自己的目的,他们之间的政治合作一直伴随着权力的争斗。这种权力之争在 1995 年图拉比势力达到顶峰时表现得越来越明显。1995 年 9 月,苏丹发生学生暴乱,15,000 人走上喀土穆街头,亲图拉比的安全部队和伊斯兰阵线的民兵组织迅速被调遣,镇压游行示威,防止暴乱扩散。巴希尔则非常生气他的情报安全机构没有参与镇压暴乱,后来他以镇压内乱不利,乘机撤换了部分亲图拉比分子,安全机构的运作开始从伊斯兰教主义者转移到军事主义者手中。1996 年,苏丹举行全国大选,巴希尔希望能吸引安萨派、民主联盟党的参与以平抑图拉比势力。1996 年,巴希尔认为图拉比主张的亲伊朗政策有损苏丹与世俗阿拉伯国家的关系。双方的斗争扩大到经济政策、南北内战、对外关系等诸多领域。

1998 年 2 月,苏丹通过《宪法草案》。《宪法草案》规定:"伊斯兰教是多数人的宗教,基督教和拜物教拥有相当多的信徒","伊斯兰教法和全民族在公决、宪法、习惯法方面达成的一致意见都是立法的源泉。"其中并未规定伊斯兰教为国教,只是要求在政治、经济、社会和文化领域的计划、法律、政治和商业中对伊斯兰教给予适当的注意。宪法规定"总统是国家主权的最高代表,军队最高统帅,拥有立法、司法、行政最高裁决权,由全民选举产生,任期 5 年,可连选连任一届",但没有明确规定总统的穆斯林身份。①

巴希尔认为苏丹只能是一元化领导,他坚持总统制,主张扩大总统权力,试图实现总统、总书记和武装部队总司令三位一体,宗教势力将被允许在政府能控

---

① 1998 年苏丹共和国宪法第二部分。

制的范围内,为政治服务。图拉比则力主修改宪法,设立内阁总理,改变由总统主持内阁的局面,并将宪法中由总统任命州长的规定改为由各州直接选举。1999年12月12日,议会表决前,为避免出现不利于自己的地位,巴希尔采取主动,解散议会,宣布在全国实行紧急状态,阻止议会表决架空总统和削弱总统权力的修宪方案的出台。2000年3月,巴希尔宣布延长紧急状态,由于军队改变支持图拉比的立场,使总统处于有利地位。5月初,巴希尔又宣布解除图拉比议长职务,并要图拉比辞去总书记职务,以实现总统、总书记和武装部队总司令三位一体。6月27日,图拉比创建新的反对党"人民全国大会",9月,巴希尔以煽动学生抗议为由,派军队占领该党的办公大楼。2001年2月,由于图拉比领导的人民全国大会党与加朗领导的南方反政府武装签署谅解备忘录,苏丹的安全部门逮捕了他。

四、图拉比宗教理想主义者的困惑

哈桑·图拉比从60年代中期参与苏丹的伊斯兰复兴运动,经历了三届民主联合政府、两届军人专政,其领导的复兴组织为适应斗争需要也曾三度更名。苏丹的官方伊斯兰化政策为图拉比的宗教政治抱负提供了舞台,宗教政党与国家政权的结盟,实现了国家统治结构的暂时稳定,却没有实现民族国家最基本的安定与团结,更谈不上图拉比所向往的理想社会。南北冲突在签订协议和背信弃义之间徘徊,政府权威受到政治反对派的严峻挑战,激进外交也时常阻碍国家外部环境的改善。2005年1月,"苏人解"与巴希尔政府签署《全面和平协议》,而图拉比却被排除在外,其领导的人民全国大会党也受到重挫,图拉比的"伊斯兰试验"最终并没有达到预期的愿望。究其原因在于苏丹国内的政治现状和图拉比的宗教政治理想,以及伊斯兰理论与具体实践之间的诸多矛盾及其影响因素。

1.伊斯兰教的影响和图拉比

伊斯兰教自进入苏丹以来,一直对苏丹的政治发展产生着深远影响。在埃及统治时期,穆罕默德·阿里的现代主义改革思想将宗教改革引入苏丹,导致关注现实、干预政治的"新苏菲主义"产生。英国殖民统治时期,萨曼尼教团的导师穆罕默德·艾哈迈德高举伊斯兰旗帜,发起了马赫迪起义,成为苏丹反殖民主义历史上值得浓抹重彩的一笔。伊斯兰教在苏丹历史上的积极作用在一定程度上使后来的宗教与政治关系发生了改变。第二次世界大战后,苏丹出现宗教组织政党化的趋势,原马赫迪起义参加者的后裔于 1945 年成立了全国最大的政党——乌玛党。在米尔加尼家族基础上发展起来的哈米特苏菲教团则于 1958 年成立了自己的"人民民主党",1967 年,该党与民主联盟合作,组成"联合民主党"。宗教组织政党化还表现在苏丹穆斯林兄弟会的建立以及其他小政党的建立。这些宗教政党是苏丹政坛上的主流政党,极为活跃,时而结成联盟参加执政,时而成为政治反对派,向执政当局施加压力。因此,尽管苏丹的政治力量是通过现代方式组建起来的,但伊斯兰的历史传统仍然决定了苏丹政治中宗教色彩的浓厚。

另一方面,苏丹又是一个多民族、多宗教、多部族的国家,北部属阿拉伯文化,信仰伊斯兰教。南部属黑非洲文化,以信仰基督教和拜物教为主,全国有 19 个种族,阿拉伯人约占 40%,黑人约占 30%,土著居民占 30%,全国约 570 多个部族,方言多达 100 余种,阿拉伯语为官方语言,使用者占总人口的 60%,70% 以上的居民信奉伊斯兰教,多属逊尼派。① 苏丹是联合国宣布的世界最不发达国家之一,经济结构单一,以农牧业为主,工业落后,基础薄弱,对自然及外援依赖性强。国际货币基金组织把苏丹列为无力偿债和不宜提供贷款的国家,于 1993 年 8 月停止其会员国的投票权。因此,要实现国家的统一和繁荣,光靠伊斯兰教是不可能实现的,宗派主义的治国方略只会导致冲突加剧。

图拉比主张苏丹应实现社会的伊斯兰化。他认为离开了伊斯兰社会就谈不上伊斯兰国家,同时宣称早期的伊斯兰社会也不是理想的社会,只是国家在政治层面的表现,因而主张建立在舒拉制度上的伊斯兰民主政治。在实践上,图拉比竭力将派系组织与国家政权结盟,在一定程度上是想借助国家权威来实现其政治目的,并利用这种权威打压反对派。图拉比承认国家政权的权威性,但在实践中并未体现出伊斯兰民主政治的特征。这种理论与实践的背离,决定了图拉比与巴希尔之间的合作实质是相互借重和争权夺利,由此凸显了宗教政党与国家政权结盟的暂时性和过渡性。图拉比虽主张宗教宽容,提倡宗教对话,认为人们对伊斯兰教的理解不能受任何限制,自由是大前提。但在实际上又鼓吹伊斯兰

① 张铭:《现代化视野中的伊斯兰复兴运动》,中国社会科学出版社 1999 年版,第 178 页。

教,鼓励士兵到南部进行"圣战",绿化南方。这种"二律背反"的现象是导致图拉比在苏丹进行"伊斯兰试验"失败的一个重要原因。

2.频繁的政变与政治动荡

苏丹自国家独立后,国内政局长期动荡不定,主要原因在于持续不断的南北内战和军事政变的屡屡发生。苏丹频发的政变为政党活动提供了契机,并造成各政党之间时有分化组合。逃亡国外的前政府官员、军官、北方反对党领袖以及南方反政府武装相互串联,组成反政府的"全国民主联盟",向政府施加压力。政府为缓解过渡时期的矛盾甚至置国家整体利益于不顾来换取主要政党和宗派的支持。与此同时,政变也让新政权感到必须强化集权。苏丹历史上出现的两次伊斯兰化看上去似乎是顺应民心,但实际上都是执政者为了加强权力。尼迈里不仅随心所欲地颁布法律,设立"司法决定法院",自任首脑,而且还以历史上的穆斯林君主自居,要求文武官员的效忠。巴希尔的军人专政虽经过民选总统的转化,却摆脱不了独裁色彩。1998 年,为防止图拉比架空其总统职务,巴希尔先发制人打击图拉比及其领导的全国伊斯兰阵线。2000—2004 年图拉比先后数次入狱,党派斗争变得更加激烈。因此,不稳定的政治结构使执政者感到必须采取一元化集权。同时它也使国内主要政党尤其是反对党感到分享权力的可行性,这种权力集中与权力分散的斗争在一定程度上使苏丹的政治结构变得更不稳定。

苏丹国内现有四个主要政党,它们包括:

(1)全国大会党(National Congress):是巴希尔政府的执政党,前身为苏丹全国伊斯兰阵线,由穆斯林兄弟会演变而成,1989 年政变后成为执政党。1998 年起用现名。1999 年 10 月召开首次全国代表大会,巴希尔总统任全国大主席,哈桑·图拉比为秘书长。2000 年 6 月,全国大召开协商委员会会议,决定免去图拉比全国大秘书长职务,9 月选举易卜拉欣·艾哈迈德·奥马尔(Ibrahim Ahmed Umar)为全国大秘书长。

(2)乌玛党(Umma Party):由苏丹伊斯兰安萨教派第二任教长阿卜杜—拉赫曼·马赫迪于 1945 年 1 月创立。1956 年 7 月起开始走上执政舞台。该党领袖萨迪克·马赫迪(Sadig Al Mahdi)曾任苏丹总理(1985—1989 年)。1989 年现任总统巴希尔发动军事政变,推翻了以乌玛党为主的政府。1996 年 12 月,萨迪克带领部分乌玛党领导人逃亡厄立特里亚,后转至埃及。2000 年 11 月,萨迪克结束流亡返回苏丹,并开始参与苏丹政治事务。2002 年 7 月,由穆巴拉克·法德鲁·马赫迪(Mubarak Al-Fadil Mahdi)领导的乌玛党"改革革新"派脱离萨迪克领导的"主流派",与执政的全国大达成协议,开始参政并进入内阁,该派领导人穆巴拉克任总统助理(2004 年 10 月被解职)。

（3）民主联盟党(Democratic Unionist Party):成立于 1967 年 12 月,是由民族联合党和人民民主党合并组成的。现在苏丹注册登记的民联党为民联党"辛迪派",领导人为谢里夫·宰因·阿比丁·辛迪(Al-sharief Zainal-Abin Al-Hindi),该党部分成员在联邦政府中担任部长职位。现流亡埃及的穆罕默德·奥斯曼·米尔加尼(Muhammed Uthman Al-Mirghani)领导的国外民联党曾参与组建包括加朗反政府武装在内的反对党组织联盟—苏丹全国民主联盟。2001年,国外民联党副主席艾哈迈德·米尔加尼结束 12 年的流亡生涯返回苏丹。2002 年,巴希尔总统、塔哈副总统以及外长穆斯塔法等分别与流亡埃及的反政府联盟主席、民联党主席米尔加尼进行接触和对话。

（4）苏丹人民解放运动(Sudan People's Liberation Movement):简称"苏人解",1983 年 5 月成立,苏丹南方最大的反政府武装,领导人是约翰·加朗。该运动又称"加朗运动"、"人运",其武装力量称"苏丹人民解放军"(SPLA)。主张建立社会经济平等、公正和政教分离的世俗社会,要求平等分配国家权力和资源,并同政府军展开长期的游击战。①

3.南北战争与达尔富尔问题

由于历史因素和苏丹国内在民族、宗教、文化、政治等方面存在的差异与矛盾,苏丹先后爆发了两次南北内战。第一次内战始于 1955 年,止于 1972 年。1983 年,苏丹总统尼迈里颁布《九月法令》,全面实行伊斯兰化,引起南方人的强烈抗议,爆发了第二次内战。1983 年 5 月,以约翰·加朗为首的一些南方官兵发动兵变,成立苏丹人民解放军(SPLA),开始武装推翻政府的活动。近年来,在苏丹政府的努力和"伊加特"斡旋下,苏丹政府先后与南方 8 个反政府派别签署《和平协定》,并谋求与 SPLA 谈判,和平解决南方问题。2000 年底,巴希尔在苏丹总统大选中获得连任后,提出将生存权作为基本权利、确保宗教自由和在地区国家参与调解的框架内坚持和平解决南方问题的两点倡议。2001 年 6 月,埃及

---

① 参见中华人民共和国外交部网站,http://www.fmprc.gov.cn

和利比亚继 1999 年联合提出解决苏丹问题的倡议后,再次联合提出实现苏丹全面和平和解的 9 点建议,苏丹政府表示无条件接受。11 月,美国前总统苏丹和平特使丹福斯首次访问苏丹,提出关于实现苏丹和平的 4 点建议。2002 年 1 月,在美国参与下,苏丹政府与反政府武装在瑞士达成双方在苏努巴山区实现有限停火的协议。7 月,在"伊加特"以及联合国秘书长安南、美英等国的斡旋下,苏丹政府与 SPLA 在肯尼亚南部城市马查科斯就结束内战签署和平议定书,双方就通过和平谈判解决分歧、南方实行民族自决、宗教和国家关系以及维护国家统一等重要问题达成一致原则。2003 年 9 月,苏丹第一副总统塔哈与 SPLA 领导人加朗在肯尼亚奈瓦沙举行内战以来双方首次最高级别特别谈判,并就过渡期内军事与安全安排问题签署框架协议。2003 年 10 月至 2004 年 1 月,塔哈与加朗在奈瓦沙举行第二、第三轮特别谈判,就过渡期内资源分配问题达成一致,并签署《过渡期内资源分配协议》。2004 年 2 至 5 月,塔哈与加朗在奈瓦沙举行第四轮特别谈判,双方就国家权力分配和南方南科尔多凡州努巴山区、西科尔多凡州阿布耶伊和青尼罗河州南部等三地区划分等问题签署了 3 项框架协议。12 月,苏丹政府与 SPLA 在奈瓦沙签署《永久性停火协议》和《全面和平协议的执行步骤协议》。2005 年 1 月 9 日,苏丹政府与 SPLA 在内罗毕正式签署《全面和平协议》(由双方自 2002 年 7 月至 2004 年 12 月所签署的 8 项协议汇总而成)。至此,长达 22 年之久的苏丹内战宣告结束,南北双方铸剑为犁,苏丹进入战后重建和由乱而治的和平历史时期。

就在南北内战即将宣告结束之时,达尔富尔地区危及再起。位于苏丹西部的达尔富尔,人口约 600 万,面积约 50 万平方公里,社会经济落后。当地阿拉伯牧民同黑人农民常因争夺水草资源发生部落冲突。2003 年 2 月,由非阿拉伯人组成的"苏丹解放运动"(SLM)和"正义与平等运动"(JEM)开始进行反政府武装行动,有关冲突造成大量人员伤亡和流离失所。据称,正义与平等运动是由一批亲图拉比分子组成。

2004 年 7 月和 9 月,安理会就达尔富尔问题通过第 1556 和 1564 号两项决议,威胁对苏丹石油等领域实行制裁。2005 年 1 月,根据 1564 号决议成立的达尔富尔人权问题国际调查委员会向安理会提交报告,认为苏丹政府在达尔富尔地区滥施武力等行为,基本构成"战争罪"和"人类罪",达尔富尔地区反政府武装的行为也构成"战争罪"。3 月底,安理会先后通过第 1591 和 1593 号两项新决议。内容分别是就达尔富尔问题对苏丹实施定向制裁以及将有关侵犯人权和违反国际人道主义法的相关责任人交由国际刑事法院(ICC)审判。苏丹政府对第1591号决议表示遗憾,对第1593号决议宣布"完全拒绝"。

在这种背景下,图拉比的伊斯兰政治理想由于缺乏现实基础,它不可能在权力斗争中长盛不衰。相反,其独特的组织运作方式和颇具吸引力的宗教思想,决定了他只能在巴希尔统治初期盛极一时,但最终却不能摆脱被现实政治和现代历史所抛弃的命运。

4.复杂外部环境的影响

苏丹两度走上伊斯兰化道路一方面是受国内政治经济状况的制约,另一方面是受到外来环境的影响。苏丹独立后,为防止受到埃及纳赛尔主义的影响,沙特等极力支持苏丹国内的伊斯兰势力,通过设在苏丹的费萨尔伊斯兰银行向其提供各种援助。六七十年代,中东各国的现代化进程普遍受挫,伊斯兰复兴运动兴起。90年代初,伊斯兰狂潮从东向西转移到北非马格里布地区,阿尔及利亚的伊斯兰拯救阵线甚至已获得议会斗争的胜利,大有夺取国家政权之势。而这些外部环境都对苏丹产生了重大影响,在某种程度上与其国内的两次伊斯兰化呈同步趋势。对于伊斯兰复兴运动,哈桑·图拉比一直持乐观态度。他认为,随着经济发展和社会进步,各国穆斯林之间的交往和沟通越来越多,共同的伊斯兰精神将会得到明显加强,人们对伊斯兰教的认同和穆斯林的团结会抱着一种肯定和支持的态度,现存民族国家的结构和道德基础也将趋于瓦解,代之以伊斯兰教的结构和道德基础。因此,图拉比对90年代以来的世界政治形势作出完全乐观的分析。

而事实上,苏丹的伊斯兰化政策越来越引起世界各国的关注,作为"阿拉伯与民众伊斯兰大会"秘书长的图拉比,其团结的对象大多是穆斯林世界各国的政治反对派,因而引起中东各国政府的不满。苏丹在海湾战争中支持伊拉克的立场和与伊朗接近,以及曾一度支持沙特反对派分子本·拉登,为此沙特断绝了对苏丹的一切援助。穆巴拉克总统刺杀未遂事件发生后,埃及指责苏涉嫌此案,两国关系一度恶化。苏丹与埃塞俄比亚因双方相互支持对方反对派而长期交恶。1993年厄立特里亚独立后,两国时常发生边界冲突。1994年厄宣布与苏丹断交。苏丹伊斯兰主义者的激进政策,也触动了美国的政治神经。1993年,美将苏丹列入支持恐怖主义国家的黑名单。1996年发生埃及总统穆巴拉克遇刺事件后,美推动安理会通过对苏丹制裁决议。1997年,美宣布对苏丹实行单方面制裁。1998 年 8 月美驻坦桑尼亚和肯尼亚使馆发生爆炸后,美称苏丹卷入此事,并指责苏丹生产化学武器,用导弹炸毁了苏丹首都喀土穆的希法制药厂。美国通过控制世界银行和国际货币基金组织冻结对苏丹的经济援助,其国会将苏丹列入世界上支持恐怖主义活动的黑名单。在南北事务上,美以救济战争灾民为由,提出在南方建立安全区,企图干预苏丹内部事务。

　　20 世纪 90 年代末,国际政治的现实性使伊斯兰激进主义没有了市场,图拉比的"伊斯兰试验"也面临更大范围的挑战,他与巴希尔对国际形势的看法和国际关系的演变存在很大分歧。图拉比一直主张苏丹—非洲—伊斯兰的政治理念,巴希尔则显得更为务实,主张与周边邻国缓和关系。在巴希尔的务实政策下,苏丹与周边国家的关系逐渐改善。1999 年巴希尔总统与乌干达穆塞韦尼总统在内罗毕会晤,签署关于恢复两国外交关系、不以武力解决争端和停止支持对方反政府武装的协议。2000 年 9 月,经埃及、利比亚调解,苏乌关系基本实现正常化。同时,苏丹与肯尼亚就两国边境地区现状达成谅解,签署了安全协定,两国关系得到显著改善。肯尼亚与埃塞俄比亚、厄立特里亚、乌干达组成"伊加特"四国调解委员会斡旋解决苏丹南方问题。2001 年 5 月,利比亚领导人卡扎菲访问苏丹。2002 年 3 月,巴希尔总统赴利比亚参加萨赫勒—撒哈拉国家联合体首脑会议。10 月,苏丹总统助理穆巴拉克赴利比亚出席两国一体化最高委员会会议,以加强双边经贸合作。2004 年 11 月,巴希尔总统访利比亚。达尔富尔问题发生后,利比亚积极斡旋并于 2004 年 10 月和 2005 年 5 月就达尔富尔问题主持召开了两次小型非洲首脑会议。沙特自 2000 年巴希尔总统访沙后,便与苏丹恢复了关系正常化。2002 年,沙特提出中东和平新倡议后,苏丹表示支持。6 月,巴希尔总统访问沙特。6 月、12 月,苏、沙两国外长实现互访,并签署了政治、经贸合作框架协议,沙特支持苏丹政府的和平努力并积极在苏丹投资,沙特发展基金会向苏丹麦罗维大坝项目提供贷款 1.5 亿美元。而对于美国与苏丹关系,"9·11"事件后,苏丹积极配合美国反恐,两国关系较前改善。2001 年 9 月底,在美国默认下,联合国取消对苏丹制裁。11 月,美开始介入苏丹南方问题,设立苏丹问题特使,颁布《苏丹和平法》,为达成和平协议设定时间表,并召集苏丹政府与 SPLA 代表赴美磋商。2003 年 10 月,美国务卿鲍威尔亲赴谈判现场,敦促双方加快谈判进程。2005 年 1 月,在美及"伊加特"的斡旋和推动下,苏丹政府与 SPLA 在内罗毕正式签署《全面和平协议》。

五、后图拉比时代的苏丹

2005 年 1 月,在美国、非洲联盟、肯尼亚、埃及等国的大力协调下,苏丹现政府和苏丹人民解放运动(加朗集团)经过近三年的艰难谈判,于 1 月 9 日在肯尼亚首都内罗毕终于签订了苏丹全面和平协议,结束了长达二十四年的南北战争。苏丹全国各大党派及各族人民在首都喀土穆及全国各地举行了多次盛大的庆祝活动,体现了苏丹全国人民迫切盼望实现和平的心愿。该和平协议在过渡期新苏丹团结政府的权力分配、石油资源分配、军事布防、南北地区划分、国际维和部队监督和平协议的实施等重大问题都作了详细的规定。协议规定,苏丹南北和平过渡期为 6 年,自和平协议签字之日起,6 个月为准备期并组建新的苏丹团结政府,6 年过渡期满后,南方人民将就是否与北方统一还是独立的问题进行公投。新政府过渡期前 3 年的总统为巴希尔,第一副总统为加朗并兼任苏丹南方政府主席,现任第一副总统塔哈为第二副总统,其他苏丹国家领导人和内阁各部正副部长人选要经过苏丹国民议会重新选举和任命,过渡期第四年,苏丹全国举行总统大选;在苏丹国民议会和内阁中代表的比例分配为:巴希尔总统领导的苏丹全国大会党占 52%,加朗领导的苏丹人民解放运动占 28%,其他各党占 20%。石油资源分配的比例为:石油总收入扣除 2% 给石油产区各州后,南北方各占 50%。① 苏丹现政府为了表示实现和平的诚意,自 2004 年开始实行此规定。2004 年苏丹南北双方各分得石油净收入 10 亿美元,苏丹国民议会确定将南方所得 10 亿美元用于南方道路和基础建设。

2005 年 9 月 20 日,苏丹总统巴希尔宣布,根据他领导的苏丹全国大会党和第一副总统萨尔瓦·基尔领导的苏丹人民解放运动达成的协议,苏丹首届民族团结政府当天正式成立。组建民族团结政府是落实年初签署的结束 21 年内战的全面和平协议的重要步骤。新内阁任期 4 年,有 30 名部长。原执政党苏丹全国大会党拥有国防、内政、财政、农业等 16 名部长,总理和外交、交通、投资等 14 名部长则由苏丹人解等其他党派人士担任。经过数周艰难磋商,掌管国民经济

---

① 参见中国驻苏丹共和国大使馆经济商务参赞处网站,http://sd.mofcom.gov.cn/

支柱产业石油的能源和矿产部长由原部长贾兹继任,人解成员任能源和矿产部国务部长。

后图拉比时代的苏丹似乎走上了政治和解的进程,"非洲霍梅尼"的时代已经一去不复返。然而历史却提醒人们不要忘记尼迈里执政时期的教训,同样是军人专政,同样是伊斯兰化改革,同样是来之不易的和平协定,会不会被多变的苏丹政治所颠覆仍是一个未知数。但无论如何,图拉比的政治宗教思想,都将在苏丹这个宗教气氛浓厚的国家历史上留下重重的印记。

长期以来,图拉比一直身居苏丹政治的背后,在政治斗争的此消彼长中相机而动,从而使其领导的宗教政党能在两届军人政权中险中求胜,推动政府实行伊斯兰化。但就图拉比本人来讲,他是一个充满矛盾的宗教政治人士,在思想上是一个理想主义者,在实践上是一个现实主义者。他主张社会先于国家,强调建立一个和谐的伊斯兰社会,但没有国家统一,又何来社会安定与和谐,且图拉比在实践中借用国家权威,排挤敌对势力,与其提倡的伊斯兰民主政治背道而驰。他主张伊斯兰教的普世主义,强调伊斯兰的世界新秩序,却又提不出合理秩序的规则与可行性,总是团结各国非主流的政治反对势力,将自身陷于孤立境地。他倡导宗教对话,主张宗教宽容,但又摆脱不了伊斯兰教排他性的特征。图拉比与军人政权的结盟在本质上讲仍是权力斗争的一部分,一旦领导精英进行权力整合,双方的合作实质便暴露无遗,尼迈里统治后期与巴希尔的现行做法即是证明。然而,对于苏丹来说,由于其文化的多元特征,内部稳定仍是苏丹赖以生存的首要条件,是民族国家进行现代化建设和应对全球化必须完成的首要任务。而宗派主义在苏丹完成不了这一任务,它只是在特定时期和特定条件下民族国家发展的伴生物,是宗教势力争夺权力的工具而已。要完成这一任务,务实主义的领导集体和治国方略必不可少。

被称为一场由知识分子领导的"伊斯兰试验"已经结束,图拉比及其领导的政党却确确实实担当起了政治反对派的角色。他对过去的历史进行了深刻的反省,并已完成了一本名为《政府与政治》的书稿,该书对全国伊斯兰阵线的崛起和苏丹政治的起伏进行了总结。图拉比始终认为,苏丹的未来需要发展民主,反对集权。对于有人说他是一个政治机会主义者,没有为苏丹民主做出贡献的指责,他辩解说,那是因为他信错了人,最大错误在于不应当与军人合作,本以为巴希尔政权能够成为苏丹通向民主进程的特洛伊木马,但最终被木马欺骗,也为此付出了沉重代价。年事已高的图拉比并没有摆出一幅政治斗争牺牲品的姿态，仍然精神矍铄，积极参政，宣称他领导的政党仍是目前苏丹最受欢迎的政党，他一方面抨击巴希尔政府侵犯人权，另一方面联合各大政治反对派参加到苏丹政治进程中。与此同时，图拉比的许多思想也在潜移默化，越来越务实。作为苏丹伊斯兰主义者的领头人、两次伊斯兰化的主导者，他宣称不排除支持苏丹总统由基督教徒担任，并表示妇女有权选择嫁给穆斯林还是基督徒或犹太人。

图拉比的政治生涯几经波折，极富戏剧性，有过盛极一时的辉煌，也多有黯然入狱的时刻，他的两次崛起在一定程度上与 20 世纪 70 年代末和 90 年代初中东伊斯兰复兴运动的兴起同步。在世界各地的激进势力逐渐削弱的时候，图拉比与巴希尔的权力斗争也变得更加激烈，最终被军人政权挤下台来，因而不能不让人们对伊斯兰原教旨主义的未来产生思考。在全球化时代，如何维护文明的多样性，如何避免伊斯兰原教旨主义的消极作用，仍是世界各国特别是穆斯林国家面临的一大难题。

第八章　犹太复国主义与后犹太复国主义

　　犹太复国主义产生于 19 世纪末期,它作为一种社会和政治思潮,同早期的犹太宗教文化存在各种内在联系。现代犹太复国主义不仅容纳了不同的犹太思想流派,而且赋予犹太教中的返乡复国以时代内涵,借此实现了古老弥赛亚观念的现代复活。以色列诞生后,犹太多数派中的强硬思潮长期影响着以色列的国家发展朝向和以阿关系,并且规范着犹太复国主义的走向,从而使阿拉伯人和犹太人这两个民族在第二次世界大战后经历了旷日持久的悲剧性冲突。后犹太复国主义是在冷战结束后世界格局和中东政局发生空前变化的历史背景下,在以色列犹太社会中出现的一种新思潮。它依据"新史学家"对大量档案文件和相关史料的深层研究,并联系犹太复国主义的历史发展轨迹和以色列的国内现状,从以色列的国家性质和发展朝向等诸多层面,提出了一系列批判性的观点。但它尚不具备完整的思想理论体系,其支持者主要为犹太左翼力量和身处犹太社会边缘的阶层,因而它自身的力量还十分脆弱,并未摇撼传统和极端犹太复国主义在以色列现政府决策中的话语权及霸主地位。其价值在于,它对犹太复国主义的基本特征和价值以及未来以色列政治的发展构成了不容忽视的潜在影响。

一、犹太复国主义的兴起

　　1948 年,犹太人根据联合国分治决议在巴勒斯坦建立了以色列国。从此,阿拉伯人和犹太人两个民族的矛盾和冲突就演变为当代中东史上的重大问题。阿以冲突围绕巴勒斯坦问题展开,冲突的实质是以色列同阿拉伯国家争夺巴勒斯坦主权的归属。因此,巴勒斯坦问题是阿以冲突的核心。犹太人向巴勒斯坦的"回归"和以色列国的建立发轫于犹太复国主义的产生,也是犹太复国主义长期发展演变的产物。

现代犹太复国主义的出现渊源久远。或者说,它的出现是同早期犹太人的历史紧密联系在一起的。从历史上看,巴勒斯坦地区的原始居民是迦南人,公元前4000年左右,他们从阿拉伯半岛东部沿阿拉伯海一带到此定居。在《旧约全书》中,巴勒斯坦被称为"迦南地"。希伯来人是犹太人的祖先,他们最早出现在阿拉伯半岛的某个地方,并和迦南人、阿拉伯人同属闪米特人的后裔。大约在公元前2000年左右,犹太人向北迁移到现今伊拉克南部巴士拉附近的乌尔定居。公元前1800年,希伯来人进入迦南,后因迦南发生严重的饥荒,又向西迁徙埃及。公元前1230年(又说前1250年),由于不堪忍受埃及法老的奴役,希伯来人在摩西的带领下出走埃及。希伯来人从尼罗河三角洲的东端启程,渡过红海,进入西奈的沙漠旷野。据说,希伯来人在西奈的沙漠旷野中辗转漂泊了近40年,在此期间,摩西宣称上帝耶和华授予希伯来人十条戒律,即著名的"摩西十戒",由此产生了犹太一神教,同时它也促成了希伯来民族统一体雏形的形成。希伯来人重返巴勒斯坦,击败了迦南人和腓力斯人,于公元前1029年建立了统一的希伯来王国,成为历史上最早的犹太国家。希伯来王国经历了扫罗、大卫和所罗门三个王国将近100年的统治。公元前928年,希伯来王国分裂为两个国家:北部称以色列王国;南部称犹大王国。后来,这两个国家分别在公元前722年和公元前586年被亚述帝国和东方新崛起的巴比伦王国所灭,并导致犹太人的第一次大流散,从而结束了犹太人在巴勒斯坦立国的历史。

继亚述人和巴比伦人之后,巴勒斯坦先后又被波斯、希腊和罗马帝国轮番占领。犹太人再度遭受了两次大流散。特别是在罗马帝国统治时期,罗马统治者残酷镇压犹太人的三次起义,犹太人死亡多达150余万人,幸存者几乎全部逃离或被驱逐出巴勒斯坦。至此,终结了犹太民族主体在巴勒斯坦生存了1000多年的历史。

公元637年,巴勒斯坦并入阿拉伯帝国后,其居民、宗教和文化逐渐阿拉伯化。1518年,巴勒斯坦作为一个行省又被纳入处于鼎盛时的奥斯曼帝国的版图,但巴勒斯坦的阿拉伯民族特征没有改变。自巴勒斯坦并入阿拉伯帝国后,阿拉伯穆斯林不断移入巴勒斯坦,同当地原有的居民在千百年的历史进程中,相互融合与同化,形成了现代的巴勒斯坦阿拉伯人。他们世世代代在这里劳作、生息、繁衍,成为巴勒斯坦历史和文化的主要创造者。

另一方面,经历了几次大流散的犹太人却命运多舛。公元 135 年,伴随犹太人反抗罗马人统治的起义以失败告终,犹太人遭到杀戮,圣城耶路撒冷被毁。大批犹太人被迫逃离巴勒斯坦向外迁移,从此犹太人的历史进入了世界性流散的时期。犹太人移居的足迹所到之地:一是小亚细亚、阿拉伯半岛、两河流域和北非地区;二是西欧、东欧和北欧各国;三是后来由欧洲各国远渡重洋移居美国、南非和澳大利亚等地。犹太人的流散几乎遍布世界。然而,在犹太历史上还有一种流散是自愿或主动的,这种情况在圣城耶路撒冷被毁之前已存在。例如,在大卫王和所罗门王时期,就有一些犹太人为了经商而到远方定居。当北方的以色列王国和南方的犹大王国覆灭后,又有更多的犹太人转而移居叙利亚、埃及、巴比伦、希腊和欧洲各地。但是,无论犹太人移居何地,耶路撒冷始终是他们的精神中心以及故土和圣地的象征。总起来说,流散在世界各地的犹太人承受了巨大的屈辱,特别是在基督教实施对外扩张政策后,基督教会对犹太人进行了残酷的迫害,法国、德国、英国、意大利,以及后来的西班牙、葡萄牙和俄国等国都出现了大规模驱逐犹太人的运动。因此,犹太人的散居史是一部充满被歧视与被迫害的苦难史。

19 世纪末期,由于深受欧洲资产阶级启蒙运动和"自由、平等、博爱"思想的影响,同时面对身处流散地的各种悲惨遭遇,欧洲犹太人中率先出现了犹太复国思潮,并成为犹太复国的先驱。自近代以来,倡导和宣扬犹太复国思潮的思想家和政治家主要有:

1.兹维·希尔施·卡里舍尔(1795—1874)。卡里舍尔生于西波兰的里萨,是早期的犹太民族主义思想家。他主张,犹太人获得拯救的第一步是在认同民族家园的前提下,实现流散过程中的局部聚合;第二步是耶路撒冷的犹太人越来越多,并恢复祭坛,从而使犹太人的罪孽得以赦免,使上帝同意"降临他的荣光于他的子民";第三步是进一步实现离散犹太人的聚合,完成救赎,在万民中恢复与强化上帝的圣名与神性。[①] 卡里舍尔的主张集中体现在他撰写的《追寻锡安》这部书中,该书重申了传统的弥赛亚救赎理论,强调先知以赛亚已经预言了犹太人的回归,从而为宗教犹太复国主义奠定了基础。

---

① 张倩红:《以色列史》,人民出版社 2008 年版,第 129 页。

2.摩西·海斯(1812—1875)。海斯出生于德国波恩的一个正统派犹太教家庭,是最早接受马克思主义思想的犹太人,并有"社会主义的犹太复国主义"之父之称。他在青年时代经历了由主张"同化"向犹太复国的转变。海斯是近代第一位在政治上提出犹太复国理论的犹太思想家,他于1862年撰写出版的《罗马与耶路撒冷》一书反映了其犹太民族主义思想。他在书中强调犹太人不是一个宗教集团,而是"一个独立的民族。一个特别意义上的种族"。他认为,要彻底摆脱反犹主义,唯一的办法就是"返乡复国",犹太人回到巴勒斯坦去,恢复古老的犹太国家。他在书中写道:"每一个犹太人,不管是否愿意,在血统上都同本民族的命运休戚相关,紧密相连……每一个人对于以色列的复兴都生死与共、负有责任。"①他提出要在巴勒斯坦建立一个实行土地国有和合作生产的社会主义属性的犹太国。

3.列奥·平斯克(1821—1891)。平斯克是一个出生于波兰的俄国犹太医生,具有自由主义和民族主义思想。他也曾主张通过同化政策来解决犹太人的问题,但在亲历了沙俄政府排犹屠犹的暴行后,遂改变了态度。1882年平斯克以匿名方式在柏林出版了名为《自我解放——一个俄国犹太人对其同胞的警告》的小册子。这本小册子对犹太人问题进行的分析和提出的观点对东欧犹太复国主义运动的发展起到了极大的促进效应。与摩西·海斯相比,平斯克不仅提出了自我解放和复国的理想,而且还制定了具体的实施计划。他主张召开全俄犹太人大会,商议筹措资金,购置一块土地,以供数百万犹太人定居。同时争取大国对这一方案的支持。正是由于《自我解放》这本小册子出版后产生的巨大影响,直接导致了最早的犹太复国主义组织"锡安山热爱者"协会的诞生,并且酿成了紧随其后的欧洲"热爱锡安山运动"的兴起。

4.西奥多·赫茨尔(1860—1908)。赫茨尔出生于匈牙利布达佩斯的一个犹太富商家庭。在犹太人问题上,他最初和同时代的许多犹太人一样,赞成通过同化方式来解决犹太人的问题,甚至倡导犹太人皈依基督教,与非犹太人通婚等。促使赫茨尔改变立场的是发生在巴黎的德雷福斯案件,以及随后在整个法国掀起的反犹浪潮。换言之,德雷福斯案件使赫茨尔转变成了一个犹太复国主义者。1896年,赫茨尔经过长期深思熟虑和充满激情撰写而成的《犹太国》在维

---

① 肖宪:《中东国家通史·以色列卷》,商务印书馆2001年版,第50页。

也纳正式出版。

《犹太国》被犹太人视为一部伟大的著作,它为犹太人勾勒出一幅建立民族家园的宏伟蓝图。这本百余页的小册子由两大部分组成:前一部分阐述建立犹太国家的必要性和迫切性,以及建国的基本思想;后一部分主要涉及建立犹太国家的具体实施步骤,并对未来犹太国的政治形式、宪法、语言、国旗、军队等问题给出了设想。同时,赫茨尔在书中特别强调:"我认为犹太人问题既不是一个社会问题,也不是一个宗教问题,尽管有时它会表现为这样那样的形式。它是一个民族问题,只有通过把它作为一个世界性的政治问题,并由全世界文明国家在会议上来讨论,才能使它得到解决。"①赫茨尔对于犹太复国主义的巨大贡献和极其重要的意义在于,他将犹太复国先驱们的复国思潮引向了一种旨在建立民族国家的国际性政治运动中,从而为犹太复国主义注入了活力和指明了方向。另一方面,他又为犹太复国主义制定了最详尽和最具可行性的建国步骤与方案。

为实现建国之梦,赫茨尔四处奔走,促成了欧洲许多国家犹太复国主义组织的陆续成立,并且最终导致了第一届犹太复国主义者代表大会于1897年8月在巴塞尔的隆重召开。巴塞尔大会取得的两大成果:一是通过了《世界犹太复国主义运动纲领》(即《巴塞尔纲领》);二是成立了世界犹太复国主义组织,并选举赫茨尔为主席。因此,巴塞尔大会是犹太复国主义运动史上的里程碑,它标志着原先分散的、地区性的犹太复国主义运动开始成为了一个统一的、世界性的政治运动。②

巴塞尔大会之后,犹太复国主义运动迅速发展,犹太人加快向巴勒斯坦地区的移居,并且先后在巴勒斯坦建立了一系列称之为"基布兹"的集体农业定居点和"休伊夫"的新型犹太社团组织。1917年,即巴塞尔大会召开后的20年,英国政府基于自身利益的各种考量,遂以外交大臣贝尔福致函英国犹太复国主义联盟主席罗斯柴尔德的形式,发表了《贝尔福宣言》,"赞成在巴勒斯坦为犹太人民建立一个民族家园,并且愿为实现这一目标尽一切努力"。由此使犹太复国主义运动实现了巴塞尔大会上确定的谋求某个大国支持的目标。犹太人向巴勒斯坦的移居在第一次世界大战结束后形成持续的浪潮。1947年11月,即《贝尔福

---

① [奥地利]西奥多·赫茨尔:《犹太国》,肖宪译,商务印书馆1993年版,第21页。
② 肖宪:《中东国家通史·以色列卷》,第61页。

宣言》发表 30 年后,又是在美国和苏联两个大国的支持和运作下,联合国大会表决通过了"巴勒斯坦将来治理问题的决议"(即联合国 181(二)号决议),分治决议规定:英国必须在 1948 年 8 月 1 日以前撤出巴勒斯坦,在委任统治结束后两个月内成立阿拉伯国和犹太国,地理疆域大致根据民族分布的情况来划分:阿拉伯国的面积为 1.12 万平方公里,占巴勒斯坦总面积的 42.8%,包括西加利利、约旦河西岸大部分地区、雅法市的阿拉伯区等,阿拉伯的总人口是 73 万,其中,阿拉伯人 72 万,犹太人 1 万;犹太国的面积为 1.49 万平方公里,占巴勒斯坦总面积的 56.4%,包括上加利利、胡拉盆地、太巴列湖、贝桑地区以及从黎巴嫩边界到雅法南部的沿海地区,犹太国的总人口是 99 万,其中,犹太人 50 万,阿拉伯人 49 万;耶路撒冷及其周围 158 平方公里的土地作为"在特殊国际政权下的独立主体,并由联合国管理"。① 联合国分治决议的通过,实际上是在国际层面为犹太人提供了建国的法律依据。1948 年 5 月 14 日,以色列国在特拉维夫艺术博物馆宣告成立。至此,从 1897 年的巴塞尔大会起,犹太人用了 50 年的时间最终实现了他们梦寐以求的建国之梦。

二、犹太复国主义的宗教文化透视

自 1897 年在瑞士巴塞尔召开的第一次世界犹太人代表大会通过《巴塞尔纲领》以来,犹太复国主义已经历了百余年的发展。由于在不同历史时期,犹太复国主义的基本内涵和政治诉求的变化,以及围绕犹太复国主义问题所衍生的各派别之间的争衡始终未能停止,因此,犹太复国主义作为一种集政治、经济、文化、种族和社会价值取向等诸要素于一体的持久的社会思潮,它不仅对以色列的国家发展朝向,而且对阿拉伯人与犹太人的冲突都构成了异乎寻常的影响。犹太复国主义的起源同它固有的犹太宗教文化和独特的民族历史存在各种内在联系。因此,很有必要从宗教文化的维度来探讨犹太复国主义不同时期的内涵及其主要特征,并由此解读和诠释犹太复国主义的演变,以及犹太多数派同以色列

---

① 张倩红:《以色列史》,第 212—213 页;联合国分治决议全文另见尹崇敬主编:《中东问题 100 年》,新华出版社 1999 年版,第 29—50 页。

阿拉伯人各种互动关系的走向。

犹太教是世界上最古老的宗教之一,一神论和伦理性是传统犹太教的两大基本属性。犹太文化是伴随犹太教而形成的,并打上了极其深刻的宗教烙印,以至于犹太民族的"元典"文化被视为一部完全意义上的宗教学说史。用宗教观念来解释社会文化现象,又以社会文化现象来论证宗教,是犹太文化最显著的特点。① 另一方面,单纯从文化的角度看,犹太教又因其独特的民族历史凸显出它同其他宗教文化体系的差异。这种差异具体反映为宗教与民族关系间特有的整合性和融汇性。换言之,在相当长的历史时空内,犹太教与犹太民族的历史存在浑然一体,而犹太教自身蕴含的独特认知使其总是将一切犹太历史与生活予以完全神圣化,犹太教便被转换成一种现世的和实践的文化体系或文化范式,并且否认宗教与世俗之分。

犹太教在犹太文化规范性整合中的主导地位,注定了近现代犹太复国主义思潮和运动必然围绕犹太宗教思想而引起正、负层面的双重反应。可以肯定地说,肇始于 19 世纪末期的犹太复国主义是一种世俗的社会政治思潮,而且也是由世俗犹太政治家发起的。但它的原动力却主要来自于外部,是由正在走向现代化的欧洲社会所孕育的犹太民族主义思想促成的。诚如著名犹太复国主义史学者沃尔特·拉克(Walter Laqueur)所言:"简言之,犹太复国主义是欧洲,而不是犹太区的产物。"②当犹太复国主义一词出现之日,散居世界各地的犹太社团内部,就存在各种各样的反对派。归纳起来看,大致可粗略地划分为两大类:一类是坚持以宗教弥赛亚救赎思想为使命的正统派犹太教徒。有关历史上宗教弥赛亚救赎思想对于返乡复国这一民族性渴望的文化定位与整合,这是现代犹太复国主义无法也不可能规避的重大问题。就犹太人而言,埋藏于他们心灵深处的"锡安主义"就是犹太复国主义,而"锡安"在犹太人看来则是圣城耶路撒冷的同义词,并泛指整个以色列地。"回归锡安"的说法在第一圣殿被毁之后开始出现。第二圣殿被毁后,犹太民族整体性回归锡安的渴望进而成为古代犹太人宗教中的主流趋向之一,并在犹太弥赛亚信仰及末日论思想中得到宗教力量的诠释性支持。故此,锡安的特殊蕴含充分表述了犹太人对故土耶路撒冷的怀念之

---

① 张倩红:《困顿与再生——犹太文化的现代化》,江苏人民出版社 2003 年版。
② [英]沃尔特·拉克:《犹太复国主义史》,徐方、闫瑞松译,上海三联书店 1992 年版,第 721 页。

情,也成了流散的犹太人宗教生活中的一个核心概念,成为犹太遗产的一部分。① 犹太人坚信上帝最终会对流散的犹太人负责,如同希伯来先知所预言的那样,上帝通过救世主带领其人民回归到和平、仁爱、充满正义的故土上。而此前犹太人所经受的一切苦难都是上帝的考验与磨炼。这一观念在犹太人心中根深蒂固,并形成一种宗教意义上的民族凝聚力。然而,犹太传统宗教中所许诺的返乡复国等末日救赎却是一种绝对理想意义上的完美救赎的场景:"犹太民族将从被其他民族的长久压迫之中解放出来,全体流散的以色列遗民将在没有分割的故土上重聚一起,并按照托拉所有层面上的宗教精神重建犹太生活。同时,这一民族自身救赎也将为世界上的所有民族带来人类整体意义上的完全救赎"。② 显然,现代犹太复国主义思潮有别于或背离了正统派犹太教徒所恪守和尊奉的传统的宗教弥赛亚救赎思想,这种以宗教世俗化为前提,以现代民族主义认同为内核的民族自我解放运动,是继启蒙及解放运动之后,对过去几千年历史中犹太传统文化主导地位的最根本性挑战乃至颠覆。因而它遭到正统派犹太教徒的竭力反对与抨击。正统派斥责现代犹太复国主义放弃了犹太教普世主义和传统的神性救赎定位,是一种世俗的民族主义自救运动。同时它还意味着通过对圣地的物质性移民亵渎以色列地的宗教神圣性。

另一类是主张同化的犹太自由主义派别。自由主义者认为,犹太复国主义完全是一种空想和乌托邦运动。原因在于,"西欧犹太人的同化已经走得很远,返回犹太民族主义是不能容许的。"而且"根据人们的常识,几十万犹太人移居,其余的人实行文化自治,这不是解决办法。"一些早期的犹太复国主义批评者曾断然指出:"相信西欧犹太人可以不被同化,这种想法是个妄想,即使巴勒斯坦存在一个犹太国也不可能,西方犹太人问题最终将通过同化来解决"。③ 另一方面,自由主义还认为,犹太复国主义者所谓的民族复兴与犹太教的目标也是不一致的。按照德国犹太自由主义者的看法,为了达到和保护纯洁一神教在古代也许曾需要一个民族国家。但是一旦达到这一目的,即这些信念为以色列人所接受就不再需要一个领土中心。相反,按照天意,犹太人应该被遣散到各地去做上

---

① Geoffrey Wigoder, *New Encyclopedia of Zionism and Israel*, Iondon and Toronto:Associated University Presses,1994,Vol.Z.p.1433.

② 刘金忠:《犹太教复国主义研究》,博士论文,西北大学 2003 年,第 11—12 页。

③ [英]沃尔特·拉克:《犹太复国主义史》,徐方、闫瑞松译,第 474 页。

帝思想无限威力的见证人。促进先知思想在流散地的实现是以色列子孙后代的使命。① 英国自由主义犹太教发言人克劳德·蒙蒂菲奥（C.G.Montefiore）在他的《自由主义犹太教和犹太民族主义》一书中更是直截了当地写道："犹太自由主义者不希望，也不祈求恢复犹太人的巴勒斯坦。建立犹太国将重现一个犹太上帝，这是与时代相悖的。"②美国犹太教联合会也在其成立声明中宣布：反对在巴勒斯坦或者其他任何地方建立一个犹太民族国家，不同意强调种族主义，强调犹太人这个民族以及理论上的无家可归。我们反对这些学说，因为它们有碍巴勒斯坦、美国或其他地方犹太人的幸福。③ 世界各地的犹太自由主义派别如此强烈地抵制犹太复国主义，从表象上看，是由宗教文化认知和政治观点上的分歧所致。但通过表象，还有更深层的原因。鉴于世界范围内曾数次出现大规模的反犹浪潮及其对犹太人带来沉重灾难的历史记忆，尤其是当国际反犹情绪并未消除的情况下，已被同化的犹太自由主义者极度担心和恐怖因犹太复国主义的兴起而导致所在国政府和国民对他们的怀疑与疏离，进而危及犹太人自身的地位和权益。这是人们在探讨犹太自由主义者和各派别何以反对犹太复国主义者时不可忽视的一个潜在因素。

尽管流散在世界各地的犹太人社团内部存在各种类型的反对派，在外部世界依然存留着强大的反犹势力，现代犹太复国主义者勇敢而又理性地面对来自各方的挑战和压力。那些深受人文主义、启蒙运动及法国大革命血与火洗礼的世俗犹太政治家一方面借助伴随西方民族主义兴起而衍生的"自由"、"平等"、"民主"、和"解放"等现代理念，合理地整合容纳不同的犹太思想派别，调和、削弱彼此间的分歧与差异，抑或将传统犹太教中的返乡复国观念赋予时代内涵，并逐渐把多数犹太人统一到"犹太人问题既不是一个社会问题，也不是一个宗教问题，尽管它有时会表现为这样的或其他的形式。它是一个民族问题。"这样一个带有根本性的命题上。并由此实现了古老的弥赛亚观念的现代复活。另一方面，世俗犹太政治家同样充分利用了外部的反犹主义。他们凭借犹太人屡遭排斥和迫害的事实，不断唤起和强化犹太人悲剧性的历史记忆，激发犹太人的民族

① ［英］沃尔特·拉克：《犹太复国主义史》，徐方、闫瑞松译，第484页。
② ［英］沃尔特·拉克：《犹太复国主义史》，徐方、闫瑞松译，第485页。
③ ［英］沃尔特·拉克：《犹太复国主义史》，徐方、闫瑞松译，第496页。

凝聚力,最终促使深埋于犹太人心中的重建犹太国的这一沉睡观念得以苏醒,从而将犹太人引入了犹太复国主义的轨道。

三、以色列犹太各派别及其思潮的剖析

1948 年以色列根据联合国安理会分治决议诞生后,有关犹太复国主义问题的争论无论在以色列国内还是在外部世界,并未完全平息和终止。不同的是,犹太复国主义的基本内涵发生了变化。其焦点集中体现在以色列的国家发展朝向以及它同巴勒斯坦阿拉伯人的关系上。

概括地讲,以色列是在大国的扶植下,由散居世界各地的犹太人的不断回归而形成的一个国家。在以色列现有的 750 余万居民中,犹太人为 600 万左右,约占全国总人口的 80%以上,其余主要为巴勒斯坦阿拉伯人。因此,犹太人是以色列的多数派,巴勒斯坦阿拉伯人为少数派。但是,通过回归移居以色列的大多数犹太人,在他们到达以色列之前并不懂希伯来语,他们对犹太历史和文化,甚至对犹太宗教及其仪式的了解都极为有限且十分肤浅。只是到后来才对犹太国家和犹太复国主义的目标有所认识。[①] 另一方面,这些犹太人在原居住国或在先前隶属的犹太社团所受社会、文化和教育的熏陶则给他们打上了不同思想和意识形态的印迹。正因为如此,以色列建国后,围绕以色列的国家性质,犹太人对巴勒斯坦阿拉伯人的态度,以及巴勒斯坦阿拉伯人的社会地位等问题随之成为犹太复国主义发展变化的新内容,并在犹太各派别中出现了新的分化与组合。

剖析和考量以色列建国后犹太复国主义的新发展不能回避两个关键问题:一是犹太多数派对待以色列阿拉伯公民和普遍意义上的巴勒斯坦人的态度;二是犹太多数派如何看待巴勒斯坦阿拉伯人的存在。关于第一个问题,以色列国内主要存在两种截然不同的观点。第一种观点被以色列巴勒斯坦学者哈里里·纳赫尔(Khalil Nakhleh)称为"壕沟论",他认为多年来犹太人一直在强化对以色列阿拉伯公民的态度,并不断显示出强硬立场。特别是在涉及阿拉伯人传统,他

---

① Hanna Herzog, "The Right to be Included: Israeli Jewish-Arab Relations", *Discussion Paper*, Tel Aviv University, 1990, (3), p.88.

们的财产及权利问题上犹太人采取了顽固的、毫不妥协让步的立场。这一观点普遍得到巴勒斯坦人和以色列阿拉伯社会各阶层的认同。第二种观点主要以犹太学者萨梅·斯摩哈(Sammy Smooha)为代表,他提出了"温和论"。他认为犹太人多年来不断显露出与阿拉伯人谋求融合调解的态度。在犹太人与以色列阿拉伯人共存的问题上,例如与阿拉伯人个体的关系,对巴勒斯坦问题的解决,为阿拉伯人争取平等方面,犹太人明显表现出了不断积极地向阿拉伯人的需要和诉求以及他们渴望获得的地位的方向推进。

关于第二个问题即犹太多数派如何看待巴勒斯坦阿拉伯人的存在,这个问题敏感而复杂,因而在以色列国内出现了多种派别和多元的政治观点。以色列国内的专题研究者对各派别政治态度的梳理和分类也很不相同,甚至存在各种歧见。现做如下分析:

1."拒绝派"。按照纳赫尔的观点,所有以色列的犹太人,除了少数非犹太复国主义者团体外,都坚持对以色列的阿拉伯公民采取一致的强硬政策,他们支持为"犹太的"目标而侵占阿拉伯公民的财产。同时在保证阿拉伯公民同犹太多数派享有平等权利和接受阿拉伯人作为平等公民的问题上缺乏诚意。纳赫尔认为,所有这些做法都归因于拒绝阿拉伯人的思潮。①

2."安抚派"。这一派在政治上将犹太人划分为左翼和右翼两大集团。这两个集团对待以色列阿拉伯公民的态度存在差异。左翼拥护者所持立场比右翼更具安抚性,因而得名。但在涉及国家的性质和发展朝向问题时,两者的立场趋于一致,并且都认同以色列是一个犹太国家,应确保犹太人不可动摇的权威地位。左翼和右翼的差异仅仅体现于对以色列阿拉伯人是采取温和态度还是强硬态度这些具体策略手段的动作上。

3.萨梅·斯摩哈认为,犹太多数派对以色列阿拉伯人的存在可划分为四种思潮。(1)最富自由主义的是"和解"思潮。这一思潮支持赋予阿拉伯人充分的公民权,使其享有平等并能融入以色列主流社会。该思潮还认为,犹太复国主义与民主政体之间看起来并无矛盾,但若选择民主政体则与犹太复国主义的性质相抵触。(2)"实用主义"思潮。它要求给予阿拉伯人平等权,但却坚持确保以色列的安全利益及其犹太复国主义的特性。这一思潮主张为阿拉伯人谋求更多

---

① Khalil Nakhleh, "Israeli's Zionist Left", *Journal of Palestine Stadies*, 1978, (2), pp.88-100.

的平等,拒绝在阿拉伯人之上建立一个军事政权,并努力缩减犹太人与阿拉伯人之间在社会经济上的巨大差异。同时承认国家在作为阿拉伯人的代表方面做得不够。(3)"强硬派"思潮。它首先考虑的是国家的安全需要及国家的犹太性和复国主义特征,最为强调的是犹太复国主义特征而不是它的民主性,并竭力支持对阿拉伯人采取强硬管制。其成员认为阿拉伯人不可信赖,怀疑阿拉伯人是对国家安全的一个潜在威胁。同时反对将缩小犹太人与阿拉伯人之间的经济差距作为国家的中心目标。(4)"排他主义"思潮。该思潮认为阿拉伯人应毫无异议地接受犹太人的领导,否则就离国出走。其支持者不接受在阿拉伯人的手下工作,并认为国家为阿拉伯人做得太多了。[①]

4.与萨梅·斯摩哈对犹太派别的分类有所不同,另一位犹太学者哈纳·赫尔佐克(Hanna Htrzog)认为,犹太多数派对阿拉伯人的存在可以五类社团或党派来区分。(1)固执的民族主义,它支持和认同以色列犹太人享有独一无二的支配权,并坚信国家的安全问题已证明对阿拉伯人采取不妥协的态度是正确的。该思潮基于这样的假设:以色列的阿拉伯人与犹太人的敌人关系密切,而且阿拉伯人仍将保持同犹太敌人的这种密切关系。因此,阿拉伯人也必须相应地被怀疑,并被置于犹太人的监管之下。这一思潮主要以右翼党派的支持者为代表。(2)自由的民族主义,它认为犹太人处理阿拉伯人的问题时必须讲究实际,以便降低阿拉伯人作为安全威胁的危害。同时还要引导阿拉伯人为国家最大限度地效忠。其成员相信存在"善良并忠诚的"阿拉伯人,这些人应被优待,而"不良并敌对的"阿拉伯人应以铁拳来对付。该思潮以利库德的支持者和部分工党的拥护者为代表。(3)犹太民主政体,该派别主要思考如何给予阿拉伯人最大的平等而不会冲击国家的犹太复国主义特征。其观点受到以色列工党自由派的支持。(4)"全体平等"的思潮,它赞成在享有国家公民权的基础上,给予阿拉伯人充分平等,并竭力强调国家民主和人人平等的理念。同时认为在犹太特征和民主特征之间产生抵触时,国家民主和人人平等的理念更应被强调。该思潮主要以犹太复国主义左翼支持者为代表。(5)"无争论"派,它认为犹太人和阿拉伯人应该绝对平等,而且在任何情况下民主都应该优先于犹太复国主义而被考虑。

① Sammy Smooha,"A Typology of Jewish Orientations toward the Arab Minnoriyt in Israel",*Asian and African Studies*,1989,(13),pp.155-182.

同时主张阿拉伯人在任何方面都是平等公民。该思潮以犹太人中极少的非犹太复国主义者或反犹太复国主义者团体为代表。①

从上述分析中，可以看出，以色列犹太多数派在阿拉伯少数派的存在及其应享有的权益和地位等问题上所持的观点，显现出多元化的色彩。但犹太强硬派所坚持的立场和主张仍为主流思潮。实际上这种态势早在1995年的一项广泛的以色列民意抽样调查中已得到了证实。根据这项调查，以色列犹太多数派中，约有70%以上的人数赞同以色列为一个犹太国家，甚至是一个犹太种族的国家。同时主张强化犹太复国主义的特征，犹太人享有特权，并支持国家对巴勒斯坦阿拉伯人的现行管制政策。这种态势的长期维持取决于多种因素。其中最重要的因素之一是，以色列历届政府及其国家机关一直在竭力运用各种策略与手段延续和强化着建国前的犹太复国主义夙愿及目标的"责任感"，由此为犹太复国主义的新发展提供了适宜的土壤和气候。同时又在某种意义上孕育和催生了以色列建国后的"大以色列"民族扩张主义势头。

四、后犹太复国主义的基本观点和主张

20世纪80年代和90年代之交，伴随两极格局的崩溃和东西方冷战的结束，和平与发展成为当今世界的两大主题。与此同时，全球化趋势的迅猛进展又引发了世界经济和政治秩序的重大调整与变革。在国际"热点"中东地区，由于海湾战争的结束和西班牙马德里中东和平国际会议的召开，为地区局势朝着缓和方向的转换营造了一种空前的和平氛围，并且由此启动了作为阿以冲突标志性转折的中东和平进程。

面对国际和地区局势的各种新变化，在以色列国内，一些人开始更理性地重新审视和反思诸如犹太复国主义，以色列国家的目标、特征及其未来，阿以冲突和以色列犹太多数派同阿拉伯少数派的关系等问题，并力图探寻出一种更符合历史原貌的客观诠释。在涉及上述问题展开的一系列大辩论中，以色列学术圈

---

① Hanna Herzog,"The Right to be Included:Israeli Jewish-Arab Relations", *Discussion Paper*, Tel Aviv University,1990,(3),p.90.

内尤其是在大学的校园里,一种尚处于萌芽状态的新的社会思潮初显端倪,并立刻在以色列犹太社会产生强烈反响。这一思潮便是后犹太复国主义。

后犹太复国主义的倡导者主要是以色列国内的一群颇具政治头脑和思维敏捷的年轻学者,其领军人物为本·古里安大学的本尼·摩里斯(Benny Morris)教授和海法大学的艾兰·佩普(Ilan Pappe)博士。还有一批新近崭露头角的"新史学家"。后犹太复国主义者通过对大量焦点性的档案、文件和相关史料的深层研究,并联系犹太复国主义的历史发展轨迹和以色列的国内现状,从以色列的国家性质和发展朝向、舆论宣传和国民教育、以色列阿拉伯少数派的公民权利、经济全球化与政治民主化,以及以巴冲突等层面,提出了一系列批判性的观点。

1.关于犹太复国主义的分野

后犹太复国主义者从意识形态和思想流派的视角将以色列国内的犹太复国主义划分为三大派,即传统犹太复国主义、新犹太复国主义和后犹太复国主义。① 艾兰·佩普认为,在以色列的三大思想流派中占主导地位的是传统犹太复国主义,主要为工党和利库德集团所属,它自以色列建国伊始便在政府的推动和支持下作为最具影响力的主流理论而存在。新犹太复国主义是对犹太复国主义的极端化诠释,它是正统派拉比与极端民族主义定居者之间不稳定的联盟,并得到犹太精神领袖的支持,其成员大多来自以色列的右翼或极右翼党派。新犹太复国主义竭力将犹太宗教和民族主义作为防止以色列分化和分散的黏合剂,并且断言建立一个民族的和宗教的神权政体是解决以色列面临的内外问题的最佳选择。后犹太复国主义是犹太复国主义过渡阶段的一种犹太现象,它力图对以色列的未来做出一种诠释。后犹太复国主义主张,以色列应该形成一种公民身份,形成一种旨在适应自由民主的普遍价值标准的制度框架。任何一个民族在实质上及制度上都不能凌驾于其他少数民族之上。同时,它对以色列现今构成的国家的合法性不予认同。坚信以色列必须在民主性或犹太性两者之间选择其一。它还强调,应接受以色列支离破碎的现实来昭示有必要把以色列变成所有居民的国家,而不是牺牲其他集团的认同感来彰显单一集团的认同感。

后犹太复国主义认为,在以色列犹太社会和政坛长期扮演主角的传统犹太

---

① Ilan Pappé, "The Square Circle: The Struggle for Survival cf Traditional Zionism," edited by Ephraim Nimni, *The Challenge of Post-Zionism*, London&New York: Zed Books, 2003, p.43.

复国主义是历届以色列政府推行的一系列主要政策和计划的基石,其政治中心和专业精英们正是通过传统犹太复国主义的理念来审视以巴问题的。而且,它也是"当时在奥斯陆的以色列的和平建筑师构建和平的思想基础"。① 但在后冷战时代,传统犹太复国主义面临来自各方的挑战,其中主要的挑战来自右翼,因为右翼的观点是一种对犹太复国主义极端的和暴戾的阐释,它作为犹太复国主义的边缘替代方案存在于利库德和修正主义派别中,盛行于宗教犹太复国主义的教育中心。故此,传统犹太复国主义正在通过一场自救手术,以便把犹太复国主义从右翼的新犹太复国主义和左翼的后犹太复国主义两个敌手的夹击中拯救出来,而自救手术是在自由主义、人文主义和犹太复国主义的名义下实施的。传统犹太复国主义称其自救手术是一场人文主义的、自由主义的和社会主义的民族运动,它将带给土著的巴勒斯坦人进步和现代化,让沙漠焕发生机,重建毁坏的城市,引入现代农业和工业,并惠及包括犹太人和阿拉伯人的所有民众。②

2.对以色列历史阐释的质疑和反思

后犹太复国主义的批判性观点涉及对以色列历史的基本看法。20 世纪 80年代末期以来,一批"新史学家"在以色列学术界异军突起。他们通过对大量焦点性档案文献史料的研究和甄别,同时走访了一些至今仍健在的曾经历过 1948年前后许多事件的目击者和当事人,随后完成并发表了一批著述。这些著述真实地披露了大量巴勒斯坦民众从他们的家园和栖身之处被暴力残酷驱逐到邻国难民营的史实。同时,这些著述还"揭示了以色列对历史的描述如同它在国内以及向全世界所散布的那样,充斥着曲解和偏见,以便来迎合以色列与阿拉伯世界之间的政治论战和宣传战的需要。"③"新史学家"的研究和著述为后犹太复国主义洞察以色列的过去、了解和分析当代以色列的社会状况提供了客观依据。后犹太复国主义者认为,与其他任何民族运动相比较,犹太复国主义具有更多的两面性:一方面,犹太复国主义运动是一场犹太人反抗压迫和迫害的民族解放运

---

① Ilan Pappé, "The Square Circle: The Struggle for Survival of Traditional Zionism", edited by Ephraim Nimni, *The Challenge of Post-Zionism*, London & New York: Zed Books, 2003, p.54.

② see David Ohana, *The Last Israelis*, Tel Aviv, Am Oved (Hebrew), 1997.

③ As'ad Ghanem, "Zionism, Post-Zionism and Anti-Zionism in Israel", edited by Ephraim Nimni, *The Challenge of Post-Zionism*, London&New York: Zed Books, 2003, p.98.

动;另一方面,从其复国计划来看,它对本土巴勒斯坦人的压迫、剥削和排斥,又使他在组织和发展形式上成为了一个殖民国家。而且,正是由于犹太复国主义运动的异质性,在犹太复国的大部分历史时期,其主要动力就是掠夺和驱逐巴勒斯坦人,并利用各种时机,尽可能地控制巴勒斯坦的各种资源,从而达到建国的目的。后犹太复国主义还认为在犹太复国历史上有两个最重要的里程碑:一是1948年的大灾难,那时候以色列版图内的巴勒斯坦人相继沦为难民,或者说,巴勒斯坦人在自己的家园内转而成为受军事当局管制的少数民族;二是1967年的战争,以色列用武力征服并占领了巴勒斯坦的剩余部分,致使其居民无家可归。基于犹太复国主义的本质和特征以及以色列在建国前后一直把征服土地、市场和劳动力作为其追求的目标,后犹太复国主义给出的结论是,犹太复国主义是一个殖民主义者的计划,它在道义上应受到责难,并带有先天性的弊病,这正是今天以色列面临的国内外困境的主要原因。① 与此同时,后犹太复国主义者主张,以色列应选择建设一个市民社会,承认后犹太复国主义者对历史的论断,并从过去的黑暗中看到未来的光明。这包含了一个全面和平的巴勒斯坦,没有任何歧视的真正民主,一个能给弱势群体和遭遇不公的少数人带来希望的更加平等的社会。②

3.对舆论宣传和国民教育的批评

后犹太复国主义者认为,以色列的舆论宣传和国民教育部门长期被新犹太复国主义者所把持和控制,新犹太复国主义者自20世纪80年代以来不断通过与被占领土的定居者,以色列犹太社会中已丧失权力的阶层结成联盟 来扩大自身的影响。新犹太复国主义对犹太宗教和极端民族主义的狂热,造成以色列的学校和教育系统退回到了用陈腐的和极端犹太复国主义的方式阐释历史和社会的地步。教育的"努力方向是在中、小学生中用新犹太复国主义的方式强调犹太复国主义信条,"而且要让小学生"根据新犹太复国主义的理解来学习这片土地(以色列)的历史——形成他们对未来的看法。"另一方面,新犹太复国主义又通过编撰具有明显右翼色彩和倾向性的历史教科书来向学生和读者灌输极端犹

---

① Ilan Pappé, "The Square Circle: The Struggle for Survival of Traditional Zionism", edited by Ephraim Nimni, *The Challenge of Post-Zionism*, London & New York: Zed Books, 2003, pp.46-47.

② Ilan Pappé, "The Square Circle: The Struggle for Survival of Traditional Zionism", edited by Ephraim Nimni, *The Challenge of Post-Zionism*, London&New York: Zed Books, 2003, p.60.

太复国主义和极端民族主义的理念。例如,在庆祝以色列建国 50 周年之际,教育部为中小学生编写了一部《以色列 50 年》的历史书。这部书长达 3 卷,是一部有关以色列 1948 年建国以来的编年史著作。然而,"这本书几乎没有任何地方提到巴勒斯坦人——1948 年战争中没有;1966 年以前以色列军事政权下的居民中没有;1967 年战争以来以色列占领下的西岸和加沙地带的人口中也没有。巴勒斯坦难民的出现不需读者追根溯源,读者只需关注巴勒斯坦恐怖主义的存在,也不必知道由于何种缘故使它在 20 世纪 60 年代的某个时候产生的。"①后犹太复国主义者断言:"这种教育套路只会产生一种毕业生:种族主义者、孤立主义者、极端的民族中心论者。"②

4.关于全球化和以阿冲突

后犹太复国主义的出现在很大程度上同后冷战时代全球的发展、全球化和后现代主义的流行密切相关。后犹太复国主义认为,由于以色列社会和政治中长期蕴涵的多样性,冷战的结束和全球化的迅猛发展,使以色列真正进入到了一个多元文化的社会。就后犹太复国主义的发展来说,一个颇具影响力的要素是它在对西方民族国家自由民主政体的剖析中,发现国家主义与民族主义所发挥的作用在不同程度地降低或削弱。这一现象同全球化进程的加快相联系,因为民族国家中具有内聚性的身份认同,正在被时下强劲而广泛的全球化趋势促成的大规模变革所冲淡。全球化对褊狭的、种族观念浓厚的以色列产生的冲击导致后犹太复国主义的出现。这极大地显示了犹太复国主义从单一的同种民族国家计划向更加庞杂、后现代的公民性更强、自由民主程度更高的计划的转变。如果全球化变革破坏了领土、社会及其成员相互之间的关系,那么"自由的"后犹太复国主义趋势的出现则是对那些重大变革的回应。以色列社会的集体主义和唯意志论的精神内核将被后现代资本主义价值观所替代,从而成为一个更加注重个人主义导向的、注重享乐主义的消费者社会。据此,后犹太复国主义认为,这一变化进程将对以巴冲突的和平解决起到一种重要的催化剂作用。同时,全球化和经济自由化将逐步把以色列由一个尚武的福利社会转变为一个寻求和平

① Ilan Pappé, "The Square Circle: The Struggle for Survival of Traditional Zionism", edited by Ephraim Nimni, *The Challenge of Post-Zionism*, London&New York: Zed Books, 2003, p.57.

② Ilan Pappé, "The Square Circle: The Struggle for Survival of Traditional Zionism", edited by Ephraim Nimni, *The Challenge of Post-Zionism*, London&New York: Zed Books, 2003, p.55.

和个人利益的社会。①"和平和个人化","和平和利益"、"和平和繁荣"这些口号表达出一种思想,就是全球化与和平存在因果联系。②另一方面,后犹太复国主义还认为,在全球化大趋势下,融入世界市场需要经济自由化,并且必然会刺激政治民主化。他们据此判断,尽快结束以阿冲突以及使以色列和中东地区融入全球化进程的诉求,已经导致以色列国内形成了寻求和平和消除犹太复国主义国家的民族歧视性质的社会力量。经济变化、自由化和私有化则在以色列催生了一个正在成长的阶层或阶级,他们的利益在于结束以阿冲突,构筑经济一体化的新中东,并促成以色列的世俗化和民主化。③此外,后犹太复国主义还从流散犹太人的视角对犹太复国主义进行了解读,并认为以色列后犹太复国主义的论战将对犹太散居者社团的民族精神、集体认同和生活方式产生有益的影响。犹太社会不应把宝贵的精力与资源奉献给以色列政府来支持它同巴勒斯坦人的冲突,那是一场与他们现实生活环境不相联系的遥远的冲突。这样,犹太社会就可以集中精力建设充满活力的流散犹太人的组织机构,从而为文化多元主义的制度作出决定性的贡献,而这也正是他们生存和种族延续的必不可少的条件。④

5.关于美以关系及对美国和西方的建议

以色列同美国和西方国家存在一种特殊关系。从一定程度上讲,以色列并非是完全独立的国家,它在以阿冲突中的行动能力取决于它把本国利益与美国利益相协调的能力。以色列对巴勒斯坦当局的政策必须符合美国反恐战争的框架,就是一个例证。⑤后犹太复国主义者建议美国和西方,重新界定中东地区关于进步、稳定和福利的相关要素,"以色列这个扭曲了的'中东唯一民主国家'的

---

① see Gershon Shafir and Yoar Peled, *Being Israeli*: *The Dynamics of Multiple*, Cambridge, Cambridge University Press, 2002. Quoted from Ephraim Nimni *The challenge of post-Zionism*. London & New York: Zed Books, 2003, p.18.

② see Uri Ram, "The Promised Land of Business Opportunities: Liberal Post-Zionism in the Global Age", in Gershon Shafir and Yoar Peled(eds), *The New Israel*: *Peace Making and Liberalization*, Boulder, Colo: Westview, 2000, p.29.

③ Avisha Ehrlich, " Zionism, Anti-Zionism, Post-Zionism ", edited by Ephraim Nimni, *The Challenge of Post-Zionism*, London & New York: Zed Books, 2003, p.87.

④ Ephraim Nimini, "From Galut to T'futsoth: Post-Zionism and the Dislocation of Jewish Diasporas", edited by Ephraim *The Challenge of Post-Zionism*, London & New York: Zed Books, 2003, p.118.

⑤ Avisha Ehrlich, "Zionism, Anti-Zionism, Post-Zionism," edited by Ephraim Nimni, *The Challenge of Post-Zionism*, London & New York: Zed Books, 2003, p.95.

自我形象确应受到美国和欧洲人的挑战。""要从头考察犹太复国主义的复杂动机，并综合分析恐怖、野心和利益交织而成的一个复杂网络是如何左右当今以色列人的。""西方继续把以色列当成阿拉伯蛮荒世界的一个民主堡垒的做法已成为一个障碍，它妨碍了以色列国内那些致力于创造能为所有居住在以色列和巴勒斯坦的人带来福祉的人文和市民社会的人。"①后犹太复国主义还主张，美国及其欧洲盟友共同对以色列施加压力。因为"没有外来压力，以色列国内要发生变化的希望甚小。但这种压力不必采用制裁和联合抵制的形成，而应是阻止性的，以便产生一个更加牢固的新的犹太复国主义思路，这是基于西方真正支持市民社会和民主社会的需要。西方必须抛弃那种根据在冷战中是否亲西方，或是在中东的背景下根据亨廷顿等学者提出的现代化理论来判断是否具有民主的潜能这样一些标准来认同各社会的做法。"②

　　从上述对后犹太复国主义基本观点和主张的概括可以看出，后犹太复国主义显然是一种完全不同于传统和极端犹太复国主义的新思潮，堪称犹太复国主义的"另类"。但总体上说，它尚不具备完整的思想理论体系，一些观点和主张还没有最终定型。即便是使用或者是诋毁后犹太复国主义这一词汇的人也对其定义都持有不用看法。第一个将后犹太复国主义论战介绍给以色列外部世界的犹太学者劳伦斯·塞波斯坦（Laurence J.Siberstein）对它给出的、并得到不少人认同的表述是："一般来说，后犹太复国主义是一个术语，它适合于当前流行的一系列批评性观点，这些观点把犹太复国主义理论以及这种理论所带来的历史叙述、社会和文化表述看作问题。像犹太复国主义这个术语一样，后犹太复国主义也包含了一系列的观点。对于后犹太复国主义这一术语不断增长的使用显示，很多以色列人越发觉得犹太复国主义所提供的概念、框架已远远不能满足需要。对于批评家们来说，后犹太复国主义构成了对犹太复国主义基本原理和价值的挑战。对辩护者们来说，后犹太复国主义的批评构成了以色列变成一个完全的民主社会所必备的先决条件。"③

---

① Ilan Pappé,"The Square Circle:The Struggle for Survival of Traditional Zionism", edited by Ephraim Nimni,*The Challenge of Post-Zionism*,London & New York:Zed Books,2003,p.62.

② Ilan Pappé,"The Square Circle:The Struggle for Survival of Traditional Zionism", edited by Ephraim Nimni,*The Challenge of Post-Zionism*,London & New York:Zed Books,2003,pp.61-62.

③ Laurence J.Siberstein,*The Post-Zionism Debate*,New York and London:Routledge,1999,p.2.

五、后犹太复国主义的社会反响及评价

冷战结束后世界格局和中东局势的变化以及以色列社会政治和文化中蕴涵的多元性,是后犹太复国主义萌生和滋长的土壤。但后犹太复国主义目前在以色列国内仍是一股处在缓慢发展中的新思潮,其支持者主要为犹太左翼力量和处于犹太社会边缘的阶层。因此,后犹太复国主义本身也是边缘和脆弱的,并没有动摇传统和极端犹太复国主义对以色列现政府有关巴勒斯坦和以阿冲突决策的霸主地位。

然而,后犹太复国主义的观点和主张刚一问世,就在以色列国内掀起轩然大波。同时,在大学校园、学术界和教育领域围绕后犹太复国主义问题展开了一场唇枪舌剑的持续大论战。怀疑、谴责、抨击、诋毁、谩骂和打压,连同鼓励、认同和赞赏等各种正、负效应瓢泼般地都冲着后犹太复国主义涌来。这场论战甚至超出了以色列本土,波及散居在外的犹太人和亲以色列的美国院外游说集团。犹太复国主义右翼势力发动声势浩大的运动,对后犹太复国主义的倡导者背离犹太教宗旨及对后犹太复国主义的支持者进行强烈指责。① 以色列教育部长利摩尔·利维奈特(Limor Livnat)女士采取断然措施,决定对以色列中学里使用的九年级历史教科书《变化的世界》发出禁令。因为她认为该课本具有后犹太复国主义性质,不适宜爱国主义的弘扬,并责成各学校将所有该书的副本都用碎纸机予以销毁。她还强调,她以教育部长的身份,打算着手进行一项宗教性运动,以便使后犹太复国主义思想退回到它应在的位置。②

在学术圈内针对后犹太复国主义观点的各种讨伐性文章、撰稿和论著充斥以色列的传媒与报刊杂志。它们反唇相讥,抨击后犹太复国主义有意歪曲历史去迎合反犹太复国主义的思潮。一些颇具知名度和拥有极高学术地位,并一直坚持远离"非学术问题"的主流历史学家和社会学家也被卷入到大论战中。这些重量级专家教授虽不否认后犹太复国主义者所披露的"事实"与"发现",但却

---

① see Solomon Socrates, "Israel's Academic Extremist", *Middle East Quarterly*, Fall 2001.

② Limor Lirnat, "A World of Falsehood", *Jeruslem Post*, March 19,2001, p.8.

质疑后犹太复国主义学者的"专业性",攻击其研究理论与思想背景的"缺陷"。为了批驳后犹太复国主义,"这些专家和教授用改良主义的观点来阐释犹太复国主义、1948年战争和建国初期的以色列,它们使用最频繁的词汇就是'例外'。这些改良主义者声称,如果19世纪后期践行的犹太复国主义带有殖民主义色彩,如果1948年战争犯有暴行和实施驱逐,如果建国初期出现歧视和滥用暴力的现象,那么这些都是特例而不能告诉我们规则就是这样。规则仍然保持不变——犹太复国主义从理论到行动都糅合了人文主义和自由主义。"①

还有一些后犹太复国主义的反对派认为,目前以色列国内的后犹太复国主义具备以往自由主义的后犹太复国主义的基本要素。它的产生不应被过多地看作是由于自由主义所维护的一个广大社会阶层近期在以色列国内的出现,而更多的是由于社会主义集团的崩溃和西方社会民主主义的衰微这一背景。后犹太复国主义是资本主义全球化在中东地区所表现出来的具有当地特征的以色列的一个思想流派。后犹太复国主义是弥赛亚宗教犹太复国主义的对立面,但它也与社会主义的反犹太复国主义相对立。②

在以阿冲突和中东和平进程问题上,后犹太复国主义的反对派同样抵制和反对后犹太复国主义关于以色列国内"和平意愿"的增长取决于内部因素,取决于那些从以色列对外部世界开放过程中获益者的经济利益的判断。他们认为,和平进程是由外部力量强加给以色列的。而且,随着几项正式和平条约的签署,以色列将不会变得更加世俗和民主。相反,将会强化"种族民主"的氛围,更倚重犹太民族传统、"温和的犹太教"以及犹太人的宗教信条。③

后犹太复国主义的思想观点不仅在以色列受到来自学术界的口诛笔伐,而且他们自身也承受着社会的无形压力和不公正待遇。例如,曾联合签署声明,支持学生拥有拒绝为被占领土服役权利的以色列高校250名教员被当局指控犯有煽动罪并遭到被法律制裁的威胁。后犹太复国主义的主要倡导者和支持者佩普博士被迫离开了以色列远赴英国埃克塞特大学任教。其他仍未被任用的后犹太

---

① Ilan Pappé,"The Square Circle:The Struggle for Survival of Traditional Zionism",edited by Ephraim Nimni,*The Challenge of Post-Zionism*,London & New York:Zed Books,2003,p.48.

② Avisha Ehrlich,"Zionism,Anti-Zionism,Post-Zionism",edited by Ephraim Nimni,*The Challenge of Post-Zionism*,London & New York:Zed Books,2003,p.64.

③ Avisha Ehrlich," Zionism, Anti-Zionism, Post-Zionism ", edited by Ephraim Nimni, *The Challenge of Post-Zionism*, London & New York:Zed Books,2003,p.78.

复国主义者人士则发现他们面前的道路布满了重重障碍。

但尽管如此,后犹太复国主义思潮的萌生和成长,在以色列已是一个不争的事实。诚如一些"中立的"犹太学者所说,后犹太复国主义者即使在以色列不占主流地位,那也将是对犹太复国主义思想的主要挑战。后犹太复国主义被冠以最令人振奋的"先驱"思想的称谓,并与西方社会科学的最新发展并驾齐驱。[①]他们还强调,围绕后犹太复国主义的论战具有异乎寻常的清晰度和活力,它着力解决一些相互矛盾的困难与问题,诸如回答以色列应该是一个犹太国家还是一个民主国家,以及同时寻求实现这两项目标时即刻遇到的和潜存的问题。论战削弱并公然抨击了为犹太复国主义运动的官方叙述提供智力和学术支持的以色列主流政治科学。同时主张把后犹太复国主义的起源作为在以色列社会科学中和以色列社会中的一个主要过渡阶段来进行反思,而新一代研究者及学者应意识到他们对学术研究和论争的重要职责,决不能简单的不计代价地去迎合或支持犹太复国主义那种老生常谈的论调,要对已确立的犹太复国主义"真理",持有一种更加冷静、理性的态度,并以独立、公正、均衡和超然的眼光去看待和评价犹太复国主义真理的智力作用。

事实上,后犹太复国主义的反对派在肆无忌惮地诋毁和攻击后犹太复国主义的思想观点时,它们也不得不承认后犹太复国主义者对以色列官方的"历史即记忆"(history-as-memory)的观点提出了论据确凿的批评,这些批评无疑已动摇了为那些在巴勒斯坦定居的犹太复国主义者提供公正合法解释的犹太复国主义史料编撰法的前提。同时,新史学家的"发现"及其主张对以巴历史再界定的动议,将在当代和未来以巴关系的重新定义上产生重大而直接的影响。[②]

美国哥伦比亚大学教授,1935 年出生于耶路撒冷的著名美籍学者爱德华·W.赛义德(Edward.W.Said)对后犹太复国主义者和新史学家们的评论或许更值得令人深思。赛义德对佩普敢于破除旧习的才气和摩里斯等人的调查研究表示极大的赞赏。他批评巴勒斯坦和阿拉伯同行对后犹太复国主义的研究方法未能给予充分的重视,而后犹太复国主义者正是运用这种方法为巴勒斯坦人的穷困

① Nira Yuval-Davis, "Conclusion: Some Thoughts on Post-Zionism and the Construction of the Zionism Project", edited by Ephraim Nimni, *The Challenge of Post-Zionism*, London & New York: Zed Books, 2003, p.182.

② Ephraim Nimni, *The Challenge of Post-Zionism*, London & New York: Zed Books, 2003, p.6.

状况提供了严肃的证据。赛义德对后犹太复国主义者在打破犹太复国主义构建的神话时所显露的博学及缜密态度表示极度钦佩。① 同时他呼吁巴勒斯坦人也有必要投入到探索其自身神话及国家理念的类似的批评性研究中。另一方面，赛义德也毫不留情地指出了后犹太复国主义的局限性。它对后犹太复国主义者都不愿意从他们自己调查研究的证据中给出结论，不愿意对犹太复国主义者定居巴勒斯坦的行为进行谴责表示诧异和惊愕，以至于赛义德认为摩里斯和齐维·斯顿赫尔（Zeev Sternhell，后犹太复国主义的代表人之一）的论著中充斥着"非常严重的、近乎精神分裂症的矛盾。"②他号召巴勒斯坦人同后犹太复国主义者和新史学家进行持续的、不懈的对话。

赛义德的看法同另一位后犹太复国主义的评论者彼得·安德森（Peter Anderson）的观点不谋而合。安德森认为，后犹太复国主义学术成就的出现是近年来最受欢迎的进步现象，他对这些杰出的智力成果表示认同，并称赞后犹太复国主义者所具有的大胆无畏的研究和毫不妥协的批评风格。但他又指出，后犹太复国主义者是勇气和怯懦的混合体，他们之中的大多数人是分析问题的雄狮，而在给出结论方面则是绵羊。③ 由此可见，后犹太复国主义自身的局限性决定了其研究体系中的缺失。

唯物史观认为，任何事物的形成和发展都有一个相当长的培育过程。在一个传统观念和传统势力极其强大的社会中，一种新的意识形态或新思潮能够得到人们广泛的认同，更需要经历长期的各种形式的检验。自 1897 年在瑞士巴塞尔召开第一次犹太人代表大会通过《巴塞尔纲领》以来，犹太复国主义已经历了百余年的发展。世俗犹太政治家在漫长的历史演进中，通过与不同时期犹太复国主义各派别的无数次较量和融合，最终才逐渐把多数犹太人统一到"犹太人问题既不是一个社会问题，也不是一个宗教问题，尽管它有时会表现为这样的或其他的形式。它是一个民族问题。"④这样一个带有根本性的命题上，从而将犹太人引入了犹太复国主义的轨道。作为尚处于萌芽状态的后犹太复国主义新思

---

① Edward.J.Said,"New History,Old Ideas",in *Al-Ahram Weekly*,May 21-27,1998.

② Ephraim Nimni,*The Challenge of Post-Zionism*,London & New York:Zed Books,2003,p.8.

③ Peter Anderson,"Scarrying towards Bethehem",in *New Left Review*,second series,No.10,July-Augnest 2001,pp.22-25.

④ ［奥地利］西奥多·赫茨尔：《犹太国》，肖宪译，商务印书馆 1993 年版，第 21 页。

潮,其生命力和发展前景同样需要时间的考验。然而,不可否认的是,后犹太复国主义的出现已对以色列政治的发展构成了不容忽视的潜在影响。它让人们清晰地听到了有别于传统和极端犹太复国主义长期把持和垄断的以色列政坛主流意识的不同声音,而且这种声音开始向外部世界传播。其意义至少可以归纳为以下几点:(1)后犹太复国主义迫使传统犹太复国主义者变更或重新界定他们对以色列人和犹太复国主义者的理念,同时对以色列政治制度的地位及其特征做出新的评价。(2)后犹太复国主义的出现表明犹太复国主义已在发生变化,宗教弥赛亚主义式微,而且它在以色列撤出所占领土之后,因失去自身存在的主要理由而将进一步衰落。极端正统派也不能为大多数人提供一种公认的生活模式,因为它是一个分裂出来的,有着强烈自我优越感的教派。因此犹太复国主义迫切需要探寻一种更适应以色列不同阶层犹太人口味的"开明的犹太教"的公共表述。(3)它第一次打破了以色列学术界的长期禁忌,使后犹太复国主义成为被接纳的合法话题。不仅如此,后犹太复国主义的批判性观点甚至得到以色列传媒的关注,并在已拍摄成的电视纪录片中反映出来,①从而对以色列犹太社会的"话语霸权"产生超常的潜在影响。同时它还引发了以色列教育工作者对有关过去历史及现状的教科书的真实性与客观性的思考。更令后犹太复国主义鼓舞的是,以色列的校园里,后犹太复国主义的政治细胞亦在教师和学生身上滋长,②这将为后犹太复国主义的发展预留空间。(4)后犹太复国主义的脱颖而出及其仍处于边缘状态的事实一方面显示了以色列犹太社会意识的多元色彩,以及它所蕴含的包容性和自由性。但另一方面,它也折射出以色列犹太社会也是一个诸多矛盾的集合体,而犹太正统派在以色列主流社会占据的"霸主地位"则预示着变更犹太国家的发展朝向和给予阿拉伯少数派平等公民权的艰难性和长期性。

---

① Ilan Pappé, "The Square Circle: The Struggle for Survival of Traditional Zionism", edited by Ephraim Nimni, *The Challenge of Post-Zionism*, London & New York: Zed Books, 2003, p.56.

② Ilan Pappé, "The Square Circle: The Struggle for Survival of Traditional Zionism", edited by Ephraim Nimni, *The Challenge of Post-Zionism*, London & New York: Zed Books, 2003, p.59.

第九章 当代伊斯兰潮与伊斯兰复兴运动

当代伊斯兰复兴思潮及其运动是战后中东国家在推进现代化过程中出现的一种重要的社会思潮。从本质上讲,它所反映的是传统伊斯兰教的变迁与中东各国推进现代化之间的各种互动关系。伊斯兰教和现代化各有其内在的系统整体性和微妙的依存性,但要会通彼此的契合点或从中找出二者之间演进的潜在规律,绝非易事。中东历代的思想家、政治家和伊斯兰精英人士在现代化的进程中前赴后继地进行着各种尝试,但都未能从根本上解决两者之间的矛盾和问题,以至于伊斯兰复兴思潮周期性地反复出现。当代伊斯兰复兴思潮及其运动主要关涉两大问题:一是对第二次世界大战后中东国家社会变革和现代化运动的反思与批判;二是对处于困顿和式微中的传统伊斯兰文化和价值观的重新肯定,同时也是对迅速渗透的西方文化和意识形态的抗拒。当代伊斯兰复兴思潮及其运动迸发的原因、具体内涵、表现形式、发展阶段、追求的目标和未来走向等,在中东各国既有共性,也存在差异。这些都需要给出符合实际的客观判断与评价。

一、"伊斯兰革命"与中东伊斯兰潮的勃兴

1.回归宗教的革命

20 世纪 70 年代,以伊斯兰原教旨主义为主导的宗教复兴思潮在中东盛行。1978—1979 年伊朗爆发由宗教领袖霍梅尼领导的伊斯兰革命,延续半个多世纪的伊朗巴列维王朝在伊斯兰革命的狂飙中寿终正寝。伊朗伊斯兰革命的胜利震撼了整个世界,同时也将战后中东地区的伊斯兰复兴运动推向了高潮。

伊朗伊斯兰革命的导火线是库姆事件。1978 年 1 月,伊朗官方报纸《消息

报》发表了一篇未署名文章,抨击宗教领袖霍梅尼。库姆随即爆发大规模抗议和游行示威活动。政府出动军警镇压,造成 70 人死亡,400 人受伤。由此引发了伊朗全国范围内的日益高涨的反对巴列维国王的群众运动。这场群众运动随着势态的不断发展,逐渐演变成为以宗教力量为主导的旨在推翻巴列维王朝的革命。1978 年 12 月 16 日,巴列维国王在一片反对声中神情黯然地登上专机,踏上一去不复返的流亡之路,并且最终客死他乡。与之相反,1979 年 2 月 1 日,备受推崇和众望所归的霍梅尼结束流亡生涯凯旋般地飞回伊朗首都德黑兰。随后,在霍梅尼的领导和支持下,伊朗原教旨主义教士逐步牢固掌握了国家政权,并在伊朗建立新的"伊斯兰共和国"。

霍梅尼新建的伊朗伊斯兰共和国,实际上只是由少数伊斯兰什叶派高级教士执掌国家大权。根据 1979 年 12 月伊朗颁布的新宪法,"伊斯兰共和国只承认真主的统治","民法、刑法、财政、经济、行政、文化、防务和政治等所有法律和规章必须依据伊斯兰的准则";规定"教士依据《古兰经》和真主的传统发挥永恒的领导作用";赋予霍梅尼至高无上的权力,包括任命最高法院、批准议会人选,任命总统、统帅全国武装部队,决定宣战和媾和、发布特赦等。同时,设立了"宪法监护委员会,议会通过的法案未经其批准不能生效,委员中半数是由最高宗教领袖任命的教士"。[①] 教士们还成立了伊斯兰共和党和伊斯兰革命卫队,设立了伊斯兰法庭、伊斯兰革命委员会和建立圣战者组织等,从而形成了一整套独立的党政军和僧众社团体系。因此,霍梅尼在伊斯兰革命胜利后在伊朗建立的是一个地道的宗教领袖制的全面伊斯兰化的神权国家。同时,它也成为 20 世纪 70 年代中东地区伊斯兰复兴运动的一个中心。

从表象上看,伊朗伊斯兰革命的爆发起因于宗教,但透过表象可以看出,它有着深刻的政治、经济和社会等方面的复杂原因,是愤怒的伊朗民众对巴列维王朝背离伊朗具体国情的现代化实践的逆向回应。

伊朗宗教力量之所以能够在推翻王朝的革命中扮演主角,并且随后成为 70 年代末和 80 年代初中东地区伊斯兰潮的中心,取决于伊朗什叶派穆斯林在伊朗所具有的广泛而雄厚的社会基础和强大的召唤力,以及什叶派同伊朗世俗王权

---

① 刘竟、安维华主编:《现代海湾国家政治体制研究》,中国社会科学出版社 1994 年版,第 275—276 页。

之间的长期斗争。伊朗在 16 世纪初将伊斯兰教什叶派的十二伊玛目派确定为国教。自那时起,什叶派教义在伊朗成为占统治地位的意识形态。1906 年,伊朗的宪法又规定宗教领袖具有立法、司法和监督教育等权利,不经 5 名以上高级教士组成的"常设委员会"同意,国王不得批准任何法律和法令。这种状况使什叶派在伊朗社会生活中具有极大的影响,并对王权形成钳制。在伊朗现代史上,世俗王权同宗教神权之间的斗争、妥协和合作交替出现,但斗争远远大于合作。原因在于,世俗王权不断对宗教神权进行削弱和打击。巴列维王朝的创建者礼萨·汗早期仿效凯末尔模式在伊朗实施变革,在社会、政治、经济、文化和教育等领域对什叶派力量构成了无情挤压,王朝政教关系趋于恶化。因此,"在礼萨国王统治的整个时期,什叶派宗教人士虽然沉默不语,但一直是他的敌人"。① 处于蛰伏状态的什叶派始终在积蓄力量寻找向世俗王权发难的时机。

礼萨·汗的继承者巴列维在 20 世纪 60 年代初发动的"白色革命"也是一场社会变革运动。其初衷是为了尽快摆脱伊朗落后的社会和经济结构的束缚,加速推进伊朗的现代化。同时将伊朗传统的地主阶级改造为现代资产阶级,促进小农阶级的发展和工人地位的相应提高,为王朝统治构建新的社会基础,以便早日实现王权统治下的西方资本主义发达国家的美梦。但随着"白色革命"的深入进展和伊朗国力的骤然增长,巴列维急剧膨胀的权欲、专横和独裁使伊朗的社会改造和现代化偏离了既定目标,走上了一条脱离伊朗国情的疯狂和畸形的发展道路。这种发展模式最终将巴列维推向了伊朗社会各阶层民众的对立面,从而为什叶派宗教势力的崛起,并在全国发动和领导反对王权的伊斯兰革命创造了条件,它使伊朗人民反国王的斗争,以什叶派宗教势力同王权之间的矛盾为表现形式而展开。貌似强大的巴列维王朝顷刻间土崩瓦解。

伊朗革命的胜利结束了由巴列维王朝领导的君主制现代化运动。这场革命是在伊斯兰旗帜下由霍梅尼为首的什叶派教士集团领导的反对世俗专制王朝的"全民起义",故此又被称为"伊斯兰革命"。从实质上看,这是一场具有浓厚宗教色彩的反帝反封建的资产阶级民族民主革命,因而具有进步的历史意义。但革命成功后,伊朗的全面伊斯兰化则是一种倒退,并且意味着伊朗走向现代化的

---

① ［苏］E.H.多罗申科:《伊朗的穆斯林什叶派传统与当代现实》,转引自《西亚非洲》1982 年第 1 期。

发展道路是艰难而曲折的。

2.中东伊斯兰潮的泛起

伊朗现代化运动的失败和伊斯兰革命的成功似乎印证了有关"现代性孕育着稳定,而现代化过程却滋生着动乱",以及"现代化早期阶段的标志是常常有宗教原教旨主义运动的出现"①的结论。伊朗伊斯兰革命胜利后,旋即在中东各国产生强烈共鸣和回应,广大穆斯林视其为"现代史上伊斯兰少有的胜利",并受到巨大鼓舞,中东各国陆续掀起复兴伊斯兰的轩然大波,从而构成了 20 世纪 70 年代末和 80 年代初的中东伊斯兰潮。

伊朗伊斯兰革命酿成的伊斯兰潮首先在素有"伊斯兰盟主"之称的沙特阿拉伯引起连锁反应。1979 年 11 月在沙特圣城麦加发生的原教旨主义者武装攻占麦加大清真寺的事件就是其中的典型事例。

1979 年 11 月 20 日,即伊斯兰教历 1400 年的第一天,一个名叫朱海曼·乌塔比的宗教极端分子及其姻兄弟卡塔尼在麦加大清真寺晨拜时开枪打死领拜的伊玛目,同时自称是人们期待已久的马赫迪,扬言"马赫迪和他的人将在圣寺寻求藏身之地和保护,因为他们到处受到迫害,除圣寺外别无求援之所"。② 随后,约 2000 名宗教武装分子完全控制了圣寺,并胁迫寺内的祈祷者承认他们就是降临人间的马赫迪。事件发生后,沙特政府立即调集军警,包围圣寺。另一方面,沙特国王请求宗教权威机构拟定出一份"费特瓦"(宗教裁决意见),要求反叛者放下武器,否则将以武力镇压。经过 45 天的僵持,沙特政府最后还是以武力控制了局势。据说在冲突中沙特士兵阵亡达 2700 人之多。乌塔比及幸存的追随者共 63 人被押解出圣寺,受到审判,并且分别在 8 个城市里被处以斩首的极刑。在这些被处以极刑的人中还有一些外籍人,其中包括 10 名埃及人、7 名也门人、3 名科威特人、1 名苏丹人和 1 名伊拉克人。这些外籍人有不少是在麦地那大学学习伊斯兰神学的留学生。

麦加事件不是一个孤立的偶发事件。它体现着变革年代沙特社会新旧两种势力之间的矛盾和斗争。乌塔比出身于阿拉伯半岛著名的乌太巴部落,该部落

---

① 塞缪尔·P.亨廷顿:《变化社会中的政治秩序》,王冠华等译,上海三联书店 1989 年版,第 38、35 页。

② Joseph.A.Kechichan,The Role of The Ulama in The Politics of an Islamic State:The Case of Saudi Arabia,*International Journal of Middle East Studies*,Vol.18,No.1,February 1986.

同阿拉伯半岛上的其他著名部落一样,既是沙特王权的同盟者,也是早期现代沙特国家基础的有机组成部分,并在沙特社会占有重要地位。但随着战后沙特王国现代化的发展和新兴官僚、技术阶层的出现,其社会和政治地位受到严重削弱,并切身地意识到他们在政治决策时被抛在了一边,因而感到迷惘,同时伺机表达他们对日益增长的现代资本主义势力的仇视。另一方面,阿拉伯半岛的部落和部族通常是和传统的宗教文化及其价值观紧密联系在一起的。乌塔比在沙特代表保守的宗教极端势力,以他为首的宗教极端派认为在沙特社会变革和现代化发展中出现的各种新事物是对传统宗教文化的"侵蚀"和"玷污",而且也是由于沙特统治者在宗教和道德方面的松弛与堕落所造成的。因此,他们呼吁在政治上废除对沙特家族的效忠,并以武力铤而走险,试图从意识形态上影响或阻止沙特的社会变革。

在麦加事件发生之时,沙特王国的东方省还发生了什叶派穆斯林的"骚乱"。什叶派是沙特的宗教少数派,人口约 50 万人,主要居住在盛产石油的东方省。什叶派穆斯林主要从事与石油工业相关的工作。在沙特石油工业中占有相当分量。但长期以来,什叶派穆斯林在社会上一直受到各种歧视和不公正的待遇。同时,沙特当局还禁止什叶派信徒公开举行自己的宗教仪式活动,特别是在"阿术拉日"举行阿里次子侯赛因殉难的纪念活动。什叶派穆斯林认为,在沙特社会中,逊尼派位居第一等,基督教徒位居第二等,犹太教徒为第三等,最后才是什叶派信徒。[①] 因此,什叶派穆斯林对沙特政府及其当权者一直存在愤懑情绪。

1979 年 11 月下旬,即"麦加事件"发生后不久,卡提夫及其附近居住的什叶派穆斯林决定公开集会,举行纪念"阿术拉日"活动,以抵制沙特政府的禁令。11 月 28 日,沙特军警试图驱散在卡提夫参加"阿术拉日"活动的大批什叶派穆斯林,从而激怒了群众。于是,冲突升级,事态恶化。愤怒的什叶派信徒袭击英国—阿拉伯银行、焚烧汽车、捣毁商店橱窗。骚乱很快开始向邻近卡提夫的赛哈特和其他什叶派穆斯林聚居区扩展,拉斯塔努拉和达兰周围的石油设施也遭到不同程度的破坏。在持续三天的骚乱中,示威者高举霍梅尼的画像和标语牌,抨

---

① Abir Mordechai, *Saudi Arabia in the Oil Era: Regime and Elites, Conflict and Collaboration*, Croom Helm Ltd,1988,p.154.

击沙特家族和"美帝国主义者"。他们高呼反美口号,要求沙特停止向美国供应石油,支持伊朗的伊斯兰革命,还有一些人甚至要求在哈萨建立伊斯兰共和国。① 为防止事态扩大,沙特政府向东方省紧急调兵,被派往出事地的国民警卫队在对抗中向什叶派信徒开枪射击,有 17 人被当场打死,许多人被打伤,几百人被逮捕②。1979 年 11 月什叶派骚乱平息后,哈萨和卡提夫地区在霍梅尼返回伊朗周年之际,又发生了第二次骚乱。许多青年学生高呼反政府和反美的口号,再次出现了焚烧汽车的场面,而且沙特银行又成为示威者袭击的目标。这次骚乱持续了 7 天之久。在事件中,有 4 人被打死,许多人被逮捕。③

沙特东方省什叶派穆斯林的"骚乱",其性质不同于麦加事件。东方省什叶派穆斯林在宗教旗帜下掀起的伊斯兰潮主要是为了在沙特社会变革和现代化进程中维护和争取本教派应享有的更多的政治、经济和宗教权益。由此显示了伊斯兰潮所追求目标的多元性。

埃及是最大的阿拉伯国家,在阿拉伯世界的地位和影响举足轻重。1981 年 10 月 6 日,埃及为庆祝十月战争胜利 8 周年举行盛大阅兵式。在这次阅兵式上,埃及总统萨达特遇刺身亡,实施此次暗杀活动的也是埃及的宗教极端组织。

萨达特遇刺是继伊朗伊斯兰革命和沙特阿拉伯的麦加事件后在中东地区发生的又一次重大事件,并成为 20 世纪 70 年代末和 80 年代初以伊斯兰革命为"震源"而波及中东和亚非广大地区的当代伊斯兰复兴运动高潮的重要组成部分。它是当时埃及国内政治、经济和社会各种矛盾激化的集中反映,是困惑的穆斯林对埃及社会发展和现代化所带来的各种问题的一个非理性的激烈反应,是埃及原教旨主义极端势力发展的必然结果。

穆斯林兄弟会是埃及最大的伊斯兰原教旨主义宗教组织。截至 1981 年 9 月,它在全国已建立 1500 个分会,估计会员人数 20 多万,同情者和支持者有 200 多万。④ 同时它还控制着数家银行、商店、企业、医院和十几所大学、经济实力雄厚。穆斯林兄弟会自 1928 年成立以来,一直同政府保持着一种十分微妙的关

① Abir Mordechai, *Saudi Arabia in the Oil Era*: *Regime and Elites*, *Conflict and Collaboration*, Croom Helm Ltd,1988,p.155.

② *Midde East Report*,No.10.October 1980.

③ *Midde East Report*,No.10.October 1980.

④ 钟山:《埃及穆斯林兄弟会的产生发展》,《西亚非洲》1982 年第 1 期。

系。双方之间合作与对抗并存,但在更多的时候,穆斯林兄弟会扮演的是反政府的角色。特别是阿拉伯国家在"六·五"战争失败后,兄弟会加强了地下活动,鼓吹埃及的战败是因为纳赛尔"脱离了伊斯兰原则",只有发动全体穆斯林的"圣战",才能战胜以色列。同时它们还试图以伊斯兰原教旨主义取代世俗的纳赛尔主义。

除穆斯林兄弟会之外,埃及国内在"六·五"战争之后又出现了一些更具极端性的宗教组织。其中包括"圣战组织"、"穆罕默德青年"、"伊斯兰解放组织"、"穆斯林社会"、"赎罪与迁徙组织"、"真主的战士"等。[①] 这些组织因主要从事诸如扣押人质、绑架、暗杀、攻击外国和政府设施等暴力恐怖活动而身背恶名。它们被政府视为非法组织,并遭到严厉打击。

埃及的宗教极端组织暗杀萨达特,并在国内掀起狂热的伊斯兰潮,其主要原因可归结为三点:一是反对萨达特在经济领域推行的自由开放政策。尽管这些政策在促进埃及私营经济发展和提高国民经济增长率方面发挥了一些积极作用,但也产生了一系列负面的社会问题。其中最突出的是日趋严重的贫富两极分化和社会不公现象的加剧,以及政府官员的贪污腐败,从而助长了极端宗教思潮的泛滥。二是反对萨达特在外交上实施的亲美与埃以和解的政策。埃及国内的反对派认为,在阿以严重对抗的态势下,萨达特竭力改善同美国的关系,单独实现埃以关系正常化是一种损害阿拉伯民族利益的妥协和背叛。另一方面,萨达特的和平行动也遭到许多阿拉伯国家的反对,阿盟总部迁出了开罗,埃及成员国的资格被停止,多数成员国还与埃及断交并进行经济制裁,埃及在阿拉伯世界陷于孤立。这种状况对埃及的极端宗教势力起到了推波助澜的作用,并使它们得到有恃无恐的发展。三是萨达特实施的"宽容"宗教政策为宗教势力向埃及城乡和社会各领域的渗透提供了可能。1970年纳赛尔去世后,为了填补因"非纳赛尔化"而造成的政治与思想真空并巩固政权,萨达特采取依靠和利用伊斯兰教的政策。他通过法律手段强调国家的宗教色彩、在社会生活方面推行一系列伊斯兰化措施,甚至在高等院校还成立了"伊斯兰委员会"。这些措施使埃及的宗教势力迅速壮大,许多教师通过课堂或各种会议宣传宗教思想,抨击时政,散布对政府的不满情绪,一些虔诚信教的学生则充当兄弟会的喉舌,从事组织集

---

① 彭树智主编:《伊斯兰教与中东现代化进程》,第296页。

会、散发传单之类的活动等,并在埃及形成了空前的"宗教热"。萨达特遇刺正是在这种狂热的宗教氛围下发生的,而萨达特本人也因自身的政策失误付出了无法弥补的代价。

20世纪70年代末至80年代的中东伊斯兰潮在一些小国也有明显表现。突尼斯就是一个实例。突尼斯伊斯兰潮的主要特点是,一些老牌宗教组织重新抬头,恢复活动;一些受伊朗影响的更加激进的新组织陆续涌现。其中有代表性的是"伊斯兰解放党"和"伊斯兰倾向运动"。伊斯兰解放党1952年成立于约旦,其主导思想是"在穆斯林国家得到解放,成立一个单一的伊斯兰国家和产生一个伊斯兰国家的哈里发"。同时,主张通过军队政变夺取政权,重点在军队中,尤其是在空军中发展成员。成立于1981年的伊斯兰倾向运动在大学生和知识界中有较大影响,主要以清真寺和学校为据点,鼓吹暴力,煽动进行伊斯兰革命和狂热的宗教情绪。1984年和1987年,突尼斯国内曾经两度发生社会大骚乱,大批群众蜂拥街头,游行示威,烧汽车,砸商店,筑街垒,并提出了推翻政府的口号。政府不得不宣布全国处于紧急状态,实行宵禁,并逮捕了许多原教旨主义者及其领导人。

突尼斯伊斯兰潮的兴起,主要受国内外两种因素的影响。在国内,自独立以后,以布尔吉巴为首的新宪政党力主社会改革,实行"非殖民化"和世俗化,禁止或限制一切以政治为目的的宗教运动。另一方面,突尼斯又通过司法改革,大力削弱了宗教势力。在教育改革中,关闭了全国最大的宗教中心——齐东神学院,改作隶属于教育部的国立学校,从而使齐东神学院的宗教地位迅速下降。同时,引进西方科学技术和教育机制,对各种私立的、专门讲授和进行《古兰经》教育的古兰经学校实行国有化,将其纳入国家统一的教育体系。这些变革严重冲击着伊斯兰传统价值,由此引起了突尼斯原教旨主义者的极大不满。在国外,则是由于伊朗爆发的伊斯兰革命在突尼斯原教旨主义者中产生了强烈共鸣,并因此受到巨大鼓舞。他们从伊斯兰革命中看到了希望,于是效法伊朗,成立组织,从事反政府的活动。

3.伊斯兰潮兴起的原因

20世纪70年代末至80年代初,中东地区出现的伊斯兰潮是一种以宗教复兴为特征的社会思潮逐渐发展为社会运动的政治现象。伊斯兰潮的兴起及其随后形成的复兴运动主要关涉两大问题:一是对第二次世界大结束后中东国家社会改革和现代化运动的反思与批判；二是对处于困顿和趋于衰微中的传统伊斯兰文化和价值观的重新肯定。同时也是对迅速向中东伊斯兰国家渗透的西方文化和西方霸权的抗拒。

第二次世界大战的结束使中东国家获得了新生。在战后新的国际形势下，独立后的中东国家有的选择了共和制，有的仍然维持着传统的君主制，但各国随后在外力的驱动下都无一例外地开始了现代化发展的探索。然而，经过几十年的现代化实践，当中东国家的广大穆斯林群众回首审视现代化发展的得失时，他们切身地感受到各国政府和各种政权曾刻意仿效的一系列外来的或是经过本土改良的所有政治与经济发展模式，不管是带有社会主义公有制印痕，还是打着资本主义私有制的招牌，它们都未能从根本上改变各国穆斯林的政治和经济地位，更没有使伊斯兰世界出现穆斯林所渴望和憧憬的"太平盛世"。

与此同时，中东各国在政治上却依然不同程度地遭受着强权和大国的频繁干涉与摆布；在经济上也远未能够实现真正的独立与自主。在不平等的世界经济秩序下，中东国家丰富的民族资源继续被西方垄断资本所掠夺，并且进一步加深了中东国家经济的对外依赖性。由于中东国家在政治和经济方面没有完全掌握自己的命运，因此，中东国家也不可能完全摆脱各种外来势力的控制和威胁。其结果，它使中东国家始终处于不断的分化与组合之中，许多国家为了自身的利益不得不寻找靠山，从而导致中东穆斯林社会的长期分裂与内耗。这种状况反过来又极大地削弱了中东伊斯兰国家团结一致，共同抗击以色列扩张的力量，在战后阿以之间爆发的多次战争中，阿拉伯人屡遭失败和挫折，巴勒斯坦人的民族权利被褫夺，阿拉伯国家丧失了大片领土，数百万巴勒斯坦人成为四处漂泊、无家可归的难民。阿拉伯人在物质和精神上饱尝了战败者的巨大耻辱。因此，伊斯兰潮试图利用宗教固有的内聚力取代世俗民族主义，强化阿拉伯民族的团结与统一，抵御共同敌人。

另一方面，由于缺乏现代化建设的经验，中东国家在推进现代化的过程中又出现了这样或那样的失误，产生了一系列难以解决的问题。

首先，是迅猛的工业化发展破坏了中东各国原有的以农牧为主体的自然经济结构，大批农牧民被吸引到城市，城市人口增长过快，而多数中东国家的基础设施与公共服务网络又相当薄弱，不能为过快的城市发展提供必要的前提条件,致使城市化呈畸形发展之势,诸如贫困、失业、拥挤和混乱等社会问题日益突出。

其次,中东各国的现代化未能给各国广大的中下层穆斯林带来普遍而明显的实惠,大多数穆斯林的贫困状态也没有得到根本改善。各国现代化的成果被少数人攫取或独占。例如,在富裕的中东产油国,自70年代以来积累的巨额石油财富,绝大部分都落入王公贵族、部落酋长和军政要员的私囊。在资本主义生产关系较为发达的埃及、土耳其、突尼斯和阿尔及利亚等国,当权者在推进国家现代化过程中,利用经济自由政策和他们自身所享有的各种特权聚敛财富,投机商和承包商则乘机牟取暴利,顷刻之间变成腰缠万贯的暴发户。社会财富分配严重不公已到了无法收拾的地步。这种贫富两极分化的现象同伊斯兰教义所主张的“平均主义”思想形成极其明显的反差,因而它加深并激化了中东各国内部久已存在的阶级矛盾,广大穆斯林群众对本国当权的统治者充满了敌对情绪,并不断转化为引起各国政局动荡不定的隐患。

再次,随着中东国家现代化运动的深入发展,不断暴露出各国统治阶层的治国乏术和腐败无能。许多国家的经济发展长期处于徘徊状态,国有企业管理落后,工厂开工不足,生产效益低下,通货膨胀居高不下,国库空虚,财政拮据,对外依赖严重,国民经济始终面临着破产或崩溃的威胁。但大多数中东国家的统治阶层却热衷于相互之间的权力派系斗争,以至于使国家频繁地出现政变和动乱等,严重阻碍着中东国家的社会、政治和经济的健康发展。

最后,由于中东国家着力推进现代化,同时对外采取开放政策,西方的意识形态、价值观和生活方式得以在中东国家长驱直入,并对穆斯林传统的社会结构形成强烈冲击,使其发生动摇乃至解体。穆斯林崇尚的伊斯兰精神呈江河日下之势,它挫伤了穆斯林的宗教感情,并唤起他们对早期被理想化的伊斯兰“盛世”的怀念和向宗教回归的心态。但对当代的伊斯兰教来说,呼唤向宗教的回归并不意味着单纯的“复古”,它的真正目的在于最大限度地强化伊斯兰教在国家和社会中的地位。同时托古改制,自我更新,通过复古的主张和要求,达到自我调节、自我完善,以便适应不断变化和发展的社会现实的需要,确保伊斯兰教在国家和社会生活中的不可动摇的绝对影响。上述各种内外因素的汇集及其相互之间的催化,便成为当代伊斯兰潮兴起的主要原因。

二、伊斯兰潮的内涵和发展阶段

1.伊斯兰潮的主要内涵及表现形式

总体上讲,20世纪70年代末期以来中东地区出现的伊斯兰潮是一种宗教与政治的混合物,同时也是中东伊斯兰国家在社会转型时期和现代化进程中不可避免的社会反映。

关于"伊斯兰潮"或"伊斯兰复兴"的内涵及其定义,因人而异。一般来说,西方人普遍将其通称为"伊斯兰原教旨主义",并将由伊斯兰潮引发的伊斯兰复兴运动称为"伊斯兰原教旨主义运动"。实际上,原教旨主义也是借用英文 Fundamentalism 一词而来的,它原指20世纪初基督教新教徒中要求逐字逐句理解《圣经》,并恪守基督教信仰中原始的、根本的、正统的信条的一股潮流。现今人们将这一概念运用于穆斯林世界,从广义上讲,它是指伊斯兰教中要求严格遵循伊斯兰教基本教义,并用这些教义约束和规范穆斯林社会与生活的思潮或运动。但是,中东国家的穆斯林,特别是作为发动伊斯兰潮的各国伊斯兰主义者,则对原教旨主义一词有其自身的界定和诠释。伊斯兰主义者宁愿自称其为"萨拉菲因"(Salafiyyin——虔诚先知的追随者),而不愿称其为"乌苏利因"(Usuliyyun——原教旨主义者)。因为"萨拉菲因"在阿拉伯语中意为尊奉前三代穆斯林为楷模的人。同时"圣训"条文中也宣称,最好的一代是穆罕默德的一代,接着是第二代,再接着是第三代。这条圣训强调的是伊斯兰教的原始精神。前三代,尤其是第一代穆斯林的思想和行为应被后人坚持和仿效。正因为如此,某些伊斯兰学者竭力反对使用"原教旨主义"这一源于基督教的词汇来阐释伊斯兰主义者掀起的宗教复兴思潮或运动。相比而言,"伊斯兰复兴运动"的说法,则比较贴切地反映了当代波及范围如此广泛,冲击程度如此强烈,爆发时间如此集中的"伊斯兰潮"的全貌,并为世界上多数学者所接受。

当代伊斯兰复兴运动的兴起有着悠久的历史渊源。在伊斯兰教千余年的发展演进过程中,就曾多次出现向早期宗教回归的"宗教复兴"现象。远的不说,自近代以来就有阿拉伯半岛的瓦哈比运动;19世纪苏丹的马赫迪运动;北非的萨努西运动和伊朗的巴布教运动;进入20世纪以来,又相继发生了"泛伊斯兰运动"以及埃及人哈桑·班纳创立和领导的影响整个中东地区的"穆斯林兄弟会"的活动等。上述不同时期的各种宗教运动,无论采取什么形式出现,它们都是在"复兴伊斯兰"的旗帜下而发动的政治和社会运动,并且都不约而同地强调,社会偏离了正道,应该使其重新回归到伊斯兰教的原旨教义上,以符合伊斯兰教的真精神。伊斯兰教在不同历史时期出现的周期性衰微,导致穆斯林作出复兴宗教的回应。这也是伊斯兰教在不断变化的物质世界中适时地调整自我,并以此维系自身生存和发展的特有规律,伊斯兰教正是凭借这一特有的规律而保持或延展其活力。

当代中东地区的伊斯兰潮和复兴运动同样也是伊斯兰世界面临的政治和社会危机的产物。但它的酝酿和爆发却有着更为复杂的历史与现实原因。同以往的"伊斯兰复兴"思潮或运动相比,两者之间既有共同点,也存在不同点,而这些不同点便构成了当代伊斯兰潮所蕴含的新内容。归纳起来看,当代的伊斯兰潮主要包括三种类型,亦可视为三种主要社会潮流,它们相互交织,彼此影响,主导和支配着 20 世纪 70 年代末期以来的伊斯兰复兴运动。

第一种形式是宗教与政治或政治与宗教互为融汇,并由官方自上而下地推行社会生活伊斯兰化的新泛伊斯兰主义。由于面临或迫于"宗教复兴"思潮和宗教反对派的压力,中东各国政府为了利用伊斯兰教来争取本国各阶层穆斯林的支持,巩固自己的统治基础,都普遍采取自上而下的方式在各国开展"伊斯兰化运动"。其主要表现手段是:政府在施政时,均以伊斯兰教义为价值标准,尽可能地使用穆斯林熟悉的伊斯兰语言,并依靠宗教权威机构来阐释各项政策的"合法性";政府支持并资助各种宗教活动,大力兴修清真寺和其他宗教设施,发展和鼓励伊斯兰教育、出版和文化事业;弱化"政教分离"宣传基调,适度推进和实施伊斯兰教法,制定有关教令和法规须通过宗教权威机构核准同意的制度,或者经由宗教学者对其合法性进行论证说明的程序;强化伊斯兰教的弘扬与传播,以巨资扶持贫困伊斯兰国家的宗教事业,或直接向国外选派传教士等,不断扩大伊斯兰教在世界各组织中的影响;在经济领域,建立伊斯兰银行,采取"变通"方式替代《古兰经》明文禁止获得的非法利息。此外,有些国家还将原来作为自愿缴纳的宗教税"扎卡特"改为一种固定税收,以体现国家的伊斯兰属性与特征。

第二种形式是在各国民间中广泛存在,且自发而起的要求抵御西方意识形态和生活方式,强化伊斯兰信仰,恢复伊斯兰固有文化传统的"群众性运动"。

随着中东地区现代民族独立国家的建立及其实施的现代化政策，各种外来的思想观念和生活方式不断渗入穆斯林社会。各国穆斯林纷纷要求恢复和加强传统的宗教生活，实现"社会伊斯兰化"。同时积极维护伊斯兰教道德规范，主张"净化"生活方式，如严格禁酒，反对从事不符合教规的娱乐活动。准时到清真寺礼拜，严守斋戒和缴纳宗教税等。在日常生活中，强调要注重自身的伊斯兰特色，如重新穿戴传统服装：妇女披头巾，罩面纱；男人穿长袍，蓄胡须等。

第三种形式是一种由少数人鼓动但能量极大的纯政治性的伊斯兰主义，也就是西方人通常说的伊斯兰原教旨主义，或称激进的宗教思潮。即使这种最激进的宗教思潮，其内部仍有激进与温和，合法与非法之分。就其本质来说，它鼓吹的不是宗教，而是在宗教招牌或外衣下的政治；它有自己系统的理论主张，对经训有独特的解释，并以暴力或和平手段强制执行自己的政治主张。但不管这种宗教思潮表现形式如何，它在意识形态上都竭力排斥一切不符合经训、教法的或外来的思想学说和意识形态，力求以伊斯兰教的原教旨教义为衡量一切、判断是非的准绳，在政治上，则主张实施伊斯兰教法的统治；在社会生活中，则反对西化、世俗化，全盘推行伊斯兰化，或是在那些已经实行了法制改革的地区和国家，重新恢复伊斯兰教的地位和影响。由于这种宗教思潮大都主要以各国现政权为斗争目标，同时为了制造舆论扩大影响，激进的宗教分子往往采取绑架、暗杀、劫机、爆炸等恐怖手段，有时还袭击政府官员、外国游客、侨民、新闻记者和外交官等。因此，它有破坏性，且恶名远扬，对各国政府也是一种极大的麻烦和困扰。

尽管当代伊斯兰潮和复兴运动的表现形式不同，但从整个中东地区和全球范围看，它们都有着某些共同点和相似之处。第一，它具有超民族、跨地域、不受国界限制的特征。自伊朗伊斯兰革命后，骤然而起的伊斯兰潮以中东为辐射点，迅即波及亚非两大洲广阔地带，乃至全球其他地区。其涉及地域之广，民族之多，人数之众，均为世界罕见。它对世界政治、经济和文化的冲击与影响也是空前的。第二，伊斯兰潮和复兴运动呈现多中心、互不统属和形式多样的色彩。思潮兴起时间相对集中，彼此互动，但无统一性。因为它不存在得到所有穆斯林认同的领袖或权威人物，更无任何统一的行动纲领或计划。各地的伊斯兰潮大都以我为中心，追求的目标也很不一致，甚至相互指责和攻讦。第三，普遍带有反对西方和外来"异质"文化，谋求自身"净化"和发展的性质。同时，它们还把斗争矛头指向本国当政者，抨击他们与西方同流合污，谴责他们政治腐败，宗教和道德松弛与堕落等。

总之,当代伊斯兰复兴运动是由多种因素引发的,而这种复杂性又决定了其表现形式和所追求目标的多元性。因此,人们不能采取笼而统之的简单方式对当代伊斯兰复兴运动作出肯定或否定的结论。但是当代中东各国的伊斯兰复兴运动试图通过复兴宗教的途径来摆脱当今穆斯林世界面临的外部挑战和内部危机,从而振兴伊斯兰教,重铸伊斯兰教昔日的辉煌,在这一点上则是相通的。无论复兴运动的倡导与参加者意识到与否,他们都处在中东现代化进程之中。实际上,伊斯兰教也正是伴随时代变迁在不断进行的自我调整中而得到发展的。

2.伊斯兰潮的发展和演变

20世纪90年代初,伴随苏联的解体,维系了近半个世纪的雅尔塔体系框架内的"两极"格局崩溃,冷战结束,和平与发展成为当今世界的主流。但是,在新旧格局转换过程中,中东地区又出现了新一轮的伊斯兰潮。这一轮伊斯兰潮的泛起,同1991年的海湾战争和苏联解体后中东局势的骤然变化以及美国势力与影响的迅速增长密切相关。

海湾战争和苏联解体后,美国一枝独秀,成为世界上唯一的超级大国,中东政局随之发生根本性转折。这种转折主要表现在以下几个方面:(1)由于苏联的解体,美苏两霸自第二次世界大战后长期争夺中东的战略"均势"被打破,俄国在中东的影响如江河日下,因此,美国在中东的主要战略威胁由来自地区之外而转向地区之内,其主要对手由前世界超级大国苏联转向诸如伊拉克、伊朗和利比亚等"激进的"反美地区大国,斗争的性质也由争夺世界霸权转向通过迅速拓展在中东的利益而维护和巩固美国在全球的霸权。(2)中东和平进程的突破性进展表明,美国在中东事务中发挥着越来越明显的"主导作用",这便为美国在该地区不断扩大其权益提供了前所未有的机遇。(3)海湾战争后,部分海湾国家出于自身安全的考虑,同意美国在各自国家驻守设防,美国得以在海湾国家储存大量军事物资,并与有关国家签署了双边军事协议等,从而使美国在中东地区的防务能力达到"空前高度"。与此同时,美国在冷战后经过一系列调整,逐步形成了新时期的中东总体战略。其战略目标可以概括为:军事、外交、经济三管齐下,东遏"两伊"(伊拉克和伊朗),西控"两亚"(利比亚和阿尔及利亚),中促和谈;以海湾为重点,加强前沿部署,力争快速反应,逐步建立一个以美军为核心,以地区盟国为主体的防务网络。通过这一防务网络,美国不仅可以牢牢控制中东石油这一战略资源以及贯通大西洋、印度洋和太平洋的战略通道,增强西欧盟国的南翼安全,而且能够将西欧、中东、南亚、东亚四大战略区连成一片,对俄罗斯、中国等主要对手形成战略包围态势,从而使美国保持和加强在国际事务中的主导地位,在全球范围内最大限度地获取经济和政治利益。①

然而,美国在海湾战后构筑"中东新秩序"时,既未摈弃偏袒以色列的传统政策,也没有在阿以冲突问题上抛开历来奉行的"双重标准",加之海湾战争后美国军事力量急剧增长,西方文化和生活方式进一步侵入中东,这在更大程度上强烈刺激了阿拉伯人的民族意识和穆斯林固有的抵制"异教徒"的宗教情绪。特别是诸如苏丹、也门、巴勒斯坦国等这些在海湾战争期间曾站在伊拉克一边的中东穷国在战后的困难处境导致它们更加仇视美国和西方集团,并使久已存在的各种愤懑因素相互作用汇集而成的伊斯兰潜流,在海湾战争后以一种激进形式迸发出来。与此同时,苏联的解体,以及信仰伊斯兰教的中亚诸国的独立也使伊斯兰原教旨主义者更加相信"不要东方,不要西方,只要伊斯兰"口号的正确,从而为后冷战时代中东伊斯兰潮的重新抬头和蔓延提供了前提条件。

海湾战争后,中东地区的伊斯兰潮是在特定的社会和历史条件下产生的,它具有若干新特点。

第一,是发展势头迅猛,波及面甚广,并出现国际化趋势。进入 90 年代以来,中东各国的穆斯林聚居地都程度不同地掀起了伊斯兰原教旨主义运动,各种合法的和非法的,公开的和隐蔽的,暴力的和非暴力的伊斯兰组织、政党,如雨后春笋层出不穷。在埃及,伊斯兰原教旨主义组织多达几十个,其人数约有几十万之众;在阿尔及利亚,1989 年成立的"伊斯兰拯救阵线"发展异常迅速,自 1990年以来连续赢得地方和全国大选的胜利,并且几乎合法取得政权;在苏丹,以哈桑·图拉比为首的原教旨主义组织"伊斯兰民族阵线"自 1989 年 6 月后,牢牢控制着国家政权,并成为"北非、中东原教旨主义势力新的聚集地"和"第二个中心";在阿富汗,为数众多的伊斯兰组织和政党经过十余年的斗争发展成为阿富汗的决定性政治力量,并在夺取政权后,确立了"阿富汗伊斯兰国"的政体;在巴勒斯坦被占领土,伊斯兰抵抗运动"哈马斯"在海湾战争期间和反以斗争中不断壮大,已具有同巴解组织主流派分庭抗礼的实力。另一方面,当今中东各国的原

---

① 刘江:《冷战后的美国中东安全战略》,《西亚非洲》1995 年第 6 期。

教旨主义组织也在逐步加强着相互之间的接触和协作,并以中东地区为辐射点,向外界扩大声势和影响。例如,1991 年 10 月,伊朗出面召集了"支援巴勒斯坦革命国际会议",这次会议的宗旨实际上就是为了强化国际伊斯兰原教旨主义组织之间的协作。又如,1992 年 4 月,在苏丹宗教领袖图拉比的支持下,在苏丹首都喀土穆召开了由许多中东国家的伊斯兰组织和政党的代表参加的"阿拉伯伊斯兰会议",会议决定在喀土穆建立一个常设机构,并打算每年定期召开会议。显然,中东的伊斯兰原教旨主义组织与政党,试图通过它们之间的联合与协作,不断壮大队伍,以便在整个中东乃至世界上形成气候。

第二,伊斯兰潮开始从清真寺向社会扩展,甚而以夺取国家权力为最终目标。一般来说,70 年代末中东地区的宗教复兴浪潮主要是由于各国迅猛的现代化发展对伊斯兰传统价值和道德观念造成的强烈冲击所引起的,它基本上都以清真寺为主要阵地,鼓吹清教思想和向早期的宗教原则回归,并以遏制日趋自由化的世俗主义为主旨。海湾战争后,中东地区的伊斯兰潮普遍带有越来越浓厚的政治色彩。各国伊斯兰原教旨主义组织逐步开始冲出清真寺,走向街头、田间和社会,并采取组织罢工、发动游行、制造事端等手段,迫使所在国政府答应它们的各种政治要求。同时在另一些国家,原教旨主义势力则通过合法的议会选举方式步入政坛,或者通过武装斗争方式直接夺取国家政权。海湾战争后,中东各国伊斯兰运动的变化显示出,它不仅是意识形态领域的一种宗教复兴思潮,而且也是一种具有明确斗争目标的政治运动,伊斯兰原教旨主义极端势力的最终目的是要用伊斯兰政权取代中东各国的现政权。

第三,伊斯兰潮开始由东向西转移,特别是在诸如北非的苏丹和马格里布的阿尔及利亚等这些贫穷或相对贫穷的阿拉伯国家又形成新的中心。海湾战争后,中东地区伊斯兰潮的泛起是海湾战争前后中东各国国内各种新旧矛盾相互催化的结果,一些贫穷或相对贫穷的中东国家一直处于日趋尖锐的矛盾旋涡之中,从而在这些地区和国家酿成了新的伊斯兰运动高潮。出现这种变化的具体原因在于:(1)海湾战争期间,阿拉伯国家间的分歧以及大部分阿拉伯国家特别是海湾地区的富油国对以美国为首的西方国家在海湾采取军事行动的竭力支持使新兴的伊斯兰原教旨主义者确信,阿拉伯国家的统治者已彻底沦为西方国家的帮凶和西方利益的保护者,因此,他们试图通过更激进的方式同所在国当权者进行不可调和的斗争,以便推翻现政权,全面确立伊斯兰原教旨主义者主宰中东各国社会、政治和经济发展的地位;(2)海湾战争后,一些贫穷或相对贫穷的阿拉伯国家因在海湾战争中支持伊拉克而失去了海湾富油国对它们在经济、财政和劳务创汇等方面的长期支持和援助,而伊拉克的战败及其在战后遭受的国际制裁,又使它们无法从伊拉克获得任何好处,再加上西方采取的有效孤立政策,致使这些贫穷阿拉伯国家的经济和政治形势每况愈下,国内各种矛盾持续恶化,这便助长了伊斯兰原教旨主义势力的迅速上升,并使多数贫穷或相对贫穷的阿拉伯国家成为新伊斯兰潮的集中迸发区。(3)海湾战争后,在国际和解大气候影响下,阿以和平进程取得的实质性进展及其连锁反应对伊斯兰原教旨主义也产生巨大冲击。消灭犹太国家曾经一直是原教旨主义者所拥有的最具感召力的政治祈求之一。承认和平,意味着放弃自己的政治资源;公开反对和平,则可能失去许多渴望和解的各国穆斯林的支持,乃至招惹来各方面的压力和打击。在这种进退维谷的情况下,伊斯兰原教旨主义者希望利用海湾战争后中东贫穷国家普遍存在的仇视西方强权的心态,施展能量,推波助澜,挑起伊斯兰潮,从而淡化和抵消中东和平态势的影响,把国际社会的注意力吸引或转移到他们身上,并借此达到突出其作用和影响的目的。

3.后冷战时代伊斯兰潮的总体走向

海湾战后中东地区再度出现的伊斯兰潮,实际上是中东穆斯林社会对海湾战争后不断增长的西方利益和美国霸权的一种自然而然的传统形式的反应与抗议,它试图改变自身在政治经济权益平衡关系上的扭曲的不合理的现状。正如一些学者所分析指出的:"当代的伊斯兰复兴运动是寻求稳定和复兴过去伊斯兰传统的努力,它是由鄙弃那些致使许多伊斯兰国家经济和社会问题不断恶化的西方价值,世俗民族主义和西方腐化思想的情绪所激发的,……在穆斯林社会,每当非伊斯兰文化影响占据社会主流的时候,穆斯林大众的复古情绪便开始滋生,最终将导致文化的、道德的和政治的革命,重新使伊斯兰思想成为社会的主导因素。"①

同20世纪70年代末和80年代初的伊斯兰潮相比,海湾战后中东地区出现的新一轮伊斯兰潮所释放的"能量"远不如前者,其波及面和持续的时间也很有限,但它对所在国政府的颠覆性和破坏性却是空前的。这也是由海湾战后伊斯

---

① 赵国忠主编:《海湾战争后的中东格局》,第196—197页。

兰潮追求的政治目标和采取的斗争手段所决定的。

然而,关于后冷战时代中东伊斯兰潮的总体走向问题,研究者曾提出诸如"运动衰败论"、"中心转移论"、"东西呼应论"和"十字路口论"等观点。① 这些观点之间明显存在歧见,但多数研究者比较认同后冷战时代中东的伊斯兰潮呈"退潮"之势的判断。其主要依据是:(1)中东局势整体趋向政治和解,美国在中东的主导地位进一步加强,它在启动中东和平进程的同时,加大了对极端宗教势力的遏制和打击;(2)中东各国迫于压力,强化同外部世界联手围堵挤压极端宗教势力和非法宗教组织,制定了一系列防范机制,压缩了极端宗教势力活动的空间;(3)后冷战时代全球化趋势日渐强劲,对中东各国的社会、政治和经济等构成巨大挑战,中东各国现代化发展的紧迫性更加突出。这在很大程度上淡化了民众对伊斯兰潮兴起之初的那种狂热与激情。此外,在分析判断伊斯兰潮的走向时,还应该看到,后冷战时代中东各国的原教旨主义极端派并不能代表,也不能支配整个中东地区伊斯兰复兴思潮的主流,而且它们在总体上始终处于互不统属的分散状态,既无统一的组织和领导机构,也没有共同的行动纲领,特别是由于它们惯于采取的暴力过激行动亦难得到大多数穆斯林的认同与支持。因此,它们缺乏广泛的群众基础,其"发酵功能"也受到有效抑制。

另一方面,分析伊斯兰潮的"退潮",还必须从它自身寻找原因。"伊斯兰原教旨主义运动植根于贫穷、耻辱、失望和怨恨之中,产生于包括从外部引进的及当地伪造的各种政治、经济的'灵丹妙药'失败之后"。② 反观伊斯兰教本身,它的盛行并未将广大穆斯林带入经济繁荣、社会稳定、平等和谐和国泰民安的理想社会,以伊朗为例,一度曾被中东各国伊斯兰原教旨主义者竭力仿效的"伊斯兰革命"模式越来越失去昔日的召唤力和鼓动作用。伊朗"伊斯兰革命"至今已过去 30 年,但宗教革命的胜利并没有给伊朗社会及其经济带来伊朗国民所渴望的繁荣与奇迹。相反,伊朗国民生活水平明显下降,经济形势每况愈下,对外政策出现各种麻烦,并在国际社会处于孤立地位。伊朗的现实不能不对其他中东国家的原教旨主义者及普通民众产生强烈的负面效应,并使他们在追求将伊斯兰教作为社会与政治变革的归宿时有所收敛,或者受到来自各方的更多的"羁绊"

---

① 参见北京大学亚非研究所编:《亚非研究动态》1995 年第 1 期。

② Bernard Lewis, "Rethinking the Middle East", *Foreign Affair*, Winter 1992, p.115.

和制约。与此同时,由于受极端宗教思潮的困扰,许多中东国家长期处于政局动荡、战乱不止、经济恶化和民穷国弱的窘境。这种状况必然引发中东各国民众的反思,并着力探寻思维定势和政治诉求的新突破。因此,后冷战时代的伊斯兰潮在整体上呈"退潮"之势。

三、伊斯兰潮对中东社会和政治的作用

1.伊斯兰潮对中东的冲击

20 世纪 70 年代末至 90 年代中期的伊斯兰潮对当代中东的影响非同寻常。这种影响涉及政治、经济和社会生活等诸多方面。

首先从政治上看,它在一定程度上变更了中东的政治地图和各派力量的对比。其具体表现:一是中东地区先后在伊朗和苏丹诞生了两个伊斯兰原教旨主义政权,它们成为中东伊斯兰原教旨主义势力的重要堡垒。但两者的不同点在于,伊朗是通过宗教领袖发动和领导的大规模的民众运动推翻巴列维王朝,建立伊斯兰共和国的;而苏丹则是采取武力方式夺取国家政权的最典型的实例。1989 年 6 月,苏丹宗教领袖图拉比领导的"伊斯兰民族阵线"策动巴希尔将军成功发动政变,在苏丹建立事实上的原教旨主义政权。1990 年苏丹完成政教合一国家的法律程序,图拉比宣称:"苏丹已成为把伊斯兰原教旨主义扩展到非洲和阿拉伯世界的跳板。"①二是许多中东国家的宗教政治反对派频繁发起夺取国家政权的攻势,致使所在国政局不稳或权力更迭频繁。与此同时,反对派不断制造诸如爆炸、绑架、谋杀政要、破坏公共设施等各种极端暴力事件,酿成严重的社会"骚乱"。

然而,对中东国家现政权构成更严重挑战的是原教旨主义势力也在运用合法手段与合法程序同所在国的当权者争夺国家权力。中东各国普遍出现了原教旨主义派别通过合法选举,进入议会,参与国家政治的明显趋势。以下事实可以充分证明这一点。1989 年 11 月在约旦议会选举中,"穆斯林兄弟会"获得众议院 80 个席位中的 23 席,随后又有 5 名议员进入内阁担任重要职务,并基本控制

---

① 　刘竞:《动荡不安的中东政局》,《西亚非洲》1993 年第 2 期。

了约旦议会;1992 年 9 月在黎巴嫩议会选举中,有 12 名伊斯兰原教旨主义者进入新议会,同时,黎巴嫩原教旨主义的"真主党"已取代阿迈勒运动在黎巴嫩什叶派穆斯林中的影响,而且它们准备接受和平的现实,逐渐进入黎巴嫩的政治进程①;1992 年 10 月,在科威特议会选举中,伊斯兰主义者在 50 个选举席位中,获得其中的 2/3,从而对萨巴赫家族的统治形成威胁。土耳其是一个实行政教分离的共和制国家,它以法律条文明确规定不允许任何政党利用宗教进行政治宣传。然而,在当今的土耳其政治中,不仅各政党争先恐后地利用宗教吸引选民的支持,而且更有亲伊斯兰政党直接参加选举。如在 1994 年 3 月的土耳其地方选举中,亲伊斯兰的"繁荣党"(Refah Party)赢得了全国选票的 19%。即使像沙特阿拉伯这样一个恪守伊斯兰法规,保持伊斯兰特征的政教合一的国家,在 90 年代初期也出现了新的伊斯兰潮。1991 年 5 月,沙特王国新兴的伊斯兰主义者向沙特国王法赫德呈送了一份由 57 人签名的"请愿书",继而又在 1992 年 9 月经沙特宗教权威谢赫·伊本·巴兹之手向沙特政策转递了一份由 107 人签名,长达 45 页的"劝告备忘录"。"请愿书"和"备忘录"要求建立独立的具有决定沙特国内外政策实权的协商会议,重新确立伊斯兰教至高无上的地位,组建最高沙里亚法庭,确保对一切法规和条约的审查与修订,废除背离宗教法的所有政治、行政和经济法令,赋予伊斯兰专家对政府一切机构和部门工作的监督和参与权等。与此同时,他们开动宣传机器,大造舆论,掀起了 90 年代沙特王国以宗教为旗帜的"合法的反政府运动"②。

20 世纪 70 年代末至 90 年代中期的伊斯兰潮对中东国家的影响不仅表现在政治方面,同时还表现在经济和社会生活方面。在经济方面,中东国家原本都是一些长期遭受西方殖民者统治和奴役的发展中国家,经济基础薄弱,生产力落后。第二次世界大战结束后,通过不懈抗争陆续获得独立的中东国家在推进现代化过程中,大都遭遇挫折和失败,这种状况导致多数中东国家在全球经济格局中始终处于被动和弱势地位。而伊斯兰潮的兴起及其向整个中东地区的蔓延又对中东国家的经济发展构成猛烈冲击,犹如雪上加霜。仍以伊朗为例,伊斯兰革命胜利后伊朗宗教领袖霍梅尼当政的 10 年,伊朗社会实现了全面伊斯兰化。但

---

① *The Christian Science Monitor*, July 13, 1995.
② 王铁铮:《浅析 90 年代沙特王国的伊斯兰潮》,《西亚非洲》1996 年第 6 期。

伊朗经济在此期间却受到重创。10 年间,伊朗几乎没有实施任何大的建设项目,基础设施陈旧老化,石油工业徘徊不前,并呈委靡之势,伊朗整体经济发展陷入停滞状态。昔日财大气粗的石油富国,不断被财政赤字所困扰,以至于有学者做出了霍梅尼当政 10 年伊朗经济倒退了 20 年的判断。

　　埃及和土耳其是中东地区的两个区域性大国,但两国同样不能摆脱伊斯兰潮对其经济发展造成的各种负面效应。旅游业是埃及获取巨额外汇的重要资源,埃及的宗教极端组织恰恰选择旅游景区和设施,以及来自世界各地的旅游者作为重点袭击的目标,并采取各种暴力手段制造一系列诸如爆炸和劫持绑架游客等事件,破坏埃及的旅游业,殃及埃及经济的发展。土耳其宗教势力的上升及其追求的目标是对土耳其作为一个世俗国家的颠覆与否定。土耳其前伊斯兰政党"救国党"领导人埃尔巴坎曾在沙特阿拉伯的一次集会中发表演讲说:"我们在 50 年以前已经放弃了《古兰经》,宗教和国家已被分离,《古兰经》被宣布为不适用。我们所有的人都有义务使《古兰经》的教导重新发挥作用,为了达到这一目的,需要进行一场圣战。"该党甚至还有人渲染"一个世俗的国家就是该被打倒的国家"。① 土耳其宗教势力的崛起及其咄咄逼人的发展态势造成土耳其各派政治力量之间的激烈斗争,从而使土耳其政局长期处在动荡不定之中。而政局动荡引发的连锁反应是对土耳其经济的负面冲击。例如,在 1979 年和 1980 年,由于受伊斯兰潮的影响,土耳其经济连年出现负增长,通货膨胀率分别达到 70% 和 101%。另一方面,由宗教因素造成的社会秩序失控也在破坏着土耳其经济发展所需的适宜的内外环境,土耳其始终无法摆脱经济的恶化循环,外债负担日趋加重,及至 1999 年,土耳其外债已达到 970 亿美元,外债率为 31.9%。②

　　20 世纪 70 年代末至 90 年代中期的伊斯兰潮对中东社会的影响主要反映在中东各国程度不一地出现了社会生活伊斯兰化的趋势,伊斯兰宗教礼仪、法规、戒律和伊斯兰文化传统及价值观也得到相应的强化。自 70 年代末期以来,伴随伊斯兰教力量的上升,宗教气氛在中东各国变得日益浓厚起来,其中最明显的标志是清真寺数量大增。据估计,科威特等海湾国家的清真寺在伊斯兰潮最初兴起的 10 年中翻了两番。埃及、土耳其等"世俗化"发展较快的国家中也出

---

①　转引自蔡佳禾:《当代伊斯兰原教旨主义运动》,宁夏人民出版社 2003 年版,第 200 页。
②　彭树智主编,黄维民著:《中东国家通史·土耳其卷》,商务印书馆 2002 年版,第 333 页。

现了大量新建的清真寺。与此同时,许多中东国家的穆斯林更加自觉地履行伊斯兰教的宗教功课——礼拜。一位长期居住在中东地区的西方记者观察到,70年代以来,"参加礼拜的人明显地增多了,每到星期五,工厂、市场、公共场所便没有了生气,人们都到清真寺去了"。他写道,开罗的清真寺每逢星期五都是拥挤不堪,礼拜者只好在寺外的人行道上祈祷。正在值勤的警察会就地铺一块小地毯开始祈祷,祈祷完后又继续执行他的公务。飞机上的乘务员把一条毛巾铺在飞机的过道上做祈祷,穿着白色短裤的网球运动员把球拍放在运动场上然后祈祷,在田野里劳作的人们脱掉鞋子,跪在几片纸板上祈祷。大学生们在学生宿舍的走廊里集体祈祷。一位祈祷者说:"如果我不祈祷,我的内心就会发慌,祈祷后,我的心就平静了。"另一位祈祷者说:"在日常生活中,人们被巨大的经济和社会鸿沟分隔开来。但在清真寺,我们人人在真主面前都是平等的。"①

在文化和意识形态领域,中东国家开始主动抵制外来的,特别是西方的音乐、电影和电视节目等文化产品,与此同时,各种关于伊斯兰教的出版物受到青睐,广播、电视中的伊斯兰节目骤增。各类官方和民间的宗教团体和组织大量涌现,并积极开展宣教活动,举行伊斯兰艺术、建筑、科技展览,举办背诵和书写《古兰经》的比赛等。一些国家除了鼓励传统的清真寺教育外,还在不少现代教育机构和院校中增设了伊斯兰教课程。就连世俗化开始最早的土耳其也在1982年颁布的新宪法中规定:"中小学有义务进行伊斯兰宗教教育。"

伊斯兰潮对中东社会的影响还明显地反映在人们的着装上。自伊斯兰潮兴起以来,在许多中东国家,恢复穿着传统服装成为一股时尚和风潮。男人戴头巾、蓄胡须、穿长袍;女人则穿上不暴露身体任何部分的黑袍,并蒙上面纱。埃及开罗大学的一名女学生坦言:"对我们来说,穿西方式的服装不过是一种伪装,而只有穿上我们的传统服装,才恢复了我们的本来面目。"还有一些人认为,青年们改穿传统服装是在表达一种对现实不满的"文化抗议"。② 社会风气的变化还导致许多中东国家要求恢复实施伊斯兰教法的呼声升温。一些国家迫于压力,被迫开始全面或部分实行伊斯兰法,尤其是将传统的伊斯兰刑法重新引入本国的法律体系中。凡此种种,都在中东国家和中东社会营造了一种空前的宗教

---

① 转引自肖宪:《当代国际伊斯兰潮》,世界知识出版社1997年版,第47页。
② 肖宪:《当代国际伊斯兰潮》,第48页。

环境和宗教氛围,回归宗教又成为许多人的价值选项和精神寄托。同时,伊斯兰潮所产生的各种影响也促使中东各国的统治者进行深刻的反思,并做出积极和务实的调整与变革,以便回应伊斯兰潮的挑战。

2.中东国家对伊斯兰潮的回应

20 世纪 70 年代末至 90 年代中期的伊斯兰潮对中东各国和中东政局确实产生了不容低估的冲击和震荡,尤其是原教旨主义极端派否认现存社会与政治制度的合法性,并竭力比照伊斯兰教初创时期的辉煌历史和所谓"纯洁的"伊斯兰原则来改造社会,这实际上意味着他们同中东各国现政权的矛盾与冲突有着不可调和的性质。各国原教旨主义极端派的种种活动引起中东地区相关国家的担忧是显而易见的,不少人甚至产生原教旨主义极端派在一个国家的胜利将会引发"多米诺骨牌"效应的惊恐也不无道理。但就多数中东国家的执政党和当权者来说,它们仍然拥有足够的政治资源和军事力量来控制本国原教旨主义的发展势头与演变趋向。由于中东各国的执政党和当权者大都有长期经营的历史,他们一直牢牢控制着包括军队、警察、法庭等国家机器,以及包括广播、电视、报刊等新闻和舆论媒体,因此拥有维系政权所需的必要手段与基础。其次,中东各国的统治当局同本国的宗教权威阶层基本上都保持着比较密切的协调关系,或者建立了政教联盟,它们一般都能得到本国宗教权威机构和宗教上层人士的支持,并获得政治上的"合法性",从而抵御原教旨主义者的攻击。另外,中东地区的主要穆斯林国家特别是海湾地区的富油国因经济和政治利益普遍同以美国为首的西方国家有特殊关系,或缔结有双边或多边安全协定与条约,并得到西方的"保护"和支持,一旦亲西方的穆斯林国家的当权者受到原教旨主义势力的致命威胁,西方集团决不会袖手旁观。上述各种因素决定了原教旨主义势力难以在整个中东取得突破性进展。

尽管如此,中东各国的统治者转而更加注重或是越来越多地利用伊斯兰教来巩固政权,以便使其更具"合法性"。例如,沙特王室强调自己是伊斯兰正统教派和两大圣地的保护者;约旦国王称其隶属古莱氏部落的哈希姆家族,是先知穆罕默德的苗裔;埃及总统萨达特亦曾自封虔诚的信教者,"安拉的仆人";利比亚的卡扎菲在推翻伊德里斯王朝后,旋即在利比亚推行"伊斯兰社会主义",等等。另一方面,中东各国的统治者也开始重新评估和审视现行的各项内外政策,并根据需要适度地进行了社会和政治变革,特别是对宗教采取了一系列宽容与妥协政策,甚至允许宗教反对派的存在。同时不断强化本国的伊斯兰特征和属性。从总体上看,只要伊斯兰原教旨主义势力的活动不直接挑战或造成所在国社会的剧烈动荡,不直接威胁到所在国当权者的统治,中东各国的统治者并不都把原教旨主义者视为不可调和的敌对者。实际上,为了长久维系和巩固统治,许多中东国家的当权者同样也利用原教旨主义者,把他们作为遏制本国激进民主势力和自由派势力发展的筹码。在伊斯兰潮的大背景下,中东国家的一些原教旨主义组织和政党之所以能够逐步趋向于"合法"存在,这同中东国家对原教旨主义组织和政党政策的某些"弹性"变化有很大关系。例如在埃及,穆巴拉克允许原教旨主义组织合法存在的前提就是非暴力和不能直接干预政治。在沙特,除非形势迫不得已,沙特王室更倾向通过循循善诱的说教或恩威兼施的妥协调和方式,而不是真枪实弹的暴力镇压来缓解同原教旨主义者的冲突。当伊斯兰潮兴起时,沙特政府往往采取一些强化伊斯兰教的措施,比如针对某种背离伊斯兰法规的现象重新颁布一些禁令,或者通过减轻国民税收,增加国民福利待遇等施惠取悦于国民的"让步"手段来安抚包括原教旨主义在内的广大穆斯林群众,以维系社会的稳定。

客观地讲,20 世纪 70 年代末至 90 年代中期中东伊斯兰潮的兴起取决于多种因素,中东国家内外各种矛盾和冲突的聚合成为催生中东伊斯兰潮的根源。海湾战争结束后,美国《华盛顿邮报》的新闻评述曾指出,新的伊斯兰好战精神是由西方帮助激发起来的,他们的行动,为伊斯兰原教旨主义激进势力主张采取军事路线、暴力行动甚至恐怖手段提供了依据①。但就整个伊斯兰潮来看,它只是一种处于守势的应付内部危机和外部挑战的社会改革运动,它强调对传统的回归,强调伊斯兰教的包容性与适应性,强调对穆斯林社会生活所有方面的约束性,并力图以此唤起穆斯林对传统文化与价值观念的认同,以及对自身伊斯兰特征的再肯定。伊斯兰原教旨主义极端派及其追求的政治目标并不代表伊斯兰潮的主流,其暴力行动和恐怖手段在本质上也是弱势群体在心理极度扭曲下的无奈选择。暴力和恐怖主义的源头是极端民族主义和极端宗教主义。它在中东穆斯林群体和非穆斯林群体中都有不同程度和不同方式的表现。需要澄清的是,在涉及恐怖主义问题时,往往有人会将它们同伊斯兰教自然地联系在一起,或者

---

① *The Washington Post*, May 1, 1993.

视为等同关系。实际上,这是一种误解。鼓吹恐怖主义和煽动恐怖活动只是伊斯兰世界的一股逆流,属极少数人所为,它绝不能改变或替代伊斯兰教的主流发展方向。美国著名学者埃斯波西托亦曾指出:"专注于作为一种全球性威胁的'伊斯兰原教旨主义'助长了一种把暴力等同于伊斯兰教的倾向。这种倾向未能把个别人非法地利用宗教与世界穆斯林大多数的信仰和实践区别开来,而后者如同其他宗教一样,希望在和平中生活。"①因此,当代中东的伊斯兰潮尚不具有对多数中东国家的现政权构成致命威胁的能量。但是,中东各国的当权者并不因此掉以轻心。相反,由于中东地区已有原教旨主义势力夺取国家政权的前车之鉴,他们更加小心翼翼地妥善处理宗教与世俗、传统与现代、西方文明与东方文明之间的各种关系,尽可能地顺乎民心,并采取各种变革措施来获取民众的拥戴,从而抵御宗教极端势力的挑战。那些亲美的海湾君主制国家,为了"软化"国内的反美情绪,也开始进一步对其亲美政策有所收敛或节制,并同美国保持一定的距离,以便巩固统治基础,维系政权的长治久安。

3.伊斯兰潮在西方的反响

政治出发点的不同,必然会得出截然相反的结论。当代中东的伊斯兰潮在西方的反响完全不同,甚至一度出现谈虎色变的惊恐。

一些西方政治家警告说,从巴勒斯坦到阿尔及利亚的弧形地带,已成为局势紧张,可能爆发动乱的地区。西方舆论界认为,随着苏联的解体,伊斯兰原教旨主义看来正在取代共产主义成为西方国家的最大威胁。例如,法国议员雅克·博梅尔鼓吹在苏联解体和华约组织消失后,"最严重的威胁来自伊斯兰国家",他告诫西方要当心原教旨主义这把"由生物武器、化学武器和核武器"组成的"毒辣的弓"②;美国学者罗宾·赖特声称:"伊斯兰的复兴进一步鼓励了一个新的伊斯兰集团的形成。伊斯兰教正日益填补着意识形态真空和帮助恢复这些穆斯林国家间历史上的联系"③;美国中央情报局前任局长盖茨认为:"过激的原教旨主义现象是引起人们严重不安的事态发展"④,他呼吁美国对这一现象要加倍

---

① [美]J.L.埃斯波西托:《伊斯兰威胁:神化还是现实》,东方晓等译,社会科学文献出版社1999年版,第333页。

② [法]雅克·博梅尔:《法国、北约和美国》,《世界报》1994年4月1日。

③ *The Los Angeles Times*, August 4, 1992.

④ *The Wall Street Journal*, August 23, 1993.

关注。还有一些人甚至认为在冷战之后,伊斯兰教已成为"绿色危险","是在全球蔓延的癌症,危及西方价值观的合法性并威胁到美国的安全。"①由此构成了"伊斯兰威胁论"的大合唱。

在西方蓄意挑起对伊斯兰教的恐怖心理方面,最具有代表性的人物莫过于美国著名政治学者、哈佛大学约翰·奥林战略研究所所长塞缪尔·亨廷顿教授。1993年夏,亨廷顿在美国《外交》季刊上发表题为《文明冲突》的文章。该文认为"在这个崭新的世界形势下,发生冲突的根本原因将不再主要是意识形态因素或经济因素。人类的最大分歧和冲突的主导因素将是文化方面的差异,文明的冲突将主宰着全球政治;文明之间的差异界线将成为未来的战线。"②故此,文章断定,文明的冲突作为世界政治的核心因素正在取代冷战时代的意识形态,而且只有从文明冲突的角度才能更准确地解释世界上发生的变化。亨廷顿宣称,目前儒教——伊斯兰教正在进行合作,从而对西方的利益、价值观和权力构成了挑战。同时,亨廷顿还以政府战略谋士身份在文章结尾为政府提出政策,建议美国政府联合同类文明,利用儒教和伊斯兰教国家之间的分歧和冲突,限制儒教和伊斯兰国家扩大军事力量,打击儒教和伊斯兰教,从而遏制异类文明的挑战。

亨廷顿的文章发表后,立刻引起国际学术界的广泛关注和强烈反响。事实上,亨氏提出的这个所谓"新理论",仍未从根本上摆脱"冷战"思维模式的影响。而且,即使在亨氏理论大受"喝彩"的西方,也有一些理智的学者和政治家对此持怀疑或否定态度。例如,美国著名国际问题专家、波士顿大学政治学教授、哈佛大学科学和国际事务中心研究员沃尔特·克莱门斯就撰文指出,亨廷顿夸大了文明差异的影响。他认为,我们"这个世纪的大冲突都不是文明冲突引起的"。"文明之间的裂缝比之国际事务中的其他一些因素,只是第二位或者第三位的。现在同以往一样,国家之间的合作或者冲突是以设想的利益为基础的。互相依存的关系和技术的发展使不同文化之间的合作成为可能和有利的事。"③

毫无疑问,亨氏理论的提出是为美国新时期的全球利益服务的。透过这一理论的表层,它在一定程度上也折射出美国在后冷战时代新的历史条件下,试图

---

① *Foreign Affair*, Spring 1993.

② *Foreign Affair*, Spring 1993.

③ [美]沃尔特·克莱门斯:《不同的文明有利益冲突但可以合作》,《国际先驱论坛报》1997年1月7日。

借助一种臆造的"新理论"继续干涉别国内政,谋求世界霸权的战略。将海湾战争后中东地区再度兴起的伊斯兰潮片面而机械地演义和渲染成所谓"伊斯兰威胁论",实际上是西方把当代伊斯兰潮中不代表事物主流的某些极端倾向人为地无限扩大了,其真实目的说穿了就是要在后冷战时代寻找一个能够替代苏联和共产主义的新的假想敌人,以便为其在政治、经济和军事上进一步遏制发展中国家和谋求新霸权的内外政策提供依据。另一方面,一些亲西方的中东国家的当权者在若干场合也采取迎合西方"伊斯兰威胁论"舆论渲染的做法,同样也有自己的如意算盘,即通过过分夸大伊斯兰原教旨主义的威胁来换取西方的好处,或者将其作为向西方索求更多更有效支持的砝码,从而摆脱内部危机,巩固自身统治。

总之,当代中东伊斯兰潮的潮起潮落在很大程度上是由西方在中东的政策和中东国家政局的变化来决定的。一般来说,凡是社会、政治和经济形势比较稳定的国家,原教旨主义势力在那里的活动趋于缓和,反之,原教旨主义势力针对政府的活动则异常活跃,甚至对现政权构成致命威胁。故此,对整个中东国家来说,维护稳定,确保政权,休戚相关。因而,在谋求社会、政治和经济的稳定发展时,不断协调和妥善处理同原教旨主义势力的关系将是中东各国长期面临的共同课题。

四、伊斯兰潮与不同文明交往的启示

1.伊斯兰教在文明交往中的兴与衰

如前所述,当代中东的伊斯兰潮主要关涉两大问题:一是对第二次世界大战后中东国家社会变革和现代化运动的反思与批判;二是对处于困顿和式微中的传统伊斯兰文化与价值观念的重新肯定,同时也是对迅速向中东渗透的西方文化和西方霸权的抗拒。因此,解读当代伊斯兰潮对未来中东国家和中东社会的潜在意义,还必须进一步从伊斯兰宗教文化发展演变的历史及其在对外交往的态势和变化中探寻答案。

伊斯兰教是一种适合于阿拉伯人和东方民族的宗教。作为伊斯兰教发源地的中东,其固有的文化传统、经济构成和地域环境为伊斯兰教的生存和传播提供了适宜的气候和土壤。早期的伊斯兰教显示出勃勃生机与活力,伊斯兰教伴随穆斯林军队对外战争的节节胜利,在征服地得到迅速传播,被征服地的大批土著居民陆续皈依伊斯兰教。因此,伊斯兰宗教文化是在伊斯兰意识形态的指导下对征服地民族的文化因素进行筛选、过滤、加工、改造后予以吸收和融汇而成的。换言之,伊斯兰宗教文化主要由三种文化源流构成,即阿拉伯人的固有文化:伊斯兰文化;波斯、印度、希腊、罗马等外族的文化。① 由此体现了早期伊斯兰宗教文化的开放性以及它在对外交往中所具有的兼容并蓄特点,并因此显示出旺盛的生命力。

从7世纪中叶伊斯兰教创立到16世纪初,伊斯兰世界达到空前的鼎盛与统一,其疆域横跨欧亚非三大洲。与此同时,伊斯兰宗教—政治—文化结构也得到空前的巩固。进入17世纪后,伊斯兰世界开始受到来自新崛起的以基督教文化为主要代表的西方文明的挑战,但在这一时期,正在成长中的西方文明还不具备同十分坚固的伊斯兰宗教—政治—文化结构相抗衡的力量。正如著名英国历史学家汤因比所指出的:"过去,伊斯兰与我们西方社会不断地发生多次相互间的作用与再作用,但条件不同,角色也在变换。他们之间的第一次遭遇发生在西方社会尚处幼年之时,那时,伊斯兰教已是阿拉伯人所处的辉煌时代的一种特殊宗教了。阿拉伯人刚好征服并重新统一了中东古文明的领土,他们打算把这一帝国扩张为世界国家。在那第一次冲突中,穆斯林几乎占领了西方社会原有领土的一半,只差没有使自己成为全世界的主义"②。这一时期,伊斯兰教的勃勃生机和活力不仅单纯体现在它同西方社会初次较量中所占据的优势,而且还体现在它曾创造的足以使人类引以为自豪的灿烂的阿拉伯—伊斯兰文化上。当欧洲尚处于黑暗时代,穆斯林便高举着知识和学术的火炬,在诸如哲学、历史、地理、逻辑、数学、天文学和医学等各个领域对世界作出了杰出贡献;他们从西班牙的科尔多瓦到孟加拉的戈尔,建筑了一些世界上最优美的建筑物;他们通过翻译运动,把阿拉伯学术的精华,其中包括阿拉伯人保存的东西方文化遗产和他们自己的发展、创新都传给了西方世界;他们还在世界政治家的史册上谱写了一系列光辉的名字。所有这一切,都对人类文明的发展史起到了承前启后、沟通东西的

---

① [埃及]艾哈迈德·爱敏:《阿拉伯—伊斯兰文化史》第一册,纳忠译,商务印书馆2001年版,第32页。

② [英]汤因比:《文明经受着考验》,浙江人民出版社1998年版,第157页。

作用。

但自 17 世纪中叶起,特别是 1699 年《卡尔洛维茨条约》的签订,标志着伊斯兰传统的宗教、政治和文化范式开始全面走向衰势,同时整个伊斯兰世界也在经历着由盛而衰的变化。另一方面,由于阿拉伯—伊斯兰文化的西传唤醒了沉睡中的欧洲,经过文艺复兴和宗教改革运动洗礼后的西方国家,先后爆发了新兴的资产阶级革命,出现了倡导和弘扬平等、博爱、自由的基督教新教伦理。这种新教伦理使长期被禁锢和束缚的人性得到解放,人的才能和创造力得到超前发展。西方社会得以在不很长的时间内形成了比较健全而稳固的政治社会体制,同时又在工业革命浪潮的推动下,实现了非凡的器物文明和科技进步,西方人的新观念和新技术使他们在许多领域已远远走在了世界的最前列。为了满足自身资本主义发展的需要,西方开始向海外寻找空间,拓展市场。地处欧亚非三大洲交叉口的伊斯兰故土,由于其重要的战略地位和它所控制的广阔地域,首当其冲地成为西方觊觎垂涎的对象。在新的历史条件下,西方向伊斯兰世界的挑战既是它们资本主义发展的需要,也是它们受到向伊斯兰世界复仇心态的驱动。在这次和此后的一系列较量中,拥有新观念和新技术的西方完全占了上风。伊斯兰教因其观念的陈腐和僵化,导致其宗教文化日渐寝微,加上政治和军事上呈露的明显衰势,他们已经无法找到同西方抗争的武器,因此也就无法阻挡西方入侵的狂潮。19 世纪下半叶,伊斯兰世界相继沦为殖民地或"被保护国",并在物质和精神上遭受西方列强和殖民者的双重压迫与蹂躏。

伊斯兰宗教文化从一种强势文化向弱势文化的转换,以及伊斯兰世界由盛而衰的演变,显然取决于内外和主客观多种原因。但从文化和文明交往的视野来看,伊斯兰法学思想和神学体系在 10 世纪日臻完善和程式化后,随之关闭伊斯兰教施展活力的创制(伊智提哈德)大门,出现固步自封、抱残守缺和僵化不变的趋势则是一个重要原因。这种状况导致伊斯兰宗教文化原有的开放性和兼容并蓄的特点被严重削弱,从而使其失去了鲜活的创造力。因此,近代以来出现的伊斯兰现代改革主义者无不主张通过变革为伊斯兰宗教文化和伊斯兰世界重新注入活力,扭转衰势,摆脱困境。伊斯兰现代改革主义者大都试图通过尽可能地吸收外来文化的合理因素和有益养分,使自身的传统文化同新兴文化相互协调、相互融汇,以便适应现代科学发展和社会发展的需要,赶上世界前进的步伐。伊斯兰现代改革主义者的这种理论探索为长期处于封闭中的穆斯林的精神和思想解放创造了条件与契机。进入 20 世纪以来,特别是第二次世界大战后,在世界范围内新的现代化浪潮的冲击下,伊斯兰文化和价值观的潜移默化和中东国家现代化发展的历史轨迹,在某种意义上正是承袭了伊斯兰现代改革主义者开创的道路而不断深化和发展的。

2.伊斯兰潮对文明交往史的思考

当代中东的伊斯兰潮是在第二次世界大战后中东国家社会结构和政治经济经历剧烈变动的历史条件下发生的。从本质上讲,它是处于弱势的宗教文化力图通过变革与更新激发自身新的活力的抗争,也是不同文化和不同文明之间在碰撞中交往的特殊产物。因此,无论是作为客体的外部世界,还是作为主体的中东国家,都需要透过表象对当代中东伊斯兰潮的真实内涵做出比较客观的判断和评价。但更重要的是,还必须进一步从当代中东伊斯兰潮兴起、发展和演变的历程中来总结和诠释不同文明交往的一些突出特点和规律。

在各国走向现代化的进程中,当代中东的伊斯兰潮至少在两个层面的问题上值得深刻反思。

其一是如何保持和发展自身的传统宗教文化,以适应时代和社会的变迁与进步。对于任何一个特定的民族和国家来说,现代化的发展和文明的演进决不能脱离其民族性及其固有的传统和宗教文化。不同时期和不同阶段的发展战略必须是其历史的一种合理延续,并需要进行与时俱进的变革,实现现代因素与传统因素的有机融汇。否则,就有可能走向死胡同,或是为各种失误而付出沉重的代价。第二次世界大战后,中东国家屡遭坎坷和挫折的现代化实践以及伊斯兰潮所产业的负面影响,实际上已说明了这一点。传统宗教文化是每个民族赖以存在和发展的基础,是每个民族长期思维活动和生产活动历史的积淀和结晶,它的生存与不灭自有其内在依据。因此,传统宗教文化应该是一个民族和国家走向现代化的源头。但是,承认传统宗教文化在一定时期存在的合理性,并不意味着肯定其背离时代或逆历史潮流的消极因素,乃至陈腐的历史沉渣。在人类历史的长河中,落后必然要让位于先进,新事物终将取代旧事物,这是不以人们意志为转移的客观规律,任何人都不可能改变这一自然法则。在人类走向现代化的艰难而漫长的历程中,传统宗教文化需要伴随时代变迁和社会发展不断进行自我更新和自我改造。

其二是不同宗教文化和不同文明之间的交往,特别是强势宗教文化与弱势宗教文化之间的交往应该建立在相互尊重、和平共处的基础之上,并以兼容并蓄的精神吸纳不同文化的有益养料和成分,以彼之长补己之短,实现不同文化的合理融汇与发展。力戒文化霸权主义和对异质文明的排斥。人类文明是人类的共同成果,而且具有互补性。人类不断走向进步和朝着更高文明的演进,是历史发展的必然趋势。任何文明都不可能是尽善尽美的,而是需要在同异质文明的不断交往中为自身注入新的活力,从而使之发扬光大。处于弱势的宗教文化应以科学开放的态度,在弘扬原有优秀传统的前提下,面对现实,顺应时代潮流,超越禁锢自身的宗教文化范式,向现代文明迈进。强势宗教文化同样也需要以平等、公正的姿态来实现同弱势宗教文化的正常交往,任何形式的文化霸权主义和力图排斥、挤压、取代异质宗教文化的动机都将导致冲突的爆发。因此,文明交往的本质在于互补和共存,并在相互的沟通和融汇中达到共同发展。

第十章 后冷战时代的中东恐怖
主义及其发展趋势

中东地区是恐怖主义活动的多发区。中东恐怖主义主要表现为以政治诉求为主的、以宗教诉求为主的、国家恐怖主义和国际恐怖主义四大类。冷战后,中东恐怖主义全球化特质明显,伊斯兰极端主义和极端民族主义趋同化步伐加快。恐怖袭击目标的象征性和影响性强,恐怖组织成员向精英群体发展,专业化程度进一步提高。中东恐怖主义膨胀的原因,既有恐怖势力对伊斯兰"圣战"思想的误解和利用,也有美国的中东霸权政策及其对伊斯兰教的偏见,也有全球化运动对中东造成的伤害。中东恐怖主义不但使中东各国的政局不稳,而且加剧了整个中东局势的动荡,加深了阿以之间的民族仇恨,迟滞了中东和平进程,影响了本地区乃至全世界经济的健康发展,并诱发了世界各地的恐怖主义活动。伊拉克战争进一步刺激了恐怖主义,伊拉克已成为类似于阿富汗的恐怖活动策源地。展望未来,只要伊斯兰国家在国际政治和国际经济体系中仍处于边缘化的弱势地位、中东问题得不到公正的解决;只要美国继续推行错误的反恐怖战略;只要中东国家政治、经济和社会问题依然存在,那么,中东恐怖主义就会在一定时期和一定条件下激化。此外,由于高智商、高学历的恐怖分子不断涌现,恐怖手段更加隐蔽,恐怖能力更强,加之"基地"组织的恐怖主义理念全球化特质明显,社会基础越来越大。因此,恐怖活动短期内难以根除,恐怖势力也不可能完全退出国际政治舞台。

一、中东恐怖主义的主要类型

恐怖主义是一种充满极权专制统治欲望的极端思潮。但什么是恐怖组织,国际上还没有统一的认定标准。各国政府都是根据自己的需要来界定其概念，由此产生了彼此的差异。例如，《布莱克维尔政治学百科全书》把恐怖主义定义为"强制性恐吓，或者系统地使用暗杀、伤害和破坏，或者通过威胁使用上述手段，以制造恐怖气氛，宣传某种事业，以及强迫更多的人服从于它的目标"。[1]《简明大不列颠百科全书》则定义为："对各国政府、公众和个人使用令人莫测的暴力讹诈或威胁，以达到某种特定目的的政治手段。各种政治组织、民族团体、宗教狂热者和革命者、追求正义者以及军队和警察都可以利用恐怖主义。"[2]美国国务院《全球恐怖主义模式1999年》这样界定恐怖主义："恐怖主义"是指亚国家集团或秘密代理人攻击非战斗人员的蓄谋的、具有政治动机的暴力行为，其目的通常是为了影响公众[3]，等等。虽然，国际社会对恐怖主义的界定众说纷纭，但都认为恐怖主义有其基本特征，即：组织性、政治性、暴力性和国际性。

中东是伊斯兰教的心脏地区，宗教氛围浓厚，伊斯兰教原教旨主义和圣战思想泛滥，因而也是伊斯兰极端势力的策源地和大本营。据统计，中东地区有上百个伊斯兰极端组织，它们多追求全球圣战并具有强烈的反美、反以色彩。种族主义、极端民族主义和极端宗教主义是其形成的主要根源。2007年1月至12月初，全球共发生恐怖事件2747起，其中中东地区就有1800多起，占总数的70%以上。[4] 中东恐怖主义虽然具备一般意义上的特点，但中东恐怖主义具有历史上的特殊性，常常与民族解放运动和反对霸权主义相结合，这在一定程度上限制了对一些组织的界定。仅依据恐怖主义的暴力性、政治性和目标的民众性，中东恐怖主义可分为以政治诉求为主的、以宗教（如伊斯兰教与犹太教）诉求为主的、国家恐怖主义和国际恐怖主义四大类。

1.政治诉求为主的极端组织

（1）极端民族主义恐怖组织。这类组织以民族主义为口号，强调民族利益至上，迎合具有民族情感的人，得到许多国家尤其是广大发展中国家的同情和支持，所以拥有牢靠的群众基础。但是其采用恐怖主义手段，滥杀无辜，影响恶劣，招致所有热爱和平的人们的反对和唾弃。特别是1965年"六·五"战争以后，

---

① 张家栋：《恐怖主义的概念分析》，《世界经济与政治》2003年3月，第37—42页。
② 《简明大不列颠百科全书》第四卷，中国大百科全书出版社1985年版，第817页。
③ 李湛军：《恐怖主义与国际治理》，中国经济出版社2006年版，第12页。
④ 李伟主编：《国际恐怖主义反恐怖斗争年鉴》（2007），时事出版社2008年版，第4页。

巴以双方的许多民族主义组织和民族极端分子都将恐怖活动作为打击对方的重要手段,出现了"哈马斯"、"阿布尼达尔组织"(Abu Nidal Organization)、"阿布阿巴斯派"(Abu Abbas)、"巴勒斯坦人民解放阵线"(Popular Front for the Liberation of Palestine)等民族主义极端组织。还有以色列的"大犹太民族主义"组织、"大以色列国家"、"犹太人联盟"(Kahana la Kneset)、"卡赫"(Kach)及其分支"卡汉集团"(Kahanc Chai)等组织。

(2)民族分裂主义恐怖组织。具体表现为:①这种恐怖主义以种族、民族和宗教因素为基础,千方百计从种族、宗教、文化中寻找理由,制造事端,甚至带有历史上血亲复仇和宗教战争的特性;②民族自我意识封闭,狂热追求民族自决直至民族分离权,憧憬建立单一独立的民族国家;③鼓吹政治疆界应与文化疆界和语言疆界吻合,少数民族被所谓的主体民族集团"统治"是不道德的。民族分离主义的极端性导致了有组织的仇杀、战争冲突和国家的裂变。因而,它常常被认为是产生恐怖主义最持久、最有力与最致命的根源之一;④这类恐怖主义组织得到外国势力在活动资金、武器、训练基地、技术等方面的支持。特别是一些西方国家出于自身的利益考量,在民族分离主义恐怖组织的界定上采取双重标准,别有用心地将一国的民族分离活动与争取民族自决权相混淆,支持某些民族分离主义活动,这在客观上进一步刺激了民族分离主义活动。如土耳其的"亚美尼亚秘密解放军"、"库尔德斯坦"的独立运动、伊朗人民抵抗运动(又名军德安拉,Jundallah)、阿瓦士阿拉伯人民民主阵线①(The Ahvaz Arab People's Democratic Popular Front)、安拉战士(Brigade of God;Soldier's Allah)②、阿瓦士阿拉伯复兴党(AAPR)等伊朗民族分裂组织。

(3)反政府恐怖组织。这种类型的恐怖主义虽没有鲜明的、强烈的、宏观的政治目的,却与政府的政策或主张相对立,并企图通过某种极端行为改变社会的某些政策,实现自己的某种主张,有的力图用极端暴力行动来推翻国家现有政体、法律。如土耳其的"革命人民解放党"(Revolutionary People's Liberation Party)以反对美国和北约以及土耳其政府为名进行武装抢劫、敲诈、袭击和暗杀等活动。又如,"伊朗人民圣战者组织"(Mojahedin-e-Khalq,ujahedin-eKhalq Or-

---

① 由伊朗阿拉伯人组成,主要在胡齐斯坦省活动。

② 是伊朗的逊尼派极端组织。

ganization）、"伊朗人民法达游击队"（The Iranian People's Fadai Guerrillas；Cherik-hayeh Fadaeyeh Khalgheh Iran）等也以推翻伊朗现政府为由，进行恐怖主义活动。海湾战争后，伊斯兰国家之间的分歧与矛盾，以及大部分海湾地区的富油国对美国及西方势力的支持，使恐怖主义者认为中东国家统治者已彻底沦为西方国家的帮凶和西方霸权的维护者。他们企图以激进的方式同所在国进行不可调和的斗争，以便推翻现行政权。

2.宗教诉求为主的极端组织

宗教是人类社会一种十分重要的信仰体系，包括宗教意识、宗教组织和宗教规范。宗教对人类的精神和行为具有强有力的控制和影响作用。在宗教信仰中，那些在信仰上极其盲信盲从以至偏激狂热的人，他们信仰的也就不再是原先的宗教，而是背离信仰主流的、极端的思想观念，从事的不再是人们熟悉的宗教礼仪，而是非宗教的社会政治活动，最终演化成为宗教极端主义，也成为恐怖主义的重要思想根源。宗教极端主义主要是指某些具有政治企图的宗教派系利用社会冲突、民族冲突，兼以所谓的宗教情感、宗教认同来网罗、纠集并激励那些宗教盲从或政治不满者，形成宗教名义下的政治反对派，或通过组织建立具有政治色彩的小社团，从事不利于国家和社会的暴力活动。① 中东的宗教极端主义主要为两类。

（1）伊斯兰极端宗教主义组织。中东伊斯兰极端组织打着伊斯兰教的旗号，要求完全遵循"沙里亚法"（Sharia），并对社会政治、法律和文化进行伊斯兰教式的整合，从而建立符合《古兰经》教义的伊斯兰国家和伊斯兰社会。中东地区最活跃的激进组织有：埃及伊斯兰圣战组织②（Egyptian Islamic Jihad）、埃及穆斯林兄弟会③（The Muslim Brotherhood）、伊拉克的"号召党"（亦称"达瓦党"，Is-lamic Dawa Party）、巴勒斯坦的伊斯兰圣战组织（The Palestine Islamic Jihad，简称PIJ）、阿克萨烈士旅（Al Aqsa Martyrs Brigade）、神圣圣战旅（The Holy Jihad Bri-gades）、巴勒斯坦的哈马斯（Islamic Resistance Movemnt）、土耳其伊斯兰逊尼派极端组织、土耳其的安拉之军（Ceyshullah Organisation）④，科威特的阿卜杜勒·

---

① 金宜久：《宗教极端主义的基本特征》，《中国宗教》2004 年第 2 期，第 15 页。

② 成立于 20 世纪 70 年代后期的埃及伊斯兰圣战组织，被联合国安理会列入恐怖组织名单。

③ 该组织于 20 世纪 70 年代分化为许多极端秘密组织，如赎罪与迁徙组织、圣战者组织、伊斯兰解放党等。

④ 1995 年成立于伊斯坦布尔，号召发动"圣战"推翻土耳其政权，建立神权政权。其成员在沙特和阿富汗接受过训练。

阿齐兹·穆克林烈士组织（The Martyr Abdul Aziz Al-Muqrin Brigade）、半岛雄师（Peninsula Lions）、科威特圣战组织（Mujahideen of Kuwait）、埃及的阿扎姆旅①（Abdullah Azzam Brigades）、圣战者（Holy Warriors of Egypt）、伊斯兰自尊旅（The Sixth of October Brigades）、阿尔及利亚的萨拉菲斯特呼声与战斗组织（Salafist Group for Call and Combat，简称 SGCC）、利比亚的伊斯兰战斗组织（Libyan Islamic Fighting Group，简称 LIFG）、也门的亚丁伊斯兰军（Islamic Army of Aden）、叙利亚的伊斯兰圣战组织（Islamic Jihad）、萨姆统一圣战组织（Sam Jihad and Unification）及遍布中东各国的基地组织（Al-Qaida）。其中，塔利班于 1996 年 9 月成立了一个 6 人委员会作为临时政府接管政权。哈马斯于 2006 年 1 月在巴勒斯坦立法委员会选举中赢得 132 议席中的 74 席，并组建巴勒斯坦政府。而黎巴嫩的真主党则在中东、欧洲、非洲、南美、北美等地都设有机构且在黎巴嫩拥有一个庞大的社交、医疗和教育网络，并在黎巴嫩 128 人的议会中占有 9 个席位。"9·11"事件和伊拉克战争后，在中东伊斯兰世界又冒出一大批"名不见经传"的、宣称对各种恐怖事件负责的激进组织，他们要求全面推行伊斯兰法，实行极端宗教统治，并以打击美国和以色列，削弱西方在穆斯林世界的影响为目的。同时，也进行了针对平民百姓的恐怖活动。如，穆罕默德军（The Army of Muhammad）②、伊斯兰军（the Islamic Army in Iraq）③、黑旗手（The Black Banner Organization）④、安萨尔逊尼军（Jaish Ansaral Sunna）⑤、伊拉克的伊斯兰辅助者组织⑥等组织。基于联合国安理会和我国政府没有将哈马斯和真主党视为恐怖组织，本文只是将其列为极端组织加以分析。

（2）犹太教极端主义组织。犹太教极端主义的意识形态主要表现在以色列

---

① 埃及新出现的恐怖组织，2004 年、2005 年曾制造了一系列恐怖事件。

② 主要由伊拉克前情报和安全部门特工组成，其领导人马苏德·阿扎哈尔曾在阿富汗、巴基斯坦等地活动。"基地"组织向"穆罕默德军"提供过资金。

③ 主要在费卢杰附近活动。2004 年 7 月，该组织绑架并杀害了 2 名为美军工作的巴基斯坦人质，理由是他们充当美军"间谍"。

④ 属于伊斯兰秘密军的武装组织，与"基地"组织有联系。2004 年 7 月 21 日，该组织绑架 3 名印度人、3 名肯尼亚人和 1 名埃及人。

⑤ 该组织由萨达姆的支持者、前政府军士兵、逊尼派穆斯林和以驱逐美军为目标的萨拉菲斯特极端组织成员组成，

⑥ 又称伊斯兰支持者、伊斯兰战士、伊斯兰帮助者，俗称安萨尔组织，与"基地"组织关系密切，是活跃于伊拉克北部库尔德人和阿拉伯人组成的一个逊尼派极端组织，目标是在伊拉克建立一个伊斯兰哈里发国家。

政治中的"拒绝主义"。"拒绝主义"派别认为整个巴勒斯坦地区是上帝赐予犹太人的,犹太人作为上帝的特选子民则有权占有整个巴勒斯坦,并且恢复古代以色列王国的荣耀,任何与巴勒斯坦人进行谈判的行为在"拒绝主义"派别看来都是对以色列的背叛。这种意识形态在"卡赫和卡赫纳永生"(Kach and Kachane Chai)、"公路安全委员会"(Committee for the Security of the Highways)、"希伯来复仇者"(Revenge of Hebrew Babies)和"大卫之剑"(Sword of David)、"西卡瑞"(Sicari)、"埃亚尔"(Eyal)、"信仰者联盟"(Gush Emunim)等宗教极端组织中表现极为明显,"卡赫和卡赫纳永生"组织试图组建世界性的犹太恐怖组织,主张用恐怖主义手段达到在圣地全境扩张犹太人统治的目的。此外,这种思想在以色列国民宗教党和世俗组织"大以色列运动"中得以体现,在"地下犹太人"等组织的恐怖活动中得到实践。

3.国家恐怖主义

所谓国家恐怖主义指的是为取得某种国际政治目的,国家行为体不遵守国际社会制定或形成的现有行为规范,自己或是通过支持其他恐怖组织来对他国的平民、政府和武装人员进行非常规的暴力或军事报复手段打击的一种行为。在中东,以色列政府针对巴勒斯坦领导人和哈马斯等组织的暗杀就是国家恐怖主义行为,同时也是典型的民族主义恐怖主义行径。如果说从以色列建立到20世纪80年代中期,以色列的国家恐怖主义活动主要还处于秘密状态的话,那么2000年9月巴以之间爆发大规模冲突以来,以定点清除(targeted killing)为主要形式的国家恐怖主义便开始成为以色列主要的国家安全政策,国家恐怖活动披上了正当的合法外衣。1996年,以色列根除了哈马斯的首席炸弹制造专家,2004年,又暗杀了哈马斯领袖兼创始人谢赫艾哈迈德·亚辛及其政治领导人阿卜杜勒·阿齐兹·兰提西。

4.国际恐怖主义组织

最典型的就是"基地"组织。该组织由本·拉登于1988年建立于阿富汗,成立的初衷是为了训练阿富汗义勇军与入侵阿富汗的苏联军队作战。1991年前后苏军撤退,该组织开始将目标转向打倒美国和伊斯兰世界的"腐败政权"。"基地"组织还通过现代化的网络系统联系指挥世界各个地区的恐怖组织,如埃及、巴基斯坦、孟加拉、乌兹别克斯坦、塔吉克斯坦等国的恐怖组织及中国的"东突"恐怖组织都跟"基地"有联系,并受到"基地"组织的资助。2001年美国武力打击"基地"组织以后,本·拉登的名字已经成为一个"象征"和"符号",绝大部分国际恐怖主义组织,无论是否与"基地"组织有关,它们的行动也无论是否由本·拉登策划和指挥,一概打着"本·拉登"的旗号,宣称自己是"基地"组织的成员。伊拉克战争后,"基地"组织建立了许多分支机构。埃及的"伊斯兰圣战组织"(Egyptian Islamic Jihad)甚至已与"基地组织"合并,而其首领艾曼·扎瓦赫里也坐上了"基地组织"的第二把交椅。总之,本·拉登的"基地"组织就是一个极端的、恐怖的国际化组织,它拥有一个庞大的恐怖主义网络,有一个完善的结构体系,设立了专门的金融、媒体、军事、法律委员会以及宗教饬令(fatwah)委员会和咨询(shura)委员会等①,其机构设置和跨国公司,甚至和国家行为体有很大的相似之处。

二、冷战后中东恐怖主义的主要特征

1.恐怖主义锋芒所指由世俗伊斯兰政权转向美国、西方和犹太人

从冷战结束到90年代中期,中东恐怖主义的主要目的是夺取所在国政权。如1992年埃及伊斯兰极端组织向政府宣战,企图推翻穆巴拉克政权。巴勒斯坦的哈马斯、阿尔及利亚的伊斯兰武装组织、伊斯兰国家运动、伊斯兰武装运动、叙利亚等国的穆斯林兄弟会、巴林的解放巴林伊斯兰阵线等组织都主张用暴力方式建立伊斯兰法统治下的国家。20世纪90年代中期以后,由于伊斯兰国家普遍加强防范和打击措施,多数伊斯兰极端组织的活动受到限制,针对本国政权的恐怖活动有所减少,而针对美国、以色列和西方的恐怖活动却大大增加。据统计,整个90年代,中东将近40%的恐怖活动是针对美国和美国人的②。伊拉克战争后,伊斯兰极端分子不仅没有被美国的反恐战争打败,反而有条不紊地把"圣战"扩大到美国及其盟友。美国及其盟友的外交目标、军事目标、商业目标以及其他无辜的百姓都是恐怖袭击的目标。③ 2003年2月,本·拉登在录音中

---

① Ray Takeyh and Nikolas Gvosdev, "Do Terrorist Networks Need a Home?" *The Washington Quarterly*, Vol.25, No.3, pp.97-108.

② 何秉松:《恐怖主义·邪教·黑社会》,群众出版社2001年版,第36页。

③ 杨晖:《反恐新论》,世界知识出版社2005年版,第54页。

说,沙特阿拉伯、摩洛哥、约旦、也门和巴基斯坦"受美国的奴役",因此"最应该寻求解放"。"基地"组织也向全球伊斯兰恐怖分子发出了行动总纲:"在条件允许的情况下,随时随地采取行动。"伊斯坦布尔等地发生的恐怖袭击就反映了这种新模式。① 2005 年 11 月 9 日制造约旦首都安曼豪华酒店自杀性爆炸事件的"伊拉克圣战基地组织"就声称:"我们一群最好的勇士向一些野兽巢穴发起了一次新的进攻。这些旅馆已经被约旦的专制君主变成我们信仰之敌——犹太教徒和十字军们的后院。"②

2.恐怖组织得到一些中东及中东以外国家和政府的支持

一些中东国家利用恐怖主义来达到和谋取国家利益。它们既利用恐怖分子绑架的西方人质作为与西方大国讨价还价的筹码,又利用恐怖袭击造成的混乱浑水摸鱼,达到战略目标。伊朗、苏丹等伊斯兰原教旨主义势力曾掌权的国家,为了输出革命,不但通过电视、广播、散发宣传品等手段,鼓动其他国家效仿,而且在国内建立训练基地,为其他国家的伊斯兰原教旨主义恐怖组织进行军事训练,并向他们提供活动经费。伊朗支持和资助的伊斯兰原教旨主义组织达 20 多个,其中包括巴勒斯坦的哈马斯、黎巴嫩的真主党、阿尔及利亚的"伊阵"、埃及的伊斯兰圣战组织等。而苏丹则在国内建立了 25 个训练其他国家伊斯兰原教旨主义者的基地。伊拉克前萨达姆政权向每个哈马斯组织自杀袭击者家庭奖励15000 美元。此外,美国情报机关认为,许多沙特人,包括一些王子和亲王,在 60多个国家为中东恐怖组织提供援助。沙特为自己也为全世界制造了危险。③ 一位美国评论家分析叙利亚的黎巴嫩政策时说,"阿萨德明白,黎巴嫩不仅仅是一个战场,而且还是件武器,这里的仇恨和宗派,恐怖和暴力,即使不能被完全控制,但却能在背后进行操纵"。④ 一些西方智库认为也门之所以成为新的恐怖主义策源地,与也门当局容忍这些"圣战者"有关。因为"圣战者"与也门的一些政治组织有牵连,也门领导人既要利用这些逊尼派组织去打击西北部的什叶派叛乱,也害怕他们与自己作对。⑤

---

① *Time*,No.49,December 1,2005.

② 李伟:《国际恐怖主义与反恐斗争年鉴 2005》,时事出版社 2006 年版,第 325 页。

③ *Handelsblatt*(德国《商报》),November 13,2003.

④ Christopher Dickey,"Assad and His Allies:Irreconcilable Differences?"*Foreign Affairs*,Vol.66,No.1,Fall 1987,p.59.

⑤ 《也门:恐怖主义新基地》,《外滩画报》2010 年 1 月 19 日。

3.个别恐怖主义组织走向分化

20 世纪 90 年代初期,伊朗和苏丹建立的伊斯兰政权曾鼓舞和影响了一大批原教旨主义者,两国的政权模式成为各国伊斯兰极端势力竞相追随学习的榜样。90 年代后期,中东伊斯兰激进主义者通过暴力和武装斗争夺取政权的斗争先后失败。加之在中东国家和西方国家严厉的打击下,中东伊斯兰极端势力失去强劲的发展势头,开始改变以往单纯使用暴力的做法,其活动由暴力恐怖活动转向和平夺权,其主要组织也开始分化重组。在埃及,"圣战"者组织等激进势力被镇压;在阿尔及利亚,政府取消了伊斯兰拯救阵线通过选举赢得的胜利,并在随后的暴乱中取得了政权。1997 年伊朗温和派上台后,输出革命的调子明显降低,对黎巴嫩真主党等激进组织的支持也大大减少。苏丹政府迫于内外压力,支持伊斯兰原教旨主义恐怖组织的活动也明显减少。1999 年,阿尔及利亚的伊斯兰救国军宣布停战,接受政府领导。埃及的穆斯林兄弟会开始致力于以温和的方式传播伊斯兰教,哈马斯开始调整战略方针,并发展为执政党。真主党也发展为正式的议会党成员。

4.恐怖袭击目标的象征性和影响性强

冷战后,由于国际局势发生了变化,中东伊斯兰激进组织暴力行动的目标和手段都有了新的变化,越来越体现出"既要更多人看,也要更多人死"的残暴性质。他们更多采用暗杀、绑架、劫持、汽车炸弹和人体炸弹等手段实施恐怖活动。中东恐怖活动大多具有政治的或意识形态的动机,有着强烈的精神信仰,其主要目的不仅是消灭和摧毁行动目标,而且要制造恐惧和惊慌以影响公众的心理,造成特定的恐怖气氛和政治压力,从而对政府和特定的社会团体形成压力和威慑,迫使对方(通常是政府、社会团体)做出让步,以便达到政治报复、破坏统治秩序或影响政府内外政策的目的。例如,以色列极端分子刺杀以色列总理拉宾,以色列追杀哈马斯领导人;2001 年 9 月 11 日恐怖分子选择了袭击作为美国经济权力象征的世界贸易大厦和美国政治权力象征的五角大楼;2001 年 10 月 17 日巴勒斯坦人民阵线暗杀以色列旅游部长泽维;2001 年拉登曾策划用满载炸药的无人飞机到热那亚西方 8 国首脑会议上刺杀美国总统布什①,等等。这些都表明

---

① 《恐怖之王——本·拉登》,http://jczs.sina.com.cn,《舰船知识》网络版 2004 年 03 月 09 日。

他们既选择自己憎恨的和对抗的对象为目标,又选择人数众多的地点和时间,通过"惊人"的方式去博取最大的公众效应。此外,"基地"组织等伊斯兰极端团伙也掌握了现代技术并已制定了大规模信息恐怖袭击计划。2010年"基地"组织还威胁要绑架沙特的王子和大臣。

5.恐怖组织成员向精英群体发展,专业化程度进一步提高

与传统恐怖主义相比,新一代的恐怖主义分子大都受过良好教育,有的毕业于名牌高校(例如,扎瓦赫里于1974年毕业于开罗大学医学院,并获得外科硕士学位)。他们有着体面的工作和一份稳定的经济收入,甚至拥有比较大的企业,他们是同族人的"精英"分子。他们的学识和经济能力能够帮助他们从市场上弄到从事恐怖暴力活动所需的各种爆炸用品和作案工具,甚至还能在市场上买到一些原材料,用来研制和生产化学、生物以及放射性武器。与上一代恐怖主义分子最大的不同是,他们虽然也谈"主义"、"理想"和"献身"一类辞藻,但政治色彩明显淡化,组织归属不严密,许多组织常常临时组合,不断更换名字,而且许多人并不固定在一个组织里活动,他们往往会为实施某项恐怖暴力计划而临时组建一个组织。"9·11"事件以及此后发生的恐怖袭击事件都表明:恐怖主义组织在有意识地提高其成员的文化程度,如培训他们如何驾驶飞机,如何制造炸弹或使用电脑网络技术,等等,以便更好地利用现代科技来从事恐怖活动。"基地"领导人本·拉登学的是管理,将经营管理理念引入恐怖主义的事业。该组织熟练掌握现代通讯技术,拉登先后通过CNN和半岛电视台、因特网,向西方世界传播自己的思想、争取追随者。中东恐怖组织还把大学校园当成新的"训练营"。他们在大学校园里招募大学生,通过互联网指示这些学生利用大学里的学习资源和研究条件,研制发动恐怖袭击需要的各种器材。这些学生成员还经常在网上寻找技术方面的答案,而其中的一些答案甚至来自科学家。

6.伊斯兰极端主义和极端民族主义趋同化

阿富汗战争、伊拉克战争等让民族主义与伊斯兰教结合在一起反对美国,让伊斯兰世界更加仇恨华盛顿和西方,也让恐怖主义成为一个"合法的"自卫手段。在反西方运动中,民族主义与伊斯兰极端主义之间的联系加强。恐怖极端分子声称支持当地反西方组织对付共同的敌人。民族主义者也不接受美国将其价值观强加于人,不接受美国通过民主改造来根除恐怖主义威胁的逻辑"。① 国际犯罪学家格扎维埃·劳费尔说:"电视上播放的以色列或伊拉克的情形激怒了这些人。"愤怒、沮丧和伊斯兰世界遭受的不公使得新式恐怖分子往往走上自杀式袭击这条路。在中东地区,无论是非宗教的民族主义者,还是宗教活动分子,他们战斗的首要目标都是领土和民族国家。伊斯兰极端主义组织已融入了"伊斯兰民族主义"。

7.中东恐怖主义组织的全球化特质明显

其主要表现:一是恐怖组织和恐怖活动向全球蔓延。许多恐怖组织不仅在伊斯兰国家进行筹资、招募、训练工作,甚至远在南美、欧洲设立分支机构。埃及圣战组织的活动由中东转向阿塞拜疆和英国等国家。从 1996 年起,"基地"组织就以购赠、资助当地一些企业为掩护,支持和扶持中东各国的恐怖组织,并灌输宗教和军事思想,如,先后为埃及的"穆斯林兄弟会"、"讨伐异教徒运动"、阿尔及利亚的"武装伊斯兰运动"、约旦的"向伊斯兰致敬运动"、"穆罕默德部队"等组织的反政府活动提供掩护和支持。基地组织已成为中东恐怖主义的核心,并且与世界 50 多个国家的恐怖组织加强了联系。与此同时,中东恐怖组织活动的范围已扩大到中东以外的 60 多个国家。2004 年 3 月发生的马德里爆炸案就是中东伊斯兰极端组织"萨拉菲斯特呼声与战斗组织"策划的。② 英国国际战略研究所认为,"基地"组织及其分支机构现有 1.8 万多名成员,每个南部海湾国家都有伊斯兰极端主义的基层组织。③ "基地"组织成员中大约有 5000 名沙特人、3000 名也门人、2800 名阿尔及利亚人、2000 名埃及人、400 名突尼斯人、350名伊拉克人、200 名利比亚人及许多约旦人。④二是极端思想传播和资金来源国际化。伴随全球化态势的发展,中东伊斯兰极端主义思想不但在中东穆斯林国家,而且在非洲、亚洲和欧洲取得进展。如埃及赛义德·库特卜的极端思想为伊斯兰原教旨主义极端组织提供了有力的思想武器,他的著作被奉为宝典和必读教材,他的名字是伊斯兰原教旨主义极端组织的一面旗帜,造就了一大批伊斯兰原教旨主义极端组织。同时,在全球化催生下的信息技术使得"基地"组织的世

---

① Zbigniew Brzezinski, "The Wrong Way to Sell Democracy in the Arab World", *The New York Times*, March 8, 2004.

② *Los Angeles Times*, April 13, 2006.

③ *Financial Times*, July 22, 2004.

④ Dore Gold, *Hatred's Kingdom: How Saudi Arabia Supports the New Global Terrorism*, Regnery Publishing, Inc. 2003, p.129.

界观或者"基地主义"的意识形态日益成为全球恐怖主义的精神和思想来源，"基地主义"化的"圣战"已全球化①。"基地"组织不仅是一个恐怖组织，而且也是一个"试图激励和协调其他组织和个人的'运动'，一个全球性的'造反'组织"②。正如阿拉伯问题专家吉勒斯·凯佩尔所说，"没有因特网，'基地'组织不可能存在，没有阿拉伯语的卫星电视台，'基地'组织也不可能存在。"③另一方面，中东恐怖主义组织的资金来源渠道不仅包括海湾地区，也包括中亚、非洲、南亚、东南亚，甚至欧美地区。例如，本·拉登利用全球化在世界各地建立公司和资金网络。他曾在苏丹设立了两家投资公司，在英国巴克莱银行伦敦分行、意大利米兰和瑞士卢加诺等地证券公司也设有账户。"基地"组织的资金除来自本·拉登本人的财富外，还有来自四面八方的捐助。④"9·11"事件后，美国政府公布了涉嫌资助恐怖分子的2500家公司和个人的名字，并冻结了1.1亿美元资金，但"基地"组织在2002年收到的个人和组织捐赠达到了1.5亿美元。"基地"组织在毛里求斯、新加坡、马来西亚、菲律宾、巴拿马等地投资，并在伦敦、维也纳、迪拜等地开账户洗钱，或购买大量黄金和钻石。⑤"基地"组织还利用贩毒、制毒、走私等跨国犯罪进行筹资。又如，美国的圣地救济和发展基金会、阿克萨国际银行、英国的巴勒斯坦救济和发展基金会、法国的巴勒斯坦慈善和团结委员会、德国的阿克萨基金会都曾向哈马斯提供资金。伊朗每年为哈马斯提供300万美元的赞助金。此外，澳大利亚、加拿大和中美洲国家的支持者也纷纷向这个基金捐款。据说，"圣地基金"一年收到的捐款高达数千万美元。⑥此外，全球化也使西方消费者为阿富汗和沙特阿拉伯的穆斯林学校提供资金来源，而穆斯林学校正是"基地"组织全球供应链的核心。⑦

8.伊斯兰极端组织设法取得大规模杀伤性武器的倾向加快

中东恐怖组织分工明确、组织严密、活动诡秘，人员训练有素，已走向军事

---

① *The New York Times*, April 18, 2004.

② Daniel L. Byman, "Scoring the War on Terrorism", *The National Interest*, Summer 2003.

③ 《"基地"大调整大转移》，www.XINHUANET.com，2004年9月10日。

④ *Le Figarole*（法国《费加罗报》），May 19, 2003.

⑤ 杨洁勉等：《国际合作反恐——超越地缘政治的思考》，时事出版社2003年版，第62—75页。

⑥ *Daily News*, September 20, 2001.

⑦ *International Herald Tribune*, March 15, 2004.

化。20 世纪 90 年代以来,伊斯兰恐怖分子一直致力于获得生物制剂和掌握破坏公用饮用水的技术。为了解诸如氰化钾和蓖麻毒之类的化学物质的毒性,"基地"组织的一些"专家"曾在阿富汗营地进行动物试验。"9·11"事件后,"基地"组织曾尝试用化学、生物甚至核武器发动恐怖袭击。2002 年在伊拉克的安萨尔营也发现了类似于蓖麻毒和肉毒杆菌毒素等化学产品,按照扎卡维的命令,这些化学产品准备运往欧洲。2002 年 11 月,一名阿尔及利亚伊斯兰极端分子随身携带的文件资料表明,他准备在伦敦地铁进行一次化学恐怖袭击。"基地"组织也多次组织针对机场控制中心、核电站和化学工厂的信息袭击行动。2002 年 8 月,美国联邦调查局发现,"基地"组织曾研究炸毁美国的引水信息系统以及天然气和石油分配系统。2008 年沙特阿拉伯内政部指出,"基地"组织试图秘密采购 8 枚导弹,拟对沙特境内的酒店、高层建筑、飞机等发动恐怖袭击。此外,中东恐怖组织还想制造一次更大规模的、造成更多伤亡的、给美国留下永远抚不平的伤疤的恐怖袭击行动。① 2010 年阿富汗塔利班武装分子准备使用带有艾滋病病毒的"毒针"袭击驻阿英军。

三、冷战后中东恐怖主义发展变化的主要动因

伊斯兰极端恐怖势力在中东滋生乃至坐大,恐怖活动日益猖獗,不仅有其深刻的国内政治、经济、文化、社会背景,也有全球化特质的时代背景。

1.恐怖势力对伊斯兰"圣战"思想的误解

伊斯兰教的教义经典中的确有着一些文字和段落,以真主的名义号召对其敌人实施暴力恐怖行为,而这些文字和段落都具有特定的历史背景,离开了当时的历史条件就失去了合理性。《古兰经》中的"Jihad"原意是为了真主的事业而尽力竞争和奋斗(Struggle),而不是圣战(holy war)。穆斯林应不断通过吉哈德,向世界传播对真主的信仰,直至全世界都接受伊斯兰教。更大的圣战是反对我们自己的弱点和缺点②。恐怖主义为了实现其政治目标,将伊斯兰教义片面地

① *Le Figarole*(法国《费加罗报》),September 10,2004.

② *Los Angeles Times*,September 14,2003.

简化为圣战意识并加以曲解,并以此为其暴力倾向提供理论依据。"你们为主道而战","战争已成为你们的定式"。① 圣战的阵亡者将得到天国的丰厚报酬,"谁为主道而战以至杀身成仁,或杀敌至果,我将赏赐谁重大的报酬"②,等等。恐怖主义者继承和体现了伊斯兰激进主义派别尤其是库特卜的激进派思想,并依据自身的政治诉求对其进行扭曲性的阐释。库特卜认为,穆斯林社会有生活在"伽赫利耶"——即伊斯兰教产生之前的蒙昧状态;法西斯主义、资本主义、阿拉伯民族主义、社会主义和共产主义等都出自人而非真主,要求通过圣战来摧毁现有的非伊斯兰社会秩序,建立一个不受污染和完全按照伊斯兰方式、标准建立的社会,实现真主的完全统治权。在这种思想的指导下,恐怖主义者认为,当前中东国家掌握在不讲正义、不遵从伊斯兰教、腐败和傲慢的西方国家的傀儡手中,穆斯林可以采取包括武装斗争在内的一切手段对付异教徒,这便给恐怖活动披上了"圣战"的外衣。以真主的名义去从事恐怖活动更减轻了恐怖分子道德上的罪恶感,他杀和自杀的恐怖袭击成为殉教的义举,死亡的恐怖分子被追谥为护教的烈士。

2.美国中东霸权政策及其对伊斯兰教的偏见

冷战结束后,美国中东霸主地位进一步加强,更加明目张胆地推行霸权主义和强权政治。1995 年 5 月美国国防部发表的《美国中东安全战略报告》明确指出:"中东是欧洲和地中海同非洲、亚洲和印度洋之间的空中和海上交通枢纽,它对美国能否在全世界进行贸易和投放军事力量起着重要作用。"③因此,美国采取"西促和谈、东遏两伊"的中东霸权政策,并以各种名义或明或暗地干涉中东国家内政,强行推行美国式的民主模式,极力扶持亲美派,打击不向西方屈服的国家和政治、宗教势力。美国认为中东伊斯兰世界是美国自由、民主、帝国的边疆,因此,积极推行其民主观价值观,试图从制度上保证美国的全球霸权。这种无视中东文化多样性,无视他国主权、意识形态和社会制度的民主输出,必然引起中东社会的普遍不满和极端主义的抬头。美国在军事上继续加强原有的军事联盟并赋予其新的任务,以便压缩过去敌人的战略空间,防止其东山再起,同时遏制潜在的敌人。而在反恐问题上,美国则采取双重标准和实用主义政策。

---

① 马坚译:《古兰经》,中国社会科学出版社 1981 年版,第 224 页。
② 马坚译:《古兰经》,中国社会科学出版社 1981 年版,第 74 页。
③ 万光:《美国对中东的政策及面临的挑战》,《西亚非洲》1996 年第 2 期,第 19 页。

对亲美政权或组织的恐怖行径持纵容态度。比如以色列对巴勒斯坦难民营的随意侵占和对无辜平民生命的轻视，以及对伊斯兰极端组织成员的暗杀，均不算恐怖主义行径。美国对伊拉克长达 12 年制裁，造成上百万人死亡，其中儿童约 50万。其实质就是把伊拉克人民集体当作人质来对待，是"有组织地恐怖主义"，"美国的行动为恐怖主义提供了依据"①。"9·11"事件后，美国主导的反恐怖战争不断升级，反恐矛头主要指向中东穆斯林国家，从而使伊斯兰极端分子变得更强硬，同时也失去了穆斯林舆论的支持，而后者本来很厌恶恐怖主义。美国认为，伊斯兰教已经取代共产主义成为美国主要的战略威胁，即"绿祸"（Green Menace or Peril）取代"红祸"（Red Menace or Peril）；认为恐怖主义正试图用一道"神学铁幕"将穆斯林世界与我们所生活的这个世界其他部分隔离——一道用来自贫穷和暴政的挫折情绪和愤怒情绪所铸成的"砖"和用仇恨和暴力所铸成的"水泥"的"柏林墙"②；美国国务院 2003 年所认定的 35 个"外国恐怖组织"中，就有 22 个不同程度地与中东相关，而且美国的反恐战争几乎全部指向这 22个组织及其支持者③。由于美国对伊斯兰教和穆斯林的偏见，导致 1999 年至2002 年之间留美的中东阿拉伯学生的人数减少了 30%④。错误的中东政策及错误的宗教政策和反恐政策，激化了中东世俗主义与原教旨主义间的矛盾，激化了美国与中东各激进势力的矛盾，使中东出现更多的极端宗教组织。美国还以"反恐"为由，先后发动了阿富汗战争和伊拉克战争，激化了其与伊斯兰世界在思想文化领域的冲突，在客观上为恐怖组织的宣传提供了理论依据，更加促进了伊斯兰极端势力的发展。

此外，美国积极推进所谓的"民主化"战略。美国认为阿拉伯国家政府是世界上"最压制性"的政府，"阿拉伯国家缺乏释放不满情绪的民主途径，形成了产生本·拉登和'基地'组织这类伊斯兰极端势力的滋生地，"⑤因此，"必须帮助

---

① *The Washington Post*, May 1, 1993.

② *The National Interest*, Autumn 2003.

③ United States Department of State, *Patterns of Global Terrorism 2003*, Washington, April 29, 2004, p.177.

④ *Financial Times*, October 21, 2003.

⑤ T. Christian Miller, "Washington Is Allied with Repressive Governments and Hasn't Pushed Democracy", *Los Angeles Times*, October 8, 2001.

伊斯兰融入现代社会。否则,美国将面临更可怕的安全威胁。"①在这种背景下,美国采纳了伯纳德·刘易斯(Bernard Lewis)提出的"以培育中东民主来反恐"为核心的"刘易斯主义"(Lewis Doctrine)。美国推动中东"实现民主化转变"的"大中东"计划使阿拉伯人"比以往任何时候都更加仇恨美国,因为他们不接受美国将其价值观强加于自己,不接受美国通过民主改造来根除恐怖主义威胁的逻辑"。②

在阿以问题上,美国的调停政策始终服务于自己的欧亚地缘战略,巴勒斯坦人是美国战略的牺牲品。冷战后,美国出于中东战略的需要,继续奉行偏袒以色列的政策,致使巴以之间谈了又打打了又谈,始终没有结果。阿拉伯人对各种外来的政治思想感到失望,深切希望用一种"自己的"思想来解决面临的困难,并开始寻求新的出路。于是伊斯兰教就成了最理想的选择,它不仅是一种政治思想和包罗万象的社会制度,而且有着悠久的历史,广大穆斯林很自然的"返回伊斯兰",把解决现实问题的希望寄托于伊斯兰教的"复兴"上。此外,美国每年向以色列提供30亿美元的经济援助,并不断向以提供先进武器装备,强化以色列的国防现代化水平。近乎偏激的巨额援助在成就了一个以色列的同时,也在阿拉伯世界埋下了仇恨的种子。在阿以和谈中,巴勒斯坦的生存权利长期得不到维护和保障,大批犹太移民涌入以色列,而流落异国数十年的巴勒斯坦人却无人问津,耶路撒冷问题、戈兰高地问题、巴勒斯坦的最终地位问题至今仍无答案。正是美国不公正的中东政策,激化了原有的地区矛盾和民族矛盾,激化了中东民族主义和宗教极端主义的反美情绪,为伊斯兰原教旨主义的兴起和恐怖主义活动提供了土壤。人体炸弹一个接一个地爆炸是巴勒斯坦人绝望情绪的一种表达。

3.全球化对中东国家的影响

20世纪90年代兴起的全球化,其实质是全球经济政治的一体化,也是对不同地区、不同民族的传统社会生活和文化的一次整合过程。就中东地区而言,它正处于从文化教育落后、工业化程度不高、政治民主缺失的阶段向文化教育先

---

① Fareed Zakaria,"The Roots of Rage",*Newsweek*,No.43,October 15,2001,p.21.

② Zbigniew Brzezinski,"The Wrong Way to Sell Democracy in the Arab World",*The New York Times*,March 8,2004.

进、工业化发达、政治民主完善的阶段过渡的时期,并受到信息化等世界最新科技发展趋势的影响。但是,在这种背景下,"西方数世纪的霸权,很容易成为对社会失败的一种托辞和穆斯林政治中的导火索。"①同时,中东伊斯兰各国的现代化进程普遍受挫使其对西方发展模式感到失望,社会不可避免地充满矛盾和冲突。因此,"在那些参与全球化程度不高的国家里,人口的迅速增长,资源的紧缺和大规模杀伤性武器的扩散,都成了恐怖主义产生的温床"②。全球化对中东国家的影响具体表现在以下几方面:

其一,经济全球化使中东伊斯兰国家经济进一步边缘化,人民更加贫困,刺激了中东极端组织的产生。在全球化进程中,国际政治经济机构被富国所控制,他们根据其既得利益来调整全球化的游戏规则,确定全球化的议程。所以,全球化的一个不可避免的后果是弱势国家难以抗拒强势国家,并且充满矛盾和冲突。正如哈佛大学教授亨廷顿所言:"现代性孕育着稳定,而现代化也滋生着动乱。产生政治秩序混乱的原因,不在于缺乏现代性,而在于为实现现代性的努力。"③现代化发展道路探索的失败,导致中东各国经济社会发展迟缓,人民生活困苦,民族危机加剧和社会矛盾激化。在经济全球化进程中,许多国家城市化步伐加快,但城乡自然过渡的基本桥梁没有建立起来,传统的封闭型的社会经济结构还没有打破,市场经济也没有取代农业自然经济,农村的劳动力没有获得彻底解放。中东国家由于在经济、科技方面的基础差、起点低,无法同西方发达国家竞争,因而在全球化竞争中常常被边缘化。据国际货币基金组织的统计,20世纪90年代前三年中东国家国内生产总值平均增长率分别为1.4%、5.2%、3.5%,远远低于同年发展中国家的平均数。与此同时,中东国家的通货膨胀率却在20%以上,外债平均占国内生产总值的54%以上④。例如,阿尔及利亚石油和天然气出口收入的70%左右用于偿还外债,到1995年为止,外债总额高达260亿美元,

---

① [美]埃斯波西托:《伊斯兰威胁——神话还是现实?》,东方晓等译,社会科学文献出版社1999年版,第254页。

② 2004年4月18日新华社电。

③ [美]塞缪尔·亨廷顿:《变化社会的政治秩序》,生活·读书·新知三联书店1986年版,第37页。

④ 安维华:《90年代上半期的中东经济:新挑战与新探求》,《西亚非洲》1995年第6期,第34页。

每年仅支付利息就达 90 亿美元。[①] 1999 年,22 个阿拉伯国家的国内生产总值为
5312 亿美元,比西班牙(5955 亿美元)一国还少。2002 年,中东和北非穆斯林国
家的工业出口总额只有 400 亿美元,只接近北欧小国芬兰一国的水平。曾被誉
为"幸福之地"的也门,目前是世界上最不发达的国家之一,失业率高达 40%,贫
困人口、文盲率居高不下。2000—2006 年期间,当地 17.5% 人口的每天人均生
活费约为 1.25 美元。[②] 正因为如此,也门成为伊斯兰极端武装培训和招募恐怖
分子的沃土。"也门就像一个恐怖组织的公交车站,运转他人到别处作战。"[③]在
这种背景下,"基地"组织迅速渗透到也门,并通过一些经济诱惑和在秘密下属
企业中安排工作等方式招募年轻人,使其势力不断壮大。

其二,全球化过程中,中东伊斯兰各国的现代化进程普遍受挫,酿成伊斯兰极
端势力的滋生。中东伊斯兰国家有的实行君主立宪制,有的实行君主专制,有的实
行酋长制。而这些在西方看来,除土耳其、以色列外,中东几乎没有真正民主的国
家。根据西方标准,伊斯兰世界存在所谓"民主例外论"(exceptionalism)[④],无论
民主实验在哪里发生—伊朗、土耳其、埃及、伊拉克、叙利亚和巴基斯坦—它们总
是遭受世袭集团和军人野心的严重损害和困扰。[⑤] 此外,许多伊斯兰国家取得
独立后,盲目照抄照搬西方民主制度进行改革,出现决策失误,不少国家因民主
化改革引发政治动荡甚至内战。加之,现代化过程对自然资源的破坏,城市人口
增长、失业、贫困、犯罪等社会问题不断涌现,许多国家长期无法摆脱诸如经济失
调、财政赤字、通货膨胀等难题,致使"在 21 世纪的开端,整个中东普遍存在着
一种屈辱、丧失自尊和十分渴望找回尊严的感觉,这种绝望在某种程度上与不能
很好地满足民众需要的政治和经济体系相关联。"[⑥]反美主义在一定程度上承载
着阿拉伯群众对现状的苦闷、不满和现代化受挫之后的茫然、失望、屈辱和愤怒。

---

① 忻炯俊:《当代伊斯兰原教旨主义再认识——兼析伊斯兰威胁论》,《阿拉伯世界》1999 年
第 2 期,第 31 页。

② 程星原:《也门安全形势严峻的原因及趋势》,《国际资料信息》2010 年第 3 期,第 17 页。

③ 《也门:恐怖主义新基地》,《外滩画报》2010 年 1 月 19 日

④ Ghassan Salam (ed.), *Democracy Without Democrats? The Renewal of Politics in the Muslim World*, I.B.Tauris Publishers, 1994, p.5.

⑤ Simon W.Murden, *Islam, the Middle East, and the New Global Hegemony*, Lynne Rienner Publishers, Inc.2002.pp.94-95.

⑥ Shibley Telhami, *The Stakes; America and The Middle East*, Westview Press, 2002, pp.59,92.

那些因现代化而陷入贫困者往往成为恐怖主义的群众基础。

与此同时,政治上的专制导致一些伊斯兰国家的官员腐败、政权机关专断、社会道德沦丧等问题日益突出。据估计,20世纪90年代最初的几年,阿尔及利亚政府官员通过回扣和收受贿赂而侵吞的国家资产总计达到200亿美元。① 阿前国防部长鲁西夫曾侵吞和挥霍1350万美元。在沙特,王室贵族中的一些成员利用手中的权力以及自身所具有的便利条件建立和发展了不同于一般私人资本主义的家族资本主义。许多富商巨贾与君主王室、达官贵人有着千丝万缕的联系,形成了一种"藤"与"树"的关系。日益扩大的社会两极分化,使越来越多的沙特下层人民群众感到了伊斯兰清教主义和沉溺于奢华之中的有产者的生活方式之间不断加深的鸿沟,他们把现实中的不平等现象与《古兰经》中的平等正义、乐善好施等理想相对比,更激起了他们的不满情绪,贫富两极分化为伊斯兰极端主义和恐怖主义的兴起提供了机会。恐怖主义者认为,"当代伊斯兰世界的一切问题都只能通过战斗来解决,要清除外来势力,结束政教分离的状况,建立伊斯兰政府,全面实施'沙里亚法'","不但要与异教徒和无神论者进行战斗,更重要的是与穆斯林中的叛教者进行战斗,每个穆斯林都可以不受时间、地点和方式的约束,可以随时随地地向伊斯兰的敌人发起进攻,以自己的鲜血和生命为安拉奋斗"②。

其三,全球化使中东的伊斯兰文化和价值观面临被西方世界"同质化"的危险,从而为宗教极端组织的出现奠定了基础。伊斯兰教作为一种文化体系,它不仅为中东穆斯林个体生存提供理念支撑,也为整个伊斯兰社会提供一种政治资源。文化同质化与文化异质化的对立构成了全球化运动中文化矛盾的"互动"关系。③全球性文化运动促使穆斯林社会越来越多地被西方的模式同质化,而西方模式常常难以适应中东伊斯兰本土文化,甚至产生负面影响。埃及前教育部长侯赛因·卡米勒·巴哈丁曾这样评价:全球化条件下的文化是消费文化、暴力文化、个人主义和自私自利的文化、纯粹的物质文化、鄙视众多社会价值的文化及不尊重文明社会、公民民主权利的文化,是一种鼓励投机、贪婪、为达到目的而不择手

---

① 忻炯俊:《当代伊斯兰原教旨主义再认识——兼析伊斯兰威胁论》,《阿拉伯世界》1999年第2期,第31页。

② 肖宪:《当代国际伊斯兰潮》,世界知识出版社1997年版,第138—139页。

③ 高长江:《从全球化视角看全球宗教复兴运动》,《世界宗教研究》2002年第1期,第1—10页。

段的文化。① 全球化不仅对中东传统的家庭、部族、民族国家具有强大的解构作用,而且与之相随的物质主义、消费主义等将对伊斯兰教的精神核心构成严峻挑战。生活在城市中的现代生活方式、思想文化和价值观念与存在于农民、手工业者和城市贫民中的传统生活方式、思想文化和价值观念发生了冲突。此外,许多在中东活动的西方非政府组织打着发展"民主主义"和完善"公民社会"的理想主义旗号,在中东强迫别人接受"民主"、"人权"等西方发达国家的价值观,破坏了这些地区固有的价值观和制度。他们或通过专业学术团体的国际学术交流向伊斯兰国家的知识界渗透,培养崇拜西方政治制度和西方文化的群众基础,使他们对本国的社会制度、本民族的优秀传统文化产生怀疑、疏远与排斥,改变他们的思想观念、是非善恶标准、思维方式等,弱化其民族认同感、民族自信心、自豪感和民族凝聚力,从根本上摧毁这些国家的立国基础。面对全球化进程的强烈冲击和美国全球霸权的挤压与"进犯",中东国家基于共同宗教的文化自我意识和认同明显加强,不仅国家间的联系和交流增多了(如伊朗、叙利亚、伊拉克、沙特等国的关系不同程度地得到了改善),而且包括恐怖主义在内的非政府层面之间的互动也有了显著发展。从某种程度上讲,中东一系列的恐怖活动,既是伊斯兰极端势力诉诸恐怖和暴力与以美国为首的西方霸权主义较量的继续,也是伊斯兰世界内部矛盾发展和激化的继续,同时,也是伊斯兰世界与西方世界在文化、伦理道德、价值观念上未能调和而产生冲突的继续。

4.伊斯兰复兴运动和民族分离运动为恐怖主义提供现实基础

20 世纪 70 年代以来出现的伊斯兰复兴运动,在 1979 年伊朗伊斯兰革命胜利之后被注入了新的活力,伊斯兰原教旨主义运动以强劲的态势出现在中东政治舞台上。原教旨主义者认为,中东国家存在的贫穷、失业和通货膨胀及官员的腐败、政权机关的专断、社会道德的沦丧等都是西方经济和文化对伊斯兰世界冲击的后果,以及西方国家支持和操纵专制腐败政权的结果,都是这些国家盲目借鉴西方价值观,毒化伊斯兰传统,破坏伊斯兰生活准则的结果。因此,他们呼吁,伊斯兰社会应从伊斯兰信仰的源头去寻求伊斯兰社会复兴的动力,应当恢复和加强伊斯兰教在社会和国家事务中的应有作用,应以暗杀和炸弹袭击来消灭堕

---

① ［埃及］侯赛因·卡米勒·巴哈丁:《无身份世界中的爱国主义——全球化的挑战》,上海外语教育出版社 2001 年版,第 86—87 页。

落和腐化分子,其中包括亲西方国家的领导人。"9·11"事件后,全球范围内出现的"恐伊斯兰潮"(Islamophobia)以及美国反恐战争出现的"反伊斯兰潮",也为穆斯林抗击西方文化的攻击提供了认同根源,为伊斯兰世界的团结,增进其在国际上的影响力提供了新的纽带。同时,也为中东恐怖组织在反美反西方等问题上的联合、协作提供了支持。此外,冷战的结束,引发了意识形态领域内的真空,民族主义乘机抬头,多民族国家内的少数民族的分离意识增强,对本国主体文化和疆域的否定意识上升,助长了民族分离主义和极端民族主义。而西方国家和某些国际组织以保护人权和人道主义为理由,推行新干涉主义政策,鼓吹人权高于主权等理论,这不仅加剧了原有民族问题的复杂程度,甚至引发了严重的人道主义灾难,刺激了如土耳其库尔德民族主义的反弹和民族问题国际化的发展。

除以上原因外,软弱的国家政权也是中东地区恐怖主义产生的一个原因。国家政权是规范个人、团体行为的强制性组织,它把个人和团体的行为纳入遵从国家最高利益的轨道。当国家组织处于涣散无力状态时,个人、集体的行为甚至是某种形式的民族主义就会以极端的方式迸发出来。在中东,恐怖主义活动最频繁的国家通常就是中央政权相对虚弱的国家。冷战结束后,武器扩散的速度大大超过了人们的想象,中东恐怖分子不仅可以轻而易举地买到武器,还能接受训练,在客观上为恐怖分子的跨国犯罪提供了条件。

四、冷战后中东恐怖主义的影响

1.中东恐怖主义加剧了中东局势和中东各国政局的动荡与混乱

(1)伊斯兰极端主义宣传政教合一,煽动教派冲突和颠覆现政权,引发社会动荡,对国家政治安全和社会稳定构成威胁。中东恐怖主义否定世俗政权的合法性,主张不惜一切手段夺取政权。恐怖分子通过制造各种政治事端扰乱国家政治秩序,采取暗杀、绑架国家政治领导人的手段挑起国家政治冲突和斗争。这些活动都对国家政治安全构成直接的威胁。如先后制造沙特军事基地爆炸案、卢克索古城事件等恐怖事件①,萨达特总统、拉宾总理、马哈古卜议长及阿尔及

---

① P.S.Link,*Middle East Imbroglio*,Nova Science Publishers,Inc.1996.p.13.

利亚前国家元首迪亚夫等许多军政要人先后在恐怖主义者的枪口下丧生,这些都是极端恐怖分子向政府的直接挑战。恐怖分子一直想谋杀穆巴拉克,因为他被伊斯兰极端势力视为"美国在中东的走狗"。同时,恐怖活动也破坏了中东地区原有的政治平衡和社会结构,诱发和加剧了一系列社会矛盾,导致伊斯兰教与其他宗教的冲突,加剧了伊拉克、叙利亚什叶派同逊尼派之间的矛盾与斗争,以及阿富汗各种伊斯兰原教旨主义组织之间争夺中央政权的战争。黎巴嫩真主党针对美国和以色列的圣战,并主张黎全面伊斯兰化,加剧了黎内部的派系斗争,导致战乱不止。

（2）伊斯兰极端主义破坏国家主权和领土完整,威胁国家军事安全。伊斯兰极端主义是全球化条件下派生的宗教"怪胎"。从政治学角度看,它是社会中某些极端阶层心理失范的表现,它在意识形态方面否定一切,恪守"伊斯兰原教旨主义"思想,严格执行宗教领导人在任何场合的荒谬的指令。为了扩大影响,造成更大的政治压力,经常把军事目标作为他们的主要袭击对象。1996 年 6 月 25 日美国驻沙特的美军基地遭到恐怖主义的袭击,大楼被炸,造成 20 多名美军当场死亡,近 400 人受伤。[1] 2010 年 7 月 5 日,"基地"组织伊拉克分支机构"伊拉克伊斯兰国"袭击了一处伊拉克军事基地,导致 12 人死亡、29 人受伤,严重干扰了伊拉克政治进程。恐怖主义的这些行径充分表明了其对国家军事安全的威胁。此外,极端主义心理取向容易诱发行为约束的失控,不利于民众对国家及民族的认同。宗教极端主义打着宗教旗号,煽动不明真相的群众用暴力手段或者是军事手段进行分裂国家活动,直接威胁所在国的主权和领土完整,对国家军事安全提出了挑战。尤其是恐怖主义采用高科技手段从事恐怖活动,在攻击对象和攻击手段上有无限的选择,且无义务遵守任何"游戏规则",这样恐怖主义组织特别是跨国性质的组织在与对手较量时始终处于一种有利地位,这种情况几乎置军事安全于无用武之地,因而削弱了国家军事力量保卫国土的有效性。

2.中东恐怖主义殃及本地区经济和世界经济的健康发展

（1）中东恐怖主义的兴起严重制约了所在国的经济发展。尤其是中东恐怖主义袭击目标转向无所不在而又难以防范的"软性目标",如银行、教堂、学校、医院、剧院、旅馆、饭店乃至居民住宅,必然造成更大的破坏和伤亡。由于恐怖分

---

[1]　王凡:《环球大追捕:国际反恐怖写真》,法律出版社 1999 年版,第 64 页。

子对外国游客的袭击,曾使作为埃及国民收入三大支柱之一的旅游业几乎完全瘫痪,并使外国投资者望而却步。1993 年伊斯兰极端主义的恐怖活动使埃及的外国游客减少了 22%。[①] 1997 年 11 月的卢克索恐怖事件,又使埃及旅游业损失 10 亿美元。1993—1997 年恐怖活动使埃及的旅游业至少损失了 55 亿美元。[②] 阿尔及利亚伊斯兰拯救阵线与当局的对抗,曾使该国许多工厂、企业被毁,外资纷纷撤离,绝大多数经济部门均已瘫痪。从 2000 年 9 月以来,由于恐怖活动,巴勒斯坦就有 30 万人失业,失业率增至 33%,每天消费水平低于 2 美元的人,占巴勒斯坦人口的一半。[③]

恐怖活动也使得以色列政府把大量的财力与精力投入到安全与防务方面,军费不断上升,经济发展受到很大冲击。2001 年,以色列国内的生产总值增幅从 2000 年的 6% 下降到 2005 年的 -0.6%,创 1953 年以来的最低纪录,以色列的经济发展遭到沉重打击。[④] 2003 年 7 月阿拉伯国家联盟秘书处公布的经济事务报告显示,以色列的经济损失达到了 100 亿美元,其中旅游领域所受到的打击最为沉重。20 世纪 90 年代以色列国内旅游收入保持在大约 70 亿美元的水平,但现在只有 5 亿美元,国内的旅游设施关闭了 66%。

恐怖活动也对以色列的移民产生影响。以色列是一个移民国家。移民对以色列来说具有重要意义,以色列人口增长的 95% 靠移民,从最初的几万人增加到建国时的 60 万,如今全球 1400 多万犹太人中的近 600 万生活在以色列。随着以色列遭受的恐怖袭击日益增多,局势动荡,前往以色列的移民正在减少。2007 年移民至以色列的犹太人数下滑至 19700 人,为 20 年来最低点。以色列移民署称,2009 年移民以色列的犹太人总数比 2006 年下降了六个百分点,自 2000 年以来,由于以色列国内频频遭受恐怖主义袭击,致使前往以色列的移民数量下降了 50%。[⑤]

---

① Abraham Pizam and Yoel Mansfeld(eds.) ,*Tourism ,Crime and International Security Issues* ,Chichester:John Wiley and Sons ,1996 ,p.179.

② 胡联合:《当代恐怖主义与对策》,东方出版社 2001 年版,第 377 页。

③ United Nations Development Program and Arab Fund for Economic and Social Development ,*Arab Human Development Report 2002* ,http://www.undp.org/raba/ahdr ,pp.4–5 ,85 ,88 ,89 ,92 ,94.

④ Israel Central Burea of Statistics ,*The Israeli Economy 1995–2005*(Statist-lite) ,http://www.cbs.gov.il/statistical/meshek05_e.pdf

⑤ Tim Bultcher ,"Jewish Terrorism Threatens lsrael" ,2009 年 3 月 8 日。http://www.telegraph.co.uk/news/worldnews/middleeast/israel/3128224/Jewish — terrorism-threatens — Israel.html

"9·11"事件后,恐怖分子针对石油设施、国际石油通道频繁发动袭击,破坏国际石油产业的生产、运输、销售,造成国际能源市场不稳定,严重威胁世界的石油安全。2004年5月,沙特红海沿岸的延布和波斯湾沿岸的朱拜勒两个石油城市先后受到攻击,并威胁到从波斯湾经印度洋到马六甲海峡的国际石油通道的安全,使世界始终感到海上通道可能遭受重大恐怖袭击。国际能源市场因此发生剧烈波动,原油价格连创21年来的新高。2006年2月,"基地"组织对沙特的石油设施发动进攻,目标是日产约700万桶石油、约占沙特石油产量2/3的布盖格油田,国际能源价格骤然大幅攀升。正如日本东京大学教授伊藤隆敏所指出的:"世界经济面临的最大风险是地缘政治性风险,原油价格飙升的根源是中东局势动荡,如果伊拉克国内局势进一步恶化,那将对世界经济产生极大影响。"①

（2）极端主义组织往往与走私、贩毒、洗钱等非法活动和黑社会组织相互联系,扰乱了所在国的经济秩序。对阿富汗形形色色的独立武装而言,鸦片不仅是对外贸易的主要手段,也是政治斗争经费的主要来源。出于反苏战争的需要,美国曾支持阿富汗圣战者组织的毒品政策,毒枭与毒资都受到美国及其盟友的小心保护。美国中央情报局曾出资几百万美元来武装希克马蒂亚尔的贩毒队伍。塔利班也是一个主要由毒品非法交易提供经济资助的恐怖组织。由于阿富汗国内多年战乱,毒品种植和交易已成为该国的重要经济来源。据联合国毒品与犯罪办公室估计,仅1995年阿富汗流往西方的毒品价值约750亿美元。2000年,世界上70%的鸦片来源于阿富汗。塔利班虽以严格执行伊斯兰教法闻名,但为了支付战争所需费用,也不得不依赖毒资来维持开销。阿富汗的鸦片产量占全球总量的比重2007年为93%,2008年为3/4,②塔利班及与之交易的毒贩囤积了约1万吨鸦片,足以供应全球海洛因吸食者使用两年。③ 仅以英国为例,该国约90%的海洛因就是来自阿富汗。

另外,土耳其民族分离主义组织土耳其库尔德工人党（Kurdistan Workers Party）的活动经费主要来源也是毒品交易。土耳其政府称,库尔德工人党控制

①　《日本经济新闻》2004年6月4日。

②　John F.Burns, "A Reshuffle in Kabul, under Pressure Karzai Tries to Dater High-Level Corruption", *International Herald Tribune*, October 13, 2008.

③　Richard A.Oppel Jr, "Afghan Opium Paradox: Harves Falls, Cartels Thrive", *International Herald Tribune*, September 3, 2009.

了土耳其国内毒品的消费和交易市场。据土耳其当地新闻媒体报道,库尔德工人党每年可生产海洛因 60 多吨,从中获利达 4000 万美元。另据美国毒品执法部门报告,库尔德工人党除通过毒品交易获取活动经费外,还涉足诸如绑架等违法行为筹措恐怖活动费用。许多大毒枭、大的毒品贩卖家族都曾是库尔德工人党的忠实支持者或同情者。

3.恐怖主义活动加剧了阿以之间的民族仇恨,迟滞了中东和平进程

"穆斯林兄弟会"、"伊斯兰中心"、"伊斯兰圣战"等激进组织主张用"圣战"把以色列逐出巴勒斯坦,并反对任何旨在和平解决中东问题的协议和主张。认为阿以和谈是"向魔鬼屈服"和对真主的背叛,是对阿拉伯人、特别是巴勒斯坦人利益的出卖,"胜利只能靠伊斯兰和圣战组织"。"哈马斯"将"消灭犹太复国主义和以色列敌人,解放巴勒斯坦的圣战"写入《哈马斯宪章》。从 1991 年起,中东和谈断断续续。1993 年 9 月,以色列与巴勒斯坦达成《加沙—杰里科自治协议》,标志着中东和谈取得突破性进展。此后,伊斯兰极端势力不断制造恐怖暴力事件,加剧了阿犹两个民族的仇视心理和敌对情绪,对步履艰难的中东和平进程产生不利影响。还有以色列的"定点清除"政策虽然打死一个"哈马斯"成员,却会有千百个"哈马斯"成员站出来,严重影响了巴以和平进程。

4.中东恐怖主义对世界其他地区的极端主义具有极大的感染示范效应,刺激和诱发了世界各地的恐怖主义活动

中东恐怖主义势力大多以宗教的名义进行组织、宣传与活动,"中东的恐怖和屈辱能够波及全球,引发各地的暴力活动"[①]。特别是伴随伊斯兰复兴运动的兴起,伊斯兰极端主义在全球的传播,加之本·拉登和塔利班恐怖组织的支持,中亚、南亚、东南亚、俄罗斯北高加索地区及我国的新疆地区出现了许多恐怖组织。如中亚的"乌兹别克斯坦伊斯兰运动"、"伊斯兰教复兴党"、塔利班、车臣非法武装、"穆斯林军"(JEM)、摩洛哥民族解放阵线、东南亚的阿布沙耶夫组织、伊斯兰祈祷团及我国新疆的"东突厥斯坦伊斯兰运动"、"东突伊斯兰党"等极端宗教恐怖组织和极端民族分裂恐怖组织,它们以中东恐怖主义为榜样,在全球范围内连续发动重大恐怖袭击。仅从 2001 年 9 月至 2004 年,伊斯兰恐怖分子就制造了"9·11"事件、印度尼西亚巴厘岛系列爆炸、巴格达联合国办事处恐怖爆

---

① 《南华早报》2004 年 4 月 14 日。

炸、印度孟买爆炸事件、伊斯坦布尔犹太教堂汽车炸弹袭击事件、马德里列车爆炸事件、俄北奥塞梯共和国别斯兰市中学人质事件、澳大利亚雅加达驻大使馆炸弹爆炸事件等上百起,造成约 5100 多人死亡。① 恐怖主义使长期存在的民族、宗教矛盾更加激化,并加深了不同宗教、不同文明之间的对抗,引发了局部战争甚至全球性冲突。如"9·11"事件后美国对阿富汗展开的军事行动,对国际安全构成重大挑战。还有历时 5 年多的塔吉克斯坦内战使 6 万人丧生,80 万人沦为难民,使该国的经济损失达 100 亿美元。② 据不完全统计,1990 年至 2009 年,境内外"东突"恐怖势力采取制造爆炸、进行暗杀、袭击警察和政府机关、实施投毒、纵火并策划和组织骚乱、暴乱事件等手段,在我国新疆境内制造了至少 200 余起恐怖暴力事件,造成无辜群众死亡 300 余人,3000 多人受伤。仅 2009 年我国新疆发生的"7·5"恐怖事件,就造成 197 人死亡,1700 多人受伤。另一方面,土耳其、东非和北非、西欧、海湾、中亚、伊拉克、沙特、巴基斯坦、车臣—俄罗斯、克什米尔等地区成为恐怖组织的重灾区。恐怖主义的渗透不仅使犯罪活动猖獗,也严重威胁地区安全和经济发展。

五、伊拉克战争对中东恐怖主义的影响

美国入侵伊拉克以后,"基地"组织等中东恐怖组织找到了动员群众、筹集资金的新借口,恐怖力量进一步壮大。伊拉克战争成为中东恐怖主义发展变化的分水岭,来自全球的伊斯兰圣战组织把焦点锁定在伊拉克,把"伊拉克变成了恐怖分子尝试各种新恐怖攻击技术的实验室"。③

1.美国对伊拉克的占领及其炮制的大中东计划进一步刺激了恐怖主义

首先,威权政权的缺失,使伊拉克一度成为中东恐怖主义活动的沃土。伊拉克战争和随后美国对伊拉克的占领,成为伊拉克民众仇视西方、仇视脆弱和暴虐地方政权的催化剂,④"基地"组织已成功造就了第二代恐怖分子,组成了一种封

---

① 顾德伟:《"9·11"以来全球重大恐怖袭击事件》,新华网 2004 年 9 月 9 日。

② 常庆:《宗教极端势力与中亚地区安全》,《国际观察》2000 年第 4 期,第 15 页。

③ 《伊拉克成为全球恐怖主义中心》,星岛环球网 2007 年 3 月 28 日。

④ *The Wall Street Journal*, May 5, 2004.

闭的、能依靠整个阿拉伯—穆斯林世界的恐怖网络。① 2003 年 5 月 1 日布什宣布伊拉克战争结束以来,伊拉克的武装袭击、爆炸、绑架等恐怖暴力活动不断。目标除美英联军外,还有伊拉克临时政府、联合国及其他国际组织驻伊拉克机构、外国公司、伊拉克水电通讯道路、石油生产及运输道路。此外,伊拉克临时政府的官员、警察、军人和教授、学者都无一例外地处在恐怖分子的枪口下。参与反美的抵抗组织主要有:战后成立的各种伊斯兰组织、萨达姆政权的效忠人员、境外伊斯兰分子。对伊拉克石油设施的恐怖袭击使伊拉克石油出口收入降低,延缓了伊拉克战后经济和社会重建,恶化了当地普通百姓的生活。对外国人的暗杀和绑架导致在这里的外国公司关闭,使伊拉克经济发展缓慢。

其次,美军虐囚事件加剧了中东地区的反美情绪。② 伊拉克战争后,"基地"组织利用美军暴行,从中招募新成员和争取群众支持。美国《纽约时报》曾评论:在全球反恐战争中,通过羞辱敌人以获得信息的审问技术却能帮助敌人"证明"我们的目标就是羞辱穆斯林,从而在全球范围内为恐怖主义吸引更多的新成员。③ 埃及总统穆巴拉克认为,美国的行为已经引发了阿拉伯世界的绝望和沮丧情绪,阿拉伯人"比以往任何时候都更恨美国"。④

最后,美国发动的伊拉克战争加剧了什叶派与逊尼派,原执政党与反对党,库尔德人与阿拉伯人之间的多种矛盾,同时也使中东其他国家的同类矛盾随之激化。伊拉克全国 95% 的人信奉伊斯兰教,其中什叶派穆斯林占 54.5%,逊尼派穆斯林占 40.5%。北部的库尔德人也信仰伊斯兰教,他们多属逊尼派。占穆斯林人口少数的逊尼派长期处于统治地位,他们主要生活在伊拉克中部和西北部地区。什叶派穆斯林主要分布在伊拉克南部和巴格达西部地区。历史上,他们长期处于被统治的地位,被排除在国家政治生活之外。美军进入伊拉克之前,他们是被压制的阶层。萨达姆垮台后,什叶派试图在伊拉克政治生活中占据主导地位,由此造成教派冲突不断,致使伊拉克处于内战边缘。在教派冲突中,什叶派领袖哈基姆被杀。2005 年 1 月 30 日,伊拉克过渡议会选举投票的结果是什叶派主导政府,因"伊拉克伊斯兰党"和"穆斯林长老会"退出竞选而失去席位

---

① *Le Figarole*(法国《费加罗报》),May 19,2003.

② 新华社伦敦 2004 年 5 月 28 日电。

③ *The New York Times*,July 15,2006.

④ 孙晓慧:《中东地区恐怖"扩张"给布什敲警钟》,《中国日报》网站 2004 年 4 月 28 日。

优势的逊尼派主流则质疑选举的合法性，拒绝接受大选结果。自 2006 年 2 月份什叶派宗教圣地阿里·哈迪清真寺爆炸事件引发伊拉克大规模教派冲突以来，到 2006 年 10 月，已有约 42 万伊拉克人逃离家园，而同期的死亡人数就高达 3709 人。库尔德人虽属于逊尼派，但由于民族问题，他们也一直与伊拉克中央政府对峙。美国占领伊拉克后，库尔德人在其地盘内拥有了高度自治权，甚至已经具有国家主权的属性。库尔德自由斗士组织拥有 8 万名成员，他们控制着自治区域的领地和边境，处于实际上的独立状态，伊拉克近乎分裂。此外，这场战争进一步扩大了发展差距和贫富鸿沟，制造出新的弱势群体，从而为恐怖主义组织继续肆虐补充了人力资源。

2. 伊拉克战争使其成为新的恐怖活动策源地，亦即"伊拉克的阿富汗化"

伊拉克战争后，伊拉克成为各种极端势力的聚散地，也成为国际恐怖势力宣传、募集资金和招募人员的根据地。[1]

首先，伊拉克战争后，"基地"组织把大本营从阿富汗与巴基斯坦边境地区移至伊拉克，并使伊拉克成为反美的大本营。美国对伊拉克的入侵成为动员圣战者加入伊拉克抵抗运动或他们各自国家的极端组织的一大催化剂。中东各地的穆斯林原教旨主义分子向伊拉克集结，发起了一场旷日持久的游击战。正如华盛顿一名官员所说："我们似乎正在走向一个新的阿富汗、索马里或车臣，即便不是一个新的越南。这也将成为伊斯兰教徒与异教徒之间的下一个战场。"[2] 2005 年国际战略与国际研究中心专家安东尼·科德斯曼认为，有 3000 名外国武装分子正在伊拉克与美英联军进行战斗。美国驻叙利亚使馆爆炸事件则说明中东地区的极端分子又开始活跃起来并已听命于"基地"组织。2007 年 4 月 19 日，"基地"组织的伊拉克分支宣称建立"伊拉克伊斯兰国"，并任命了 10 名"部长"。其中，"基地"组织伊拉克分支领导人阿布·穆哈吉尔被任命为"战争部长"。[3] 伊拉克已成为"基地"组织新的恐怖活动中心。"基地"组织广泛运用自杀式汽车炸弹袭击驻伊美军、伊拉克军警和平民，制造超级恐怖事件，这种恐怖模式也越来越多的为伊拉克恐怖组织所效仿。

其次，"基地"组织以伊拉克为中心向中东各国扩展。伊拉克战争后，"基

---

① *The New York Times*, August 20, 2003.
② 新华社伦敦 2003 年 8 月 19 日英文电。
③ *The Sunday Times*, May 13, 2007.

地"组织采用"企业式"合作的方式兼并其他的伊斯兰激进组织①,促使"基地"
组织及其同情者的群体基础扩大,"基地"组织的运作方式也发生重大变化。恐
怖组织在伊拉克建立自己的势力范围,培养新的恐怖分子,向全世界输出恐怖与
暴力,并为恐怖分子提供实际的作战训练和经验,②各伊斯兰极端组织主动向
"基地"组织靠拢,接受其领导及资金、武器资助等。一些极端组织以"基地"组
织名义进行活动。埃及情报机构就发现,该国冒出了一些与"基地"建立了密切
联系的新组织。③ 美国西点军校反恐怖中心通过研究伊拉克的外籍"圣战者"情
况发现,伊拉克伊斯兰国(the Islamic State of Iraq)的"基地"组织力量主要来自
沙特、利比亚、叙利亚、也门、阿尔及利亚、摩洛哥。"基地"组织在伊拉克的分支
机构主要依靠"蛇头"和犯罪集团结伴前往伊拉克,大多数外籍"圣战者"在前往
伊拉克前是学生,大学生已成为"基地"组织的重要招募领域。④ "基地"组织包
含大约 40 个宗教极端组织,在约旦、巴勒斯坦、沙特、伊拉克、索马里、阿尔及利
亚、埃及等中东国家都建有"基地"组织的分支机构。

再次,基地组织的重组。据美国中央情报局统计,本·拉登的训练营曾训练
了 7 万到 12 万人,"9·11"事件后,他们中的残余者转入地下并结成松散的联
盟。伊战后,"基地"组织已成功在巴基斯坦和阿富汗交界地区完成重组工作。
"基地"组织由三部分组成:一是"基地"组织的领导层本身;二是具有一定的共
同的跨国意识形态的恐怖组织,不论是信奉伊斯兰教的,还是比较宽泛而言的反
西方组织;三是被本·拉登视作自己的旗手并以他的名义进行恐怖活动的人或
集团。⑤ 而阿拉伯国家观察组织则认为,"基地"组织在三个层面上活动:第一层
面是"基地"组织原始成员或是 20 世纪 80 年代参加反苏圣战的阿富汗籍阿拉
伯人;第二层面是"基地"授权的地方组织;第三层面是作为"基地"组织和地方

---

① Josh Meyer, "Al Qaeda Co-opts' New Affiliates: The Network Aims to Broaden Its Reach and A-bility to Strike by Taking over Regional Islamic Militant Groups", *Los Angeles Times*, September 16, 2007.

② Philippe Errera, "Three Circles of Threat", *Survival*, Vol, 47, No. 1, Spring 2005, pp. 71–88.

③ 赛义德·萨利姆·谢赫扎德:《基地组织欲把总部迁至伊拉克》,香港《亚洲时报》在线
2007 年 3 月 5 日。

④ Brian Fishman eds, "Bombers, Bank Accounts and Bleedout" Al-Qa'ida's Road in and out of
Iraq, Combating Terrorism Center at West Point", Combating Terrorism Center at West Poit July 22, 2008.

⑤ Philippe Errera, "Three Circles of Threat", *Survival*, Vol, 47, No. 1, Spring 2005, pp. 71–88.

组织之间关键联系的新"皈依者"。① 他们估测,"基地"组织发生了"变异",基层组织已遍布全球。其中,欧洲国家可能约有 40 个类似组织在活动。"基地"组织的主要目标是结成同盟,并使恐怖主义意识形态从处于社会边缘向穆斯林和阿拉伯世界的主流思想渗透。

最后,伊拉克战争使"基地"组织变成"为了真主而发动血腥战争"的思想中心,"'基地'组织已被'基地主义'取代。"所谓"基地主义"②也叫"圣战主义"(jihadism),其基本理念是诛杀异教者与叛教者,建立一个联合所有穆斯林国家为一个传统的伊斯兰理想国(如早期哈里发统治的时期)。③ 同时,"基地"组织已演化成国际伊斯兰恐怖主义的代名词和行动指南。特别是全球化催生下的信息技术使"基地"组织的世界观或者"基地主义"的意识形态日益成为全球恐怖主义的精神和思想来源,"基地主义"化的"圣战"已全球化④。"基地"组织不仅是一个恐怖组织,而且是一个"试图激励和协调其他组织和个人的'运动',一个全球性的'造反组织'"⑤。俄罗斯近几年发生的系列恐怖袭击事件,西班牙的"3·11"惨剧,及此前印尼、沙特、摩洛哥、土耳其等国发生的多起惨案,均有"基地"组织的影子,"基地"组织似乎无处不在。2007 年 9 月,伦敦国际战略研究所公布的《全球战略报告》称,伊拉克与北非"马格里布"的恐怖组织,不仅宣誓效忠于"基地"组织,更是通过行动展示其对"基地"组织意识形态的支持。2007年,欧洲、加拿大、阿拉伯半岛也出现了众多的圣战恐怖分子的模仿者,这也表明"恐怖组织的意识形态已渗透世界各地"⑥。

3.中东恐怖组织网络化趋势加快

中东恐怖主义在采用暗杀、爆炸、绑架、劫机、施毒等传统的手段同时,还利

---

① 　朱素梅:《恐怖主义历史与现实》,世界知识出版社 2006 年版,第 126 页。

② 　James L.Outman, Elisabeth M.Outman, "Terrorism: Almanac", *Farmington Hills*, MI(USAS)Thomson,Gale,2003.p.196-197.

③ 　就如同他于 1998 年以"世界伊斯兰反犹太与十字军圣战阵线"名义发布的宗教敕令(fatwa):全世界的穆斯林应该对美国、美国人民和犹太人进行圣战,不回应此诉求者乃属叛教之徒。将美国军队与势力从阿拉伯半岛与穆斯林国家驱赶出去,消灭以色列,推翻中东地区的亲西方政权。对于中东地区与伊斯兰世界的许多国家,他们认为有许多即使不违反伊斯兰的传统,也违反了社会正义原则,更沦为美国与西方势力的帮凶。

④ 　*The New York Times*,April 18,2004.

⑤ 　Daniel L.Byman, "Scoring the War on Terrorism", *The National Interest*,Summer 2003.

⑥ 　戴维·伊森博格:《全球战略报告:美国威望大挫,多国局势一片阴郁》,香港《亚洲时报》在线 2007 年 9 月 25 日。

用现代交通和计算机网络等高科技手段进行恐怖活动,以使恐怖主义活动效果最大化。对于"基地"组织而言,媒体的影响比实际的恐怖活动更重要,①互联网关系到恐怖主义的存亡。

其一,通过互联网进行恐怖思想宣传和开展心理战。"基地"组织为了扩大其在世界各地的影响力和势力,不断加强宣传攻势,号召在全球展开对美"圣战"。2007年"基地"组织推出了《圣战之声》(Sawt Al Jihad),积极进行意识形态宣传。"②据统计,2006年本·拉登与扎瓦赫里通过录像与录音方式出现了21次,其中本·拉登6次,扎瓦赫里15次,明显加强了宣传攻势。这些录像与录音会在诸如"9·11"事件这样的重大恐怖袭击事件的纪念日前后出现,讲话中颂扬诸如"9·11"事件、"伦敦爆炸事件"这种攻击美英的恐怖事件。据沙特专家的研究,至2007年底,全球有约5600家网站在传播"基地"组织的意识形态。俄罗斯内务部也发现,互联网上共有148个带有恐怖主义和极端主义倾向的网站。其中俄罗斯有70多个此类网站,美国有49家,荷兰有6家,德国有5家,英国有4家,加拿大有3家,土耳其有2家。③借助网络的传播,"基地"组织的激进思想传到了世界各地,其影响力也日益增强,从而引发了一些非"基地"组织人员自发的恐怖袭击。受"基地"组织的网络宣传,美国等西方国家的"土生土长"恐怖分子越来越多。

其二,中东恐怖组织把互联网作为训练平台。传统的中东恐怖分子训练营主要设在塔利班执政时期的阿富汗。阿富汗战争后,恐怖组织充分利用因特网训练和招募"圣战"战士。他们以英文为工具,以互联网为平台,试图变换舞台招募更多人,实现对抗西方的战略转变。中东恐怖组织把大学校园当成新的"训练营"。他们在大学校园里招募大学生,通过互联网指示这些学生利用大学里的学习资源和研究条件,为恐怖组织研制发动恐怖袭击需要的各种器材。例如,恐怖主义网站《利剑军营》(Mu'askar Al-Battar)宣称劫持是一种特别有效的圣战手段,并向"圣战"战士讲解怎样保持好的竞技状态及传授武器知识和从事劫持人质、制造炸弹、自杀性袭击及进行恐怖宣传等恐怖活动的技能。2007年4月初,国际刑警组织警告,国际恐怖主义组织利用因特网进行宣传和交流,鼓励

---

① 《5600个网站宣扬基地组织理念 网络成反恐战场》,CNET科技资讯网2007年12月6日。

② *Frankfurter Allgem eine*(德国《星期日法兰克福汇报》),August 20,2006.

③ 新华社莫斯科2007年4月24日电。

一些激进分子使用暴力,同时在网上传播制造炸弹、使用武器等方面的知识和技术。网络空间已成为在阿富汗等国失去容身之地的伊斯兰极端恐怖主义的天堂。

其三,利用互联网招兵买马、协调行动和搜集恐怖袭击目标的信息。主要手法有两种:一是直接在聊天室里招募;二是在网上公布招募录像带。根据美国信息服务部门的统计,8 年前,"基地"组织大约只有 12 个网站,自从"基地"组织成员被驱逐出阿富汗以后,每天增加 2 个甚至 50 个网站。到 2007 年已有大约 4800 个站点。"基地"组织利用互联网蛊惑人心,煽动心怀不满的年轻人加入激进分子的行列并建立自己的恐怖主义组织。①

与此同时,恐怖组织通过访问与袭击目标有关的数据资料,获得有关信息,了解正在施行的反恐措施并寻找其薄弱环节。在一台被缴获的"基地"组织的电脑里,美国调查人员发现了一部关于一个大坝的动力系统和建造结构的长片,及控制水、电、交通、通讯网络的数字开关的软件及使用说明书等,这些都是从因特网上下载的,它可以帮助"基地"组织策划和实施恐怖活动。

其四,利用网络募集资金。恐怖组织或在网站上给出账号,或发出筹措资金的用途。2007 年 10 月,驻伊美军抓获了一名男子,该男子从"基地"组织同情者那里募集到了 1 亿美元的款项,这笔款项用于资助那些在伊拉克的"基地"组织成员。② 2008 年 3 月,沙特阿拉伯安全部门逮捕了 28 名"基地"组织嫌疑人。他们不仅涉嫌以慈善捐款为名,筹集武装活动的资金,还涉嫌受"基地"组织二号人物扎瓦赫里派遣,在沙特的普通家庭募集资金。其中一人手机的储存卡上有扎瓦赫里的录音。扎瓦赫里在录音中说:"传达这段信息的人是我们可信任的兄弟,请把你的现金捐给他,用于安抚数以百计家庭,他们的家人在巴基斯坦或阿富汗被捕或死亡。"③"基地"组织一直在动用包括网络在内的各种力量来筹集资金,用以支持其全球恐怖主义活动。

---

① 大卫·麦基比:《美国情报评估称"基地"组织仍对美国构成重大威胁》,《美国参考》2007 年 7 月 21 日。
② 关新:《驻伊美军抓获基地组织亿元经费筹款人》,中国新闻网,2007 年 10 月 5 日,http://www.taihainet.com/news/gjnews/gjss/2007-10-05/177553.shtml.
③ 《沙特破获"基地"录音筹款信》,《京华时报》2008 年 3 月 5 日,http://news.sohu.com/20080305/n255527936.shtml.

4.中东恐怖主义活动将重点转向欧洲等地

中东伊斯兰激进主义蔓延的直接结果就是对全球穆斯林——特别是对生活在西方社会中的穆斯林的"重新伊斯兰化",即:使西方化的穆斯林变得激进,这是穆斯林社会对西方政治和文化上的侵蚀做出的反应。"基地"组织及其附属组织在欧洲比较活跃。英国、法国、比利时、西班牙和德国挫败了多次恐怖分子的袭击阴谋。"基地"组织加大对中东国家以外的所谓"白人穆斯林"的招募,"那些西方土生土长的白人穆斯林凭借外貌优势,执行起任务来比阿拉伯人要容易得多。"①2008 年初,"基地"组织呼吁攻击法国的埃菲尔铁塔等目标,并号召对丹麦漫画事件进行报复。②

六、中东恐怖主义的发展趋势

伊斯兰极端主义是伊斯兰世界的潜在危险。只要伊斯兰世界与西方世界的矛盾及全面的权力失衡依然不断扩大,伊斯兰国家在国际政治和国际经济体系中仍处于边缘化的弱势地位,中东问题得不到公正的解决,伊斯兰国家在地区和国际事务中受屈辱的状态没有得到根本改变;只要国内政治、经济和社会问题依然存在,伊斯兰极端主义就有可能在一定时期和一定条件下激化。③

1.中东国家近期内的社会、经济和人民生活水平不可能有根本性的改善,腐败问题日趋突出,恐怖主义产生的群众基础更加牢固

华盛顿人口问题研究所所长福尔诺斯认为,在受社会动荡、内战和贫困影响的发展中国家,人口从现在到 2050 年将增加 26 亿人。这些增加的人口中有97%的人生活在缺少食品、住房和教育的地区。其中伊拉克、沙特、阿富汗、也门和巴勒斯坦人口在今后 20 年将增加一倍。④ 不合理的国际经济秩序与地区经济现实间的矛盾,经济全球化趋势与某些国家可能会被"边缘化"之间的矛盾将更加突出。伊斯兰极端分子大多数来自贫穷国家,陷入穷困、失业和饥饿处境而

---

① 江雪晴:《"基地"招募白人穆斯林》,《环球时报》2006 年 4 月 19 日第 3 版。

② 李伟主编:《国际恐怖主义与反恐怖斗争年鉴2008》,时事出版社 2009 年版,第 10 页。

③ 李伟建:《伊斯兰文化与阿拉伯国家对外关系》,时事出版社 2007 年版,第 159 页。

④ 《人口爆炸,恐怖主义的一个根源》,[墨西哥]《纪事报》2005 年 7 月 11 日。

找不到出路的中东穆斯林青年将是恐怖组织的主力军。在阿富汗,民生问题不解决,塔利班活动就有空间。如加兹尼省保守的普什图部落支持塔利班,是因为当地人对几年来的重建进程感到失望。阿富汗南部和东部民众拿起武器参加塔利班,主要是老百姓无法维持生计。

2.西方国家在反恐斗争中坚持双重标准和"冷战思维",反恐斗争存在严重的不公正性,这也使中东恐怖主义将长期存在

首先,美国继续推行错误的反恐怖战略,将会更加助长中东恐怖主义。2007年4月,伦敦智库牛津研究小组指出,由美国主导,英国支持的反恐战争企图以军事手段彻底解决恐怖主义,而不探究其产生的根本原因,结果使反恐努力得出相反的效果。① 美国把毫无根据的成见强加于穆斯林,导致阿拉伯领导人不愿公开与美国合作打击恐怖分子。美国偏袒以色列的政策,助长了巴勒斯坦人中的伊斯兰极端主义的情绪。美国原本只想抓捕"基地"组织领导人并严惩庇护他们的塔利班分子,结果却愚蠢地把这次远征变成了对阿富汗的长期占领,招致伊斯兰世界的反对。美国实现了对伊拉克的军事占领,也在那里催生了无政府状态与帮派冲突并存的灾难性局面。② "美国还错误地将'基地'组织归结为一种并不存在的意识形态——'伊斯兰法西斯主义'",把反恐战争和冷战相提并论。布什称,"今天的反恐战争就像冷战一样。这是意识形态的斗争,我们的敌人蔑视自由,他们追求极权主义。"③美国为维护其超级大国的地位和利益而积极扮演世界警察的角色,继续在中东推行霸权政策,继续采用武力和强硬措施来打击伊斯兰极端势力的恐怖活动,从而触发新一轮的恐怖活动。在这种背景下,美国在中东的反恐行动和政策将使伊斯兰国家绝大多数民众相信,"反恐战争就是反对伊斯兰教的战争。"④只要中东穆斯林群众所遭受的政治、军事、经济压制没有改变,只要中东各国在现代世界中继续遭排斥,受屈辱、被剥削,中东恐怖主义就将永远存在,甚至猖獗坐大。

其次,美国反恐理念动机不纯,反恐战争是美国等西方国家实现大国利益和

---

① 《反恐不探源愈反愈恐》,香港《大公报》2007年4月12日A23版。

② 蔡斯·弗里曼:《美国对外政策与阿拉伯世界》,[美]《全球主义者在线》2007年8月22日。

③ 《反恐战争,冷战和意识形态斗争》,美国之音2007年4月21日。

④ 比尔:《伊斯兰国家民众认为美国反恐是为了打击伊斯兰宗教》,美国之音2007年4月25日。

全球战略部署的"金字招牌"。美国反恐战争的实质是美国欲以伊拉克为样板，在中东和北非地区推行民主化战略，以此确保自己的战略利益，并控制中东的石油资源。美国战略学家认为，控制了波斯湾的石油，就有了不仅对美国的经济，而且"还对世界其他大多数国家的经济"的"钳制"力。美国还试图借阿富汗战争颠覆巴基斯坦政府，令这个国家陷入混乱的内战，将其"巴尔干化"，并以此切断中国的能源通道，恶化中国的地缘环境，打破中国的战略部署，进而达到分化中国、遏制中国的目的。同时，利用反恐战争打击欧元，削弱欧盟，控制日本。

最后，美国在反恐问题上坚持双重标准。美国从自己的利益出发判断谁是恐怖组织。美国为伊拉克境内一个伊朗反政府组织提供保护，因为该组织为美国提供有关伊朗的情报，而这一组织早已被美国政府列为"恐怖主义组织"。2007 年 2 月初，美国中央情报局资助伊朗东南部锡斯坦—俾路支斯坦省的少数民族分裂势力多次进行恐怖爆炸事件，造成 13 名伊朗革命卫队成员死亡。与此同时，美国转而又竭力搜集所谓伊朗与"基地"组织和塔利班"勾结"的证据。实际上，伊朗是伊斯兰教什叶派的中心，素来与属逊尼派的"基地"组织和塔利班相互敌视。2007 年 7 月，"基地"组织伊拉克分支机构曾向伊朗发出威胁，称如果伊朗在两个月时间内不停止支援伊拉克什叶派穆斯林，"基地"组织将针对伊朗发动大规模的恐怖袭击。① 而美国不顾客观事实，试图通过联合国安理会和其他国际组织给伊朗施加更大压力。白宫甚至把伊朗国家武装力量"革命卫队"定性为恐怖组织，企图把反恐战争定性为反伊朗战争。此外，库尔德工人党曾经是美国政府支持的土耳其分裂势力，美国为了取得土耳其的支持，2007 年底又将土耳其库尔德民族分裂组织"库尔德自由之鹰"定性为危害美国利益的恐怖组织，并且冻结其在美国的金融资产。美国反恐政策的双重标准，无疑使中东恐怖主义组织难以消除。美国还企图将恐怖主义"祸水"外移，以减轻自己的战略压力。2007 年美国一位战略专家提出了所谓反恐战争的"营火战略"（Campfire-strategy），即把恐怖分子的注意力引向其他国家，转移祸水。其重点就是阿拉伯国家的政府。对圣战分子来说，同美国相比，埃及的穆巴拉克、沙特阿拉伯的国王或以色列的总理是更重要的目标。美国可以借用许多阿拉伯人憎

---

① 《基地威胁对伊朗发动恐袭》，《澳门日报》2007 年 7 月 10 日。

恨本国政府的时机,推动或促成这些国家的政府变为圣战运动的目标。① 此外,美国与以色列把"9·11"事件、恐怖主义同在阿拉伯国家发生的事情联系起来,将恐怖主义归咎于伊斯兰教和阿拉伯人,将合法自卫与侵略别人,将民族解放运动与恐怖主义活动,将正义献身与恐怖主义行动混为一谈。②

3.美军撤离后,伊拉克局势可能进一步恶化

美国从伊拉克撤军后,伊拉克面临政治斗争及权力真空,暴力袭击卷土重来,教派冲突、库尔德人与阿拉伯人的冲突,都有可能出现。伊朗、沙特、叙利亚和土耳其纷纷站到伊拉克不同派别和政治领袖身后。"基地"组织计划待美国驻伊部队一撤离就占领伊拉克腹地的逊尼派地区,并在那里建立伊斯兰军事国家。"基地"组织的伊拉克分支"伊斯兰国"认为,联军一旦撤出伊拉克,这些地区就将从库尔德人和什叶派占统治地位的省份脱离。③ 此外,美军撤出伊拉克后,库尔德人的分离活动可能导致其与阿拉伯人之间冲突加剧,这可能使"基地"组织等恐怖组织获得更大的发展。

4.塔利班卷土重来,阿富汗局势在短期内难以改变

伊拉克战场大大牵制了美军的主要精力和反恐资源,使塔利班和"基地"组织在 2001 年被打垮后又死灰复燃。2009 年 12 月,塔利班通过互联网向媒体发表声明,要将袭击目标扩大到阿富汗北部地区。2010 年 1 月,国际安全与发展理事会声称,美国发动阿富汗战争 8 年来,塔利班武装非但没有消失,而且已渗入到阿富汗全国各地,塔利班"实质性存在"的地区覆盖阿富汗国土面积的97%。④塔利班还从伊拉克战场借鉴经验,将游击战和恐怖战相结合,开始使用高性能爆炸装置和自杀性炸弹,并且将袭击对象扩大到学校、医院和政府机构等非军事目标,不再局限于驻阿美军和外国部队。美军虽然已向阿增兵 3 万人,加大对塔利班组织的军事打击力度,但特殊的宗教文化背景、地理环境,使美国现代化的武器难以发挥作用,塔利班正准备和美国打一场美军并不习惯的游击战。

---

① Daniel Byman, "US Counter-Terrorism Options: A Taxonomy", *Survival*, Autumn 2007, pp.136-141.

② [埃]侯赛因·卡米勒·巴哈丁:《十字路口》,朱威烈、丁俊译,上海外语教育出版社 2005年版,第 68 页。

③ *The Sunday Times*, May 13, 2007.

④ 《塔利班势力渗透阿富汗全境》,http://www.huanqiu.com,2010 年 1 月 14 日。

同时,阿富汗的种族、宗教冲突还可能向周边蔓延。

5."基地"组织的恐怖主义理念全球化特质明显,呈现群众基础扩大之势

阿富汗战争后恐怖组织虽失去了统一的指挥和控制体系,且不再是有形的机构,但其意识形态却在战争的硝烟中存留并传播。"9·11"事件后,全球伊斯兰极端势力受到鼓舞,"基地"组织长期宣扬的"圣战理论"越来越被新一代恐怖分子奉为信仰。"基地主义"化的"圣战"已全球化。恐怖活动已成为一项职业,"圣战"成为一种公共事业,发动恐怖袭击可以获得物质和精神奖励,这些反常现象在短时间内难以消除。按照社会学家、伊斯兰问题专家奥利维耶·鲁瓦的说法,本·拉登兜售的是一个"品牌",一个概念,他的作用更多的是进行思想煽动而不是组织具体行动。2007 年,"基地"组织卷土重来,表明"基地主义"已成为国际恐怖主义普遍性理念。中东的恐怖主义不仅集中在北非、西亚等传统中东地区,而且延伸到中亚、南亚、东南亚及苏联解体和东欧剧变后形成的"含有分裂基因的破碎地带"的所谓"伊斯兰弧形地带"。"基地"组织的成员现今大部分以合法身份"蛰伏"在世界各地,并不断策划新的恐怖袭击活动。"基地"组织就像突变病毒一般,逐渐适应了整个国际社会为镇压恐怖主义而作出的努力,各种恐怖主义组织之间更有组织的相互协作的趋势已显现出来。

6.高智商和高学历的恐怖分子大量涌现,恐怖活动更加隐蔽,恐怖能力更强

虽然恐怖组织的基本成员以及同情者都来自社会底层,但其领导者(如本·拉登家族)却富甲一方。许多恐怖组织的领导人或是哲学家、或是历史学家、或是政治家。恐怖主义的意识形态对某些专业人士和受过良好教育的人具有很强的吸引力,加入圣战的人实际上已经成为中产阶级的一部分。跟随本·拉登左右的人有金融家、通讯技术人员、宗教博士和一些忠诚的战士。[1] 2007 年8 月 7 日,英国经济学家克劳德·白莱比(Claude Berrebi)通过研究 40 多个巴勒斯坦自杀式炸弹袭击者的案例,发现这些自杀者比普通巴勒斯坦人的受教育程度更高,也更富有。研究也表明实施恐怖袭击的黎巴嫩真主党战士与同时代的普通黎巴嫩青年相比,他们的受教育程度更高一些,受穷的可能性更低。而受过高中以上教育的人逃脱追捕的几率要高出一倍。[2]

---

[1] 《"9·11"美国恐怖大爆炸》,时事出版社 2001 年版,第 315 页。

[2] Alan Krueger,"What Makes a Terrorist?",*Finacial Times*,July 17,2007.

此外,恐怖组织开始运用军事谋略实施恐怖活动。如,"基地"组织招募俄罗斯退役特工负责密码联系和破译密码,恐怖分子进行生化攻击训练,穿越印巴边境恐怖分子用上 GPS 系统。"新生代"恐怖分子的成长,使全球恐怖活动更隐秘、更谨慎、更专业、更残忍。

7.从长远看,恐怖主义势力终将趋弱,但又难以完全退出政治舞台

首先,伊斯兰文明与西方文明还存在误解与冲突,极端宗教思想在中东影响极大。只要国内政治、经济和社会问题依然存在,中东伊斯兰国家在地区和国际事务中受屈辱的状态没有根本改变,激进主义就仍将继续存在,而且也不排除在一定时期和一定条件下再度激化的可能。其次,由于伊斯兰教具有政治文化的显著特色,近代历史上又没有经历过像基督教新教那样的以世俗化和政教分离为基本标志的宗教改革,因而它仍有可能为恐怖主义提供理论支持。伊斯兰教历来是中东国家的民族主体文化,是国家社会经济生活的精神主宰。对于一个穆斯林来讲,伊斯兰教不完全是指"宗教",还意味着穆斯林社会的整个生活和精神气质。伊斯兰教的这种特性使伊斯兰观念成为穆斯林社会中最为强大的保护壁,并使与伊斯兰观念相悖的近现代西方世俗化改革大多只能停留在物质技术的层次上,西方文化模式很难深入到穆斯林社会的深层结构中去,对外来文明提出的挑战往往以伊斯兰文化价值观为判断标准,或全盘否定,或全盘接受,很难给予升华和中和。冷战结束后,西方国家作为强势一方,无视伊斯兰国家的客观情况,不遗余力的赞扬基督教,甚至不惜夸大其词,严重伤害了广大穆斯林的民族尊严和宗教感情,使穆斯林对西方积怨至深,极端宗教思想在中东的影响进一步增大。也门总理阿卜杜勒-卡迪尔·巴杰麦勒曾警告:"政府如果不采取果断措施的话,30 万也门青年在未来有可能沦为恐怖主义的工具。"①

8.某些中东国家仍把宗教复兴作为团结民众,统一思想的武器,依然对一些伊斯兰极端组织采取支持和鼓励的措施

伊斯兰国家的统治者为了巩固其统治,利用伊斯兰教来构建其政权的合法性和政策的合理性,消除面临的困境,鼓励和支持伊斯兰原教旨主义组织扩张势力,刺激了伊斯兰原教旨主义运动的发展。有的中东国家除采取强硬措施外,主要借助怀柔的方式,强调伊斯兰教在国家中的地位,在宪法或法律中增添尊重宗

---

① 《也门地下宗教学校培训 30 万青年当恐怖分子》,《东方早报》2005 年 4 月 18 日。

教的条款,支持宗教活动,允许伊斯兰组织的正常活动,拨款修建清真寺等。利比亚领导人卡扎菲用伊斯兰教法取代成文法,排除与伊斯兰教法相违背的法律条文;沙特阿拉伯王室则积极推动泛伊斯兰运动的发展。由于中东国家政治社会发展还比较缓慢,西方对中东国家的干涉与渗透还将继续。因此,伊斯兰极端主义还将是一些中东国家转移国内矛盾和维护其执政合法性的工具。正如美国国际事务全球研究中心(the Global Research in International Affairs Center)主任巴里·鲁宾(Barry Rubin)在《阿拉伯反美的真正根源》一文中指出:"这种敌意在很大程度上是阿拉伯社会内部各种集团为了自身利益操纵的结果,这样可以转移公众对其他更严重问题的注意力"。①

---

① Barry Rubin, "The Real Roots of Arab Anti-Americanism", *Foreign Affairs*, November/December 2002, p.85.

第十一章　当代伊斯兰世界新思潮——
"中间主义"

　　自 20 世纪 70 年代末期以来,在阿拉伯伊斯兰世界出现了一种新的社会思潮,即伊斯兰"中间主义"。这一思潮是后冷战时代阿拉伯伊斯兰世界面对外部的"伊斯兰威胁论"、"文明冲突论"和内部的各种极端主义与恐怖主义,以及全球化浪潮冲击的一种积极反映。从某种程度上讲,它体现了伊斯兰教和伊斯兰文明未来的发展趋势,同时它对阿拉伯伊斯兰国家的内政和外交亦将产生深刻的影响。伊斯兰中间主义将建立在一神论基础之上的中正和谐观以及敬主爱人、追求和平、公正宽容和守正不偏的传统作为伊斯兰文明的核心价值观,强调凡事都要坚持中正、均衡和辩证的原则,反对极端倾向。伊斯兰中间主义认为那些打着伊斯兰教旗号,伤害无辜百姓的各种恐怖行径和暴力活动,实际上都怀有各自的政治企图,与伊斯兰教和平宽容的价值观背道而驰。同时,它还倡导恢复和强化"伊智提哈德"(法律创制)这一伊斯兰文明的创新和发展机制。呼唤正本清源,弘扬伊斯兰教中正宽容的诉求,致力于社会公正,建立互信与和谐,妥善处理资源开发、经济发展与生态平衡、环境保护之间的相互协调关系,等等。伊斯兰中间主义是一种温和的、渐进的社会政治变革思潮。旨在应对阿拉伯伊斯兰世界在后冷战时代这个新的历史时期所面临的内外挑战,以便增强伊斯兰文明和阿拉伯伊斯兰国家自我解困、自我调节、自我更新的能力。它体现了阿拉伯伊斯兰世界人心思变的趋势,并顺应了时代发展。

一、伊斯兰"中间主义"思潮萌发的背景

　　第二次世界大战后,中东各国相继摆脱了殖民统治,但由于多种因素的相互

影响和制约,中东国家的政治、经济、社会和文化发展始终处于失衡状态。1979年伊朗伊斯兰革命的胜利,最终酿成了伊斯兰潮的兴起。这股伊斯兰潮以伊朗为中心,迅速向亚非两大洲广阔地带扩展,并在中东各国引发强烈的震荡。由此衍生的所谓"伊斯兰威胁论"、"文明冲突论"甚嚣尘上。

"9·11"事件的发生,在某种程度上似乎又恰巧印证了针对穆斯林和伊斯兰世界的各种言论,导致"伊斯兰恐惧症"的蔓延。"9·11"事件后,美国先后发动了推翻阿富汗塔利班政权和伊拉克萨达姆政权的两场战争,并在全球范围内掀起了声势浩大的"反恐"行动,伊斯兰世界和穆斯林承受着巨大的压力。另一方面,各种形式的极端主义和恐怖主义的滋生和蔓延,也对伊斯兰教和世界穆斯林的形象产生着严重的负面影响。

面对来自内外的各种挑战,阿拉伯伊斯兰世界强烈感受到向世界正确传达伊斯兰教的原本精神与和平主张的重要性和迫切性,并且清醒意识到伊斯兰世界内部也需要通过一种能够体现伊斯兰教基本教义和主张的思想来统一认识,改变伊斯兰世界所处的被扭曲的被动局面。在这样的背景下,"中间主义"思潮(تيار الوسطية الإسلامية)作为阿拉伯伊斯兰世界和中东地区应对内外挑战的积极反应,逐渐脱颖而出,走向前台。伊斯兰"中间主义"思潮的出现,其背景大致可归纳为以下几个方面:

1.伊斯兰潮与极端势力的衍生

1979年,伊朗爆发伊斯兰革命,推翻亲美的巴列维王朝,建立伊朗伊斯兰共和国。伊朗伊斯兰革命的胜利被视为"现代史上伊斯兰教少有的胜利",由此推动了伊斯兰复兴运动在整个中东地区的扩展。"苏丹伊斯兰化和阿富汗伊斯兰国就是在这种背景下产生的。"①这对当代中东政治产生了广泛影响。

伊朗伊斯兰革命后,霍梅尼输出革命的外交政策对中东各国的伊斯兰复兴运动起到推波助澜的作用。同年11月,素有"伊斯兰盟主"之称的沙特阿拉伯发生了宗教极端势力武装攻占麦加大清真寺的事件。1982年2月,叙利亚的哈马市发生严重骚乱,穆斯林兄弟会与政府展开十余天战斗,整个城市几乎被夷为平地,死伤两万多人。与此同时,在科威特、巴林、伊拉克、埃及、阿尔及利亚等国也都分别出现了不同程度的"骚乱",这一系列事件构成了20世纪70年代末和

---

① 李群英:《全球化背景下的伊斯兰极端主义》,中国政法大学出版社2007年版,第173页。

80 年代初的中东伊斯兰潮。

伴随伊斯兰潮的蔓延,各种极端势力为实现自身的政治或利益诉求借机推波助澜,开展活动,相继成立了从激进的到极端的,从宗教性的到政治性的各类社团或组织。它们策划、制定行动方案,从事有组织、有纲领的恐怖暴力行动,其攻击对象不仅有国内的政界或知名人士,而且扩及外国人;活动范围也不限于国内,并且延伸到境外。极端势力和恐怖组织制造了从埃及总统萨达特遇刺身亡到致使 3000 多人罹难的"9·11"事件等一系列恐怖、暗杀和爆炸活动。特别是那些以伊斯兰教为旗号进行的恐怖活动,在本质上是对伊斯兰教义和《古兰经》的亵渎,完全有悖于伊斯兰精神,是一种伪伊斯兰的极端表现。实际上,极端势力和恐怖分子通常也总是采取各种方式曲解伊斯兰教义的真正精神和原则,并利用伊斯兰教来达到其政治目的。正如研究者所说,"伊斯兰教丰富的多样性和温和的穆斯林主流被绝对少数的政治(或意识形态)的极端分子屏蔽或模糊了。"①

2.伊斯兰威胁论与文明冲突论的渲染

"伊斯兰威胁论"源自西方某些政治家的刻意渲染。散布"伊斯兰革命的恐怖性",目的是在国际上孤立初兴的原教旨主义力量。②西方认为当今的伊斯兰世界"危机四伏",即存在着精神信仰危机、文化认同危机、政治合法性危机、经济危机、道德危机等。凡伊斯兰教驻足的伊斯兰世界皆是滋生"原教旨主义"③的温床沃土,皆可能产生"多米诺骨牌"的连锁效应,必将在伊斯兰世界引发一系列伊斯兰革命。同时,它们强调原教旨主义的崛起是对西方乃至整个世界的巨大威胁,西方应保持高度的戒备,"防患于未然"。④

进入 90 年代以来,伴随苏联解体,两极格局结束。西方舆论界赋予"伊斯

---

① [美]约翰·L.埃斯波希托、达丽亚·莫格海德:《谁为伊斯兰讲话?——十几亿穆斯林的真实想法》,晏群英等译,中国社会科学出版社 2010 年版,第 16 页。

② 吴云贵:《怎样认识和看待"伊斯兰威胁论"》,《中国穆斯林》1996 年第 4 期,第 16 页。

③ 关于"伊斯兰原教旨主义"的定义,首先是来自西方。实际上,原教旨主义首次出现在 20 世纪初的基督教中,它原指新教徒中要求逐字逐句理解《圣经》,恢复并恪守基督教信仰中原始的、正统的信条的一股潮流。但是,伊斯兰世界的穆斯林,对原教旨主义一词有其自身的界定和诠释。他们宁愿自称其为"萨拉菲因塞莱非耶"(سلفي Salafiyyin——虔诚先知的追随者),而不愿称其为"乌苏利因耶"(أصلي Usuliyyun——原教旨主义者)。对于伊斯兰宗教复兴的思潮或运动,也倾向使用伊斯兰复兴运动或回归伊斯兰的说法。

④ 刘中民:《伊斯兰与西方——兼评"伊斯兰威胁论"》,《欧洲》1997 年第 3 期,第 22 页。

兰威胁论"新的政治含义,即把伊斯兰力量的崛起视为"共产主义威胁消失"后的新威胁之一。美国学者罗宾·赖特声称:"伊斯兰的复兴进一步鼓励了一个新的伊斯兰集团的形成。伊斯兰教正日益填补着意识形态真空和帮助恢复这些穆斯林国家间历史上的联系";甚至还有一些人将伊斯兰教比作"绿色危险","是在全球蔓延的癌症,危及西方价值观的合法性并威胁到美国的安全。"由此构成了"伊斯兰威胁论"的大合唱。① 与此同时,西方学者又从文明冲突的角度来强化伊斯兰威胁论。1993年美国《外交》季刊发表塞缪尔·亨廷顿撰写的《文明冲突》一文,该文认为"在这个崭新的世界形势下,发生冲突的根本原因将不再主要是意识形态因素或经济因素。人类的最大分歧和冲突的主导因素将是文化方面的差异,文明的冲突将主宰着全球政治;文明之间的差异界线将成为未来的战线。"②事实上,亨氏提出的这个所谓"新理论",仍未从根本上摆脱"冷战"思维模式的影响,西方国家一些理智的学者和政治家对"文明冲突论"也持怀疑或否定态度。例如,美国著名国际问题专家、波士顿大学政治学教授、哈佛大学科学和国际事务中心研究员沃尔特·克莱门斯就撰文指出,亨廷顿夸大了文明差异的影响。他认为,我们"这个世纪的大冲突都不是文明冲突引起的"。"文明之间的裂缝比之国际事务中的其他一些因素,只是第二位或者第三位的。现在同以往一样,国家之间的合作或者冲突是以设想的利益为基础的。互相依存的关系和技术的发展使不同文化之间的合作成为可能和有利的事。"③显然,亨氏理论的提出是为美国新时期的全球利益服务的。透过这一理论的表层,它在一定程度上也折射出美国在后冷战时代新的历史条件下,试图借助一种臆造的"新理论"继续干涉别国内政,谋求世界霸权的战略。然而,文明冲突论的出笼却使阿拉伯和伊斯兰世界成为西方实施遏制政策的重要目标。

3.伊斯兰世界内部的变革愿望和思想需求

如前所述,中东国家大都是第二次世界大战后摆脱殖民统治,建立民族国家的。中东地区新的民族国家诞生后,因受战后现代化浪潮的冲击,各国普遍面临推进社会、政治和经济发展,实现国家现代化的紧迫任务。但各国在朝着现代化发展的过程中,由于诸多因素的局限,以及自身决策的失误或错位,不断出现这

---

① 彭树智主编,王铁铮、黄民兴等著:《中东史》,人民出版社2010年版,第475页。
② 转引自彭树智主编,王铁铮、黄民兴等著:《中东史》,第475页。
③ *International Herald Tribune*,January 7,1997.

— 390 —

样和那样的困难,致使各国选择的现代化模式及实践屡屡遭受挫折和失败。同时还诱发了诸如社会财富分配不公、贫富悬殊加剧、社会矛盾激化、政局动荡不定等一系列难以解决的问题。这种状况导致各国民众对外来文化和舶来品的异议与拒斥,纷纷转向回归伊斯兰教的趋势。然而,中东各国不同时期出现的各种形式的伊斯兰潮并未将各国的穆斯林引向繁荣与幸福。相反,伴随伊斯兰大潮而来的各种激进和极端思想,以及某些怀有政治私利的人蓄意对伊斯兰教基本精神的曲解,或是利用伊斯兰教来达到不可告人的目的,再加上伊斯兰教内部教派林立,各种社团和组织繁杂,各自的主张和传递的信息众说纷纭,造成穆斯林思想的困惑和混乱。

另一方面,由于美国在中东实施"双重标准",以及对以色列的偏袒政策,阿拉伯国家在战场上屡遭败绩,在战后的四次中东战争和以色列入侵黎巴嫩的战争中,阿拉伯国家损失惨重,并且承受着巨大的民族耻辱。而在谈判桌上,阿拉伯国家又处于下风,巴勒斯坦领土不断被蚕食,巴勒斯坦人的合法权益得不到切实保障,中东和平的实现遥遥无期。阿拉伯各国的民众普遍将这种失败和屈辱归结为阿拉伯各国统治者的腐败与无能,并对他们产生强烈的怨恨。

阿拉伯国家所面临的内外困境导致阿拉伯各国人心思变,迫切要求采用一种能够真正体现伊斯兰教基本精神和原则的新理念来统一思想,摆脱和改变窘迫局面。正是在这样的态势下,阿拉伯伊斯兰国家的许多宗教学者、哲学家、思想家以及某些政治领导人开始在不同层面倡导伊斯兰中正和谐的主张,努力挖掘伊斯兰文化中固有的却又被忽视的和平与宽容的思想资源,力求通过平等对话的形式化解各种危机。伊斯兰"中间主义"由此应运而生,并且逐渐在伊斯兰世界的各个地区传播和流行。

二、伊斯兰"中间主义"的哲学基础和历史渊源

任何一种思潮的兴起和发展总是具有相应的哲学基础和历史渊源,伊斯兰"中间主义"思潮则以《古兰经》和圣训为其哲学基础,秉承伊斯兰文明公平、中正、包容、和谐的文化传统,传递着历代先贤所坚持的伊斯兰中正和谐之道。

1.哲学基础

伊斯兰"中间主义"思潮的哲学基础源于伊斯兰教最高法典《古兰经》和圣训。《古兰经》和圣训中包含丰富的公平、中正、中和的思想,涉及信仰、法律、功修、伦理、生活各个层面,许多经文要求穆斯林坚持不偏不倚的中正原则,成为热爱和平、恪守中正的典范。因此中正、中和的思想不仅是伊斯兰的基本精神之一,①也是阿拉伯伊斯兰文化的特征之一。

伊斯兰"中间主义"思潮是当代对伊斯兰文明中正和谐价值理念的新解读,它首先坚持的是伊斯兰信仰的核心"认主独一论"。"你们所当崇拜的,是独一的主宰;除他外,绝无应受崇拜;他是至仁的,是至慈的。"(2:163)②人类作为安拉设在大地上的代治者,通过思考、学习和实践去治理大地,履行建立美好和谐家园的权利和义务。伊斯兰教强调,穆斯林不仅要恪守经典的教海,遵循经典的引导,同时,更要发挥理性的作用,思考和参悟宇宙的奥秘,努力探索和追求真理。伊斯兰命令人类观察世界,就会发现"均衡""中正"是广袤宇宙的特征之一,白昼与黑夜,光明与黑暗,热与冷,海洋与陆地以及各种气体都按照特定的比例,井然有序、各循其道且互不侵犯。同样,日月、群星以及太空中所有的天体,都各循其道,互不相撞。真主说:"我确已依定量而创造万物。"(54:49)"你在至仁主的所造物中,不能看出一点参差。"(67:3)"太阳不得追及月亮,黑夜也不得超越白昼,各在一个轨道上浮游着。"(36:40)

《古兰经》作为伊斯兰的根本基石,明确宣示了伊斯兰民族中正、宽容的特色,真主说:"我这样以你们为中正的民族,以便你们作证世人,而使者作证你们。"(2:143)"中正的民族"之"中正"强调的就是公正,即在对立的双方或多方之间保持中和平衡,不偏袒任何一方。伊斯兰民族的中正性来源于伊斯兰的信仰和文明,认主独一的信仰就是介于无神论和多神论之间的中正。基于这一中正原则之上的思想、行为都是中正的;任何偏离中正原则的"不及"或"过激"言行,都是有悖于伊斯兰的信仰。伊斯兰各民族是因为信仰和文明的"中正"而被称为中正的民族③,"你们是为世人产生的最优秀的民族,你们劝善戒恶,确信

---

① 丁俊:《当代伊斯兰"中间主义"思潮述评》,《阿拉伯世界》2003 年第 2 期,第 35 页。

② 本文所引《古兰经》均出自马坚译本,中国社会科学出版社 1996 年版。

③ 阿里・穆罕默德・萨拉宾:《〈古兰经〉中的中间主义》(الوسطية في القرآن الكريم),贝鲁特知识出版社 2009 年阿文版,"前言"第 1 页

真主。"

《古兰经》告诫穆斯林,诚实与公正,是最重要的美德,也是敬畏安拉的体现之一。"信道的人们啊,你们当尽忠报主,当秉公作证,你们决不要因怨恨一伙人而不公道,公道是最近于敬畏的。"(5:8)"你们当为正义和敬畏而互助,不要为罪恶和霸道而互助。"(5:2)阿拉伯人常说:中间之事就是使之中正,使之公平。① 因此,伊斯兰教注重公正原则,认为公正原则是实现中正和谐的基础。同时也要求穆斯林民族将公正、中和体现在生活、思想和行为中。穆斯林的职责是敬主爱人,在崇拜真主的同时,积极耕耘今世。谋求两世吉庆的关键在于,重今世亦重后世,做到两世兼顾,中正平衡,不偏不倚,奉行出世与入世相结合的信念,在追求后世的成功时,还当寻求安拉的给养,享受人间的美好生活。《古兰经》中说:"你应当借安拉赏赐你的财富而营谋后世的住宅,你不要忘却你在今世的定份。"(28:77)"信道的人们啊! 当聚礼日召人礼拜的时候,你们应当赶快去记念真主,放下买卖,那对于你们是更好的,如果你们知道。当礼拜完毕的时候,你们当散布在地方上,寻求真主的恩惠,你们应当多多地记念真主,以便你们成功。"(62:9—10)

显然,伊斯兰的中正理念始终贯穿在伊斯兰"中间主义"之中,它渗透在穆斯林社会生活的方方面面,既包含宗教事务,也涉及世俗事务。伊斯兰就是对一个中正的民族的中正的道路,它的特性是均衡、中正、不偏不倚。

圣训是继《古兰经》之后伊斯兰法律的第二渊源,也是伊斯兰文明的第二源头。穆圣说:"最优美的事是中正之事","你们应走中间路线,后继者追上,超前者退回。""不要贪婪现世,安拉就喜爱你,不要贪婪别人的财物,民众就喜爱你"②。伊斯兰教是宽容、和平的宗教,它要求穆斯林民族对任何事物,都主张中和、均衡的中正原则,即不可不及,也不可过分,反对偏激,反对走极端。据传,有三位圣门弟子为了表达他们对真主的敬畏,曾向穆圣作了如下表示:第一位说自己要夜以继日地礼拜;第二位说自己要常年斋戒;第三位则誓言戒绝女色,永不结婚。于是穆圣对他们说:"我是你们中最敬畏真主的人,我既礼拜也睡觉;既封斋也开斋;我也娶妻结婚。谁若远离了我的道路,谁就不属于我们。""你们不

---

① 阿里·穆罕默德·萨拉宾:《〈古兰经〉中的中间主义》(الوسطية في القرآن الكريم),第20页。
② 本文所引圣训均出自《布哈里圣训实录全集》,祈学义译本,宗教文化出版社2008年版。

要对宗教过激,你们之前的人确因对宗教过激而毁灭了。"这两段圣训告诫穆斯林,在宗教功修方面的过分会导致信仰的过激,这不符合伊斯兰教中正和谐的理念。圣训中还表明在穆斯林的日常生活中,坚持中正原则的合理性。穆圣说:"人们塞满一个器皿没有比填满肚腹更糟的了,几口就吃得直起腰来,而应该是胃的三分之一用于吃饭,三分之一用于喝水,三分之一用于呼吸。"穆斯林的饮食之道应是食不过饱,这样才有利于身体健康,这也说明了任何时候,穆斯林都要走在宗教生活和世俗生活中的中间道路。

总之,"伊斯兰哲学一贯强调天启与理性、前定与自由、今世与后世、精神与物质、人文与科学、个人与集体、家庭与社会、权利与义务、继承与创新等之间的中正平衡,不偏不倚;主张公平正义,反对极端暴虐,追求人主和谐、人际和谐以及人与自然的和谐。认为大至宇宙万象,小至个人身心,都需要保持和谐,否则就会紊乱无序,出现天灾人祸,导致灾难和痛苦。在伊斯兰教看来,天体的运行,草木的枯荣,昼夜的轮回,四季的交替……整个宇宙万物,无不演奏着经久不衰的和谐之音。"①这正是伊斯兰"中间主义"思潮的哲学基础。

2.历史渊源

伊斯兰"中间主义"思潮有着深厚的历史渊源和文化背景。伊斯兰教于公元七世纪在阿拉伯半岛兴起,当时的阿拉伯人大都过着逐水草而居的游牧生活,崇尚自由自在的沙漠生活。在先知穆罕默德的率领下,信奉多神的阿拉伯人逐步皈依一神论的伊斯兰教,并且成为一个政教合一的国家。伴随伊斯兰教的不断向外传播,及至八世纪中期,阿拉伯人已建立起一个横跨亚、非、欧三大洲的大帝国。"伊斯兰文明广泛传播、绵延不绝的历史证明,作为《古兰经》和圣训基本精神的中正和谐之道,是伊斯兰文明的成功之道"②也是阿拉伯伊斯兰文明的历史基调和主要特征。"'中间主义'不是凭空而来的一种新理论或空洞的说教,也不是标新立异,而是对伊斯兰文明固有的和平宽容、中正和谐思想等核心价值观的一种强调和张扬"③。作为一种社会思潮或文化思潮,伊斯兰"中间主义"思潮是伴随近现代伊斯兰复兴运动而兴起和发展的,只是尚未成为伊斯兰教的主流,一直夹杂在其他各种思潮当中,平静缓慢地发展着,直到现代才引起人们

---

① 丁俊:《盖尔达维的中间主义思想研究》,《阿拉伯世界研究》2009年第3期,第68页。
② 丁俊:《盖尔达维的中间主义思想研究》,第69页。
③ 丁俊:《当代伊斯兰"中间主义"思潮述评》,第38页。

的密切关注,显示出其潜在的巨大活力。

　　实际上,近代以来,伊斯兰世界的著名思想家都在强调中正和谐的"中间主义"。伊斯兰教法权威、教育家阿尔·安萨里(1058—1111),是成功调和苏菲派与理性主义的维新家,他是第一位将哲学、逻辑学与伊斯兰教义结合在一起进行探索的伊斯兰教义学家。安萨里对法学内涵的改革与维新,对当时受到宗教禁锢的穆斯林和阿拉伯世界影响很大,并将伊斯兰中正思想推向巅峰。安萨里也因此成为伊斯兰教思想史的功臣,被誉为"伊斯兰教的权威",后人评价他是"伊斯兰教最高贵和最有创见的思想家之一。"①和安萨里一样,谢赫伊本·泰米叶(1263—1328)(别名艾布·阿巴斯)首先是一位思想家和改革家,他使教法律例摆脱了门户之见,并体现出教法原有的宗旨。"他一生执着于早期伊斯兰的正统思想,反对异端邪说,恢复伊斯兰教的本来精神,对以后的伊斯兰复兴运动产生了深厚的影响。"②伊本·泰米叶非常尊重四大法学派别,认为其创始人都是了不起的演绎家,四大学派体现了伊斯兰法的精髓,但却不是伊斯兰法的全部。因为四大伊玛目生前都极力反对盲从因袭自己的思想。他们都说过:"正确的圣训便是我的学派(主张)。"所以,伊本·泰米叶基于伊斯兰法关注人的利益的精神和宗旨也提出了一些独到见解和演绎,对于"创制大门已关闭"的说法予以否定,因为圣训说:"每过百年都会有革新家刷新宗教③,对于层出不穷、日新月异的新事物、新情况、新问题给予演绎。穆罕默德·安萨里对此也说:"如果真的存在宗教危机,那无非是我们自身的危机——因为我们不能很好地理解,或不能很好地实践。"④

　　早在19世纪,伊斯兰世界最著名的思想家阿富汗尼(1838—1897)就指出,"伊斯兰文化与其他文化的鲜明区别在于它的'中正',它把其他文化认为相互矛盾的内容有机地结合起来,从而平衡地看待理性与经典、宗教与世俗、今生与来世、个人与社会、物质与精神、战争与和平……"⑤穆罕默德·阿布杜(1849—

---

① 　[美]希提:《阿拉伯通史》,马坚译,商务印书馆1979年版,第512页。
② 　马福德:《近代伊斯兰复兴运动的先驱——瓦哈卜及其思想研究》,中国社会科学出版社2006年版,第41页。
③ 　丁俊:《当代伊斯兰"中间主义"思潮述评》,第38页。
④ 　优素福·格尔达维:《伊斯兰的总体特色》,罕戈译,民间刊印本,第78页。
⑤ 　穆罕默德·阿马拉:《伊斯兰复兴与文明挑战》,开罗阿拉伯前景出版社1985年阿文版,第25页。

1905）作为阿富汗尼思想的继承者和近代改革主义的代表人物，倡导同一思想：
"伊斯兰在完善精神追求的同时，毫不减损感官应有的享受；伊斯兰兼容人性的
所有成分，认为人是有理性的被造，既不是纯粹的肉体，也不是纯粹的精神；既让
人做来世的主人，又让他做今生的主人；号召人们追求精神世界的满足，同时也
为物质世界的丰裕努力奋斗。"①从以上两位近代伊斯兰复兴改革家的言论中可
以看出，"中正""平衡"精神是伊斯兰的基本特征，也是这些伊斯兰思想家思想
体系的特征之一。

　　哈桑·班纳（1906—1949）是当代伊斯兰教最负盛名的一位宗教社会活动
家。他的思想可以说是阿富汗尼和穆罕默德·阿布杜两位先驱改革复兴思潮的
延伸，但又有着一定的区别。哈桑·班纳把"复兴思潮从'精英'模式转化为'群
众'和'社会'模式，由一种启蒙精神、哲学思想上升为一种社会思潮和群众运
动，既实现穆斯林的普遍身份认同，又对政治和文化上吞噬穆斯林的西方价值作
出有力的回应。"②针对穆斯林民族内部的分歧，哈桑·班纳主张"求同存异"的
思想。穆斯林民族内部存在分歧是不容置疑的事实，这是由于随着社会的发展，
人们的知识水平、理解程度存在差异，并且所处环境和时代的不同影响了对伊斯
兰最高立法源泉《古兰经》和圣训的理解，著名的四大教法学派也证明了这一
点。"但是，认可分歧并不等于认可分裂，不能让细枝末节的分歧成为分裂宗教
的因素，更不应该以此导致仇恨和对立"，③这与伊斯兰中正和谐的本质背道而
驰。"除了先知，每个人的话可以采纳，也可以放弃。先贤的任何言行，如果符
合《古兰经》和圣训，我们理当接受；否则，《古兰经》和圣训更值得我们遵
从……"这体现了班纳思想的中正和宽容精神。正因为如此，后来的思想家也没
有单单因袭班纳的思想，而是对其予以继承和发展，从而对伊斯兰的觉醒运动产
生了深远的影响。优素福·格尔达维是当代影响最广泛的伊斯兰思想家，同时
也是班纳思想的捍卫者，但这并不妨碍他在许多问题诸如妇女、多党制等方面与
班纳的观点相左。格尔达维说："伊斯兰复兴运动只是作为人的一个群体的运

---

① 穆罕默德·阿马拉：《伊斯兰思潮》，开罗东方出版社 1997 年阿文版，第 315 页。
② 罕戈：《前言》，载朱玛·艾敏：《走出理解的误区》，撒春奇编译，天马出版有限公司 2008 年版，第 1 页。
③ 罕戈：《前言》，载朱玛·艾敏：《走出理解的误区》，撒春奇编译，天马出版有限公司 2008 年版，第 7 页。

动,这个群体在努力援助伊斯兰,实现它在生活中的使命;他们采取一切自认为最能实现自己的目标、最能服务自己宗教的媒介。但他们没有宣称自己的创制和演绎十全十美,不容置疑,也没有宣称他们中某个人的话只能接受而不许放弃。"①当代伊斯兰复兴思想的一个鲜明特点就是批评与自我批评。伊斯兰"中间主义"更是批判地继承阿富汗尼、穆罕默德·阿布杜以及班纳这些伟人的思想,也只有这样才能符合这些智者的思想,并与伊斯兰的方法论相契合。"中间主义"自身所拥有的深厚文化底蕴,是它产生和发展的沃土,也为"中间主义"力图在新的时代为伊斯兰文明的国际交往拓展空间、求得自身的良性发展提供了历史依据和现实基础。

三、伊斯兰"中间主义"的代表人物及其思想

1."中间主义"思潮的内涵及基本主张

伊斯兰"中间主义"思潮的内涵是寻求一种"适度的""均衡的""谨守中道"的中间路线去公正地展示伊斯兰信仰和文明,其思想涉及、社会、政治、经济、宗教、文化、教育等各个方面。"中间主义"思潮提出了具有中正特色的基本主张,它主要包括以下内容:

(1)在宗教方面,坚持信仰的中正,"谨守中道",反对各种极端思想和行为。《古兰经》以"中正"称呼伊斯兰民族,"我这样以你们为中正的民族,以便你们作证世人,而使者作证你们"(2:143)。这就是说,中正是伊斯兰民族的本质属性。"中间主义"强调中正和谐是伊斯兰教的基本原则和核心价值观、审美观,是伊斯兰文明的优良传统,中正和谐为美的理念体现在阿拉伯伊斯兰文明的各个领域。② 伊斯兰讲求知行合一,主张信仰指导行为,行为又体现信仰。因此"中间主义"认为,对伊斯兰信仰中正和谐的理念不仅体现在信仰的哲学层面上,也贯穿于具体实践中,无论现实生活还是宗教生活,都要坚守中正,谨防极端。《古兰经》说:"他们用钱的时候,既不挥霍,又不吝啬,谨守中道"(25:67)。著名思

---

① 罕戈:《前言》,载朱玛·艾敏:《走出理解的误区》,撒春奇编译,天马出版有限公司 2008 年版,第 9 页。

② 丁俊:《当代伊斯兰"中间主义"思潮述评》,第 36 页。

想家伊本·盖伊姆在他的《修行之道》中说:"安拉的宗教介于消极与过激之间,一如两山之间的谷底,两种迷误之间的向导,两种极端之间的中正。"伊斯兰的信仰就是"中正"的谨守中间道路,不偏不倚,强调宗教易行,主张宽容温和,反对各种极端主义,认为对宗教教义的无知或随意解释、武断教条式的错误理解及个人私欲、标新立异、宗派主义、对别人的恶意猜测和嫉恨等,都会导致偏离中正原则,产生极端思想。《古兰经》教导先知谦虚、温和地与他人对话,真主说:"你应凭智慧和善言而劝人遵循主道,你应当以最优美的态度与人辩论"(16:125)圣训中提到:"真主喜欢宽厚温和地处理各种事务。"因为真理介于不及于过激两者的中间。

(2)在文化方面,力促传统与现代的交融,同时倡导重启创制之门,实现与时俱进。伊斯兰"中间主义"主张要以均衡中正的视角看待传统与现代,将两者完美融合,这对当代伊斯兰文化的发展至关重要。一些人认为宗教是一种束缚,这是对宗教的片面理解,是抱残守缺,不思进取思想导致的负面效应。"中间主义"强调:"在真正的传统与真正的现代之间没有矛盾,如果我们正确地理解了传统与现代的实质,我们就会成为最前沿的现代主义者和最正宗的传统主义者。"①圣训中说:"每过百年都会有革新家刷新宗教",进行宗教维新符合伊斯兰本身的教导,既然穆罕默德使者明确提出这一理念,这就要求每个时代的革新家"要一边看经典,一边看现实",否则就无法体现伊斯兰文化恪守与维新、稳定与变化合一的鲜活特征。② "维新"并非是出台一个伊斯兰的"修订""增补"版本,而是更新对伊斯兰的理解和信仰,更新对伊斯兰的实践和宣传。所以,维新指的是思想维新、信仰维新和实践维新。有人以为先贤精神与维新思想必然是矛盾的,认为先贤精神意味着回到过去,维新思想意味着面向未来。其实恰恰相反,真正的先贤精神和真正的维新思想之间有一种天然的默契,真正的先贤精神必然是维新的,而真正的维新思想必然符合先贤精神。因此,"中间主义"主张重启教法创制的大门,应当重建教法创制这一伊斯兰文明的更新机制,从而更好地解决日益复杂多样的现实问题,这是伊斯兰各民族现实的需要,也是强调中正和谐的伊斯兰的核心价值观念,因为"伊斯兰不是一个有限的时空概念,不是需

---

① 转引自丁俊:《格尔达维的中间主义思想研究》,《阿拉伯世界》2009 年第 3 期,第 69 页。

② 优素福·格尔达维:《传统与现代之间的阿拉伯伊斯兰文化》(بين الأصالة والمعاصرة, الثقافة العربية الإسلامية),贝鲁特使命出版社 1994 年阿文版,第 109 页。

要恢复的一段历史。'伊斯兰是过去,是今天,也是未来'。"①

（3）在社会方面,奉行循序渐进的进步原则,努力建立公正和谐的社会,反对专制独裁。"中间主义"认为,渐进主义是安拉统治整个宇宙的主要原则之一,世间的一切事物都是循序渐进地产生、成长、消亡的。伊斯兰"中正和谐"的基本意义就是循序渐进地逐步实现公平、公正,只有实现公正,才能达到中正和谐。正如《古兰经》所说:"信道的人们啊!你们当尽忠报主,当秉公作证,你们绝不要因为怨恨一伙人而不公道,你们当公道,公道是最近于敬畏的"(5:8)。"你们当为正义和敬畏而互助,不要为罪恶和霸道而互助"(5:2)。"真主的确命人公平、行善、施济亲戚,并禁人淫乱、作恶、霸道"(16:90)。"他曾将天升起。他曾规定公平,以免你们用称不公。你们应当秉公地谨守衡度,你们不要使所称之物分量不足"(55:7~9)。中正和谐还体现在个人与社会应融为一体,要求个人自由与社会集体利益应保持平衡,权利与义务并驾齐驱,不强调纯粹的集体主义,也不强调纯粹的个人主义,而将二者适中地结合起来。"中间主义"强调个人利益与社会利益、生产与消费、资源开发与环境保护等之间的平衡协调以及可持续发展;要求穆斯林摆脱个人主义和本位主义,倡导社会交往中的礼节和风尚,通过相互问候、见面握手、互相拜访、互赠礼品、探望病人、联系亲戚、善待邻居、尊敬客人、与人和睦相处、优待孤儿、贫民、旅客,以及其他种种礼仪和义务加强个人与集团联系,使得集体意识、集体行为成为穆斯林生活中不可分割的组成部分,"实行社会改良、健全民主法制、建立社会公正,走适合伊斯兰国家自身实际的道路。这条道路既不是资本主义道路,也不是社会主义道路,而是介于二者之间的中间发展道路。"②

（4）在政治方面,对内主张求同存异,加强团结;对外主张文明对话,促进文明交流。反对一切形式的恐怖主义、霸权主义、强调建立国际新秩序。倡导文明对话是伊斯兰文明的基本精神和历史传统,如《古兰经》所说:"众人啊!我确已从一男一女创造你们,我使你们成为许多民族和宗族,以便你们互相认识"(49:13)。"中间主义"主张要在伊斯兰民族的各个不同学派、教派及其各种思想流派之间求同存异,积极努力实现民族内部之间的团结和一致,只有这样才能与不

---

① 丁俊:《当代伊斯兰"中间主义"思潮述评》,第38页。
② 丁俊:《当代伊斯兰"中间主义"思潮述评》,第37页。

同观点、不同宗教、不同文明之间开展对话,以促进相互了解和沟通。同时更强调尊重异己。伊斯兰与西方宗教不同,西方整体上属于基督教世界,基督教注重外在物质,强调实用原则。而信仰伊斯兰的民族,是精神与物质、今世与后世并重的。然而,与西方的对话却势在必行。《古兰经》中写道:"你说:'信奉天经的人啊!你们来吧,让我们共同遵守一种双方认为公平的信条:我们大家只崇拜真主,不以任何物配他,除真主外,不以同类为主宰'"(3:63)。"你应凭智慧和善言而劝人遵循主道,你应当以最优美的态度与人辩论"(16:125)。

西方统领世界数个世纪,西方文化的影响遍及全球。近现代以来,阿拉伯国家和地区长期处于被统治和被殖民的地位。第二次世界大战后,虽然阿拉伯国家相继获得了独立,但西方对阿拉伯世界影响依然巨大。今天的人们已不可能无视外部环境而离群索居,空前的信息革命和交通革命使地球宛如一个"地球村"。但是,迄今为止,西方仍存在以片面、极端的思维看待穆斯林和穆斯林的文化,"将伊斯兰教看作是西方的潜在威胁和导致穆斯林落后和衰败的退步力量,成为西方殖民主义的世界观。"①尽管如此,穆斯林并不怀疑与西方接触和对话的意义与作用,因为在西方甚至美国,许多人热爱和平,反对美国的对外政策,伊拉克战争后西方国家多次发生声势浩大的反战示威,说明西方国家并非铁板一块。通过对话,可以把伊斯兰的真实信息带给西方。因此,伊斯兰"中间主义"主张对外与不同文明之间展开对话是必需的,以便告知世人,穆斯林是一种文明的承载者,而不是功利的追逐者,是仁爱的使者,而不是复仇的预告者,是和平的倡导者,而不是战争的鼓吹者,是真理和公正的拥护者,而不是谬误和不义的帮凶。伊斯兰"中间主义"本着人类皆平等精神,积极致力于文明对话,认为不同信仰、民族与国家之间的和平共处和友好交往,是人类共同发展和世界持久和平的基础,所谓"文明冲突论"及一切将某一种信仰、意志、发展道路、生活模式强加于人的言行,都是有损于世界和平事业的,是不文明的。②

"9·11"事件后,以优素福·格尔达维为代表的"中间主义"思潮的学者,曾就恐怖分子所采取的袭击手段予以一致谴责,指出在各国出现的一系列恐怖袭击和暴力活动,都违背了伊斯兰教和平宽容的理念,即便是某些国家与穆斯林为

---

① [美]约翰·L.埃斯波希托:《伊斯兰威胁:神话还是现实》,第60页。
② 丁俊:《当代伊斯兰"中间主义"思潮述评》,第37页。

敌,也不允许杀害其无辜百姓,因为这是践踏人权,滥杀无辜的恐怖行径。伊斯兰禁止无故杀人。《古兰经》说:"你们不要违背真主的禁令而杀人,除非因为正义。"(17:33)。沙里亚也从不允许因为别人的一种行为或罪过而杀死任何人。与此同时,格尔达维把"9·11"事件与巴勒斯坦被占领土地上的合法抵抗斗争作了区分,因为"天启宗教、人间法律、国际惯例以及人类普世价值观都赋予被侵略者自卫的权利。"①这也凸显了"中间主义"思潮反对任何恐怖主义的中正立场。

实际上,恐怖暴力活动的产生与西方的霸权主义和双重标准不无关系。"9·11"及一系列的恐怖袭击事件使一些根深蒂固的矛盾浮出水面。根据亨廷顿的观点,穆斯林对美国和西方的愤怒,"在更广泛的意义上,它还是各个穆斯林民族对他们自己国家腐败、效率低下和压迫性政府,以及他们认为支持这些政权的西方政府的一种回应。"②2002 年 1 月,美国萨缪尔·伯杰、布热津斯基等参与撰写的一份研究报告指出了问题的关键:"该地区所谓的恐怖主义根源不是一个简单的问题。除了本·拉登企图利用巴勒斯坦问题来促使伊斯兰世界极端化之外,还存在大量尚未解决的因素,包括:缺乏政治参与,政治和经济改革需要得不到满足以及其他广泛的人权问题等。这些因素共同提供了恐怖主义产生的肥沃土壤。"③因此伊斯兰"中间主义"认为国际霸权和地区强权在中东的横行无阻以及对巴勒斯坦人民合法权益的长期侵害、阿拉伯伊斯兰国家执政当局的专制独裁与腐败无能及其所导致的社会不公以及一些极端主义者对伊斯兰教有关经文和教义的曲解④都是滋生极端主义和恐怖暴力活动的根源,只有铲除这些滋生恐怖主义的根源,才能遏制并根除极端恐怖主义。由此,"中间主义"从根本上认识到伊斯兰世界各民族之间的矛盾和纷争已阻碍了自身的发展和进步,唯有着眼大局、加强内部的团结,呼吁不同教派、不同党派、不同国家之间开展对话,求同存异,寻求合作,加强团结。反对一切形式的极端主义、恐怖主义、霸权主义和强权政治,并为建立公正合理的国际政治经济新秩序而努力。

---

① 优素福·格尔达维:《伊斯兰觉醒:从稚嫩走向成熟》(الصحوة الإسلامية من المراهقة إلى الرشد),开罗曙光出版社 2002 年阿文版,第 328—329 页。

② 高祖贵:《美国与伊斯兰世界》,时事出版社 2005 年版,第 108 页。

③ 高祖贵:《美国与伊斯兰世界》,第 109、119 页。

④ 优素福·格尔达维:《伊斯兰教与暴力》(الإسلام والعنف),开罗曙光出版社 2005 年阿文版,第 41、42 页。

伊斯兰"中间主义"思潮对任何事物都主张中正、均衡，不可不及，也不可太过，提倡中和、适度，反对偏激、极端，成为阿拉伯世界伊斯兰文化的一个最显著的特点。"中间主义"的提出，不是一种偶然现象，而是各种文化，尤其是西方文化和伊斯兰文化互相冲击和历史发展的必然结果。

2."中间主义"思潮的代表人物及思想

在当代阿拉伯伊斯兰世界，许多思想家、哲学家、社会改革家和宗教学者都在不同层面倡导和推动伊斯兰"中间主义"思潮的发展。他们之中具有代表性和重要影响的学者，除了世界穆斯林学者联合会主席、卡塔尔大学教授优素福·格尔达维外，还有埃及学者穆罕默德·赛义德·坦塔维、穆罕默德·阿玛尔、阿卜杜勒·哈里姆·欧维斯；沙特阿拉伯学者阿布杜勒·穆哈辛·图尔基；毛里塔尼亚学者阿卜杜拉·本·巴亚；伊朗学者阿里·泰斯希里；土耳其学者法图拉·葛兰；叙利亚学者拉马丹·布推；阿曼素丹国总穆夫提艾哈迈德·本·哈姆德·哈里里；约旦学者马哈茂德·萨尔塔威；摩洛哥学者穆罕默德·塔拉比；黎巴嫩学者阿卜杜伊拉·米噶提；巴基斯坦学者穆罕默德·泰基·奥斯曼尼、艾哈迈德·艾尼斯；苏丹学者阿萨穆·巴希尔；科威特学者萨阿德·穆勒索菲，等等。他们都是当代伊斯兰世界颇有影响且积极致力于倡导伊斯兰"中间主义"的著名学者。

（1）海湾国家——卡塔尔大学教授优素福·格尔达维。

优素福·格尔达维博士是当代伊斯兰"中间主义"思潮最著名的代表人物，全名优素福·阿卜杜拉·格尔达维（يوسف عبد الله القرضاوي）。他于1926年9月9日出生在埃及大麦哈莱省索夫特图拉布镇，年幼丧父，在叔父的抚养下进入私塾接受伊斯兰传统教育，不满10岁已能通背《古兰经》。义务公学毕业后，他先后前往坦塔市和开罗的爱资哈尔大学求学，1953年以全校第一名的成绩获宗教原理学系的学士学位。之后，他报考爱大师范学院阿拉伯语系的阿文专业，于1954年获得高等教师资格证书，其成绩在500名毕业生中名列第一。1957年，他又报考阿拉伯国际大学研究院，1958年获得爱大阿拉伯语言文学准硕士学位。1960年，以优异成绩获得宗教原理学硕士学位。随后，他开始完成有关伊斯兰天课的博士论文。但此时埃及国内动荡，致使其学业拖延长达13年之久。1973年，他以《天课在解决社会问题中的作用》为题撰写的论文获得博士学位。

格尔达维博士在爱资哈尔大学完成学业后，曾在埃及国家宗教事务部工作，后调至爱大出版社工作。1961年前往卡塔尔宗教学院任院长。1973年博士毕

业后受聘于卡塔尔大学,负责筹建卡大伊斯兰教研究系和担任系主任;1977 年
又负责创建卡大法学系,并任该系主任直至 1990 年;1990 年至 1991 年被借调
到阿尔及利亚大学工作。返回卡塔尔后继续在卡大任职,创建了卡大圣训与圣
史研究中心 (مركز بحوث السنة والسيرة النبوية بجامعة قطر),并任该中心主席至今。

　　格尔达维博士每年应邀参加各种国际学术会议,为大会做基调演说并发表
点评。由于世界各国穆斯林对他的信任和尊敬,他身兼数职。例如,世界伊斯兰
联盟教法委员会委员、伊斯兰会议组织教务委员会专家、欧洲伊斯兰教法裁判与
研究委员会主席、卡塔尔高等教育委员会委员、卡塔尔伊斯兰教法仲裁机构成
员、科威特国际天课机构副主席、约旦皇家伊斯兰文明研究院院士、英国牛津大
学伊斯兰研究中心研究员、美国伊斯兰大学顾问委员会主任、印度伊斯兰文学协
会会员、麦地那伊斯兰大学最高委员会委员、法国伊斯兰研究学院学术委员会主
任、埃及伊斯兰经济协会会员以及许多伊斯兰银行的金融机构顾问,等等。但最
重要的职务是他被世界穆斯林学者联盟推选为主席。

　　优素福·格尔达维博士致力于公正地展示伊斯兰文明的精神,倡导文明对
话,反对极端主义和恐怖主义。他访问过许多亚非阿拉伯国家和其他各大洲的
穆斯林占少数的国家,并因对伊斯兰"中间主义"思潮的大力倡导及其卓越的学
术成就获得许多荣誉:(الاقتصاد الإسلامي) 1990 年获伊斯兰发展银行伊斯兰经济奖
(جائزة البنك الإسلامي للتنمية في) ;1992 年获沙特阿拉伯费萨尔国王世界伊斯兰研究成就
奖(الدراسات الإسلامية) ;1996 年获马来西亚国际伊斯
兰大学学术贡献特别奖(جائزةالملك فيصل العالمية بالاشتراك في);
(جائزة العطاء العلمي المتميز من رئيس الجامعة الإسلامية العالمية بماليزيا) ;
1997 年获哈桑柏拉格素丹伊斯兰教法学奖(جائزة السلطان حسن البلقية في الفقه الإسلامي) ;
2000 年 12 月获阿联酋政府颁发的伊斯兰个人年度成就奖(جائزة شخصية العام الإسلامية) ,
在迪拜的阿拉伯各国学术文化界的许多著名学者、思想家及各界人士参加了
这次颁奖大会;2008 年 12 月,卡塔尔政府又授予格尔达维国家荣誉奖
(جائزة الدولة التقديرية) ,以表彰他对伊斯兰"中间主义"的大力倡导以及他在现代伊
斯兰法学领域中取得的突出成就。

　　作为当代阿拉伯伊斯兰世界公认的最著名的学者,"格尔达维的思想深邃
博大,既有厚重的历史底蕴,又有鲜明的时代精神"[①],他极力倡导以公正宽容、

---

　　①　丁俊:《格尔达维的中间主义思想研究》,第 68 页。

中正和谐为主旨的伊斯兰"中间主义",其思想体系涉及范围广,本文仅从三个方面概述格尔达维思想的主要内涵:

在宗教信仰方面,格尔达维提出悠久的伊斯兰文化传统是"中间主义"的思想源头,而伊斯兰哲学最注重的是信仰与理性之间的相互调和、精神与物质之间的和谐统一、继承与创新之间的中正平衡。盖尔达维在其著作《世纪之交的伊斯兰民族》中说:"中间主义思潮将信仰与科学融于一体,将理性与经典协调一致,将今世与后世紧密相连,吸纳各种有益的新鲜事物,继承一切优良的传统,在目标与全局性问题上坚持原则,在方法与细节问题上灵活务实,使伊斯兰根本大法的恒数与时代的变数平衡协调,不忘历史,紧跟时代,展望未来。"①他特别强调宗教与科学、经典与理性、传统与现代的统一与协调。认为"科学并不是宗教信仰的敌人和对立面,而是通向信仰的向导。"②"在我们的文化中,科学与宗教、理性与经典没有冲突。科学就是我们的宗教,宗教就是我们的科学;科学是信仰的指南,信仰是科学的统帅;理性是经典的基石,经典激励着理性,可靠的经训与健全的理性毫不矛盾。"③他"呼唤温和的宗教宣传和简易的教法裁判,倡导文明对话、宽容异己以及循序渐进的变革;强调开展有条件的创制和有原则的创新,不过分,无不及,不极端,不夸大;重建设,不破坏;讲团结,不分裂……"④,以追求人与真主之间的和谐、人与人之间的和谐以及人与自然的和谐。

在社会文化方面,格尔达维强调真正的传统与真正的现代的之间没有隔阂和矛盾,阿拉伯伊斯兰世界专制独裁与社会不公的现象保障不了社会的稳定和人民的安居乐业,认为社会变革和民主进程是社会发展进程的重中之重,但不可诉诸暴力,更不能由外部力量来强加,而是必须要以对话的方式循序渐进地展开。格尔达维强调,对内要求同存异,协调立场,谋求阿拉伯伊斯兰民族的团结统一与整体利益;对外要尊重异己,开展文明对话。在生活方面,坚持伊斯兰教法中的优选原则"倡导友谊、互爱、无私,命人以正义和敬畏而互助;提倡团结、统一、互怜、互让,激励人们奉献、牺牲、遵纪守法,在正义方面服从领导。与此同

---

① 丁俊:《格尔达维的中间主义思想研究》,第69页。
② 优素福·格尔达维:《信仰与人生》(الإيمان والحياة),贝鲁特使命出版社1998年阿文版,第279页。
③ 优素福·格尔达维:《传统与现代之间的阿拉伯伊斯兰文化》,第195页。
④ 优素福·格尔达维:《世纪之交的伊斯兰民族》(أمتنا بين قرنين),开罗曙光出版社2002年阿文版,第171页。

时,告诫人们禁绝妒忌、仇视、怀恨、分裂、纷争,以及出自个人主义、物欲主义的一切恶劣行为。"

在政治方面,格尔达维极力谴责"9·11"事件的恐怖行为以及发生在埃及、沙特、英国等国家针对无辜人群的恐怖袭击和暴力活动,因为这些恐怖行径和暴力活动是违背伊斯兰教和平宽容的根本精神,他们打着伊斯兰的幌子,目的却是为了各自的政治阴谋,不但伤害了无辜的平民,误导年轻一代走上歧途,而且损害了伊斯兰和平、敬主爱人的形象,为伊斯兰复兴事业的发展,尤其使倡导中正和谐的伊斯兰"中间主义"思潮的传播受阻。格尔达维还强调,反对和消除极端主义和恐怖主义必须标本兼治,注意方法和策略,不能以极端对极端,以恐怖反恐怖,尤其要加强对青少年一代的思想教育和舆论宣传工作,正本清源,倡导"中间主义"思想,弘扬伊斯兰教中正宽容的价值观,致力于实现社会公正、建立互信与和谐。他还特别提醒人们注意,极端主义思想和暴力恐怖活动并非阿拉伯伊斯兰世界所特有的,而是一个世界性的问题,因此,反恐需要全球合作,不能奉行双重标准,由某一个国家说了算。

格尔达维学识渊博,勤学善思,其倡导的"中间主义"的思想始终贯穿着伊斯兰中正宽容的精神,他一生都在求学、教学与治学中,他长期笔耕不辍,至今已有 140 多部著作问世[①]。例如《伊斯兰教中的合法与非法》、《传统与维新之间的伊斯兰法学》、《论伊斯兰教法中的优选原则》、《信仰与人生》、《传统与现代之间的阿拉伯伊斯兰文化》、《开放与封闭之间的阿拉伯伊斯兰文化》、《伊斯兰社会中的非穆斯林》、《伊斯兰觉醒:从稚嫩走向成熟》、《否定与极端之间的伊斯兰觉醒》、《论中间主义及其特征》等著作备受穆斯林的欢迎。埃及、黎巴嫩、卡塔尔、阿联酋、科威特等阿拉伯各国的著名出版社争相出版,有些著作甚至再版数十次,行销阿拉伯伊斯兰世界。还有一部分著作被译为英文、法文、德文、马来文、土耳其文等多种语言,在穆斯林和非穆斯林学术界广受好评,已成为伊斯兰文化的精品。而他的文章、讲座、演讲和授课,更是难以计数。他对当代东西方文化、宗教、哲学、法律、政治都有深入研究,既能把握伊斯兰的精神,又能解决时代的问题。因见解精辟一度被埃及卫视称为当代最负盛名的中正教法学家之

---

① 详见《优素福·格尔达维博士著作目录》[EB/OL]. http://www.qaradawi.net/site/topics/printArticle.asp? cu_no=2&item_no=1510&version=1&template_id=133&parent_id=12

一、当代革新派法学元老。①

　　与此同时,格尔达维博士积极从事教育服务事业和宣传工作。他经常接受报刊、电台、电视台、网络等各类公共媒体的采访,解惑释疑,针砭时弊。他还坚持在清真寺里面向普通大众进行演讲,利用在国内外各大学、研究机构和各种学术会议作演讲的机会讲解和传播伊斯兰"中间主义"。研究者评论说:"优素福·格尔达维行走在伊斯兰事业的中间道路上,他是对伊斯兰宗教最正确的解读和伊斯兰世界发展现状最清醒的认识的集大成者。"②

　　(2)西非地区——毛里塔尼亚政治家阿卜杜拉·本·巴亚。

　　阿卜杜拉·本·巴亚被认为是与优素福·盖尔达维博士齐名的"中间主义"的倡导者。全名阿卜杜拉·本·谢赫·马哈福兹·本·巴亚(المحفوظبن بيه عبد الله بن الشيخ),1935年出生于毛里塔尼亚坦巴昆达市一个书香门第的家庭,其父是毛里塔尼亚著名的大法官谢赫·马哈福兹。他自小就从父亲那里学习阿拉伯各学科知识,曾经师从著名学者穆罕默德·萨利姆·本·西努,并跟随谢赫巴亚·本·萨利克·麦斯威米学习《古兰经》。之后他曾游学突尼斯,试图了解民间百态以成为一名优秀的法官。回国后他曾先后身兼数职,其中包括毛里塔尼亚伊斯兰事务部第一任部长、宗教事务和基础教育部部长、司法部部长、法律制定委员会委员长、人力资源部部长、国家大政方针和党政部部长;他也是毛里塔尼亚人民党常任秘书,人民党是毛里塔尼亚唯一的执政党。退休后,巴亚成为沙特国王大学的荣誉教授,同时也是科威特的伊斯兰世界慈善组织成员、伊斯兰法学会成员、世界清真寺最高委员会成员等。阿卜杜拉·本·巴亚现任世界穆斯林学者联盟副主席,被乔治敦大学评选为2009年度最具影响力的50位伊斯兰人士之一,在巴林举行的世界穆斯林青年服务工作颁奖大会上授予巴亚"一代尊师"的头衔。

　　阿卜杜拉·本·巴亚的主要研究方向是伊斯兰教法学,他从教法和法律方面对伊斯兰"中间主义"进行了探索并作出很大的贡献,因此伊斯兰世界将他称为公平和公正的象征。他的思想兼具伊斯兰法律本源和时代的特性,能够帮助

---

　　①　《当代伊斯兰思想家优素福·格尔达维博士》,http://www.islamonline.net,2007-9-8.

　　②　《优素福·格尔达维:对他的荣誉评价以及他的思想研究》,卡塔尔书局2003年版,第36页。

穆斯林解决当代社会生活中面临的许多问题。同样,西方很多国家也把他关于法律的一些意见作为重要的裁判依据和来源,并以此作为给予本国穆斯林法律权利和约束的判断标准。其代表性著作有《关于伊斯兰人权的对话》、《法律与思想》、《恐怖主义、诊断及解决办法》等。

阿卜杜拉·本·巴亚也是一位非常出色的国际律师,他曾为伊斯兰世界诸多领袖提供法律咨询,其中包括费萨尔国王、哈立德国王、法赫德国王以及其他一些阿拉伯和欧洲国家领袖,他曾出席西班牙国王胡安卡洛斯的加冕仪式,1972年他曾陪同毛里塔尼亚国王一同会见来访的费萨尔国王。阿卜杜拉·本·巴亚曾荣获阿卜杜·阿齐兹国王头等徽章。他还出席各种学术会议,并作为世界伊斯兰联盟的成员参与了在罗马和马德里举行的伊斯兰教和基督教之间的巡回对话。

(3)沙姆地区——叙利亚宗教学者拉马丹·布推。

拉马丹·布推是当今伊斯兰世界最重要的宗教学家之一,全名穆罕默德·赛义德·拉马丹·布推(محمد سعيد رمضان البوطي),1929年生于伊拉克与土耳其北部边境丁湾岛。拉马丹·布推曾就读于大马士革学校,学习宗教学和教育管理学,于1953年赴埃及爱资哈尔大学学习,1955年获得伊斯兰法学博士学位。1956年继续在爱资哈尔大学阿拉伯语系深造,年底获得阿拉伯语系教师资格证,继而开始了教学工作。拉马丹·布推于1960年任大马士革大学法学院讲师,后被派往爱资哈尔大学法学院,专攻伊斯兰法学本源学。回国后任大马士革大学法学院院长。他主攻伊斯兰教法学,在伊斯兰法学方面的造诣深厚。

拉马丹·布推是最有名的逊尼派学者之一,他精通土耳其语、库尔德语和英语,这为他著书立说奠定了扎实的语言基础。迄今为止,拉马丹·布推已编写40多本书,主要作品有:《伊斯兰与时代》、《古兰经研究纲领》、《这是我们的问题》、《思想和心灵》、《蒙昧者和光明者》、《古兰经中的爱及爱在人类生活中的作用》等。他著作的《巨大的创新无宗派主义对伊斯兰法律构成的威胁》以及《苏菲是一种时间过渡而不是伊斯兰宗派》两书,在阿拉伯地区乃至伊斯兰世界引起极大关注。布推1993年所著《伊斯兰的圣战》一书,表明了他对采用武装暴力获取政治权益的行为持反对意见,这导致他与叙利亚穆斯林兄弟会的关系紧张。

拉马丹·布推作为"中间主义"的倡导者,他的著作基于伊斯兰求中正、求和谐的理念,并以客观性和条理性见长。他探讨和论证事物的思想和手法,独特而果断,也不受前人某种特定模式的影响。拉马丹·布推经常参加各种国际学术会议,在会议上发表独具一格的中间思想。同时,他的著作从叙利亚的大马士革一直传播到阿拉伯世界的各个角落,受到学界的广泛关注和重视。

(4)非阿拉伯地区——土耳其伊斯兰学者法图拉·葛兰。

法图拉·葛兰是当代土耳其著名的伊斯兰学者、教育家、社会改革家,也是倡导伊斯兰"中间主义"思潮的学者之一。1938 年,葛兰出生于土耳其东部埃尔祖鲁姆省的科鲁卡克村,自幼接受严格的伊斯兰传统教育,五岁已熟读《古兰经》。1958 年他从伊斯兰经学院毕业并获得宗教教师资格,随后前往土耳其第三大省——伊兹米尔,开始宣传伊斯兰教的事业。20 世纪 70 年代初,土耳其政局极不稳定,左右翼呈现激烈争斗,"葛兰认识到应与各种政治组织保持一定距离,因而开始通过教育活动扩大其影响"①,1980 年前后,葛兰的思想日趋成熟,通过著述和参加教育活动使其在民众的影响力逐步增大,并在土耳其以及中亚地区兴起葛兰运动。这一运动主要通过教育、传媒、商业、金融网络在国内外传播和实践葛兰思想,全球 50 多个国家现有 300 多所以葛兰命名的学校和学习中心,主要分布在土耳其、中亚、高加索、巴尔干、南非、俄罗斯等,共有学生近 3 万人。② 非同寻常的影响也给他带来牢狱之灾,1997 年葛兰被捕入狱,被控以"企图改变土耳其政权的社会、政治、经济基础和创立秘密组织"的罪名,由于证据不足,7 个月后被释放。1998 年葛兰迁居美国,此后一直通过广泛建立的网络机构传播他的思想。

法图拉·葛兰的思想涵盖广泛,涉及宗教、社会、教育等各个领域。他本人对宗教及社会科学的知识极为渊博,并娴熟于物质科学的基本原则。葛兰主张以《古兰经》和圣训为基础,倡导宗教宽容和穆斯林皆兄弟的思想。他强调苏菲主义是伊斯兰教的精髓,是伊斯兰信仰的内化和精神与实践的兼修,而并非神秘主义体验。他提出了融合科学技术与伊斯兰传统精神道德的教育理念,广泛建立符合这一理念的教育体系,消弭科学与信仰两者之间的歧义,拉近东西方哲学和意识形态的距离。他还提出土耳其现代化过程中要整合传统与现代的思想,

① 李艳芝:《法图拉·葛兰伊斯兰思想解析》,《世界宗教研究》2010 年第 3 期,第 163 页。
② 转引自李艳芝:《信仰对话:当代土耳其民众伊斯兰的主导话语——法图拉·葛兰及葛兰运动解析》,《西亚非洲》2010 年第 3 期,第 47 页。

将西方的科学技术和伊斯兰传统文化相融合的现代化道路,而不是完全西化或世俗化。他提倡不同民族、不同宗教要展开文明对话,这是文明进步的重要条件,也是对"文明冲突论"的积极应对。同时,坚持和平与非暴力的理念,反对极端主义和恐怖暴力活动。葛兰不赞成伊朗伊斯兰革命思想的输出,认为这种思想的输出会使伊斯兰运动在部分阿拉伯国家受挫。但他也反对借创制之名对伊智提哈德进行滥用,因为一旦如此,每个人都可能宣称自己是教法学家,但个人毕竟存在各种各样的不足,所以应该成立一个伊智提哈德委员会来弥补单个人的不足与缺陷。他鼓励其追随者为基因、器官移植、音乐、艺术、世俗和现代法律的立法提供合法性基础。① 他不断呼吁社会精英、地方领导、实业家和商人共同参与建设高品质的教育环境。葛兰的努力已开花结果,一批批在土耳其及中亚设立的学校所培养的学生,进入大学后均有优异表现,并在奥林匹亚知识竞赛中获得大奖。同时,这些学校还为物理、化学、生物及数学等领域培养出了大批学术领军人物。

法图拉·葛兰因其独特务实的思想和社会实践而获得许多荣誉,如"新纪元土耳其人基金会"颁发的荣誉奖"土耳其教育联盟"授予的贡献奖等。葛兰的思想在西方也受到关注,英国《前瞻》(Prospect)杂志和美国《外交政策》(Foreign Policy)杂志联合主办的 2007 年度"全球最有影响力的 100 位知识分子"(Top 100 Public Intellectuals)评选活动中,法图拉·葛兰名列第一②。葛兰的基本思想是伊斯兰教面对全球化挑战而做出的积极反应,致力于寻求政治和宗教之间的平衡,坚守宗教的主体地位,走务实开放的道路。他在演讲中试图调和并拉近东西方的哲学和意识形态的差异。作为特殊的社会改革者,葛兰将实用科学与宗教信仰熔为一炉,弥平两者的歧义。

法图拉·葛兰一直都在读书、教书、旅行、写作及演讲。他的文章、演说及问答先后被编纂为各类书籍,如《时代带来的疑惑》、《新时代的年轻人》、《先知穆罕默德的生命面貌》、《伊斯兰信仰的本质》,其中部分著作被翻译成德文、俄文、阿尔巴尼亚文等语种。③ 他也成为土耳其最著名及最受敬重的公众人物,现代

① 转引自李艳芝:《法图拉·葛兰伊斯兰思想解析》,第 171 页。

② *The Top 100 Public Intellectuals:the Final Rankings.*[EB/OL].[2008-06-01].http://www.foreignpolicy.com/story/cms.php? story_id=4379

③ 法图拉·葛兰:《先知穆罕默德的生命面貌》,宗教文化出版社 2006 年版,第 3、4、5 页。

土耳其知识分子和学者,不管私下或公开,都承认法图拉·葛兰是二十世纪最深刻、最重要的思想家和作家,也是最有智慧的运动家之一。有人甚至把他的影响力扩展到整个穆斯林世界。他所领导的新一代穆斯林知识分子以及社会改良和精神运动为伊斯兰世界注入了一股新鲜血液。

3."中间主义"思潮的社会实践:中间党

伊斯兰"中间主义"思潮也被认为是后冷战时代在中东地区和阿拉伯伊斯兰世界出现的一股温和的、渐进的社会政治变革思潮,目的是为了增强伊斯兰文明和阿拉伯伊斯兰国家自我解困、自我调节、自我更新的能力。埃及中间党和约旦伊斯兰中间党的出现便体现了"中间主义"思潮的这种政治倾向,同时亦可视为"中间主义"的一种温和的社会实践。

要了解埃及的中间党,需要先了解穆斯林兄弟会。埃及穆斯林兄弟会成立于1929年,1933年在开罗设立总部。随后又在叙利亚、苏丹、沙特、约旦、巴勒斯坦、印度尼西亚等地建立了分部。1938年,穆斯林兄弟会决定把工作中心由社会、文化活动转入到争取社会政治权利,最终以建立伊斯兰国家为目标。1948年,兄弟会的武装力量在反对以色列建国的巴勒斯坦战争中得到加强,在埃及的成员已达10万,遍布社会各个阶层。1954年兄弟会因其内部的激进分子刺杀纳赛尔未遂被政府宣布为非法组织。从此,兄弟会内部发生分裂,一部分极端主义分子成为埃及国内暴力事件与恐怖袭击活动的策划和实施者,另一部分人则是坚持伊斯兰中正和谐的"中间主义"温和派,他们主张以和平手段参与政党或派别活动,该派成为埃及中间党的前身。1982年以后,兄弟会放弃暴力活动,与激进的伊斯兰组织保持距离,间接参与议会政治,向合法的政党转化。但"长期以来,埃及政府一直拒绝承认事实上在埃及已经是最大反对派的穆斯林兄弟会为政党或政治力量。"① 1996年,从穆斯林兄弟会脱离出来的一部分成员组建了自己的政党,取名为中间党,其党纲仍然坚持温和的伊斯兰主义的立场。该党热衷于民主改革、人权、妇女权利以及埃及科普特少数民族的权益问题。埃及中间党的党纲中,明确提出以和平的民主选举为国家的主要机制,在贯彻世俗法律的过程中坚持伊斯兰的沙里亚法,在处理少数民族的问题上坚持保证平等的公民权,"通过人民的选举决定制定既适合伊斯兰沙里亚法的基本原则又适合现代

---

① 王铁铮主编:《世界现代化历程·中东卷》,江苏人民出版社2010年版,第80页。

性的法律;反过来它也将使议会变得更为有效和更具代表性。"中间党还提出解放妇女的倡议,因为早在 20 世纪 90 年代中间党成员的女性比例就高达 15%,对妇女在社会的作用则认为主要还是集中在建立家庭,因为"照顾好家庭是妇女的第一要务,没有别的什么人能够替代她们"。①

埃及中间党的成立是基于伊斯兰"中间主义"的理论,是一种伊斯兰文明背景之下的民主社会实践,其目标在于促进埃及更快更好的发展。"而要实现这一点就必须理解伊斯兰阿拉伯文明,并建立在穆斯林和基督教徒共同的对于国家统一、正义、尊重权利、憎恨暴政的基础之上。"②但埃及政府一直没有承认该党的合法性,直到 2000 年 4 月,中间党才得到埃及社会事务部的批准,允许中间党在非政府组织的领域内活动,并改名为"埃及:未来和对话"。

2010 年,在约旦众议院第十六届会议上,约旦伊斯兰中间党以合法党派的资格参加了议会选举。③ 约旦伊斯兰中间党于 1990 年成立,是一个年轻且积极活跃的社会党派。约旦伊斯兰中间党坚守伊斯兰文明中正和谐的基本精神,以促进民主、公正和社会全面发展为目标,参与约旦社会的构建和发展。该党坚持和平与民主的方式,旨在建立一个保障公民的权利和自由的现代社会体制,传承伊斯兰文明,挖掘这个民族所固有的丰富的文化价值,将其与现代文化相融合,寻求物质和精神上的平衡。约旦伊斯兰中间党的成立和发展符合约旦本国的历史和文化特点,它的壮大也是约旦这个君主制国家在现代化过程中实行伊斯兰"中间主义"思想的一个特例。

无论是埃及的中间党还是约旦的伊斯兰中间党,它们都在一定程度上体现了伊斯兰"中间主义"思潮对政治和社会改革的影响。阿拉伯伊斯兰国家众多,社会政治乃至文化传统互有差异,即便倡导"中间主义"的学者,也由于各自背景的区别而有所不同。因此,不能把"中间主义"思潮简单看做一个党派或一种单一学派,它是处于发展中的、颇具广泛影响的一种社会思潮。求同存异,倡导包容,尊重多元是伊斯兰"中间主义"的主旨精神。

---

① 王泰:《埃及伊斯兰中间主义思潮的理论与实践》,《中东研究》2009 年第 2 期,第 30 页。
② 王泰:《埃及伊斯兰中间主义思潮的理论与实践》,《中东研究》2009 年第 2 期,第 30 页。
③ 《约旦中间党参加众议院第十六届会议》,http://www.wasatparty.org/

四、伊斯兰"中间主义"思潮的影响及未来前景

伊斯兰"中间主义"思潮作为阿拉伯伊斯兰世界和中东地区应对内外挑战的积极反应,它将伊斯兰传统文化与时代的需求结合在一起,使中正和谐的思想对当代阿拉伯伊斯兰世界构成了潜在的重要影响。

1.在阿拉伯世界的反响

当代阿拉伯伊斯兰世界思潮众多,但其影响力大都有限。许多思潮虽然热心宗教,但其追随者大多争强好辩、教条保守、排外僵化。有些思潮还鼓吹暴力,对宗教和现实的理解过于狭隘,对宇宙、社会规律缺乏认识,却盲目自信,恶意揣测他人,藐视社会,行为方式上拔苗助长,急于求成,把武力作为实现目标的手段。这些思潮最终都是短命的。

在众多思潮中涌现出来的伊斯兰"中间主义"则能更好地体现伊斯兰教的和平本质,是对伊斯兰全面而整体的理解,也是指导人类在实际行为中平衡适中、不偏不倚的典范。"中间主义"是当代穆斯林世界一股积极向上的社会文化思潮,已具有相当的普遍性和广泛性,也是当代穆斯林世界广大知识阶层和社会其他阶层的共识。"在伊斯兰世界各国的政治、经济、思想、文化等不同领域,不同宗教派别、学术流派以及宗教学者、思想家、政治家、青年知识分子、大学生中,都有许多人不同程度地主张或赞同"①"中间主义"以中正思想为原则,提出新的教法观点,形成新的学派。这一学派主张教法的简易,宣教中应报喜,不偏不倚,既坚持伊斯兰的基本原则,又能与时俱进,同时主张伊斯兰与他人的对话和宽以待人,要求由合格的教法学家有的放矢地作出符合教法原则的独立判断。

在倡导"中间主义"思潮的学者的影响下,越来越多的年轻人和知识分子开始追随这一思潮。以格尔达维博士为例,这些学子们有的通过研读他的著作而受益,有的常年坚持到多哈的欧麦尔清真寺聆听他的星期五演讲;有的定期收看他的电视讲座系列节目,他们都视自己为格尔达维思想的传播者和延续者,是他所倡导的伊斯兰"中间主义"之道的宣传者。格尔达维通过各种方式与这些学

---

① 丁俊:《当代伊斯兰"中间主义"思潮述评》,《阿拉伯世界》2003 年第 2 期,第 38 页。

生保持着交流,并互相交换意见,指导他们正确地理解他所倡导的伊斯兰的中正之道。格尔达维中正的教法学派已经在伊斯兰世界得到广泛传播,他的讲座和教程也大部分直接由阿文翻译成各种语言,让越来越多的人受益。

伊斯兰"中间主义"在苏丹问题上也起着积极作用。2006 年 11 月,格尔达维以世界穆斯林学者联盟主席的身份参加了在苏丹首都喀土穆举行的"伊斯兰传入非洲 1400 年"国际会议,他在闭幕会上的发言引起广泛的认同:非洲的穆斯林和基督徒在文化上是一脉相承,如埃及科普特人政治家穆克拉密·阿比德就在他的演讲中引用《古兰经》说:"我在宗教上是基督徒,但地域上是穆斯林";而且叙利亚前基督徒总理巴沙尔·胡里热衷于在国内实施伊斯兰法。关于"我们不能正确合理利用自身力量的原因",格尔达维要求学者对乌玛负责:"你们担负重大的责任,要让乌玛坚守中正之道","伊斯兰倡导和平,崇尚和平……我们希望这次大会为整个非洲和穆斯林带来良好的开端,因为伊斯兰是慈爱众生的宗教"。① 他呼吁穆斯林只要立足中正与基督徒团结一致、携手共进,就能克服各种冲突,应对未来。

同时,倡导伊斯兰"中间主义"的学者还致力于伊斯兰内部教派求同存异和实现联合。在伊斯兰改革的历史进程中,无论过去还是现在,主张教派间求同存异的呼声一直都是主流之声,也是"中间主义"倡导包容的真实体现,因为《古兰经》勾画出了求同存异的方法,奠定了教派间求同存异的基础。正如先驱们所解释的那样,伊斯兰教派间求同存异的思想是提醒穆斯林牢记他们之间存在数不胜数的共同之处。"他们在宗教的原理上是一致的,至于分歧则局限于一些细则而已。这些细则方面的分歧不应当导致穆斯林间的相互分裂和相互排斥。"②因此,教派间求同存异的公议应当成为伊斯兰教派间商榷的基础,以便能够以知识和证据为武器,消除极端和幼稚思想,把教派分歧转化为学术研究的一种手段,彰显伊斯兰思想的宽容精神。2007 年 2 月卡塔尔大学法学院在它以《联合在学术统一中的作用》为题主办的多哈教派联合大会上提出:教派联合的思想需要各派之间开诚布公。"一个提到欧麦尔·本·罕塔布尔便开口祝福的

---

① 撒迪伽·穆罕默德:《格尔达维呼吁非洲穆斯林和基督教团结》,http://www.islamonline. net/Arabic/news/2006-11/28/11.shtml

② 侯赛因:《艾大学者求同存异,倡言教派研究新论》,http://www.norislam.com/？ viewnews - 13594.2010-8-25

人绝不可能与一个提到欧麦尔或阿依莎就诅咒并诋毁他们的人谈论教派的联合"。格尔达维博士在大会上强调,教派联合需要对教派间的基本分歧点进行解读,逊尼派与什叶派的联合并不是宗教原理的联合,而是在一些大是大非问题上达成两派的一致。这样才能让伊斯兰世界有充裕的时间改变现状,赢得快速发展的时间。

优素福·格尔达维以世界穆斯林学者联盟主席的身份出访伊朗,寻求与德黑兰的合作,并以伊斯兰"中间主义"所倡导的中正原则在一定程度上遏制了伊拉克宗派间的内讧和仇杀。另一方面,格尔达维博士还指出,伊拉克对侵略的抵抗属于"主命",他本人坚决反对任何针对伊朗的侵略行径,强调伊朗有权拥有和平利用核能的权利。对于"不得已而为之的,可以使被禁止的转为许可的"教法原则的演绎,格尔达维说:"伊斯兰教法最出众的原则之一就是教法是以客观实际出发,并非是虚幻不可行。它没有抛弃人们的合理需求,而是为人们解决问题提供合理的办法。伊斯兰顾及人的客观环境,容易与可选择时和不得已与被迫时,都作了不同的教法规定"。《古兰经》说:"凡为势所迫,非出自愿,且不过分的人,(虽吃禁物),毫无罪过。因为真主确是至赦的,确是至慈的。"(2:173)他列举了将禁止的转变为许可的条件:没有其他办法来解决不得已而为之的事,只有那样做,并且不能过分利用由禁止转变为许可的事。有人把优素福·格尔达维博士称为既能把握伊斯兰的精神,又能解决时代问题的伊斯兰思想家。这样的评价并非夸大——因为他的著述既有法学家的严谨,文学家的优美,又不乏革新家的新颖和宣教家的激情。他对"中间主义"的深入研究和在伊斯兰各个领域的实际工作经验以及他对教法判断独具一格的细致和精微,无疑是当代伊斯兰"中间主义"思潮的中流砥柱。伊斯兰"中间主义"思潮在穆斯林世界及非穆斯林世界的广泛影响,在于"中间主义"的基本主张是建立在简单易行、摒弃繁杂的教法原则之上。它倡导要讲究真凭实据,不落宗派主义和传统陋习的窠臼,同时又能对以前各个教法学派的主张去伪存真,汲取精华,并以时代的语言来宣传和劝导穆斯林趋利避害,处事中正,不搞两个极端,发布的教法判律有的放矢,阐释清楚,分析精微。所以,这种思潮才能在纷繁复杂的伊斯兰文化思想界占据重要地位。

倡导"中间主义"思潮的学者们针对当前国际形势和穆斯林现状作出的"对话"选择,这既是"中间主义"实施优先选择的具体实践,也是对伊斯兰中正原则的准确体味。当前和未来的世界都将面临重重危机,"中间主义"以积极进取的心态而不是消极对抗的心态面对现实,继承传统,着眼未来,谋求团结合作与发展进步,致力于实现伊斯兰世界各民族的复兴。这有助于穆斯林群体摆脱内外困境,也在很大程度上反映了伊斯兰各国广大穆斯林的心声。

埃及爱资哈尔前长老马哈茂德·沙里图特和现任长老艾哈迈德·泰伊伯都不同程度地倡导伊斯兰"中间主义"。爱资哈尔在伊斯兰世界具有权威地位和作用,爱大的基本方针主导着爱资哈尔,其中最主要的就是爱大的中正主义、公正思想,及其作为伊斯兰权威的全球观。它将伊斯兰信仰、教法和道德融为一体。对于中正思想,艾哈迈德·泰伊伯给出了精辟阐明:"中正主义即是公正,穆圣说:"你们中最为中正之人,就是你们中最公正者。"由此可见,你可以内心平静地说:穆斯林要么是中正的,要么就不是穆斯林。因为穆斯林就是伊斯兰的外在表现,他不能游离于中正主义之外,既不偏右,也不偏左。"①爱资哈尔为抵制各种极端倾向,传播中正思想,大量印刷相关书籍和读物,特别是著名伊玛目艾什阿里的经典作品,在伊斯兰各大院校中讲授伊斯兰中正之道,其目的就是为了传播爱资哈尔历来反对并拒斥的极端思想,教育年轻一代,消除极端思潮。爱大的中正方针是一个学术的指导方针,中正不偏,远离个人私欲,且全面开放,它有着多元的文化属性,从不局限于一家之说和一面之词。爱资哈尔所扮演的角色之一,就是要从伊斯兰的历史、传统经典,以及伊斯兰文化中丰富的教法判律中阐明伊斯兰文化鼓励这种与非穆斯林的良好关系。世界穆学联秘书长,穆罕默德·赛里木·阿瓦博士说:"全球穆斯林除了禁寺和远寺两个朝向之外,爱资哈尔代表着穆斯林的第三个朝向,她是伊斯兰民族在东方和西方的忠实喉舌,因为她包容并接纳了来自世界各地,不同教派的穆斯林。虽然爱资哈尔重归昔日辉煌面临重重困难,但却不是完全不可能之事。相信在艾资哈尔新任长老,艾哈迈德·泰伊伯的领导之下,艾资哈尔将很快赢得她在穆斯林心目中的地位,及其传扬和教育伊斯兰中正之道的身份。"②

伊斯兰"中间主义"在海湾地区的影响更广泛。在卡塔尔,由格尔达维博士

---

① 麦克拉姆·穆罕默德:《艾大长老谈当代伊斯兰热点问题》,埃及《金字塔》报,http://www.ahram.org.eg/223/2010/07/10/10/28762.aspx

② 侯赛因:《重振伊斯兰中正之道,直面极端思潮》,http://www.norislam.com/? viewnews-13577,2010-8-19

创办的伊斯兰"中间主义"研究中心得到卡塔尔政府的大力支持,格尔达维博士也赢得卡塔尔朝野的一致敬重。鉴于伊斯兰"中间主义"的广泛影响,同时也为表达对格尔达维的敬仰,2007 年 7 月 14 日,由卡塔尔大学、卡塔尔"穆斯林对人类文明贡献研究所"及科威特伊斯兰文明研究中心共同发起组织的"格尔达维博士学术成就研讨会"在卡塔尔首都多哈隆重举行,来自阿拉伯伊斯兰国家和世界各地的著名学者和政要一百多人参加了研讨。研讨会对格尔达维的学术成就及其所倡导的"中间主义"思潮给予高度评价。来自沙特的著名伊斯兰思想家欧麦尔·阿卜杜勒·凯米拉强调说,"我们生活的时代各种分歧泛滥,宗教和教派冲突严重。格尔达维倡导遵循伊斯兰'中间主义'是使伊斯兰回归到以《古兰经》和圣训明文为基础,以睿智地利用理性和教义的证据来求证《古兰经》和圣训所传述的一切。这才是伊斯兰的中正之道。"科威特女博士马哈·阿卜杜勒·阿里·贾法尔建议制定一个与伊斯兰的中正之道和包容的教义精神相呼应的教学体系,以迎击极端和偏执思想。她强调:"必须通过那些遵循古兰、圣训和前辈先贤思想的教学课程,传播健全的信仰,启迪民智,并以教学和传媒方式开展伊斯兰全民教育,以伊斯兰中正之道处理极端和偏执的现象,不以武力和另一种极端来获取短期的利益。同时也要准备启迪民智的全面计划,加强伊斯兰机构和公益组织的活动。"①当今穆斯林世界亟须伊斯兰"中间主义"所倡导的中正思想的指导和熏陶,这种思想的本质是正本清源,正面阐述伊斯兰所主张的和平、公正、仁慈、宽容和中庸等信条,它是伊斯兰世界改革与发展的正确价值取向,具有广泛的民意。

"阿拉伯伊斯兰社会正处在一个变革时期,正在寻觅属于自己的文化特性同现代物质文明的最佳结合点。面对高新技术飞速发展的现代化时代,它试图找到传统文化经过'价值裂变'后的合理定位。"②伊斯兰"中间主义"顺应这种世界和平与发展的历史要求,坚持原则、灵活务实,反对僵化极端与恐怖暴力,力图化解矛盾,弥合分歧,积极应对各种危机和挑战。"中间主义"能够着眼于现实和未来,主张重新开启教法创制之门,努力挖掘伊斯兰固有的但却被忽视的深层思想和内在适应力,为解决现实问题、选择适合自身的稳健发展道路提供一种

① 侯赛因:《重振伊斯兰中正之道,直面极端思潮》,http://www.norislam.com/？ viewnews-13577,2010-8-19

② 陆培勇:《闪族历史与现实——文化视觉的探索》,甘肃人民出版社 1998 年版,第 109 页。

方法论和实践论,这促进了当代阿拉伯伊斯兰思想文化界的觉醒,也是阿拉伯伊斯兰文化传统的自我调节和自我更新,从而增强应变力和适应力,在现实中求得新的定位。

中正和谐是当代"中间主义"思潮的主旨思想,这一思潮将复古与革新,理论与实践融为一体,集中于认识社会规律,教法宗旨和优先选择。其中正均衡的理念使穆斯林能够比较自如地处理社会生活中看似对立实则统一的关系。推崇中间主义的学者们认为,穆斯林至少应该联合伊斯兰复兴运动中可以相互对话和理解的各大派别,通过对话消除隔阂,抑制极端,缩短距离,协调立场,在关乎命运的大问题上达成共识。同时,在推动伊斯兰国家实现现代化的道路上,既吸取传统的精华,又不拒绝现代的甘露。

2.对西方及中国的影响

阿拉伯世界与西方所代表的两种不同文明与文化,需要通过对话来改善关系。开展文明对话,从各种文化中汲取符合本民族发展所需的各种营养。这些见解都是立足本身,力求自强的声音,反映了在世纪交替之际,穆斯林学者中不乏远见卓识之士,他们不故步自封,不满足于引经据典,"正在着手设计和提出一份以正统的伊斯兰复兴思想为基础的当代文明文化工程。这种努力显然是很可贵的,也符合中东各民族的发展实际。"①

伊斯兰"中间主义"在西方也产生了相当的影响,并受到关注。"中间主义"的倡导者多次应邀前往一些西方国家考察访问。2005 年和 2008 年,格尔达维博士两度被美国《外交政策》杂志和英国《前瞻》杂志评为全球最有影响的 100 位思想家之一。② 主办者称这个评选活动旨在以公开的评选方式来观察当前全球思想界的潮流。2005 年入选的克里斯托夫·希特辛思表示,人们确实需要将"真正的知识分子"与"专家学者"有所区别,能称得上知识分子者,"对于权威与乌托邦都需要抱有质疑的态度,还要有透过历史学家的目光分析现在、用现代人的眼界透视过去、以国际主义者的装备去看待不同文化与语言的能力。"③格尔

---

① 朱威烈:《站在远东看中东》,上海外国语出版社 2000 年版,第 294 页。

② 2005 年排名第五十六名,2008 年排名第三: The Top 100 Public Intellectuals—the Final Rankings.[EB/OL].http://www.infoplease.com/spot/top intellectuals.html[2005-10-01].http://www.foreignpolicy.com/story/cms.php? story_id=4379[2008-06-01].

③ 张诗璐编译:《全球百大知识分子评选》,《新京报》2008 年 11 月 7 日。http://www.xiule.com/board/d519864.htm

达维的确是这样一位"究天人之际、通古今之变"的穆斯林知识分子,不但具有炽热的本土关怀,更有非凡的全球视野。①

2007 年 7 月,罗马天主教会教皇秘书加斯文接受德国杂志采访时警告"欧洲的伊斯兰化",强调欧洲人身份面临"威胁"——穆斯林将伊斯兰价值观引入西方。在此之前梵蒂冈教皇亦曾说道:"伊斯兰用武力进行传教,穆罕默德所倡导的是邪恶和不人道的"。②格尔达维在埃及《今日》报发表的声明中,强调这种论调只能摧毁伊斯兰与西方之间的对话,不应该谩骂和诽谤其他宗教。伊斯兰的本质是和平与顺从,伊斯兰"中间主义"思潮,秉承伊斯兰文明公正包容、中正和谐的文化传统,强调要为伊斯兰教正本清源,正面阐述伊斯兰教主张的宽容、和平、仁慈、中庸和公正等信条,开展文明对话。事实上,在阿拉伯伊斯兰世界,已有越来越多的有识之士立足现实,着眼未来,积极倡导和宣传"中间主义"思潮。

"中间主义"思潮在阿拉伯世界的广泛影响同样引起国内学者的关注。2008 年 11 月,西北大学中东研究所和沙特阿拉伯沙特国王大学共同举办的"中国—沙特阿拉伯学者论坛"在西安召开。会议期间,沙特国王大学的学者就伊斯兰"中间主义"这个议题,与中国学者进行了交流。沙特国王大学建有关于"中间主义"的专门研究机构。2009 年 11 月,西北大学邀请"中间主义"的倡导者世界穆斯林学者联盟主席优素福·格尔达维博士以及沙特、科威特、约旦、卡塔尔的多位学者参加"中国—阿拉伯学者论坛"。在这次会议上,格尔达维博士对伊斯兰"中间主义"进行了全面、详细的阐释,使中国学者对伊斯兰中间主义有了更深刻的认识与理解。"中间主义"坚守文化根源,致力于文化创新,主张重开教法创制之门,努力挖掘伊斯兰教固有的但却被忽视的中正思想和自我更新能力。中间主义思潮不仅不会忘记过去,更不会忽视未来。"中间主义是文化,也是行为;是发展,也是巩固;是穆斯林民族更生的机制和攀越巅峰的步伐;是冲破禁锢、走向世界的出路;是应对和化解时代挑战的良药;是责任,也是荣耀。"③

---

① 丁俊:《格尔达维的中间主义思想研究》,第 72 页。

② 依曼·阿布杜·穆阿米:《格尔达维谴责梵蒂冈对伊斯兰的攻击》,http://www.qaradawi.net,2007-8-2.

③ 阿卜杜拉·本·阿卜杜勒·阿齐兹:《中间主义:通向明天的道路》(الغد - دار كنوز إشبيليا),利雅得 Dar Kanuz Eshbelia 出版社 2008 年版,第 21—22 页。转引自丁俊:《格尔达维的中间主义思想研究》。

3.伊斯兰"中间主义"的未来前景

"中间主义"思潮作为对当代世界发展变化的积极反应,秉承伊斯兰文明和平中正、和谐宽容的文化精神,其未来发展潜力可观。首先,"中间主义"作为"努力挖掘伊斯兰固有的但却被忽视的深层思想和内在适应能力"[1],它能够在应对当代伊斯兰世界出现的各种问题中发挥突出作用。同时为协调传统与现代的平衡,为选择适合自身稳健的发展道路提供一种方法论和实践论,促进阿拉伯伊斯兰世界的良性运转。其次,伊斯兰"中间主义"也面临挑战。因为在阿拉伯世界对伊斯兰"中间主义"一直存在褒贬不一的声音。一些学者对"中间主义",尤其是教法学和圣训学方面,提出了批评;还有一些宗教保守势力指责"中间主义"所倡导的教法创制过于轻率和宽松,甚至视之为异端;更有一些极端组织视"中间主义"为投降主义,斥责其与敌为友,丧失原则。对伊斯兰"中间主义"思潮及其倡导者的各种指责和攻击,无论是来自阿拉伯伊斯兰世界内部还是外部,实际上都在情理之中,因为正是这种倡导相互包容,求同存异的伊斯兰"中间主义"思潮深深刺痛了形形色色的极端主义者,这也正好从另一个侧面说明了"中间主义"思潮具有广泛的社会影响和重要的现实意义。[2]

最后,伊斯兰"中间主义"顺应时代潮流和民意。穆斯林世界渴望与世界各国人民和平相处,平等交往,渴望实现包括文化复兴在内的民族复兴,这是符合历史发展的理性选择,也是任何力量都不能阻挡的。"中间主义"在新时期将使拥有千年传统的阿拉伯伊斯兰文化焕发新的生机与活力,显示出新的思想风貌,为伊斯兰各民族的复兴,为人类的共同发展和世界的持久和平做出应有的贡献。同时,"中间主义"有利于构建全球的和谐,对于促进世界政治多元化,维护世界文化多样性都具有重要的现实意义。

伊斯兰"中间主义"正在逐渐发展成为阿拉伯伊斯兰世界谋求文化创新的主流思潮,其中正、和平的思想内涵和文化精神具有持久的生命力。它使阿拉伯伊斯兰世界着眼未来,致力于改革和发展的理论创新,也是其实现文化自觉、成功走向未来的战略选择,从而体现了伊斯兰教和伊斯兰文明未来的发展趋势。

---

[1]　丁俊:《当代伊斯兰"中间主义"思潮述评》,第38页。
[2]　丁俊:《格尔达维的中间主义思想研究》,第73页。

第十二章　全球化背景下的伊斯兰法

伊斯兰法是伊斯兰文明的核心构成,并且具有丰富的内涵和特殊的规定性。伊斯兰法在漫长的历史演进中,经历了初创、发展和日臻完善以及趋于程式化的复杂过程。伊斯兰法作为真主的法度,植根于穆斯林的信仰和意识之中,它不仅规范着穆斯林个体的生活方式和价值诉求,而且发挥着调整社会关系和构建符合伊斯兰基本精神的社会生活秩序的功能。近代以来,面对内外各种巨大的压力,伊斯兰法的变革成为主导倾向。经过法制改革,古老的伊斯兰法在法学理论、法律体系、司法制度方面发生了相应的深刻变化。第二次世界大战后,伴随中东独立民族国家体系的形成和中东伊斯兰各国现代化战略的实施,特别是在全球化趋势日渐强劲的态势下,伊斯兰法面临新的变革或衍新。伊斯兰法的衍新,其本质是要依据经训原则、社会发展和时代需求,对伊斯兰法做出符合时代变迁的诠释,创制出与时代趋同的法律规范,从而实现伊斯兰法的衍化更新和与时俱进。

一、伊斯兰法的功能与历史演变

为什么伊斯兰教作为宗教信仰的同时,还常被理解为一种人生哲学、一种社会制度、一种总体生活方式? 概因它有一种源远流长、博大精深的文明体系,而它的核心内容之一,便是以认主独一为核心,包罗万象、别具特色的伊斯兰法。所以说,伊斯兰法是其民族宗教信仰、伦理道德、价值观念和社会理想的核心,是伊斯兰国家政教合一体制的制度模式。

作为制度文明,伊斯兰法又是伊斯兰文明体系的有机组成和重要内容,是伊斯兰文明体系中的显赫篇章。如同宗教文明、伦理文明等一样,伊斯兰法是构成整体伊斯兰文明系统的一个子系统,是受整体伊斯兰文明系统影响的一种制度文明。在历史演进中,伊斯兰法对整体伊斯兰文明的发展范围和发展进程,产生着巨大作用和深远影响,担负着服务于伊斯兰社会的基本责任,成为伊斯兰社会发展的方向和动力。作为行为规范和价值体系,伊斯兰法从两个层面上影响着穆斯林的社会生活:对于穆斯林个人,伊斯兰法是一整套的法律制度,深深植根于个人的信仰和意识之中,并规定了他们的生活方式和精神态度;对于穆斯林社会,伊斯兰法要求顺从真主的意志,奉行伊斯兰法律。正是由于伊斯兰法贯穿于其社会生活的整个领域,具有调整社会关系和规范社会生活秩序的功能,以及对社会的政治文化、经济文化等直接干预的特点,决定了它在整体伊斯兰文明系统中所独有的核心地位。

当然,作为整体伊斯兰文明中的一个子系统,伊斯兰法的发展既不能超越整体伊斯兰文明的发展水准,并受整体伊斯兰文明的制约,同时它又反映整体伊斯兰文明的要求,并对整体伊斯兰文明的发展产生广泛而深刻的影响。即伊斯兰法的发展与整体伊斯兰文明的发展是相互适应的,是包容在整体伊斯兰文明的发展之中的,并且是与整体伊斯兰文明的发展互动的。在存续方式上,伊斯兰法与整体伊斯兰文明是互为条件、相互依存的统一体:一方面,伊斯兰法的发展是由整体伊斯兰文明所驱动的,是整体伊斯兰文明发展的重要组成部分和发展结果,没有整体伊斯兰文明的发展,伊斯兰法的发展既不需要,也不可能。因为,伊斯兰法的发展要由整体伊斯兰文明推行,整体伊斯兰文明为伊斯兰法的适用和发展创造了广阔空间和广泛基础;另一方面,整体伊斯兰文明的发展要由伊斯兰法保障和推动,并为其活动指明方向和提供调整社会关系的各种规则。整体伊斯兰文明需要伊斯兰法,整体伊斯兰文明的发展需要发展的伊斯兰法,正是伊斯兰法的发展,保障了整体伊斯兰文明的发展健康有序、富有生机。

鉴于此,伊斯兰法在其特定历史和社会条件下,经历了从无到有、从简单模式到完备模式、从全面发展到繁荣鼎盛、从逐渐衰退到全面复兴的历史阶段。在此,对伊斯兰法的发展脉络做一简单梳理,旨在使人们对全球化背景下伊斯兰法在各国的适用现状、衍化更新和发展趋势拥有较为清楚和丰富的认识和了解。伊斯兰法的发展历史大致可分为以下几个阶段。

1.初创奠基：先知穆罕默德时期（公元 610 年至 632 年）

这一时期,始于公元 610 年先知穆罕默德(以下简称"穆圣")传播伊斯兰教,结束于公元 632 年穆圣复命归真。穆圣(约公元 570—632 年)出身于麦加城古莱什部落哈希姆家族一个贵族家庭。在他出生前,父亲就去世了,6 岁时母亲病逝,后由祖父抚养。因家境贫寒,小小年纪就替人放羊。几年后,祖父又去世了,伯父艾布·塔利布收养了他。12 岁时,他跟随伯父经商,曾到过叙利亚和地中海东岸。25 岁时,与麦加富孀赫蒂彻结婚。婚后生活安定,逐渐摆脱了商务,专心隐居祈祷。公元 610 年斋月,他奉到真主的启示,即《古兰经》,受命为圣,开始传播伊斯兰教。

伴随《古兰经》的降示,伊斯兰法应运而生,标志着伊斯兰法纪元的开始。《古兰经》降示之前,阿拉伯半岛总体上属于血缘关系为纽带的氏族社会。没有统一的国家形态、政府组织及立法机构,也没有以国家强制力为后盾的司法活动。调整人们社会关系的行为规范,主要是氏族部落在长期的历史中形成的称之为"逊奈"的习惯。这些习惯既是部落统一意志的表现,也是支配部落成员的行为规则。因此,作为共同的行为准则、礼仪和风俗得到人们的尊重和遵循,具有普遍约束力而被世代流传沿袭。①《古兰经》的降示,取代了氏族社会的习惯。"《古兰经》代表了阿拉伯社会从氏族时期不成文法向文明社会成文法的一种转变。"②结束了阿拉伯社会没有成文法的历史,使之进入了法律的新时期。

穆圣传教的 23 年,是伊斯兰法的初创时期。当时伊斯兰教限于阿拉伯半岛本土,社会关系较为单纯,在统一的"稳麦"(الامة الاسلامية 伊斯兰民族、国家)社会中没有因政治和宗教因素产生各种派系和思想运动,加之穆圣既是宗教先知,又是国家领袖,这种特殊身份,使之成为所有问题的裁决者和最具权威《古兰经》的解释者。因此,经训是这一时期唯一的立法渊源,除经训外再无其他立法渊源,所有法律规范皆体现于经训之中。这一时期的经训立法称之为"启示立法"(فقه الوحى)。③ 它又分为"麦加立法"和"麦地那立法"两个阶段。

---

① 周燮藩:《伊斯兰法的起源》,载《世界宗教研究》1986 年第 2 期。

② 高鸿钧:《伊斯兰法:传统与现代化》,社会科学文献出版社 1996 年版,第 18 页。

③ 依伊斯兰教义,启示有两种不同的形式:一是启示的意思及其文字表述皆源自真主,这种启示的具体表现是《古兰经》。二是启示的意思来自真主,而穆圣用自己的语言把它表述,这种启示的具体表现是圣训。因此,尽管圣训是穆圣对伊斯兰教义、伦理、法律、政治、经济、社会等问题的全面阐述与训示,但穆斯林信仰它也是源自真主的启示。

　　麦加立法。穆圣自公元 610 年在麦加开始传播伊斯兰教,至公元 622 年迁徙麦地那,在麦加 12 年之久,这是早期伊斯兰法的麦加阶段。这一阶段《古兰经》的内容侧重于伊斯兰信仰原则和基本教义的制定,主要针对阿拉伯社会的信仰与道德问题,旨在打破和根除千百年来阿拉伯社会因袭的偶像崇拜,把其信仰和伦理纳入到"除真主之外,别无神灵,穆罕默德是真主的使者"这一伊斯兰教的基本信仰之上,以此确立"认一论"(真主是唯一的、超绝的、终极的本真存在)基本信条在个人信仰和社会意识中的首要和核心地位,廓清人们和社会中的部落意识和多神信仰的混乱局面,为半岛社会的统一奠定了基础,也为此后麦地那立法奠定了基础。

　　麦地那立法。公元 622 年 9 月,穆圣与其门弟子迁徙到麦地那,在那里他们受到当地人的热烈欢迎。这次迁徙伊斯兰史称"希吉来",它意味着麦加时期的终结,麦地那时期的开始。它是伊斯兰教发展史上的重要转折点,开创了伊斯兰教传播的新局面,标志着伊斯兰新纪元的开始。这次迁徙对伊斯兰教的发展、稳麦社会的创建,以及后来哈里发帝国的产生均产生了深远影响。这一时期也是早期伊斯兰立法的第二阶段。

　　穆圣抵达麦地那后,着手建立以伊斯兰教为基础和指导的国家与社会,进行相关的社会革新。此后,随着伊斯兰教的日益强大,伊斯兰社会迅速发展,形成了伊斯兰史上第一个政教合一的"稳麦"国家。此时的麦地那却不能与往日麦加相比,麦地那稳麦社会中出现的各种问题比麦加时期广泛得多、复杂得多。有关个人与社会行为规范的立法势在必行,以满足不断发展的社会需要。通过立法确立社会个体与群体的权利和义务,以协调不同的社会关系。这个时期,经训的立法内容除继续巩固和完善麦加的信仰和伦理制度外,更多侧重于社会各方面的立法。如关于国家及其相关的政治法令;关于婚姻家庭、遗产继承、商贸交易、债权债务、契约借贷的民事法令;关于凶杀复仇、私通嫖娼的刑事法令;关于抵抗侵略、动员战争、结束战争、实现和平的国际法令等。

　　穆圣时期的经训立法内容丰富,全面广泛,包含了个人、家庭、政治、经济、教育、军事、国际关系等方面。奠定了伊斯兰法的理论基础,为后世法学家创制、实践和完善伊斯兰法,提供了充分翔实的法律渊源与法律理论。它不但巩固了当时稳麦确立的社会秩序,并为此后阿拉伯帝国法律秩序的建立提供了基本模式。

2.巩固加强：四大哈里发时期（公元 632 年至公元 661 年）

随着穆圣的归真，伊斯兰教步入四大正统哈里发时代。四大哈里发时期，又称圣门弟子时期。"哈里发"（الخليفة）阿拉伯语的音译，意为"继承人"、"继位者"。四大正统哈里发系指穆圣的四位继承人。他们相继是艾布·伯克尔（632年—634年在位）、欧麦尔（634年—644年在位）、奥斯曼（644—656年在位）和阿里（656年—661年在位）。这四位既是圣门弟子，更是穆圣的忠诚战友和亲密伙伴，以熟谙经训、博学多才、秉公裁决、雄才大略著称。他们的执政时期，史称"四大正统哈里发时期"（或圣门弟子时期）。如果说穆圣时代的经训立法是伊斯兰法的初创时期和奠基阶段，结束了阿拉伯半岛的无序，确立了阿拉伯半岛的秩序的话，那么四大哈里发执政的 30 年则是伊斯兰法的巩固时期。

这个时期，哈里发们认识、创制法律的基本方式是：若一件事需要裁决时，首先依照《古兰经》关于此事的条文，倘若从中找不到具体依据，则按照圣训裁决。此间，由于伊斯兰教的对外宣传与交往的增多，国家版图不断扩大，社会关系日趋复杂，哈里发和圣门弟子们遇到了许多未曾遇到的新问题，其中有些问题有经训依据，有些问题无法从经训中找到具体规定和"按字合意"的明文，这就促使哈里发和圣门弟子中的法学家在坚持经训的原则和精神以及深入细致研究伊斯兰法宗旨的基础下，运用个人意见和理智推理创制法律，以满足社会生活的需要。因此，"意见创制"（الاجتهاد بالرأى 即法律创制）①成为哈里发时期伊斯兰法得以发展的重要方式，也是哈里发及圣门弟子法学家面对的一项新型且艰巨的工作，它对巩固和扩展伊斯兰法起到了重要作用。

但在艾布·伯克尔和欧麦尔时期，意见创制主要是以集体协商的形式进行的：当一件事需要裁决，哈里发把法学家们召集在一起，摆出问题，大家讨论，如一致同意，就此执行，若有分歧，以较为正确或大多数的意见为最终裁定。这个时期是穆圣之后伊斯兰法制和法治建设的理想时期。

3.全面发展：伍麦叶王朝时期（公元 661 年—公元 750 年）

伍麦叶王朝，又称再传弟子时期，约从公元 661 年穆阿威叶·本·艾布·苏福扬建立伍麦叶王朝开始，到公元 750 年阿拔斯王朝诞生前结束。② 这一时期

---

① 这里所说的"意见创制"与"法律创制"是同一概念。
② 这一时期又可称为再传弟子时代或小圣门弟子时代，此间穆圣时代年龄较小的部分圣门弟子健在。

伊斯兰国家的政治、经济、文化和社会等发生了很大的变化,对伊斯兰法的发展产生了巨大影响,加快了伊斯兰法的发展步伐,推动了伊斯兰法的发展进程。如果说穆圣和哈里发时期是伊斯兰法的初创奠基、根基巩固时期的话,那么伍麦叶王朝时期则是伊斯兰法的发展时期。

圣门弟子亲自领受了穆圣的教诲,奉行的是他为他们制定的法律原则和创制模式,而伍麦叶时期的法学家(即再传弟子们)则得益于圣门弟子的教诲,奉行的是圣门弟子的法律思想和创制模式。因此,伍麦叶时期的法学家创制规则和法律裁决的基本程序是:首先从《古兰经》中寻求有关事宜的规定,倘若从中难以找到,则按圣训的规定裁定,倘若在圣训中也难以找到相应的依据,则从圣门弟子创制的法律规则中寻找,倘若也难以找到,他们就依据经训原则与精神,以及圣门弟子创制法律的条件、规程和模式进行创制,以求问题的解决。这个时期由于大部分圣门弟子的健在,伊斯兰法制建设得到了进一步的发展。主要表现为以下诸方面。

一是伊斯兰法领域的扩大。法是随着社会的发展而发展、变迁而演变的。这个时期除伊斯兰国家内部事物增多外,其疆域也得到了进一步的扩展,皈依伊斯兰教的民族增加,而各民族不同的文明程度、社会状况、生活方式、传统习俗等,给哈里发政府和伊斯兰学者带了许多极为复杂的法律问题,这就促使了社会立法的增多和领域的扩大。

二是圣训传述的增多。四大哈里发时代,伊斯兰社会关系简单,法律问题相对稀少,圣门弟子彼此传述圣训的情况也相对较少。而这一时期由于法学家们分赴各个城市,如巴士拉、库法、开罗、大马士革等,他们在各地宣传和实施法律,以及各地法律事务的层出不穷等,要求从圣训中找到具体规定和从中创制法律,促使了圣训传述领域的扩大。

三是圣训派与意见派的产生。四大哈里发时代,法学家们就意见创制持两种不同倾向:一部分主张意见创制,另一部分则持谨慎态度。这一时期这两种法律思想和创制倾向更加趋于明显,各自的方法更加鲜明,各派的支持者日益增多,并拥有了各自的基本理论和学者,直至形成相对独立的两种派系,即"圣训派"(مدرسة الحديث)和"意见派"(مدرسة الرأى)。圣训派的基本主张是:法律问题的裁决应该紧扣经训明文、圣门弟子的言行和判例,不能超越经训明文进行个人创制,以免法律创制中的随意性、主观性和错误性。因此,一般而言,他们不愿运用意见创制,只在被迫无奈的情况下才予以采用,这一观点的主要代表者是大部分麦地那学者。而意见派则认为:法律问题的裁决在紧扣经训明文的同时,还应当在研究其内涵、分析其原因、掌握其宗旨的基础上得出结论,形成判决。因此,他们极力主张运用意见创制和推理的方式进行法律创制。在他们看来,伊斯兰法博大精深、内涵丰富,伊斯兰法宗旨是建立在趋利避害、保护大众利益和怜悯众生的基础上的。因此,必须研究和探索伊斯兰法的深厚内涵与真实含义,从而创制规则。这种观点的代表者主要是伊拉克库法地区的大部分法学家。由此在麦地那形成了圣训派,在库法形成了意见派。

4.繁荣鼎盛:阿拔斯王朝时期(公元 750 年至公元 1258 年)

这一时期正值伊斯兰国家的全面发展、繁荣昌盛时期。疆域辽阔、经济发达、文化繁荣及政通人和,为伊斯兰法的发展提供了前所未有的良机,法律创制空前发展,法律解释异常活跃,法学研究繁荣昌盛,法律体系基本定型,法学学派基本形成,法学学科趋于完善。如果说伍麦叶时期是伊斯兰法的发展时期,那么阿拔斯时期则是伊斯兰法的全盛时期。

这个时期涌现了一大批出类拔萃的具有创制资格的学者,他们依据经训的原则与精神,结合当时的社会实际,汇集不同的主张与观点,演绎立法渊源,确立创制理论,著书立论,编纂出分门别类、风格各异的法典,以满足日益增长的社会需求,形成了除什叶派之外的诸正统派。如哈乃斐、马立克、沙斐仪和罕百里四大法学派。这些学派向世人展现了精湛的法律思想、创制理论和法律规则。它们的法律思想和创制规则,迄今仍然得到伊斯兰世界的各国政府和民间的认可和遵循。这个时期还出现了一批品学兼优的圣训学家,他们全面系统地研究和整理圣训:去粗取精,去伪存真,分门别类,编纂成书,使圣训及圣训学成为完整的学科,为创制法律提供了极大方便。

这个时期伊斯兰法长足发展的另一个原因,是与哈里发政府对法律的重视、对法学家的支持与关怀密不可分。庞大的哈里发帝国建立后,哈里发政府为调整不同的社会关系,维护国家统一和社会安宁,十分重视法律的发展,对学者采取宽容保护、热情赞助的政策。例如,哈里发哈伦·赖世德要求艾布·哈尼法的大弟子艾布·优素福制定一部适用于全国的税制法规。应哈里发的要求,艾布·优素福撰写出其名著《赋税论》。这部名著成为以后古典经济学家们关注和讨论的课题。哈里发们推举的政策,适应了社会的需要,大大促进了伊斯兰法的发展与完善。因此,这一时期在伊斯兰法史上享有鼎盛时期、黄金时期、繁荣时期、著书立说时期和法学家时期的美誉。

5.保守稳定:近代以前(约公元 13 至 18 世纪中叶)

这个时期大约从公元 13—18 世纪中叶。通过对前面四个时期伊斯兰法的梳理,我们勾勒出了伊斯兰法从无到有、从简单模式到完备模式、从全面发展到繁荣鼎盛的历史概貌。然而,就像流水停滞、色味必变的道理一样,人类的思想犹如流水,若停滞不前,定会僵化,失去活力。这个时期的法学家们虽然知识渊博,条件优越,却以前辈学者的成果为依托,因袭某一学派的观点,甚至有人认定"创制大门"已被关闭,加之这个时期整个伊斯兰世界经历了由盛而衰的转变等诸多因素,伊斯兰法制建树不大,处于相对稳定时期。

尽管如此,这一时期的法学家们还是做了许多有益的工作,为伊斯兰法的发展做出了一定贡献,突出表现为:一是深入细致地阐述和诠释前辈学者的著作,使其条理化;二是研究和总结前辈各学派的创制理论,掌握各个学派创始人及学者的创制方法与模式,从而发展和完善了沙斐仪在其《法源论纲》中始创的伊斯兰法理学体系;三是客观公正地分析和比较不同学派、同一学派学者的法律观点和创制规则,总结出这些观点和规则的相同与不同,并说明不同的原因;四是通过解释法律,阐述法律规则生效的根据,使概括、抽象的条文具体化和细则化。这些有益的工作使各个学派更加系统化,对伊斯兰法领域的拓宽和体系的完善起到了很大作用。

二、外来法的引入与伊斯兰法的适用态势

近代以来,迅速发展的现代工业使西方资本主义国家的触角伸向伊斯兰世界,至 19 世纪上半叶,伊斯兰世界的主要地区相继沦为西方列强的殖民地、半殖民地,西方文化及意识形态随之也在这些地区得以传播,使伊斯兰世界的政治、经济和文化受到很大影响,特别是伊斯兰法受到很大冲击,加之伊斯兰各国社会内部的变革,迫使伊斯兰国家的统治者们探索国家法制的改革之路。法制改革在不同程度和规模上不断深入,致使伊斯兰法在国家中的地位与作用发生了根本性的转变。

就法制改革而言,不是改革自身出了问题,而是改革采取的方式方法值得怀疑。由于近代伊斯兰世界政治腐败、经济衰退和军事失败,不得不接受西方强加于他们的一系列丧权辱国的不平等条约,加之统治者急于本国的政治、经济和社会的改革,希望通过变法,寻求新秩序的建立,以图民族强盛,就轻而易举地接受和吸纳外来法律思想。因此,不论是近代早期统治阶层的法制改革,还是后来的法制改革,都将伊斯兰法弃之不顾,主观臆断、不加甄别地对西方法律全盘照搬,把西方法律作为构建本国法律的蓝本,由此引发许多社会问题。

早在 15 世纪,奥斯曼土耳其人建立庞大的奥斯曼帝国,作为指导帝国正常运行的法律被赋予新的内涵,特别是占传统主导地位的伊斯兰法发生变化。除伊斯兰法作为帝国的主要法律制度外,还有苏丹的敕令(包括行政命令、军事、财政及警务等复杂的礼制等法律);阿德特(即古突厥人、奥斯曼人及被征服的各民族所遵从的习惯法)和乌尔夫(即在位苏丹的个人权威和意志)。① 这三种增添的"法"是标准的世俗法。其中第一种是其他两种的准绳,具有废除或修改其他两种法令的特权。由此不难看出,奥斯曼帝国时期,国家的法律制度不再是单一的伊斯兰法,而是在伊斯兰法的基础上增加了世俗法。同时,奥斯曼帝国的统治者把国家机构划分为两大部分:统治机构(包括政府官员、军事人员和武装部队)和穆斯林机构(包括伊玛目、伊斯兰法学家、法官和司法教育机构)。② 而奥斯曼帝国的统治阶层有其特有的法律机构——独立的法官和法庭。这些机构和从业人员有别于普通意义上的法律及其机构,只要案件不涉及伊斯兰法,这些法庭和法官都为统治阶层服务。

然而,自近代以来,以法俄为代表的西方资本主义国家,先后取得了在奥斯曼帝国的治外法权,并利用各种强大的攻势,冲击帝国统治者的思想,迫使他们认识到曾为帝国繁荣兴旺做出卓越贡献的伊斯兰法确实存在着所谓的问题,法制改革势在必行。1839 年 11 月,奥斯曼素丹麦哈茂德二世向全国发布的"御园敕令",标志着奥斯曼帝国法制改革"坦齐马特"时期(1839—1876)的开始。期间,帝国制定并颁布了许多法律。其中以法国法律为基础的主要有四部,即1850 年的《商法典》、1858 年的《刑法典》、1861 年的《商业程序法典》和 1863 年

---

① 陈恒淼:《伊斯兰法的历史发展》,载《苏州大学学报》1987 年第 3 期。
② 陈恒淼:《伊斯兰法的历史发展》,载《苏州大学学报》1987 年第 3 期。

的《海商法典》。① 这些法典的颁布对帝国内实行多年的伊斯兰法的冲击和负面影响是显而易见的。商法为商业交易确定了新的行为规范,从而使民商交易不再受伊斯兰法规则的约束,并第一次正式承认奥斯曼帝国可以拥有一个完全独立于伊斯兰法及其法官之外的法律及司法系统,用来处理不在伊斯兰法范围内的各项事务。刑法基本上是法国资产阶级刑法的克隆,它的很大一部分内容是由伊斯兰法庭之外的世俗法庭实施的。② 此外,奥斯曼帝国于 1847 年成立了民法与刑法混合法庭,法官中欧洲人和奥斯曼人各占一半。1869 年成立了"官方法律起草委员会",负责制定民法典和民事诉讼法,民法典于 1876 年完成,委员会还制定了有关世俗法庭审判权力与审判程序的法律。自 1840 年以来,奥斯曼帝国不仅存在着伊斯兰法和源自西方的世俗法,而且还存在着与伊斯兰法院相对应的世俗法院,而且后者的权力逐渐超出了前者。奥斯曼帝国对商法、民法和刑法改革的结果是使这三个领域不再属于传统的伊斯兰司法权范围,从此伊斯兰法只限于穆斯林家庭范围。③

　　依据伊斯兰政治和法律原则,伊斯兰法是国家最高的法律准则,伊斯兰法不接受和容纳与其原则和精神相悖的世俗法。然而,随着奥斯曼人开创借鉴和吸纳世俗法律的先河,伊斯兰法固有的原则被人为地大打折扣,其他伊斯兰国家纷纷仿效奥斯曼帝国的做法,把西方法律制度"洋为己用",以完成本国法律制度由伊斯兰化向世俗化的转换。也就是说,奥斯曼人自觉或不自觉地借鉴和吸纳外来法的做法,不但使他们"受益",而且还影响到许多伊斯兰国家法制的运行。埃及从 1879 年开始,在英国人的帮助下制定了《基本法》,1913 年和 1923 年分别制定了《宪法》,使埃及的伊斯兰法独享其名,埃及的司法系统,除伊斯兰法庭之外,又增设了主要审理涉外或外籍侨民案件的特别法庭和以主要实施英吉利法为主的民事法庭。伊朗于 1906 年在英国资产阶级支持下,国王颁布宪法,实行君主立宪制度;1924 年废除了伊斯兰法;1927 年依据法国的民法和刑法制定了民法和刑法;1928 年颁布《土地法》;1929 年国王做出规定,伊斯兰法只对婚姻家庭和个人身份等方面可以适用,其他案件则统一由国家法庭审理。④ 黎巴

---

①　吴云贵:《当代伊斯兰法》,中国社会科学出版社 2003 年版,第 95 页。
②　同上书,第 95 页。
③　同上书,第 95 页。
④　陈恒森:《伊斯兰法的历史发展》,载《苏州大学学报》1987 年第 3 期。

嫩、叙利亚等国先后以法国法律为模式,颁布了一系列法律,如1944年生效的刑法是以1930年的意大利刑法典和1932年的波兰刑法典为蓝本。伊拉克1951年颁布的《伊拉克民法典》是以埃及1949年颁布的《民法典》为基础的。北非的阿尔及利亚、突尼斯和摩洛哥等国成为法国的殖民地后,纷纷接受其法律制度,并将其融入伊斯兰法之中,形成了典型的混合式的法律条款。卡塔尔、科威特、阿曼和阿联酋等海湾诸国也颁布了以西方法律为蓝本的法律。

然而,由于被移植和吸纳的西方法律与伊斯兰法在法律精神、法律理念和价值取向等方面大相径庭、不尽相同,加之统治者对西方法律的借鉴和引进脱离了本国的历史传统、政治经济和社会背景,企图用体现西方价值观念和行为方式的法律制度,取代伊斯兰国家根深蒂固的伊斯兰法,致使伊斯兰世界的法律发展举步维艰、异常艰难,伊斯兰世界根本没有或无法在法律精神和法律意识方面实现真正的"西方法律化"。因为,西方法律无论多么美妙,都因其与伊斯兰民族的价值观念和生活习惯的冲突,而得不到穆斯林民众的广泛认同;西方法律无论多么符合"理性",都因其与伊斯兰民族固定化的社会生产方式和生活方式相冲突,而不能有效地调整伊斯兰社会稳定与发展的关系,致使伊斯兰社会稳定与发展的关系出现失衡和关联负值,造成社会的无序与震荡;西方法律无论多么"先进",都因其不是伊斯兰历史上沿袭下来的传统法律,从而使伊斯兰法与西方法律的融合导致整个伊斯兰世界法律生活的断裂,这也是导致当代伊斯兰法复兴的主要原因之一。

伊斯兰法受到西方法律的巨大冲击,使西方法律成为伊斯兰国家的法律制度。然而,第二次世界大战后,许多伊斯兰国家基本摆脱了西方殖民统治,民族运动日益高涨,要求抵制包括西方法律在内的一切世俗法律,呼吁回归伊斯兰教,恢复伊斯兰法,特别是随着伊斯兰世界联盟的成立,这种回归浪潮更为强劲。

20世纪70年代后期,中东地区兴起的伊斯兰复兴运动,是伊斯兰国家世俗政权全盘西化种种尝试失败的结果。伊斯兰复兴作为一种对伊斯兰世界现代化模式的探索,采取了拒斥西方法和世俗化的做法,有关废除西方法律制度、恢复伊斯兰法的呼声此起彼伏。其原因在于:伊斯兰国家具有独特的文化传统和价值观念,西方法律与伊斯兰法存在质的差异,西方法律是西方国家特定历史的产物,只代表西方社会的经验,不具有普遍意义。同时,伊斯兰复兴运动对伊斯兰社会的现状予以批评,谴责政府全盘西化的世俗改革不但未能带来人民所渴望的民主政治、法律发达、经济繁荣,相反却打破了穆斯林社会的固有传统,造成政治腐败、贫富悬殊、道德沦丧等。总之他们在以一种批判的眼光和否认的态度看待西方法律在伊斯兰国家中的地位与作用的同时,另辟蹊径,致力于研究和探索伊斯兰法的复兴与发展。主张重启伊斯兰法的创制大门,旨在托古改制,自我更新,力求使伊斯兰法与现代社会发展相适应,要求伊斯兰国家政府应将伊斯兰法奉为国家统一的意识形态,使其作为国家治国安邦的总章程和公民立身行事的总依据。可以说,当代伊斯兰复兴运动的核心内容就是复兴伊斯兰法。

当代大部分伊斯兰国家致力于法制现代化的过程,并非将伊斯兰法完全摒弃,相反它们给古老纯朴的伊斯兰法赋予新的解释,使它重现往日的风采。巴基斯坦对建国时以英国法律为蓝本的法律作了修正,加进了伊斯兰教的成分,继之而来的是利比亚,1971 年 10 月 28 日,总统卡扎菲向全民宣布恢复伊斯兰法,废除了带有西方法律色彩的相关法律及其条款。1979 年后,伊朗建立了新型的伊斯兰政权,将伊斯兰法作为国家的根本大法,1982 年 8 月 23 日,伊朗最高司法委员会下令废除伊斯兰革命前的法律,恢复伊斯兰法。在苏丹尼迈里执政后,于1983 年宣布废除了此前颁布的与伊斯兰法不一致的《民事诉讼法》、《刑法典》、《刑事诉讼法》、《买卖法》、《代理法》等。这些国家恢复伊斯兰法的做法,为其他伊斯兰国家做出了榜样,在整个伊斯兰世界引起强烈的反响。[①]

伊斯兰法的复兴在当代伊斯兰各国的具体表现还有:一是伊斯兰法作为国家宪法和法律的主要渊源已得到大多数国家的认同;二是确保国家法律条款与伊斯兰法律原则相一致;三是一些国家和有关伊斯兰组织成立了专门的伊斯兰法研究机构;四是定期或不定期举办世界性的伊斯兰法研讨会;五是许多国家的国立大学恢复或新建了伊斯兰法学院;六是恢复伊斯兰婚姻家庭法、民商法及司法组织;七是制定或编纂现代形式的伊斯兰法典;八是伊斯兰法的研究采取灵活多样的方式方法;九是发表和出版了许多将伊斯兰法与现代法律融为一体的研究成果。这些工作皆以重新解释传统伊斯兰法,以及以新的眼光看待伊斯兰法价值在现代化进程的地位与作用的基础上进行的。

尽管伊斯兰法在当代伊斯兰世界得到不同程度的复兴,但是,近代以来,由于伊斯兰世界四分五裂成许多大小不一的国家和地区,伊斯兰教与国家政权的

---

①　高鸿钧:《伊斯兰法:传统与现代化》,社会科学文献出版社 1996 年版,第 219 页。

关系也在发生深刻变化,形成了几种不同的关系模式,导致伊斯兰法在不同国家和地区中的地位与作用不同,进而使得伊斯兰世界的法制呈现非统一化、复杂化的形式。特别是自 20 世纪末以来,由于全球化潮流的迅猛发展,伊斯兰法在不同的伊斯兰国家,以及伊斯兰世界各国的法律制度又出现新的变化。

如果把伊斯兰世界各国的法制现状,以及不同伊斯兰国家中伊斯兰法与其他法律制度的关系予以整体梳理,其法制现状主要呈现出三种形态:大陆法、英美法和伊斯兰法。以法国法律、意大利法律和西班牙法律为代表的大陆法系,兴盛于伊斯兰世界的许多地区,特别是阿拉伯马格里布地区。法国法律适用于阿尔及利亚和突尼斯等国家;意大利法律适用于利比亚。以英国法律为代表的英美法系,兴盛于伊拉克、苏丹、东约旦和巴勒斯坦等国家和地区。而作为伊斯兰世界传统法律制度、曾经统摄阿拉伯帝国、并对其文明做出过重大贡献的伊斯兰法,其政治地位和社会作用,因各国政教关系存在的实际差异而不同。如果把伊斯兰会议组织的 56 个成员国统称为伊斯兰国家,其政教关系及伊斯兰法在各国的地位大体上可划分为以下几种不同类型:

其一,实行政教合一制度的国家,主要包括沙特阿拉伯、伊朗等国家。在这些国家中,伊斯兰法是国家的根本大法,统领社会生活的各个领域。作为国家的统治思想,伊斯兰法不仅是指导穆斯林民众的行为准则,而且也是国家治国安民、长治久安的总依据。政府必须要以伊斯兰法为基础,政府工作必须由伊斯兰法学家参与、指导和监护。犹如阿里·拜德维所说:"当今,如同伊斯兰教作为普世宗教一样,伊斯兰法作为普遍适用的法律制度,仅仅在沙特阿拉伯等个别国家完全适用"。

其二,实行政教分离制度的国家,以土耳其最为典型。属于或接近这一类型的国家还有受西方文化影响较深的突尼斯、阿尔及利亚等国。这些国家的基本法律制度主要是移植、借鉴西方的法律制度,是以西方法律制度为蓝本的,如民法、商法、刑法和诉讼法等,而伊斯兰法在国家法律制度体系中居于次要地位。

其三,实行事实上政教分离、但宪法未以予宣布的国家。主要包括埃及、叙利亚、约旦、利比亚、黎巴嫩等国家 ①,当今大部分伊斯兰国家属于这种类型。在这些国家中,宪法承认伊斯兰教为国教,伊斯兰法为国家法律的渊源,伊斯兰

---

① 吴云贵:《当代伊斯兰法》,中国社会科学出版社 2003 年版,第 3 页。

法仍然适用于婚姻家庭、财产继承、遗嘱等私法领域。而在刑法等公法领域，则适用世俗法。值得注意的是，近些年来，这些国家制定了许多集西方法律某些合理因素，又不违背伊斯兰法律原则于一体的法律，例如埃及新的《民法典》就属此类。

三、全球化与伊斯兰法衍新之辩

伴随全球化的不断发展，要求与之相适应的伊斯兰法的衍新问题逐渐凸显①。衍新伊斯兰法使之适应全球化发展趋势，已是广大穆斯林的当务之急。

然而，在伊斯兰世界，自大伊斯兰法学派形成后，伊斯兰法的衍新是个颇具争议的问题，学者们持有不同意见。一些学者出于对伊斯兰法的神圣性、纯洁性和严肃性的维护，提出法律创制大门关闭的观点。他们认为，四大法学派创制的法律，足以满足穆斯林社会生活的需要，后人只可遵照执行的义务，无需进行法律创制的权力。这种观点，使伊斯兰法的衍新一度趋于衰弱，甚至使伊斯兰法停滞落后，逐渐失去往日的辉煌与活力。另一些学者积极主张伊斯兰法的衍新，认为伊斯兰法的创制之门从未关闭，永远敞开，并随着社会发展和时代演变。伊斯兰法应当不断衍新和发展，这样才能充分体现伊斯兰法的青春活力、社会功能及现实价值。

两种观点，各执一词，莫衷一是。实际上这两种观点并无原则和本质差异，只是对衍新含义的理解不同。因此，基于逻辑学讨论问题先要阐明其要点，否则讨论不但毫无意义，而且还会导致无谓争论的观点，为使伊斯兰法的衍新问题研

---

① 需说明的是：在进行伊斯兰法衍新问题研究时，应当分清"沙里亚"（伊斯兰法）和"斐格海"（伊斯兰法学）这对既有内在联系，又有外在区别的两个概念。依伊斯兰教义，沙里亚是真主的意志，通过经训得以体现，其神圣性与永恒性完全排除了人为衍新和发展的因素，是无始无终、亘古长存的天启法律。斐格海只是研究和实施沙里亚中有关法律的内容，是基于沙里亚而存在的，是沙里亚不可分割的组成部分，是对沙里亚的具体应用，是可变的，它必须根据时代条件的变化重新加以理解和修订，但这种理解和修订不能带有主观性与随意性，更不能削弱沙里亚的实在性和可靠性。因此，本文研究的伊斯兰法的衍新是指斐格海，而非沙里亚。此外，便于行文全文把"斐格海"用"伊斯兰法"予以表述，同时，文中所说的"伊斯兰法律"也指"斐格海"。因为，伊斯兰法律主要是以学者的学说形式存在和发展的。历史上伊斯兰法律及其创制不是以国家名义完成的，也不是一定国家的专有活动，而是由法学家完成的。穆斯林个人及其社会适用的法律，是他们遵循的法学家及其学派的法律观点和创制规则。这与现代国家的法律和法学是有所区别的。

究步入轨道,并得出有价值成果,有必要就伊斯兰文化语境中的"衍新"概念予以语源及学理上的分析,因为,这直接关系到伊斯兰法衍新的基本内涵、实质内容、发展方向等问题的研究。

"衍新"一词,阿拉伯语读作"忒基迪德"(تجديد),是阿语原型动词"坚德德"(جدد)的词根。该词在阿语中有"衍新"、"衍化"及"更新"等含义,即使某一事物成为新的;把某一事物变成新的,或者说,某一事物保持产生之初的原状,由于岁月的流逝改变和侵蚀了其原貌,而通过衍新,还其原貌。与之对应的概念是"旧的"或"古老的"。此外,"衍新"也有"现代化"之含义,与之对应的概念则是"传统"。

学理上,伊斯兰学者关于"衍新"概念的界定,可谓各执一端,莫衷一是。但不论学者间的分歧多大,综合考究他们的观点,衍新在学者的研究中不外乎以下三种含义:①

其一,回归经训,溯本清源。即复活并实践经训的真实含义和精神,矫正历史进程中因各种原因对经训的不合理、甚至是歪曲的解读,呼唤穆斯林民众复兴和实践被忽略的经训原则和精神。当代著名伊斯兰学者艾布·艾阿俩·毛杜迪说:"复兴者(衍新者)是指伊斯兰教的征象被磨灭后复兴伊斯兰教征象、伊斯兰教绳索断裂后续接(衍新)伊斯兰教绳索的人"②

其二,消除异端邪说,惩治异端分子,掸去强加在伊斯兰教身上的与其原则、精神及价值相悖的各种"灰尘",还原穆圣及其圣门弟子时代的伊斯兰精神。当代著名伊斯兰学者优素福·盖尔达维说:"衍新某事是指还原其产生之时的原貌和原状,做到还旧如新,即巩固原本,清除锈迹,还之原状。因此,衍新并非改变原貌,也不是被新的事物所取代,这与衍新无任何关系。"他进一步强调说:"伊斯兰教的衍新不是彰显所谓伊斯兰教的新本质,而使伊斯兰教回归穆圣、圣门弟子及跟随圣门弟子人们时代的精神"③

其三,依据《古兰经》、圣训(以下简称"经训")及伊斯兰法的基本原则、法律渊源、创制程序,运用理智推理、比较判断等方法,对新的历史条件下出现的经

---

① 阿德南·穆罕默德·艾玛默:《伊斯兰思想的衍新》,伊本·焦泽出版社2001年阿文版,第16页。
② 艾布·艾阿俩·毛杜迪:《宗教衍新简明史》,贝鲁特思想出版社1968年阿文版,第13页。
③ 优素福·格尔达维:《为了宗教衍新和现世振兴的正确觉醒》,贝鲁特伊斯兰出版社1998年阿文版,第28页。

训明文未涵盖的新事物、新问题创制出与经训明文与精神及伊斯兰法宗旨并行不悖的法律规范,以满足社会生活的需要。此种意义上的衍新概念,实际上指的是伊斯兰教的创制原则,即"伊智提哈德"原则(الاجتهاد)。具体而言,衍新并非意味着可以超越经训的明文和精神,更不是对经训明文和精神取而代之,而是要求不同时代的穆斯林民众回归伊斯兰教的纯真渊源(经训),以及早期穆斯林对经训的解释和认识,并对经训进行正确的解读和理解,从中找出解决他们社会生活中层出不穷新生事物的答案。

由以上分析可以看出:伊斯兰法的衍新及其致力实现的目标,是使伊斯兰法及穆斯林回归经训、消除异端邪说,进而实现伊斯兰法的衍化更新及与时俱进。因此,伊斯兰法的衍新,不是对传统伊斯兰法文化的简单复兴或废黜,更不是自吹自乐、毫无根基的脱离实际社会的形而上学,也不是打着社会发展和时代变迁的旗号,牵强地要求伊斯兰法文化与异质法文化的求同和融合,更不是创建一套脱离经训明文和精神的所谓"新型伊斯兰法律体系"。伊斯兰法的衍新,是指依据经训原则、社会发展和时代需求,对伊斯兰法做出符合时代变迁的诠释,创制出与时代趋同的法律规范,是伊斯兰法内部的衍新活动,是伊斯兰法发展的内在动力,是其保持旺盛生机和活力的不竭源泉。伊斯兰法的衍新,必须依赖经训渊源、原则和精神,必须恪守伊斯兰法创制的基本条件和规程模式。因此,任何打着衍新和改良的旗帜,进行的有悖经训明文、原则和精神、违背伊斯兰法基本宗旨和价值趋向的所谓衍新行为和活动,都是伊斯兰教不能接受并坚决反对的。

20世纪下半叶以来,伴随各种需要的增加,人类交往的范围不断扩大,特别是随着交通工具和信息技术的现代化发展,人类的交往已具有全球性质,辐射全球范围。这意味着民族国家不再是全球化时代的实体基础,民族国家历史正向全球化世界历史转变,由此使我们的时代进入全球化时代。全球化虽主要是经济问题或经济领域中的现象,但它绝不是经济领域的孤立现象。作为多维运动,全球化的内容是极为丰富的,其中包括法律文化的全球化。伊斯兰法作为世界重要法系,在全球化浪潮中不可能独处一隅,而必将与世界各民族的法文化进行全面交流。这种交流将给伊斯兰法带来双重影响:一方面会给伊斯兰法的发展注入一些有利因素。即随着全球范围内法律文化交流的增多,伊斯兰法不断吸收人类创造的优秀法文化成果,努力创造一种既适应全球化又具伊斯兰本质和特色新的法律规范和制度,借以构筑全球化背景下新型的伊斯兰法律制度。另一方面它也会给伊斯兰法带来一些消极影响。全球化背景下,西方国家凭借其经济、科技和文化上的强势地位,主宰了全球的法文化生产和信息传播。随着西方法文化产品的推销,其法的意识形态和价值观念也被输出到伊斯兰世界各地,势必给伊斯兰法带来压力和震荡。

故而,由于全球化对伊斯兰法带来的影响和挑战,伊斯兰法必须以与时俱进的精神状态,用宏观的理论思维和整体的战略目光,来思考和研究伊斯兰法面临的新问题。穆斯林民族要站在人类法文化发展的潮头,就必须立足传统,面向现代,积极进行伊斯兰法的衍化更新及与时俱进。穆斯林民族只有不断地进行伊斯兰法的衍化更新和与时俱进,才能促进伊斯兰法的发展,保持伊斯兰法的先进性,才能使伊斯兰法永葆旺盛活力,在全球化时代健康发展,焕发出更加夺目的光彩。

四、全球化与伊斯兰法的发展方向

全球化的发展必将导致世界各国和地区的相互依赖,相互作用,它把世界的各个部分联系在一起,从而实现了某种程度的整合。"全球化是社会之间联系性日益增强的一种过程,比如世界某一部分地方的活动越来越多地影响其他地方的人民和社会。全球化的世界是一个政治、经济、文化和社会活动越来越密切联系的社会……在每一个方面,世界正变得越来越小"。① 在全球化浪潮日趋强劲的态势下,伊斯兰法不可能独处一隅,其发展必然受到全球化浪潮的影响,并显现出以下的特征和趋势。

第一,全球化的发展加速了伊斯兰法的现代化进程。现代化作为一个世界性的历史进程,乃是从传统社会向现代化社会的转变和跃进,是特定社会的现代性因素不断增加的过程。伴随着社会由传统向现代的转变,法也同样面临着一个从传统型向现代型的历史变革。当今世界,由于经济全球化的不断加深,伊斯兰各国经济贸易的交往频繁地跨越国界,把伊斯兰各国与世界各国更加紧密地联系在一起。同时,全球性的经济贸易为了使从事经济贸易而走到一起的人们

---

① Cf. John Baylis and Steve Smith (eds.), *The Globalization of World Politics*, Oxford University Press, 1997, p.157.

遵循共同的交易规则,加速了伊斯兰法律制度与世界其他国家法律制度的交流,促进了伊斯兰法制现代化的发展。

然而,伊斯兰世界的法制现代化该走一条什么样的道路,无疑是摆在伊斯兰国家政府和人民面前的大事。是不是全球化进程中移植和借鉴西方法律制度是伊斯兰世界法制现代化改革的唯一方式?因为,目前有关全球化内涵的争议中,"西方主导论"是对其认识的观点之一,即把全球化看作是一个与西方主导的现代化同步演进的过程,是西方国家有意操纵的过程,其实质是实现全球的西化。"全球经济的紧密联结绝对不是一种自然而然的结果,而是由于有意识推行追求既定目标的政策所造成的结果"。① 实际上,有关伊斯兰世界法制现代化改革的唯一方式是移植和借鉴西方法律制度的观点是片面的、错误的。

近代以来,特别是随着全球化浪潮的深入发展,伊斯兰世界的法制现代化改革趋于两条基本线路的发展:一是由于西方国家对伊斯兰世界的军事控制,以及西方思想、文化和意识形态向伊斯兰世界输入和渗透,使得伊斯兰国家在法制现代化进程中自觉或不自觉地引进和推行西方法律文化,致使伊斯兰国家的法律制度发生转变,基于伊斯兰原则的法律制度受到冲击;二是面对西方的冲击,伊斯兰世界的政治家、思想家和法学家们积极做出反应。他们认为伊斯兰国家具有基于伊斯兰原则与精神的独特法律文化和价值观念,称为"斐格海"的伊斯兰法学,是伊斯兰法学家以经训明文与精神为指导,运用理智推理等形式,精心构筑的伊斯兰法律实体,它博大精深,丰富多彩,能够解决伊斯兰社会生活中的一切问题。他们以一种批判的眼光和理性的态度,探索伊斯兰价值体系的法制现代化改革,通过改革传统伊斯兰法,构筑其现代体系,以适用全球化浪潮的发展。例如,伊斯兰世界的学者们力主重启伊斯兰法的创制大门,并把它视为实现伊斯兰法现代化的主要渠道,以及由此基础上实施的伊斯兰法律的法典化运动②。

---

① 胡永广、王宏伟:《全球化:当代中国法治化的历史新境界》,载《政治与法律》2002 年第 6 期。

② 即伊斯兰世界把零星的、散见于伊斯兰各派法学著作中的有关民法、商法、刑法等法律观点和法律规则,按照现代法律的规范形式成文化、系统化、明确化、统一化、条款化地编纂成统一法典的法律创制活动。这项活动包括:整理已有的法律规范,废止、修改不适宜的部分,消除内部矛盾,制定新法律规范,增补空白,进行规范协调等具体工作,以使伊斯兰法律部门的全部规则形成一个基于共同原则、具有内在联系的统一体,以满足业内人士和普通群众简便快捷地适用、查阅法律的需求。

第二,全球化的发展促使伊斯兰法律创制更加趋向于现实性和科学性。每个时代都会出现许多具有时代特征、反映时代面貌的事物,法律创制作为对现实社会生活的反映,就必须要求法学家了解和研究现实社会生活,明白时代的发展趋向和社会的基本要求,这样才能保证法律创制的实用性、有效性和社会性。随着全球化的不断深入发展,伊斯兰各国与其他国家在各个领域里的联系不断增加,由此要求增强伊斯兰法中的现实性、科学性含量,以适应全球化时代伊斯兰国家发展的需要。著名伊斯兰学者哈桑·图拉比指出:"不知道伊斯兰法律知识的人,无权伊斯兰法律的创制,同样,不掌握一定人文科学和自然科学知识的人,也无权伊斯兰法律的创制。因为人文、自然科学知识,能够帮助我们了解和掌握社会现实及其发展规律。不论我们掌握的宗教知识多么渊博,能够解决多少矛盾和问题,还必须深入社会,关注现实,从社会现实中寻找问题的症结,继而从伊斯兰法中开出诊治这些症结的良方,这样才能更好地履行宗教义务"。[①] 当代著名伊斯兰学者优素福·格尔达维认为:"如果法学家或'穆夫提'不懂得诸如生命、基因等现代科学技术,那么,他如何在这些领域中进行法律创制。倘若某种伊斯兰研究,要与现代科学技术完全脱离,其研究者就不会成为具备创制资格的学者"。[②] 这些学者的观点在伊斯兰世界具有普遍性,已成为当代伊斯兰世界的共识。

伊斯兰法学家把人文、自然科学知识作为法律创制的必备条件,有助于法学家认识和揭示伊斯兰法宗旨,以及有效界定伊斯兰法律创制的方式。这就要求法学家在掌握经训内涵、伊斯兰法精神,特别是它们与现实问题的联系(即法律对行为的规范取决于对行为本身的了解和认识)的基础上,对现实问题做出客观公正、正确有效的裁决,以免伊斯兰法与社会生活相脱离和滞后于社会的发展。正是基于这种认识,许多伊斯兰国家从民族利益出发,结合本国的实际情况,积极吸取世界其他国家先进的、不悖于伊斯兰法律原则和精神的法律制度和立法经验,创制出许多具有时代性和全球特征的法律制度,如知识产权法、大气污染法、环境资源法等,形成了具有伊斯兰特色的法律制度。

---

① 阿玛勒·塔利布:《伊斯兰法的简化与衍新》(阿文版)[EB/OL].[2004-06-05].www.taghrib.org\arabic。

② 阿玛勒·塔利布:《伊斯兰法的简化与衍新》(阿文版)[EB/OL].[2004-06-05].www.taghrib.org\arabic。

　　第三,全球化的发展促使伊斯兰法律创制更加趋向于技术化和专门化。作为社会控制机制,法必须是统一的、普遍的和可操作的。实际上法只有被形式化、技术化之后,才可能是统一的、标准化的和可操作的。全球化背景下,伊斯兰各国出现了许多无经训明文可依、专业知识及技术含量较高的问题,使得法律创制面临复杂性和多样性,范围扩及政治、经济、科技、教育、卫生、商贸、工农业等领域。这就要求伊斯兰法学家在对各类知识全面了解、认识的同时,还应该对某一领域进行专门研究,使自己成为法学家的同时,还是个经济学家,或政治学家,或基因工程学家;此外,当代学者很难实现前辈学者确定的关于对所有问题都可以进行创制的极为严格的条件,阻碍了法律创制的正常进行。因此,一些学者主张:当今伊斯兰世界的法律发展应该采用划分专业、分门别类的创制方式。即仿照现代自然、人文科学划分学科和专业的方法,将伊斯兰法律按照法律规则调整的社会关系和法律规则的调整方法两个标准,分门别类,划分学科,产生一些调整不同社会关系的最基本的部门法律,例如民法法律部门、刑法法律部门、行政法法律部门等。这些法律部门分类组合,从而形成一个门类齐全、结构严密、内在协调的法律体系,使不同专业的法学家在其专业范围内进行法律研究和法律创制,以保证其研究和创制结果的有效性和实用性。对此,有学者认为,"伊斯兰法的复兴和发展与其他学科的复兴和发展没有什么两样,在当代唯有通过学科分类、专业划分的方式才能实现。划分学科是现代大学体制中一项基本教育方式,这是由当今学科种类繁多、领域扩大所决定的。"①

　　第四,全球化的发展促使伊斯兰法出现了一股以市场为导向的改革趋向。经济的全球化、一体化、非国家化不单纯是经济领域里的孤立现象,它必然要以国家的政策、法律的变革为先导,同时又进一步推动了国家政策与法律的变革②。全球化时代,有没有健全的法律保障系统,已经成为判断是否具有良好的市场发展、投资环境的关键因素之一。为此,许多伊斯兰国家从传统伊斯兰法学典籍中挖掘有利于市场发展的资料,并借鉴、吸纳西方现代法律中与伊斯兰法律原则和精神不悖的先进法律概念和立法技术,走出了一条既符合本国历史传统和基本国情,又具有现代性因素的以市场为导向的法制改革道路。它们相继制

---

　　①　阿布都·艾米尔·哥白俩尼:《关于伊斯兰法的分门别类》(阿文版)[EB/OL].2004-06-05.www.taghrib.org\arabic.

　　②　朱景文:《关于法律与全球化的几个问题》,载《法学》1998年第3期。

定、修改或重新制定了贸易法、合同法、公司法、税法、金融法、保险法等,以尽量满足投资者的要求。例如,在保险制度方面,许多伊斯兰国家除对一些不符合伊斯兰法律原则和精神的特殊事项限制外,尽可能地放弃对社会保险活动的限制。保险形式包括宗教基金、社会福利保险、运输保险、船舶保险等,这些保险普遍适用于各种商业领域;在税收制度方面,除传统的天课(则卡提)制度外,伊斯兰国家通过对伊斯兰法的灵活运用,采取了灵活多样地税收法律调节方法,发展了土地税、产品税、所得税、增值税等税收形式,特别是对伊斯兰法中无据可查的"新形式财富"由国家确定税率,并规定资本与个人所得法定最高限额等。例如,巴基斯坦于 1980 年制定了《天课和什一税法》,恢复了传统伊斯兰法的内容,把天课变为一种强制的税收制度,并于 1984 年颁布了《金融法》和《银行法》。这些以市场为导向的法律改革的根本目的就是增加法的可预测性、可计算性和透明度,即实现法治,以保证资本的自由流动、贸易自由和市场的有效运作。

第五,全球化的发展促进伊斯兰法文化与其他法文化的交流和传播。一般来说,有文化就有文化的传播。法律全球化的产生首先从法律文化的传播开始,法律文化的传播为法律全球化的形成提供了可能①。但在不同历史时期,文化传播的深度和广度是大不一样的。全球化背景下文化的传播达到了前所未有的程度。全球化背景下,伊斯兰法文化与其他法文化的交流及传播主要表现为:一是促使了伊斯兰法与国际法的进一步融合。法律全球化是主权国家共同行为的结果,它与伊斯兰国家的努力推动是分不开的。对于伊斯兰国家而言,一方面要履行所缔结、加入的国际组织及其条约规定的国际义务;另一方面又要为维护本国利益采取相应的政策,因此,伊斯兰各国在尊重和保护伊斯兰法律文化的同时,都日益重视在实现本国国家战略和外交政策的国际活动中对国际法的了解和运用,同时,发达国家在国际公法、商事法、涉外经济法和程序法领域中的一些具有普遍价值的,并与伊斯兰法精神不悖的特征,或多或少为伊斯兰法所借鉴和吸纳;二是伊斯兰世界人口的迁移与流动的速度和规模已超过以往任何历史时期,特别是随着各国穆斯林移居欧洲各国数量的增多,促进了伊斯兰法文化的迁移。那些从伊斯兰国家主要聚居区迁移到世界其他地区的穆斯林群体,将伊斯兰法文化携带到移民地,极大地促进了伊斯兰法文化的全球性传播和交流。因

---

① 汪俊英:《试论法律发展的全球化》,载《学习论坛》2005 年第 4 期。

为,在迁移者的所有家当中,文化是最易携带、而且是最难丢弃的东西;三是伊斯兰世界与其他国家进行的形式广泛、内容丰富的学术交流,如互派留学生;学者互访;译介伊斯兰法学书籍;因特网的使用等,对伊斯兰法文化的传播起到了积极的推动作用,拓宽了伊斯兰法文化与其他法文化交流。

第六,全球化的发展为伊斯兰法的再度复兴与发展提供了新的机遇。"复兴"是伊斯兰文化中的一个绵延不断的传统。圣训曰:"的确,真主在每个世纪初,将为伊斯兰民族派遣衍新(更新)他们宗教的人"。① 按照伊斯兰学者的解释,圣训中的"人",既指单数也指复数,概言之,衍新者或许是个人,也可能是群体。具体而言,穆圣之后,伊斯兰社会出现的无数经训明文未涵盖的新事物、新问题,伊斯兰法对它们的正确认识、有效规范和法律调整,主要是通过先知的继承人——伊斯兰学者来完成的。因此,真主在每个世纪中,将从伊斯兰民族中选择、派遣一些被称为"穆占迪德"的衍新者与改革家,来承担和履行诠释经训、弘扬教义、创制法律、分辩真伪的责任和使命。这就从教义和法理上说明、肯定了"衍新"和"改革"在伊斯兰教中的合法性。而作为一般、普遍规范的伊斯兰法,时刻面临着自我更新、与时俱进、顺应时代的发展要求,因此,它的衍新与发展是理所当然、首当进行的。

这就不难理解,为什么复兴伊斯兰法在国家和社会各领域中的适用,构成了始于20世纪70年代,并一直延续至今的当代伊斯兰复兴的核心内容的原因所在。然而,全球化进程在对伊斯兰各国产生极大影响,进而对伊斯兰法提出挑战的同时,更为伊斯兰法的再度复兴与发展带来空前机遇。作为一种涉及方方面面的现象和过程,全球化的深入发展,将会对伊斯兰各国原有的社会结构、生存方式产生很大冲击,进而会影响伊斯兰法律制度。因为,无论怎样界定全球化的内涵,其实质是人类社会交往的扩展。它集中表现在交往主体的多元化、交往范围的扩展、交往内容的增加及交往手段的改变。这一切已完全不同于前全球化时期的交往状况,这就需要新的制度(新的交往规则体系)对此加以调整和控制。也就是说,随着人类社会交往的全球化趋势,作为伊斯兰社会交往规则体系,伊斯兰法律制度必将发生很大的改变,掀起伊斯兰历史上又一次复兴与发展

---

① 艾布·达吴德传述,参见优素福·格尔达维:《伊斯兰法的传统与衍新》,贝鲁特使命出版社2001年阿文版,第23页。

的高潮。即在全球化背景下,伊斯兰法律制度将会进一步破除墨守成规、因循守旧的思想,更深入地进行托古改制、自我更新的历史演进,力求使伊斯兰法与全球化发展趋势相适应。

第七,全球化的发展将进一步使伊斯兰法成为部分伊斯兰国家多元法律文化中的重要一元。法律全球化并不意味着全球的法律走向统一,最后合而为一,出现一种具有普遍适用性的"世界法"。实际上法律全球化是沿着两种趋势发展的:一体化(一体化并非是单一化、简单化,或者说是万宗归一)和多元化。法律全球化意味着原来彼此孤立的法律体系开始交流,能联为一体,或具有某些共同的特征,并不意味着它们之间的差别已不存在,或它们的独立性已完全丧失。这就决定了伊斯兰法将依然是上文述及的实行政教分离制度的国家,以及实行事实上政教分离、但宪法未以予宣布的国家多元法律文化中的重要一元。

近代以来,许多伊斯兰国家的法制改革都不同程度的移植、借鉴了西方法律制度,使这些国家原有的伊斯兰法律制度与被移植的法律制度相互交织,混为一体,形成了"混合型"的制度形式。即有些伊斯兰国家的法律制度大多不是单一传承的,而是由多个国家或民族的法律文化之因素混合而成。尽管如此,作为传统法律文化,伊斯兰法是伊斯兰民族价值观念、思维方式和法律实践的结晶,具有深厚底蕴和极强生命力,深深影响着穆斯林的市民社会和政治国家,对伊斯兰国家整体法律制度的影响是不容忽视的。虽然许多伊斯兰国家不同程度地移植了西方法律,但历史永远不能割断,这不能影响伊斯兰法在其社会生活中的主体性地位。任何伊斯兰国家不论采取何种形式的法制现代化模式,伊斯兰法必然是其法制现代化模式的源头,及其法制现代化赖以生存发展的基础,这就决定了伊斯兰法的生长与不灭自有其内在依据,以及它是有些伊斯兰国家多元法律文化中重要一元的原因所在。

五、结　论

法律的全球化既是一个世界性的历史进程,又是一个国度性的历史进程。从法律全球化的发展历史看,法律的全球化是一个世界性的历史进程,世界各国的法律发展或迟或早要走向这条道路,因而它具有普遍性的世界意义。但是,现代世界又是一个主权鲜明的世界,各国之间都有不同的社会发展和法律发展历史,因此,法律的全球化又具体地表现为每个民族、主权国家和社会的法律全球化的历史进程。正是从这个意义上,全球化背景下,伊斯兰法的发展是一种既有普遍性(世界性)、又有特殊性(国度性)的发展模式。普遍性表现在它的发展是一个世界性的历史进程,具有与法律全球化发展的趋同性;而特殊性表现在它的发展始终是与伊斯兰民族的信仰、语言、历史、文化、传统紧密联系,反映的是伊斯兰民族的社会发展和法律发展历史,反映的是伊斯兰国家和社会的法律全球化的历史进程,反映的是伊斯兰民族在一定社会环境、历史条件下的生存智慧和生活方式的规则形式。这种特殊性经过历史之轮的砥砺,产生的具有全球化特征的法律,与伊斯兰民族情感和民族意识逐渐调试与融和,从而赋予了具有全球化特征的法律以功用与价值,而这种具有全球化特征的法律的功用和价值,也正在于表现伊斯兰民族情感和民族意识,由此伊斯兰法发展会走出一条法律全球化的伊斯兰民族化之路。

参 考 文 献

中文图书：

1.阿拉伯埃及共和国新闻部新闻总署:《埃及年鉴(1999—2000年)》,埃及驻华使馆新闻处2000年版。

2.阿拉伯埃及共和国新闻部新闻总署:《在埃及投资:稳定与发展》,埃及驻华使馆新闻处2001年版。

3.阿拉伯埃及共和国新闻部新闻总署:《埃及年鉴(2002年)》,埃及驻华使馆新闻处2002年版。

4.[埃及]安瓦尔·萨达特:《萨达特回忆录》,钟艾译,商务印书馆1976年版。

5.[埃及]安瓦尔·萨达特:《我的一生——对个性的探讨》,李占经等译,商务印书馆1980年版。

6.[英]安东尼·D.史密斯:《全球化时代的民族与民族主义》,龚维斌、良警宇译,中央编译出版社2002年版。

7.[英]安东尼·纳丁:《纳赛尔》,范语译,上海人民出版社1976年版。

8.[以色列]艾森斯塔德:《现代化:抗拒与变迁》,张旅平等译,中国人民大学出版社1988年版。

9.[埃及]艾哈迈德·爱敏:《阿拉伯—伊斯兰文化史》(第一册),纳忠译,商务印书馆2001年版。

10.[美]J.L.埃斯波西托:《伊斯兰威胁:神化还是现实》,东方晓等译,社会科学文献出版社1999年版。

11.[英]埃里·凯杜里:《民族主义》,张明明译,中央编译出版社2002年版。

12.[美]伯纳德·路易斯:《中东——激荡在辉煌的历史中》,郑之书译,中国友谊出版社2000年版。

13.[埃及]布特罗斯·加利:《埃及通向耶路撒冷之路——一位外交家为争取中东和平不懈努力的历程》,张晓译,上海人民出版社1999年版。

14.陈德成主编:《中东政治现代化——理论与历史经验的探索》,社会科学文献出版社2000年版。

15.畅征:《埃及反帝反封建的英勇战士纳赛尔》,商务印书馆1982年版。

16.蔡佳禾:《当代伊斯兰原教旨主义运动》,宁夏人民出版社2003年版。

17. 蔡德贵:《当代伊斯兰阿拉伯哲学研究》,人民出版社 2001 年版。

18. 蔡拓:《全球问题与当代国际关系》,天津人民出版社 2002 年版。

19. 丁建伟:《地缘政治中的西北边疆安全》,民族出版社 2004 年版。

20. [美]菲利普·K.希提:《阿拉伯通史》(上册),马坚译,商务印书馆 1995 年版。

21. 郭河兵、朱玉彪、陈婉莹:《加利传》,江西人民出版社 1997 年版。

22. [美]汉斯·摩根索:《国际纵横策论》,卢明华等译,上海译文出版社 1995 年版。

23. 黄民兴:《中东国家通史·伊拉克卷》,商务印书馆 2002 年版。

24. 胡联合:《当代恐怖主义与对策》,东方出版社 2001 年版。

25. 冀开运、蔺焕萍:《二十世纪伊朗史》,甘肃人民出版社 2002 年版。

26. 姜士林、陈玮主编:《世界宪法大全》,中国广播电视出版社 1989 年版。

27. [埃及]加迈尔·阿卜杜·纳赛尔:《革命哲学》,张一民译,世界知识出版社 1957 年版。

28. 金宜久、吴云贵:《伊斯兰与国际热点》,东方出版社 2001 年版。

29. 卡扎菲:《绿皮书》(中文版),利比亚民众国出版社 1984 年版。

30. [美]凯马尔·H.卡尔帕特编:《当代中东的政治和社会思想》,陈和丰等译,中国社会科学出版社 1992 年版。

31. 克劳利等编:《新编剑桥世界近代史》(第九卷),中国社会科学出版社 1995 年版。

32. 李慧智:《反恐学》,人民出版社 2003 年版。

33. 李绍先等:《一脉相承阿拉伯人》,时事出版社 1997 年版。

34. 李伟:《国际恐怖主义反恐怖斗争年鉴(2003 年)》,时事出版社 2004 年版。

35. 李伟:《国际恐怖主义反恐怖斗争年鉴(2004 年)》,时事出版社 2005 年版。

36. 李伟:《国际恐怖主义反恐怖斗争年鉴(2005 年)》,时事出版社 2006 年版。

37. 李伟:《国际恐怖主义反恐怖斗争年鉴(2006 年)》,时事出版社 2007 年版。

38. 李伟:《国际恐怖主义反恐怖斗争年鉴(2007 年)》,时事出版社 2008 年版。

39. 李伟:《国际恐怖主义反恐怖斗争年鉴(2008 年)》,时事出版社 2009 年版。

40. 李伟:《国际恐怖主义反恐怖斗争年鉴(2009 年)》,时事出版社 2010 年版。

41. 李伟建:《伊斯兰文化与阿拉伯国家对外关系》,时事出版社 2007 年版。

42. 李伟、杨明杰主编:《国际恐怖主义与反恐怖战争》,时事出版社 2001 年版。

43. 李湛军:《恐怖主义与国际治理》,中国经济出版社 2005 年版。

44. 刘竞、安维华主编:《现代海湾国家政治体制研究》,中国社会科学出版社 1994 年版。

45. [以色列]摩西·马奥茨:《阿萨德传》,殷罡等译,世界知识出版社 1992 年版。

46. 彭树智主编,黄维民著:《中东国家通史·土耳其卷》,商务印书馆 2002 年版。

47. 彭树智主编:《阿拉伯国家史》,高等教育出版社 2002 年版。

48. 彭树智主编:《伊斯兰教和中东现代化》,西北大学出版社 1997 年版。

49. 彭树智:《东方民族主义思潮》,西北大学出版社 1992 年版。

50. 彭树智主编:《二十世纪中东史》,高等教育出版社 2001 年版。

51. 彭树智主编:《中东史》,人民出版社 2010 年版。

52. 彭树智:《书路鸿踪录》,三秦出版社 2004 年版。

53.曲洪:《当代中东政治伊斯兰:观察与思考》,中国社会科学出版社 2001 年版。

54.任继愈、金宜久主编:《伊斯兰教史》,中国社会科学出版社 1992 年版。

55.[美]塞缪尔·P.亨廷顿:《变化社会中的政治秩序》,王冠华等译,上海三联书店 1989 年版。

56.唐宝才:《冷战后大国与海湾》,当代世界出版社 2002 年版。

57.[英]汤因比:《文明经受着考验》,沈辉等译,浙江人民出版社 1998 年版。

58.[美]托马斯·巴尼特:《五角大楼的新地图》,王长斌、汤学武译,东方出版社 2005 年版。

59.[美]托马斯·弗里德曼:《从贝鲁特到耶路撒冷》,天津编译中心译,世界知识出版社 1992 年版。

60.[美]威廉·布鲁姆:《谁是无赖国家》,罗会均等译,新华出版社 2002 年版。

61.王京烈主编:《当代中东政治思潮》,当代世界出版社 2003 年版。

62.王铁铮主编:《世界现代化历程·中东卷》,江苏人民出版社 2010 年版。

63.王新刚:《中东国家通史·叙利亚和黎巴嫩卷》,商务印书馆 2003 年版。

64.王逸舟:《当代国际政治析论》,上海人民出版社 1995 年版。

65.王逸舟主编:《恐怖主义溯源》,社会科学文献出版社 2002 年版。

66.[英]沃尔特·拉克:《犹太复国主义史》,徐方、阎瑞松译,上海三联书店 1993 年版。

67.吴华编著:《全球冲突与争端》,世界知识出版社 1998 年版。

68.吴云贵:《当代伊斯兰教法》,中国社会科学出版社 2003 年版。

69.吴云贵、周燮藩:《近现代伊斯兰教思潮与运动》,社会科学文献出版社 2000 年版。

70.吴冰冰:《什叶派现代伊斯兰主义的兴起》,中国社会科学出版社 2004 年版。

71.[美]西里尔·E.布莱克:《比较现代化》,杨豫译,上海译文出版社 1996 年版。

72.肖宪:《当代国际伊斯兰潮》,世界知识出版社 1997 年版。

73.[美]西摩·马丁·李普塞特:《政治人——政治的社会基础》,张绍宗译,上海人民出版社 1997 年版。

74.[奥地利]西奥多·赫茨尔:《犹太国》,肖宪译,商务印书馆 1993 年版。

75.[美]亚历山大·温特:《国际政治的社会理论》,秦亚青译,上海人民出版社 2000 年版。

76.杨灏城、朱克柔主编:《民族冲突与种族争端》,人民出版社 2000 年版。

77.杨灏城、江淳:《纳赛尔和萨达特时代的埃及》,商务印书馆 1997 年版。

78.杨晖:《反恐新论》,世界知识出版社 2005 年版。

79.于泽等:《点击恐怖战争》,花山文艺出版社 2002 年版。

80.余正梁等:《全球化时代的国际关系》,复旦大学出版社 2000 年版。

81.张倩红:《困顿与再生——犹太文化的现代化》,江苏人民出版社 2003 年版。

82.张铭:《现代化视野中的伊斯兰复兴运动》,中国社会科学出版社 1999 年版。

83.张俊彦主编:《中东国家经济发展战略研究》,北京大学出版社 1987 年版。

84.张晖编著:《难圆霸主梦——二十世纪美国十次出兵》,军事科学出版社 1999 年版。

85.中国现代国际关系研究所民族与宗教研究中心:《世界宗教问题大聚焦》,时事出版社

2003 年版。

86.中国现代国际关系研究所反恐怖研究中心：《恐怖主义与反恐怖斗争理论探索》，时事出版社 2002 年版。

87.中国社会科学杂志社编：《社会转型：多文化多民族社会》，社会科学文献出版社 2000 年版。

88.钟冬编：《中东问题 80 年》，新华出版社 1984 年版。

89.朱金平：《穆巴拉克传》，东方出版社 1998 年版。

中文期刊：

1.阿拉伯埃及共和国信息部新闻总署：《埃及》2002 年第 27 期。

2.埃及信息部新闻总署：《埃及》2002 年第 28 期。

3.哈全安：《纳赛尔主义与埃及的现代化》，载《世界历史》2002 年第 2 期。

4.安维华：《埃及 90 年代的经济改革》，载《中东研究》2000 年第 1 期。

5.毕健康：《穆巴拉克时代的埃及斯林兄弟会》，载《西亚非洲》2004 年第 2 期。

6.毕健康：《1998 年埃及经济回顾与展望》，载《西亚非洲》1999 年第 2 期。

7.陈德成：《埃及多党制总统制政体研究》，载《西亚非洲》1999 年第 4 期。

8.陈万里：《埃及在非洲事务中的地位和作用》，载《国际观察》2000 年第 5 期。

9.郭宪纲：《美国输出"民主"的第三部曲——评布什政府酝酿改造大中东的计划》，载《国际问题研究》2004 年第 4 期。

10.韩志斌、焦玉奎：《后冷战时代伊拉克复兴党政治模式的特点》，载《大庆师范学院学报》2006 年第 4 期。

11.金瑞琨：《埃及总统穆罕默德·胡斯尼·穆巴拉克》，载《现代国际关系》1987 年第 3 期。

12.李湖：《纳赛尔的政治思想》，载《国际政治研究》1989 年第 2 期。

13.李振中：《纳赛尔与泛阿拉伯主义》，载《阿拉伯世界》1992 年第 3 期。

14.李绍先：《阿萨德和没有阿萨德的中东》，载《世界知识》2000 年第 13 期。

15.刘江：《冷战后的美国中东安全战略》，载《西亚非洲》1995 年第 6 期。

16.刘竞：《动荡不安的中东政局》，载《西亚非洲》1993 年第 2 期。

17.马小红：《从阿富汗尼到萨达姆——泛阿拉伯主义的发展及趋势》，载《西亚非洲》2000 年第 2 期。

18.刘静：《卡扎菲"社会主义"及其实践》，载《西亚非洲》1982 年第 3 期。

19.彭树智：《从伊斯兰改革主义到阿拉伯民族主义》，载《世界历史》1991 年第 3 期。

20.彭树智：《阿拉伯民族主义思潮的发展轨迹》，载《世界历史》1992 年第 3 期。

21.彭树智：《论萨提·胡斯里的泛阿拉伯民族主义》，载《西亚非洲》1992 年第 2 期。

22.田文林：《在民族与国家之间——对阿拉伯地区政治的观念解读》，载《现代国际关系》2004 年第 7 期。

23.王宝孚：《埃及经济改革开放的成就、难题和前景》，载《现代国际关系》1996 年第 5 期。

24.王林聪:《论中东伊斯兰国家民主化及其前景》,载《西亚非洲》2004 年第 2 期。

25.王林聪:《卡扎菲外交思想与利比亚外交》,载《西亚非洲》2004 年第 6 期。

26.王婷:《沙特、埃及经济改革状况的对比和思考》,载《亚非纵横》2002 年第 4 期。

27.王菊如:《伊朗的民族与民族问题》,载《西亚非洲》1994 年第 6 期。

28.王志俊:《哈塔米改革之途走钢丝绳》,载《国际展望》2001 年第 2 期。

29.王铁铮:《浅析 90 年代沙特王国的伊斯兰潮》,载《西亚非洲》1996 年第 6 期。

30.严庭国:《全球化与阿拉伯民族》,载《当代宗教研究》2002 年第 1 期。

31.尹承德:《卡扎菲"变脸"的前因后果》,载《领导科学》2004 年第 7 期。

32.殷罡:《阿萨德父子与他们的叙利亚》,载《世界知识》2005 年第 7 期。

33.张文贞:《埃及国有企业改革的主要举措与发展趋势》,载《西亚非洲》1998 年第 2 期。

34.张文贞:《美国与埃及关系记事》,载《西亚非洲资料》2001 年第 4 期。

35.赵克仁:《试析叙利亚泛阿拉伯主义的演变》,载《阿拉伯世界》2000 年第 3 期。

36.赵克仁:《伊拉克泛阿拉伯主义探析》,载《阿拉伯世界》2000 年第 3 期。

37.钟山:《埃及穆斯林兄弟会的产生发展》,载《西亚非洲》1982 年第 1 期。

38.周国建:《埃及经济回顾与展望》,载《欧亚观察》2001 年第 2 期。

硕、博士论文:

1.李芳:《论纳赛尔的阿拉伯民族主义》,硕士论文,北京大学,2003 年。

2.刘金忠:《犹太教复国主义研究》,博士论文,西北大学,2003 年。

3.刘中民:《现当代中东民族主义与伊斯兰教关系评析》,博士论文,北京大学,2001 年。

4.王锁劳:《埃及民族主义研究——兼论现当代埃及—阿拉伯关系》,博士论文,北京大学,2000 年。

英文图书:

1. A. A. Duri, *The Historical Formation of the Arab Nation: A Study in Identity and Consciousness*, London and New York: Croom Helm, 1987.

2. Abdelwahab El-Affendi, *Turabi's Revolution: Islam and Power in Sudan*, London: Grey seal, 1991.

3. Abdul Rahman al-Bazzaz, *On Arab Nationalism*, London: Stephen Austin & Sons, Ltd., 1965.

4. Abir Mordechai: *Saudi Arabia in the oil era: Regime and Elites: Conflict and Collaboration*, Croom Helm Ltd, 1998.

4. Adeed Dawisha, *Arab Nationalism in the Twentieth Century: From Triumph to Despair*, Princeton and Oxford: Princeton University Press, 2003.

5. Adeed Dawisha, *Islam in Foreign Policy*, Cambridge University Press, 1983.

6. Albert Hourani, *Arabic Thought in the Liberal Age: 1798-1939*, London: Oxford University Press, 1962.

7. Ali M. Ansari, *Iran, Islam, Democracy: the Politics of Managing Change*, London: Chatham House, 2006.

8. Ann Mosely Lesch, *The Sudan: Contested National Identities*, Indiana University Press, 1998.

9. As'ad Ghanem, "Zionism, Post-Zionism and Anti-Zionism in Israel", Ephraim Nimni (ed.), *The Challenge of Post-Zionism*, London & New York: Zed Books, 2003.

10. Asghar Schirazithe, *Constitution of Iran: Politics and States in the Islamic Republic*, London: I.B. Tauris & Co Ltd, 1997.

11. Ayman Talal Yousef and Dilip H. Mohite, *Rise of Islamic Fundamentalism and the Grand American Strategy*, Delhi: Kalinga Publications, 2002.

12. Barry M. Rubin, *The Tragedy of the Middle East*, New York: Cambridge University Press, 2002.

13. Bassam Tibi, *Arab Nationalism: Between Islam and the Nation-State*, New York: ST. Martin's Press, INC., 1997.

14. Bassam Tibi, *Arab Nationalism: A Critical Inquiry*, translated by Marion Farouk-Sluglett and Peter Sluglett, London and Basingstoke: The Macmillan Press, 1997.

15. Bassam Tibi, *The Challenge of Fundamentalism: Political Islam and the New World Disorder*, London: California University Press, 1998.

16. Bijan Khajehpour, "Iran's Economy: Twenty years after the Islamic Revolution", in John L, Esposite and R.K. Ramazani (eds.), *Iran at Crossroads*, New York: Palgrave Macmillan, 2001.

17. Bruce Maddy-Weizman, *Middle East Contemporary Survey*, *1995*, Vol. 19, New York: Westview Press, Inc., 1997.

18. C. Ernest Dawn, *From Ottomanism to Arabism: Essays on the Origins of Arab Nationalism*, Chicago: University of Illinois Press, 1973.

19. Chahram Chubin, *Whither Iran? Reform, Domestic Politics and National Security*, New York: Oxford University Press, 2002.

20. Clement M. Henry and Robert Springborg, *Globalization and the Politics of Development in the Middle East*, Cambridge: Cambridge University, 2001.

21. David Menashri, *Post-Revolutionary Politics in Iran: Religion, Society and Power*, London: Routledge, 2001.

22. David Roberts, *The Ba'th and the Creation of Modern Syria*, New York: ST. Martin's press, 1987.

23. Dawa Norbu, *Culture and the Politics of Third World Nationalism*, London: Routledge, 1992.

24. Dirk Vandewalle, *A History of Modern Libya*, New York: Cambridge University press, 2006.

25. Dirk Vandewalle, *Qadhafi's Libya, 1969–1994*, London: Macmillan press Ltd, 1995.

26. Edmund Ghareeb, *The Kurdish Question in Iraq*, New York: Syracuse University Press, 1981.

27. Efrain Karsh and Inari Rautsi, *Saddam Hussein: A Political Biography*, New York: Grove Press, 1991.

28. Eyal Zisser, *Asad's Legacy: Syria in Transition*, New York University Press, 2001.

29. Geoffrey Wigoder, *New Encyclopedia of Zionism and Israel*, Iondon and Toronto: Associated University Presses, 1994.

30. Gershon Shafir and Yoar Peled, *Being Israeli: The Dynamics of Multiple*, Cambridge University Press, 2002.

31. George Antonius, *The Arab Awakening: The Story of the Arab National Movement*, London: Kegan Paul International, 2000.

32. George P. Shultz, *Turmoil and Triumph: My Year as Secretary of State*, New York: Charles Scribner's Sons, 1993.

33. Giacomo Luciani, "Allocation vs. Production States: A Theoretical Framework", in Hazem Bbeblawi and Giacomo Luciani(eds.), *The Rentier State*, New York: Croom Helm, 1987.

34. Hamidreza Jalaeipour, "Religious Intellectuals and Political Action in the Reform Movement", in Negin Nabavi(ed.), *Intellectual Trends in Twentieth-Century Iran: A Critical Survey*, Florida: Florida Universiry Press, 2003.

35. Hāmidī, Muhammad al-Hāshimī, *The Making of an Islamic Political Leader: Conversations with Hasan al-Turabi*, Westview Press, 1998.

36. Hanna Batatu, *The Old Social Classes and Revolutionary Movement in Iraq*, Princeton University Press, 1978.

37. Hans Kohn, *The Age of Nationalism: The First Era of Global History*, New York: Harper & Brothers, 1962.

38. Hazem Zaki Nuseibeh, *The Ideas of Arab Nationalism*, New York: Cornell University Press, 1956.

39. Hisham Sharabi, *Nationalism and Revolution in the Arab World*, New York: D. Van Nostrand Company, INC., 1966.

40. Howard Handelman and Mark Tessler(eds.), *Democracy and Limits: Lessons from Asia, Latin America, and the Middle East*, Indiana: Nortre Dame University Press, 1999.

41. Ilan Pappé, "The Square Circle: The Struggle for Survival of Traditional Zionism", Ephraim Nimni(ed.), *The Challenge of Post-Zionism*, London and New York: Zed Books, 2003.

42. International Bank of Reconstruction and Development, *The Economic Development of Libya*, Baltimore: Johns Hopkins Press, 1960.

43. Iraq, Ministry of Planning, *Man: The Object of Revolution*, Baghdad: Government Press, 1978.

44. Itamar Rabinovich, *The War for Lebanon: 1970 - 1983*, New York: Cornell University Press, 1984.

45. J. Millard Burr and Robert O. Collins, *Revolutionary Sudan: Hasan al-Turabi and the Islamist State 1989-2000*, Netherlands Brill, 2003.

46. John Allan, *Libya: The Experience of Oil*, Westview Press, 1981.

47. Joseph P. Lorenz, *Egypt and the Arab: Foreign Policy and the Search for National Identity*, Westview Press, 1990.

48. J. Wright, *Libya: A Modern History*, Baltimore: The John Hopkins University Press, 1981.

49. Kamel S. Abu Jaber, *The Arab Ba'th Socialist Party: History, Ideology, and Organization*, New York: Syracuse University Press, 1966.

50. Kemal H.Karpat, *Political and Social Thought in the Contemporary Middle East*, New York: Praeger Publishers, 1982.

51. Kanan Makiya, *Republic of Fear: The Politics of Modem Iraq*, Berkeley: California University Press, 1989.

52. Laurence J.Siberstein, *The Post-Zionism Debate*, New York and London: Routledge, 1999.

53. Madeleine Albright, *Madam Secretary*, New York: Miramax Books, 2003.

54. Mahmoud M. Ayoub, *Islam and the Third Universal Theory: The Religious Thought of Mu. Ammaral Qadhafi*, London: KP Limited, 1987.

55. Majid khadduri, *Socialist Iraq: A Study in Iraqi Politics since 1968*, The Middle East Institute, Washington, D.C., 1978.

56. Mansour O. El-Kikhia, *Libya's Qadhafi: the Politics of Contradiction*, Florida: University Press, 1997.

57. Majid Khadduri, *Political Trends in the Arab World: The Role of Ideas and Ideals in Politics*, Baltimore: Johns Hopkin Press, 1970.

58. Majid Khadduri, *Socialist Iraq: A Study in Iraq Politics Since 1968*, Washington, D.C, Institute, 1978.

59. Malik Mufti, *Sovereign Creations: Pan-Arabism and Political Order in Syria and Iraq*, Cornell University Press, 1996.

60. Marion Farouk-Sluglett and Peter Sluglett, *Iraq Since 1958: From Revolution to Dictatorship*, London and New York: KPI Limited, 1987.

61. Michael N.Barnett, *Dialogues in Arab Politics: Negotiations in Regional Order*, New York: Columbia University Press, 1998.

62. Michael Hidson (ed.), *Middle East Dilemma: The Politics and Economics of Arab Integration*, New York: Columbia University Press, 1999.

63. Mohamed Elhachmi Hamdi, *The Making of an Islamic Political Leader: Conversations with Hasan al-Turabi*, Westview Press, 1998.

64. Mohsen M.Milani, "Reform and Resistance in the Islamic Republic of Iran", in John L, Esposite and R.K.Ramazani(eds.), *Iran at Crossroads*, New York: Palgrave Macmillan, 2001.

65. Munif al-Razzaz, *The Evolution of the Meaning of Nationalism*, New York: Doubleday & company, Inc, 1963.

66. Negin Nabavi (ed.), *Intellectual Trends in Twentieth-Century Iran: A Critical Survey*, Florida: University Press, 2003.

67. Nira Yuval-Davis, "Conclusion: Some Thoughts on Post-Zionism and the Construction of the Zionism Project", Ephraim Nimni(ed.), *The Challenge of Post-Zionism*, London & New York: Zed Books, 2003.

68. Ofra Bengio and Gabriel Ben-Dor edited, *Minorities and the State in the Arab World*, London: Lynne Rienner Publishers, 1999.

69. Ofra Bengio, *Saddam's Word: Political Discourse in Iraq*, New York: Oxford University

Press,1998.

70.O'Sullivan, *Shrewd Sanctions : Statecraft and State Sponsors of Terrorism*, Washington, D.C.: Brookings Institution Press,2003.

71. Patrick Seale, *Asad of Syria : The Struggle for the Middle East*, California University Press,1988.

72. P. Edward Haley, *Qadhafi and the United States Since 1969*, New York: Praeger Pnblishers,1984.

73.Phebe Marr, *The Modem History of Iraq*, Boulder, Colo.: Westview Press,2004.

74. Phebe Marr (ed.), *Egypt at the Crossroads : Domestic Stability and Regional Role*, Washington D.C.: National Defense University Press,1999.

75.Ranald Bruce St.John, *Libya and the United States : Two Centuries of Strife*, Baltimore, MD: Pennsylvania University Press,2002.

76.Roger Owen, *State, Power and Politics in the Making of the Modern Middle East*, New York: Routledge,2000.

77. Ronald Bruce St John, *Qadhafi's World Design : Libyan Foreign Policy, 1969 - 1987*, London: Saqi Books,1987.

78.Ruth First, *Libya : The Elusive Revolution*, Hhamondsworth: Penguin,1974.

79. Samir al-Khalil, *Repulic of Fear : The Politics of Modern Iraq*, California University Press,1989.

80.Sylvia G.Haim, *Arab Nationalism : An Anthology*, Berkeley and Los Angeles: California University Press,1962.

81.Tawfic E. Farah, *Pan-Arabism and Arab Nationalism : The Continuing Debate*, Westview Press,1987.

82.Tim Niblock edited, *Iraq : The Contemporary State*, New York: ST.Martin's Press,1982.

83.William B.Quandt(ed.), *The Middle East : Ten Years after Camp David*, Washington D.C.: The Brookings Institution,1988.

84.Zeine N.Zeine, *Arab-Turkish Relations and the Emergence of Arab Nationalism*, Beirut: Khayat's Press,1958.

英文期刊报纸：

1.Adeed Dawisha, "The Motives of Syria's Involvement in Lebanon", *The Middle East Journal*, Vol.38, No.2,1984.

2.Adeed Dawisha, " ' Identity' and Political Survival in Saddam's Iraq", *The Middle East Journal*, Vol.53, No.4, Autumn 1999.

3.Adeed Dawisha, "Iraq : The West's Opportunity", *Foreign Policy*, No.41, Winter 1980-1981.

4.Adel Darwish, "Who Wants This War", *The Middle East*, November 2002.

5.Amatzia Baram, "Neo-Tribalism in Iraq : Saddam Hussein's Tribal Policies, 1991-96", *International Journal of Middle East Studies*, Vol.29, No.1 February 1997.

6.Anthony Lake,"Confronting Backlash States,"*Foreign Affairs*,Vol.73,No.2,1994.

7.Asteris Huliaris,"Qadhafi's Comeback：Libya and Saharan Africa in the 1990s",*African Affairs*,Vol.100,No.398,January 2001.

8.Bernard Lewis,"Rethinking the Middle East",*Foreign Affair*,Winter 1992.

9.Chris Doyle,"Libya：After Sanctions",*Middle East International*,April 23,1999.

10.Dirk Vandewalle,"Qadhafi's 'Perestroika'：Economic and Political Liberalization in Libya",*The Middle East Journal*,Vol.45,No.2,1999.

11.Duncan L.Clarke,"US Security Assistance to Egypt and Israel：Political Untouchable?"*The Middle East Journal*,Vol.51,No.2,1997.

12.Edward.J.Said,"New History,Old Ideas",*Al-Ahram Weekly*,May 21−27,1998.

13.Eric Hooglund,"Khatami's Iran",*Current History*,February 1999.

14.Eric V.Thomp,"Will Syria Have to Withdraw from Lebanon",*The Middle East Journal*,Winter 2002.

15.Forough Jahanbakhsh,"Religious and Political Discourse in Iran：Moving toward Post-Fundamentalism",*the Brown Journal of World Affairs*,Winter/Spring,Vol.9,No.2,2003.

16.Flynt Leverett,"Why Libya Gave Up on the Bomb",*The New York Times*,January 23,2004.

17.Gary Hart,"My Secret Talks with Libya,And Why Went Nowhere",*Washington Post*,Jan.18,2004.

18.Geneive Abdo,"Electoral Politics in Iran",*Middle East Policy*,Vol.Ⅵ,No.4 June 1999.

19.Hanna Herzog,"The Right to be Included：Israeli Jewish-Arab Relations",*Discussion Paper*,Tel Aviv University.1990,(3).

20.Henner Furtig,"Iran：the 'Second Islamic Republic'?",*Journal of South Asian and Middle Eastern Studies*,Spring 1997.

21.Herbertt Dittgen,"World without Borders? Refections on the Future of the Nation-state",*Government and Opposition*,Vol.34,No.2,1999.

22.Irwin Arieff,"U.N.Security Council Lifts Sanctions on Libya",*Washington Post*,September 12,2003.

23.Jahangir Amuzegar,"The Iranian Economy at Mid-term",*The Middle East Journal*,Autumn 1999.

24.Joseph.A.Kechichan,"The Role of the The Ulama in The Politics of an lslamic State：The Case of Saudi Arabia",*International Journal of middle East Studies*,Vol.18,No.1.February 1980.

25.Khalil Nakhleh,"Israeli's Zionist Left",*Journal of Palestine Studies*,Vol.7,No.2,1978.

26.Larry Luxner,Libya：Game on,*The Middle East*,October 2004.

27.Limor Lirnat,"A World of Falsehood",*Jeruslem Post*,March 19,2001.

28.Marsha Pripstein,"Economic Impact of the Crisis",*Middle East Report*,Vol.21,No.1,1991.

29.Marvin G.Weinbaum,"Politics and Development in Foreign Aid：US Economic Assistance to Egypt,1975—82",*The Middle East Journal*,Vol.37,No.4,1983.

30.Matthew Gray,"Economic Reform,Privatization and Tourism in Egypt",*Middle Eastern*

Studies, Vol.34, No.2, 1998.

31.Meghan L. O'Sullivan, "Replacing the Rogue Rhetoric: A New Label Opens the Way to a Better Policy", *Brookings Review*, Vol.18, No.4, 2000.

32.Michael R.Gordon, "U.S.Nuclear Plan Sees New Weapons and New Targets", *The New York Times*, May 10, 2002.

33.Neil Ford, "Libya and Now for the Oil", *The Middle East*, August/September 2004.

34.Neil Ford, "Libya Edges back into the Fold", *The Middle East*, October 2003.

35.Neil Ford, "Libya: Diversifying Success", *The Middle East*, May 2003.

36.Ray Takeyh, "God's Will: Iranian Democracy and the Islamic Context", *Middle East Policy Council*, No.4, 2000.

37.Paul Jabber, "Egypt's Crisis, America's Dilemma", *Foreign Affairs*, Vol.64, No.5, 1986.

38.Peter Anderson, "Scarrying towards Bethehem", *New Left Review*, July-August, 2001.

39.Ronald Bruce St John, "Libya is not Iraq: Preemptive Strikes, WMD and Diplomacy", *The Middle East Journal*, Vol.58, No.3, Summer 2004.

40.Ronald Bruce St John, "New Era in American-Liyan Relations", *Middle East Policy*, Vol.9, No.3, 2002.

41.Ronald E. Neumann, "Libya: A US Policy Perspective", *Middle East Policy*, Vol.7, No.2, 2000.

42.Saif Aleslam al-Qadhafi, "Libya-American Relation", *Middle East Policy*, Vol.10, No.1, 2003.

43.Sammy Smooha, "A Typology of Jewish Orientations toward the Arab Minority in Israel", *Asian and African Studies*, Vol.23, No.1-2, 1989.

44.Solomon Socrates, "Israel's Academic Extremist", *Middle East Quarterly*, 2001.

45.U. S. Department of State, "Libya's Continuing Responsibility for Terrorism", *Patterns of Global Terrorism: 1991*, 1992.

46.Walid Khalidi, "Thinking the Unthinkable: A Sovereign Palestinian State", *Foreign Affair*, Vol.56, No.4, 1978.

47.William Cleveland, "Sources of Arab Nationalism: An Overview", *Middle East Review*, Vol.11, No.3, 1979.

阿拉伯文图书：

1.阿布都·克雷姆·宰伊达：《伊斯兰法研究入门》，贝鲁特使命出版社 1989 年版。

2.阿布都·克雷姆·宰伊达：《简明伊斯兰法理学》，贝鲁特使命出版社 1987 年版。

3.拜德兰·艾布·艾尼·拜德兰：《伊斯兰法理学》，亚历山大大学青年出版社 1978 年版。

4.拜德兰·艾布·艾尼·拜德兰：《伊斯兰法学史》，贝鲁特大学出版社 1989 年版。

5.穆罕默德·艾布·祖哈勒：《伊斯兰学派史》，开罗阿拉伯思想出版社 1958 年版。

6.穆罕默德·艾布·祖哈勒：《伊斯兰法理学》，开罗阿拉伯思想出版社 1958 年版。

7.阿里·穆罕默德·贾尔法:《法律史与伊斯兰立法阶段》,贝鲁特大学出版社 1989 年版。

8.穆罕默德·布退:《当代伊斯兰法律问题》,大马士革统一出版社 1992 年版。

9.穆罕默德·布退:《文明的对话》,大马士革统一出版社 1990 年版。

10.法特哈·杜莱尼:《现代伊斯兰思想研究》,贝鲁特中心出版社 1988 年版。

11.阿布都·嘎迪勒·奥德:《伊斯兰教与我们的法律现状》,贝鲁特使命出版社 1982 年版。

12.阿布都·克雷姆·奥斯曼:《伊斯兰文化》,贝鲁特使命出版社 1982 年版。

13.阿俩尔·法西:《捍卫伊斯兰法》,内部刊物 1966 年版。

14.穆罕默德·艾哈默德·瑟拉吉:《伊斯兰法的理论与实践》,贝鲁特知识出版社 1997 年版。

15.穆罕默德·阿布都·杰瓦迪·穆罕默德:《伊斯兰法及其法典编纂》,亚历山大知识建设出版社 1991 年版。

16.欧麦尔·艾什格里:《伊斯兰法学史》,安曼贵重出版社 1991 年版。

17.欧麦尔·艾什格里:《伊斯兰法与世俗法》,科威特宣传出版社 1986 年版。

18.穆斯塔法·泽勒嘎:《伊斯兰法入门总论》,大马士革思想出版社 1967 年版。

19.穆罕默德·法鲁戈·阿卡姆:《伊斯兰立法史》,大马士革大学出版社 1990 年版。

20.优素福·格尔达维:《伊斯兰法的传统与衍新》,贝鲁特使命出版社 2001 年版。

21.优素福·格尔达维:《伊斯兰法研究入门》,开罗馈赠出版社 1997 年版。

后　　记

　　本书是教育部人文社会科学重点研究基地重大招标项目"全球化与中东社会思潮研究"的最终研究成果,并由集体完成。王铁铮教授作为项目的主持人,全面负责本书的设计、统编、修改和审定。

　　具体分工如下:

　　王铁铮:绪论、第八章、各章前导言

　　闫忠林:第一章

　　陈天社:第二章

　　韩志斌:第三、第六章

　　刘　云:第四章

　　蒋　真:第五、第七章

　　韩晓婷　王铁铮:第九章

　　闫文虎:第十章

　　周丽娅:第十一章

　　马明贤:第十二章